青年管理者

管理理论、实践历练与学问修养

张云亭——著

中信出版集团 | 北京

图书在版编目（CIP）数据

青年管理者：管理理论、实践历练与学问修养 / 张云亭著. -- 北京：中信出版社，2020.10（2020.12重印）
ISBN 978-7-5217-2251-2

Ⅰ. ①青…　Ⅱ. ①张…　Ⅲ. ①管理学　Ⅳ. ①C93

中国版本图书馆CIP数据核字（2020）第175402号

青年管理者——管理理论、实践历练与学问修养

著　　者：张云亭
出版发行：中信出版集团股份有限公司
（北京市朝阳区惠新东街甲4号富盛大厦2座　邮编　100029）
承 印 者：北京诚信伟业印刷有限公司

开　　本：787mm × 1092mm　1/16　　印　　张：37.5　　字　　数：502千字
版　　次：2020年10月第 1 版　　印　　次：2020年12月第 2 次印刷
书　　号：ISBN 978-7-5217-2251-2
定　　价：129.00元

序一

在我过去60多年的学术生涯中，曾为许多书写过序；但从未有一本书像这本书一样，值得我给出如此高的评价。在我动手写这篇序的时候，与未来绝大多数读者一样，我与作者本人素未谋面，更谈不上认识和了解。我只是根据书本内容就事论事地予以评述。

这本《青年管理者》书稿（导读简版），是我的学生李操纲博士推荐给我的。他告诉我，这是他初中班主任孩子写的一本书，他读后有很大启发和收获。我知道操纲同学的风格，他常年在业界打拼，素来做的都是务实的事情；尽管不太热衷于系统化地读书，但他的鉴赏力还是独到的。他的极力推荐引起了我的好奇，我于是很想看看这究竟是一本怎样的书。

当我在电脑上阅读书稿时，发现这本书可读性很强，文字生动流畅，书中有许多引人入胜、发人深思之处，读起来让人欲罢不能。以我之见，这本《青年管理者》有以下特点：

首先，作者高度重视管理理论的研究，使得本书具有较高的理论水平。由于历史的原因，我国工业化起步较晚，因而我国的现代管理理论与方法，较西方发达国家也落后许多，这是不争的事实。我们要奋起直追管理好我们的企业，提高企业的效率与效益，就先必须老老实实地学习西方的管理理论与方法。任正非堪称这方面的典范，他当年挡住巨大的阻力，不惜化费20亿美元的重金，全面引进IBM的全套管理制度和方法。经过几年时间，在全面学习、贯彻执行和逐步消化的基础上，再结合本企业的具体实际进行改进和创新，终于形成了今天的华为管理。近几年，美国倾全国之力，甚至动员其全球盟国之力，对华为进行史无前例地严酷打压和制裁。面对如此严峻的局势，华为也能沉着应对，巍然不倒，而且越战越勇、愈发强大，这跟它扎实的管理体系是分不开的。反观有些管理者，尚未吃透现代管理理论与方法，就急着要创新；企业稍微有点起色，就扬言自己已经颠覆了传统的管理理论，这些言行确实显得有些浮躁。管理是科学，在科学面前狂妄自大的人，注定他们往往走不远，反而暴露出他们自身的浅薄和无知。经过一百多年的发展，现代管理理论浩如瀚海。本书没有像许多管理学教科书那样，从泰勒科学管理原理开始，罗列各学派理论依次论述，而是采用理论与实践相结合的方法，以管理实践为纲，把有关管理、管理者、战略、结构、组织、人力资源等主流的理论加以剖析，讨论其优点、缺点、适用场景和改进方向。这样的编排和阐述，可以帮助青年管理者生动系统地建立起现代管理学的知识基础。这对他们今后职业生涯的发展，无疑是极其宝贵的。

其次，本书十分重视文化在管理中的重要作用。管理具有两重性，即自然属性和社会属性。管理的社会属性就是指管理必须适应所服务对象的社会政治、经济、文化环境的特性。在全球化条件下，所有成功的跨国公司，在经营管理不同国家和地区的企业时，都必须对当地的文化有充分的认知，把原有的管理制度、管理方法，甚至产品设计、制造作必要的变革，以便更加贴近当地的消费者需求。不仅不同国家或地区有不同的文化，不同的企业也都有自己独特的文化。本书对华为的企业文化起源、员工能力建设、干部管理体系、薪酬激励等方面，均进行了实事求是地评述，彰显了华为管理文化的特色。华为管理是优秀的，华为的变革与创新十分成功。但华为的管理经验，并不是任何企业都可以学到的，更不是轻易就能学会的。任何企业都可以学习华为管理精神，参考华为管理方法，但绝不能生搬硬套，其深层次的原因即在于：华为管理是建立在华为特定的企业文化基础之上的。文化是管理的灵魂。企业文化决定了管理者和员工在处理人与物、人与人、个人与集体、局部与全局关系时的抉择取舍，决定了管理者和员工的精神面貌、士气、斗志与信心。本书对中国传统文化、企业文化以及如何在企业结构中注入文化，均有较新颖、较翔实的论述。

再次，本书对企业管理战略、结构、组织的相互联系及其发展趋势，作了比较深入、系统和前瞻性地论述。进入互联网时代的二十多年，正是中国经济和科技迅猛崛起的时期。许多新兴的科学技术，如云计算、大数据、物联网、人工智能等，已在中国迅猛发展，并在许多领域得到了广泛应用，完全改变了人们原有的生活和工作方式。这股汹涌澎湃的技术进步大潮，必然对企业管理产生巨大的冲击。中国企业正紧迫地面临着管理四大转型的严峻挑战，即数字化转型、平台化转型、生态化转型和智能化转型。为什么说它严峻，是因为不实现这些转型就要落后、就要倒下，即便是转型做得不彻底也有可能会倒下，所以这是企业生死存亡的关键时刻。现在，除原生的互联网企业外，各行业都出现了一些成功转型的企业，但绝大多数企业仍处于转型的阵痛之中。加之新冠疫情、贸易战和经济衰退的打击，企业都倍受煎熬；相比之下，中国企业的管理者所肩负的历史使命更加沉重。在这种情势下，如何制定企业的发展战略？如何实行组织结构变革？怎样才能实现企业管理的平稳转型？这些问题成为当前企业管理者所关注的焦点。关于这些问题的答案，细心的读者均可从本书中得到启迪和帮助。

还有，我想要说的是，这本书还有一大亮点，作者不仅具体地告诉管理者如何做事，又亲切地告诉管理者如何做人。作者在本书的最后部分，用了约 7 万字的篇幅来论述管理者应有的学问和修养。围绕管理者怎样才能培养成熟的心智世界，应具有怎样的知识结构、哲学素养和思维模式，怎样去高效地实践，怎样去读书求得活的学问，怎样去追求美好的生活等方面，作者引经据典，评述了许多名人的观点，同时又畅开心扉，朴实无华地道出了自己的一些心得和体会。其实，这些内容不仅对青年管理者有用，对成熟的管理者同样具有标杆和引导作用。如果你足够诚实和谦逊，当你读到这部分内容时，便可能会为自己已做到的那些方面而感到欣慰，也可能会为那些存在差距的方面而感到遗憾，并为追求更完美的自己增添了前进的动力。我是一个快要走到人生终点的人了，拥有在工农兵学商各界做过被管理者和管理者的经历。但即便如此，当我读完这本书后，仍情不自禁地回首过往漫长的岁月，并扪心自问：我做到了哪些，没有做到哪些？根据我在人生旅途中所思所想、所作所为，应当怎样定义自己的价值观、世界观和人生观？……我陷入了久久的沉思。确实，能引起读者高度共鸣，无疑就是一本极好的书。

以上，就是我把这本书推荐给青年管理者，作为必读佳作的几个缘由。

我衷心期盼中国的管理学者、管理者，尤其是青年管理者，能认真研究现代管理理论和方法，认真研究中国企业管理实践的经验和教训，并在理论与实践的结合中，努力创新。我深信，你们当中终将有人，写出一本无愧于时代、能充分反映中国企业管理特色的世界名著。

周三多

二零二零年七月一日

周三多教授，著名管理学家，南京大学商学院首任院长，获得南京大学人文社会学科荣誉资深教授称号。

周三多教授创建了全国第四个企业管理博士点和工商管理国家重点学科，曾获中华人民共和国国家级教学成果二等奖，并被时任南京大学校长曲钦岳院士誉为“南京大学商学院的创始人与奠基者”。曾任全国工商管理教学指导委员会第一届委员，全国 MBA 入学考试研究中心主任，创建了我国新的 MBA 入学考试制度，取得了巨大成功，突破了我国 MBA 发展瓶颈，促进了中国 MBA 教育的蓬勃发展。

曾主持多项国家自然科学基金、国家社会科学基金及省部级科研项目，出版和发表过多部学术专著和论文。由周三多教授主编的《管理学》（复旦大学出版社出版）曾获得国家教委高等教育优秀教材一等奖。后由国家教委发文，指定周三多教授为 21 世纪教材《管理学》主编，由高等教育出版社出版。这两本《管理学》教材均受到广泛欢迎，被全国 600 多所高校采用，多年来一直畅销，至 2019 年已累计发行 1 000 万册以上，引领许多人进入管理科学的殿堂，为我国培养各层次管理人才做出了历史性贡献。

序二

2003年，云亭带着他的《顶级财务总监》书稿来找我。彼时，经历了“非典”冲击的我们，对未来还有些许迷茫；和像云亭这般年轻而又充满激情的作者交谈，我的内心充满了欣慰。《顶级财务总监》于当年在中信出版社成功出版，云亭也从此与写作结下了深刻的渊源，后来又相继出版了《BOT + EPC：组织逻辑与行动框架》（2013年）、《融资融券与投资者行为》（2018年）等专著。

2020，又是一个疫情年，世界经历了重大变化。我们对当下的理解和对未来的思考更为理性。在引进大量的财经和管理图书之后，我们出版社期待更多的本土创作，这不仅能展现剧变中的观察与行动，也有助于构建中国管理者实践和思考的价值。当云亭在疫情期间写作他的新书时，我抱有这样热切的期待。

云亭是我在中信集团近20年的同事，拥有丰富的管理经验，他勤奋好学，坚持阅读，坚持以专业精神和学术态度去追求研究管理。他阅读了大量西方经典管理学书籍，并与中国文化融会贯通，形成了创作这本新书——《青年管理者》的坚实基础。

到目前为止，管理学的有关著作，无论是最新前沿的学术专著，还是管理概念的大众读物，多以国外翻译著作为主。这种现象也不难理解，毕竟发达国家是管理学的发源地，是企业最新实践革命的大本营，也是当代学术研究的重镇。然而，最近几年，有关西方管理的理论似乎被拉下了神坛，尤其是在中国经济快速崛起的当下，我们在管理理论及实践方面都取得了突飞猛进的成果。我国的改革和开放已经走过了40余年的历程，中国企业的发展已经取得了世人瞩目的成就，国有企业的发展已经成为我国重要的经济基础，更多基于中国的管理理论和研究的管理书也越来越多，一改前几年以国外翻译书为主的既有格局。国内的企业案例和管理理论不断得到国际上的关注，就拿中信出版的国内管理书来说，不少国内原创图书已经成规模地翻译成英文、德文、日文和其他小语种。今天，我们在建立中国模式和中国道路的探索中，以发展的眼光、比较的视野、理性的审慎、学习的态度、批判的精神来总结西方管理思想，并不懈探索发展中国文化的管理学说，这将是未来中国学界和业界的共同努力方向。云亭这本书也是一个可贵的探索。

这本书没有从企业实践、个人管理经验总结出发，而是从管理学的理论梳理出发，试图做出简要的叙述，从管理的各个层面着手，从中西方思维和管理学理论的复杂体系中，梳理出一个框架结构，以“青年管理者”这个“对象”为主，从战略、组织、文化这三个维度紧扣管理的核心，从宏观的理论建构，再深入到实践细节，其中不仅有德鲁克、迈克尔·波特等得到验证的管理学大师的理论精讲，又有华为、阿里巴巴等一系列在中国市场上取得成功的高新企业的实例，更有与现在数字化变革息息相关的内容，贴合当下管理者的需求，不少内容颇有新意。诸如：强调了管理者理论学习的必要条件，但个体的经验更为重要；从中国文化角度构建管理理论的学习框架；从面向未来视角把握管理的核心，强调了五大战略；从组织角度和变革的要求，谈人的能力培养；从知识结构和认知模式论述了作为管理者的层次和修为；落到管理者身上，进一步阐述驱动机制、行为模式、认知方式等。

应该说，作者的思路清晰，思考深入，把管理思想作为管理理论的“核”，进而从中国的人文精神和文化角度来解读现代管理理论，从而完成了管理以“事”作为对象到以“人”作为对象的转换，使得概述的知识体系有了一定的新意，又恰恰符合后工业文明的数字化和智能化思想理念。我能体会到，作者在力图将一个复杂的知识系统简约化，将管理的航船从人的角度驶离知识的码头，走向文化和实践的征途。我想，这对年轻的管理者或者不断的学习者来说，确实是一个很好、很实效的方法。读了云亭的这本书，我从三个方面谈谈我的理解：

其一，进一步厘清了管理系统知识的价值和意义。作者系统梳理了管理的理论脉络，打开了一个深入学习的路径，让有志于更深入了解管理知识的人，能够领略多种管理学说、管理思想和迥异的价值观念，分清层次和体系，更好地定位自己所需要钻研、深入的知识点，从而增长一种见识，提升处理知识的能力。

关于知识本质的研究和探索，我们知道了知识本质的特性，即知识诉诸心智构建，诉诸某种数学理想化，抽象处理人们所观察的和衡量的现实事物，而知识的客观价值则趋向于认识的形式，通过这些形式把握现实事物的本质，毫无疑问存在一种趋于行动的实践知识。所以，我们不仅仅要把管理看作知识、原理和工具，更要把它视为一种力量、一种能力，这种能力和力量只有通过它们在实践中发挥的作用和效力才能被充分理解。

对于青年管理者来说，有时习惯在理论中找答案，其实这是一个误区，因为知识从来就不是只局限于提供答案的。抱有这种观念的人无疑是把知识当成了工具，而忽略了系统知识的意义和价值。实际上，只有系统知识才能够完善一个人的知识结构和逻辑思维，提供人们必要的专业常识，从而建立一个人的思辨能力和判断能力。系统知识的贡献在于提供基本的常识、丰富的常识，可以提供更多的可能性和可行性，这样我们才会对事物有着更为广泛的前瞻性和理性的判断，才能做到融会贯通，具有一定的解决问题的能力。正如云亭所说，管理者在从事管理活动时，只有对管理思想和管理理论有着较为系统的理解，才能在系统思考和整合思维等方面拥有独到优势，也才能极大地增强管理实践的自觉和有效性。同样，对于企业管理来说，答案从系统知识中来，更要从系统知识中走出去，才能灵活地变通应用知识和逐渐形成洞见。因此，通过系统知识的学习，学会思考，勇于实践，这才具有更大的意义。

其二，在“传统管理理论的终结论”之后，探讨未来的管理创新和适应变革之路。未来的管理走向与互联网导致的社会变革有关。作为一门经验科学，管理学的内涵与人们对管理的理解方式、采用的研究方式以及与企业环境有着密切的联系。人们对管理的理解在诸多方面都经历了重要变化，从理论吸纳、规范叙述到经验描述，发展到基于数据的统计分析、演绎研究，以及今日风靡的大数据研究。在商业管理上，西方学者放弃了文化相对主义立场，越来越主张普遍的规律，而且形成了话语霸权地位，并在研究领域、教育机构、公司、咨询以及出版传播等方面发展成了一个成熟的体系，形成了一个闭环，一个“合谋”市场。这既是对管理学的积极推动，也是一种封闭和排斥。我们今天的研究方法、看待问题的方式以及理论发展的层次均受其影响。2007 年，加里·哈默提出，传统的管理已经过时了！他一针见血地指出工业化社会管理的种种弊端，与现代的商业环境严重脱节，革命性地提出了管理学的未来新世界，开启了管理创新的兴奋之旅。

但我们要认识到，这不是一个不需要管理者的未来。我们处在“后工业化”时代和后管理社会，所以，要构建起迎接未来的方法就是建立适合人类自身发展规律的新管理模式，让未来管理更加人性化，并且更加关注释放所有员工潜能的新视野。面对新的商业环境，管理从培养核心能力和获得竞争优势的视野也更加广阔，视角也回归到“人”和“文化”这个根本，从社会认知角度关注个体的主动行为，从组织认知角度理解组织如何运作及未来的变革趋势。要让个体的努力汇聚成力量，让企业建立并保持可持续的竞争优势，战略更显得重要，这里包括知识的管理、资源的分配等。况且，以员工作为管理创新的主体，除了激励，还包括对使命的追求、对决策的参与，以及建立共享的社区、快乐的工作环境等因素。云亭在《青年管理者》中，对战略管理、组织结构、组织能力以及与“人”相关的人力资源管理等切要问题，均有非常丰富的论述，这些都是关乎企业能力建设的核心命题，十分可贵。

管理中既有科学的成分，也有价值的含量。非科学的部分我们称之为文化或人文，所有的社会环境都附带着具体的意义体系，在任何一个独特文化中的管理之道，都意味着，与人——具体的人产生联系。所以组织文化和企业自身的价值追求比战略更重要，使命的召唤、理解、意识比战略效率更重要。只有正视文化的源，才能算得上是真正的科学管理。《青年管理者》阐明了企业文化的构成要素和各要素的组合逻辑，以及企业文化的生命周期和变革，为管理者创建或者管理文化提供了借鉴。

其三，写给青年管理者的新视角。泰勒说过："在过去，人是第一位的；在将来，体制必将是第一位的。然而，这绝不意味着不需要伟大人物。相反，任何一个好的体制的第一目标就是发掘和培养一流的人才，而且在系统的管理下，最优秀的人才将比过去更有把握、速度更快地晋升到高层。"我们也再次看到国有企业的体制优势，具备了最优秀的人才的成长和锻造的体制，这样的体制下的使命和愿景处在商业规则之上，商业的逻辑置于企业文化和价值观之下，员工的人生价值和事业紧密地结合在一起，信念和能力结合成为新的素质和要求。

管理很重要，但一旦舍本逐末，后果很严重，管理知识固然有工具的作用，不过这是次要的一面。换言之，知识如果仅仅居于工具的作用，那么我们培养的人才就难以成为完善和全面的人才，同时也不易升华到一个更高的境界。

学术和实践的历史已经证明，最优的管理是一门科学。任何学科的一般原理，可以通过阅读、书本而知之，可是细节、应用的难点、灵活地处理问题，使得一门学科融入我们血脉的那股生机……凡此种种，都需要长年的历练和体会。问题在于我们如何理解。首先应该开扩眼界，多一点学问少一点功利，还要多一点对知识的渴望。这也是云亭这本《青年管理者》提倡的青年应该一直保有青年的活力、青年的好奇心，虚怀若谷，求知若渴，才能在事业的路上不断精进。说到底，这是人的品格和态度，一种思考的方式，一种"用心"的行为方式。

心智先行，此乃治学之道的基础。知行合一，从源头活水走向天涯海角。

王斌

二零二零年十月十五日

王斌，中信出版集团党委书记、董事长，中信集团董事。第十五届北京市人大代表，十三届韬奋出版奖获得者。

2006年入选“中国书业改革开放30年30人”；2010年被新闻出版总署授予“中国百名优秀出版企业家”荣誉称号；2015年被中国出版协会评为“2015年度中国十大出版人物”；2018年被中国版协授予“中国版权事业卓越成就者”称号，被出版人杂志评选为“出版业年度人物”；荣获光明日报评选的“2018中国文化产业十大年度人物”殊荣；2019年入选中宣部文化名家暨“四个一批”人才。

序三

我认识云亭同学已有 32 年，我几乎是看着他一路成长、成熟到今天这一步的。

1988 年，云亭同学考取了江西财经大学，从安徽桐城乡村来到了南昌市。当时，江西财经大学是财政部部属“老五所”院校之一，专业设置符合改革开放要求和经济发展趋势，学生毕业后就业去向很好，因此招录分数非常高，在华东地区报考难度更大。在当时的江财校园中，集聚了不少像云亭同学这样成绩优秀、禀赋特出的青年才俊，也有一批干部子弟和“富二代”。我当时是他所在系的党总支书记，主抓学生工作。他优秀的成绩、出色的文章和一口浓郁的家乡口音，很快就引起我的注意。我观察他有一些管理潜质，就有意引导他多承担一些学生会工作。他从班长做起，后来做了系学生会主席，并在大三时成了这所拥有四五千学生的大学学生会主席。我曾经担心他会被繁重的校学生会工作压垮，没想到他挑这副担子还是比较轻松，各方面工作都能应对自如。他读大学那几年，不仅保持了出类拔萃的学习成绩，连年获得一等奖学金，而且体育成绩也很好，走上田径场就是一位不折不扣的中长跑健将。有如此优异的学习成绩，在那个年代的学生会干部中，还是非常难能可贵的。

1992 年本科毕业后，云亭同学被分配到中国石化上海高桥石化公司工作。我感觉他还是保持了大学年代的活力和上进心，在繁忙的工作之余，一直就处于艰苦的持续学习和深造过程中，这么多年几乎就没有停歇过。我 1994 年从江西财经大学调到上海财经大学任教，云亭同学不久也考入上海财经大学学习硕士研究生课程。我给他授过一门课，我们又有幸在另外一所大学重续师生缘。后来，听说他又去中欧国际工商学院学习 EMBA 课程，前些年又在清华大学五道口金融学院获得了金融学博士学位。我知道，五道口的博士学位考起来、读起来都是非常艰苦的，远不是一般人所能扛得下来的。自 20 世纪 80 年代初中国人民银行研究生部成立以来的近四十年间，从这个小院走出来的学术博士也不过区区两三百人。云亭同学从上财毕业后就去了中信集团，我对他的工作关注得不多；不是我不感兴趣，而是他不太愿意多讲这方面的情况。我听说他受中信委派，有很多年都往来于重庆和上海之间，做一些很大的投资项目。大约十多年前，我去重庆出差，便刻意去看看他在干啥。彼时，云亭同学正在负责一个 80 多个亿的高速公路工程建设项目。他陪着我从布局长达 80 多公里的工地转回来后，我惊讶于一个学经济的学生，居然跨界干起“包工头”的活儿来，而且干得有模有样，也着实有点意思。我感慨像中信这样的大公司，对于干部能力素质的塑造确实是超常规的。他们并不拘泥于干部的专业限制，而是根据事业发展的需要，把干部推向战场，在经受炮火的洗礼中，让干部完成从士兵到将军的蜕变。事实上，干部也需要在这样的打大仗、打硬仗的过程中历练出来，这样的干部往往不怵任何挑战，能够坚定执着地把事情做成。又过了几年，我再见到他时，他已调到北京总部，负责中信集团的司库和财务公司的工作。我感觉他这次似乎是回到了老本行，挑起这摊子活儿应该得心应手，不会吃力。

出于职业原因，我很关注云亭同学的学术成果。他在大学时就长于写文章。大二时写了一篇调查报告——《桐城县经济社会考察报告》，有一万多字，写得颇为精彩，在系里广为流传。大三担任校学生会主席期间，他写过一篇反映江财学生工作取得长足进步的长篇通讯——《崛起的江财，升腾的希望》。恰逢财政部评估组来学校，这篇通讯给学校很是挣了些“面子”。当时分管学生工作的校党委副书记漆权同志很是赞赏，给财政部评估组的领导们介绍说，我们的这位学生会主席来自“桐城派”故乡，有一些“横扫千军”的笔力呢。云亭同学在上财的毕业论文《国有企业债务重组研究》，答辩成绩是那一届毕业研究生的最高分，后来在学校出版社公开出版；有几个答辩委员还一度动了劝他留校任教的念头。早年，他在上海财经大学出版社和中信出版社出版过两个版本的《顶级财务总监》，我想那是基于他早年担任企业财务总监的实践经历写成的。虽然笔法还比较稚嫩，但全书的结构和视野，较传统著述作了很多突破，在当时显得颇为新颖独到，被不少学校和培训机构列为参考教材。后来，他大约是沉潜于重庆，专心做起买路、管路和修路的事业了，那十年没见他出版过学术著作。近年来，他又出版了两部著作——《BOT + EPC：组织逻辑与行动框架》以及《融资融券与投资者行为》，是在他中欧国际工商学院和清华大学五道口金融学院学位论文的基础上改写而成的。《BOT + EPC：组织逻辑与行动框架》完全基于他在重庆负责沿江高速公路工程项目建设的实践经验，在科斯思想和新制度经济学的理论框架下予以梳理、融会和升华，写得颇为深入浅出。这本书在2013年出版后，恰巧遇上了国内公共基础设施的PPP潮流，至今仍在热卖。作为博士学位论文，《融资融券与投资者行为》则完全按照高校象牙塔式的实证学术规范写出来的。虽然是一部纯学术作品，但全书构思和行文风格却别具一格，浑然没有一般学术文章的机械味儿和搜索引擎味儿，是遵从他自己的内心和风格写就的。特别是有关行为金融学的文献综述，我认为写得极好，真正反映出了云亭同学理解文献和驾驭文字的功底，有一种“庾信文章老更成”的意境。跟他的早期著作相比，这两部作品已完全褪去了早期的稚嫩，显得非常老到而臻于圆融成熟。此外，我觉得云亭同学尽管一直供职于体制内企业，但他是一个有情怀的人，一直没有丢掉他的至纯本色。他的这些学术著作，读下来都能品鉴出他身上特有的“登山则情满于山，观海则意溢于海”的文化人气质。我之所以记得这句话，是因为他在学生时代经常讲。我看得出，他在骨子里就是一名传统的中国知识分子，是一个较为纯粹的君子，这是他的底色。

我写这篇序时，《青年管理者》还处于艰苦的创作过程中，还没有全部收官。我所读到的内容，也还只是导读简版和书稿的部分章节内容，但也足以窥斑见豹了。我认为，这本书的初衷和定位，是作者就管理的一系列前沿问题与青年管理者的对话。从面上看，他是为青年管理者所写，但实际上是为所有有志于成为管理者的青年朋友们所写；更进一步，这本书所面向的读者群，远不限于青年朋友和青年管理者，就其系统性和深度而言，完全可以覆盖所有年龄段的管理者。作者拥有深厚的经济学、金融学、会计学、项目管理和企业全面管理的专业背景和实践经验，他能够自如地游走于学界和业界之间，这是他写作这本书的底气。殊为可贵的是，云亭同学不是就着理论谈理论，也不是浮在面上就事论事，而是将管理思想、管理理论落地到具体情境和实践细节，从具体、感性、零碎的实践经验中抽象出原则、理念和哲理，让人读起来心领神会，不经意间就会心地一笑；在他的书中，理论、模型、实践和案例完全达到了综合融会的境界，它们化成了一体，我们几乎觉察不出这里面的此岸和彼岸、理论与实践的区分痕迹。有这样一番功夫，确实不易。每个章节，他都用黑体字标注出了精华部分，几乎都有散布的金句和名言。它们散发出一种林语堂式的俏皮和幽默，全然没有教科书里程式化的老气横秋，读起来让人爱不释手，值得咀嚼和回味。这是本书让人印象深刻的一个突出特色和亮点。

在浏览书稿的过程中，我想起这样一件往事：有一次与几位企业界朋友谋面，一位企业高管这样说，他们单位请了一位 985 高校的管理学教授做报告，对全体中层以上干部进行培训，可是他们听到的和二十多年前学到的几乎没有什么两样，看不出这门学问有任何新的延展和深入。关于管理学的这种窘境，在高校中也存在颇多议论。有教授调侃道：“跟化学相比，今天的管理学还处于炼金术时代；跟经济学相比，今天的管理学还处于古典时代。”云亭同学虽然常年在企业做事，但显然对高校学术圈也不陌生。他在“有温度的管理理论”部分，花了相当的篇幅探讨管理学的“学科化”与“科学化”，以及管理学界的“学术江湖”问题。从实际情况来看，对中国管理学研究影响最大的仍然是经济学，即基于财经院校及综合性院校经济学的大背景，管理学研究几乎完全笼罩在经济学的强势阴影之下，甚至消失在经济学的辉煌暗影里，形成一种“大经济、小管理”“经济学泛化、管理学弱化”的格局。这也表明，作为一门科学，管理学远未成熟，其核心理论、研究方法、框架结构、基础理论诸多方面，都有深入精进之必要；面临中国企业近年来飞速发展的现状，管理学也确乎更有基于中国管理情境而作一系列深层次、系统化延展的内在迫切性。

与以往著述涉及的学术领域不同，云亭同学的这本新作转而聚焦于管理，我想这可能是源于他近 30 年管理生涯的壮热感悟。全书具有完整的管理学体系架构，也有对管理理论演变的描述和评价，更把数字化、平台化转型等滚烫的创新事物有机融入了理论和实践，体现了一种兼容并蓄又独成一家的新格局。更与众不同的是，云亭同学还着眼于职业、事业和人生的高度，从学问和修养的视角，突出了“人”的主体作用、企业的人性面和管理的人文色彩，强调了管理者加强理论修养、完善知识结构、改善心智模式，并在持续学习、高效工作和完美生活之间保持动态平衡的重要性，这几乎是精准地填补了原先管理学著作中所长期缺失但又无比重要的空白领域。因此，这本《青年管理者》尽管不是按照管理学教材的框架和程式写就的，但它本身已悄然完成了不少超越，活生生就是一本极好的高校《新编管理学》教程。

作为一个多年从事管理学教学和研究的高校教师，我也希望有更多的企业家、管理者，能够像云亭同学这样，把理论和实践结合起来，总结规律、提升理论、校企合作，写就一部超越以往著述和教材、具有中国特色并广为学界和业界接受和认同的《管理学原理》。如能做到这一步，对于推动中国高校管理学教育进步、带动中国各层次企业管理者成长来说，可谓是功德无量，善莫大焉。

吴宪和

二零二零年五月三十一日

吴宪和，江西财经大学原系党总支书记、副教授。上海财经大学副院长、研究生导师。任上市公司独立董事，多家公司顾问，地方政府顾问和高校客座教授。系本书作者在江西财经大学和上海财经大学读书时的老师。

前言

一

2016年，我在清华经管学院给中信集团中青年干部培训班学员做了一次讲座，题目即为《青年管理者》。原本只是完成例行任务，没承想还收获了积极效果和反馈，不少没能到现场听讲的同事纷纷找到我，索要课件材料。此后，又多次接到集团的讲课任务，本想换个题目，但同事们还点名要我重讲《青年管理者》。尽管平素不甚喜欢“炒现饭”，然而盛情难却，我也只能在旧作的基础上，每回做一些不同的取舍或扩充，重新讲授了几次。再后来，就有朋友鼓动我，把这课件写成书吧，就算是为同行和青年朋友做了一次公益，或许能积点功德呢。中信出版的策划编辑许志老师，经手过我前两本书的出版，对这件事尤为上心。她无疑是促成我最终下这个决心的关键人物。

在经历了长时间的积淀后，熬到了我们这个年纪，就整理学问而言，确实进入了创造力鼎盛的黄金时期。话虽这么说，但像我们这样的职业，每天都过得忙乱不堪，极易淹没在各种满满当当的日程和杂务之中；即便分割出少许的碎片时光，也会有这样那样的不速之请和意外事情。公退回到宿舍，等着的也是永续不断的邮件和堆砌成堆的材料。有人说：“智慧的人绝不会劳碌，太劳碌的人也绝不会成为智慧的人。”如此看来，内心的那份念想真的是遥不可及了。经年累月下来，也难免会有“心里长草”的浮躁，心情极易芜杂。想要在这种支离破碎的忙乱生活中寻得一段静心著述的窗口期，委实不容易。

2020年春突如其来的新冠疫情，打乱了原本密不透风的生活节奏，并在诸多方面深刻重塑了这个世界。春节后返回京城，面临的即是一个漫长的隔离期。寓居的京城大厦，到了夜晚更是空空荡荡，几无生人气。块然独坐，神与物游，环堵萧然。翻着古书，面对窗外的大雪纷飞，心情是格外地孤寂。想要不至于颓废，我便拣起了书架上已然蒙尘的那套讲稿，心中的诸多构思，在这段特殊的时空背景下逐渐酝酿、生发。我决计要完成这部《青年管理者》的书稿写作了。或许，这才是自己在这段孤寂岁月中最值得做的事情。

接下来的日子便不会那样孤寂了。等我清理出素材准备动笔时，江南已迎来春风桃李花开日了。再等我踌躇于书稿的框架结构而愁眉不展时，老家桐城的园外田亩和沼泽里，已经布满了新插的秧、少壮的麦，成荫的柳树也氤氲在一片清新的蒸气里。春夏之交，疫情时缓时急，几有反复，然而职业生活却在逐步恢复正常。各种预料的或不曾预料的变化，该来的也都来了，世事也永远是螺旋。好在几乎没有出差任务，每周也总能谋得几小块的整段时间，勉强使自己保持在连续创作的静心状态中。俯仰之间，大半年时间就这样过去了，天气日渐炽热，仲夏转眼即至。我想象京城的紫竹院公园，嘉木繁阴，高树上已满是蝉鸣，是一番“荷风送香气”的幽闲意象，我也终于完成了书稿主体部分的写作。我感到自己生命中的些许部分，和着这部书稿的进展在无声地燃烧。

与出版社商讨出版事宜，并着手各种细碎的收尾工程，这样又过了两月有余。当然，较之于前期的艰苦，这个过程已算是相当的轻松惬意了。这个时候，我又想起了三峡的连山绝壑。三峡有满具诗画的好风景啊，石体坚凝，杂木丰茂，烟林清旷，这个季节大约已有白露横江的气象了吧；那般“山红涧碧纷烂漫”的斑斓画卷，想必也不太遥远了。了却了这桩大心愿，真有一种由内而外的愉悦和放松。

二

我有幸在中国石化和中信集团这两家大型央企度过了近 30 年的

职业生涯。走上管理岗位，探索着做一名称职的管理者，也已有20多年的光阴了。做管理不容易，做一名不让人生厌的管理者也很不易；如果更进一层，管理者能以自身的学问、修养和贡献，赢得员工发自内心的认同和追随，开拓一番“上下同欲者胜”的和合局面，那更是上了一个境界。

以我的理解，管理的真义，在于对常识的尊重、敬畏与坚守，更在于对人性的认识、理解和运用。管理本身就是一种高度情境化的活动，必须要因时因地制宜。任正非推崇灰度管理，集成了中国“执两用中”的中庸智慧，也承载着管理的精髓和实践性特质。灰度即是理解人性，重视的是情和理的结合以及以理节情的平衡，它介于黑色和白色之间，既有黑又有白，在不同的灰色谱系中找到一个合适的度。相比之下，管理不足和管理过度，都是滋生低效的沼泽地。德鲁克说过一句极精辟的话：“好的管理，有预见，静悄悄，平淡淡，不出英雄。”对比我们现实的场景，真是深值玩味。管理者的眼界和胸襟，决定了公司的想象力以及相容于环境的自适应能力。有句话说得很不错：“命运不是机会的问题，而是选择的问题；不是去等待的东西，而是去争取的东西。”公司的命运，在很大程度上确实取决于关键的管理者。与有思想的管理者一样，有文化的公司同样是一种稀缺品。有文化的公司才更有底线、更有韧性、更有追求。现实生活中，我、我们和我们生存的公司，与这些理念相对照，都有着不小的差距，这恰恰也是激发我们奋斗和持续改善的内在动力。这些理念和原则，是这本书的灵魂，统驭性地散布并体现于各篇章的始终。

一本书的原创价值无疑在于它的框架结构，这是进一步整合知识的坚实基础。这本书框架结构的灵感源自何处，又是如何建构的呢？这首先要回归真实的企业管理场景。现实生活中的管理活动，总是表现得纷繁芜杂、包罗万象。但究竟哪些才是最为核心、最为本质的管理活动呢？德鲁克的论断给了我很大启发。德鲁克将最基本的管理活动归结为设定目标、建立组织结构、激励员工、明确绩效标准以及培养人才这5项，并认为正是这5项基本活动，共同将相关资源通过

“人”的工作整合成具有生机和成长潜力的组织。在建构这本书的框架结构时，我将这5项基本活动进一步提炼，并最终整合为战略、组织和文化这3个更为根本的管理范畴及其一体化框架。战略显然是管理的首要问题。战略需要管理，战略活动是管理者一项永不间断的责任。现实中，很多管理者甚至包括一些CEO，正在迅速失去战略思考能力，退化成一个事务主义者，满足于做一个指挥改善运营细节的角色，或者热衷于做一些过度交易，这是一个很危险的信号。在“战略”问题之后，管理者最应解决好的便是“组织”问题了。结构由战略决定，而组织又源于结构。对于管理者来说，“组织”命题涉及组织结构、组织能力以及与“人”相关的人力资源管理等一系列命题，这些都是关乎企业能力建设的核心问题。“文化”对人的行为存在内在的驱动机制，决定着管理者的行为方式，深刻地塑造并影响着员工的行为习惯和行为模式。管理者要真正做到让文化在企业的运行体系逐步生根化育，其关键点在于价值观和行为习惯。核心价值观本身就是最长远的战略；只有当员工的思维模式和行为习惯与公司的核心价值观高度契合时，文化的生根和化育才能算是取得了成功。

在这本书的谋篇布局上，我又是如何延展这个框架结构的呢？从目录和各部分导读中，大家可以得做一番轮廓性的概览。全书以“管理和管理者”为出发点，继而用较浓缩的篇幅介绍了中国管理思想的人文传统和近现代史背景以及西方管理思想和管理理论的“百年丛林”，并有重点地介绍了3位“有温度的”管理大师及其理论，接下来依次延展的便是“战略”、“组织”和“文化”这3个核心主题，探讨管理者涉及这3个核心领域的管理理论和实践历练，最终再回到管理者自身，探讨管理者的“学问和修养”并以此作为全书的终结。管理应聚焦于“人”和人性，注重企业的人性面。基于这一理念，全书的出发点和落脚点都是管理者，管理者无疑是全书的主角。尽管书名是《青年管理者》，但这本书其实是写给有志于管理的新时代青年和永葆“青年”状态的管理者的，因而适用于各年龄段的管理者。我深刻体会到：青年只是一个相对的人生阶段，这个阶段止于年龄而不会止于积极的心态；人只要有学习的欲望，发展就永无止境。“青年”这个词在这里的寓意，远远不止于年轻人，我们宁愿把它理解为一种蓬勃的进取心、一种持续的学习能力和一种无限的发展潜力，这跟年龄并无直接关联。

汪曾祺先生曾经这样说过：“我在构思一篇小说的时候，有点像我父亲画画那样，先有一团情致、一种意向，然后定间架、画‘花头’、立枝干、布叶、勾筋……”“写字、作诗、作画，完成以后，不会和构思时完全一样。‘暨乎篇成，半折心始’，说的就是这个道理。”这本书也经历了类似的创作过程。其间，我老是默念着幼年读过的王安石名篇——《游褒禅山记》。先生这样说：“入之愈深，其进愈难，而其见愈奇。”“夫夷以近，则游者众；险以远，则至者少。而世之奇伟、瑰怪，非常之观，常在于险远，而人之所罕至焉，故非有志者不能至也。有志矣，不随以止也，然力不足者，亦不能至也。有志与力，而又不随以怠，至于幽暗昏惑而无物以相之，亦不能至也。然力足以至焉，于人为可讥，而在己为有悔；尽吾志也而不能至也，可以无悔也。”“此所以学者不可以不深思而慎取之也。”先生在写山水之乐所引发的思考，实际上于学问、于人生而言，又何尝不是这个道理？人之有志于学问，在多年治学的过程中，积累形成了与自身学问水平相适应的“学力”；有“志”与“力”还不够，还得不能懈怠，不能“无物以相之”，这些都是出成果的必要条件。管理学本身就是一门涉及领域极其宽泛的学问，在框架结构、谋篇布局并整合知识的过程中，也一定得量力而行，得“深思而慎取之”。我的体会是，志愿愈大，希望愈高，可以致力之处就愈少，可以自解之处就愈多。确定的选题和题材，以及构建相应的框架结构，只有自己能够驾驭的，才是适合自己的。

三

接下来，我用了 3 000 余字的篇幅，极扼要地阐述一下本书的核心内容和独到观点。

在现代商业社会，管理者是承担管理职能的人，是聚合经济资源真正创造价值的特殊资本，更是源源不断地赋予企业活力、使此企业迥异于彼企业的关键要素。如果有幸走上管理岗位，成为一名青年管理者，我们就会慢慢体会到：认真工作给自己带来的，不只是充盈感和自我实现，还有心性修行的作用。公司场景是管理者磨炼灵魂最恰当的地方，管理工作本身就是一种修行。遇到一家好公司，在健康向上的氛围下，青年管理者通过长时间的不懈努力，成就了事业，磨砺了心性，逐渐养成一种厚重的人格，在生活中沉稳而不摇摆，就会慢慢赢得成功的职业、平和的心性和幸福的生活。

管理思想源于管理活动所积累的经验，管理理论则是管理思想的提炼、概括和升华。管理者需要具备一定的理论基础，这样能极大地增强管理实践的自觉和有效性。我们在研究管理思想和管理理论时，首先要认识并理解中国的人文精神和传统管理思想。中国的人文精神同样闪耀着管理思想的火花，蕴含着丰富的管理元素，对现代商业精神和基本价值观有着润物无声的深远影响。我们还需要看到这一层：我国现代管理思想并不是自然承袭传统管理思想而来的，也不是简单移植西方管理思想而来的，它的渊源及形成过程较为复杂，跟我国较为复杂的近现代史特别是新“四史”有着直接关联。在经历了文艺复兴和宗教改革以后，西方社会更早接受科学理性思想，在构建结构化的管理理论体系上，也因此超越东方逾百年。在西方管理思想和管理理论不断演进的百年长河中，诞生了诸如泰勒、法约尔、韦伯、马斯洛、麦格雷戈、斯隆、德鲁克、波特、钱德勒、大内、卡普兰、钱皮、普拉哈拉德、哈默尔、明茨伯格等一众泰斗级人物。这些天才的顶尖人物，在奠定哲学基础、构建结构体系和提炼方法论等方面，为管理思想和管理理论的发展做出了突出贡献。管理在向人性化转向，管理者眼中的“人”，不应再是古典经济学用隔离法抽象出来的“经济人”，而是“生活在社会中世俗的人”。企业组织及其管理现象，在本质上是人的主体精神的外化。因而，我们应该把“人”视为管理工作的中心和管理学研究的聚焦点。麦格雷戈 Y 理论、德鲁克管理思想和明茨伯格管理理论，透出浓厚的人文色彩和人文关怀，它们是“有温度的管理理论”。在万物互联的数字经济时代，中国传统优秀文化的思想与认知模式，正好契合了后工业文明时期、数字化与智能文明时代的思想理念和文化逻辑。近年来，我国也涌现出一批为世人瞩目的领先企业和思想深邃的超级管理者。这些都是我们进一步发展和丰富管理理论、贡献原创性管理思想的文化前提和实践基础。在进入新一轮本土化的创新发展阶段后，管理学的中国化之路更要立足于进一步丰富并突出“中国特色”的内涵，适度展现中国传统文化的真味和中华民族的自信心。

战略的本质是“势”。“非一旦一夕之故，其渐久矣”“其渐积而势使之然也”“其为政也，善因祸而为福，转败而为功”“贵轻重，慎权衡”，这些都是值得管理者揣摩玩味的重要战略理念。战略需要管理。对战略问题的思考、再认识和分析判断，要内化为管理者内心一种持续的、永不间断的责任，这大约便是战略活动的真义。企业如何建立并保持可持续的竞争优势，择其力之可能者行焉，这是战略管理理论的核心命题。战略管理理论的演进发展，大致可以划分为古典战略理论阶段、竞争战略理论阶段（波特阶段）和核心能力理论阶段。战略管理理论的演变过程，实质上就是不断解构企业与环境这两个最主要变量之间的关系，以此寻找并确定企业竞争优势的真正源泉。古典战略理论和竞争战略理论持“竞争优势外生论”观点，认为竞争优势源于企业外部；而核心能力理论则持“竞争优势内生论”观点，认为竞争优势源于企业内部，企业之间竞争的实质就是它们适应环境能力的竞争。如今，一种综合的观点逐步占据了主流地位：竞争的成败关键取决于企业适应环境的能力，有利的行业结构定位等环境因素则构成企业赢得竞争的重要补充。我们用极精简的篇幅，系统介绍了波特的竞争战略理论、普拉哈拉德和哈默尔的核心能力理论及其实践运用；此外，还从“战略驱动组织变革”的角度，介绍了近年来兴起的平台组织和平台战略理论。

与“战略”问题高度相关的便是“组织”问题了。组织源于结构，结构是由战略决定的。对于管理者来说，“组织”命题涉及组织结构、组织能力以及与“人”相关的人力资源管理等一系列领域，这些都是关乎企业能力建设的核心问题，直接影响到企业战略执行和价值创造的质量和效果。迄今为止，最有生命力的组织形式仍是以直线职能制为核心特征的科层制组织。企业内部各种力场的较力，形成了包括横向的、纵向的和斜向的等各种依存关系，或拔而起之，或挤而止之，构成了管理者在企业组织中生存适应以及开展各种管理活动所依赖的人际关系环境，就像空气一样须臾不可分离。企业的组织能力，是基于所处的环境和既定的战略，建立并持续改善自身资源组织方式以及相应激励机制的能力。组织能力是企业战略执行体系的重要组成部分。组织能力最终还是归结于“人”的工作，要把企业的“人”组织起来，整合其意志，提升其能力，开发其潜力，提高其效率，以实现组织的战略目标。

“文化”是一个特定组织在处理外部适应和内部融合问题中所学习到的，由组织自身发明、创造并且发展起来的一些基本隐性假设。这些基本隐性假设能够发挥很好的作用，也由此被新的组织成员所认同。企业文化就好比一块绚丽的织锦，它的构成要素之间存在严谨的内在逻辑关系：企业的历史及实践促进了价值观的形成；价值观界定了员工行为的价值标准并重塑着员工的行为习惯；英雄人物是价值观的具体化身；礼仪与庆典增强了价值观的仪式感，并唤醒了员工的归属感和团队精神；通过故事的传播和英雄事迹的传颂，进一步强化了价值观，并继续提供正向激励的文化素材；除了公司的正式运营网络外，文化还多半在一张隐形的“非正式网络”上运行。在结构中注入文化，关键是要让文化在企业的管理和运行体系中逐步生根化育。价值观和行为习惯无疑是文化落地的两个关键领域。只有员工的思维模式和行为习惯与公司的核心价值观高度契合，才足以说明文化的生根和化育取得了实实在在的成效。

再回归到青年管理者自身，学问和修养极其重要。管理者要不断提升和完善自身的知识结构、理论功底、哲学素养，尤其要注重培养整合思维和系统思考能力。知识结构也即知识的内在结构，或者说知识在人们头脑中的结构化。如果没有一个清晰和相对完整的知识结构，人们在认知能力上就容易纠缠于细枝末节，从而失去方向感，也失去了整体性。理论思维不是先天就有的，而是在特定环境下长期训练的结果。学习是理论思维萌芽的起点，反思是理论思维培养的途径，研究则是理论思维创新的深化。管理者在管理实践中需要具有一定的哲学品位和哲学思维，要懂得运用哲学思维和多种哲学方法，在多变和纷繁复杂的事务中抓住问题的本质，迅速找到解决问题的合适方法。在开启职业生涯时，青年管理者就应立志成为一名坚定的效率主义者。一个人的才能，只有通过有条理、有系统的工作，才有可能产生效益和成果。行事高效并不是生而有之，更没有“天生的”高效管理者。高效管理者有一个共同特点，那就是他们从实践历练中得来的一些良好习惯和职业素养，使得他们的工作有条不紊，效率极高；长期累积下来，便是一种突出的成就。管理者如何能做到行事高效？德鲁克提出了善用时间、专注贡献、扬人所长、要事优先和有效决策这5条原则，在管理学界被称为“德鲁克的5条金律”。这些“金律”看似老生常谈，但要深刻理解并长期坚持，做到这些的人并不在多数。在开启职业生涯时，大多数管理者已经完成了系统的高等教育。然而，对于漫长的职业生涯而言，学校教育只是一个起点，后天的学问功夫最不可忽视。办事才能的训练，人情世务的练达，是一种学问；德行的修养，内心的开悟，更是一辈子的学问。青年人在踏入职场时，生活的画卷即将徐徐展开。这个时候，我们就要想明白自己究竟想要一个什么样的生活。既然无法控制外部的风险和不确定性，管理者也只能更多地转向内心和日常生活。适度的取舍和整合，与其有乐于身，孰若无忧于其心，这样才能使我们的生活保持更好的平衡；更进一步，才能使我们从容面对人生中的各种变故和挑战，避免在人生的高光时刻过于膨胀，而在人生的低谷时期过于沉郁，这都容易迷失自己。人生要往外拓展，也要向内寻求。向外的人生，是事功，是一种做加法的涂饰人生；向内的人生，是道德文章，是一种做减法的简化人生。超脱了外面的，才能向内寻求那个宁静自若的境界。

四

前面也说过，一本书的原创价值，主要体现在它的框架结构，这也是专著和论文的一个本质区别。有了一个新颖、谨严的框架结构，我们才能更为条分缕析地整合知识，知识也就显得更为结构化、条理化，这样更便利于他人的消化吸收。框架结构必须体现原创性，而作为素材的知识则未必，它们与框架结构的自适性和相容性则更为关键。事实上，究竟有多少知识属于原创性，也很难验证。在人类文明史上，除了极少数公认的智慧人物及其瞩目的原创性贡献以外，那些汗牛充栋的文献，如果也称其为“原创性知识”，则更可能是作者本人的主观主张，真正追根溯源，结果就未必令人信服。壮而好学，如日中之光。对于后学生时代的我而言，著述不仅是知识的梳理和整合，更是知识框架结构的一种再创新，我把它看成是一种极好的深度学习方式。

2003 年“非典”时期，我以“CPA + CMA + CFA”“财务会计 + 管理会计 + 公司金融”“财务治理 + 价值管理 + 战略控制”的独特构思，完成了第二部《顶级财务总监》的创作。这个框架结构在当时确实令人耳目一新。后续出现多部跟风作品，也侧面验证了这部书稿的受认可程度。这种敝帚自珍，其实鲁迅先生也曾有过。他写过这样一段极俏皮的话：“我惭愧我的少年之作，却并不后悔，甚而至于还有些爱，这真好像是‘乳犊不怕虎’，乱攻一通，虽然无谋，但自有天真存在。现在是比较的精细了，然而我又别有其不满于自己之处。”

就像《顶级财务总监》一样，我对这部《青年管理者》框架结构的原创性，也是有自信心的。它源于那些管理学大师和先贤们的深邃思想，受其全方位的引导和启发，并经过了自己的独立思考。同时，这本书在素材选取上也非常用力和讲究。作为素材的这些知识，大多源于我本人几十年的长期阅读，少数源于书稿写作过程中针对性的搜集。素材得来后，不仅需要痛下剪裁功夫，更需要综合融化，以自己的理解和文字风格转述出来，然后方可斟酌使用。这本身就是一种极艰苦的创造活动。早期引进的管理学经典，大多存在文词艰涩生僻、拗口难懂的毛病，也就是韩愈"佶屈聱牙"的说法，改写起来颇费心力。那个阶段，我的脑海中会闪过南北朝时期西域高僧鸠摩罗什翻译佛经的历史镜像，心头便有灵光闪过，深受鼓舞和警策。在素材的运用技法上，我放弃了专业论文的写作要求，没有在正文部分一一注明出处，而是按自己的理解转述并尽可能列出原创者，再以参考文献方式集中汇总并附在书后。这样做的目的是行文晓畅，避免因各种脚注、引注造成文脉阻断不相连属而显得支离破碎。

从写作的角度看，管理学的专业著作不太容易驾驭。管理理论多是概念化、抽象化的，没有经验的人显然无法理解。照传统教科书的写法，可能会挟有较浓厚的搜索味儿、机械味儿，少了那番亲切有趣；全照着商学院案例的白描写法，又沦落成一幕幕互不连属的话剧剧本，少了深度、厚度和系统性。要想触动阅读者"内心最柔软的部分"，真正引起他们的共鸣，并唤起他们的经验知识和内在直觉，如果著述人没有沉潜多年的情境化经验，确实无力达到这个水准。联系到自身，当年主持重庆沿江高速公路工程建设项目以及此后负责中信集团司库体系工作，是两段重要的职业经历，从不同角度、不同层次收获了必要的情境化体验和感悟。埋藏在管理学作品中的，或多或少会显现出作者个人的主观意见和价值判断。在理论与情境、与物象的融合上，我确实尽力和经心，做了诸多努力。虽然渴望完美，然不如意处却十之八九。事实上，著述也像半杯水，很难有完美之时。这也正是需要读者包容的一面。

五

各人的学习方式自有不同。有些人在实干中学习，他们不善于学习理论，没有扎实的理论功底，却有着常人所不能及的悟性，总能从实践中悟出更深一层的道理。有些人则长于语言，他们描述的东西都非常准确，喜欢把自己的想法和理念传播给周围更多的人；他们形式上是讲给别人听，实际上则是通过听自己的讲话来尝试着学习，出众的语言能力展现了他们的发展潜力。还有些人则是通过做笔记来学习，哪怕那些摘录下来的材料日后未必真的会用。贝多芬是一个天才。他有留下随笔小抄的习惯，但据他自己说，他作曲时从不会翻阅这些小抄。别人就问他为何还要费那个劲，他这样回答："如果我不立即写下来的话，那些灵感很快就会忘得一干二净；但如果我已经把它们写到小本子上，我就永远不会忘记了，所以也用不着再看它一眼。"

我记不清在什么地方读过这样一句话：有丰饶天赋的笔杆子，基本上绝不是好学生。当时有些纳闷，然而细想一层，觉得还有其可信的一面：惯于写作的人一般不靠"听"来学习，而是靠"写"来学习，这种学习方式显然不相容于学校的传统要求。再联系到自己学生时代的经验，我更相信这种说法了。我幼年上课时老是走神，小学老师每学期发给家长看的通知单，总会写上一条"上课不认真听讲，开小差，喜欢做小动作"之类的评语；大概在高中以后，小动作自然是不会再做了，但对老师的水平仍然挑剔，听下来感觉不可心，便会找各种理由翘课，也不大做课堂笔记和做作业。但这不等于不在学习，我更愿意花精力在教材上圈点评阅，也会从有口碑的同学那儿借来笔记，了解老师在课堂上究竟讲了些啥。有了这些基础性工作，再以自己所习惯的文字，将这些讲授内容重新归纳，最终印在自己脑海里的，也就是原则性几条，甚至寥寥几个关键词。如此以我为主，不跟着老师的指挥棒走，应付考试也是游刃有余，从没有挂过科，总体成绩也还算优异。长年积累下来，学业的底子较大多数同学反而更为扎实和系统。

现在回想起来，在这个过程中，"写"的作用功不可没。写作既是一种"善于借助别人的语言"的训练，更是一种"善于说出别人说不出的话"的能力，它会让人变得更精确，更注重细节，更善于追根溯源，也更能真切地关注自然界万物和周边的人。幼年背诵鲁迅先生的名篇——《从百草园到三味书屋》，我很惊讶于鲁迅先生丰富的生物学知识。先生笔下的植物和昆虫，我们也很熟识，只是做不到像他那样精确地写出它们的名字；我们或许也能用土话叫出几个，但断然无法写进文字里。写作过程中，讲求一番“浅之至而深，淡之至而浓”的笔墨情趣，“口头语，说出便佳；眼前景，指出便妙”，那总能带给人美好愉悦，能够丰裕阅读者的境界。写出来的材料，做出来的文章，不矜持作态，文字就最要知味，求雅洁、少雕饰，自然成文，如行云流水，愈简愈入深永，这便是上好的功力和境界。这种平淡最醇最可爱，也是最难的。平淡去肤浅无味只有毫厘之差，作者若是元气不足，学问素养不足以充实之，写出来的东西就味同嚼蜡。精神不佳，则笔不随心；元气不足，则文思枯竭。我虽然达不到这样的水准，却愿意以此作为自己的为文追求。

当年在中欧国际工商学院的学习经历，确有不同寻常的收获。在这所商学院，能够聆听吴敬琏、江平这样的当世“醇儒”的面授或讲座，还有诸如许小年、丁远、许定波、陈威如、张逸民、肖知兴、杨国安、李秀娟、黄明等一众名师的指点，真是一种人生幸运。他们将严谨的经济学与复杂的管理学熔为一炉，使我们对商业的观察视野豁然洞开，帮助我们完成了管理思维的启蒙。在清华大学五道口金融学院，所得来的感受与收获则明显不同。这里的着力之处，更多体现为严谨的数学思维及学术训练。吴晓灵、廖理、康以同、赵岑等老师的育人情怀，还有田轩、余剑锋等天纵才俊所展现的学术活力和才华，还有周围那些极聪慧、极有灵性的“85 后”和“90 后”同班小同学，他们和顺积中而英华外发，以不同方式予自己以别样的熏陶和启示。早年在江西财经大学和上海财经大学的求学经历也很重要。木无根则槁，灯无膏则灭。如果没有那个阶段求得的学问作底，就好比石板上没有土壤，任何新知识的种子也都难以借此生根发芽。如此下来，各个阶段所吸收的知识，放到自己职业、生活和人生的具体场景，思考和感悟也就像那不曾间歇的泉流，这正是一个人学问和著述的根柢。人的学术门径，也是转极开阔，宜眼光开放，向多方面发展。万类攸归，“多”通于“一”。要说学问的师承，这大抵也算得上一种吧；说到底，还是那番“道之所存，师之所存也”的道理。

这些背景性文字，初无定质，常行于所当行，常止于不可不止。如此这般，时作时辍，综计前后，行将半年有佘。爰为结。

张云亭

2020 年 5 月 26 日 初稿于上海怡东花园

2020 年 9 月 2 日 改定于北京中信大厦

目录

第三部分　从竞争战略到多元化战略

第四部分　核心能力战略

第五部分　数字化与战略创新

第六部分　结构、组织及依存关系

第七部分　战略驱动的组织变革

第八部分 “人”的工作与组织能力建设

第九部分 在结构中注入文化

第十部分 学问与修养

第一部分

管理和管理者

导 读

离开校园步入社会后的前三五年，是每个人职业生涯的重要窗口期。我们都有自己爱好而且擅长的事情，如果能够坚持在自己具备天赋的领域里发展，将爱好和专长完美契合自己的职业，就会大大增加事业成功和人生幸福的概率。然而，做到这一点并不容易，它需要机缘，可遇不可求，而且多数人并不具有可以主动进行选择的实力。因此，努力喜欢上自己在命运中“碰巧”遇上的工作，竭力把这份工作做好，使自己的职业生涯起好步、开好局，这才是一种正确的人生态度。正如稻盛和夫所说的，“要想拥有一个充实的人生，你只有两种选择：一种是‘从事自己喜欢的工作’，另一种则是‘让自己喜欢上工作’”。

如果有幸走上管理岗位，成为一名青年管理者，我们就会慢慢体会到：认真工作给自己带来的不只是充盈感和自我实现，还有心性的修炼。公司场景是管理者磨炼灵魂最恰当的地方，管理工作本身就是一种修行。遇到一家好公司，在健康向上的氛围下，青年人通过长时间的不懈工作，会逐渐磨砺心性，养成一种厚重的人格，面对各种诱惑不摇摆，从而获得成功的事业、平和的心性和幸福的生活。

什么是管理？至今仍难有一个广为认可的标准定义。彼得·德鲁克说，管理是一种实践；亨利·明茨伯格则认为，管理是科学、艺术和手艺的权衡。我们试着将这些解释综合在一起得出“管理”新解：管理是在特定情境下协调资源以有效实现组织目标的活动，是一个与他人一起，并通过他人使活动完成得更有效率、更有效益的过程。在企业组织中，管理承担着什么样的职能呢？亨利·法约尔的表述是：计划、组织、指挥、协调、控制。周三多教授根据我国企业的现实情况，将管理职能演进为决策、组织、领导、控制、创新这5种基本职能。德鲁克的思考则更为简单，他将管理职能区分为管理企业、管理管理者、管理员工和工作这3个不同层次。总之，管理是一种高度情境化的活动，必须因时因地制宜。任正非所赞赏的灰度理论，集成了中国“执两用中”的传统智慧，也承载了管理的实践性特质。管理并不是非黑即白、非此即彼，而是介于黑与白中间的各个不同状态，呈现出不同谱系的灰色。灰度就是理解人性。揣摩明白了这些经典论断的真味，青年管理者也就基本完成了管理启蒙。

在现代商业社会，管理者是承担管理职能的人，是聚合经济资源真正创造价值的特殊资本，更是源源不断地赋予企业活力、使此企业迥异于彼企业的关键要素。青年管理者须注重培育自身的战略素质。关于管理者的战略素质，美国西点军校列出了责任感、完美主义、激情、毅力、策划力、团队合作、忠诚、灵活性、无私奉献和正直等10条原则；杰克·韦尔奇（Jack Welch）更为关注“真实”和“信任”这两个关键词，他认为管理者要致力于“不断地探求真实，不懈地建立信任”。高层管理者的特质既与个人的天分，以及原生家庭、教育背景相关，也与工作中发展的人脉资源相关。除去禀赋和其他先天条件，管理者可以通过后天努力，做出许多主动的创造，这是一种有效的弥补。青年管理者要持一种乐观的、正向的人生态度，怨天尤人不如反求诸己，这样才能牢牢掌握主动权。

无论对于管理的职能，还是管理者的角色，教科书上的讨论总显得有些空泛。媒体也总是乐于拼凑出更多的企业传奇和更生动的企业家励志故事，过度渲染企业成功的个人色彩，并神化那些成就斐然的企业CEO。然而，在现实生活中，管理的“真相”是一种“可测的混乱、可控的无序”。我们须明白，真实的管理生活多是枯燥乏味的，并不是人们所想象的那样激荡人心。

在德鲁克看来，无论管理活动表现得多么纷繁芜杂，最基本的活动都可以归结为5项：设定目标、建立组织结构、激励员工、明确绩效标准以及培养人才。正是这些活动，共同将相关资源通过“人”的工作整合成具有生机和成长潜力的组织。更进一步说，值得管理者真正聚焦的，无外乎战略、组织和文化这3个根本性领域。战略显然是管理的首要问题。战略需要管理，战略活动是管理者一项永不间断的责任。在现实中，很多管理者，甚至包括一些CEO，正在迅速失去战略思考能力，退化成一个碌碌无为的事务主义者，满足于做一个指挥改善运营细节的角色，或者热衷于各种交易而不能自拔，这是一个很危险的信号。在“战略”问题之后，管理者最应该解决的便是“组织”问题了。组织源于结构，而结构又是由战略决定的。对于管理者来说，“组织”命题涉及组织结构、组织能力，以及与“人”相关的人力资源管理等一系列命题，这些都是关乎企业能力建设的核心问题。“文化”对人的行为有内在的驱动作用，决定着管理者的行为方式，深刻地影响并塑造着员工的行为习惯和行为模式。管理者要真正做到让文化在企业的运行体系中逐步生根化育，其关键点在于员工的思维模式、行为习惯要与公司的核心价值观高度契合。

第 1 章
管理是一种实践

作为一种人类活动，管理可谓源远流长，且无处不在。但对于什么是管理，至今仍难有一个广为认可的标准定义。彼得·德鲁克说，管理是一种实践；亨利·明茨伯格则认为，管理是科学、艺术和手艺的权衡。这两句话最为接近管理的真味。在企业组织中，管理应当承担什么样的职能？亨利·法约尔和德鲁克有着不同的划分，我们可以把这两种划分结合在一起来理解。掌握了这些经典论述的实质，我们的管理活动也就不至于走偏。

管理是一种高度情境化的活动，必须因时因地制宜。任正非的灰度理论集成了中国“执两用中”的传统智慧，也承载了管理实践的真义。青年管理者血气方刚，锐气有余，却往往失之于度。灰度理论无疑是青年管理者开启职业生涯的极好启蒙。

管理终究属于实践性质

人类的管理活动

美国著名管理学家戴维·赫尔茨（David Hertz）曾说过：“管理是由心智所驱使的唯一无处不在的人类活动。”确实，管理实践的历史悠久，至少可以追溯到几千年以前。据考证，生活在幼发拉底河流域的古闪米特人早在公元前 5000 年就开始了最原始的记录活动。东西方文明在各自的发展演进过程中都积累了大量的管理实践，这一点是没有争议的。

管理实践的历史虽然悠久，但在过去几千年中，管理始终只是一种零散的经验和某种闪耀着智慧光芒的思想火花，并没有系统化、结构化和理论化。**工业革命以后，人们才开始普遍重视并系统研究管理。**第二次世界大战后，美国经济迅速走上了蒸蒸日上的发展道路。那些在战争中受到严重破坏的欧洲国家以及日本都认识到，为复苏本国经济，本国企业应该向美国企业学习，于是兴起了一股学习美国企业管理方法的浪潮。这股热潮直到20世纪70年代初发生石油危机后才渐渐冷却。

管理是通过他人达成目标

一个人独自完成某件事情，这显然不是管理。管理的最基本的一个特征即通过他人来达成目标。管理主要解决两个问题：第一，让一些人共同去做一件事情；第二，让这些人在做事情的时候，都能够发挥各自的作用，并且最终能创造价值。由此看来，管理的内涵蕴含着以下要点：

- 第一，**实现组织目标是评价管理成效的唯一标准；**
- 第二，**情境是管理的必要条件，管理离不开具体情境；**
- 第三，**管理的核心是人的行为；**
- 第四，**管理的本质是协调。**

人们对管理的研究，长期以来都陷入了种种困境与误区，以致管理学界至今也无法对“管理”给出一个让人信服的标准定义。我们只能综合各种管理思想和管理理论，重点参照德鲁克的相关论述，尝试着给管理下一个粗略的定义：**管理是在特定情境下协调资源以有效实现组织目标的活动，是一个与他人一起，并通过他人使活动完成得更有效率、更有效益的过程。**

德鲁克深刻地认识到了管理的这些内涵和特点，他说：**管理是一种实践。**管理既然是一种实践，是经验的积累，就必须针对具体情境，因时因地制宜。德鲁克所说的这句话的意思是，管理还不能成为一门学科，至少算不上是科学，还有待我们进一步的实践。

科学、艺术和手艺的权衡

如果说德鲁克关于管理的论断有些哲理化，需要我们去用心揣摩和思考，那么明茨伯格“管理三元论”的表述就要生动形象得多，更易于理解。“管理三元论”的主要思想：**管理是对科学的应用**，管理者在进行管理时要利用从各门学科中得到的知识；但**管理更是艺术**，其基础是洞见、远见、直觉；更重要的是，**管理是手艺**，意味着实践经验，即“从干中学”。简而言之，艺术激发灵感，促进融合；手艺以实践经验为基础，实现融会贯通；科学则对知识进行系统分析，做到有条不紊。**管理是“科学”（分析、验证和因果）、“艺术”（想象力、创造力和感动）以及“手艺”（经验、实践和分寸感）的权衡**（见图1－1）。

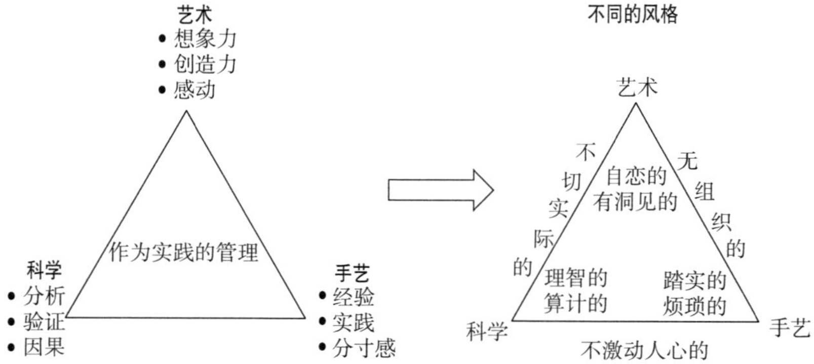

图1－1　结合艺术、手艺、科学的管理

德鲁克称管理是一门**“综合艺术”**。明茨伯格对此的解读是：**“综合”**是因为管理涉及基本原理、自我认知、智慧和领导力；而**“艺术”**则是因为管理是实践和应用。**高效管理更依赖艺术，尤其仰仗手艺。**艺术是在“直觉”的基础上产生“洞察力”和“想象力”；手艺则强调从经验中学习，管理者要在实践中摸索和解决问题。组织中大多数程式化的工作可以交由专业人士来做，不应过多占用管理者的时间，管理实践也由此出现变“软”的趋势，“艺术”和“手艺”的成分越来越重。管理者需要做的事情是把大量的手艺、恰到好处的艺术和一定的科学运用结合起来。**只有当艺术、手艺和科学这3个维度较好地结合起来，处于调适状态时，才会出现有效的管理**（见图1-2）。我们也由此可以看出，**管理终究属于实践性质**。明茨伯格的“管理三元论”与德鲁克的“管理是一种实践”的论断，其实质是高度一致的。

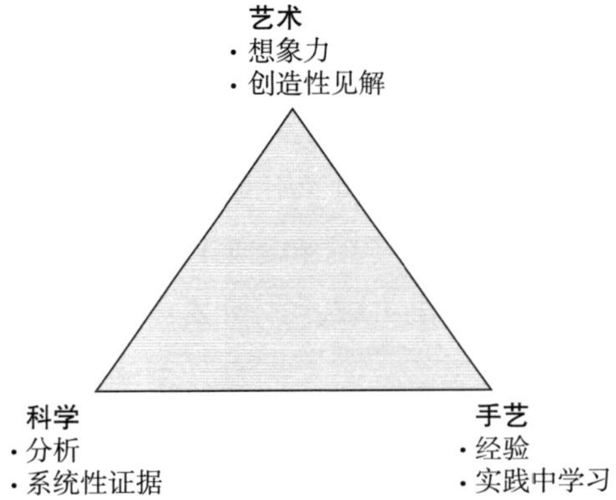

图1-2　有效的管理：艺术、手艺和科学的综合

情境化与灰度理论

管理是一种高度情境化的活动。我们在前文讨论过，管理的确需要应用科学，管理者必须运用所获得的一切知识，还要运用科学的方法进行分析；但同时我们也要看到，**管理包含着大量的隐性知识，而“隐性”意味着不可轻易获得，很大程度上是管理者在具体情境下所习得的一种体会**。我们可以这么认为，**管理的情境特征与实践属性在本质上具有同一性**。这也解释了为什么有人说管理不是一门科学，甚至不能说是一门专业，管理必须在实践中悟得。

在资源有限的情况下，管理者必须做出选择与权衡。要做到这点，管理者必须清楚地了解互补或矛盾双方的各自特点，以及优势与不足，如此才能做到**“执两用中”**。孔子说，**“过犹不及”**，过度与不足同样不好。老子说，“反者，道之动”，道的运动是循环往复的，超过一定范围，事物会有其内在力量使其回返。亚里士多德也认为，现实中存在“过度、不及和适度”，过度和不及这两种情形都不好，“适度”才是最好的，并把它定义为“德性”，即**“德性是一种适度”**。在基督教教义中，仁慈和公平就是相互对立又相互补充的一对矛盾。任何一种理念都不能单独存在。没有仁慈的公平是复仇，没有公平的仁慈是放纵。亨利·法约尔也这样说：“在管理方面，没有什么死板和绝对的东西，**这里全部是尺度问题**。我们在同样的条件下，几乎从不两次使用同一原则，因为应当注意到各种可变的条件，同样也注意到人的不同和许多其他可变的因素。”举一个例子，协调活动需要清楚认识各种互补和矛盾。**探索性活动**注重未来，强调突破性创新；而**利用性活动**注重当下，强调渐进式创新。这两种活动既互补又相互矛盾。在技术和“人”、科学与人文这对相互矛盾的理念之间权衡，并不意味着妥协，而是要在具体情境下做出合适的选择。

任正非所赞赏的**“灰度”理论**，以及**“开放”“妥协”“自我批判”**等管理哲学，这些源于中国文化和精神的智慧已有机地融入了华为公司的管理体系之中，放在这里也是一个极恰当的解释。任正非说：“灰度是常态，黑与白是哲学上的假设。所以，我们反对在公司管理上走极端，提倡系统性思维。”**管理并不是非黑即白，非此即彼，而是介于黑白之间，呈现出不同谱系的灰色。**灰度即理解人性，既有黑又有白，要融合“黑”和“白”这两种思想，形成合力。灰度，实际上是一种制度化管理与领导者权变相结合的管理艺术。管理者的一项重要素质，便是方向感和节奏感，他的水平就是“合适的灰度”。管理者常常会面对各种意想不到的情形，这就需要平时读书要多，所学要博杂，文化背景要深厚，这样心态才能平和，看问题的角度才能够多元化，思维方式才能跳出简单的固化和机械模式，摆脱形而上的黑白分明。

在灰度理论的实践上，任正非要求，**“我们各级干部要真正领悟妥协的艺术，学会宽容，保持开放的心态，就会达到灰度的境界，就**

能够在正确的道路上，走得更远，走得更扎实。”对于这句话，我有3点理解。其一，**妥协**是双方或多方在某种条件下达成的共识。明智的妥协既是一种让步的艺术，也是一种美德。妥协，集中了大家的智慧，达成共识。宽容才会团结大多数人，进一步明晰认知方向。消除分歧的最好办法，就是将争论的双方引入黑白之间的灰色地带。只有妥协，才能实现“双赢”和“多赢”。掌握这种高超的艺术，是管理者的必备素质。坚持正确的方向与妥协并不矛盾，妥协并不意味着放弃原则；相反，妥协是对既定方向的一种坚定不移。方向和原则是不能用来妥协的，但是实现目标的过程中的具体步骤和方式方法则是可以妥协的。只要有利于目标的实现，妥协一下也没什么不可以，不必非得不撞南墙不回头。妥协其实是一种非常务实、通权达变的丛林智慧。其二，华为在制度与流程上坚持黑白分明，但同时又强调“对事不对人”；在对人的管理上，要**宽容**，允许下属犯错误，对人要有包容心，不能过于严苛。任正非曾说过：“哪里搞脏了一点，洗掉就行了。没啥了不起，不要那么纯洁。”其三，**开放**是公司生存下来的基础，开放要以自己的成长为基础，加强对外合作。公司的运作是耗散结构，应该让公司的发展在稳定与不稳定、平衡与不平衡之间交替进行，这样才能保持活力。要不断消耗能量又有新的补充，使自己获得新生。如果不开放，就没有能量交换，就会缺乏活力。一个不开放的文化，不会主动吸收别人的优点，就容易陷入僵化状态，长期下来就会被逐渐边缘化。

管理的职能

法约尔的划分

管理是企业的一项专门职能。既然如此，人们很自然地就会想到确定这项职能的内涵，并以此明确它的具体形态，从而最终落到实际行动中去。但长期以来，人们对管理职能特殊性的认识，并不容易达成共识，直到**亨利·法约尔的成名作《工业管理与一般管理》**的推出。**法约尔将管理活动最基本的职能概括为计划、组织、指挥、协调、控制**。在此基础上，人们根据企业组织的变化和管理理论的发展，将法约尔提出的管理活动的基本职能进一步演进为**决策、组织、领导、控制、创新**。这种古典意义的划分随即成了一个经典论断，在全世界范围内通用并一直沿用至今。各职能的简要含义如下。

第一，决策。**计划即制定目标并确定达成这些目标所必需的行动**。企业必须有总体战略目标，还要有支配和协调相关资源的计划；管理者在执行计划的过程中需要进行决策。**决策是计划和修正计划的前提，而计划又是实施决策的保证，计划与决策密不可分。**

第二，组织。组织工作源自人类对合作的需要。管理者要根据工作要求与人员特点，设计岗位，通过授权和分工，将适当的人员配置到适当的岗位上，用制度规定各个成员的职责和上下左右的依存关系，形成一个**有机的组织结构**，使整个组织有序协调地运转。战略决定着组织结构的具体形式和特点。在每项管理活动中，都少不了大量的组织工作。**组织工作的优劣，在很大程度上决定着计划和管理活动的成败，组织能力因而也是企业极为重要的一项核心能力。**

第三，领导。企业组织中处于各岗位的员工，在个人目标、需求、偏好、性格、素质、价值观、工作职责以及所掌握的信息等方面存在很大差异，因此在相互协作中出现一些矛盾和冲突再正常不过。在这种情况下，需要管理者发挥领导职能，**以权威和影响力来指导和管理员工行为**，在充分沟通的基础上提高员工认识和行动的一致性，激励员工为实现共同目标而齐心协力。

第四，控制。**控制的实质就是使实践活动符合计划，使之趋向于计划目标而不能出现实质性偏离**。计划就是控制的标准。处于基层的管理者，控制的时效性要求较强，控制的量化程度也较高；而处于高层的管理者，控制的时效性要求就变弱了，控制的综合性也相应变强了。原则上，管理者要把所有的管理活动和管理对象纳入管理控制体系进行控制。**管理中可能有不信任的控制，但绝不存在没有控制的信**

任，这跟一些国有企事业单位经常讲的“信任不能代替监督”的道理一样。

第五，创新。创新是一项越来越重要的管理职能。**创新代表着企业家精神，管理者需要培养创业型思考能力。**创新是一种行动，通过改变资源的产出，为客户创造价值和提升满意度。“企业家精神”的本质就是有目的、有组织的系统创新。**创新是唯一可以创造长期价值的可持续战略，是保护企业并使企业长青的最好方法。**

德鲁克的主张

在德鲁克看来，管理的职能很简单：**管理企业、管理管理者、管理员工和工作。**管理具有突出的综合性特质。在日常管理活动中，我们往往无法清楚区分这 3 种管理职能，也无法将今天的决策和关乎未来的决策完全分开，但我们须明白，任何管理决策都会影响这 3 种职能，而且必须将这 3 者同时纳入思考范畴。

管理的第一种职能是管理企业。这意味着管理层和管理活动存在严格的范围限制，也意味着创新和创造性活动是管理者的重要职责。这一论断也隐含着两个否定性结论：第一，表明企业管理的技巧、能力和经验不能简单照搬其他企业的管理手册，也不能随便运用到其他机构中；第二，管理绝不能成为一门精确的科学，最终检验管理成败的标准只能是企业绩效。

如何管理企业？德鲁克从哲学和战略高度提出了“经典三问”。**第一个问题是：我们的事业是什么？**这是决定企业成败的最重要的问题。我们只能从外向内看，从客户和市场的角度来观察我们所经营的事业。**第二个问题是：我们的事业将是什么？**这涉及 4 个问题：其一，市场潜力和市场趋势；其二，经济发展、流行趋势和品位的变化，或者竞争对手的策略会导致市场结构发生哪些变化；其三，哪些创新将改变客户需求、创造新需求或淘汰旧需求；其四，还有哪些客户需求无法从我们的现有产品或服务中得到充分满足。**第三个问题是：我们的事业应该是什么？**这个问题实际上在问：我们是否在从事正确的事业，还是我们应该改变我们的事业？

企业是什么？这得从理解企业的目的开始。**企业的目的必须存在于企业本身之外，必须存在于社会之中。**因为企业是社会的一个器官，而器官不会离开它所依附的机体单独存活。同样，一个健康的企业不可能在一个病态的社会中生存和发展。这也由此衍生出企业和管理者的社会责任问题。

企业是实现经济成长、扩张和改变的器官。企业是由人创造和管理的。有效利用一切创造财富的资源，经济学上称之为“生产力”。利润是绩效的一种结果。企业的首要任务是求生存，换言之，**企业经济学的指导原则不是追求最大利润，而是避免亏损。**在阿拉伯文中，“风险”意指“赚取自己每天的面包”。从这一点来看，足可以理解企业避免亏损的重要意义。是否应该把“追求最大利润”作为企业的经营动机，从不同的角度来看，这确实值得讨论；但企业绝对需要赚取足够的利润，以承担未来的风险。如果不能获取必要的利润，企业便无法保存生财资源并继续在现有行业中求得生存。

对于企业的目的，只有一个适当的定义，那就是创造客户。企业只有两项基本职能，那就是营销和创新，因为企业是通过营销和创新来创造客户，从而产生经济成果，其余的一切都是“成本”。因此，管理者必须具备企业家精神，而不能沾染官僚作风、行政作风。管理企业是一项创造性而非适应性任务。经济力量限制了管理者所能做的事情。管理者越能创造经济条件或改变经济条件，而不是被动地适应这些经济条件，便越能把企业管理好。

企业应该在市场营销、创新、人力资源、财务资源、实物资源、生产力、社会责任、利润需求这 8 个领域设定绩效和成果目标。“企业的社会责任”这一概念由德鲁克率先提出，并在 1997 年成为一项新的国际标准，即 SA8000。我国《公司法》也从 2006 年 1 月 1 日开始，增加了“公司的社会责任”相关内容。关键领域的目标是引导企业发展方向的必要“仪表盘”。**没有目标的管理，就好像飞行时只凭直觉碰运气一样。**这样的管理，安全是偶然的，出现风险则是必然的。管理者要努力做到以下5点：其一，用简洁易懂的语言说明所有的企业活动；其二，在实践中不断接受检验；其三，行为可以预测而且可控；其四，在决策制定的过程中，就能加以评估；其五，能让实际经营者分析自己的实践，并因此改善经营绩效。此外，目标设定须有时间维度，管理者必须在“最近的将来”与5年以上的“长远未来”之间找到平衡，各领域目标之间也应该保持平衡而不是相互矛盾。

管理的第二种职能是管理管理者。管理管理者就是运用资源来组成一个企业，使资源能充分发挥生产力。企业必须是一个真正的整体，要大于而不能等于、更不能小于它的所有部分的总和，它的产出必须大于所有投入的总和。**能够承担价值创造责任的资源只能是人力资源，因为其他资源都受到机械法则的制约，本身并不具备自动创造价值的功效。**

管理如此复杂而多面，管理管理者更是如此。即使在小企业中，如何管理管理者也是一项重要且复杂的任务，不可能轻轻松松就做好。管理层的功能和责任因其任务而决定，而不是通过雇主的授权来决定。企业必须有管理者，才能建立起有组织的整合性团队。**管理者是最昂贵的资源，也是折旧最快、需要及时更新的资源。**虽然企业对管理者的投资不会全面体现在会计账面上，但远比其他经济资源的投资来得重要。企业对管理者能力的要求在不断提高，管理者的数量和每位管理者所代表的资本支出也相应会稳定地增加。这是一个趋势，也是科层制组织所难以克服的一个弊端。

每位管理者必须把重心放到追求企业的整体成功上来。过度追求本部门和本人的成功而忽视企业的整体成功，这种带有本位主义或个人主义色彩的做法非常有害。管理者不会自动追求共同目标，相反，企业天然存在3种有碍于管理者追求共同目标的潜在因素：其一，管理者的专业工作；其二，管理的层级结构；其三，因价值观和职能差异所导致的管理者之间的隔阂。为此，**德鲁克创造性地提出“目标管理和自我控制”，并把这项管理原则视为“管理哲学”。**在这一管理原则下，个人可以充分发挥特长，能凝聚共同的愿景并形成一致的努力方向，建立有效的团队合作，保持个人目标和共同目标的有效融合。同时，更严格、更精确、更有效的内部控制取代了外部控制，使得管理者的工作动机出于管理者必须达成的目标，成为一种内在的激发，而不再是他人的命令或说服。

每位管理者需要有明确的目标，而且必须在目标中列明所管理单位应该达到的绩效，以说明自己和自己管理的单位应该有什么贡献，这样才能协助其他单位达成目标。管理者的目标由谁确定，又如何确定呢？**总的要求是自行发展并设定单位目标，同时高层管理者保留调整和同意的权力。**每位管理者应各司其职，协助高层管理者发展出更高层级的目标，并通过测评来实现自我控制。**目标管理的最大好处是，管理者能够控制自己的绩效，这本身就是一种很好的激励机制。**自我控制意味着更强烈的工作动机，管理者会努力争取最好的表现，而不仅仅满足于实现门槛目标。相反，**靠压力和危机进行管理是非常不可取的。**这会导致片面强调一个方面而损害其他方面，破坏了均衡发展的局面，等压力和危机消失后又会老调重弹，回到原先的无序状态。

管理的第三种职能是管理员工和工作。人具有理想性、价值观及判断力，这些正是决定组织绩效表现的关键资源。**人力资源是所有经济资源中最有生产力，也最为丰富的资源，同时又是使用效率最低的资源。**管理者须认识到，人不同于其他经济资源，需要激励、参与、满足、刺激、奖励、领导，管理的复杂性也因此全然不同。管理者不只是通过知识、能力和技巧来管理员工，同时也要通过愿景、勇气、责任感和诚实正直的品格来领导员工。因此，必须重视“企业的人性面”，强调人是有道德感和社会性的，设法让工作的设计安排符合人的特质。**不能只是雇用“人手”，而必须连同这双手的主人一同雇用。**这也说明了为何提升企业经营绩效的最佳方法在于改善员工工作成效。

管理者唯有找对人，将人摆在正确的位置，从旁协助，才可能有

“对”的结果。德鲁克给我们带来了一缕思想的清风。“公司不能自称是员工的家，也不可以干预员工的私生活或者员工的公民权。将员工与公司连在一起的，只是一份自愿的、随时可以被取消的聘用合同，并不是一条神秘的、不可撤销的纽带。”德鲁克总是强调，**对人要正面评价（用人所长），对事则要负面评估（高标准要求），这是各类组织唯一最高的指导原则。**关于用人所长的话题，实在太重要，我们在后面的章节中还会从不同角度进行讨论。

两组重要概念辨析

管理与经营

经营是先于管理出现的，管理则是经营发展到一定阶段后的产物，但随着现代实践的发展，二者又呈现出逐渐融合的趋势。从本义上辨析，“经营”和“管理”在内涵和运作机理上存在着显而易见的差异。**经营的目的是效益最大化，管理的目的是效率最大化。**经营的特征：以客户为中心，具有扩张性，必须通过民主决策，注重整体性，通行规则是竞争和优胜劣汰，必须保证公司有发展能力。管理的特征：以工作绩效为核心，具有控制性，必须权威执行，注重细节，通行规则是合作与适者生存，必须保证工作有效率。但**在现实场景下，管理通常囊括了经营，我们所讲的“管理活动”，事实上不仅包括了“经营活动”，更强调以价值创造为导向。**

在华为公司的企业文化中，经营和管理的关系犹如太极八卦图（见图1-3），两者如阴阳两极，实现了圆融的结合。按照任正非的说法，这就是一种均衡，代表了一种“灰度”的美。经济学意义上的“均衡”，即在相互作用的关系中，每一方都同时达到了约束条件下可能实现的利益最大化目标，因而这种状态可以长期持续存在。**经营管理的均衡状态意味着，依靠“管理上的高效率”来实现“经营上的高效益”。**企业的高绩效文化根本上是由企业经营与管理的本质决定的，其基础都来自一个共同的价值链。这也深刻体现了德鲁克的思想：**“管理是为了组织的绩效而存在，是使一个机构能够产生外部绩效的工具。”**

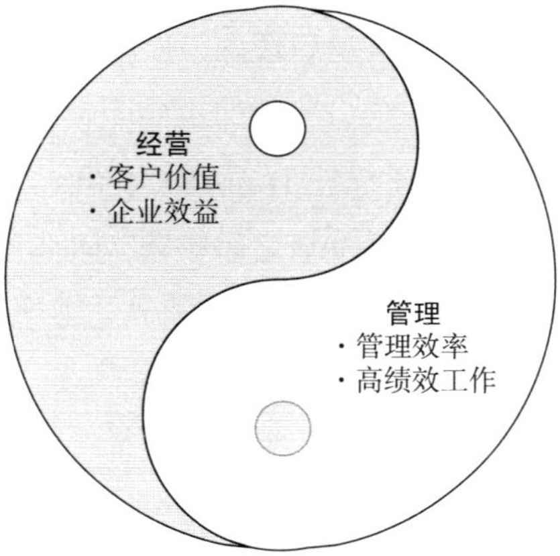

图 1 – 3　华为模式：经营管理的太极图

外部绩效是企业效益的前提。在经营模式上，华为的**宏观商业模式**是客户导向，产品的发展路标是客户需求导向，把为客户提供完善和及时的服务作为公司存在的唯一价值和理由。而在管理模式方面，华为的**微观商业模式**是流程化的组织能力建设，企业诸元素由此完成了端对端、高质量、快捷而有效的管理。在核心价值观方面，相应构建了高绩效导向的企业文化。**从整体上看，华为模式将客户价值、企业效益、管理效率与高绩效工作有机地结合在了一起，达到了一种有效、动态的平衡。**任正非提出的宏观商业模式与微观商业模式是建立在理性思考的基础之上的。其实质是，**经营管理的太极图变成了有实践意义的华为模式。**

管理与领导

我们在前文讨论过，管理是指与他人一起以及通过他人使活动完成得更有效率、更有效益的过程。那么，什么是领导呢？**领导是一种影响人们为实现团队目标而共同努力的行为，是一个认识自己、传达**

愿景、在团队中建立信任并通过采取有效行动来实现愿景的影响过程。

我们试着描述一下领导与管理的不同职责（见图1－4）。领导的主要职责包括：明确方向，建团队、带班子，鼓励、启发并激励员工，改变、改善和改革，强调价值观和理念，强调发展和长远目标，具有全局性、超脱性。与此相对应，管理的主要职责为：计划与预算，任务分派与考核，控制与解决问题，保持稳定性和一致性，制度化管理，注重经营和短期目标，具有局部性、操作性。因此，我们可以得出一个浅显的结论：**领导≠管理，领导者≠管理者，领导力≠权力。**

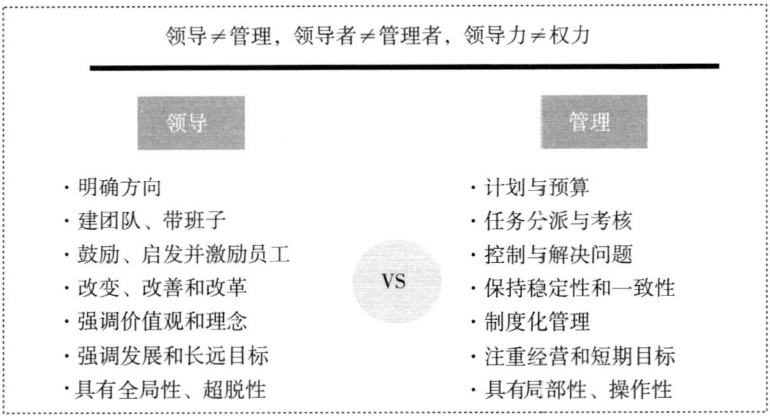

图1－4　领导和管理：概念辨析

正是深深根植于管理和团队精神中的领导力，将领导者与管理者区分开来。一个比较通行的说法是：**领导者做正确的事，应对莫测的变化；管理者正确地做事，处理烦琐的事务。**但这种说法是否科学呢？也有不少人提出质疑，认为这话听起来很有道理，但等到“努力去做正确的事”，而不是“正确地做事”时，就会明白现实远不是如此。

实际上，在管理者的日常工作中，这种区分意义不大。将领导与管理分离，并认为领导高于管理，这不仅对管理有害，而且对管理者发展领导力也是有百害而无一利。领导与管理，实际上是同一项工作的两个方面，很难将它们严格地割裂开来。说得通俗一点，再大的格局也要脚踏实地从小处着手，一笔一笔地去描绘，才能逐步逼近所预设的目标。因此，优秀的领导者总是能身体力行地参与管理工作。然而，**现实情况恰恰是，领导者领导过度，管理者却管理不足。**斯坦福大学商学院教授詹姆斯·马奇（James March）说过一句很俏皮的话："领导既要疏通水管，又要写诗歌。"因此，**把管理放在前面，把管理和领导力一并视为团队精神的根深蒂固的要素，才能更好地做好管理，也才能更好地发展并体现领导力。**

第 2 章

管理者：战略素质与共同特质

管理者是承担管理职能的人，是聚合经济资源真正创造价值的特殊资本，更是源源不断地赋予企业活力并在文化上使此企业迥异于彼企业的关键要素。由管理者组成的管理层，是专门赋予资源以生产力的社会机构，也是负责有组织地发展经济的机构，体现着商业和现代社会的基本精神。

青年管理者在开启管理旅程时，要想在管理中实现充实的人生价值，就必须明白培育战略素质的重要性。关于管理者的战略素质，西点军校的 10 大原则很有启示作用；而杰克·韦尔奇更注重本质，他只给出了“真实”和“信任”这两个关键词，管理者要“不断地探求真实，不懈地建立信任”。高层管理者的特质既与个人的先天禀赋，以及原生家庭、教育背景相关，也与在后天工作中发展的人脉资源有关。先天禀赋和原生家庭是天生的，强求不来，但青年管理者可以通过后天努力做出一些主动的创造和有效的弥补，也能由此成长为一名优秀的管理者，甚至是卓越的领导者。

管理者及其角色

管理者与管理层

简单地说，**管理者就是企业管理职能的承担者。**管理者是通过协调和监管他人的活动以达到组织目标的人。在每个企业中，管理者都是为企业赋予生命、注入活力的关键要素。

一般认为，经理人员就是管理者。但这里有一个特定内涵，即**管理者在从事价值创造的具体工作过程中，同时也为企业处于有效的计划、组织、指挥、协调和控制等管理状态而做出贡献**。我们由此可以得出两点结论：第一，管理者首先是创造价值的，无论是通过直接方式还是间接方式，他们并不是人们通常所认为的单纯从事行政工作的人员；第二，在企业组织中满足这一界定的，不限于有头衔的经理人员，只要承担管理职能、从事管理活动的员工都是管理者。**管理者和员工在本质上没有差别，只有责任上的差别**。员工的管理权力不是来自管理者的授权，而是来自所承担的责任。

管理层是由管理者组成的。其中，那些处于企业组织战略顶点的管理者构成高级管理层。**管理层是专门赋予资源以生产力的社会机构，也是负责有组织地发展经济的机构，体现着商业和现代社会的基本精神。管理层的首要职责是经济绩效**。管理层只能以所创造的经济成果来证明自己存在的价值以及在组织中的权威。如果不能创造经济成果，就只能意味着成本的消耗或资源的浪费，那就是无效的管理和失败的管理层。

在德鲁克的笔下，“责任”是一个着墨甚多的关键词，包括管理者的“责任”、员工的“责任”，以及企业的“责任”。德鲁克曾写道：“首先要说的是，CEO 要承担责任，而不是享有‘权力’。你不能用工作所具有的权力来界定工作，而只能用你对这项工作所产生的成果来界定。CEO 要对组织使命、价值观、行动以及结果负责。**最重要的就是结果**。”因此，**管理就是管理使命、承担责任、勇于实践**。

管理者的角色

为了考察管理者在一个简化的组织中履责时承担着哪些角色，明茨伯格将管理者的工作场景进行了高度抽象化，抽除里面的结构，将组织高度简化为一个“单细胞”。在这个模型中，管理者处于组织的中心位置，从信息、人员和行动这 3 个层面来展开管理活动（见图 2－1）。

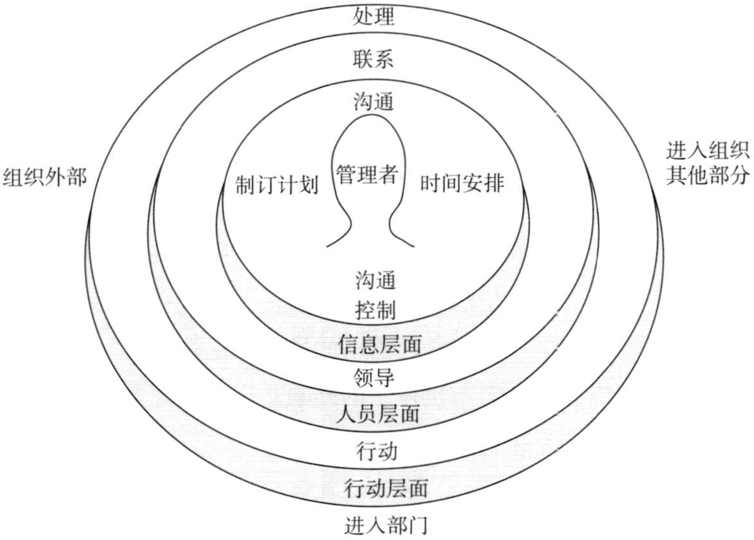

图2－1　一个抽象模型：管理者的角色

作为“全面”的实践活动，管理者要保持管理工作的连贯性，即保持一种动态平衡，使组织始终有一个明确的方向，并处于正常运转的轨道上。在信息、人员和行动这3个不同层次的平台上，管理者对内和对外都同时扮演着不同的角色：其一，在信息平台上，管理者**向外传播信息并对内控制信息范围**；其二，在人员平台上，管理者**在内部领导并保持对外联络**；其三，在行动平台上，管理者**在内部行动并处理组织涉及外部的各种事务**。接下来我们对此进行具体分析。

第一类角色：信息管理。管理者要确保与所管理的员工拥有充分的信息，这是顺利完成工作的必要条件。组织内部的所有人均需要依赖管理结构和管理者来获取或传递必要的信息，以便完成各自的工作（见图2－2）。信息角色又分为：**监督者角色**（持续关注内外部环境变化以获取与组织相关的有用信息，从下属或人脉关系网中得到信息，根据所获取的信息来识别组织或所在单元的潜在机会和威胁）、**传播者角色**（传播以监督者角色掌握的信息，保证员工获取必要的信息，以便有效地完成工作）、**发言人角色**（把筛选过的信息发布给单位或组织以外的利益相关者，让他们了解组织情况并提高对组织的满意度）。具体来说：第一，**组织外部的全方位交流沟通**。管理者通过大量的倾听、观察和交谈来传播信息，这种沟通大大促进了管理者周围的信息流动与交换。管理者在组织内外部所承担的监控、神经中枢、传播、发言人等角色，在很大程度上就是一种信息处理。第二，**组织内部的管控**。管理者使用信息的直接作用之一就是“掌控”，利用所获得的这些信息，克服信息不对称状况，在对各种情况了然于胸的基础上，促进内部运转。因此，**运用正式权力，掌控组织运行，是管理工作的重要组成部分**。管理需要掌控，但是要注意掌控适度，避免为之受累，过强的控制欲会引起员工的反感和排斥，从而有损组织文化和管理的有效性。

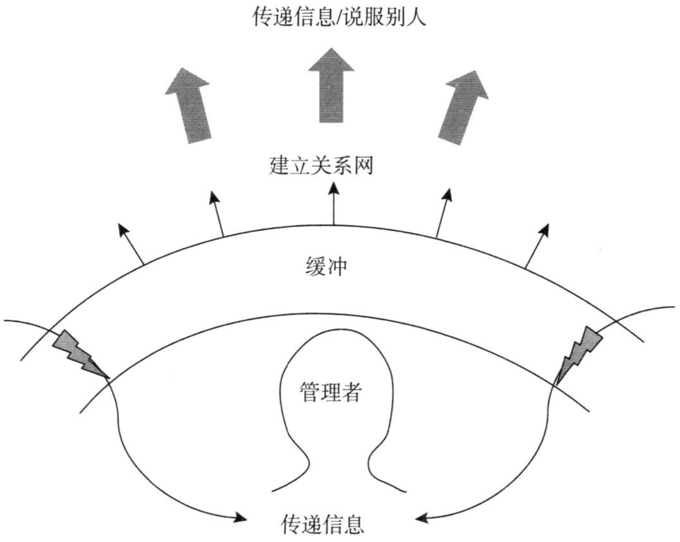

图2－2　管理者：信息管理角色

第二类角色：人际关系管理。人际关系角色直接源于管理者的正式权力基础。在这个平台上，管理者通过人而不是信息来管理，意味着已经进入“领导力”的范畴了，朝行动又迈进了一步。人际关系角色可分为：**代表人角色**（作为负责人必须行使一些具有礼仪性质的角色）、**领导者角色**（管理者和员工一起工作并通过员工的努力来确保组织目标的实现）、**联络者角色**（与组织内个人、小组一起工作，与外部利益关联者建立良好的关系）。由此可以看出，**管理者是组织的能量中心，对外是联系，对内则是领导，居于二者之间还有一个临界点管理问题**。领导力本身就是管理的重要组成部分。对内领导意味着激发个人活力，构建和维护团队。不仅要将员工凝聚起来，组成相互协作的团队，还要及时解决团队内部和团队之间的各种摩擦和冲突，以便保持顺畅的团队合作状态。管理者还必须具备处理外部关系的能力，投入足够精力建立外部关系网络，形成有深厚基础的人脉关系。如果一味眼光向内，把大量时间、精力和能量都花在处理内部问题上，组织就会像黑洞一样吞噬管理者的精力和管理成效。管理者须明白，任何一个企业，其绩效都是源于并体现在外部。所以，管理者在组织外部要投入足够的精力，不能顾此失彼，造成企业没有伙伴、自己没有朋友的孤僻局面。此外，**还有一个临界点管理问题，也即组织与其环境的分界线的管理**，这是一片容易被忽视的领域。就像一个国家的边疆一样，它对组织的长期安全非常重要。根据自身与所处环境的关系，管理者应采取自我保护、及时反应或主动进攻等组织行为，来履行边界线管理职责。

第三类角色：行动管理。在远距离地管理信息、近距离地管理人之外，管理者还必须直接、积极且具体地管理行动，包括做出决策，让团队或员工按既定路径工作，分配必要的资源以促进各项计划的实施。行动角色又可分为：**企业家角色**（把握作为监督者发现的机会并充分利用这种机会）、**干扰对付者角色**（处理组织运行过程中发生的各种冲突、矛盾或问题）、**资源分配者角色**（在各项目中分配财力、设备、时间、信息等组织资源）、**谈判者角色**（与员工、供应商、客户和其他团队进行协商和协调，聚焦组织目标而不偏离）。这也同时意味着，**在关键事件和必要时刻，管理者要亲力亲为，成为行动规划的一部分，甚至成为行动的焦点**。管理者的直接参与，对于员工士气来说，必然会比领导形成的拉力或控制形成的推力都更管用。管理者要成为实干家，其真正意义是“能把事情做成功”。为此，必须前瞻性地管理项目和敏锐性地处理危机。很多问题正是因为被人忽略或者遗忘，才最终酿成不可收拾的局面，给组织带来巨大损失。有效的管理活动不仅可以避免出现危机，而且在确有意外发生时，管理者也能及时进行处置。管理者在与供应商、客户等企业外部人士交往上，或是围绕具体问题构建联盟，或是依托已有合作关系和关系网进行谈判，都应当积极承担行动管理角色。作为公司代表，高层管理者出面谈判可以增加合作的可信度和成功概率。客观来说，管理者拥有更大的决策权力，有利于在关键时刻根据情势做变通处理并最终拍板，这种作用是其他人替代不了的。

因此，管理者须认识到自身在企业内外部所承担的**信息管理、人际关系管理和行动管理**这 3 种不同角色，将它们恰当地结合起来，并在不同情境下进行自由切换，这样更有利于提高管理的有效性。表 2－1列出了管理者基于信息管理、人际关系管理和行动管理，在企业内部和外部所承担的不同角色。

表 2－1　基于信息管理、人际关系管理和行动管理的不同管理者角色

	构思工作框架和安排工作时间	
	内部	外部
信息管理	沟通 • 监督 • 神经中枢	• 发言人 • 神经中枢 • 传播
	控制 • 规划 • 委派 • 选定 • 分配 • 评价	

续表

	构思工作框架和安排工作时间	
	内部	外部
人际关系管理	领导 • 激励个人 • 培养个人 • 建设团队 • 加强文化	建立联系 • 建立关系网格 • 代表 • 传达和说服 • 传递 • 缓冲
行动管理	行动 • 管理项目 • 处理危机	交易 • 建立同盟 • 动员支持

无论是信息管理、人际关系管理，还是行动管理，管理者必须亲力亲为的具体职责至少有 2 项：**制订计划和时间安排**。管理者要胸有成竹，确认自己想做的事情，为组织内部其他成员营造一个特定的工作环境（相比之下，如果不是最高职级的管理者，在安排自己的工作日程时，必须优先考虑上司的日程安排并予以适当调整）。安排日程的重要性体现在，确定了大部分待办工作后，管理者可以充分利用空闲时间，使自己获得一定的自由度。凡是进入管理者议事日程的工作，一般都可以被解读为组织最重要的事情。关于时间管理的问题，我们会在本书第 32 章“坚定的效率主义者”中展开讨论。

管理者的战略素质

基本素质要求

管理者应该具备哪些能力素质？明茨伯格在深入研究并系统梳理前人研究成果的基础上，将管理者应具备的能力素质划分为**个人能力、人际能力、信息能力和行动能力**（见表 2－2）。这一分类虽然也只是一家之说，但可以说是较全面地涵盖了管理工作对管理者能力素质的核心要求。

表2－2　管理者能力素质的基本要求

A. 个人能力
1. 内部自我管理（反应、战略性思考）； 2. 外部自我管理（时间、信息、压力、职业）； 3. 时间安排（分块、排出优先顺序、确定议程、必要的放松与业余爱好、选择时机）。
B. 人际能力
1. 领导能力（甄选员工、教授/指导/辅导、激励、应对专家）； 2. 领导团队（建设团队、解决冲突/调解、推动流程、主持会议）； 3. 领导组织/单位（文化建设）； 4. 行政（组织、资源配置、委托、授权、系统化、目标设定、绩效评估）； 5. 联系组织/单位（建立关系网络、代表、合作、推广/游说、保护/缓冲）。
C. 信息能力
1. 口头沟通（聆听、访问、演讲/演示/简报、撰写、信息收集、信息传播）； 2. 非口头沟通［看（视觉认识能力）、感觉（感官能力）］； 3. 分析（数据处理、建造模型、衡量、评估）。
D. 行动能力
1. 规划（计划、制作、想象）； 2. 动员（救火、项目管理、谈判/交易、政治活动、变革管理）。

西点军校的“10大原则”

基本能力素质只代表了从事管理工作的门槛要求。青年管理者要想走得更远，实现更宏大的抱负，培养相应的战略素质极其重要。除了军事、学术、体育，美国西点军校非常重视学员的领导力培养。他们的领导力模型很简单：Be－Know－Do。Be代表价值观，Know代表知识，Do代表行动。他们认为，一个人的价值观、品格和定位才是最重要的。如果一个人不知道自己是谁，不知道自己从哪里来又要到哪里去，找不到自己人生的使命、宗旨和方向，知识和行动再多也无济于事，甚至会适得其反。

基于这个模型，**西点军校有一个著名的“10 大原则”：责任感、完美主义、激情、毅力、策划力、团队合作、忠诚、灵活性、无私奉献和正直**。西点军校视这 10 大原则为培养学员领导才能的基础。这 10 大原则也完全可以作为一名青年管理者培养战略素质的相应要求。这些原则看上去很简单，但要始终如一地在日常生活中践行，却是一种很高的道德和实践标准。相信在这些原则的指引下，生活会给青年管理者打开无数道成长之门。结合管理者的具体情境，我们对这 10 大原则做一些简单的诠释。

第一，**责任感：该做的时候就应该去做**。责任的一个关键方面就是履行义务。未尽责任就好比没有偿还的债务，它会一直延续下去，并会损害一个人的信用。一个人要为自己的行动负责，只要能够将这个观念植根于内心，就能够促使自己在处理问题时考虑周全，确保自己所做的事情能获得成功。

第二，**完美主义：既然做就一定要做好**。要确定给他人的第一印象和最终印象都是最佳的。自己所传达的内容以及传达的方式就代表着真正的自己，所以务必要尽力做好，要努力在所有的工作中保持近乎完美的标准。完美主义意味着没有错误或责备，也就是没有瑕疵。要做到这一点，就必须培养对细节的注意力，缺乏细节注意力往往会导致严重的后果。管理者还必须做到精于吸收、记忆，并能够在承受高压的情况下迅速准确地传递大量的信息；在了解事实时，也要做到准确无误。行家里手就是那种极少犯错误的人。

第三，**激情：让自己充满激情地做事**。管理者在工作中要充满激情。当管理者真正对所做的事情富有激情时，这一激情会从不同的方面影响着最终的成功。通常情况下，管理者都忙于做一些紧迫但不重要的事情，而无暇顾及那些重要但不紧迫的事情，诸如制定可行战略、提高组织能力、培养长期关系以及营造企业文化等。大部分人都有安于现状、按部就班的天性，因为这样更舒适。“**顺流游泳**”会让人觉得舒适，但难以获得成长，“**逆流游泳**”得投入激情，但更能让人坚忍地担责扛事。管理者必须有逆流而上的勇气，**做一个激情满满的人**，勇往直前，积极主动地为公司承担挑战性任务。这种令人振奋的精神是具备感染力的，能够正向地影响团队成员。

第四，**毅力：曙光往往出现在坚持到最后的时刻**。管理者还得具有咬定青山不放松、顽强坚持下去的毅力；心理上的坚忍不拔，对磨炼毅力来说不可或缺。成功是需要努力才能获得的，在很多时候还需要付出巨大的努力。如果毅力不够，中途而废，肯定什么都做不成。托马斯·爱迪生说过，“很多人的失败，是由于他们在放弃的时刻没有意识到，其实自己离成功已经不远了。”因此，管理者绝不能轻言放弃，也绝不能止步不前。

第五，**策划力：若没有计划好，就会注定失败**。凡事预则立，不预则废。我们在生活和工作中，每完成一项挑战性任务，都需要制订一份详尽周密的计划。没有哪个人能拥有无限的资源，管理者必须学会如何通过计划来合理分配资源。企业如果没有一个好的战略规划，就等于航行失去方向。管理者具有较强的计划能力，也相当于善于安排每件事的优先次序。策划能力和区分优先次序的能力越强，管理者做事的效率也就越高，最终所能累积的人生成就也就越突出。

第六，**团队合作：舍小我，为大我**。团队走到一起只是开始，将团结协作贯穿于全过程，善于合作才会取得最终成功。管理者必须学会融入不同风格的团队，通过实际行动和诚以待人来赢得大家的尊重。实施任何一个想法，都需要得到很多人的支持。一旦“我”变得比“我们”更重要，个人凌驾于团队之上，企业、团队以及依存关系便会受到损害。管理者要注重发挥团队的力量。制定战略或做其他决策时，如果不吸收员工的智慧，就相当于浪费了最宝贵的资源。更何况，组织中的每个人都有权了解战略，有权充分参与其中。良好的沟通不是简单地传达和接受，也不是简单的数据交流，而是虚怀若谷，虚心聆听和从谏如流。

第七，**忠诚：要时刻记住自己是谁，从哪里来**。就像军队一样，企业组织也要强调忠诚感，管理者要学会将忠诚融入团队之中。管理者要意识到，单靠个人的力量难以成就现在的自己。在忠诚的感召下，员工在一起相处的时间越长，就越能为彼此、为组织着想，并竭尽全力。他们知道怎样运作每件事情，并且熟悉自己所处的环境，管理者用不着费心费力地花时间来辅导他们。员工为公司工作的时间越长，能贡献给公司的宝贵知识与经验也就越多。一名管理者需要激励下属忠诚，这是最起码的底线，也是一种需要巧劲的管理方式。管理者要善于将团队以及各种依存关系变得更加紧密。团队中的每位成员对整个团队的忠诚度越高，成员们共同达到团队目标的动力也就越强，团队达到目标的可能性也就越大。

第八，**灵活性：具备多种反应能力的人才能最终取胜**。订立计划需要留有必要的灵活性。德国军事家赫尔穆特·冯·毛奇（Helmuth von Moltke）曾说过："通往目标的道路从来都不是事先确定好的。在战斗过程中，一切都要依靠揭开事件不确定性的面纱，对实际情况进行判断，辨析未知情况，迅速决断，并坚决有力地执行。"美国哲学家玛莎·纳斯鲍姆（Martha Nussbaum）把系统的平衡描述为"脆弱的统一性"，建议管理者要适应这些不确定因素，培养自身"灵活的应对能力"。不管目前处于何种职位，都要持续地学习，适时地重新调整自己的能力，保持灵活性，这样才能不断地成长。任何一个行事固执呆板的人，只以一种方式做事做人，都不可能取得太好的效果。

第九，**无私奉献：回报社会**。不要忽视自己内心的呼唤，要从自己的个人世界中走出来，去帮助他人。人性中最美好的一面就是与他人接触，帮助他人实现成长。回报社会的方式是多种多样的。这种无私付出会激励身边的人，这样做，大家都能生活得更好。

第十，**正直：宁愿艰难地维护正确的事，也绝不轻易包庇错误**。真正的诚实是做正确的事情，而不在乎是否有人理解。诚实与正直是管理者在生活中应该做到的事情。正直意味着诚实、忠诚、勤奋的价值观，是做人的根本。反映在商业生活中，它能让投资者获得回报，让客户得到充分满足他们需求的产品或服务。不管怎样，管理者必须言而有信，言出必行。一旦失去诚实与正直的品格，就几乎再难以重新获得人们的认可，影响力和领导权威也会毁于一旦。

韦尔奇的教诲：真实与信任

2020 年 3 月 1 日，一代商业传奇人物、美国通用电气前董事长兼首席执行官杰克·韦尔奇与世长辞，享年 84 岁。杰克·韦尔奇曾执掌通用电气公司长达 20 年，被誉为“最受尊敬的 CEO”“全球第一 CEO”“美国当代最成功、最伟大的企业家”。在他的领导下，通用电气公司这个老牌工业巨头将业务扩展到金融及咨询服务领域，市值从 120 亿美元跃升至超过 4 000 亿美元，成为全球市值最高的公司之一，当时仅次于微软。

韦尔奇认为，管理者的战略素质没有那么复杂，可以归结为两句话：**不断地探求真实，不懈地建立信任**。这也是决定一名优秀管理者是否具备强大领导力的关键所在。在每项决策和每个行动中，管理者既要不断地探求真实的一面，更要不断地与人们建立互信，要在这个基础上开展自己的管理活动并领导自己的团队。肌肉需要锻炼，才能更加强壮，人们之间的信任也是如此。**将探求真实与建立信任结合起来，代表着管理者卓越的战略素质，将会从根本上打破那些陈旧的管理程式和领导规则**。要做到这些，管理者必须培养坚忍而强大的心理、稳定的情绪和巨大的能量，必须能承受得起挫折与磨难，也能够从错误中吸取教训，从而不断调整自我，避免再犯同样的错误。优秀管理者的权威与影响力，不能仅仅是因为他的头衔，更应来自员工发自内心的认可、爱戴与拥护。一名真正关心公司、关心员工的管理者，才能获得职级之外的拥戴、口碑和声誉，这远比职级和权力更为宝贵。黑石联合创始人苏世民也这样说，**对于 40 岁以上的人而言，个人声誉就代表着他们的能力**。如果认识你的人在背后都说你很了不起，那你就真的很了不起。这对于在大型机构长期任职的管理者来说，尤其如此，口碑和声望就是你的无形资产，代表着一种绝对能力和真正的影响力。

一方面，掌握企业的真实面。所谓“探求真实”，就是直面公司的具体实际及面临的挑战。管理不谈对错，但管理者要面对事实，并最终解决问题。这与明茨伯格所主张的“厚重管理”如出一辙。业务结构、组织结构和人的行为都呈现出高度的复杂性，这使得管理者想要了解真实的一面，掌握第一手真实的材料，变得殊为不易。尽管真实没有绝对标准，但探求真实是一个无限逼近真相的过程。**重要情况和关键信息绝不能被蒙蔽，这是管理者的底线。**永远不要满足于假定和承诺，也要丢开先入为主的主观判断和倾向性汇报，由此及彼、由表及里，努力地探求真相，这会大大减少决策失误的概率。无论自己是否喜欢，也要让真相展现在自己面前，这样才能够提高公司的运作效率，以及公司的公平性、灵活性和创新性。

另一方面，建立口碑和声望。这实际上与“探求真实”密切相关。如果管理者与下属之间没有信任，那么就永远得不到真相，就可能笼罩在一片巨大的风险中而浑然不知，甚至自我感觉良好。信任从何而来？图2－3做了较为清晰的揭示。

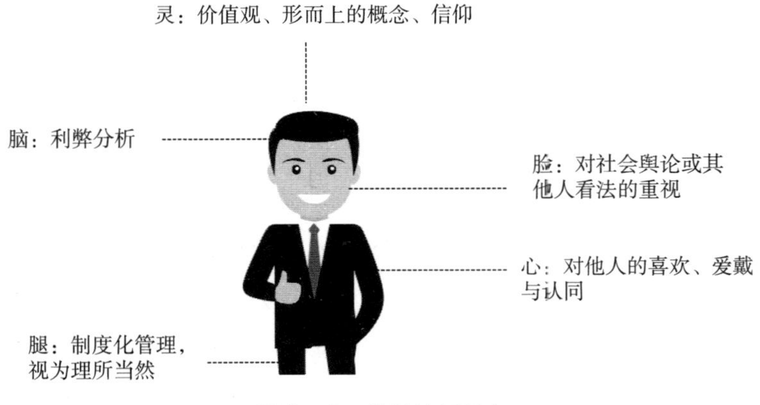

图2－3　信任从何而来

商业的本质是一项团队运动。**管理者要以培养团队、让下属成功为己任，**要有一种提携后进、培育人才的意识和胸怀。黑石联合创始人苏世民曾说过，“如果你认为一个人的本质是好的，就要随时为这个人提供帮助，即使其他人都离他而去。任何人都可能陷入困境。在别人需要的时候，一个偶然的善意行为就会改变他的生命轨迹，造就意想不到的友谊或忠诚”。“每个人都有梦想。尽你所能帮助别人实现他们的目标”。换一种更为形象的说法，我们**要做“榕树型”管理者，而非“桉树型”管理者**。榕树最显著的特点即“独木成林”。榕树枝条上的气生根，可以向下伸入土壤形成新的树干，支柱根和枝干交织在一起，可向四面无限展开，形成稠密的丛林。而桉树的习性却恰恰相反。它是“抽水机”，会吸干根系土壤的所有水分导致土地沙化；它是“抽肥机”，吸走土壤中所有的肥料和养分，导致土地贫瘠，使周边其他植物根本无法存活；它是“霸王树”，对周边土地上的物种有着极大的抑制性，不让其他物种生长，桉树林的地表都是光秃秃的，几乎寸草不生。对比之下，“榕树型”管理者与“桉树型”管理者的境界差距何其大也。令人遗憾的是，现实中利己主义的“桉树型”管理者往往大行其道。在他们的多年“管理”和压制之下，组织几乎成了“人才荒漠”。组织的员工默默奉献所创造的绩效，反而成了这种“桉树型”管理者一步步拾级而上的垫脚石，演绎了一曲“一将功成万骨枯”的现实图景。

韦尔奇特别强调一点：在成为管理者之前，成功的全部就是自我成长；一旦成了管理者之后，成功的全部便成了帮助他人实现成长。管理者要有这种格局，就必须注重做好以下几点工作：第一，**要真正关心下属和他们的工作**。当员工犯错误的时候，要注重把握好批评的分寸；在他们需要支持的时候，要成为他们的坚强后盾。第二，**要将自己视为“命题老师”**，创造一个集思广益的环境，让每个员工感觉自己的声音得到了倾听，自己的意见和态度得到了尊重，从而让每个员工参与企业发展过程。第三，**要学会做“班主任老师”**，为下属的前进道路扫除障碍，要慷慨，舍得表扬，必要时也舍得给下属物质奖励。不要规避责任，明哲保身，更不要口头上说“功成不必在我”，私底下却毫不客气地抢走下属的功劳。第四，**不要过于严苛，学会体谅下属**，多创造与下属坦诚交流的机会，包括定期、坦率和务实地向下属反馈考核结果。第五，**要努力学会“倾听”**，特别是在员工处于困难时，管理者更要耐心诚恳地倾听。在会议场合，不要压制他人发表意见，哪怕是一些反对意见。要跳出自身思维的局限，站在对方的立场看待问题，需要有同理心。第六，**要稳妥处理员工的离职行为，**没有必要认为员工离职是有伤自己或公司的“面子”，了解员工离职的真实原因远比“面子”更为重要，在经济账上宁可算得宽松一些，让已提出辞呈的员工能够平静地离开。

约翰·科特的重要研究

针对高层管理者的研究

不同于一般的管理者，高层管理者的个人特质要和他们工作环境的特定要求高度匹配。高层管理者需要专注于商业经营，专注于组织管理，专注于某一特定行业，专注于某一特定公司，专注于综合管理职能本身，因此，他们的能力素质、经验履历以及所承担工作的挑战性要求，要远胜于中低层管理者。在金字塔式的科层制结构里，一个人跨入职场后，从基层操作工作做起，逐级晋升，最终到达金字塔顶端，这样的人无疑属于凤毛麟角的佼佼者，自有他们的过人之处。

领导理论学派的代表人物、哈佛商学院终身教授约翰·科特（John Kotter）选取了15名总经理级的高层管理人员，就他们的共同特质以及成因进行了系统研究。这些高层管理者在他们所在的行业中，被公认为相当出色，有着广泛的影响力。科特研究发现，这些取得突出成就的高层管理者拥有很多共同特质，包括品性的、人格的、与生俱来的、基因里根植的那些元素，都极受人们关注。尤其是那些深孚众望的CEO级的人物，他们自身散发的、没有任何修饰的个性特质，会以各种方式深远地影响着他们领导和管理的企业。

约翰·科特的主要研究结论有以下几点：第一，**成功的高层管理者具有10余种共同特质，**这些共同特质在很大程度上与他们的**基本个性特征有关，**与他们**成年期所形成并发展的知识和人脉等资源积累**

也直接相关。第二，与工作相关的共同点是成功的高层管理者形成共同特质的重要原因，这也说明了**人与职位的匹配度**，跟最终的工作绩效有着很强的关联性。第三，成功的高层管理者具有不少共同的背景，**他们有着相似的家庭环境、教育背景和早期的工作经历，**也由此自然形成了超出普罗大众的战略素质和个人特质。第四，成功的管理者既可能在原生家庭、教育背景等因素上被“先天赋予”了某些禀赋，也可以在此后数十年的艰苦历练中被“后天塑造”。这些**环境因素和个人努力的共同作用和高度综合，**培养了他们与高层管理岗位相适应的个人特质。

高层管理者的共同个人特质

约翰·科特发现，这些高层管理者身上所体现出的共同特质达10余项，其中**绝大部分都与他们的基本个性特征有关**，涵盖需求/动机、性情、认知以及人际关系倾向等4个方面。**其余的共同特质则与他们成年期所形成并发展的知识和人脉关系等资源积累相关**。高层管理者的**基本个人特征**通常包括权力、成就、抱负、情绪稳定性、乐观精神、智力水平、分析能力、直觉、个人风格以及与各种类型的业务专家融洽相处的能力等（见表2－3）。在**需求/动机**上，他们大多热衷于权力和地位，自信、极为进取而且雄心勃勃，有远大抱负。尽管他们已经取得了平常人所无法企及的非凡成就，但大多数人并不愿就此停步，仍然希望可以承担更多责任，在更大的平台上做出一番新的作为。在**性情**上，他们的情绪都十分稳定，而且非常乐观。在平常人比较悲观时，他们总能发现一些机会或者某些积极正向的信号。自信是一项重要的领导才能。管理者的一项职责就是要不断给人注入自信，帮助员工建立自信。在认知上，所有人的智力水平似乎都超过了平均水平（但也未必达到超群、绝顶聪明的水准），也都显示出较强的分析能力和直觉判断能力。在人际关系倾向上，他们非常有活力，懂得如何与不同的人交流，具有个人魅力并善于处理人际关系。

除了共同的个人特质，这些高层管理者在**知识和人脉关系等资源积累**方面也很相似。他们对所在行业的业务知识掌握得非常全面而且通透，对所在组织的情况了解得相当具体透彻。同时，他们在公司上下乃至整个行业内，都拥有广泛的人脉关系。这些关系可以帮助他们调动那些不在自身权力范围内的人员和其他资源，这对他们履行高层管理活动、实现组织战略目标或者帮助组织渡过危机来说，十分重要。

表2-3　高层管理者的共同个人特质

基本个性特征	
需求/动机 • 热衷权力 • 热衷成就 • 有远大抱负 认知 • 较高的智力水平（但并非智力超群） • 较强的分析能力 • 很强的直觉判断能力	性情 • 情绪平稳 • 乐观 人际关系倾向 • 有人格魅力，善于与他人发展关系网络 • 拥有各类兴趣爱好，使得他们能够自如地与各类业务专家相处
知识及人脉关系等资源积累	
知识 • 拥有关于本行业的丰富知识 • 拥有关于本组织的丰富知识	人脉关系 • 与组织内数量庞大的人群拥有合作关系 • 同时与行业内多人拥有合作关系

个人与职位的匹配度

约翰·科特进一步研究了高层管理者具有的**与工作相关的共同点的形成原因**。研究所涉及的高层管理者具有10余项共同个人特质，在动机、性情、认知、知识及人际关系方面，都有惊人的相似之处，这也说明了**人与职位的匹配度，与最终的工作绩效具有很强的相关性**（见表2-4）。

如果具有较好的培养潜质，管理者在职业生涯中崭露头角时，便能体现出匹配该项工作各种特定需求的个人特质。他们拥有与本公司和本行业相关的知识，以及几乎与生俱来的高情商，而这些特质能够使他们更好地处理该项工作所对应的各项复杂任务和活动。同时，他们还拥有出色的人际交往能力以及广泛的人脉关系，这使得他们能更加自如地应对各种复杂的工作关系。

表2－4　高层管理者的共同个人特质与相应工作要求的对应关系

高层管理工作的关键要求		高层管理者的个人特质	
职责和关系	产生的需求	知识和关系资源的积累	基本个性特质
• 对复杂的、多样化的、相互依存的大量活动负责。	• 在具有不确定性、高度多样化以及大量潜在相关信息的环境下，明确该做什么（做决策）。	• 拥有关于本行业和本公司的丰富知识。	• 较高的智力水平，很强的分析及直觉判断能力，强烈的成就导向。
• 工作上依赖于上司和庞大而多样的下属，以及许多处于其权力范围之外的人。	• 通过庞大而多样化的一群人完成工作（包括上级、下属以及其他人），尽管他对于绝大多数人并没有直接的管理权限。	• 在公司（以及所在行业）中拥有广泛的关系网络。	• 有独特的人格魅力，喜好权力，长于发展关系，情绪稳定，善于与各种类型的业务专家相处。
总之，这是一份要求极严、挑战极大的管理工作，但同时也能带来地位和财富。			

原生家庭与成长经历

约翰·科特还发现，**高层管理者具有不少共同的背景，尤其在家庭环境、教育背景和早期的工作经历上有不少相似之处**（见表2－5）。他们的原生家庭一般处于中产阶层，并且家庭关系和谐而紧密。他们大多拥有名校教育背景，在校时表现都较为活跃，在体育、文艺、社团、公益和学生会工作中都有着光鲜的记录。他们早期供职的公司一般也都是有影响力、具有广阔发展空间的大公司，也都或多或少接触过知名的商业精英和企业领袖，并受到这些人的影响。在相似的家庭氛围、教育背景和早期的职业经历下，这些高层管理者很自然地就会形成远大抱负、超出一般人的智力水平、乐观向上的态度、情绪稳定的性情、对权力和成就的渴望、独特的人格魅力、善于建立关系网络的能力，以及对商业的兴趣等共同的个人特质。

原生家庭、教育背景及早期的工作经历，对于个人内在品质的养成与塑造影响程度极大。富有感召力、人际关系良好、个人气场强大、能够得到认可，这些因素在管理者的事业成功中会起到重要作用。要成长为一名优秀的管理者，最关键的是**个人的内在品质**。很难定义这种品质，但它们对于成功非常重要。特别强调的是，管理者要保持较高的道德水准。如果缺乏道德素养，那管理还有什么意义呢？因此，管理者必须首先确定自己的道德底线。**对于管理者而言，有人品而缺乏能力是一种软弱，但有能力而没有人品则意味着危险。**

表 2－5　高层管理者的原生家庭及早期成长经历方面的共同特征

原生家庭环境
• 父母的社会地位逐步上升。 • 从小与亲生父母一起生活长大。 • 与父母亲中的一位或者两位长期保持紧密的关系。 • 父母亲中至少有一位接受过两年或四年制的大学教育。 • 父亲的工作与商业有关或曾从事非商业环境下的管理工作。 • 有兄弟姐妹（非独生子）。
教育经历
• 拥有本科或研究生（硕士）学历。 • 学位与商业有关，但有些也关联不大。 • 在中学、大学里担任过学生领袖。
早期职业经历
• 加入（或创建）一家与个人兴趣及价值观非常匹配的企业（行业）。 • 职业生涯大部分时间在一个行业中度过。 • 职业生涯大部分时间效力于现在的雇主。 • 在晋升为高级管理层成员之前在多个部门或多个条线工作过。 • 晋升较为迅速。 • 在职业生涯较早的时期（一般是 34～40 岁之间），被提升到第一份综合管理工作职位上。

“先天论”还是“后天论”

当然，约翰·科特也发现，**高层管理者在个人特质与背景特征上的差异也是客观存在的**。这些差异是由年龄、工作等多种因素所导致，岗位关键要求与管理者的个人特质的差异及匹配相当重要（见图2－4）。

关于高层管理者的个人特质、背景与他们所取得成就之间的关系，存在一个“先天论”与“后天论”的争议。前者断定管理者的成功取决于他所出生的环境，而后者则认为取决于他所经历的事情。严格地说，这两个观点都不成立。**成功的管理者可能出生时便拥有一些家庭优势，并被“先天赋予”了某些优秀的个人特质，但同样也可以在此后数十年的艰苦历练中被“后天塑造”**。在这个过程中，我们没法判断某一个因素能起到独立的、主导性的关键作用，更现实的可能性是环境因素和个人努力的共同作用和高度综合，使这些管理者得以最终养成了与高层管理工作相适应的个人特质。

人的禀赋属于先天生成，不可多得，原生家庭也是强求不来。然而，**管理者通过后天努力，可以做出许多主动的创造，在人的禀赋和其他先天条件之外，是一种有效的弥补**。社会分层和玻璃天花板效应或许也是一种现实，但无论如何，青年管理者要持一种乐观正向的人生态度，怨天尤人不如反求诸己。

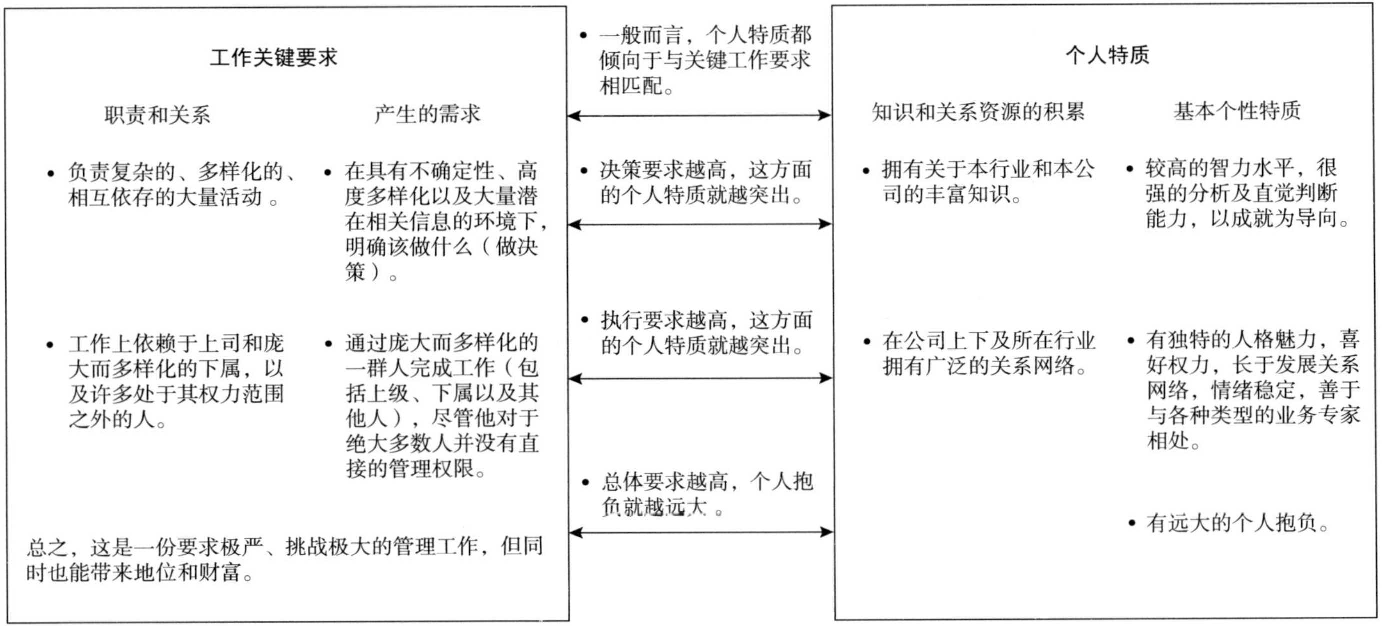

图2－4　岗位关键要求与个人特质的差异及匹配

第3章
把握管理活动的根本

无论是管理的职能，还是管理者的角色，我们此前的讨论都相对比较抽象化。一旦进入现实的管理生活，这些形而上的理论和原则似乎就难以寻见踪影。但它们并非不存在，而是融合在一起，隐藏在“可测的混乱、可控的无序”的管理生活背后。真实的管理生活确实是忙乱零散的，甚至有些枯燥乏味。

在科层制的组织结构中，信息、人际依存关系及外部环境因素交织在一起，极大地加剧了管理工作的复杂性。管理者应克服“肤浅综合征”，努力把握企业的真实面，坚持以有效性为导向，聚焦战略、组织和文化这些核心管理活动，坚守管理活动的根本而绝不偏离方向。

管理生活的“真相”

“适度的混乱”和“克制的无序”

明茨伯格犀利地指出，**真正优秀的管理是枯燥乏味的**。德鲁克也说得很精辟：**“好的管理，有预见，静悄悄，平淡淡，不出英雄。”**问题可能出自媒体，正是因为它们大肆渲染企业成功的个人色彩，并把管理者和企业领袖神化，才使人们对管理生活的认知与管理的“真相”发生了很大的偏离。毕竟，公司是一个庞大而又复杂的系统，想要弄清楚里面究竟发生了什么，谁起着居功至伟的作用，并不是一件很容易的事情，更不必说从企业发展历程中总结出真正带有规律性和推广价值的经验了。把公司发生的一切归功于某个英雄人物或者归因于某个悲情人物，这样做能拼凑出更多的传奇故事，能增强戏剧性，吸引公众注意力，然而，现实情形并非如此。

做过管理的人都会明白，无论是处理信息、做出决策，还是培养员工、执行战略，管理工作都表现出高度的复杂性。规模与范围、多样性与差异性、专业化与匹配性、历史和发展、“专业主义”的缺失和能够理解的混乱，这些都是导致管理活动复杂的因素。与人们的认知相比，现实的管理生活呈现出许多不同的特征：其一，管理**节奏明显加快**；其二，管理活动**短暂且多样化**；其三，管理工作总是支离破碎且时断时续，**可测的混乱、可控的无序**成为常态化；其四，更为**注重行动**；其五，**口头交流**更为显著，非正式交流更为经常性；其六，**横向联系频率提高**，从横向依存关系中获取信息成为管理的必需；其七，**控制在管理工作中更多的表现为隐性方式**，而非以公开或直接的方式；其八，管理不好会使企业陷入无序状态，管理“太好”又容易墨守成规，丧失灵活性和适应能力，**管理似乎成了一个悖论**。

通过对管理者真实职业生活的白描，明茨伯格发现，**现实中难以找到经典意义上的“纯粹”管理者**。他观察了多位CEO为期一周的繁忙活动，特别关注了他们从事管理活动的节奏、内容和本质，发现多数管理者是在“打乱仗”中度过办公室时间的，令人紧张的意外和混乱总是层出不穷，消耗掉了管理者的大量时间。没有哪家组织能一直保持标准化的良好运转，也没有哪个管理者能提前预料到所有的偶发情况。关于管理的认识与再认识，明茨伯格得出“**隐含的现实与外在的形象并不一致**”的结论，他将管理工作的特征归纳为“**适度的混乱**”和“**克制的无序**”，以及“**推崇直觉**”。他还发现，具有丰富经验的管理者几乎如出一辙，多以大致相同的方式处理管理工作，**管理的根本特点并没有改变**。

永远做不完的手头事

观察结论一：原本以为管理者深思熟虑、运筹帷幄，是有条不紊、从容淡定的计划者。然而现实是，管理者工作强度极大、节奏紧张；单项管理活动时间短暂，内容呈多样化和非连续性；大多有很强的行动力，但很少花时间在思考上。

越是处于高层的管理者，管理的层级多、条线多，面临的突发事件就越多。一旦进入工作角色，管理者绝不可能随意丢开管理工作，他们几乎永远享受不到“事情总算都做完了”的那份轻松和愉悦。“该死的事情”总是一件接着一件，手头上的事情还没结束，其他事情又接二连三地冒了出来。

管理确实需要管理者聚精会神，全身心地投入，管理者很难享受到轻松、自由的生活。即便不在上班时间，各种工作电话、邮件和线上办公系统也是紧追不放，很难完全做到把工作丢在一边。除非觉得“债多不愁，虱多不痒”，于是刻意清空一下心境，偷得浮生半日闲，否则永远难有松口气、歇歇脚的时候。

看不出做大事的样子

观察结论二：通常认为高层管理者总是在“做大事”，他们应该抓大放小，无须为那些常规职责费心伤神。实际上，除了处理意外事件和紧急事件，管理者所承担的一系列常规职责仍然是必不可少的。

由于总是不间断地受到外在干扰，管理工作就会表现得支离破碎，前后难以连贯一致，一气呵成地完成某项复杂任务的情形就更为罕见。在各种重要的活动中间，会穿插进无数琐碎的小事情，会有各种不速之客前来登门，而且几无规律可循。因此，管理者必须具备高超的“切换频道”的能力，随着工作任务的改变，随时调整情绪，以进入不同的角色。管理者必须容忍这些干扰因素，因为无法评估拒绝受理某种突发信息可能带来的后果。再者，如果管理者有一段时期置身于组织的沟通系统之外，也确实会存在失控风险。

即便如此，管理者也不能总因为各种外来干扰因素而陷入被动应付的境地。高效管理者明白自己所肩负的常规职责，需要投入必需的时间和资源来履行这些常规职责，以确保组织的有序运作。但对于外来干扰因素，在经过初步判断后，管理者须懂得权衡取舍，对于紧急但不重要的事情，完全可以先搁一搁。**高效管理者的成功，不一定来自拥有最大程度的自由，而是来自巧妙地运用了自己所确立的这种自由度。**

更偏好“软信息”

观察结论三：一般认为公司正式管理系统提供的综合性信息对高层管理者极其重要。然而现实是，更容易为高层管理者所采信的未必是公司管理系统提交的数据和报告，而更可能是通过会议、面对面谈话、电话、微信、应酬及非正式社交活动中得来的一些“软信息”。

与教科书里所写的内容相左，工作环境的压力并没有催生高瞻远瞩、深思熟虑的规划者，反而培养了管理者极强的适应能力和信息操纵欲望，**他们更喜欢在生动具体的情境下开展管理活动**。很多管理者并不喜欢烦琐无味、程式化的邮件，以及那些隐藏了关键细节的备忘录或会议纪要，而是更喜欢与人面对面交流；而且，这种交流还未必是正式的工作汇报，而更可能是不经意的寒暄，是只可意会的“软交流”。

高效管理者深谙这些“软信息”的价值，包括闲聊、道听途说和推测得来的一些传闻或结论，它们似乎远比从公司管理系统里得来的冗长报告和繁杂数据更有“含金量”。这些“软信息”在管理者的信息库里占据了相当大的份额。管理者在独处的时候，一般会从大脑里调出这些零碎、具体的细节，一一回放，然后组合在一起进行分析判断，通常会有意外的发现。高效管理者利用这种思考方式，更能看清自己所面临问题的阴暗面和风险点。虽然这些信息没有事实支撑，也缺乏逻辑，显得不那么可靠，但对管理者而言有独到价值。

喜欢把事情装在脑子里

观察结论四：管理是一门科学和专业，管理者要遵循一套严谨的程序和规则。然而现实是，管理者的计划，包括时间安排、信息处理和决策制定等，都深深地埋藏在他们的大脑中，最终转化为纸面上的计划只是极少数。

经过一段时间的适应后，管理者要清楚自身的工作负荷。要对自己时间的机会成本有正确的评价，能够明确事情的轻重缓急，什么事是应该做的，什么事又是必须做的，懂得要事优先和时间管理。**做表面文章是管理工作的职业危害，但为了平衡各方面的诉求，有时候还必须做一点表面文章，只是要将这一块时间投入压缩至最低程度。**正如一些国有企业中流行的一句话：我们反对形式主义，但有主义的形式还是得坚持。

管理者要适度控制自己的工作。**管理者在做出初始决定（尤其是安排会议）时尤其要慎重，因为这些初始决定会引发一系列的衍生活动，会进一步限制并锁定管理者未来需要投入的时间。**比如，管理者安排下属对某一项风险进行排查，下属在完成这些排查后，管理者需要召开专门会议听取情况汇报，并决定采取应对措施。明确应对措施后，还有一个落实执行问题。如果事情确实重要，落实执行后还必须配合相应的监督检查，并在考核和激励机制上予以相应的安排。这一连串的管理活动都需要消耗管理者大量的精力和时间。所以，管理者在做初始决定时，一定要反复权衡它的必要性，否则就会导致组织和员工进行大量无效劳动。

这些工作的衍生计划和节奏控制，更多地深藏在管理者的大脑中，未必写在正式的文件中，这样便于管理者择优从之并收放自如。管理者重视“软信息”，但并不意味着他们完全不关注正式报告和数据。对于这些文件，管理者更多的是浏览，真正有价值的小部分信息才会印在管理者的脑海里。根据明茨伯格的调查，企业组织中的各种“战略性”资料和信息，大约有一半的结论性信息和少许关键数据会储存在高效管理者的大脑里（这个量已经足够惊人），而另外一半则保存在文件库、电脑或秘书那里。管理者知道有这些东西就足够了，没必要花太多时间去深度阅读并记忆分析，需要时随时可以调阅。

从实际情况来看，管理者的工作是较为复杂且艰巨的，职责繁重，而且有很多工作无法授权他人。因此，管理者不得不过度操劳，被迫承担许多零碎甚至肤浅的任务。**管理者在管理活动中投入多少时间和精力是没有限度的，而管理者的精力和健康状况则是一个硬性的资源约束。**对于管理者、管理者的家庭和企业来说，“5 + 2”“白加黑”的状态并不可取，因为突破了健康这个底线，管理生活就会失去真义。如果管理者不能很好地平衡工作与生活，就会给员工带来不太妥当的示范效应。

聚焦管理活动的根本

克服“肤浅综合征”

尽管“适度的混乱”和“克制的无序”代表了管理生活的常态，但管理者不应只看到“混乱”和“无序”，而**应该把着力点放在“适度”与“克制”上，要确保管理工作的深入程度和有效性**。德鲁克始终强调管理工作的有效性，管理者必须以有效性为管理工作的导向。韦尔奇也非常注重掌握企业的真实面，要求管理者不断“探求真实”，直面公司的具体实际及面临的挑战。可见，管理者要真正沉得下去，以实际问题为导向，所做的判断和决策才能有的放矢。热衷于形式，浮于表面，刻意逢迎上司，为管理而管理，这样的管理活动与有效性是背道而驰的，也是极其有害的。

在这个问题上，明茨伯格采用了“**厚重管理**”还是“**浅薄管理**”这一组直观形象的概念。浅薄管理就像是挪动棋盘上的棋子，偏好用金钱调动员工的积极性，用金钱改善生产设备的性能，笃信以物质激励来管理企业。这样的做法见效快但未必持久，企业的组织能力、竞争优势也难以持续，组织文化也容易受到损害。**厚重管理意味着管理者要深入企业内部和基层，从细节上了解需求、流程和员工，在资源、能力和文化上扎根较深，企业由此融合成一个有活力和创造力的有机体，并能够持续创造价值。**

所谓“浅薄”和“厚重”，从表面上看是行事风格问题，不同的管理者做事情的方式方法存在差异，这是客观现象。但从根本上来看，还是在于价值观和管理理念的差异，涉及管理者信奉和推崇什么；同时，也涉及管理者的心性修养问题，管理者的内心是保持平静，还是始终处于浮躁的状态。**管理者的主要职业隐患是行事肤浅。**在当今复杂的多元化大型组织中从事高层管理工作，对于有待任命的人选或有待决定的事情，如果只能从职能部门的口头报告或书面材料中了解，或者从有限的几个人那里先入为主地了解一些表面情况，得来的也只能是一些较肤浅、较主观的认识，那样对管理决策是极其有害的。

与具有丰富基层历练经验的管理者相比，**长期在公司总部工作的优等生们更容易患上管理的“肤浅综合征”**。他们有系统化的模型和分析工具，但往往对实际问题的细节缺乏了解，无法深入思考，总想走捷径。公司总部偏宏观的管理活动，从表面上看似乎只是简单的汇总统计，或者是布满图表的幻灯片，但要做得有效并不容易。这需要管理者具有丰富的经验积累，特别是身处基层的艰苦磨砺，这样才会有管理的感觉；遇到问题时，才能像神医扁鹊一样，一番望闻问切之后，便知病在腠理、在肌肤、在肠胃还是在骨髓，很快就能找到问题症结，并及时跟进解决。如此有穿透力、有针对性、有预见性的有效管理，才不致使企业讳疾忌医，落到病入膏肓的地步。**管理者如果没有必要的基层经历，遇到棘手事务和危机时便很可能无所适从；一旦到了高层，便很难做出明智的决策和制定强有力的战略。**

黑石联合创始人苏世民也讲过类似的观点。他在管理上把黑石看作“小微企业”。黑石的母公司大约有 3 000 人，其他大部分员工则分散在黑石持有的资产或业务中。**黑石的 4 名高层管理者每周一要花一整天时间，坐在同一个房间里，与大约 250 ~ 300 个业务条线的员工开会，把世界上近期发生的所有事情梳理一遍，让每个人掌握全面的信息**。苏世民解释这样做的理由：如果你想传递你的价值观以及分享思考所得，仅靠发邮件或打电话，起不到你想要的效果，管理者须亲自出场。视频会议改变了黑石的管理方式。在黑石，即便一个 20 多岁的基层员工，所掌握的信息也不亚于公司的高层领导者。这样做的另外一个理由是，当管理者把非常有才华的人当作极其重要的人来对待，这些人就会全身心地为公司付出，因为他们的思想与公司保持了一致。**以这种方式营造的组织风格和文化氛围是极其强大的**，每名员工在独立应对各种情况时，都能准确地践行并体现出公司的价值观。管理者并不需要告诉他们该说什么、该做什么，他们说的和做的完全符合公司的期望。黑石的管理风格极其扁平，是一种非常有成效的“厚重管理”。

明茨伯格曾经幽默地说，wisdom 似乎是一个已然失踪的英语词汇，它的本意是建立在实际经验、亲身经历的基础上的深厚知识。**所谓“厚重”的信息，往往代表着那些有着丰富细节和色彩的信息，它们是无法量化和汇总的**。管理者必须亲身参与、现场发掘，才有可能获得这些极重要的“厚重”信息，依据这样的信息做出的决策才有针对性，解决方案才有实效。管理者的直觉也必须基于翔实的调查研究和丰富的相关经验。**所谓的“厚重管理”，也必须是一种深入参与，亲眼看、亲耳听，并有效综合各种实际情况的管理**。管理者确实不能习惯于循规蹈矩、按部就班，必要时应该跳过层级抵达基层，以确保自己掌握第一手情况。管理者应当坚持走厚重路线，逐步培养深度的认知能力、健康的竞争观念和强烈的社会责任感。**管理者必须在厚重历练中臻于精通，善于将复杂问题分解成许多小步骤从而逐个攻破，这样积微成著，便能成就一番大的功业。**

回归管理活动的根本

管理者的日常视野总容易被具体的管理工作和多样化的管理活动所占据。**无论这种“混乱”和“无序”达到一个什么程度，管理者都要明白应该做好哪些根本性的管理活动。**德鲁克强调，“**管理者既要眼睛向外，关心组织的使命及成果；又要眼睛朝内，注视那些能使个人取得成就的结构、价值观和人际关系**”。

我们总结了管理者应该做好的5项根本性管理活动。

第一，**管理者设定目标**，决定目标应该是什么，并将目标有效传达给员工，通过员工来达成目标。第二，**管理者从事组织工作**。他们分析达成目标所需的活动、决策和关系，将这些工作分门别类，分解为可以管理的职务，将员工和职务组织成适当的单位结构，再选择合适的人来管理这些单位和需要完成的工作。第三，**管理者必须激励员工**，保持和员工沟通。他们通过奖励措施和升迁政策以及持续不断的双向交流，把负责不同职务的人真正变成一个团队。第四，**管理者要明确绩效标准**。管理者必须为工作建立衡量标准，这是关乎组织绩效和每位成员绩效的重要因素之一。他们必须确保组织中的每个人都有适用的衡量标准，并把衡量重心放在整个组织的绩效上，以此有效分解成个人工作绩效，帮助个人达成绩效。他们分析、评估并诠释员工的工作表现，同时和上司就这些衡量标准的意义及衡量结果进行沟通。第五，**管理者必须培养人才**。管理者应该通过各种管理方式，让员工真正地实现自我发展。要引导员工朝正确的方向发展而不是误导他们，激发员工的潜能而不是压制他们，强化员工正直的品格而不是让他们滑向腐败的泥潭。

由此可以看出，在德鲁克看来，无论管理活动表现得再怎么纷繁芜杂，最基本的活动仍可以归结为**设定目标、建立组织结构、激励员工、明确绩效标准以及培养人才**，其本质都是**围绕着“人”而展开的组织工作**。也正是这5项活动，**共同将相关资源通过“人”的工作，整合成具有生机和成长潜力的组织。**

进一步的聚焦

在深刻理解德鲁克和明茨伯格管理思想和管理理论的基础上，管理者必须抓住主要矛盾，聚焦于最应该做好的 3 项管理活动，即**战略、组织和文化。**

战略显然是管理的首要问题。战略需要管理，战略活动是管理者一项永不间断的责任。发展与重建战略是高层管理者所面临的主要挑战，也确实在考验着他们的管理能力；事实上，无论处于什么层级，管理者都会涉及战略活动，需要履行相应的战略管理责任。但现实中，很多管理者，甚至包括一些 CEO，正在迅速失去战略思考能力，退化成一个事务主义者，满足于做一个指挥改善运营细节或者热衷于交易而不能自拔的角色，这是一个很危险的变化趋势。

在"战略"问题之后，管理者最应该解决好的便是"组织"问题了。结构是由战略决定的，而组织又源于结构。对于管理者来说，"组织"命题涉及**组织结构、组织能力以及与"人"相关的人力资源管理**等一系列领域，都是关乎企业能力建设的核心问题。组织能力是企业战略执行体系的重要组成部分，组织能力建设也是一项耗时费力的系统性工程。管理者如能年复一年、日复一日地改善和提升企业的组织能力，那么企业不仅能赢得今天的竞争，而且会为未来的持续成功奠定坚实基础。

很多管理者经常把"文化"挂在嘴上，但真正在"文化"的管理上却又乏善可陈。文化对人的行为存在内在的驱动机制，决定着管理者的行为方式，深刻地塑造并影响着员工的行为习惯和行为模式。管理者要真正做到让文化在企业的运行体系中逐步生根化育。简单化、表面化、庸俗化都是文化落地的最大敌人。价值观和行为习惯无疑是文化落地的两个关键切入点。一旦员工的思维模式和行为习惯与公司的核心价值观高度契合，就足可以说明文化的生根和化育取得了实实在在的成效。

第二部分

有温度的管理理论

导读

管理思想源于管理活动所积累的经验，管理理论则是管理思想的提炼、概括和升华。管理者需要具备一定的理论基础。管理者在从事管理活动时，如果对管理思想和管理理论有着较为系统而深刻的理解，也就能在系统思考和整合思维等方面拥有独到优势，在实践活动中能极大地增强自觉性和有效性。

我们在研究管理思想和管理理论时，首先要系统认识并深刻理解中国的人文精神和传统管理思想。周三多教授等学者将中国传统管理思想精炼地概括为顺“道”、重人、求和、守信、利器、求实、对策、节俭和法治这9个关键词。虽然我们不能过于主观地宣称中国的诸子之说和传统文化中暗含了系统的管理思想，但我们可以说，中国的人文精神同样闪耀着管理思想的火花，蕴含着丰富的管理元素，对现代商业精神和基本价值观有着润物无声的深远影响。处于儒家文化圈的国家和地区，在开创“东亚奇迹”并诞生诸多世界级大企业的过程中，中国的人文精神和传统管理思想确实起到了世人公认的正向推动作用。我国现代管理思想并不是自然承袭传统管理思想的，这跟我国较为复杂的近现代史特别是新“四史”有着直接的关系。如果对中国近现代史，特别是党史、新中国史、改革开放史和社会主义发展史没有相应的了解，就很难深刻理解中国现代管理思想独特的历史背景和发展方向。在万物互联的数字经济时代，中国传统优秀文化的思想正好契合了后工业文明时期、数字化与智能文明时代的思想理念和文化逻辑。人文精神不仅是西方近现代科学的主流价值取向，更是以儒道释为代表的中国哲学最根本的精神和最重要的特征。近年来，我国也涌现出了一批为世人瞩目的领先企业和思想深邃的超级管理者。这些都是我们进一步发展和丰富管理理论、贡献原创性管理思想的文化前提和实践基础。

在经历了文艺复兴和宗教改革以后，西方社会更早接受科学理性思想，系统化管理理论体系的构建也因此超越东方百余年。梳理管理思想和管理理论的百年历程，无论是在古典管理理论阶段，还是在现代管理理论和后现代管理理论阶段，诞生了许多泰斗级人物，诸如泰勒、法约尔、韦伯、马斯洛、麦格雷戈、斯隆、德鲁克、波特、钱德勒、大内、卡普兰、钱皮、普拉哈拉德、哈默尔、明茨伯格等，可谓灿若繁星。在这些大师级人物中，除了极少数是日裔和印度裔美籍学者，其他都出自欧美国家。这些天才人物在奠定哲学基础、构建框架体系和拓展研究方法论等方面，为管理思想和管理理论的发展做出了杰出贡献。我们应该认识到，欧美学者至今仍拥有管理学研究领域的主流话语权，我们仍处于虚心学习和消化吸收再创新的阶段，这是一个基本现实。

贯穿于管理思想发展史，并隐含在纷繁芜杂管理实践背后的一条主线索便是“科学主义和人文主义”（或者说“技术和“人”）这一对交互共生的基本矛盾。其中，“科学主义”和“技术”代表着“管理的硬度”，而“人文主义”和“人”则代表着“管理的温度”。管理确实在向人性化转向。管理者眼中的“人”，不应再是古典经济学用隔离法抽象出来的“经济人”，而是“生活在社会中世俗的人”；企业组织及其管理现象，在本质上是人的主体精神的外化，因而我们应该视“人”为管理工作的中心和管理学研究的聚焦点。基于这种理念，我们选择性地介绍了3种“有温度的管理理论”：麦格雷戈Y理论、德鲁克管理思想和明茨伯格管理理论。

作为一门年轻的学问，管理学已发展成为与人类社会活动紧密相连的显学。管理学在“学科合法化”过程中，一派坚守量化和实证阵地，成为推崇实证研究的一门“纯科学”；另一派则深入管理一线，聚焦现实问题和实践经验进行总结、提炼和理论化，推动经验主义学派在管理领域焕发光彩。改革开放后中国企业的生动实践，催生了中国情境下的管理思想和管理理论的蓬勃发展，极大地改变了管理学的演进格局。在进入新一轮本土化的创新发展阶段后，管理学的中国化之路更要立足于进一步丰富并突出“中国特色”的内涵，体现中国传统文化的真味和中华民族的自信心。

第 4 章

中国管理思想的人文传统及近现代史背景

我们在研究管理思想和管理理论时，首先要系统认识并深刻理解中国的人文精神和传统管理思想。尽管不能过于主观地宣称中国的诸子之说和传统文化暗含了系统的管理思想，但我们可以说，其中闪耀着一些管理思想的火花，蕴含着丰富的管理元素，对现代商业精神和基本价值观有着润物无声的深远影响。尤值一提的是，处于儒家文化圈的国家和地区，在开创“东亚奇迹”并诞生诸多世界级大企业的过程中，中国人文精神和传统管理思想起到了世人公认的正向推动作用。

我国现代管理思想并不是自然承袭传统管理思想而来的，这跟我国较为复杂的近现代史特别是新“四史”有着直接的关系。如果对中国近现代史，特别是党史、新中国史、改革开放史和社会主义发展史缺乏相应的了解，就很难深刻理解中国现代管理思想独特的历史背景、发展路径和演进方向。

中国人文精神及传统思想的“真味”

中国人文精神的表现

关于中国文化和人文精神的表现形式，复旦大学葛兆光教授做过这样一番颇为精当的归纳。其一，**汉字和汉字思维**。在各种世界文明中，以象形为基础的文字基本都已消失了。唯有汉字这种方块字，即便经历了多轮次的简化，仍跟原有的象形性、原初性有着较直观、有逻辑的联系。用汉字来说话、思考、阅读、书写，具有重感觉、重联想而语法相对简单的优点，跟其他语言文字相比有着显而易见的不同。其二，**“家”“家族”“家国”以及根植于这种社会结构的儒家文化**。中国人具有浓厚的家、家族、家国共同体观念，并且承续了几千年。在中国传统的社会结构中，要想形成秩序，就必须把远近亲疏关系梳理、界定得非常清晰，由此形成了中国的伦理原则和等级秩序，体现为“内外有别”和“上下有序”这两个重要原则。其三，**精神世界深受儒道释文化的浸染**。“儒家治世、道教治身、佛教治心”，这对中国人的精神世界产生了深远的影响，北宋时代的苏东坡先生就是儒道释思想融于一身的代表。在中国，佛教也好，道教也罢，它们都没有绝对性和神圣性，宗教之间存在理性辩论，但几无宗教战争发生，这与欧洲很不一样。其四，**阴阳五行的哲学系统观**。水、金、木、火、土代表了阴阳演变过程中的5种动态，把万事万物连成了一个大系统。这是道家的一个核心观念，也构成了我们祖先认识宇宙和理解外界事物的知识基础。在这个基础上，我们的祖先还创造了譬如《周易》所阐述的一整套知识和技术，建构了极实用的相应方法论。其五，**“天圆地方”的天下观**。中国古代人的世界观与其他国家和民族也不一样，表现为“天圆地方”的宇宙想象。直到明代，西方传教士利玛窦等人带着航海大发现后的世界地图来到中国，中国人的这个观念才慢慢改变。葛兆光教授认为，这5个方面结合在一起，就构成了非常明显的属于汉族中国的传统文化。

诸子之学的管理思想

在我国几千年的历史长河中，经历了数不清的朝代更替。从管理学的角度来看，每个历史朝代都给我们留下了有关管理国家、巩固政权、统帅军队、组织战争、治理经济、发展生产、安定社会等方面极为丰富的经验和理论。一个可圈可点的时代便是春秋战国时期。诞生于这一时期的诸子之学，丝毫不逊色于古希腊、古罗马文化，为人类社会的发展奠定了一个难以逾越的文明和文化高峰。诸子之学所蕴含的管理思想和管理元素，至今仍闪耀着光辉，并推动处于儒家文化圈的东亚地区从20世纪五六十年代开始，相继实现现代化并开创了令人瞩目的经济社会发展成就。

诸子哲学中有不少主张可供管理学借鉴。比如，“战略”一词原是军事术语，后来被应用到现代企业管理理论中。作为兵家的代表作，《孙子兵法》是一部精妙论述如何治理军队、如何带兵作战的不朽著作。它所阐述的“为将之道”“用人之道”“用兵之道”，以及在各种复杂环境下基于制胜目的所应采取的各种战略和策略，对于现今处于激烈市场竞争状态中的企业管理者，仍然有着非凡的借鉴和启示意义。中国的儒家思想是中国传统文化的主流。儒家思想在中国封建社会形成长达数千年超稳定组织的过程中起到了极其重要的作用。儒家文化特别强调对人的生命存在的承认和尊重，以及对人的精神风貌的塑造和改善。儒家管理哲学的基本精神是以“人”为中心，讲“为政以德”“正己正人”。其中最为有益的一个启示是，**管理者要想取得“众星拱之”的效果，就要从自己做起，注意个人的道德修养，这样才能达到“修己安人”的目的**。此外，墨家管理哲学遵循“尚同”和“尚贤”两大管理原则，即上下一致的集体主义原则和重视人事管理原则。墨家所说的“尚同”，是要求上到最高领导者，下到各级管理者和被管理者，都应同心同德、上下同欲、步调一致。道家管理哲学的基本精神是以“道”为中心，讲“道法自然”“无为而治”“弱者道之用”。从管理的角度讲，这就要求管理者必须遵循社会管理的客观规律，一切顺其自然，才能取得良好的效果；同时，通过最少的、必要的、有效的法律制度把社会干涉行为减少到最低限度，从而实现组织的和谐与个人的发展。

对诸子之学关于管理思想和管理元素的解读，美国亚利桑那州立大学华人教授徐淑英的见解比较独特。她说，中国的文化很深奥，比较难以理解。她的有关“**关系**”的研究触及了孔子和老子的理念。**像《圣经》一样，《道德经》描述的也是人类的一种生存模式，其中**

包含一些生活的基本原则。如果我们遵守这些原则，个人将达到幸福的状态，社会将实现总体和谐，世界将持续发展，我们就会留给后代一个美丽的世界。然而，老子的学说是建立在悖论基础之上的。我们可以把《道德经》改写为一套描述性的理论，甚至可以构建一些假设来检验其中的一些断言。**《道德经》描绘了正念的一种形式，它有助于人们反思，也更容易接受当下。这样的状态可以帮助人们更富有创造力，更容易接受和包容差异性。其结果应该是做出更好的决策、建立更有效的人际关系以及成为更成功的领导者**。类似地，孔子学说也可以被视为一个解释人类关系的理论。**当一个社会遵从由孔子制定的社会规则时，社会就应该更加和谐和有效**。《道德经》与孔子学说似乎是两种非常不同的人性理论。在老子看来，社会秩序来源于培养理想的自我，而理想的自我可以平衡唯物主义和精神世界；规则来源于接受和尊重事物的自然秩序。而在孔子看来，社会秩序来源于服从社会关系的个人的角色定位，地位和层次是社会秩序的一部分。

中国传统管理思想的“真味”

中国的传统思想和文化精神对于管理思想、管理理论和管理活动，具有哪些宝贵价值呢？或者说，我们应该从哪些方面来理解它的“真味”呢？周三多教授在蔡一教授多年研究成果的基础上，在其代表作《管理学：原理与方法》中做了如下概括和阐述。其一，**顺“道”**。“道”是指客观经济规律，又称为“则”或“常”。管理要顺应客观规律。“顺道”“守常”“守则”“循轨”，是中国传统管理活动的重要指导思想。其二，**重人**。人永远是第一位的，要讲究得人之道、用人之道。要重视人心向背，也要重视人才归离。其三，**求和**。“和”就是调整人际关系。中国文化历来把天时、地利、人和当作事业成功的三大要素。要讲团结、上下和、左右和。《管子》提出“无私者容众”。求和的关键在于当权者，只有当权者严于律己、严禁宗派、不任私人、公正无私，才能团结大多数。其四，**守信**。办一切事业都要守信。信誉是人们之间建立稳定关系的基础。守信才是进财之道，才可持久。其五，**利器**。中国历来有利器的传统。孔子说："工欲善其事，必先利其器。"中国近代启蒙思想家郑观应主张，维护民族独立要靠"商战"。重大创新和发明能推动经济、社会、文化乃至文明的发展。其六，**求实**。儒家提出"守正"原则，提倡看问题不要偏激，办事不要过头，守正才能出新。《管子》也提出了"量力"原则和"时空"原则。其七，**对策**。要统筹谋划，正确研究对策，以智取胜。对策有"预测"和"运筹"两个要点。其八，**节俭**。理财和治生，历来提倡开源节流，崇俭黜奢。在治生方面，节俭则是企业家致富的要素。其九，**法治**。法治优于人治。法应有公开性和平等性，实行"明法""一法"原则。

中国人民大学彭剑锋教授认为，中国传统优秀文化的思想正好契合了后工业文明时期、数字化与智能文明时代的思想理念和文化逻辑。**中国人的思维与文化重综合、重整体、重亲情、重集体；西方文化则重分析、重规范、重理性、重个人**。人文精神不仅是西方近现代科学的主流价值取向，更是以儒道释为代表的中国哲学最根本的精神和最重要的特征。发掘中国文化和精神对管理实践的"致用"价值，对于推动新一代管理学理论建设，具有重要的理论意义和社会价值。强调价值理性引领工具理性，科学与哲学、艺术融合的管理哲学思想，是一种具有东方智慧的哲学。在万物互联的数字经济时代，整个世界是一个相互联结、交互的跨界融合的整体，你中有我、我中有你，整个人类将成为休戚相关的命运共同体。中国也必将为世界贡献一些原创的管理思想与生动实践。

儒家文化圈的现代化

儒家思想诞生于春秋时期，至今已在中国本土经历了约 2 500 年的演进，其间相继传播到朝鲜半岛、日本以及东南亚国家，成为世界东方文化的一个主要渊源，并对中国以及东亚国家和地区产生了深刻影响，在一定程度上塑造了东亚人民的思维方式和精神气质，也潜在规范着东亚人民的日常言行和礼仪风俗。

我们注意到，**处于儒家文化圈的日本、韩国、新加坡、中国香港和中国台湾等国家和地区，在最近半个世纪都相继走上了现代化道路，社会经济高度发展，企业管理也达到了世界级水平，产生了一批世界级的企业家和管理思想家**。东亚的经济奇迹成为摆在世人面前无可置疑的事实，人们开始反思东亚各国成功经验背后的深层次原因，发现它们有一个共同的背景，就是处于儒家文化的氛围之中。人们开始用“儒家文化圈”来形容这一片神奇的土地。**正如新教伦理被认定与资本主义密切关联一样，儒家文化亦被看作东亚成功经验背后的文化底蕴，成为解释这一经济奇迹的有力论据。**

这些国家或地区的发展路径，都没有简单地否定以儒家思想为核心的东方文化而全盘接受欧美文化；它们的成功，恰恰在于有机地吸收了东西方文化中的有益成分，并恰当地与本国或本地区的实际相结合，从而开创了令人耳目一新的局面。在企业管理中，它们成功地引入了儒家思想最核心的家庭观，把“企业大家庭”作为企业组织的理想目标，关注员工的自然情感和世俗生活；改造了对君、对父的忠诚观，并以此为借鉴，在企业内建立了良性的上下级关系；**将“仁、义、礼、智、信”做了现代意义上的解读，以此作为塑造企业核心价值观的基础，形成了与欧美企业截然不同的管理优势和企业文化。**这些处于儒家文化圈又成功实现现代化的国家和地区，以及它们的企业在管理和文化上所取得的成就，对我们具有极其重要的启示和借鉴意义。

中国现代管理思想的独特历史背景

我国现代管理思想并不是自然承袭传统管理思想而来的，这跟我国较为复杂的近现代史有着直接的关系。关于我国现代管理思想的历史渊源，周三多教授有过这样一段精妙论述：中国现代管理思想既不是在一张白纸上绘制出来的，也不是在中国传统管理思想的基础上自然生长出来的，更不是简单移植西方管理思想复制过来的。**中国现代**

管理思想是在一种极其复杂的历史背景下形成的，与中国近现代史特别是新“四史”密不可分。因此，如果对中国近现代史，特别是党史、新中国史、改革开放史和社会主义发展史等新“四史”没有相应的了解和认识，就很难深刻理解中国现代管理思想独特的历史背景、发展路径和演进方向。对我国近现代资本和企业的发展历史进行梳理，不仅需要扎实的经济学和管理学基础，更需要出众的史学功底，这里主要参考周三多教授的相关论述以及大量的公开资料和文献，做一些较为粗糙的介绍。

近代官僚资本及其企业管理

官僚资本和民族资本无疑是中国近代经济舞台上的两个主角。按照通行的划分，官僚资本企业分为官办、官督商办和官商合办等 3 种形式。官办企业源于晚清时期的洋务运动。从 19 世纪 60 年代开始，清政府内部的洋务派官僚集团与外国政府或企业合作开办了一批军用和民用新式企业，较为著名的有安庆军械所、江南制造总局、金陵制造局、福州船政局等。这些企业以机器生产替代了中国传统的手工作坊。我国真正意义上的企业，就是从这种官办企业开始的。**从企业性质来看，官办企业是国家资本主义的基本形式，而官商合办、官督商办则是国家资本与私人资本相结合并采用国家资本控制私人资本的企业形式，大致可以归属为资本主义性质的企业。**洋务派兴办的这些近代企业，在中国近代早期工业发展中发挥了重要作用。**兴办企业的官僚、地主、买办和商人，也成为中国早期资本家的重要组成部分。**他们在兴办近代企业的过程中，积累了不少经营管理经验和教训，客观上也引导并促进了中国民族资本的发展。

辛亥革命以后，一些原先为官僚、军阀控制的“国营”企业不得不接受来自西方列强资本的监督，企业控制权实际上已转移到帝国主义者手中，官僚资本与买办资本也由此相互勾连。这些企业开始接受欧美资本主义较为先进的规范化管理方式。这一时期，西方列强在华开展直接投资，又进一步推动了中国封建官僚的买办化。国民政府时期，特别是20世纪三四十年代，中国形成了以蒋介石、宋子文、孔祥熙和陈立夫、陈果夫兄弟等四大家族为核心的官僚资本集团，逐步垄断了全国经济命脉。到1947年，四大家族所控制的工矿业资本额在全国的占比达到了70%~80%。

这一时期，官僚资本的企业管理具有以下特点：其一，更多地采用雇佣劳动管理方式；其二，成立企业管理协会，基本建立了集中统一的生产指挥系统和相应的财务管理、仓储保管等管理制度；其三，经营规模趋向大型化发展，出现了跨行业经营和市场垄断，呈现出向托拉斯和康采恩形式转型发展的趋势；其四，官僚资本家向企业派出稽查组，秘密收买工头和工贼当特务，企业管理带有突出的思想统制和行动统治色彩。

近代民族资本及其企业管理

我国近代民族资本主义出现于19世纪70年代，属于**民间投资的私人资本主义经济成分**。甲午战争以后，相继爆发抵制洋货、收回利权运动，以及戊戌变法、辛亥革命等重大历史事件，民族资本主义由此获得了较为有限的发展空间，分别在1895—1898年和1905—1908年出现两次投资高潮。民族资本投资主要集中在纺织、面粉、卷烟等轻工业领域，采矿、水电、航运、铁路、银行等领域也有所涉及。总体而言，当时的民族资本企业力量较为薄弱，大多数企业仍承袭传统的手工作坊模式，生产效率较为低下。

第一次世界大战期间，西方列强忙于战争，国内工业品价格上涨，爱国反帝运动逐步兴起，中国民族工业迎来了发展的“黄金时代”。但战争结束后，西方列强卷土重来，民族资本企业随即陷入萧条阶段。此后，帝国主义垄断资本采用借款、合办、收买等方式大力兼并民族资本企业，加上连年军阀混战和国内革命战争，兼有四大家族官僚资本对国民经济的全面垄断和控制，民族资本企业举步维艰，在遭受多重打击后逐渐走向衰落。抗日战争期间，沿海民族工业因迁移、战争和日本侵略者掠夺，损失极其惨重。在帝国主义和官僚资本主义的双重压迫下，民族资本企业为了生存和发展，转而在经营管理上开始学习引进先进的科学管理模式。主要表现在：其一，强化供销管理；其二，推进机械化和半机械化生产；其三，投资联号企业或创办附属企业，在资金上相互支持调剂，确保企业经营资金安全；其四，与金融资本结合，动用银行资本并开展各种形式的企业联营；其五，开始加强人才培养。

中国近代的民族资本企业大多分布在大城市，也主要集中于轻工业，未能形成独立、完整的工业体系，在技术、设备、原料及资金等方面又高度依赖帝国主义，造成诸多先天不足。但同时，**民族资本开创了许多承袭中国传统文化和管理思想的企业管理制度和方法，中国企业的科学管理思想也由此生发萌芽**。这一时期，涌现出许多杰出的民族企业家，诸如张謇、荣宗敬和荣德生兄弟、卢作孚、胡厥文、刘鸿生等人。他们不仅是企业家，也为中华民族和人民解放做出过重大贡献。

革命根据地及其公营企业管理

中华人民共和国成立后相当长的一段时期，政府管理部门以及企事业单位的领导人员和管理干部，几乎都是从人民军队和革命根据地选拔出来的。因此，**我国现代管理思想也相应受到军队管理和革命根据地公营企业管理的影响**。在中华人民共和国成立初期，事实上基本沿用了革命根据地对公营企业的政策和管理思想，对被没收的官僚资本企业和公私合营企业进行改造和管理。革命根据地公营企业管理主要采用军队管理模式，并结合地方特点，在土地革命战争、抗日战争和解放战争等不同历史时期逐步形成并发展起来。

在土地革命战争时期，为满足革命战争和人民生活的物资需求，苏区创办了小型修械所，以及被服、印刷、兵工、织布、造纸等工厂。这些工厂建立了企业的行政机构以及中国共产党的支部和职工会，并执行革命军队的“官兵一致”“民主管理”的管理原则。这一时期的主要管理特色有：其一，建立了由厂长、共产党支部书记和工会委员长组成的“三人团”，作为企业的领导机构；其二，建立了相应的规章制度；其三，开展劳动竞赛，促进生产效率；其四，重视思想政治工作。

在抗日战争时期，抗日根据地军民贯彻“自己动手、丰衣足食”的方针，开展了声势浩大、影响深远的大生产运动，公营工厂得到进一步发展。抗日根据地各厂矿企业大多注重从以下几个方面改进管理：其一，实行了工厂管理一元化；其二，实行经济核算制；其三，精简机构，减少非生产人员；其四，改革工资制度。其五，进一步开展劳动竞赛；其六，发挥技术人员的作用，奖励创造发明。

在解放战争时期，解放区的公营工业得到迅速发展。中共中央要求，公营企业必须建立由行政方面和工会方面联合组织的管理委员会，以加强管理工作，达到“降低成本、增加生产、公私两利”的目的。这一时期，解放区公营工厂注重在以下几方面改善管理：其一，加强民主管理，普遍建立了工厂管理委员会和职工代表会议制度；其二，普遍实行了工厂企业化；其三，贯彻按劳分配原则，改革工资制度；其四，加强对职工的思想教育，开展了立功运动。

全盘学习苏联模式及相应的纠正

从 1953 年起，我国开始实施国民经济“一五”计划。在国有企业中，全面沿用苏联国有企业模式，实行计划管理，建立起生产责任制度、经济核算制度和“各尽所能、按劳分配”的等级工资制度，建立健全了企业的管理机构，普遍推行“一长制”，确立了正常的生产秩序。

依靠这套有着浓厚计划经济色彩的管理制度，我国国营工业企业基本走上了管理正轨，培养了一批有管理意识、熟悉计划经济规范的管理干部。“一五”期间，我国实行了财政经济工作的统一领导和计划管理，实现了财政收支平衡和物价稳定，并集中了大量人力、资金和物资进行了大规模的基本建设。但是，在学习引进苏联管理模式和经验的过程中，也出现了机械地照抄照搬现象，未能充分结合我国的具体实际，单纯依靠行政命令而忽视民主管理和市场化调节，这些弊端也导致了一系列严重问题。

在意识到这些问题后，党中央及时采取了一系列改革和纠偏措施，开始探索中国特色的企业管理模式。在这一背景下，相继推行了党委领导下的厂长负责制、党委领导下的职工代表大会制等改革，并从鞍钢等企业经验中总结出“两参一改、三结合”的成熟模式在全国推广。这一系列的改革，对于纠正机械学习苏联模式的偏向、调动和发挥职工群众的生产积极性并促进企业生产的发展，起到了良好效果。

随后，在 1958 年“大跃进”过程中，又出现了违反客观规律的“左”的错误的企业管理思想，对“一五”期间所探索建立的适合现代化大生产要求的科学管理制度和办法进行了全面否定，造成了经济比例的严重失调和企业管理的极其混乱，给国家经济造成了巨大损失。自 1966 年开始的十年浩劫，更是我国政治大动乱、经济大倒退的十年。以“阶级斗争为纲”代替了企业管理，彻底否定了企业管理的“两重性”，国家和国民经济也陷入了混乱和倒退状态。

改革开放以来的国有企业改革

改革开放以后，我国相继颁布和实施了一系列新的法律法规，在确认企业管理“双重性”的基础上，提出要有选择地学习外国先进的科学管理理论、方法和手段。特别是中共十三大确立了社会主义初级阶段理论，提出了所有权和经营权相分离，为深化国有企业改革奠定了理论基础。

改革开放后的国有企业改革，大致经历了 3 个阶段。**第一阶段（1978—1986 年）**，扩大企业自主权，推行经济责任制和利改税。**第二阶段（1987—1991 年）**，推行承包经营责任制、租赁经营责任制和股份制，实行所有权和经营权分离。**第三阶段（1992—2013 年）**，理顺产权关系，转换企业经营机制，探索建立现代企业制度。

现代企业制度逐渐成为国有企业改革的关键词和聚焦点。现代企业制度具有5个基本特征。其一，产权关系明晰。其二，企业以其全部法人财产，依法自主经营、自负盈亏。其三，出资者按其投入企业的资本额享有所有者权益。其四，企业在国家宏观调控下，按照市场需求自主组织生产经营，并以提高经济效益、劳动生产率和实现资产保值增值为目的。其五，企业实行权责分明、管理科学、激励和约束相结合的内部管理体制。中共十五大要求加快推进国有企业改革。国有大中型企业必须按照“产权清晰、权责明确、政企分开、管理科学”的要求实行规范化公司制改革，最终使国有企业成为适应市场的法人实体和竞争主体。

改革开放以后，中国民营企业蓬勃兴起，出现了诸如华为、平安集团、阿里巴巴、腾讯等一批世界级企业。周三多教授在给本书所作的序言中，非常客观地写道：“由于历史的原因，我国工业化起步较晚，因而我国的现代管理理论与方法较西方发达国家也落后许多，这是不争的事实。我们要奋起直追管理好我们的企业，提高企业的效率与效益，就先必须老老实实地学习西方的管理理论与方法。任正非堪称这方面的典范，他当年挡往巨大的阻力，不惜花费20亿美元的重金，全面引进IBM的全套管理制度和方法。经过几年时间，在全面学习、贯彻执行和逐步消化的基础上，再结合本企业的具体实际进行改进和创新，终于形成了今天的华为管理。”这也充分肯定了以“华为管理”为代表的这一批中国民营企业的管理水平，它们为中国现代管理思想和管理理论做出了突出贡献。

新时代的国有企业全面深化改革

中共十八大以来，中国特色社会主义进入新的发展阶段。党中央强调，深化国有企业改革，要沿着符合国情的道路去改，要遵循市场经济规律，也要避免市场的盲目性，推动国有企业不断提高效益和效率，提高竞争力和抗风险能力，完善企业治理结构，在激烈的市场竞争中游刃有余。

2013年以后，党中央启动了新一轮的国有经济及国有企业的全面深化改革。这一阶段的改革呈现出以下特点和趋势。其一，进一步推进**国有经济布局优化与结构性调整**，引导国有经济和国有企业在国内国际“双循环”，尤其是在畅通产业循环、市场循环以及经济社会循环中发挥引领和带动作用。其二，**国有资产监管体制强调以管资本为主**，更加注重基于出资关系的监管和发挥国有资本的整体功能，区分国有资本投资公司、国有资本运营公司和产业集团公司等不同的层次体系来实施更为精准的分类分级管理。其三，将党的领导写进章程并融入公司治理的各个环节，各治理主体各司其职、各行其是，外部董事占有多数董事席位以克服“内部人控制”，进一步清晰董事会向管理层的授权制度及方案，**探索建立更加成熟、更加定型的中国特色现代企业制度**。其四，**大力推进混合所有制改革**，国有企业、民营企业等不同所有制的股东之间，要加强协商合作，发挥各自优势，共同促进混改企业的发展。其五，聚焦人力资源和薪酬分配机制改革，真正建立起“管理人员能上能下、员工能进能出、收入能增能减”的全新机制，高级管理层成员实行合同制和任期制管理，**以市场化为导向深度转换经营机制**，激发国有企业的活力和效率，强化国有企业的市场主体地位和微视主体活力。其六，按照现代管理理念，充分借助信息化、数字化和智能化手段，加强全面风险管理和合规内控体系建设，及时消除各种风险隐患，**真正实现国有企业管理体系和管理能力的现代化**。其七，**大力推进自主创新**，研发和掌握更多的“国之重器”，同时聚焦主业，做好压降层级、清理退出低效无效资产等专项工作，进一步夯实资产质量。其八，贯彻创新、协调、绿色、开放、共享的新发展理念，**进一步强化国有企业的经济责任、政治责任和社会责任**。其九，**坚持和加强党对国有企业的全面领导**，这是国有企业的“根”和“魂”，是我国国有企业的独特优势，也体现了中国特色现代国有企业制度的“特”之所在，要以此作为一项重大政治原则，进一步做到党建与生产经营管理的深度融合。

第 5 章

西方管理思想和理论的“百年丛林”

中国传统文化特别是诸子之学所蕴含的管理哲学和管理思想，对中国以及处于儒家文化圈的东亚国家和地区产生了正向影响，这是无须争辩的事实；同样，马克斯·韦伯也提出了西方社会工业化的成功与新教伦理的民族精神以及西方文明的其他特质密切相关，这一观点被广为接受。

在经历了文艺复兴和宗教改革以后，西方社会更早接受科学理性思想，管理理论体系的构建也因此超越东方百余年。我们也应该尊重这一基本现实：系统化、结构化的管理理论诞生于工业革命后期的西方社会，并由此演进为人类社会和文明的共同成果。

探寻西方管理思想的“百年丛林”

新教伦理与理性精神

德国哲学家马克斯·韦伯提出，新教伦理赋予了经商逐利行为以合理的世俗目的，并为资本主义企业家提供了一种心理驱动力和道德能量，从而成为现代理性资本主义兴起的精神动力。**工业革命以后，管理学作为一门新兴学科应运而生，人们开始注重发现、认识和利用管理活动中的基本规律与一般原理。**

可以说，**新教伦理和资本主义精神催生了古典和现代意义上的管理思想和管理理论。**经济越发达的国家，对管理越是情有独钟。在管理学诞生后的百年长河里，出现了诸如弗雷德里克·泰勒、亨利·法约尔、马克斯·韦伯、马斯洛、麦格雷戈、斯隆、德鲁克、波特、钱德勒、威廉·大内、卡普兰、钱皮、普拉哈拉德、哈默尔、明茨伯格等一众泰斗级人物，可谓灿若繁星。在这些大师级人物中，除了极少数是日裔和印度裔美籍学者，其他都出自欧美国家。这些天才人物在奠定哲学基础、构建框架体系和拓展研究方法论等方面，为管理思想和管理理论的发展做出了无与伦比的杰出贡献。

管理时代与阶段的划分

探寻西方管理思想和管理理论的百年“丛林”，按照年代梳理，可大致区分为3个阶段：从19世纪末20世纪初开始至第二次世界大战结束，是**工业时代聚焦理性与规范的“古典管理”阶段**；从20世纪50年代开始至80年代，是**行为科学时代聚焦动机与需求的“现代管理”阶段**；从20世纪90年代开始至今，是**知识经济时代聚焦知识与创新的“后现代管理”阶段**。

也有人认为，进入21世纪后，随着数字化时代的开启，应该进入一个新的管理阶段。至于这个阶段有哪些具有代表性的管理思想和管理理论，尚没有定论。既有的管理思想和管理理论仍处于不断演进和完善过程中，新的管理思想也在不断涌现并处于有待定型的状态。一个突出的趋势是，**现代管理思想越来越重视人文和人本因素，体现出“企业的人性面”，进一步向人性化回归**。

古典管理理论

泰勒的开创性贡献

19世纪末20世纪初，随着资本主义向纵深发展，企业的管理职能逐渐与资本所有权分离，由资本家委托给以经理为代表的、由各类型管理者所组成的专门管理机构承担，管理成为继土地、劳动力和资本之后的第 4 个生产要素。**1911 年，美国人弗雷德里克·泰勒发表《科学管理原理》，标志着工业时代聚焦理性与规范的古典管理理论的兴起**。除了泰勒的科学管理理论，这一时期有代表性的管理理论还有亨利·法约尔的管理职能理论和马克斯·韦伯的古典组织理论。古典管理理论在管理思想史上占有重要地位，它是现代管理理论的基础，在当代管理研究和实践中仍发挥着指导作用。

科学管理就是将管理科学化、系统化和结构化。科学管理学派致力于传播效率主义，其核心思想是指导人们用科学理性的思维进行管理，主张用科学的管理原理和方法提高劳动生产率，并要求劳资双方实行重大的思想变革以达到共赢的目的。**泰勒被誉为"科学管理之父"，他的主要贡献即在于使管理走向科学化**。泰勒的主要观点包括：其一，科学管理的根本目的是谋求最高工作效率，因为最高的工作效率是工厂主和工人实现共同富裕的基础；其二，达到最高工作效率的重要手段，是运用科学的管理方法代替旧的经验管理；其三，实施科学管理的核心问题，是要求管理人员和工人双方在精神上和思想上来一个彻底变革。为此，泰勒提出了以下管理制度：第一，对每项工作都开发出科学的操作方法，以便合理利用工时，提高工效；第二，在工资制度上实行差别计件制；第三，对工人进行科学的选择、培训和提高；第四，管理和劳动分离，管理工作属于计划职能，而工人的劳动则属于执行职能。科学管理思想在全世界迅速推广。在泰勒的众多追随者中，亨利·甘特（Henry Gantt）提出，要重视管理中"人"的因素，强调"工业民主"和更为人性化的领导方式，这对后来的人际关系理论产生了很大影响。

法约尔及其管理职能主张

在泰勒制之后，管理职能学派（又叫管理过程学派）将研究中心转向组织结构和管理原则的合理化、管理人员职责分工的合理化。**亨利·法约尔是开山鼻祖。法约尔的视野比泰勒更为开阔，他以大企业的整体作为研究对象，于 1925 年出版了成名作——《工业管理与**

一般管理》，提出了带有普遍意义的管理原则和方法。

法约尔的主要贡献是在管理的范畴、管理的组织理论、管理的原则方面提出了崭新的观点，为管理理论的发展奠定了框架和基础。他的主要思想包括3个层次。第一层次，**管理有别于经营，管理活动是经营活动的一部分，有自身的职能体系**。要经营好一个企业，不仅要改善生产现场的管理，而且应注重改善技术职能、经营职能、财务职能、安全职能、会计职能和管理职能等6个方面的职能体系。第二层次，**管理活动有5项职能，即计划、组织、指挥、协调、控制**。计划既要有长远的指导计划，也要有短期的行动计划；组织是确定执行工作任务和管理职能的机构，由管理机构进一步确定完成任务所必需的机器、物资和人员；指挥是对下属的活动给予指导，使企业的各项活动互相协调配合；协调是企业各部门及每位员工的活动要互相配合，以走向一个共同的目标；控制是确保实际工作与规定的计划、标准相符合。第三层次，**管理活动要遵循劳动分工、权力与责任、纪律、统一指挥、统一方向、个人服从整体、报酬、集权、等级链、秩序、公平、稳定性、主动性、团队精神等14条管理原则**。法约尔系统提出了管理的概念体系，并与他的亲身经历结合起来，让后人知道，这些职能和原则是怎样被运用到实践中的。令人遗憾的是，他开始著述的时候年事已高，生前只完成了《工业管理与一般管理》的写作，没能继续完成他设想的与实践案例的进一步结合。

韦伯和直线职能制组织

马克斯·韦伯是古典组织理论的代表人物。他所总结的理想官僚制和权力类型划分，极大地推进了古典组织理论的发展。理想官僚制是以理性–法律权力为基础的行政管理体制。其核心思想是通过职务或职位取代个人或者世袭地位来管理。**韦伯理论的可贵之处，在于他没有陷入官僚制效率的争论之中，而把目光投向官僚制的准确性、连续性、纪律性与可靠性上。**法约尔对古典组织理论也有贡献，主要反映为他在管理职能划分和组织结构体系等方面的深刻见解。

隐约注意到“人”的因素

进入大萧条时期后，一些管理学家开始从心理学、社会学等学科出发，系统思考企业中有关“人”的问题。被誉为“管理的先知者”的玛丽·福莱特（Mary Follett）在实践科学管理理论的过程中，同时也怀有浓厚的人文情怀。她**提出了群体性原则，即只有在群体中才能发现真正的“人”，个人的潜能也只有置于群体中才能被发现，从而获得真正的自由**。在群体原则的思想表述中，她认为个人存在于社会交往之中。民主是一种社会意识，应该通过利益的结合来减少冲突。福莱特还提倡将“服从个人权力”改变为“遵循形势规律、通过协作和控制来达到目标”，她认为**领导的基础是“领导者和被领导者的相互影响”**。

作为行为科学学派的前身，人际关系学派诞生于大萧条时期，源于乔治·梅奥（George Mayo）的“霍桑实验”。**霍桑实验第一次把管理研究的重点从工作和实物的因素转移到“人”的因素上来**，得出了以下结论：人作为“社会人”，绝不仅仅追求金钱等物质享受，同时还希望满足友情、归宿、受人尊重等社会性需求。人际关系理论的核心思想可以归纳为3个基本点：其一，工人是“社会人”，而不是“经济人”；其二，企业中存在着“非正式组织”；其三，新的领导能力在于提高工人的满意度。**霍桑实验的重要结论是：生产效率不仅受物理的、生理的因素影响，而且也受社会环境、社会心理的影响。这一点与科学管理的观点截然不同。**

现代管理理论

德鲁克开启新的时代

到了20世纪50年代，现代管理理论开始形成并多元发展，逐步形成富有生机、各得其所的管理思想和管理理论的“丛林”生态。

彼得·德鲁克于 1954 年出版《管理的实践》，标志着管理理论的发展与演变告别了传统时期，进入现代时期。在世界范围内产生深远影响的莫过于彼得·德鲁克开创的**经验主义学派**、亚伯拉罕·马斯洛和道格拉斯·麦格雷戈所代表的**激励学派**，以及由迈克尔·波特推向高峰的**战略管理学派**。

在管理研究中，一些学者和企业家试图通过提炼和总结成功企业的科学经验，为管理实践所遇到的具体问题提供理论指导，由此形成了**经验主义学派**。经验主义学派以向企业经理提供管理企业的成功经验和科学方法为目标，因此又被称为**经理主义学派**。其基本理念是：有关企业管理的理论应该从企业的实际出发，特别是以大企业管理经验为研究对象，加以抽象、概括和理论化，从而向管理者提供实际的建议。**现代管理学的开创者和奠基人德鲁克是经验主义学派的扛大旗者。**德鲁克注重从时代、社会以及组织所处的外部环境来透视管理，强调管理的人性和实践性。德鲁克借此开风气之先，为管理学正名，并推动了管理学的现代化。德鲁克的著名观点，“**归根到底，管理是一种实践，其本质不在于知而在于行，其验证不在于逻辑而在于成果，其唯一权威就是成就**”，即反映了经验主义学派的理论精髓。

人的需求层次及 Y 理论

在这一时期，行为科学代表人物亚伯拉罕·马斯洛专注于内容型激励理论，道格拉斯·麦格雷戈则从人性假设的角度提出了对激励和管理的看法。激励理论从分析人性假设和人的需求入手，深入探讨个体行为背后的心理动机，试图找出如何激励人的积极性的基本原理和一般方法，取得了一系列丰硕成果，为管理决策提供了有用的理论指导。马斯洛于 1943 年提出了广为人知的**需要层次理论**（又被称为“**需求层次理论**”）。他认为，人的需求层次从低到高依次分为生理需求、安全需求、社交需求、尊重需求和自我实现需求。马斯洛需求层次理论不仅是动机理论，也是人性理论和价值论，体现了人本主义思想。

麦格雷戈于1957年提出**X理论**和**Y理论**。X理论的人性假设是：人生来就好逸恶劳，会尽可能逃避工作。麦格雷戈认为，Y理论是传统X理论的合理替代物。Y理论的主要观点是：人并不懒惰，他们对工作的喜欢和憎恶取决于工作对他们来说，是一种满足还是一种惩罚；在正常情况下，人们愿意承担责任，并且希望发挥自己的才能和创造性。X理论和Y理论的差别在于对工人的需要看法不同，因此采用的管理方法也不相同。日裔美籍教授威廉·大内于1981年进一步提出了Z理论。他认为企业与职工的利益是一致的，企业对职工的雇用应是长期而不是短期的，要鼓励职工参与企业的管理工作，控制机制要含蓄而不要过于正规，但检测手段要正规。

战略学派进入黄金时期

战略管理学派将时断时续的变革、动荡和不确定性等因素视为帮助企业获得成功与繁荣的工具，促使管理者形成着眼于组织全局利益和未来发展的深沉目光。被誉为“战略管理之父”的伊戈尔·安索夫（Igor Ansoff）认为，**战略行为是企业对外部环境的适应以及由此导致的企业内部结构化的过程**。安索夫的贡献在于提出了PEST（Political，Economical，Social，Technological）分析框架及安索夫矩阵等战略管理理论和工具。艾尔弗雷德·钱德勒在20世纪60年代早期提出了他的战略思想。他认为**战略就是制定企业宗旨和长期目标，为实现目标选择行动方案，并调配必要的资源**。**钱德勒主张，是公司战略决定了组织的结构，而不是相反**。为此，他还详细分析了企业的发展阶段、战略类型、经营规模、组织结构之间存在的紧密联系。继安索夫和钱德勒之后，布鲁斯·亨德森（Bruce Henderson）是20世纪70年代战略管理学派的杰出代表。亨德森的理论成果主要有两个。一是**经验曲线**。他发现，随着累积生产量的增加，企业获得的经验也在逐步积累，生产效率得以提高而单位成本趋于下降。这是一条重要规律。二是**波士顿矩阵**。他提出了一种通过测量企业产品的销售增长率和市场份额来分析和评估企业产品结构的有效模型。**“竞争战略之**

父”迈克尔·波特是20世纪80年代战略管理学派理论成果最为丰硕的贡献者。波特的理论成果主要体现在3个方面：其一，对企业、产业和国家层面的竞争优势进行分析，并建立了有说服力的“五力模型”和3种基本竞争战略思想；其二，使用价值链分析手段，告诉企业如何赢得竞争优势；其三，提出用于分析一个国家某种产业为什么会在国际上具有较强竞争力的钻石理论。

组织和领导力理论的兴起

进入20世纪70年代，美国企业在与日本企业的竞争中节节败退。美国管理界迫切需要具有创业、创新和改革精神的管理者，来有效激发员工斗志并改良组织管理方法，以扭转处于颓势的竞争格局。在这一时期，出现了**权变管理学派**。**权变管理理论认为，组织管理要根据组织所处的外部环境和内部条件的发展变化而随机应变；没有一成不变、普遍适用的管理理论和方法**。该学派在理论上较好地综合了各种管理学派的研究成果，它所倡导的权宜应变的思想也适应了当时社会、经济、科技、政治等复杂多变的外部环境对组织管理的要求，对管理实践起到了较强的指导作用。但是，该学派也有令人不满意的一面，主要体现在过分强调管理的具体情境，即过分强调管理的特殊性，而忽视甚至否认了管理的普遍性和规律性。**系统管理学派**也是这个时期出现的一个新兴学派。该学派认为，组织是一个由相互联系的若干要素组成、为环境所影响并反过来影响环境的开放的社会技术系统。组织包含目标和价值、结构、技术、社会心理、管理等5个分系统。因此，系统管理学派主张要以整个组织系统为研究管理的出发点，研究一切主要的分系统及其相互关系。系统管理理论把管理对象看作一个整体，视为一个有机联系的系统。研究企业管理的任何个别事物都要从系统的整体出发，既要研究此事物与系统内各组成部分之间的关系，又要研究此事物与系统外部环境的相互联系。

领导理论学派是20世纪80年代兴起的新兴学派。在领导理论研究方面，代表人物约翰·科特认为，不管环境如何变化，领导的一些基本特征是不会改变的。在此基础上，他将领导与管理进行了对比，指出了两者的不同之处，从而有助于组织成员更好地扮演各自的角色。**组织理论学派**代表人物之一汤姆·彼得斯（Tom Peters）极为关注美国的成功企业，他深度概括总结了这些优秀企业具有贵在行动、紧贴顾客、不离本行、精兵简政等主要特点，并把人们的视线又重新引回到对“人”的关注上来。汤姆·彼得斯于1982年出版了代表作《追求卓越》，很受读者欢迎，一度被奉为圭臬。罗莎贝斯·莫斯·坎特（Rosabeth Moss Kanter）以呼吁大公司改革闻名，她将社会学的因素糅合进组织变革和组织创新中，其思想充满了浓厚的人文主义色彩。埃德加·沙因（Edgar H. Schein）则在企业文化领域有非常独到且深刻的见解，他认为文化应该是一个特定组织在处理外部适应性和内部整合问题的过程中达成的共识，它由物质层、支持性价值观和基本的潜意识假定等3个相互作用的层次组成。

后现代管理理论

聚焦于知识和创新

从20世纪90年代起，人类社会进入了信息社会和知识经济时代。互联网和数字化技术发展迅速，全球经济一体化进程加快，市场竞争逐步升级，组织结构日益呈现出扁平化、虚拟化、网络化和平台化趋势。**在经历了“丛林化”阶段之后，管理学理论逐步聚焦人性、知识和创新，并继续迅速向前发展。**德鲁克的知识经济理论、亨利·明茨伯格的“杂草战略”理论、加里·哈默尔与普拉哈拉德的核心能力理论、罗伯特·卡普兰的平衡计分卡理论和贝思·罗杰斯（Beth Rogers）的创新理论等，有力地推动了管理思想和管理理论向前发展。一些华人学者所开展的关于平台战略、平台管理和平台转型的研究，得益于中国众多领先企业的实践支撑，也受到广泛关注。

以德鲁克为代表的经验主义学派历久弥新，长盛不衰。**20世纪**

90年代初，德鲁克率先提出“知识经济”与“知识型员工”的概念。他指出，当今社会是一个以知识为核心的社会，“智力资本”已成为企业最重要的资源，知识工作者的生产率将日益成为决定一个国家、一个行业、一家公司成功的关键因素。知识管理理论研究也逐渐兴起。知识成为企业最重要的稀缺资源，知识管理也由此走进了人们的视野。**英国学者安妮·布鲁金（Annie Brooking）将智力资本定义为使公司得以运行的所有无形资产的总称。她将智力资本分为市场资产、知识产权、人才资产和基础结构资产，并建议管理者对它们进行评估和管理，从而搭建起一套知识管理系统。**

战略理论的转向

战略管理学派的重点开始从传统的制定经营宗旨转向愿景驱动型管理，从以适应环境变化为主的竞争定位转向以创造未来为主的核心能力及流程能力。亨利·明茨伯格系统研究了战略理论的演变过程，将战略理论分为3大类10大流派，并对每个学派的贡献与不足进行了深入分析，**提出了“草根式战略”理论（又称“杂草战略”理论）**。加里·哈默尔与普拉哈拉德两人对如何界定核心能力，如何在核心能力的基础上开发核心产品、终端产品，以及如何搭建一个能有效利用核心能力的战略架构等做了系统而又深入的阐述。迈克尔·波特的竞争战略和价值链管理理论仍备受关注，并在全球范围内掀起了战略管理的风潮。日本学者大前研一认为战略的意义在于其创造性，只要敢于实践，敢于发挥创造力，每个企业都有可能找到使自己成功的战略。他首创了“战略三角”（战略3C）的概念。

组织和文化理论的精进发展

在这一时期的组织绩效理论中，平衡计分卡理论可以说是最为光彩夺目的思想宝石之一。罗伯特·卡普兰和戴维·诺顿（Darid P. Norton）创造性地整合了创新理论、知识管理、流程再造、战略管理等众多学术流派的理论精华，构建了平衡计分卡理论体系，不仅为企业的组织绩效评价提供了良好的实用工具，还系统解决了战略描述、管理和衡量等一系列管理难题，为提升企业的战略执行力做出了杰出贡献。

近年来，创新成为管理学界的一个热门话题。贝思·罗杰斯以满足消费者对新产品的需求为立足点，提出了**企业产品创新战略理论**。她认为企业不仅要引入新产品，还必须富有想象力地改进已有产品，以满足日益复杂并不断变化的消费者需求。**流程再造学派**的两位创始人加里·哈默尔和詹姆斯·钱皮强调组织必须明确自己的关键生产过程，并尽量使之简捷有效。所谓企业流程再造，即“为了飞跃性地改善成本、质量、服务、速度等重大的现代企业的运营基准，对工作流程彻底地进行再思考并全面改革”，也就是说，要做到“从头改变，重新设计”。为了能够适应新的世界竞争环境，企业必须摒弃已成为惯例的运营模式和工作方法，以工作流程为中心，重新设计企业的经营、管理和运营方式。他们认为，企业流程再造是应对市场变化的新方法。尽管流程再造思想在实践过程中遭遇不少挫折，但是它**鼓励管理者重新思考如何最佳地组织企业运营，提倡企业应按照流程而非职能进行组织**，这些理念对企业工作流程优化和培育流程能力具有重要实践意义。此外，组织理论学派吉姆·柯林斯从实证的角度研究了企业管理战略，回答了哪些因素使**那些高瞻远瞩的公司实现了基业长青的终极目标**，并深入挖掘了企业从优秀到卓越的原因。管理大师彼得·圣吉（Peter M. Senge）提出了学习型组织的**5 项修炼**技能。汤姆·彼得斯提出了**管理革命**的思想，强调变革是企业获得生存的唯一出路，并就企业变革的方向进行了详细阐述。与此相关的两本书籍《基业长青》《第五项修炼》也成为风靡中国管理界的管理经典。

第6章

人性化转向和有温度的管理理论

科学主义和人文主义，或者说技术和“人”，是贯穿全部管理思想史的一对主要矛盾。但同时我们也要认识到，只有“人”，才是管理的聚焦点和真正的中心；管理的人性化转向代表着时代进步的大趋势。在现代管理思想史上，道道格拉斯·麦格雷戈、彼得·德鲁克和亨利·明茨伯格都是非同凡响的人物，他们各自开创的管理思想和理论，浸染了浓厚的人文精神，洋溢着有温度的人文关怀，在世界范围内产生了深远影响。

麦格雷戈深刻洞察出管理中的“人”和人性行为假设，发现了X理论和Y理论，并竭力倡导“个人目标和组织目标相融合”的Y理论。德鲁克是现代管理理论的奠基人和管理学科开创者，他所提出的管理思想和管理理论完全源于管理实践，然后经由他的理性思考而上升到管理哲学的高度。明茨伯格先后创立了经理角色学派、战略过程学派，建构了实践管理教育范式，提出了诸多突破传统理论的独到见解，并形成了自己独特的思想和理论体系。

管理的人性化转化

过度控制的局限性

工业革命所带来的时代产物，便是命令与控制深度融入了管理。工程师和会计师是效率的改革家，他们采用劳动分工、标准化、工作流程优化、绩效监控和效能提升来对付浪费行为，这些做法在实践中都被证明是实现控制的有力武器。泰勒制自诞生以来，在取得巨大成就和赢得崇高声誉的同时，也几乎一直挣扎在人文主义者的批评泥沼之中。

人们指责泰勒的科学管理方法是不道德的，是将工作“非人性化”，把极具人性色彩的管理变成了简单的效率衡量。确实，**没有严格的纪律，任何公司都不能获得长足发展，但过度控制和不恰当控制就是过犹不及了。**管理者试图牢牢控制太多的事情，这属于过度控制；控制大多源于主管和规定，而不是源于同伴和榜样，这属于不恰当控制。

管理思想的“主义之争”

在现代管理思想的发展历程中，**科学主义和人文主义，或者说技术和“人”这一对矛盾总是时隐时现、交互共生，无疑是贯穿全部管理思想发展史的一条主线索。**换句话说，**管理学所建基的思想和理论，或者说适合管理者的思想和理论，究竟是冷冰冰的“硬度”还是热乎乎的“温度”？**当然，以科学主义者来指代科学管理理论的拥趸，而以人文主义者来指代 Y 理论的信徒，并不是很精确，我们只是想粗略地勾勒出这两种不同价值理念的差异。

科学主义与人文主义在管理思想上的分歧，可能源于马斯洛于 1965 年出版的一本不起眼的书——《优心管理》。这本书是以他在加利福尼亚州一家电子公司的工作经历为蓝本写成的。马斯洛在书中论述了“**开明管理**”的思想，并阐释了企业组织“**协同**”的思想。他提倡管理者应与其“团队”分享权力，并追求“持续改善”。**这种分歧，从根本上看，源于科学主义者和人文主义者在理解和对待“人”的理念上的巨大差异。人文主义者所说的“人”，并不是古典管理学用隔离法抽象出来的“经济人”，而是“生活在社会里的人”。**美国著名行为科学家克里斯·阿吉里斯（Chris Argyris）曾说，**组织从根本上依靠人，而个人的发展也应该是与工作密切相关的。**管理学的研究对象是“在社会历史领域内进行活动的，具有意识的，经过思虑或凭激情行动的，追求某种目的的人”。

人文主义者强调管理学与自然科学的差异，认为**组织及其管理现象在本质上是人的主体精神的外化或客体化**，是一种“精神世界”和“文化世界”，因而应该视“人”为管理工作的中心和管理学研究的聚焦点，“管理学的研究对象就是人”或“衡量管理效果的标准就是人”。因此，**认识组织及相应的管理活动，不能用反映的方式，更不能用自然科学的方法，唯一可行的是“理解”“感受”“分析”或“解释”**。管理学研究对象是“一种个别的、仅仅一度发生于一定时间内的事件”，只能运用“个别化方法”进行研究。**人文主义者强调管理要更加人性化，表现为更加注重和突出人与人的关系、人与组织的关系、组织中的小团体与组织的关系，以及人、组织与环境的关系。**

由此可见，科学主义者把管理学看作纯理性的事业，理性的认识结果必须由经验事实裁决，即管理学是由组织及其管理过程的技术规律决定的，人只能被动地反映组织及其管理过程，而且管理学的发展与人无关。**人文主义者则把管理学看作完全由人建构的事业，管理学不完全是对组织及其管理过程的描述，而是涉及心理学和社会学的一门学科。**中国也有不少企业的管理者提倡人文主义或人本管理，这与中国传统文化的基本精神侧重人伦而忽视制度、规则和科学管理有着较大关联。**人文主义者所主张的这种人际关系取向，在中国无疑是极有力量和感召力的，它是与人们心灵深处的自然情感和世俗生活的需求息息相通的。**

管理需要有“人”味儿

面对这种“主义之争”及由此引发的很多问题和困惑，**加里·哈默尔曾经深刻发问：企业为什么没有一丁点儿“人”味儿？企业为什么缺少适应力、创造力和活力呢？**答案即在于，在管理者的深层次的意识里，仍然将控制、命令和相应的“技术”手段奉为至宝。

正是教条、理性规范、命令控制的管理理念，阻碍着组织向更加灵活、更具创新力、更鼓舞人心和更崇高的方向发展。虽然循规蹈矩也可以创造经济价值，但效率毕竟远不如从前了。有研究表明，世界上80%的员工对自己的工作不够投入。**尽管他们每天准时出现在工作岗位上，但大部分心思都不在工作上。**从大量的事例也可以看出，往往并不是基层员工缺乏主动精神和创造力，而是公司的等级制度束缚住了他们的手脚，使他们无法施展才华。

对企业来说，员工的创造力和个人能动性是一种远比统一性及服从性更重要的竞争资源。管理者须深刻认识到，**组织中的"人"的概念发生了质的变化，强调人的潜质和成长，提高人在产业社会中的地位，乃是大势所趋。仅有优秀的商业模式和管理流程是不够的，这个时代更需要有人文情怀的商业思想和有温度的管理理论。**

麦格雷戈：从X理论、Y理论到Z理论

麦格雷戈其人

道道格拉斯·麦格雷戈（1906—1964年），行为科学家、20世纪50年代最具有影响力的管理思想家之一，人际关系学派的中心人物。当然，他最著名的身份还是**Y理论的创始人**，他也因此成为现代管理理论的重要奠基人之一。

1906年，麦格雷戈出生于美国一个种植园贵族家庭。他在韦恩大学取得文学学士学位，并于1935年获得哈佛大学哲学博士学位。1937—1964年，他在麻省理工学院任教。1957年11月，麦格雷戈在美国《管理评论》杂志上发表了《企业的人性方面》一文，正式提出了闻名遐迩的"X－Y理论"；几经修改完善后，于1960年正式出版《企业的人性面》。

清华大学杨斌教授这样评价麦格雷戈：**他是一个天才型学者，在他的研究领域里无人能及。**他对企业与人性本质的洞察力，就像一道闪电，照亮了几代人的思维空间。他以理性冷静的头脑、对员工的深切关怀，以及超群的总结归纳和文字表达能力，建立起了一个崭新的理论框架及体系。他给整个管理界带来了一股与众不同的新风，开创了组织行为学、组织发展学等全新的领域，强烈吸引着 Y 理论的信奉者与评论家。哲学家威廉·詹姆斯（William James）说过，“有关我们这一代人最伟大的发现就是，人可以通过改变自己的心态来改变生活。也就是说，你想变成什么样，就会是什么样”。麦格雷戈的观点正是契合于此。他并不提倡毫无条件的“纯粹信任”，而是认为**管理者应当首先从好的一面设想他人，由此创造出一种环境，使人们在自我控制和目标融合中实现他们的设想**。说来也神奇，企业的人性面是一体化的，管理者根据怎样的管理理论和理念来影响员工，整个企业就会具备怎样的特点。彼得·德鲁克也慷慨地给予麦格雷戈褒扬：“随着时间的推移，麦格雷戈理论的价值也日益得到证明，它是如此的精辟，占据着无可比拟的重要地位。”

加利福尼亚大学伯克利分校的教授乔治·斯特劳斯（George Strause）这样评价麦格雷戈的成长经历和精神层面：他的曾祖父是苏格兰教会牧师，他的祖父创立了救助无家可归者的团体，他父亲继承了他祖父同样的事业，他自己在童年时代担任过晚间祈祷的钢琴师。因此，**麦格雷戈算得上是“第四代传教士”，只不过他所“传教”的对象变成了公司管理者和 CEO，而不是他的牧师先辈们所面对的穷困潦倒的人们**。麦格雷戈谆谆建议：“一个人的职位越高，就越要遵循 Y 理论行事。”宗教从未直接出现在他的著述中，但他的成长背景或许可以有助于我们理解他的个人价值观和传播精神。

《企业的人性面》

麦格雷戈一生著述不多，远不像德鲁克和明茨伯格那样高产。1960 年出版的《企业的人性面》这部经典著作事实上也成了麦格雷戈一生唯一的著作。该书具有深邃的思辨性和愉悦的可读性，能给予人以强烈的思想震撼。该书自出版后 60 年来，获得了经久不衰的赞誉和追捧，被誉为“学者的理论标准”“从业人员的行动手册”“最重要的管理著作”，乃至“不朽的遗产”。确实，在人们注意力极易转移的时代，很少有一本书可以得到如此持续的关注和这般无以复加的褒扬。

“你认为最有效的管理员工的方式是什么？”这是麦格雷戈在《企业的人性面》开篇那句振聋发聩的“天问”。他在1960年提出的这个问题，看似简单，却足以在管理界掀起一场根本性的变革。麦格雷戈很早就洞察到管理中的人性假设和价值判断问题。他坚定地认为，“在每个管理决策和管理行动的背后，都有一种人性与人性行为的假设”，**“管理行为是对人性的选择性适应，而不是让人性来配合管理者的需求”**。他在这部经典作品中系统阐述了强调独裁与控制的X理论以及与之对立的Y理论。

当时流行这样一个争论：人到底是创造价值的机器，还是可能根据需要削减的成本？麦格雷戈这样描述他此前以及他所处的那个时代，“如果有一种观点占据着传统组织理论的核心，那就是以权威为中心的管理控制手段”。麦格雷戈提醒管理者，要注意到“企业内部人力资源的协作潜力”。只有在一种鼓励参与、互助、信赖、高效的关系体系和理念的环境中，人们才能建立良好的工作模式、组织模式与社会模式。麦格雷戈主张富有人文情怀的管理：鼓励多方积极参与；对人的尊严、价值、成长给予高度的关注；在个人目标与组织目标之间进行权衡，建立信任、开放、诚实的上下级关系；管理者要在公开、坦诚、消除分歧的原则下，逐步发挥影响力，而不应采取高压政策，妥协逃避，也不能搞“虚假拥护”、讨价还价；人是能够自我成长的，当人们处于相互信赖、及时反馈的人际关系中时，个人将得到进一步提升。麦格雷戈还特别强调，员工必须对自己的成长负责。**有些管理者过于热心，他们的强势管理其实是在诱导员工“虚假成长”，这种做法是有害无益的。员工成长应该是自然的、有机的，是源于内在的，而不是靠化肥、农药等外加因素予以催熟的。**管理者要创造让员工成长的健康环境，并尽一切可能来维护这个生态和机制。

杨斌教授用“**心作**”一词来概括《企业的人性面》与麦格雷戈的关系。麦格雷戈的这部用心之作包含了足够多的“种子”，我们可以从中依稀看出，德鲁克、明茨伯格、沃伦·本尼斯（Warren Bennis）等管理大师的许多观念正是由此萌芽并逐渐生根化育。时至今日，在互联网、数字化、智能化方兴未艾的时代，**《企业的人性面》和麦格雷戈的思想依旧是一座灯塔，一次次地给管理者指明道路和航向，鼓励管理者在核心价值层面凝聚共识，时时扪心自问那道经典问题：“你认为最有效的管理员工的方式是什么?”**

基于命令和控制的X理论

德鲁克说，“管理是通过他人的努力来达成目标”。管理者所面临的问题便是：当“目标”设定好，“他人”引进来，剩下便是“他人”在实现“目标”的过程中是否“努力”，管理者又怎样才能使“他人”努力。这就涉及一个本源问题：**人性究竟是怎样的？动机到底在哪里?**

麦格雷戈把基于管理和控制的传统管理理念称为“X理论”。X理论对人性的假设遵从了一系列基本逻辑。**第一层逻辑：人性是丑恶的**。人们对工作具有与生俱来的厌恶，不会对工作产生热忱，只要有可能便会逃避工作；人们只喜欢享乐，凡事得过且过，尽量逃避责任。**第二层逻辑：管理和控制是必须的**。由于人们具有厌恶工作的本性，因此管理者必须对他们进行指挥、控制、监督以及予以惩罚的威胁，才能促使他们保证生产力水平，并努力向组织目标奋进。**第三层逻辑：人们可以接受管理和控制**。人们都习惯于接受监督，总是胸无大志、安于现状。麦格雷戈说得很尖锐，他觉得X理论的信奉者对“人类理想价值的赞扬不过是口头说说而已”，尽管这些假设“几乎从不会被直接表达出来”，但确实无处不在。

与X理论的人性假设相适应，它的主要内容包括6点。其一，**大多数人是懒惰的**，只要有机会，就尽可能偷懒，甚至逃避工作。工作对他们而言是一种负担，毫无享受可言。其二，大多数人都不会有雄心壮志，也不喜欢负责任，他们宁可被别人领导。**他们缺乏自信心**，把个人的安全看得很重要。其三，大多数人的**个人目标与组织目标都是直接冲突的**。为了完成组织目标，必须靠外力对他们严加管制，诸如采用强迫、指挥、控制及处罚威胁等手段，使他们做出适当的努力去实现组织的目标。其四，大多数人都是**缺乏理性**的，不能克制自己，而且很容易受到他人的影响，也很容易安于现状。其五，大多数人工作都是基于生理需要和安全需要，所以他们**总是选择做那些经济获利最大的事情**，而且，他们只会看重眼前利益而不太会顾及长远利益。其六，人大致分为两类，多数人都符合前述5条假设，只有少数人能够高度理性，做到自我克制，因此**这一小部分人可以也应当担负起管理责任**。

X理论假设人对于工作的基本态度是负面的，人们都不喜欢工作，并且只要有可能就会逃避工作。这些普罗大众都愿意被人指挥并且希望逃避责任。基于这些假设，X理论认为，管理者应履行以下职责及管理方式：第一，管理者关心的是**如何提高劳动生产率，如何完成任务**，他们的主要职能是计划、组织、经营、指引和监督。第二，管理者主要**运用权力来发号施令**，使对方服从，以适应工作和组织目标的要求，而不会考虑如何在情感和道义上予人以尊重。第三，注重**严密的组织和具体的规范及工作制度**，包括工时定额、技术规程等。第四，笃信**以金钱报酬来换取**员工的效率和服从。这种管理方式可以简单地概括为“**胡萝卜加大棒**”，一方面靠金钱刺激，另一方面予以严苛地控制、监督和惩罚，迫使人们为组织目标效力。

倡导自我管理和目标融合的Y理论

麦格雷戈发现，如果组织使人与人之间的协作存在限制，那绝不是由于人类本性造成的，而是管理者没有搞清楚该如何充分利用人力资源的潜力。与X理论消极的人性观点相对照，**Y理论对于人性假设是正面的**。**Y理论假定人性本善，假设一般人在本质上并不厌恶工**

作，只要有合理的引导机制，员工便会热爱工作。这些假设是动态的而非静态的，它们认为人具有成长与发展的可能；同时强调“选择性适应”，反对单纯依靠固有的控制方法。这些假设的构成基础是员工切实具有的潜力资源，而非员工的共同特性。人的潜力是无限的，远远超出实际已开发利用的水平。有了 Y 理论的假设，管理者才能拓宽管理理念和实践的视野。

Y 理论的主要内容包括 6 点。其一，**工作会消耗体力与智力，**这是再正常不过的事情，就像游戏和休息一样自然。其二，外部的控制和惩罚绝不是促使员工为实现组织目标而努力的唯一方法。对于员工来说，它是一种威胁，阻碍员工趋于成熟和理性。人们**更愿意通过自我管理和自我控制来完成自认为应当完成的目标**。其三，人的自我实现需求和完成组织目标所要求的行为之间，本质上并不存在冲突。人们之所以愿意对目标做出承诺，是因为希望得到实现目标后的各种酬劳；如果给员工提供合适的环境和机制，他们是**能够将个人目标和组织目标统一起来**的。其四，一般人在适当条件下，**不仅可以接受职责，而且会主动寻求职责**。逃避责任、缺乏抱负以及强调安全感，通常是从实际环境中习得的，并非人的本性使然。其五，**以高度的想象力、智力、创造力来解决组织中的各项问题，这是大多数人都具有的能力**，而不是少数人特有的能力。其六，现代工业体系使**一般人的智慧潜能和创造潜力只发挥出了一部分，甚至只有一小部分**。

根据这些人性假设，管理者应履行如下职责及管理方式。第一，创造一个能使员工发挥才干的工作环境，以利于他们释放出创造潜力，使他们在为实现组织目标而贡献力量的过程中，也能够达成自身目标。这个时候，管理者已不是指挥者、调节者或监督者，而**更多起到一个辅助者的作用**，给予员工支持和帮助。第二，员工所需要的激励主要来自工作本身的内在激励。管理者要让员工承担具有挑战性的工作，让他们担负起更多的责任，促使他们做出成绩，从而**满足他们自我实现的需要**。第三，在管理制度上给予员工更多的自主权，**鼓励**

他们实行自我控制，创造机会让员工参与管理和决策，并和员工共同分享权力。

“通过执行权威进行指挥和控制”的原则，是根据X理论衍生出来的基本组织原则，也被称为“**阶梯原则**”；同样，由Y理论也衍生出一条基本组织原则，即“**融合原则**”，意思是**创造条件，使组织成员在努力追求组织成功的过程中达成自身目标，这是一种最佳状况。**对于管理者来说，这两种原则和意义完全不同，阶梯原则的影响较为深远，导致了融合原则反而不为人们所了解。表6－1简要列出了这两种管理理论与管理原则的区别。

表6－1　X理论和Y理论的演进与比较

	X理论时代的特点	Y理论时代的特点
人	人是一种成本，必须被指挥和控制	人是一种资产甚至资本，应该受到珍视并予以发展
工作	强调分工，以工业为基础，任务按人头分配	强调协作，以知识为基础，任务按项目分配
技术	为控制工作和缩小人工错误而设计	将社会系统与科技相结合，推动以知识为基础的工作
领导力	高层管理者与技术专家	各层级分布式管理
目标	只关注利益相关者回报的单一焦点原则	关注众多相关人员的多焦点原则

在融合原则下，大家共同为企业的成功而努力，并共同分享成功的果实。这意味着如果组织能够依据员工的需要与目标，适当地加以调节，将更加有利于经济目标的达成。融合原则要求兼顾组织和个人的需要；如果无法做到融合，组织会因此受到伤害。过多地强调“组织的利益”，会造成激励程度低、激励效果差。

当然，强求绝对的融合也不现实。所谓融合原则的运用，实际上是**寻找一种最理想的“融合程度”**。员工实现自身目标的最佳途径将是为组织效力，而不是对组织漠不关心、推卸责任、阳奉阴违、消极怠工等。也就是说，员工将受到组织的鼓励，自主发展并运用自身的能力、知识、技能和天赋，为企业的成功做出贡献。

威廉·大内及Z理论

继X理论和Y理论之后，麦格雷戈在晚年开始着手研究Z理论，试图进一步把个人需要与企业的激励机制结合起来。遗憾的是，他于1964年去世，Z理论的研究也由此中止。美籍日裔管理学家威廉·大内重拾了麦格雷戈未竟的事业，继续Z理论的研究，并于1981年正式提出这一套理论。

威廉·大内1943年出生于夏威夷檀香山，1965年获得威廉姆斯学院学士学位，1967年获得斯坦福大学工商管理硕士学位，并最终于1972年在芝加哥大学获得工商管理博士学位。从1973年开始，威廉·大内专门研究日本企业管理。通过研究对比日美两国企业管理的不同经验，**威廉·大内于1981年出版了《Z理论——美国企业界如何迎接日本的挑战》，正式提出了Z理论**。此书出版后，立即风靡美国，并且很快传播到全球管理学界，成为20世纪80年代管理学经典名著。

威廉·大内从组织角度研究了日本企业及其成功模式，借此从拥有不同文化背景的日本企业身上，找到可供美国企业借鉴的经验和规律。他挑选了日美两国一些有代表性的企业作为研究对象，从雇用制、评估与升职、雇员的职业发展、控制机制、决策、负责制和对整体或局部的关注等方面，深入系统地分析了两国企业的管理特点。

美国企业的管理者更注重理性，他们强调技术、设备、方法、定量分析等元素在经营管理中的作用。至于雇主和员工之间，除了为完成特定任务而建立的关系，没有生活、价值观等情感方面的交流。**反观日本企业，则带有鲜明的非理性主义色彩，比较注重目标、信念、文化等因素在经营管理中的作用，突出了人性在挖掘员工潜力中的重要作用，强调要设法调动员工的积极性、主动性和创造性**。终身雇佣制在这一过程中起到了至关重要的作用。威廉·大内发现日本企业的共同之处有4点：首先，在终身雇佣制下，**员工对企业的忠诚度非常**

高，若出现企业效益不好的情况，员工也会坚定地与企业站在一起，共渡难关；其次，企业对员工的评价以及员工的晋升方式复杂多变，不以单一的绩效指标来评价员工的表现，通常**更注重员工的创造精神和进取精神**；再次，**企业中人与人之间的关系，涉及工作、生活、情感、心理等多方面、多层次的交流**，员工也在不同部门和职位之间轮换，以进行锻炼；最后，企业既有严格的模式和规则，又有温情的人文关怀，**注重对人的潜能进行积极的启发和引导**。

威廉·大内认为，日本企业的经营管理效率之所以高于美国企业，是因为他们在企业管理中形成了良好的团队文化，他称之为**"日本式"团队文化**。在这样的团队文化氛围中，日本企业形成了特有的管理手段，包括终身雇佣制、渐进的评价与晋升制度，以及多专业、多岗位的职业经历等做法。因此，威廉·大内提出，美国企业应该结合本国特点，多向日本企业学习，从而形成自己特有的管理方式。

威廉·大内在麦格雷戈 Y 理论的基础上提出了"Z 理论"。**Z 理论强调组织管理的文化因素，并认为组织在生产力上不仅需要考虑技术和利润等硬性指标，而且应考虑软性因素，包括信任、人与人之间的密切关系和微妙性等因素。**Z 型组织强调一种大家都认可的文化，是**由平等的人组成的社团**，依靠责任感和信任以及互相合作来达到共同目标，而不再仅仅依靠等级制度和控制、监督。Z 型组织有其显著特点：其一，**以哲学观为基础进行决策**；其二，**视决策为员工共同参与的集体行为**，但负责最终决策的仍是一个人；其三，类似于日本企业的**整体化倾向**。

Z 型组织强调组织的哲学观，这有助于表达公司的文化特征和文化氛围。按照这种方式发展起来的组织文化，可以在某种程度上取代官僚式管理方式，在员工之间形成相互支持的良性协作关系，公司也由此提高了生产力。由此可见，在 Z 型组织中，利润本身并不是企业的唯一重点，也不是在竞争过程中唯一的加分点。**如果企业能持续地为客户带来价值，帮助员工实现自我成长，并促使他们在工作中表现**

出高度的责任心和创造性，那么利润就是对企业的奖励。

Z 理论涉及两个原则。**第一个原则是信任。**在 Z 型组织的文化中，信任是一种重要的合作方式和沟通方式，它让人们认识到自己在企业中处于重要地位，而不单单是企业流水线上的机械操作员。威廉·大内认为，生产率和信任是呈正相关，**当员工之间、上下级之间保持着一种相互信任的状态时，企业就能保持较高的生产率。第二个原则是微妙性。**人与人之间的关系始终处于复杂和微妙的变化之中。密切的社会关系和微妙的人际关系对于企业管理产生了深远影响，进而又对生产率产生了不容忽视的影响。**生产率、信任和微妙性这三者并不是孤立的，协调好信任和微妙性可以提高生产率，而且它们彼此之间也是不可分割的。**

Z 理论代表着一种新型的管理思想，它融合了代表美国企业管理模式的 A 理论以及代表日本企业管理模式的 J 理论（见表6 –2），**强调注入目标融合原则和自我管理理念，其突出特征便是倡导参与式管理。**

表6 –2　A 理论、J 理论和 Z 理论的简要比较

J 理论	A 理论	Z 理论
终身雇佣制	短期雇佣制	长期雇佣制
一致同意决策	个人决策	一致同意决策
集体负责制	个人负责制	个人负责制
渐进的评估和升职过程	快速的评估和升职过程	渐进的评估和升职过程
含蓄、非正式的控制机制	明确、正式的控制机制	含蓄、非正式的控制机制，加上明确、正式的衡量标准
非专业化的职业发展模式，整体性关注	专业化的职业发展模式	适度专业化的职业发展模式，整体性关注

在绩效管理上，Z 理论更多地考虑人性化因素，注入目标融合原则和自我管理理念，将定量指标与定性指标、刚性考核指标与柔性监控指标相结合，更能为员工接受，也更为切合实际，有利于公司实现包容式发展。因此，**如果说 X 理论和 Y 理论体现了西方的管理思想**

和管理原则，那么Z理论则在组织管理中融入契合日本文化的人性化因素，实现了东西方管理哲学的有机融合。

走进德鲁克的思想世界

7段人生经历及其国际化背景

彼得·德鲁克（1909—2005年），祖籍荷兰，1909年出生在奥匈帝国首都维也纳一个有着深厚文化底蕴的家庭。他的外祖父是英国人，亲手创建了盎格鲁·奥地利银行。他的父亲阿道夫·德鲁克在维也纳大学任教时曾对熊彼特有教诲和相助之恩。**德鲁克小时候即有机会与弗洛伊德、熊彼特、波兰尼等贤达交往，这是一种常人可望而不可即的宝贵经历，他也因此深受欧洲传统人文主义思想和奥地利学派思想的影响。**

德鲁克先后在奥地利和德国接受教育，1931年获法兰克福大学法学博士学位。1937年，他来到美国，并于1943年加入美国籍。他曾担任由美国银行和保险公司组成的财团的经济学者，以及美国通用汽车公司、克莱斯勒公司、IBM公司等大企业的管理顾问。此外，他先后在贝宁顿学院任哲学教授和政治学教授，在纽约大学和克莱蒙特大学担任管理学教授。

德鲁克曾经讲述了他的7段人生经历。正是这些人生经历，教会了他如何一直保持成效、持续成长、不断改变，并随着年龄增长而实现新的突破。

经历一：朱塞佩·威尔第（Giuseppe Verdi）教他确立目标和愿景。威尔第是意大利著名作曲家，一生创作了26部歌剧和7首合唱作品。有人问威尔第，身为一个著名人物，并被誉为19世纪最顶尖的歌剧作曲家之一，为什么在如此高龄时还要不辞劳苦地再写一部歌剧，而且是一部难度极大的歌剧？威尔第这样回答："我作为一名音乐家，毕生都在追求完美，可完美总是躲着我。我觉得自己完全有义务再试一次。”1927 年，德鲁克离开了维也纳，来到德国汉堡的一家棉纺产品出口公司做学徒。在汉堡著名的市政图书馆，德鲁克读到了威尔第的这篇文章，内心触动很大。他当时就下定决心：**“如果我能长寿，我将永不放弃。同时，我还会追求完美，尽管我非常清楚，完美总会躲着我。”**

经历二：菲狄亚斯（Pheidias）的教诲——“神看得见它们”。菲狄亚斯是古希腊最伟大的雕塑家。他受命创作一组雅典城帕台农神庙的神像。创作完工后，他的作品受到广泛的赞誉，可雅典城的司库却拒绝付款，理由是：“这些神像立在神庙屋顶上，而神庙盖在雅典最高的山上。大家只能看到神像的正面，可你却要按四周都雕刻来收费。神像背面谁也看不见，可是你却想收钱。”菲狄亚斯驳斥道：“你错了，众神看得见它们。”也是在汉堡做学徒期间，德鲁克读到了这个故事，进一步明白了“完美”的含义，深受触动，并从此信守这条原则。**“无论何时有人问我认为自己写的哪一本书最好，我都会笑着回答，‘下一本。’我不是开玩笑，而是认真的。”**

经历三：持续学习——当记者时下的决心。德鲁克 20 岁那年被法兰克福最大的报社录用。他供职的那家报社每天下午出版报纸，需要早上 6:00 就开始工作，而下午 2:15 报纸出版后，便有大段闲暇时间。于是，德鲁克要求自己在下午和晚上学习，学习的内容包括国际关系和国际法、社会和法律机构的历史、普通史、金融，等等。就这样，他慢慢构建起自己的知识体系。后来，他一直坚持这个习惯，每隔三四年便会选择一个新的知识领域，例如统计学、中世纪史、日本艺术、经济学等。三年的学习当然不足以让他精通，但可以让他全面了解那个领域的知识。**在长达 60 多年的时间里，他不断地学习，而且每隔几年就换一个新的学习领域。**这不仅让他掌握了丰富的知识，而且使他不断了解新的学科、新的途径和新的方法，因为对于每个领域的研究，假设不同，采用的方法也不尽相同。

经历四：定期回顾与计划——主编的教诲。德鲁克供职的法兰克福那家报社的主编是欧洲一位著名报人。他给德鲁克的另一个教诲便是让思维保持活跃、不断丰富知识。自那以后，**德鲁克每个暑假都会留出两个星期的时间，用来回顾前一时期所做的工作，包括那些做得还不错但本应做得更好的事情**。另外，他还利用这段时间确定自己在咨询、写作和教学方面的优先事务。

经历五：履新之后——创始人的教诲。1933 年，德鲁克从法兰克福移居伦敦，先在一家保险公司做证券分析员，后又到一家快速发展的私人银行做经济学家兼合伙人的执行秘书。在这些岗位上，他曾与公司的一位创始人发生了冲突。但随后他意识到这位合伙人说得对，于是彻底改变了自己的行为和工作内容。以后，每换一个岗位，他都会思考这样一个问题：“**在这个新岗位上，我必须做些什么事情才能取得成效呢？**”德鲁克逐渐养成一个坚持多年的习惯，对于那些供职于大型组织的卓有成效的客户，他会仔细询问他们取得卓越成效的具体原因，并记录下来予以分析，努力学以致用。

经历六：记下来——耶稣会和卡尔文教派的教诲。1945 年前后，德鲁克选择 15、16 世纪的欧洲现代史进行学习。他发现，耶稣会和卡尔文教派是欧洲宗教的两股支配性力量。按照规定，每当耶稣会神父或者卡尔文教派牧师做一件比较重大的事情时，他们都会把自己预期的结果记下来，在 9 个月之后再用实际结果进行对照。这样，他们很快就能发现自己什么事情做得好，自己的长处是什么；有哪些东西是必须学习的，有哪些习惯是必须改变的；哪些事情是因为自己没有天赋而做不好的。**德鲁克将这种方法总结为发现自身长处并进行自我管理的反馈分析法，并坚持了 50 多年。**

经历七：想要留下什么——熊彼特的教诲。1902 年，德鲁克的父亲任职于奥地利财政部，同时在大学兼职讲授一些经济学课程。熊彼特当年还只有 19 岁，是班里最聪明的学生。在德鲁克眼里，熊彼特狂妄自大、粗暴无礼、爱慕虚荣，而他父亲则性情温和、彬彬有礼、谦卑有加。但是，他俩却成了一见如故的好友，而且友谊历久弥坚。1950 年，德鲁克父子去美国加利福尼亚州探望熊彼特时，熊彼特已与当年判若两人。彼时他已 67 岁，执教于哈佛大学并担任美国经济学会主席，已经成为一名享誉世界的经济学家，声望达到巅峰。熊彼特在出版了两本重要的著作之后，曾说他最想留下的名声是“欧洲最伟大的情圣和欧洲最伟大的骑师——也许还有世界上最伟大的经济学家”。熊彼特还跟德鲁克父亲说：“我已经到了一个知道光是靠书和理论留名远远不够的年纪。一个人如果不能改变人们的生活，那他就什么也没能改变。”他们的这段对话**让德鲁克永生难忘，他声称从中学到 3 件事情。第一，我们必须问一问自己，到底想留下一个怎样的名声。第二，答案会随年岁增长而改变，会随自己的成熟以及外部世界的变化而改变。第三，只有改变了别人生活的东西才是值得纪念的。**

德鲁克在讲述了他的 7 段人生经历后，给大家的建议是：**这些东西人人可以学会。**他进一步讲了 5 点感悟。第一，我们**要树立自己的目标或理想**，并为了这些目标和理想而奋斗，这意味着一个人能够人老心不衰。第二，长年保持成效的人对工作的态度一如菲狄亚斯：神看得见。他们**不甘平庸，在工作中恪守自己的标准**。事实上，他们有强烈的自尊心。第三，长年保持成效的人**把持续学习作为一种生活习惯**。他们未必每三四年就学习一门新的学科，但是他们会不停地试验，对自己的成绩从不满足。他们对自己的最低要求是，无论做什么都要做得更好，而且常常要求自己用不同的方法去做这些事情。第四，这些思维活跃、不断成长的人，还会**坚持进行绩效评估**。把自身行为和决策的结果记录下来，然后与当初的预期进行对照。这样，他们很快就能发现自己的长处在哪里，同时也发现自己在哪些方面需要提高、改变和学习。他们还能知道哪些事情是自己不擅长的，是应该让别人去做的。第五，所有这些行为习惯所体现的一个最重要的原则，就是**那些卓有成效并能不断成长和改变的人，特别是那些以运用知识为主的人，承担起了自身发展和工作安排的责任。**

学术成就与声誉

德鲁克终身以教书、著书和咨询为业。在长达 65 年的职业生涯中，德鲁克著述颇丰，共出版了39部专著。较为著名的是：《公司的概念》（1946年），《管理的实践》（1954年），《卓有成效的管理者》（1966年），《管理：任务、责任、实践》（1973年）。其中，**《管理的实践》是现代管理理论的开山之作，奠定了德鲁克管理大师的地位；《管理：任务、责任、实践》则被誉为管理学的“圣经”**。此外，他还发表了数百篇文章，其中近40篇都是刊载于《哈佛商业评论》上的经典文章，并有7篇获得了“麦肯锡奖”。这些著作和论文在全世界范围内广为流传，已被翻译成37种语言，传播至130多个国家。**20世纪80年代，德鲁克思想被引入中国；2004年，德鲁克管理学全面进入中国的管理教育中。**

德鲁克称自己是“社会生态学家”。他对社会学和经济学有着深远影响，他的著作架起了从工业时代到知识时代的桥梁。他无愧是20世纪最重要的管理和商业活动的思想家，被誉为“现代管理学之父”“大师中的大师”。《纽约时报》称赞他为“**当代最具启发性的思想家**”。英国《经济学家》盛赞他：“在一个充斥着自大狂和江湖骗子的行业中，**他是一个真正的具有原创性的思想家**。假如世界上果真有所谓大师中的大师，那个人必定是彼得·德鲁克。”杰克·韦尔奇、比尔·盖茨等人都深受其思想的影响。吉姆·柯林斯在《基业长青》中坦言：“我们也发现，我们的研究和德鲁克的著作深深契合。事实上，我们对德鲁克的先见之明深为敬佩。”英特尔前CEO安迪·格鲁夫（Andy Grove）说：“德鲁克是我心中的英雄。他的著作和思想非常清晰，在那些狂热追求时髦思想的人群中独树一帜。”

主要思想和观点

德鲁克的前半生所处的时代正是服从、控制、独裁、统一、一致成为主流价值观的年代，因而**他非常珍视人的价值、创新、多元和独特**。可以看出，他的自由、成长、创新、多样化、多元化的思想是一以贯之的。他说，“未来是有机体的时代，由任务、目的、策略、社会和外在的环境所主导。”“**人比任何概念都有趣多了。**”

我们摘录出以下几句经典论断来反映德鲁克的管理思想：

- 管理的有效性在于“选择正确的事情去做，并把事情做正确”。
- 管理是一种实践，其本质不在于“知”而在于“行”；其验证不在于逻辑，而在于成果；其唯一权威就是成就。
- 管理者好比是交响乐团的指挥，通过他的努力、远见和领导力，单个乐器的单调音响融入乐团而成整体的音乐。如果说二者的不同点，乐团指挥还有作曲的乐谱，只是一个解读者；管理者则同时是作曲和指挥。
- 好的管理，有预见，静悄悄，平淡淡，不出英雄。

德鲁克的管理思想主要体现为人本主义的管理体系，重视成就与道德的管理价值观，以自我控制为导向的管理目标论，建基于实践的管理本质论和高层战略管理观等。“人是企业最重要的资源”，是他一以贯之的最主要观点。他从一个极宏观的外部视角来考察管理，在他的视野里，永远是一个整体的管理。

明茨伯格：现时代的管理大师

简要的求学及治学经历

亨利·明茨伯格（1939— ）出生于加拿大多伦多市的一个普通家庭。早年在加拿大麦吉尔大学学习机械工程学。

当明茨伯格还是个孩子时，他就天然地表现出对管理的热情和好奇心。进入社会以后，他发现自己对“人是如何工作”之类的管理问题，远比对“事物是如何运转”之类的工程问题更感兴趣，自己的志向不在工程学而在管理学。于是他决定转行，来到美国麻省理工学院继续深造，于 1965 年获得斯隆管理学院管理学硕士学位，又于 1968 年获得博士学位。毕业后，明茨伯格先后任麦吉尔大学管理学院教授、克雷霍恩大学讲座教授和欧洲工商管理学院访问教授。

1980年，明茨伯格成为加拿大皇家协会会员。他曾4次在《哈佛商业评论》上发表文章，其中有两次获得“麦肯锡奖”。1988—1989年，他担任战略管理协会主席。在此期间，他系统研究了战略理论及其演变过程，然后语出惊人：现有的战略管理理论已趋于衰落。1995年，明茨伯格的著作《战略规划的兴衰》获得美国管理学会颁发的乔治·泰瑞奖，被评为年度最佳著作。

自20世纪70年代以来，明茨伯格先后创立了管理学界影响深远的经理角色学派、战略过程学派，建构了实践管理教育范式，在战略、管理者角色和管理教育等领域提出了诸多突破传统理论的独到见解。他的有关战略问题的著作对管理学理论影响深远，对战略、结构、管理和计划的再思考和重构更是确立了他在管理学界的大师级地位。

独特的学术风格

明茨伯格是一位从管理实践出发，敢于向传统理念提出挑战的勇士。他的思想极为独特，总能冲破现有束缚，提出一些抨击管理学界主流观点的独到见解。这种风格和个性，使得这位管理学大师“全身充满着悖论”，被评价为“管理领域伟大的离经叛道者”。明茨伯格曾说：“**我的兴趣点主要是放在人和人的交流上，不拘泥于纸上谈兵。**随着研究工作的开展，我发现自己对管理实践（而不是纯粹的学术）越来越感兴趣。所以，我的管理思想绝不是搞纯学术，而是将管理理论运用到实际的管理当中，为人们的管理实践服务。”

北大汇丰商学院教授、领教工坊联合创始人肖知兴认为，奠定明茨伯格学术地位的主要原因有3点。**其一，具有系统性的管理思想。**明茨伯格的学问属于管理学中强调经验、实证和归纳的英美学派。他对过程管理学派的代表人物法约尔的“管理功能论”，即所谓的“计划、组织、指挥、协调、控制”的思想体系进行了深入研究，认为**法约尔所讲的实际上是做一件事情的逻辑过程及其管理素养，这些词都是同义反复，最终的意思都可以归结为“控制”**，这也展现了明茨伯格不迷信权威的求真精神和非凡胆识。**其二，强调平等、参与和互动的人本主义倾向。**明茨伯格深受麦格雷戈思想和Y理论的浸染，人文情怀浓厚。而长期以来，在企业界占据上风的是保守主义倾向，强调管理层权力、CEO崇拜，明茨伯格的主张似乎有些格格不入。**其三，不折不扣地走实践学派的道路。**明茨伯格显然不赞同执意效仿自然科学，试图把管理学建成与自然科学一样的学院派的做法。他对管理的理解更深入一层，他认为**"管理是一种手艺"，而这种"手艺"的成分是加在科学、艺术的基础之上的，管理要在科学、艺术和手艺之间找到一种平衡，由此构成了他的"管理三元论"。**这一理论也彰显了明茨伯格的人文内涵和哲学底蕴。

近年来，明茨伯格从管理学研究中逐渐发展出"**社会再平衡**"思想，即**一个健康的社会依赖公共部门（政府）、私营部门（商业）和多元部门（社区）这3个部门之间的平衡。**比如，如何有效应对社会危机，他提出需要加强这3个部门之间的通力协作，即政府为人们提供基本的保护，商业为人们供给商品和服务，社区让大家一起参与。

主要思想及开创性观点

其一，**"2－3－3－6－12"管理理论。**明茨伯格秉承经验主义的认知传统，从田野出发，从实际出发，从实践出发，按照自己的思考对管理学进行了不懈探索和大胆重构。对于**管理的2种品质**（领导力与社区力）、**管理的3个维度**（科学、艺术与手艺）、**管理的3个平台**（信息、人员和行为）、**管理者的6种角色**（沟通、控制、领导、联络、行动和处理）、**管理的12道难题**（肤浅、规划、分解、联络、委派、衡量、秩序、控制、自信、行动、变化、多重性），他进行了系统阐述，可以简单地总结为**"2－3－3－6－12"理论。**明茨伯格将管理的性质高度概括为"社交联络、信息交流和决策"。他进一步总结道，**管理的本质实际蕴含在人性深处**，并在此基础上**提出了反思、分析、合作、练达和行动这5种心态，以及与此相对应的自**

我、组织、关系、情境和变革这5种管理情绪。通过自我修炼、自我教练，对经验的反思、整理、归纳，最终成为自我解放的“理性人”和管理者。我们也由此看到，这位睿智的管理学者在哲学层面对管理真谛进行了深度解读。

其二，**经理角色理论**。明茨伯格开创的“经理角色学派”，从全新的视角对管理工作进行分析，使得管理者能够认清自身的工作及其价值，也能正确认识管理工作所面临的压力和困境。他认为，管理者主要扮演**信息管理**、**人际关系管理**和**行动管理**这3种不同角色。相关内容，我们已在本书第2章“管理者：战略素质与共同特质”中深入探讨过，这里不再赘述。

其三，**管理三元论**。我们在本书第1章“管理是一种实践”中，对明茨伯格“管理三元论”的主要思想做过介绍。如果用一句话概括“管理三元论”，那就是：**管理是“科学”、“艺术”以及“手艺”的权衡**。既然是“权衡”，管理者的实践活动在科学、艺术和手艺之间，就会因时因地体现出一定的倾向性，从而形成不同的管理风格。也就是说，**在“科学－艺术－手艺”的三角形中，倾向不同的三角顶点，就意味着不同的管理风格**（见图6－1）。

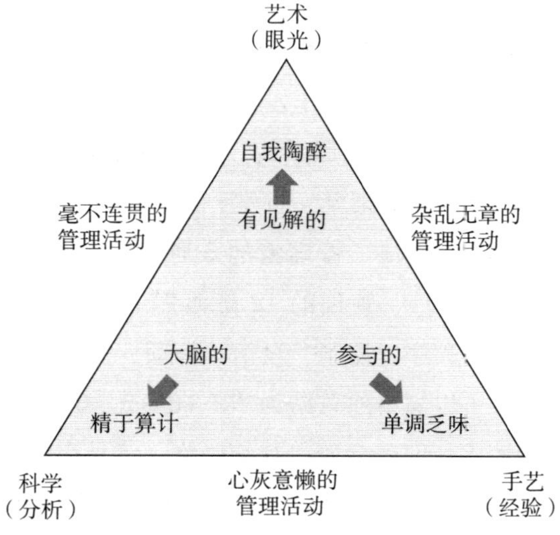

图6－1　基于科学、艺术和手艺的管理风格多样化

具体来说：其一，靠近科学一角的风格被称为**“大脑型”风格**。这种风格深思熟虑，注重数据、事实和逻辑分析，较为理性，长期受到推崇，有着举足轻重的影响力。其二，靠近艺术一角的风格被称为**“见解型”风格**。这种风格关乎思想、眼光和审美情趣，从本质上看更为注重直觉。其三，靠近手艺一角的风格被称为**“参与型”风格**。这种风格亲力亲为，注重从过往经验中得到启发和启示，也乐于听取多方面的意见和建议，以期对现有的管理活动有所增益。

管理者如果仅习惯于某一种风格，并在实践中长期恪守这一种风格，可能会导致管理工作的失衡。管理者须认识到，这3种风格既有所长也有所短：**大脑型风格可能精于算计而失于格局，见解型风格可能过于自我陶醉而失于麻痹，参与型风格则可能单调乏味而失于趣味**。仅仅结合两种风格的管理实践，较单一风格会有所改进，但仍难免有失偏颇：其一，只有艺术和手艺而缺乏系统周密的科学调查，这样的管理者**可能会表现出杂乱无章的管理风格**；其二，只有艺术和科学而缺乏源自经验的手艺，这样的管理者**可能会表现出毫不连贯的管理风格**；其三，只有手艺和科学而缺乏艺术的眼光，这样的管理者**可能会表现出死气沉沉的管理风格**。因此，**只有处于三角形内部的管理风格才是适宜之所，代表着一名成熟管理者的灰度水平；有效的管理，必须将艺术、手艺和科学有机地融合在一起**。

其四，**草根式战略**。区别于战略内容学派，明茨伯格还开创性地提出战略过程论。他认为，战略活动就是一个“战略手艺化”的过程。**管理者就像是一名陶艺人，他在公司昔日的能力与未来的市场机会之间权衡把握，而战略就是他手中的陶泥**。发现战略需要一双慧眼，其中最根本的就是思想与行动之间的紧密联系，好比一名匠人，他必须精于传统技艺，专注，对细节完美把握，具有和谐感与整体感，这也是一种科学、艺术与手艺的有机结合。**明茨伯格把这个过程进一步描述为“行动推动思考，战略自然生成”，并称其为战略管理**

的“草根式”方法，或者干脆就叫“杂草战略”（“草根式战略”的简易逻辑，我们会在本书第 8 章“战略理论及简易逻辑”中展开讨论）。**如果说战略内容学派提供了战略思维框架，那么战略过程学派则是更具实效的制定战略的方法论。**管理者在实践中对二者不必生硬割裂，应各取所长，为我所用，在融合中求出实效，悟出门道。

第 7 章
管理学的“学科化”与“科学化”

自从出现了有组织的人类活动，就有了管理活动，管理学也因此成为与人类社会活动紧密相连的显学。作为一门独立学科，管理学还很年轻，至今也不过 100 多年的发展历史。管理学在“学科合法化”过程中，一派坚守量化和实证阵地，成为推崇实证研究的一门“纯科学”；另一派则深入管理一线，聚焦现实问题和实践经验进行总结、提炼和理论化，推动经验主义学派在管理领域焕发光彩。

改革开放后，中国企业的生动实践催生了中国情境下的管理思想和管理理论的蓬勃发展，极大地改变了管理学的演进格局。在进入新一轮本土化的创新发展阶段后，管理学的中国化之路更要立足于进一步丰富并突出“中国特色”的内涵，体现中国传统文化的真味和中华民族的自信心。

管理学的学科化与兼容开放性

管理学的研究对象及双重属性

各类组织中的管理活动总是千差万别，但透过这些差异性，我们可以洞察到各种管理活动遵循着一些共同的管理原理，体现出管理活动的共性。简单地说，各种管理活动的共同基础表现为：管理者都是为了实现组织或岗位的既定目标，通过决策、组织、领导、控制、创新等职能，履行着任务、资源、职责、权力和利益的分配，不断调整着组织内部的各种依存关系。这种依存关系，说到底即人与人之间的关系，从政治经济学的视野看，它们属于生产关系的范畴。**管理学的研究对象就是各种管理活动所普遍适用的原理和方法**。这也正如周三多教授所总结的：人类社会的一切管理活动，尽管看上去千姿百态、各不相同，但其管理的对象、内容、性质、职能和方法有许多共通的规律性。这些规律性就是管理者所应掌握的基础知识。

管理学是一门综合性的应用学科，涉及经济学、哲学、社会学、历史学、心理学、人类学、数学，以及各种专门的工程技术学和计算机科学。毫无疑问，**管理学具有自然和社会的双重属性**。因此，**我们须明白，管理并不是没有国界的**。在西方企业内行之有效的管理理论和方法，并不可能全部适用于我国的企业；即便同处于儒家文化圈，具有相似东方文化背景的日本、韩国和新加坡的企业，它们的管理理论和方法也未必适用于我国企业。在管理学研究及相应的实践历练中，我们既要注重学习借鉴国外特别是欧美企业的先进管理理论和方法，更要注重汲取我国传统的和近现代的管理思想、理论和方法，全方位、深层次地与我国的政治、经济、文化、社会等环境相融合，才能取得更好的成效。

管理学的“学科化”与“科学化”

与管理实践相比，管理学的“学科化”之路在时间上要晚得多。无论是泰勒，还是法约尔，最初都是基于个人的实践经验、主观体验或特定实验进行总结、提炼，随后才逐步进入大学的商业管理教育课程，管理学才由此成为一门学科而逐渐传播开来。但即便如此，作为现代管理理论的奠基人，德鲁克在多个场合仍这样说，管理是一种实践，还不能成为一门学科，至少算不上是科学，还有待于人们进一步的实践。这也足以说明，即便到现在，管理学还算不上是一门成熟的学科。

随着人类社会愈发突出的组织化，以工商企业组织、非营利性组织和政府公共组织为基本格局组成的现代组织的网络体系，逐渐演变成为每个人须臾不可离的生存空间和社会生态，需要我们直接面对并积极适应。这种状况又进一步推动了管理学的“学科合法化”。其标志性事件：一是1953年美国成立了“管理科学协会”（IMS）；二是创办管理学术期刊，包括美国管理学会会刊《管理学刊》和管理科学协会会刊《管理科学》、《管理科学季刊》及《管理研究期刊》等权威杂志。从此，**管理学在“学科合法化”的过程中逐步完成了“（实证）科学化”的演变，成为大学校园里推崇实证研究的一门“纯科学”**。少数专业精英人士按照“基于文献综述提出假设→调整并设计概念模型→收集量表问卷数据→进行相关及回归统计分析→验证并修正变量关系”这一固化模式和研究逻辑，垄断了量化经验的实证研究，成为管理学的主流。

随着时间的推移，管理学界在主流研究的指向上悄然发生了一些转化：一派继续坚守量化和实证阵地，致力于“象牙塔”式学院派理论研究；另一派则**深入管理一线，聚焦现实问题和实践经验进行总结、提炼和理论化，推动经验主义学派在各管理领域焕发光彩**。随着“后工业化”，特别是数字互联网时代的来临，这种交替转化愈发频繁，二者各得其所：前者在大学校园和抽象研究领域逐渐收缩，而后者则在企业界和实践领域得到越来越广泛的认可。

美国亚利桑那州立大学华人教授徐淑英对当下的管理学研究进行了深入反思。她提出了这样一个问题：“**在当前的环境下，为什么没有出现重大的管理学理论构建?**”并将根源归结于两点。其一，**大学在学术绩效衡量上存在缺陷**。“极简主义”心态导致学术界缺乏对重大问题的关注，也缺乏伟大的想法以及创新的研究。其二，**学者们在哲学和科学精神方面存在不足**。学者们缺乏足够的科学哲学训练，导致管理学研究呈现“功利主义”倾向。他们研究的问题大多来自文献而不是来自实践。他们是为“同行”而进行研究——因为他们研究的质量和价值是由同行专家来评判的。学者们的目标是在顶级期刊上发表论文，这样可以得到晋升、职位、金钱、名声和自我满足。在这样的导向下，那些久负盛名的教授和学者善于从这个世界获取资源，却没有回馈真正有价值的管理思想和理论。

突出的兼容性与开放性

作为大工业化的产物，现代管理学研究经历了一个与其他社会科学研究“否定之否定”相类似的发展态势。管理学借鉴了其他社会科学的研究方法及成果，具有更大的包容性、开放性、综合性和实践性。**“组织”乃管理学研究的现实背景和基本单元；“组织行为”是管理理论融合发展的基本支撑点，同时又是管理学与其他学科的联结点。**正是依托于自身“天然”的开放包容性，并广泛容纳和有效整合其他各个学科关于组织行为的丰富研究成果，基于组织情境及行为的管理学才得以不断演进和发展起来。

事实上，早期管理学的开创者，包括“科学管理之父”泰勒和“一般行政管理学派创始人”法约尔，其职业身份都不是管理学家，而是实业家或工程师；基于霍桑实验创建人际关系学派的梅奥等人，其职业身份大多是心理学家；现代管理理论的几位奠基者，像韦伯、西蒙和德鲁克等人，更是集多重角色于一身，称他们是社会学家、政治学家和经济学家，也没有问题。**只是到了现代管理阶段的后期以及后现代管理阶段，这种边界模糊的多元跨学科研究状况才出现变化，学者们的研究领域逐步有了更为清晰、更为细致的分工，在宽度上收窄了，而在深度上则更为精进了。**

作为人文社会科学的“后来者”或“次生分支”，心理学、社会学及经济学等学科对管理学发展的影响是显而易见的。尤其值得一提的是，**管理学在学科演变逻辑上，与专注于市场机制研究的经济学，更有着千丝万缕的天然联系。**从19世纪末开始，社会学、心理学、政治学及经济学等学科有关人类组织行为的相关研究，从各个方向和领域纷纷趋向“科学化”，终于在20世纪五六十年代与管理学融合到了一起，共同促进了“行为科学”的诞生。近年来，在“后工业化”背景下，一些行为经济学家、实验经济学家和新制度经济学家，基于“后现代主义”理念，进行了一系列跨越生物学、心理学、社会学等多学科的整合性前沿研究，取得了丰硕成果。

管理学的中国特色及中国化演进

管理学的“中国特色”

如果对管理学的中国化演进历程做一个简要的梳理，大致可以区分为 4 个阶段。其一，**1949—1978 年曲折探索阶段**。最初以引进苏联企业的管理理论和管理模式为主；20 世纪 60 年代后，开始在纠偏中曲折探索基于中国国情的社会主义企业管理理论和管理模式；随之，“大跃进”和“十年动乱”又造成了管理学和管理实践的大倒退。其二，**1979—1992 年市场化转型阶段**。实行改革开放后，在从计划经济体制向社会主义市场经济体制转型过程中，众多有识之士意识到我国企业的管理现状与世界先进水平存在着全方位的巨大差距，开始虚心学习和吸收欧美发达国家企业的管理理论和管理经验。其三，**1993—2012 年全面焕发生机阶段**。随着我国改革开放的全面深化和经济的高速发展，国内外顶级管理学期刊中关于中国企业管理现象、中国企业管理实践的研究明显增多。中国传统文化、人文精神及相应的管理思想逐渐融入现代管理学理论，涌现了诸多具有深厚中国文化底蕴的管理理论和生动实践，极大地丰富和发展了管理学的发展格局和理论体系。其四，**2013 年以来本土化创新发展阶段**。更多立足中国企业管理实践，特别是国有企业全面深化改革的实践来推动理论创新，更充分地发掘根植于中国土壤的管理元素和中国传统管理思想，揭示中国企业管理实践背后的规律与机制，提出具有标识性观点和原创性的理论框架体系，探索兼具本土化与国际化的中国特色管理学理论的发展路径。

在进入新一轮本土化的创新发展阶段后，管理学的中国化之路更要立足于进一步丰富并突出“中国特色”的内涵，体现中国传统文化的真味和中华民族的自信心。为此，我们需要把握好这几个方面：

其一，更多聚焦中国企业管理实践，重点研究本土企业的管理和发展问题；其二，稳妥处理世界管理问题研究与本土管理问题研究的关系，突出具有中国现实意义和前沿性的核心问题；其三，基于中国企业管理实践的特定情境或视角，对中国企业的独特管理现象进行剖析和诠释；其四，**重点关注中国企业管理实践中的特殊元素，在诠释概念之间的逻辑关系、提出原创性模型以及探索模型的实践价值上多下功夫，探索建构具有中国特色的管理理论体系与结构框架**；其五，既要充分发掘中国人文精神和传统管理思想对现代管理理论和管理实践的启示和增益，同时仍要继续虚心学习并有效借鉴西方现代管理学理论和研究方法。

我们须深刻认识到，**管理学具有突出的社会属性乃至政治属性**。中国管理学和管理实践的发展离不开中国独特而复杂的本土化环境。政治制度对国有企事业单位的公司治理和发展战略起着举足轻重的主导作用。同时，本土文化环境也是影响中国管理实践发展的另一个重要因素。改革开放以来，经济高速增长为中国企业管理实践创新创造了丰富场景。很多优秀的本土企业的成功，不再是仅仅依赖对市场、营销、技术、质量或成本等单一要素的把握，而是形成了自己卓有成效的管理模式。一些领先企业能够不断调整战略和自身组织结构以实现持续增长，也形成了各具特色的企业文化。华为、平安集团、阿里巴巴、腾讯等领先企业的管理实践，较好地吸收了中国文化和精神，体现了哲学思维与管理战略引领企业发展的趋势，生动地践行了哲学、科技与人文的整合发展。

管理学界的“学术江湖”

就社会科学领域来看，对中国管理学研究影响最大的仍然是经济学，即**基于财经院校及综合性院校经济学的大背景，管理学研究几乎完全笼罩在经济学的强势阴影之下，形成一种“大经济、小管理”“经济学泛化、管理学弱化”的格局，经济学大有遮蔽管理学的倾向**。在国内许多经济学研究文献中，往往将“实证”等同于“经验”，凡是采用计量经济学模型的研究都被称为“实证研究”。计量经济学模型缺乏应有的方法论哲学基础，也几无恰当的实践应用场景。不少在学术界受到追捧的研究结果，在企业管理者眼里，应用价值几乎没有，差不多等同于学术圈闭门造车、自娱自乐的副产品。

多年来，**中国管理学研究一直横跨“自然科学”与“社会科学”两大分支**：前者主要以理工科院校及科研机构为背景的学者为主体，研究领域以“管理工程与技术”为主阵地，兼有心理学及组织行为学；后者则主要以财经院校及综合性院校经管学院的专业队伍为主体，研究主题处于微观层面，主要聚焦“工商企业管理”，在公共领域就是“宏观（经济）管理”，同时涉及战略管理、组织行为与人力资源管理等专题。这两大分支形成一种独特的二元发展格局，他们在学术队伍上是相互割裂而且是互不相认的，这是一个默认的现实。

中国数千年儒家文化传统，先天性缺乏“**科学理性精神**”。直到今天，根植于西方科学的理性文化传统，始终与我们有一层隔膜。**管理学领域如何实现中西逻辑的有效整合，尚是一个重大难题。**由于中国文化天然缺乏西方传统理性文化基因，特别是自“文艺复兴”启蒙而生发演化出来的“科学理性精神”，中国管理学界很多学者并不真正熟悉实证研究模型构建范式、科学研究规范程式和统计工具应用技术。一些学者虽然熟悉“管理工程和技术”，但在基本文化素养及精神修炼层面仍然缺失真正“求真”的科学研究专业训练。他们要么忽视学术传统脉络梳理，不求甚解，盲目赶超前沿；要么远离中国现实的管理情境，单纯追逐“象牙塔”式的模型构建；要么就是定量研究缺乏定性分析逻辑基础，以不可靠乃至虚假的经验数据来迎合假设的研究结论。不少年轻学者或研究生仅满足于在形式上机械套用数学模型、结构方程和定量方法，以此作为发表高质量论文、快速进入“科学殿堂”的捷径，而在研究心态、理论素养和认知方法论上，与真正的学术要求相差甚远。与其他社会科学研究一样，**管理学研究所谓的“科学化”，其关键不在“方法”而在“方法论”，不在“定量关系”而在“定性逻辑”，在于如何基于严谨的逻辑归纳和演绎进**

行定性分析。当下中国管理学研究领域很多实证研究，其实或多或少都存在一般性逻辑层次错乱或归纳演绎失范等常识性错误，只不过真正对此较真的人并不多。

在管理学研究中，中国的学者在对待理论与实践的关系上，显得有点本末倒置。**科学研究始于问题，无论是来自经验的还是理论的；而理论则是为问题提供一个试探性的解决方案。**我们无疑需要开展更多的中国企业管理的本土研究，而且**这些研究应从观察管理中“最令人费解的问题”开始。**其中，所谓“最令人费解的问题”，是指那些不同于常态的、很难被现有文献中的逻辑和理论所解释的管理实践。比如说，为什么有些员工比其他人更加努力？为什么有些公司比其他公司更有创新精神？为什么有些中国管理者对员工慷慨大方，而有些管理者却显得无比吝啬？员工为什么要遵从非常苛刻的监督，难道仅仅是出于财务问题的考虑吗？只要这些重要的问题还没有经过现有文献论证，或者基于常识性逻辑难以解释得通，我们就可以从这些问题着手研究。基于研究者本人对中国本土的管理、文化以及心理或社会的理解，可能会发现其中的逻辑或者找到一个答案，这个逻辑或答案极有可能就是新颖、有趣而且令人信服的。

第三部分

从竞争战略到多元化战略

导 读

战略是管理的首要问题。管理者需要考虑企业的明天，战略活动就是把企业今天的资源投注给未来的不确定性，其挑战性自然可想而知。战略需要管理。对战略问题的思考、再认识和分析判断，要内化为管理者内心一种持续的责任，这大约是战略活动的真义。战略肯定不只是高层管理者的事情，无论处于什么层级，管理者都会涉及一些战略活动。因此，青年管理者并不是战略活动的旁观者，而是见习者，更是亲历者。

企业如何建立并保持可持续的竞争优势，这是战略管理理论的核心命题。战略管理理论的演变过程，其实质就是不断解构企业与环境这两个最主要变量之间的关系，并从中寻找和确定竞争优势的真正源泉。这一演进过程，大致可以划分为古典战略理论阶段、竞争战略理论阶段和核心能力理论阶段这3个不同阶段。古典战略理论探讨企业与环境的关系，但其研究视角过于宏观，方法也较为粗略，既未对企业进行深入地解构，也未对环境进行清晰地分析，示意性作用大于实践作用。竞争战略理论即波特战略理论，它有效界定了环境分析的外延，并以此为基础总结出通行的竞争战略，在企业界影响深远。古典战略理论与竞争战略理论都不太注重企业内部的相关分析，企业组织在这些理论中反倒成了“黑箱”，普拉哈拉德和哈默尔在20世纪90年代提出的核心能力理论则成功填补了这一空白。相比较而言，古典战略理论和竞争战略理论持“竞争优势外生论”观点，认为竞争优势源于企业外部；而核心能力理论则持“竞争优势内生论”观点，认为竞争优势源于企业内部，企业之间竞争的实质，就是它们适应环境能力的竞争。近年来，一种综合的观点逐步占据主流地位：竞争的成败关键取决于企业适应环境的能力，有利的行业定位等环境因素则构成企业赢得竞争的必要补充。

20世纪八九十年代，迈克尔·波特在战略学领域取得一系列重大突破，重新发掘了战略学的生命力。以《竞争战略》《竞争优势》《国家竞争优势》这“竞争三部曲”为标志，他开创了体系宏大、结构谨严的竞争战略理论。这一理论立足于企业内外部竞争环境，从外部行业结构、内部活动成本以及地域产业集群等不同层次进行解构和剖析，为管理者理解竞争和战略的本质提供了广阔的视角和全新的思维。波特的过人之处在于他首先将研究焦点放在企业的外部行业环境上，提出了“五力模型”并以此作为行业竞争结构的系统性分析框架，强调企业要在竞争作用力结构下找到定位，以此获得独特的竞争优势。波特借此成功地在企业战略和产业经济学这两个分属于管理学和经济学的不同领域之间架起了一座桥梁。他随之将目光转向企业自身，提出价值链分析方法，建议企业将竞争优势建基于价值链和价值体系的联结点，以充分利用自身优势并避开劣势，从而获得并巩固竞争优势。管理者要在厘清行业竞争作用力的来源与结构的前提下，立足于自身价值链分析，才能比较稳妥地把握自身竞争优势之源。这是单一业务公司竞争战略的核心本质。总之，竞争战略理论遵从的是一种由外而内的思考逻辑：首先寻找那些富有吸引力的行业；其次剖析这个行业竞争作用力的来源和结构，并思考如何以自身优势来配合行业结构；战略性定位意味着选择与竞争对手有差别的活动组合，这个过程少不了取舍效应和多层面、多轮次的整合，这样才能带来可持续的竞争优势。

在单一业务竞争战略的基础上，我们将目光转向多元化公司的竞争和战略。从竞争优势转移到公司战略后，则涉及另外一种战略，也即企业向多元化进军的整体战略，波特称之为“公司战略”，我们也可以更通俗地称之为“公司层面战略”，或者“多元化战略”。我们由此明白，多元化公司有两个层面的战略：业务单元战略（或称“竞争战略”）和公司层面战略（或称“公司战略”）。前者考虑的是企业如何在各个行业中创造竞争优势；后者则关注两个不同层次的问题："企业应该进入哪个行业竞争"，以及"如何管理旗下的不同业务单元"。

波特始终强调不同业务单元之间、业务单元与母公司之间要相互关联，并将这种关联管理视为公司层面战略的根本所在。英国学者迈克尔·古尔德（Michael Goold）等人据此提出了"母合优势"的概念及其分析框架。母合优势对于公司战略来说具有重大意义，这一术语的灵感显然来自家庭。母公司与所属业务单元之间的关系，就好比是一个家庭中父母与子女之间的关系。这种家庭关系延伸至公司场景，便是一种有效的联结管理和突出的母合优势，这正是公司层面战略的成败关键所在。利用母合优势，发挥母合效应，就是在母公司的核心能力与其谋求的改进机会之间创造一种契合效应。这是一个不间断的动态过程，而不是一次性任务。

多元化公司的成功概率并不理想，它们的整体市场价值与旗下各业务单元市场价值的简单加总之间，总是存在一个不小的多元化折扣，而且这个价值缺口是客观、广泛且长期存在的。波特认为，公司层面战略必须遵循多元化的内在逻辑和规律，存在资产组合管理、企业重组、转移核心能力和共享活动等依次渐进的4个阶段，这实际上也代表着4种不同的多元化类型。这些多元化战略各有其内在机制，管理者在深刻洞悉其中的机理后，以不同的方式进行相应的战略执行和组织管理工作，可依此提高价值创造水平。

第8章

战略理论及简易逻辑

从现在开始，我们讨论最为重要的3项管理活动：战略、组织和文化。战略显然是管理的首要问题。有人说，企业成功取决于3个要素：正确的赛道、合适的团队、运气。这里讲的“正确的赛道”，或许还应包括“运气”，即战略活动所需要解决的问题。战略需要管理，战略活动是管理者一项永不间断的责任。

发展与重建战略是高层管理者所面临的主要挑战，也确实在考验着他们的管理能力。对于高层管理者来说，更重要的战略工作就是教导组织内的其他人发展战略，面对各种诱惑陷阱要善于识别并勇于说“不”。但在现实中，很多管理者甚至包括一些CEO，正在迅速失去战略思考能力，退化成一个事务主义者。这不是好的迹象。管理者无论处于什么层级，都会涉及战略工作，诸如界定和传播企业独特的定位，决定如何取舍并如何整合活动。所以，青年管理者于战略活动而言，并不是旁观者，需要用心投入，既要做一名见习者，更要做一名亲历者。

战略与经营效率

企业战略

“战略”的英文是strategy，源于古希腊文，意思是“**将军**”，而且是指“**在战场上正在打仗的将军**”。对于企业来说，战略也是“战争”（即企业之间的竞争）的长期应对之策。**战略意在帮助企业建立“可持续的竞争优势”**。战略思考的是“我们面对的是怎样一种市场或行业”“哪些外部因素对我们具有重要影响”“我们自身须具备哪些能力”“如何重新塑造我们的能力以形成一种独到的竞争优势”等问题。**对这类问题的思考、认识和分析判断，要内化为管理者内心一种持续的责任，这大约是战略活动之于管理者的真义。**

经营效率不是战略

无论哪个行业，企业的绩效表现一般都取决于两个方面：这个行业中所有竞争者的平均表现；企业的表现与行业平均值的比较。**企业要在行业竞争中处于有利地位，做法也无外乎两种：要么成本低于竞争对手，要么产品价格高于竞争对手。要想获得这两种优势或者其中之一，来源也有两个：经营效率的差异，或战略定位的差异。**

经营效率和战略是达成企业优异绩效的重要驱动因素，但两者的运作方式并不相同。企业能在竞争中脱颖而出，前提是它能建立并保持与竞争者之间的差异，能给客户创造更高的价值，或者能以更低的成本创造大致相当的价值，或者能做到二者兼备。企业在成本或价格上的所有差异，均源于企业内部数项活动的综合作用结果。**战略意味着企业执行不同于竞争者的活动，或是以不同的方式执行类似的活动。这是一种整体的优势或劣势，涉及企业的所有活动；不是少数活动就能决定结果，而是战略在决定着经营效率的边界。**

经营效率的差异是竞争中决定获利程度的重要因素，因为它们直接影响到企业的相对成本地位和差异化程度。经营效率意味着在进行相似的活动时，企业绩效比竞争者表现得更为优异。企业在追求生产力、品质和速度等方面所总结的很多管理和经营创新，虽然会有一些令人惊喜的短期效果，但缺乏持久性，管理者难以将它们转化成持续的获利能力，而且也容易为竞争对手所模仿。因此，这些经营效率方面的改善并不能替代战略的作用。经营效率不等于战略，管理者不能把战略和经营效率混为一谈。

经营效率是企业长期成功的必要不充分条件。事实也证明了这一点，很少有企业能以经营效率为基础，在竞争中长期获得成功。一个令管理者颇感压力的现实是，那些改善效率的实践创新和好的做法很容易快速扩散，被学习能力强的企业所吸收并更为高效地运用。更进一步，如果以经营效率取代战略，每家企业的战略最终会趋于一致，这种同质化的竞争最终是殊途同归，没有所谓的真正赢家。这就像商业银行之间的竞争格局一样，除了少数几家基于金融科技而成功的佼佼者，其他并没有本质的差异，同质化的战略造成没有战略的结果。所以，**仅以经营效率为基础形成的竞争，是一种低质量的消耗战，其激烈程度只有在受到监管或受到限制的情况下才会减弱，否则只会造成竞争者相互毁灭。**

我们必须看到这样的现实：那些有责任心的管理者，在改善经营效率方面已然做到了极限。比如，再从成本中挤出一两个铜板，将一种产品提早几周投放市场，对客户需求的回应再加快一点，把产品质量再提高一些，再挤占一两个百分点的市场份额，再改进一些管理流程或增加一些组织结构的弹性，诸如此类的努力不胜枚举。管理者在成本、质量、速度和灵活性方面所采取的聪明做法已经逼近完美，几乎没留多少改进空间，哪怕是极细微的空隙。还有些管理者将注意力转向增长方面，他们投入巨额资金进行协作兼并，买入已然落后于趋势的公司或业务，或者煞费苦心地卷入高技术“地盘争夺战”，或者在营销广告上挥金如土。令人遗憾的是，**这些渐进式的努力对于重塑企业命运起到的作用非常有限，收到的效果往往也只是“回光返照”性质。**

企业需要持续改善自身的经营效率，但是要想取得绩效优势，特别是长期成功，还得有赖于明确的战略地位。战略的差异来自活动的差异，如企业在订货流程、组装、产品设计、员工培训等方面所采取的与众不同的做法。竞争优势和价值的取舍，不仅取决于个别活动，也取决于各活动之间的调适程度。**战略的持久之道在于取舍抉择**，也就是说，企业选择提供某种形态的价值，就可能要牺牲其他方面的表现，很难做到面面俱到；从重要性原则和性价比来看，管理者也确实没必要追求这种过剩优势。

战略理论的简要演进

3 阶段战略理论

企业如何建立并保持可持续的竞争优势，这是战略管理理论的核心命题。战略管理理论的演进发展，大致可以划分为**古典战略理论阶段、竞争战略理论阶段**（也称为“行业结构分析阶段”或“波特阶段”）和**核心能力理论阶段**。

古典战略理论探讨的核心命题是企业与环境的关系，但其研究视角过于宏观，方法也较为粗略，既未对企业进行深入解构，也未能对环境进行清晰分析，示意性作用大于实践作用。**波特战略理论有效界定了环境分析的外延，并以此为基础总结了 3 种通行的竞争战略**，但也未能进一步解释行业结构环境相似而企业绩效迥然不同这一现象。

古典战略理论与竞争战略理论不太注重企业内部的相关分析，企业组织在这些理论中成了“黑箱”。20 世纪 90 年代以后，**普拉哈拉德和哈默尔提出的核心能力战略理论开始注重企业组织这一“黑箱”的解构**。这一理论分为两种基本观点：**资源基础论与能力基础论**。前者认为企业是由一系列资源束所组成的集合，竞争优势源于企业所拥有的资源，尤其是一些异质性、稀缺性资源；后者则认为能力比资源更珍贵，企业竞争优势源于那些隐藏在资源背后的配置、开发和保护资源的能力，尤其是知识管理能力，从而将资源配置主体引入了研究框架，提出了核心能力概念及框架。

一种综合的观点

战略管理理论的演变过程，本质上就是不断解构企业与环境这两个最主要的变量，从而寻找并确定竞争优势源泉的过程。古典战略理论和竞争战略理论持“**竞争优势外生论**”观点，认为竞争优势源于企业外部；而核心能力战略理论则持“**竞争优势内生论**”观点，认为竞争优势源于企业内部。企业之间竞争的实质是它们适应环境的能力的竞争。虽然企业行为也可以影响环境，但是这种影响程度相对于环境对企业的影响程度而言，要小得多。因此，**一种综合的观点逐步占据了主流地位：竞争成败的关键取决于企业适应环境的能力，有利的行业结构定位等环境因素则是企业赢得竞争的必要补充。**

草根式战略过程论

明茨伯格的简易逻辑

在讨论迈克尔·波特的战略理论之前，我们先接续第6章“人性化转向和有温度的管理理论”中有关“草根式战略”（也称“杂草战略”）的相关内容，对明茨伯格这一重要的开创性理论再做一番更为深入的探讨。在明茨伯格看来，**战略管理是3句话：塑造思想和行动；控制与学习；求稳求变。**

明茨伯格强调，战略的制定与执行，要融合在流动着的学习思考过程中（见图8－1）。最初，管理者的脑海中会有很多创意，浮现出多个“**意图的战略**”，就好比写文章时的灵感一样。没有明确意图就出现的战略被称为“**自然形成的战略**”。随着认识和思考的深入，管理者会逐渐放弃一些可行性不高、很难付诸实践的战略，同时对仍存在于脑海中的战略进行进一步完善，逐步提高它的可执行性，并最终成为实现的战略。那些未能产生预期行为的既定意图可被称为“**不能实现的战略**”。在这个过程中，仍然会有许多新的“**浮现的战略**”涌现，其中有价值的部分也被吸收到最终的“**实现的战略**”中。这种有意识的逐步形成的战略，被称为“**过程式战略**”。管理者要注重控制战略形成的过程，可以把填充具体内容的工作留给其他人完成。

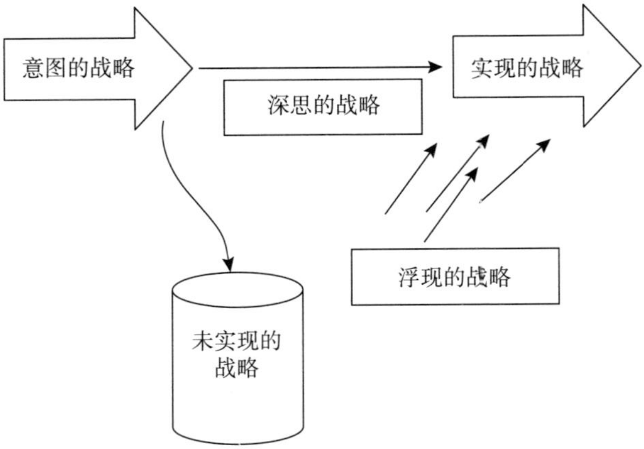

图8－1　草根式战略过程论

战略就像花园里的野草，在各种地方扎下根来，甚至是“草色遥看近却无”，需要管理者有发掘它的功力。花园里长出的野草需要修剪拔除，一些自然形成的战略也可能需要铲除，但管理者又不能过早扼杀这些自然形成的战略。适合企业的战略或许就来自当下的反常。只要管理者具有相应的管理经验、较强的学习能力，以及与履行职责所匹配的资源，就总能发现适合自己的战略；而这些战略转化为集体性质，即当它们发展到有能力影响组织行为时，就变成了组织战略。**管理者应该创造出容错机制和包容的氛围，允许各种各样的杂草式战略自由生长，给予它们一定的时间和空间，在适当的时机再来识别和判断。**

陶艺人的匠心

制定战略是一个令人着迷的过程。战略制定有两种基本方法：**深思熟虑式方法与突发式方法**。战略不仅可以事先规划，也可以在实践中逐渐形成。战略既是对未来的规划，也是对过去模式的承袭，二者是不能人为割裂的。一套已实现的战略，既可能是为了适应不断变化的形势而逐步显现出来的，也可能是通过先规划后执行的流程而有意识地设计并修改出来的。**战略不一定全都来自事前的**

深思熟虑，也就是通常所说的“顶层设计”，更可能是在实践中逐步形成的。当下有阅历和经验的管理者更相信，有效的战略往往是以各种不经意的方式形成的，感觉前途未明，但走着走着就豁然开朗，面前出现了一条光明大道，似乎是“得来全不费工夫”。从旧战略到新战略的调整过程，很少有一个缓冲期，往往都会经历一次极为短暂的剧烈变革。

明茨伯格经常以手工制陶的例子来比拟战略的制定过程。作为一种传统工艺，手工制陶迥异于机械化的流水线生产。它需要手艺人全身心投入，对细节要求精益求精。在这个过程中，手艺人脑海里并没有理性的规划和思考，而是依赖对手边材料的亲密感与和谐感。这种感觉，源于匠人长久以来的实践，以及对艺术的内心承诺。没有哪个手艺人只在有些日子思考，而在另外一些日子工作，他们的思维要保持连贯性，与手上的动作也要配合得上，二者相辅相成，始终贯穿于制陶的全过程。管理者就好比手艺人，战略则好比黏土。和陶艺师一样，管理者对企业过往所积累的能力以及所面对的市场机遇再熟悉不过，他有一种找寻战略路径的感觉。**管理者要像真正的手艺人那样，全然了解这些手头材料并把它们恰当地运用到工作当中，通过不断学习的动态过程，促进相应策略的形成与执行，并由此演变成富有创造力的战略。管理者塑造战略的本质即在于此**。在只有一个人的组织中，战略的执行者同时也是战略的设计者，创新便能够轻松便捷地与战略融为一体；在多人组成的组织中，便有一个愿景、使命和目标的达成与导向问题。

协调变化与连续性

春耕夏耘，秋收冬藏；播种有时，收获有时。就像未破土的冬笋一样，一些新的战略萌芽必须引而不发，只有等组织已做好战略变革的充分准备后，才能正式破土。管理者过于迷信眼前的稳定局面，或者不慎重地多次发起变革，反复折腾，最终都会对组织造成伤害。因此，**要管理战略，最重要的是管理稳定性而非变革性，协**

调好变化与连续性的关系。管理者在大多数时间要沿着既定的战略方向进行管理活动，同时注意识别真正重要的偶发“断层”。**塑造战略的真正挑战，在于洞察有可能在未来诱发组织“断层”的那些不确定性**。为此，管理者需要培养洞察力，对他人容易错过的现象要保持敏锐性。

组织的战略方向会逐渐变得与外部环境不相适应，有时候这个过程可能发生得很突然，这些都属于正常情形。有时候，真正新颖的战略会藏身于组织的某个角落，耐心地等到战略变革的那一天。管理者不必刻意借鉴他人的做法，或者下决心另起炉灶，而应从自身逐步形成的模式中寻找新的方向。**随着原有战略的瓦解，新战略的种子就像蒲公英一样四处播撒，总会迎来“飞籽成林”的那一天。**

战略的根本就是获得可持续的竞争优势，这种优势持续的时间越长越好。要实现这个目标，取决于公司正确的战略定位以及持续的、有效的战略实施。任何一项优势，包括企业最根本的价值创造体系，都需要管理者日复一日、年复一年地精心培养，才能保持它的适用状态。同样地，**战略也是管理者一项永不间断的责任**。很多企业想要一次性解决战略问题，把大家集中起来搞运动式的战略风暴，或者雇用外部的咨询公司来制定战略，这些都不切实际，效果大多不佳，属于对战略活动的肤浅理解。

制定战略是一个连续性过程，管理者需要持续不断地发挥作用。**好战略是动态的，是需要持续完善的**。管理者必须时刻观察着，不断发现新变化，进行权衡，然后继续向前推进。**战略不是一个终点，也绝不是一个静态的解决方案**。战略是有生命的，是鲜活的，任何战略优势都注定会改变。管理者需要动态化判断：面前的企业之船，它的龙骨在某个时刻是否需要重建，或者它的航向是否需要重新定位。很多企业的管理者只是在每年的年末规划下年度工作，或者在制订 5 年发展规划时，才会腾出精力考虑战略问题，其余时间都淹没在日常事务中，从不会思考战略。这是一个大忌讳，会造成严重问题。

“草根”的精髓和要义

明茨伯格的“草根式战略”理论，其精髓可概括为6个方面。其一，战略最初的生长**就像花园里的野草**，而不是温室里的番茄。这个过程是不受管理者主观意志控制的。其二，这些战略**可以在任何地方扎根**。实际上，任何身处一线、“听得见炮声”、有学习能力并具备相应资源的人，都可能发现战略。其三，当这些发现战略的自发的个体活动**转换为集体模式**时，也就是说整个组织的行动都采纳了该模式时，它们就上升为组织的战略。其四，战略发展的过程可以是有意识的，但并不一定非得如此；同样，战略发展的过程**可以管理，也可以不管理**。其五，不断形成的新战略往往会在变革期间遍及整个组织，甚至**藏在某个不经意的角落**。其六，管理这一过程并不是预先设想一整套战略内容，而是找出**自发形成**的战略，并在恰当的时候予以引导、培育。**我们之所以把这种战略形成过程称之为“草根模式”或“杂草模式”，是因为战略从组织的基层顽强地生长出来，有深厚的生存土壤，而不是高层或行政部门脱离实际的生硬归纳，更不可以强加。**

领教工坊联合创始人肖知兴教授认为，中国互联网领域的许多领先公司采取的就是明茨伯格的“草根式战略”。阿里巴巴公司最初就是杭州一个做网站的小公司；腾讯公司的英文名字Tencent就是“一毛钱”的意思，起初是深圳市华强北路一家做即时通信软件的小公司。这足以说明，很多新公司、新产业、新商业模式都是从非常不起眼的地方生长出来的。我国互联网行业能有今天这样的繁荣局面和生机活力，很大程度上是因为我们借助于互联网新技术的东风，努力营造一种平等、参与、赋能的小环境，才有了这批企业的崛起。因此，**管理者要努力尊重创新个体，让一波又一波的创新能够持续不断，在春风里像杂草一样生长，这是企业的生机和希望**。企业的创新也要持续不断，要从“一招鲜”公司真正蜕变成“招招鲜”的领先公司，这样才能真正站稳脚跟。

结构化的战略文本

战略与文化的交集

把战略思想和战略理论运用到自己的公司中，这项工作并不容易。好战略是在分析和反思自身业务的过程中产生的，管理者必须想清楚公司经营什么业务，以及这些业务如何服务于公司的总体发展。很多公司往往在迈第一步时就会走错，没有想清楚公司的宗旨和使命，因此也就无法判断公司的所有活动是否在朝着既定的方向迈进。

文化本质上是最长远的战略，也是企业战略能力的重要组成部分。因此，**战略与文化是有交集的，尤其在企业宗旨、使命、价值观等领域更是如此**。一个好的战略，应立足于回答有关公司“做什么”和“如何做”这样的原点式问题，能清晰、有力地阐释公司的宗旨、使命、价值观、市场定位、竞争手段和独特优势等重要问题。具体表现为：谁是我们的服务对象？我们的产品或服务是什么？我们的特色和优势在哪里？我们为什么能这么做？等等。

落实为结构化文本

哈佛商学院教授辛西娅·蒙哥马利（Cynthia A. Montgomery）特别强调，**战略在形成或经过重大调整后，必须落实到笔头上，形成一个结构化的规范文本，这本身也是一项重要的文化活动，是企业文化的一个组成部分**。写文件自有规律，要求也比口头表达严格得多。所谓“话说千遍，不如手过一遍”，这本身就是一种再思考、再梳理和再总结。写作过程能让管理者的想法结构化，富有逻辑，会逼着管理者讲究遣词造句，表述不要粗糙或口语化。

一个好的战略文本，应基本符合 10 方面要求：其一，发轫于清晰且吸引人的宗旨和使命；其二，有恰当而精妙的市场定位；其三，有真正增加价值的科学逻辑；其四，有明确的路径选择；其五，有量身定制的价值创造体系；其六，有突出、富有意义和挑战性的目标和指标体系；其七，篇幅宜简短，文字表达要清晰，富有激情，要避免浮华和不切实际的溢美之词；其八，不提浮夸目标，给人以坚定的信心；其九，识别度高，让人一看就明白是此公司而不是彼公司的；其十，要让员工用自己的话介绍公司“做什么”及“存在的意义”，而不是直接引用或者背诵公司的宣传语。

文字本身或许不是问题，更重要的是体现在文字背后的思想。**好的战略文本一定是经过多轮次修改和打磨而形成的，这不是舞文弄墨、纸上谈兵，而是一种战略的“锻造过程”，也是一项重要的企业文化活动。**

第 9 章 竞争作用力与价值链

20 世纪八九十年代，迈克尔·波特在战略学领域取得一系列重大突破，重新发掘了战略学的生命力。以《竞争战略》《竞争优势》《国家竞争优势》这“竞争三部曲”为标志，波特开创了体系宏大、结构谨严的竞争战略理论。竞争战略理论立足于企业内外部竞争环境，从外部行业结构、内部活动成本以及地域产业集群等不同层次进行解构和剖析，为管理者理解竞争和战略的本质提供了广阔的视角和全新的思维。

波特的过人之处在于他首先将研究焦点放在企业的外部行业环境上，提出了“五力模型”，并以此作为行业竞争结构的系统性分析框架，强调企业要在竞争作用力结构下找出立足点，以此获得独特的竞争地位。波特借此成功地在企业战略和产业经济学这两个不同的领域之间架起了一座桥梁。随后，波特将目光转向企业自身，提出价值链分析方法，建议企业将竞争优势建基于价值链和价值体系的联结点，以充分利用自身优势并避开劣势，从而获得并巩固竞争优势。此外，他还提出了“钻石模型”，作为国家和地区“竞争力”的宏观分析工具。

迈克尔·波特及其非凡成就

迈克尔·波特其人

迈克尔·波特 1947 年出生于美国密歇根州的大学城安娜堡，1969 年获普林斯顿大学航空机械工程学士学位，随即入读哈佛大学商学院。在哈佛，他师从著名管理学家罗兰·克里斯滕森（C. Roland Christensen），开始涉足战略管理领域。1971 年他获得哈佛商学院工商管理硕士学位，并继续攻读博士学位。在此期间，他又开始了产业经济学领域的研究。1979 年，哈佛大学授予波特“终身教授”头衔。或为哈佛大学历史上最年轻的终身教授。在此后数十年内，他完成了带给他无限光荣的**“竞争三部曲”——《竞争战略》《竞争优势》《国家竞争优势》**，也因此成为当今世界在竞争战略和竞争力方面公认的、名副其实的权威。

波特曾在 1983 年经由里根总统任命，加入美国产业竞争力委员会并担任主席。在此期间，他开创了企业竞争战略理论，并引发了美国乃至世界范围内的竞争力讨论。20 世纪 90 年代以后，波特获奖无数，声誉达到巅峰：获得了威尔斯经济学奖；被斯德哥尔摩大学商学院等 7 所大学授予荣誉博士学位；因为对工业组织的研究而荣获哈佛大学的“大卫·威尔兹经济学奖”；在《哈佛商业评论》上发表的论文 5 次获得“麦肯锡奖”；1997 年被美国国家经济学人协会授予“亚当·斯密奖”；还获得过公民勋章。**迈克尔·波特在世界管理思想界可谓是“活着的传奇”，是当今全球第一战略权威，是商业管理界公认的“竞争战略之父”。**

波特不仅是战略思想家，也是战略实践家。波特说：“我关注人们的思想和他们的行为，我很高兴有学者愿意引用我的理论，我更高兴人们告诉我，我的理论给他们的生活带来了变化。”哈佛商学院前院长吉姆·克拉克（Kim B. Clark）这样评价波特：“近 30 年来，在使用经济学管理和规则来解决竞争力的重要问题上，波特一直是哈佛商学院所有教员的先锋典范。波特的著作及论文，既渗透了学院派深刻理论，又包含了现实社会问题，已经成为商学院学生和教授甚至政界领导人必读的内容。”美国的《经济学人》这样评价波特：**“波特的使命就是为了带来一场管理思维的革命：将严谨的经济学与复杂的管理学熔为一炉，针对实际运营创立了一套详尽的商业法则。这些商业法则能使人豁然开朗，并为学者和企业领导人点亮一盏明灯。”**

“竞争三部曲”

波特所从事的企业战略管理研究一直立足于企业实践，而他所采用的产业经济学方法论则带有浓郁的理论经济学色彩。正如波特自己所说：**“作为一名在企业战略和产业经济学两个领域的教育者和研究者，在过去10年里，我在哈佛商学院的工作一直致力于为这两个领域架起一座桥梁。**”波特曾经说过，他是不可能写出管理类畅销书的，因为他的书非常“沉重”。然而事实证明，这是一句非常自谦的话。**《竞争战略》《竞争优势》《国家竞争优势》被称为“竞争三部曲”，它们的出版最终奠定了波特教授在世界战略研究领域的大师级地位。**

《竞争战略》是波特于1980年出版的首部关于竞争的专著。**他整合产业经济学与企业政策这两门课程，将关注的焦点移向企业所面临的外部行业环境。**波特深入分析了企业的竞争和竞争战略，对战略的本质、多元化战略如何实施以及行业结构演变对竞争战略的影响进行了系统归纳，并就如何观察和分析行业以及如何奠定企业后续发展的基础，提出了独到见解。他认为，**企业获利能力与成长的关键（或言“生存的关键”），在于找出立足点，并持续不断地改善自身以获得独特的竞争地位。**繁荣在于不断提高生产力，更多的社会进步主要来自民间部门的创新。该书的主要学术贡献：第一，首次全面分析了竞争的5种力量，提出了“五力模型”；第二，针对竞争的5种力量，系统地提出了3种通用的竞争战略——成本优势战略、差异化战略和缝隙市场战略；第三，首次将产品寿命分析引入行业寿命分析。

在讨论了企业所面临的行业环境之后，波特转而开始对企业自身进行分析，于1985年出版了《竞争优势》。**《竞争优势》是“竞争三部曲”中的第二部，其重点在于阐明企业如何利用自身的优势并同时避开劣势。**在20世纪70年代以及80年代早期，组合管理概念、自下而上的计划系统和分权化的组织结构，这些理论在当时企业的战略管理体系中居于主导地位。不少公司将注意力聚焦于通过组合分析来管理多元化的战略业务单元。组合理论导致管理者形成不少错误的假设，他们相信仅依据市场份额和市场增长率就可以成功地制定出公司战略。波特认为，**管理者必须围绕驱动业务成功的根本因素进行综合分析，因此他创造了一种有效且独特的分析方法——价值链分析方法，阐述了将广泛的竞争战略转化为获取竞争优势的具体实施步骤**。

1990 年，波特出版了《国家竞争优势》，这是他研究各国和全球经济的一本综合性著作。波特认为，仅仅强调自然资源及其他成本因素的比较优势的传统理论早已失去了生命力。他提出了“**钻石模型**”，作为国家和地区“竞争力”的宏观分析工具。钻石模型的中心思想是，一个国家的竞争环境取决于 4 个方面的特质：**生产要素、需求条件、相关与支持性产业、企业战略及其结构以及同业竞争**。这 4 **方面因素构成了一个菱形的钻石**。

“竞争三部曲”分别从外部行业结构、内部活动成本以及地域产业集群等不同层次，对与企业战略相关的内外部竞争环境进行了全面深入的解构和剖析，为管理者理解竞争的本质提供了广阔的视角和全新的思维。但管理者须明白，波特的竞争理论并不是给管理者直接提供解决战略实践问题的现成答案。要想解决战略实践中所遇到的各类具体问题，还需要管理者综合运用各种理论和解构方法，在综合融会和动态平衡的基础上，最终由管理者自己做出判断和选择，形成一个有针对性的解决方案。

五力模型：竞争作用力如何塑造战略？

行业竞争作用力结构

要想以一个较简略的篇幅把波特的宏大而精微的思想理论体系说清楚，确非易事。**波特理论的关键词是“竞争”，那我们就先从行业竞争力量入手，讨论这些竞争力量对企业战略的内在塑造机制**。

在波特之前，企业战略分析的基本方法是 SWOT 分析法。SWOT

分析框架相当简便实用，但过于笼统，没有具体指标予以支撑，容易滑向主观臆断的泥潭。竞争的洪流促进了创新能力的释放，加快了经济发展和社会进步的节奏。在“竞争”这块丰沃的领域，波特投入了20年的宝贵光阴，也最终收获了丰硕的成果。经过多年的学术训练，他谨守经济理性原则，在掌握行业与企业复杂性的基础上，找出更先进的理论供产业界运用。波特的**目标是发展出一个谨严而实用、能够了解竞争的理论架构，并在理论与实践之间架设一道桥梁**。他在SWOT分析方法的基础之上提出了“**五力模型**”（见图9－1），以求战略分析的细化和深化。这个“五力模型”已被广泛应用于行业战略的制定，被称为企业家制定战略的指路明灯。

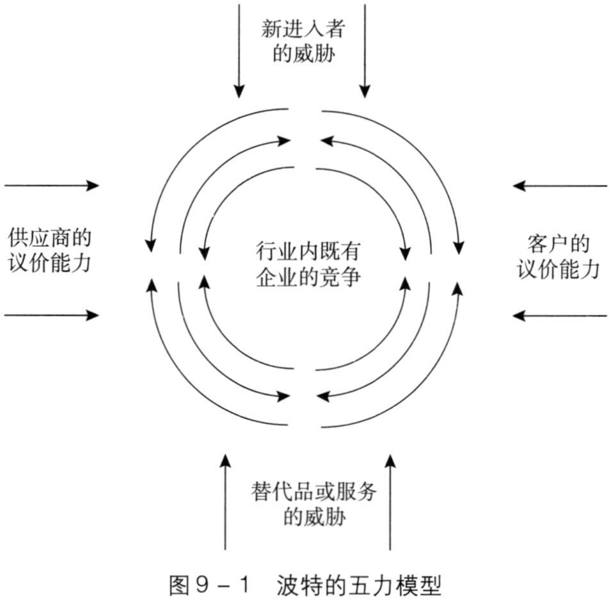

图9－1　波特的五力模型

战略本就是为了应对竞争的需要，但人们往往将竞争看得过于狭隘与负面，认为竞争只不过是企业之间对市场份额的争夺。波特认为，**行业内部的竞争，事实上根源于其经济状态与力量结构。一个行业的竞争状态主要由5种基本的竞争作用力决定。这些力量的总和决定了行业最终的获利能力。这5种竞争力量分别是：行业内既有企业**

的竞争、新进入者的威胁、替代品或服务的威胁、供应商的议价能力和客户的议价能力。

战略塑造机制

经济学家眼中的“完全竞争”行业几乎不存在壁垒，进入和退出都非常容易，而且可以随时调整定位。**每个行业具有一组基本的经济和技术特质，进而形成这些竞争作用力，也由此奠定了这个行业的竞争结构和基本格局**。从长远看，在这类行业结构下竞争，企业最终无利可图；但从某个特定时期看，这些加总的竞争作用力越弱，其中总会有一些企业在竞争中脱颖而出，极有可能取得令人称奇的、称雄于该行业的卓越绩效。

无论行业竞争作用力是强还是弱，管理者需要在行业中找到适合于自己的最佳定位，以有效对抗这些竞争作用力，并将它们引导至对企业自身有利的方向。**了解这些竞争作用力的基本来源，就可以为企业提供战略与行动的基础。这些作用力会凸现企业的优势和劣势，帮助管理者找到合适的定位、理解战略性变动及其根源、判断行业走向，以确保企业能够把握最重要的机会并避开威胁。**

行业内既有企业的竞争

一个行业内出现密集、激烈的竞争，通常与以下因素有关。其一，**竞争者众多**，而且实力不相上下。其二，**行业成长趋缓**，部分成员急于扩张市场占有率。其三，产品或服务**缺乏差异性**，或者转换成本不足以拴住现有客户。其四，**固定成本高，或产品不易储藏**，会导致更为惨烈的削价竞争。其五，**生产能力常态性大量增加**，超额生产能力往往会破坏行业的供需平衡，导致在特定时期内供过于求，造成恶性削价竞争。其六，退出障碍多，**退出成本高**，现有企业没有其他退路。

总体而言，提高客户的转换成本或增加产品的差异性，锁定行业快速成长的区间，集中营销火力，这些措施或多或少能减缓行业竞争的冲击，但从根本上看，在既有定位的前提下，管理者要学会运用恰当的战术寻找并巩固一个有利的竞争地位。

侵入的威胁

侵入的威胁程度，取决于2个因素：**行业进入门槛的高低；新进入企业如何评估现有竞争者可能的反应**。行业的新进入者一般会表现出更强悍的攻击性，会带来新的生产能力，并渴望夺取市场占有率和实质性资源，从而会进一步加剧行业内竞争。

决定行业门槛高低的因素，主要体现为6种进入障碍：**规模经济、产品差异化、资金门槛、与规模无关的成本劣势、获得经销渠道、政府政策**。其中，与规模无关的成本劣势指的是，相对于现有企业的既有优势而言，新进入企业自带的成本劣势。导致后来者成本劣势的因素包括：学习曲线效应以及现有企业已取得的专有技术、已获得的最佳原料来源、通胀前所采购的相对低廉的设备、享受政府补贴、占据有利的地点等。

侵入者的威胁可能引致现有企业及现有行业采取以下反应：其一，以其拥有的庞大坚实的既有资源为基础，对侵入者**展开有力的狙击**；其二，不惜**削价竞争**；其三，行业成长趋缓、吸收新企业的能力减弱，并导致**所有企业投资回报衰减**。

强势供应商和客户

供应商在提高价格或降低采购货品和服务品质等方面具有议价能力。当下游行业无法将新增成本计入其产品或服务的销售价格以转嫁给它们的客户时，该行业的获利能力就会受到强势供应商的挤压。同样，客户也有能力游走于竞争企业之间，要么压低价格，要么要求更好的品质或更多的服务，这些索取同样会削弱上游行业的利润。**供应商和客户力量的强弱，要视市场形势的特质以及该行业在销售或采购上的相对重要性而定。**

供应商能够左右竞争格局的情形有4种。其一，供应商行业由少数大企业所主导，集中度远高于下游行业。其二，供应商的产品具有独特性，或有显著的差异性，或能形成高昂的转换成本。其三，供应商并不存在应付替代品的压力。其四，供应商具有向后整合的能力。

客户能够左右竞争格局的情形有 7 种。其一，客户采购量很大或者惯于集中采购，大量采购始终是上游企业无法拒绝的一种重要力量。其二，客户所采购的产品标准化，或者没有差异性，转换采购对象非常容易。其三，客户所采购的项目是产品的重要零部件，并在其全部成本中占有很大比重，客户对该产品价格极其敏感。其四，客户产品的利润有限，客户承受着较大的压降成本压力。其五，当上下游的产品或服务品质之间没有重要相关性时，客户可以轻易转移采购对象。其六，当行业的产品并不能为客户节省成本时，客户的采购态度也会趋于强硬。其七，客户有能力进行逆向整合，生产上游产品的可行性较高。

选择采购供应商或销售对象，是企业极为重要的一项战略决策。找到那些影响力不及自己的供应商或渠道客户群体，企业或许够改善自身的战略处境。一旦企业无法降低成本，或产品缺乏独特性，如果不采取市场细分的销售策略，就很容易造成自我伤害。

替代性产品

替代性产品就像一个“备胎”，这种力量会使行业无法将产品价格拉升到一个更高的理想价位，除非增加差异性。很显然，**替代品的价格与功能越有吸引力，现有行业和企业所受到的威胁就会越高。**

价值链理论：企业如何获得竞争优势？

价值链及价值活动

波特认为，企业提供给客户的产品或服务其实是由一连串的活动组合创造出来的，每项活动都有可能促成最终产品的差异化并进而提升产品价值。他由此提出了“价值链”概念，认为诊断企业竞争优势并且寻求改善企业竞争力的基本工具就是价值链。波特提出，“每个企业都是用来进行设计生产营销、交货以及对产品起辅助作用的各种活动的集合”。**价值链是研究企业系统整合的一个基本范式，是竞争优势的一种系统研究工具。价值链就是把企业创造价值的战略性活动从结构和流程上予以解析，再将其整合成一个完整的系统，进而从结构和流程的相关性角度来寻找降低成本或提高差异化的可行方案，并最终确定企业的竞争战略。**

按照波特的分析框架，整个企业的价值链由两大部分活动组成：一部分是**基本活动**，是指那些涉及产品实体的制造、分销、配送、销售以及相应售后服务的活动，包括**产品设计、生产、营销和交货**等彼此独立但又直接串联的领域；另一部分为辅助活动，是指那些支持和保证主要活动顺利进行的辅助性活动，包括**采购、技术开发、人力资源管理和企业基础设施等**。

经过波特的进一步拆解后，组成价值链的主要活动和辅助活动被归属为企业的 9 个部门或者职能。其中，波特所说的“**企业基础设施**”，是指提供一般管理、法律事务、会计等功能性服务的职能部门，这些部门或职能在支援整个价值链上起着基础性作用（见图 9－2）。**基本活动创造价值，辅助活动则保证基本活动的平稳顺畅运行**。所谓“辅助”，是强调它在价值形成中的间接性，并不是说它不重要。

价值链的联结点

企业的价值链是一个交互依存的活动系统，由联结点从中衔接。**这种联结机制是遵循市场化原则的**。当执行某项活动的效益影响到其他活动的成本效益时，联结点便会出现，并需要管理者在此后的活动中按照成本效益的优化结果予以取舍。**取舍效应即一种战略抉择**。例如，产品的设计成本越高，采用的材料越好，售后服务成本便会越低，管理者需要在组合这些活动时予以权衡取舍。另外，**联结点也需要活动彼此之间保持协调。管理者要高度重视并谨慎地管理这些联结**

点，因为这些联结点通常就是形成企业竞争优势的潜在来源。

联结点不仅连接企业内部的价值活动，也会突破企业边界，创造出本企业的价值链与上游供应商、下游销售渠道和用户之间的交互依存关系。从整个供应链的全景视野看，企业的价值链也由此深藏在一个更大的活动群中，波特称之为“**价值系统**”（见图9－3）。

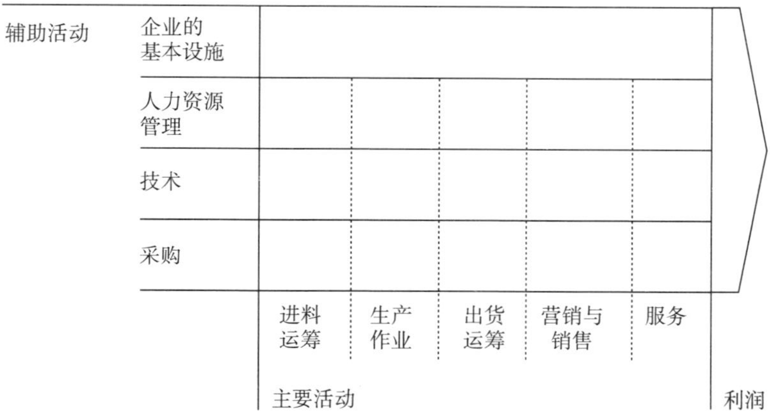

图9－2　价值链：主要活动与辅助活动

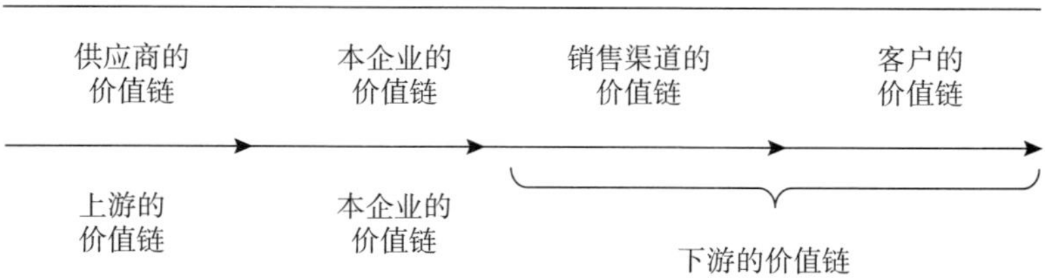

图9－3　价值链与价值系统

战略与价值链分析

战略有赖于独特的活动，在本质上存在于活动之中。战略选择以不同的方式来执行活动，或执行与竞争者不同的活动。竞争战略的本质就是探讨差异性问题，这意味着管理者要选择一套不同于竞争者的活动，以此为客户提供独特的价值。

价值链分析有2个主要目的：一是确认获得成本优势的机会；二是有助于创造产品/服务差异化的机会。企业要想以较低的成本，或提供比竞争对手更高的用户价值来实现差别化，可以通过改善价值链的部分或全部活动来获得竞争优势。管理者可以采用价值链的分析架构，思考如何在每项价值活动上寻找降低成本或创造差异化的策略行为；同时，还可以面向价值系统，进一步分析供货商、自身与客户这3个价值链之间的联结关系，从中寻找可能的发展机会。

在发掘竞争优势时，企业通常根据价值活动的范围，界定不同的竞争范围。**竞争范围主要涉及4个层面：区间范围、纵深规模（即垂直整合的程度）、地理范围和产业范围（或企业所在行业的相关产业范围）**。竞争范围是影响企业创造竞争优势的一个重要因素。较大的竞争范围容许企业开发价值链的交互关系，通过服务不同的行业区间、地理区域或相关产业，为企业赢得更为开阔的生存空间。

我们由此可以看出，**价值链对企业竞争优势有举足轻重的影响**。此外，公司的价值链进一步延伸出去，就可以和上游供货商与下游客户之间的价值链相联结，构成一个行业的价值链，即价值系统。**如果把这些价值链充分有效地串联起来，对于增强企业的竞争力将有重大意义**。

第 10 章
单一业务的竞争战略

五力模型和价值链分析框架是理解竞争战略的前置性理论。正是得益于波特的突出贡献，管理者才清楚地意识到竞争如何塑造战略，企业又如何获取竞争优势。在此基础上，管理者才得以运用五力模型和价值链理论去制定、改进并完善公司在某一行业的竞争战略。也就是说，管理者只有在厘清行业竞争作用力的来源与结构的前提下，立足于自身价值链分析，才能较稳妥地把握自身竞争优势之源。这是单一业务公司竞争战略的核心本质。

波特理论给我们的一个重要启示是，如果管理者能够把握主动权，可以有很多机会去改变公司未来的命运。这既体现了管理者的贡献，更代表着管理者的责任。

竞争战略的逻辑和原则

由外而内的逻辑

竞争战略遵从的是一种由外而内的思考逻辑：**首先寻找那些富有吸引力的行业；其次剖析这个行业的竞争作用力的来源和结构，并思考如何以自身优势来配合这种行业结构。战略性定位意味着选择与竞争对手有差别的活动组合，这个过程总少不了取舍效应和多层面、多轮次的整合，这样才能带来竞争优势和可持续发展能力。**

管理者必须分层次思考清楚这几个问题，并坚守以下几个一般性原则。**其一，行业效应**。只要条件允许，管理者要基于行业吸引力来选择适合自己的行业，而不是相反。行业吸引力的判断标准即源于波特的五力模型。**其二，公司的定位**。在选择了行业后，管理者要深度分析这个行业竞争作用力的来源和力量对比，避实就虚、趋利避害，运用自身的资源和能力来配合这样的行业结构。在这个设定的定位上，公司能够游刃有余，并具备相应的能力对竞争力量做出最佳的防御。**其三，行业竞争作用力的再平衡**。选择一套与竞争对手不同的活动组合，透过战略性行动打破各种竞争作用力的平衡，并进而寻求一种新的平衡，以此改善并巩固企业的竞争地位。这就好比挤地铁一样，你若不主动去挤别人，就可能被别人挤得脚不着地；你若也去挤一挤别人，大家相互调整一下，彼此都能找到一个各得其所的位置。**其四，基于取舍和整合的因变之道**。在竞争对手尚未意识到竞争的潜在因素发生变化之前，管理者要能预见这些趋势性或结构性变化，以取舍效应和多层面、多轮次整合作为基本的因变之道，为新机会打开一扇新的窗户，着眼未来即将面对的新竞争，选择恰当的战略，重新达到一种平衡状态。

对比两种战略理论

我们简要对比一下古典战略理论和竞争战略理论的基本观点（见表10－1）。

表10－1　两种战略理论的简要对比

古典战略理论	竞争战略理论
在行业内找到一个理想的竞争地位。	具有独特的定位。
学习标杆企业的所有活动，追求有效做法。	根据战略调整活动及其组合。
积极外包业务与结盟，以争取效率。	有明确的取舍原则，并选择主要竞争对手。
竞争优势来自少数关键性成功因素、关键性资源及核心能力。	竞争优势来自跨活动的有效整合。
灵活而快速地回应所有竞争及市场的变化。	持续的效果来自整个活动体系，而非个别单一的活动。
经营效率与战略混为一谈。	经营效率与战略是两个层面的概念。

行业效应：进入富有吸引力的行业

行业获利能力光谱

创业者首先要决定的是该进入哪个行业来发展自己的事业。对于一家多元化公司的管理者来说，在既有业务单元的基础上，也可能需要思考应进入哪些新的领域来布局新的业务单元。**这就涉及行业选择问题，也是竞争战略所要决策的第一个重要问题。**

不同行业的获利能力如同光谱，可以按照由弱到强的顺序排列。我们选取了2004—2018年间，中美两国不同行业的净资产收益率（Return on Equity，简写为ROE）来进行比对（见图10－1）。管理者不同于全职研究人员，他们大多数都长期浸淫于某一个特定行业，埋头干活的时候多，抬头看路的时候少，对不同行业之间的利润率差异并不敏感。但事实上，这种差异非常明显，尤其是美国的情况更是令人惊讶。就ROE指标而言，最能赚钱的行业与最利薄的行业相比，在中国达到2.3倍左右，在美国更是达到了近3倍。

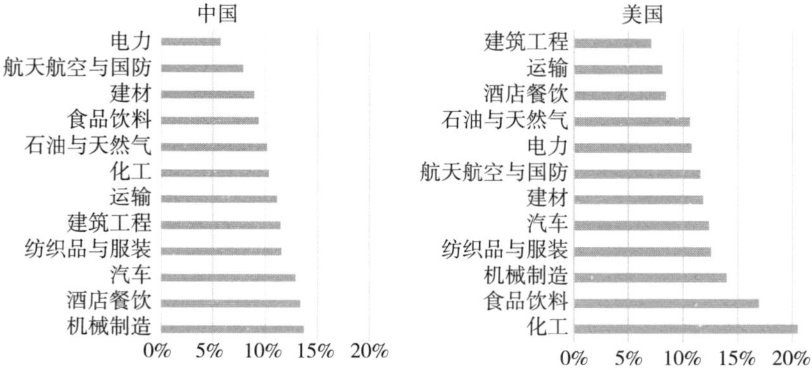

图10－1　中美两国不同行业的ROE比对（2004—2018年）

注：数据来自wind数据库。

五力模型与行业效应

我们前面学习过波特的五力模型，明白行业盈利能力的差异是5种竞争作用力共同作用的结果，这些竞争作用力深刻塑造了每个行业的竞争格局。进一步说，这种差异的一部分是由行业本身的竞争特性决定的，还有一部分是由行业内的公司与其他竞争力量之间的对比决定的。**这些竞争作用力对公司以及公司所在行业产生的总体影响被称为“行业效应”。一家公司业绩如何，挣钱是否容易，在很大程度上就是由这些竞争作用力决定的**（见表10－2）。中国有句俗语，“男怕入错行，女怕嫁错郎”，放在这里来看，也是有其道理的。

表10－2　竞争作用力与行业吸引力

缺乏吸引力的行业		富有吸引力的行业
行业内竞争激烈：存在很多实力相当的竞争者；产品较为同质化；创新容易被模仿或抄袭；行业增长缓慢；产能过剩；价格战惨烈。	公司之间的竞争	公司之间竞争程度不高：一家或少数几家公司主宰行业；产品独特，差异化明显；品牌有认同感；行业增长空间大；存量产能不足。
供应商有较强的议价能力：行业依赖几家供应商提供的独特产品，而该行业却不是这些供应商重要的盈利来源。	供应商议价能力	供应商议价能力较弱：同时存在多个供应商；提供的产品同质化；价格竞争激烈；产品供应充裕。
客户有较强的议价能力：可供选择的类似产品众多；品牌缺乏黏性；转换成本低；忠诚度等情感因素较弱。	客户议价能力	客户议价能力较弱：产品供不应求；差异化程度高；对客户幸福感的影响大；客户选择空间非常有限。
潜在竞争者带来较大压力：行业进入门槛低，不需要稀缺性或专业性资源；退出行业又存在较高成本；大量竞争者的进入导致产能过剩；现有竞争者的战略容易被复制，甚至被超越。	潜在竞争者造成的压力	潜在竞争考难以造成压力：行业有较高进入门槛和规模壁垒；进入者需要提供差异化产品；资本投入高；需要得到行业监管部门的批准；需要积累某些特殊的技能或经验。
替代品有较强的替代能力：行业内存在多种有吸引力、价位合理、能够满足客户需求的替代品。	替代品的替代能力	替代品的替代能力较弱：能够以类似价位满足客户需求的替代品很少或者几乎没有，客户选择空间较小。

一个行业的竞争力量能够从根本上限制或提升公司的盈利能力。许多管理者过于相信自己的管理能力，往往把精力集中在自己可控制的事情上，而忽略或低估了自己无法控制的事情。这实际上是混同了战略和经营效率在不同层面的重要性。很显然，这些作用力之间的竞争超出了管理者的控制范围。而且，就像无法克服的地球重力一样，这些作用力始终是客观存在的，一旦进入了这个行业，就必须学会面对并主动应对它们。对于管理者而言，首先要搞明白这些行业力量的来源和结构，从而理解它们影响一个行业竞争格局的内在机理，这是理解并运用行业效应的关键所在。

选择富有吸引力的行业

行业竞争作用力基本上都处于管理者的控制范围之外。因此，管理者必须明白，选择恰当的行业才是战略成功的根本所在。单纯依靠企业家的天才能力就能克服恶劣行业环境并取得持续成功的神话，并不具有普遍性和可复制性。

我们可以从美国通用电气公司的过往经验中观察到一些端倪。韦尔奇当年在接手通用电气公司之际，先是卖掉了价值100多亿美元的200项业务，再用这笔钱完成了370多项业务的收购。他这么做的目的就是让通用电气公司的业务摆脱那些环境太恶劣的行业。他已经预见到，再这么耗下去，公司在这些行业中很难看到未来。巴菲特也有过这样一番评论："当一个声誉卓著的管理团队试图改造一个经济状况糟糕得出名的行业时，最后屹立不倒的总是那个行业的糟糕名声。"我们由此可以看出，巴菲特也非常坚定地主张要选对行业。**一个公司能否成功，首先就是基于行业效应选择适合自己的行业。**只要条件允许，管理者必须选择那些富有吸引力的行业，而不是相反。在选对了行业以后再寻求恰当的市场定位，并运用自身的资源和能力趋利避害，谋求公司的长远发展，这是一种事半功倍的聪明做法；而绝不应以自身有限的资源去和这些竞争力量对抗，去做那些"不撞南墙不回头"的无谓牺牲。

也许会有人发问：既然如此，那不景气的行业为何也有成功的公司呢？“只有不赚钱的公司，没有不赚钱的行业”，这种说法不是经常听到吗？确实，在许多公司趋于失败时，还是有少数公司不仅能获得成功，而且能改变所在行业的竞争环境。所以，是决定退出还是留在一个艰难的行业，这种决策到底是对还是错，谁也说不准。但管理者须明白，**试图通过改变竞争格局去整顿一个困难的行业，确实不易，或许有人做到了，但失败者终究居于大多数；而且要想取得同样的经营绩效，这种资源和精力的投入，可能会数倍于进入一个有吸引力的行业**。那些成功者之所以成功，是因为他们把握住了稍纵即逝的机遇，也即这个行业或行业的某个环节出现了被改变的可能。他们深谙驾驭当前环境的道理，使得事情出现了转机，从而成了令人瞩目的幸运儿。诸如星巴克如何带来咖啡馆革命，美国西南航空的低成本运营如何能取得成功，“海底捞”模式为何能颠覆行业，类似的故事总是被商业媒体和财经书籍渲染成传奇神话。实际上，这就是一种新型的“**幸存者偏差**”现象。人们只看到了那些幸存的成功者，而忘记了那些失败所导致的“沉默的数据”或“不再说话的‘死人’”。所以，我们不能痴迷这类神话，不是每个人都能成为力挽狂澜的“超级管理者”。

对于绝大多数管理者来说，要明白现实主义的力量，最应该做的事情还是尊重和回归常识。管理者要清楚行业效应的真正意义，明白行业环境对公司业绩的深刻而长远的影响。《宁静祷文》里有句话，或许有一定的借鉴意义：**管理者必须“接受不可改变的事，有勇气去改变应该改变的事，并有智慧去分辨什么是可以改变的，什么是不可以改变的”**。

鉴于此，管理者在选择行业时，必须把握3点。其一，**所在行业存在哪些影响竞争的力量**，战略就是在这些竞争力量之间寻找应对之策。其二，**所在行业内这些力量会如何影响竞争**，知道了这一点才能找到应对方法，这意味着管理者在选定的行业内必须寻求恰当的市场定位，以抵消行业内消极因素，充分利用积极因素，甚至做出及时退出行业的决策。其三，无论采取什么样的措施，都**不能低估这些力量的作用**，它们对公司命运的影响丝毫不逊于管理者对公司的影响，甚至就是管理者和企业命运的决定性因素。

对于大多数中小企业来说，由于各自所占市场份额很低，行业效应会表现得更为复杂。当市场容量不再增长，行业进入成熟期后，便进入了存量竞争阶段，产业整合就会更频繁。这种情形对头部企业有利。面对这种局面，中小企业就必须在产业链中寻找结构性的机会和位置，依靠独特专长而存活；同时**寻求嵌入一个更大产业联盟的机会，主动接受赋能，和联盟内其他企业共同成长，尤其要和盟主结成不可分离的互补合作关系**，这样或许会打开另外一番天地。即便行业的市场需求总量出现下滑趋势，也不至于产生致命影响。这就好比长江进入枯水期后，水位下降对大船航行不利，但对小舢板反而有利。中小企业的管理者要想到这一层，不能机械地理解或照搬行业效应。

战略定位：以自身优势配合行业结构

拆解竞争作用力的来源

管理者分析行业竞争结构，应该优先考虑影响行业结构的最为重要的竞争力来源及其变化趋势，以及可以提高自身竞争能力的因素。行业的发展与演变会改变竞争优势的根源。**战略的关键在于固守竞争对手迎面攻击时弱点最少的部位**，无论这些竞争压力是来自既有企业，还是来自拟进入的潜在企业，或者是来自客户、供应商和替代品的挤压和侵蚀。

针对特定行业的结构，管理者要扬长避短，充分运用公司的优势与之配合。战略某种程度上是企业对抗竞争的防御措施，必须精确找出行业竞争作用力最弱的部位，这是一个极其重要的指导原则。**了解自身能力的所在以及外部竞争作用力的来源，等于慢慢凸显企业应该**

竞争的领域以及必须主动避开的地方。

主动出击的战略聚焦于努力改变所对抗的竞争作用力的成因。它不提倡以蛮力与这些竞争作用力正面交锋，而是主张借助四两拨千斤的巧劲儿才更治本。可供管理者选择的一些做法有：其一，**营销方面的创新**，能尽快提高品牌的识别度或产品的差异化；其二，企业在**大规模生产设备或垂直整合**上的投资，可以直接提高潜在企业的进入门槛；其三，行业竞争作用力的均势，部分是外部因素的作用，部分则**受制于企业的支配**，后者是下功夫的重点。

定位的 3 种来源

战略定位一般有 3 个基本来源，它们彼此独立但并不相互排斥。**其一，以产品种类为基础的定位**。这种定位基于选择产品或服务，而不是基于细分客户。当企业充分组合各种活动，使生产达到最佳状态时，以产品种类进行定位，自然就会产生经济上的合理性并形成优势。**其二，以需求为基础的定位**。企业可以服务特定客户群体的所有需求或大多数需求。当客户需求被精准细分时，企业采用一套特别设计的活动组合，高性价比地满足客户的各种需求时，这种定位方式的成功概率就会大大增加。**其三，以接触为基础的定位**。以不同方式接触细分型客户。这类客户的需求虽然与其他客户差不多，但在满足他们的最佳功能活动上却大有讲究。企业可以依据客户所在的地理位置或者规模来接触客户，提供相应的配套活动，以达到最能满足客户需求的目标。

选择有别于对手的活动组合

定位不仅能开创利基，定位的来源也可以或宽或窄。定位的基础无论是何种来源或其组合，都需要一套配合设计的活动。有了定位之后才能谈战略。**战略是由独特而有价值的定位创造出来的，它涉及一连串不同的活动。战略性定位的本质是选择能与竞争对手有所差别的活动组合。**

定位有产品种类、客户需求和接触这 3 种基础。如果同样的活动能提供完整的产品种类、满足所有客户的需求，并和所有的客户保持接触，企业的定位就可以在这 3 者之间自如地切换，这时经营效率就成为决定绩效的关键因素，战略反而退化到可有可无的地位了。当然，这是一种比较极端的情况。

将定位融合进使命

很多欧美公司秉承“**文化是最长期的战略**”的管理哲学，将战略定位与使命阐述巧妙地融合起来。宜家家居公司是一家概念公司。宜家“以大多数人都能接受的最低价格”，提供“种类繁多、设计巧妙、功能实用的家具”。这正好契合了英格瓦·坎普拉德（Ingvar Kamprad）为宜家设定的“为大多数人创造更加美好的日常生活”的使命，实际上也代表着宜家的定位。宜家的经营精髓还印在了给员工的企业使命陈述和宣传册上。如今，宜家已经深刻地影响着人们的生活。它将定位写进使命，融入了它的经营哲学中。宜家的这种经营哲学涵盖了现代的设计风格、低廉的价格、别致的促销方式以及行业内外任何其他企业难以企及的激情。

定位与使命、战略与文化，它们之间密切相关，管理者要深刻认识到这种内在关联性。好的使命能鼓舞人心，会让你的企业与众不同。好的使命本质上取决于好的定位，这种特色实质上源于创新思维，以及对事物本质和改进方式的深入认识和理解。**因此，一个好的使命就是一个恰当的创造和捕捉价值的定位。从这个意义来说，判定一家企业使命好坏的标准应该是，这个使命是否意味着一个恰当的定位，是否能让企业获得重要的特色。**

在传统观念中，战略是企业及其竞争者、供应商和客户之间的零和游戏。这样一来，管理者只关心自身的眼前利益，要么提高售价，要么降低成本，以此增加自己的利润。**这个区域意味着“捕捉的价值”的传统定位**（见图 10－2）。

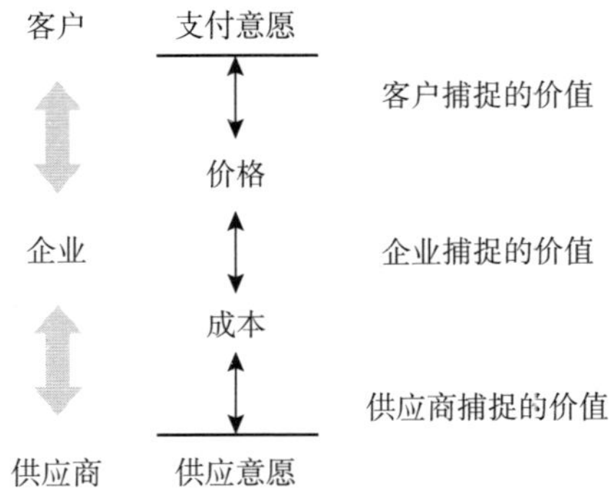

图 10－2　使命与“捕捉的价值”的传统定位

从更宏观的博弈论视角来看，管理者不仅需要考虑公司自身的最大利益，还要考虑对利益关联方的影响。这涉及两个外部衡量标准：**客户的支付意愿和供应商的供应意愿**。前者取决于客户对某种商品或服务的满意度；后者则是一种机会成本，也即供应商愿意供货的最低价格。**当公司在这两条线之间的插入空间越大的时候，也即更能扩大创造价值的总量时，企业才能取得重要的行业地位，在增加自己利润的同时不损害关联方利益**（见图 10－3）。

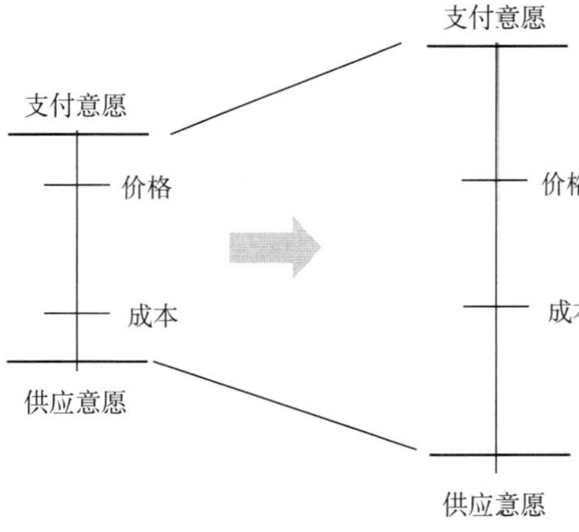

图 10－3　使命与“扩大创造价值总量”的新定位

从战略角度考量，更高明的定位是彼此都明白创造价值的好处，而不是仅仅靠瓜分蛋糕来争夺利益。通过在客户满意度和供应商成本之间插入最大的空间来创造价值，这样的逻辑意味着，不仅要根据行业竞争对手调整自身成本和价格，还要移动外面两条线中的一条或者两条。企业依靠客户创造价值，企业与客户之间的关系，表面上看是交易型关系，而实质则已演变成为一种服务型关系。**商业洞察力变成识别客户需求并捕捉客户价值的能力，以及整合资源满足客户需求并共创价值的能力**。所以，**一家公司想要获得长期成功，就要有一种全新的视角和思维来看待定位和使命，在考虑自身利益的同时也要有益于利益关联方，捕捉价值最可靠的方式就是为他人创造价值**。

取舍效应与整合活动

取舍效应

定位上的取舍效应非常普遍，这对于战略优化相当重要。一方面，与其他定位之间存在取舍关系，才能维持战略定位；另一方面，取舍意味着加重某些活动的比重，同时必须减少另外一些活动的分量，甚至干脆放弃。

可持续的战略定位，必然有得有失，管理者要遵循取舍效应的规律。取舍效应是企业必须选择定位的原因，它也保护企业免受重新定位的厂商或者骑墙派竞争对手的侵袭。事实上，**战略就是制造竞争中的取舍效应；战略的本质是选择何者不可为。如果没有取舍效应，企业根本不需要选择，也不需要战略**。

活动须予以整合

我们前面讨论过，经营效率是为了使个别活动或功能取得卓越的表现，而战略则需要组合这些活动。**竞争优势来自各活动的整合方式以及相互强化的效果；整合带动竞争优势和可持续发展能力**。企业如果能在价值链和价值系统的基础上，创造出一个极为紧密而且高效的活动组合或活动链，就可以建立起一道“护城河”，在模仿者环伺之下，保护自己的市场。

整合的重要性远超过大多数人的固有认识。整合之所以重要，是因为个别活动比较零碎，易于模仿，而且可能会给其他活动带来负面影响；而一个方向一致、高效协同的活动组合或活动链，就不易为竞争对手所模仿。**整合要基于定位，并强化取舍效应，在战略的特定性和独特性上下功夫，这样才能产生价值。**

整合的3个层次

管理者可考虑采取3种递进且不排斥的整合层次。**第一层次的整合是使活动与战略在方向上保持一致。**管理者必须使各活动或功能与公司整体战略之间保持“单纯一致性”。只有这样，才能确保它们彼此之间互不侵害或抵消，从而积累并形成竞争优势。**第二层次的整合是向某些活动赋能，使之产生优势。**这发生在强化某些活动之时，需要进行相应的取舍决策。**第三层次的整合是强调活动之间的协同以优化合力。**这样的整合不只是活动之间的相互强化，而是彼此高度协同形成合力，达到一种“最优化”程度。在活动之间进行协调和信息互换，以排除重复作业，并将浪费降到最低程度，这种管理上的努力是达到最优化的基本方式。

对于这3种层次的活动整合，管理者考虑的是整体的活动而非个别的单一活动。我们知道，**竞争优势即源自整个活动的体系，而活动间的整合则会实际降低成本，或者增加差异化，从而形成竞争优势。**此外，个别活动的竞争价值，包括相关技能、能力、资源，都是整个系统或整套战略中不可分割的一部分。人们对竞争能力的一个认识误区，就是习惯性地认为企业的成功来自特定个人的实力、某种核心能力或者关键资源，其实**竞争力的来源横跨了许多活动功能，依赖这些活动或功能彼此之间的联结和融合。**波特的这种理解与普拉哈拉德和加默尔的核心能力理论，在实质上并无二致。波特并不是没有分析企业自身，只不过他更多聚焦于行业竞争，强调内部只是配合外部，是一种“由外而内”的分析思维。

维持竞争优势的根本之道

整合不仅是竞争优势的关键，也是巩固并保持竞争优势的根本之道。竞争对手想要模仿一整套环环相扣的活动，远比借鉴某一销售活动、模仿某一技术创新，或者复制某一特色产品等单项活动困难得多。经由活动体系所建立起来的定位，也比建立在单一活动上的定位更为牢固且持久。**能强力整合活动的企业，就能从整合效应中获得竞争优势**。在这种情形下，竞争者对这种整合能力往往知其然而不知其所以然，这足以让他们望而生畏并知难而退。管理者如果精于此道，这些战略和执行上的卓越表现就会增强企业的竞争优势，并提高他人模仿的门槛。

管理者如能从企业的活动系统中审视自身战略，就会更清楚为什么组织结构、系统和流程，必须高度契合于特定战略。**依据战略来改造组织，更容易达到互补的效果，进而增加优势的持久性。这就是战略决定组织结构的理由。同样的道理，还存在于战略与文化之间**。持续改善个别活动与跨活动的整合，可以让组织建立契合本身战略的独特能力，并且不易为竞争对手所模仿；而这样的持续性也会强化企业的自我认同，有利于文化的巩固和稳定。我们在充分研究了整合以后，可以从一个更新的角度回答“战略究竟是什么”：**战略就是创造整合，整合对象就是企业的各项活动；战略是否成功，不是基于某一项活动，而是有赖于做好一系列活动并让它们之间有着良好的联结。更进一步，企业能否获得长期成功，则取决于战略、组织和文化活动的高效整合。**

第 11 章
多元化与公司层面战略

在讨论了单一业务的竞争战略后，我们再将目光从单一业务层面转向拥有多种业务的公司，探讨多元化公司的竞争和战略。多数管理者都过度自信，精力旺盛，他们很难长期坚守某个单一的业务阵地，对于多元化经营总有一种炽烈的向往和内在的冲动。管理者热衷于多元化经营，曾经一浪高过一浪，现在也没有明显消退的迹象。

在多元化战略思想和理论中，产品群组合模式屡遭诟病。波特认为，产生这些问题的症结在于这些理论本身，它们的框架不够清晰，沿用的概念也不够精确，从而与成本领先或差异化战略难以衔接。公司层面战略如果不能与业务单元的竞争优势紧密结合，就会损害公司的整体经济价值。

成功概率不高的多元化

多元化并不容易成功

宋志平先生说过这样一番话：做好一个企业需要 10 年到 20 年的时间，如果做到极致，需要 30 年到 40 年的时间。管理者必须坚守一个业务，把它做到极致，做成一个“隐形冠军”。所谓“隐形冠军”，就是窄而深地去做，业务不要搞得太宽泛，但要做得非常深刻；所坚守的业务块头不是很大，但是市场要做得非常广，这就很了不起了。但现实中，大多数管理者都热衷于多元化。

多元化基于这样一个简单的逻辑：公司的整体价值大于旗下各业务单元价值的算术加总。但现实是一幅黯淡景象。**多元化公司的成功概率并不理想，它们的整体市场价值与旗下各业务单元市场价值的简单加总之间，总是存在一个不小的多元化折扣，而且这个价值缺口是客观、广泛且长期存在着的**。在股票市场上，投资者总怀疑多元化公司持有业务组合的经济合理性，更怀疑多元化公司中母公司的管理能力，觉得这些母公司并不能为它们旗下的业务单元增添价值。因此，投资者宁愿购买多元化公司的业务单元所在行业的龙头公司的股票，按自己的意愿组建投资组合，也不愿意直接购买多元化公司的股票。这也是造成多元化公司股价长期低迷的一个重要原因。既然这般不受待见，有些多元化公司便采取分拆、分解和剥离战略，转向更为专业化、一体化经营的单一业务公司，这样的做法反而能达到提振股价的目的。这也是资本市场一直存在的一个悖论。

就并购成功概率而言，多元化公司在新业务领域的并购对象，超过半数最终又会被转卖掉；如果企业进入的是一个全新的领域，被并购的业务单元更是超过六成的概率最终会被转手卖掉。**在这种并购活动中，最大的利益既得者莫过于投资银行、律师、会计师和评估师，他们是丰厚交易费用的获益者；最受伤的恐怕是并购标的的管理层和员工，职业上的动荡、经济上的损失和心理上的创伤难于言表**。韦尔奇时代的通用电气公司能够驾驭一个如此多元化的业务组合，具备其他公司难以企及的管理多元化业务的能力，堪称传奇。在韦尔奇时代的通用电气公司，除了韦尔奇个人超众的企业家才能，还拥有一支集合了各种技能、背景和经验的互补型管理队伍，这也是一个不容忽视的重要因素。然而，通用电气公司也难逃多元化“宿命论”，如今的通用电气公司早已风光不再。可见，韦尔奇时代的通用电气公司，确实只是一种“超级 CEO 现象”，并不具备普遍意义。

多元化的前提

哪些业务单元可以纳入多元化框架？波特提出，要大致具备 3 点特征。**其一，结构上有吸引力**。针对现有的业务组合，拟获取的业务单元具有完成“拼板”的功能，在结构上具有吸引力，对完善多元化公司现有的业务结构或产业链有着直接的填空作用。**其二，进入成本合适**。进入的市场成本不会侵蚀未来的利润。过于高昂的进入成本所形成的大额商誉，将会给该业务单元日后的经营带来巨大负担。这就意味着，即便是心仪已久的好资产或好业务，也需要耐心等待时机，价格不合适的并购极有可能损害将来的整合和经营。**其三，能够互补性赋能**。新获取的业务单元能够与公司和其他业务单元相联结，从而获得新的竞争优势，反之亦然。有学者将这种效应称为“母合优势”。其中第三点尤为重要。**多元化公司的业务组合应该具有更实质性的联结，而且只有那些具有充分关联的多元化公司才能在各业务单元之间分享资源和能力。**

波特认为，企业从行业的结构与演变中获得并维系竞争优势，关键就在于竞争。**企业在单一行业所积累的竞争经验，将是后续发展的重要基础。如果没有个别行业的竞争经验，企业贸然进入多元化领域，就会缺乏根基和敏锐性**。多元化公司面临着应该拥有何种业务以及如何构造和影响所属业务单元这一根本性问题。剥离与重组似乎是一个解决之道，但问题的要害不一定在于规模和多元化程度，而是**母公司缺乏能为所属业务单元赋能的公司战略，这才是多元化失败的致命原因**。大多数母公司的管理者总有“我们的业务单元能为我们做些什么”的惯性思维，他们没有反过来思考“我们能为业务单元做些什么”。母公司与业务单元之间的管理界面不够清晰，业务单元之间也缺乏横向的联结和协同，并没有形成母公司所期望的价值链和生态圈，还会造成很多协调方面的扯皮，在建立体现公平性的绩效考核系统上也困难重重。多元化失败所产生的灾难性后果是令人惋惜的。一家世界级大公司的倒闭，并不像死了一头珍贵的北极熊那么简单，它实际上等同于一个生态系统的灭失，或者一个物种的消亡，所带来的冲击和影响是系统性的，而且会持续相当长一段时间。

从竞争战略到公司层面战略

母公司战略活动的演进

从20世纪50年代开始，伴随着多元化实践活动的兴起，多元化公司的母公司为解决面临的问题，其管理者沿用相应的管理思想和理论，实施了一些有针对性的战略活动。表11－1简要列示了这一演进历程。

表11－1 公司层面战略活动的演进历程

年代	主要症状	核心概念	公司层面战略活动
20世纪50年代	总部超载、超负荷	分权化	分部化
20世纪60年代	追求超常规成长	一般管理技能协同效应	多元化 多角化集团 “相关”
20世纪70年代	资源分配问题	业务组合规划	“平衡的”业务组合
20世纪80年代	价值缺口和多元化并购的糟糕业绩	基于价值的规划 “管好分内之事”	重组
20世纪90年代	确定核心区业务	“主导逻辑”和“管理风格” 核心能力和资源共享	可管理的组合 相关联的组合
现今	持续的公司战略	母合优势与母合效应	实现价值创造最大化的组合管理

竞争战略与公司战略

波特将单一业务的战略称为“**竞争战略**”。单一业务是战略的基础和核心所在，它决定了行业获利程度以及企业竞争优势的成败。从竞争优势转移到公司战略，则涉及另外一种战略，也即企业向多元化进军的整体战略，波特称之为“**公司战略**”，我们也可以更清晰地称之为“**公司层面战略**”，或者“**多元化战略**”。可见，公司战略并不是针对单一业务的公司而言，而是专指多元化企业的整体战略计划。

因此，多元化公司有两个层面的战略：**业务单元战略（或称“竞争战略”）**和**公司层面战略（或称“公司战略”）**。前者考虑的是企业如何在各个行业中创造竞争优势；后者则关注两个不同层次的问题：**“企业应该进入哪个行业竞争”**，以及**“如何管理旗下的不同业务单元”**。波特运用行业结构和价值链框架对这些问题进行了深入研究，演示了活动的概念被如何运用于多元化经营的战略逻辑之中，以及公司层面战略应如何与组织、管理实践相衔接。因此，**公司层面战略需要建立在核心竞争力的共享基础上**。但在实践中，确实很难根据联结、核心能力和协同来获得多元化公司所期望的战略利益。

公司层面战略虽然有别于个别行业的竞争战略，但两者之间仍存在紧密的关联性。如同竞争战略一样，公司层面战略也涉及行业和竞争优势这两个层面的问题，但公司层面战略所要解决的问题与竞争战略并不相同。**从行业的观点看，公司层面战略要考虑的是，一个公司应该进入哪些行业，又该如何在这些行业中竞争；从竞争优势的观点来看，公司层面战略的核心问题是，公司总部如何提升而不是伤害所属业务单元的竞争优势**。因此，我们不宜将多元化经营问题与竞争战略分开来讨论，但也不能完全混为一谈。企业之所以会陷入失败的泥沼，通常是因为管理者试图隔离多元化经营与所在的诸多行业的竞争战略，二者之间缺乏内在逻辑支撑并相互掣肘，反而抵消了原本的竞争优势，从而损害了多元化公司的整体价值。

波特由此提出**多元化战略的基本原则**。其一，**竞争的战场在业务单元层级**。成功的公司层面战略必须强化业务单元的竞争战略，并以此为发展基础。根基没有夯实，处于上层的多元化经营也就难以成功。其二，多元化必然**会增加业务单元的成本和管理限制**。母公司一般不从事具体的业务经营，其整体管理又必须向下属业务单元渗透，管理成本也须由下属业务单元分摊。其三，**母公司必须为业务单元赋能**，而且所创造的价值增值能够抵消业务单元丧失独立性所衍生出来的成本，否则投资者会随时在股票市场上“用脚投票”，通过购买投资组合方式来自行分散风险。

母合优势：公司层面战略的核心问题

聚焦于母公司的作用

不少公司的多元化战略只是将各部门、各业务单元的战略进行汇总，再加上一些一般性目标和原则性描述，形成一种类似于公司总体任务说明性质的文件。虽然看起来在形式要件上较为完备，但在实质内容上并没有抓住问题的要害。这样水准的多元化战略，在付诸实施后，其效果是可想而知的。

公司层面战略为何与业务层面战略不同？它们的实质性差异体现在哪些方面？为何母公司对业务单元所施加的影响，几乎总是不可逆转地损害了公司整体价值？成功的价值创造型公司战略到底如何构建？对这些问题，管理者必须有一个清晰的思考和可行的答案。

如前所述，公司层面战略涉及两个重要问题：其一，公司通过何种方式（完全所有、少量持股、合资经营、合作经营等），向何种行业投入资源；其二，母公司如何影响旗下的业务单元，并处理好与它们的关系。**前者是业务组合决策，涉及母公司的业务范围；后者是战略管控决策，涉及母公司的行为**。这两个问题可进一步归结为一个问题，那就是如何界定母公司的作用。

波特始终强调不同业务单元之间、业务单元与母公司之间要相互关联，并将这种关联管理视为公司层面战略的根本所在。如果缺乏有效联结，多元化公司就与投资基金并无二致。确实，母公司在促进联结价值方面是可以发挥特殊作用的。母公司所培育的文化、所倡导的网络机制和协调系统，尤其是母公司的核心能力（或者说母合特征），对于鼓励或抑制价值从一个业务单元转移到另一个业务单元，能起到非常关键的作用。可以看出，母公司是公司层面战略的中枢，在母子公司之间、各业务单元之间的关联管理中担任着至关重要的角色。

联结管理与母合优势

伦敦战略管理中心教授迈克尔·古尔德、安德鲁·坎贝尔（Andrew Campbell）和马库斯·亚历山大（Marcus Alexander）在合著的《公司层面战略》中提出了“**母合优势**”概念及其分析框架。这一术语的灵感或许来自家庭。母公司与所属业务单元之间的关系，好比一个家庭中父母与子女之间的关系。这也暗示着，**就像一个家庭一样，作为“父母”的母公司与作为“子女”的业务单元之间，应该扮演不同的角色并承担相应的责任**。父母通过平衡劝说和控制奖惩等手段，对子女（尤其是未成年子女）负有教育、培养和保护义务；相反，子女对父母也负有接受管理、反哺、扶养和尊重等义务；子女之间也应互帮互助、和睦相处。这种父慈子孝、兄友弟恭的家庭关系延伸至公司场景，便是一种**有效的联结管理和突出的母合优势**，这正是**公司层面战略成败的关键所在**。在决定是否将一个业务单元纳入旗下时，一个合理的检验逻辑便是母合优势，也即母公司能否给这个业务单元增添价值，反过来亦然。

母合优势对于公司战略来说极具意义。母公司如果能把握旗下业务单元的绩效改进机会，就能发掘出可观的价值潜力。**利用母合优势，发挥母合效应，就是在母公司的核心能力与其谋求的改进机会之间创造一种契合效应。这是一个动态过程，而不是一次性任务。这也是公司战略的核心内容。**

母合优势的源泉

母合优势源于母公司的核心能力，一般与母公司所拥有的“内在的基础设施”相关，包括公司品牌、信用、财务和人力资源的获得性以及政府关系等因素。母公司确实应该具备这方面的“中介优势”（见图 11－1）。即便存在高度发达的第三方市场，业务单元可以向外界购买这部分服务，但也不太可能完全替代母公司的这种优势。

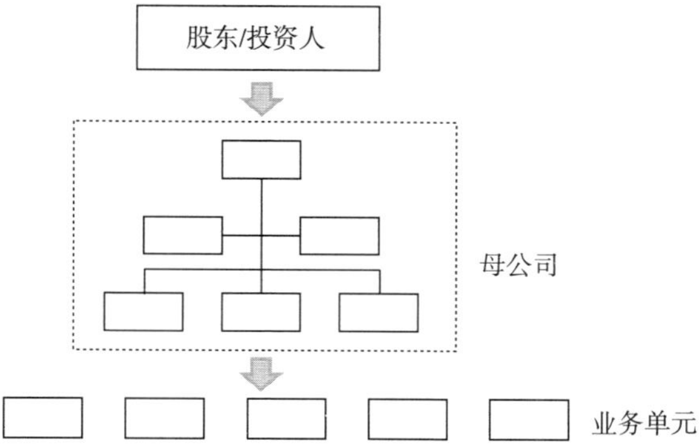

图 11 – 1　母合优势的源泉：母公司的“中介”性质

母公司一般没有自己的客户，只会产生成本费用而不会有经常性收入。**母公司更像中介机构，介于业务单元和资本提供者之间，并对业务单元的战略、决策甚至经营管理施加影响**。价值创造只发生在业务单元层面，母公司的价值创造必须通过其下属的业务单元才能实现。

依据母公司中介性质的强弱，我们可以对母合优势的强度做一些区分。有两种极端情况。**一种是单一业务公司**。按照波特的观点，这类公司只有竞争战略而没有公司战略，其战略决策的指导原则就是竞争优势。**另一种则是基金管理人**。介于资本提供者和投资形成的业务单元（实质上是股票或股权形态）之间，却位于“管理者 – 所有者”体系之外，并不握有实质性的管理权限。**在界定了两种极端情形后，母公司的其他各种形态便处于这两种情形之间**。这类母公司的管理者需要在母合优势的基础上开发公司层面战略，在此基础上做好公司和业务单元这两个层面战略的系统规划。

母公司的赋能机理

母公司为业务单元赋能并增添价值，一般有 3 种途径。**其一，专业管理**。母公司利用较为专业的、通用意义上的管理技能对宽泛的业务组合进行管理，一般能获得平均水平以上的竞争优势。**其二，协同**

效应。在业务单元之间创造有价值的联结，促进协同来获取优势。**其三，培育新业务**。通过并购和原生性发展等方式进入新业务领域，有效拓展业务范围，并向这些新业务转移核心能力，形成母合优势，促进这些新业务的健康成长。迈克尔·古尔德等人将第一种思路进一步拆分为**业务管理和职能部门的服务支持**这两种，从而将母公司的赋能途径划分为4种类型（见图11－2）。

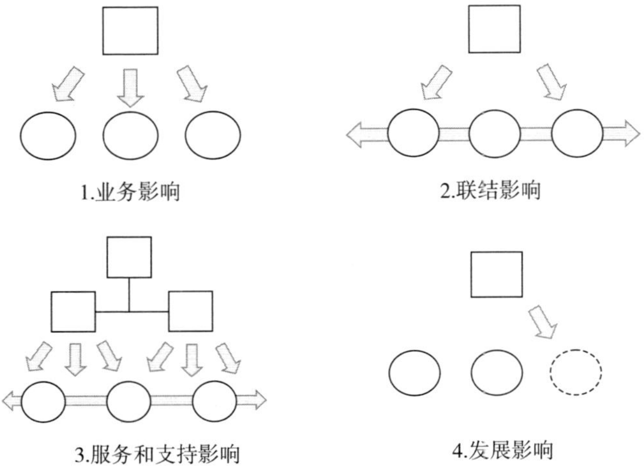

图11－2　母公司向业务单元的4种赋能机理

其一，业务影响。母公司通过多种手段改善所属业务单元的绩效，具体包括：任命业务单元的CEO，调整业务单元管理层人事安排；批准、调整甚至否决业务单元的战略规划、资本预算和经营财务预算；监督重点工作任务的完成进度及质量；为业务单元提供政策指导；向业务单元注入企业文化。

其二，联结影响。积极探索内部市场化机制，加强各业务单元之间的价值联结，引导各业务单元之间更密切地开展合作。当各业务单元通过内部交易、技术与资源共享、协调产品范围或其他互利关系而得到经济利益时，这些联结便创造了价值；也只有当母公司通过联结影响所创造的价值大于各业务单元在独立情况下自行创造的价值之和时，母公司的影响才是正向的。这种影响方式包括供应政策、转移定价机制、跨单位的任务小组、奖励与评价系统、人员轮岗、总部政策或指引、裁决程序、总部专家和直接信息交流等。**在数字化时代，建设强而有力的、统一的信息技术基础，通过数据治理，真正在各业务单元之间实现数据共享，是实现联结的有效手段。**

其三，服务和支持影响。母公司设立职能部门，其合理性在于发挥专业经验和利用范围的经济性。这些职能部门可以分为专业支持性职能部门和后勤保障性职能部门两大类。诸如战略、会计、司库、人力资源、信息技术等职能部门，既为各个业务单元提供职能性专业指导，也同时协助母公司分管各业务单元。后勤保障性职能部门的职责主要限于母公司总部，较少直接向业务单元提供服务。**随着第三方服务市场的发育，业务单元会在母公司职能部门的服务支持与外部独立第三方的服务支持之间进行比较。**从经济因素考虑，母公司应该鼓励职能部门多向业务单元提供服务支持。与职能部门运作相关的成本，除了专门项目，均属于固定成本；即便不为业务单元提供服务支持，它们的成本费用也是不会减少的。**较之于外部第三方，母公司职能部门更容易与公司文化相融合，还可以与各业务单元的管理者建立更为长远、更有信任度的人脉关系，这在推进组织变革时尤其有效。职能部门之所以能为业务单元增添价值，恰恰在于它们拥有不可替代的专业深度。**这种专业深度来自与各业务单元打交道的经验，特别是对各业务单元协同潜力的深刻理解。此外，由母公司职能部门提供服务支持，可以防止商业信息和技术诀窍外溢，被竞争对手获知，从而有效控制泄密风险。当然，在实践中也存在一些“大企业病”带来的负面影响，职能部门往往蜕变为那些面临职业生涯最后一站的元老们的“养老院”，充斥着懒政、推诿和衙门习气，这些官僚作风往往令业务单元的管理者极其反感。

其四，发展影响。母公司还可以通过发展增量来改变业务单元组合的方式，从而创造价值。推动业务组合更新和新业务的创立，对于公司长期稳定、保持活力和巩固发展后劲很重要。因此，**大多**

数公司都会将发展决策视为公司战略的基本要素和价值创造的重要源泉。公司的发展战略和决策改变着业务组合的定义、本质和数量。母公司需要决定发展哪些业务，这些业务如何被界定，又如何落地。发展新业务一般有以下方式：兼并或分离业务以增强其竞争力；创建可行和成功的新业务；达成廉价购买的交易；重新组合业务以更好地适应母公司的管理方式。**并购决策被大多数母公司视为战略实施的关键手段**，但并购过程中存在的风险，始终不能掉以轻心。在竞争投标、交易最终完成之前，尽职调查总是难以做到周全。主导并购的管理者因为急于求成而过于乐观地看待并购对象的发展前景，高估其业绩改进的潜力，最终很可能使公司付出高昂代价，造成并购方的价值毁损。并购后的整合过程也不宜耗时过长，“整合确实是一个细致活儿，必须做得十分得体；但这个过程中的各种不确定性，又由不得你从容地做下去，必须快刀斩乱麻，想办法加快这个进程”。

不同的母合风格

不同的管理哲学会有不同的管控模式，也体现出不同的母合风格。这里讲的“母合风格”，大致相当于我们平常讲的母子公司的管理控制模式。母合风格大致分为战略规划、战略控制和财务控制这3种基本类型（见图11－3）。

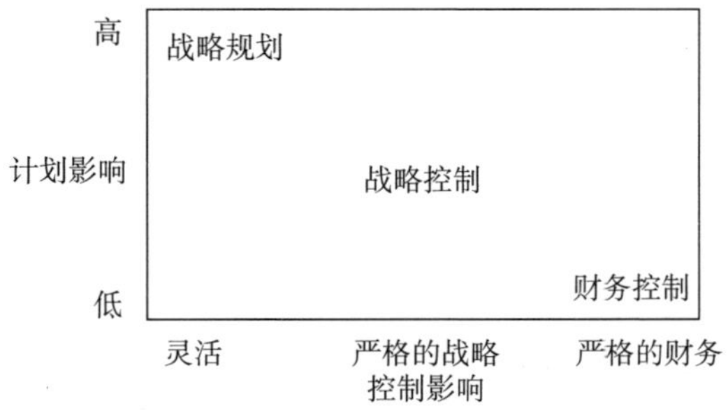

图11－3　不同的母合风格

战略规划型母公司在计划制订和战略开发方面深度介入所属的业务单元，并且强调长期目标的作用以及控制过程中的内在竞争动态。**财务控制型**母公司将计划和战略开发的职责授予各业务单元，并对其实施严格的、注重短期利润目标的控制。**战略控制型**母公司则试图在前两种情形之间寻求一个合适的度。

母合优势的培育机制

总体培育框架

多元化战略的成败取决于母公司的核心能力。**母公司要善于依托自身的核心能力，针对现有业务组合和拟获取的业务单元来发掘母合机会，持续培育母合优势并强化母合效应，以不断巩固和提升多元化战略的成功概率**（见图 11－4）。母公司要在敏锐的**价值发现能力**、突出的**核心能力**及明确的**核心区业务标准**上下功夫，并将这些工作纳入公司战略的框架体系之中。

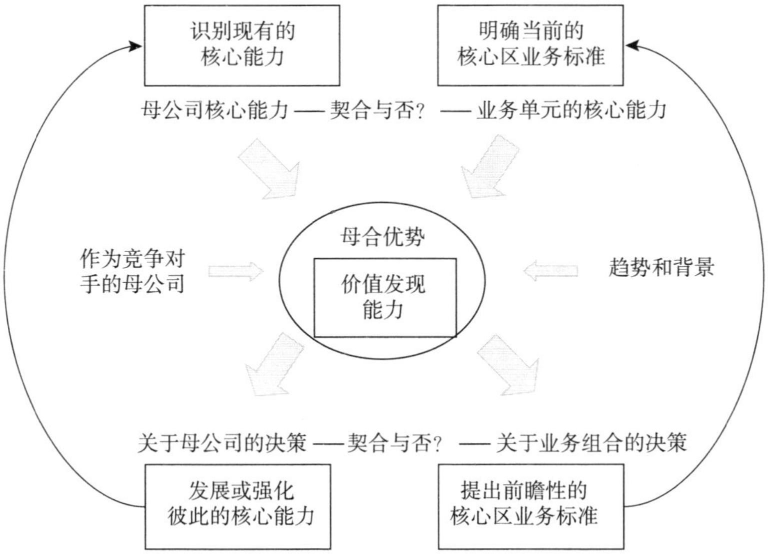

图 11－4　母合优势的总体培育框架

价值发现能力

母公司管理者要具备生意人的敏锐性，高度关注那些具有战略意义并能释放价值的母合机会。这种价值发现能力，迈克尔·古尔德称之为“**价值创造的洞见**”。

价值发现能力是由公司文化、传统、经验以及管理者，特别是CEO的个人远见共同成就的。其中，**源于过往成败经历的经验和教训尤其宝贵，它们形成了一种组织记忆和感觉**，对多元化战略和获取新业务单元、调整现有业务组合等重大决策具有重要影响，而且这种影响具有很强的延续性。管理者需要随着外部环境和自身核心能力的变化，对自身的价值发现能力不断予以修正。

核心能力或母合特征

母公司所关注的核心能力包括自身和拟获取的业务单元两个方面，关注的焦点不仅在于客观认识或准确识别，更在于二者之间的契合性。母公司不仅要关注那些未被他人觉察到的机会，还要关注在双方核心能力的契合上是否具有母合潜力；不仅要善于利用选定的改进机会，而且要在利用这些机会方面充分发挥自身的核心能力。只有彼此之间的母合特征是相互支持而且可以一以贯之地予以强化，才能成为“**契合的母合特征**”，并真正发挥母合优势。

大公司具备的核心能力随着财经记者的报道和财经图书的畅销而广为人知，但是几乎没有企业能成功复制这些核心能力。建立在母合特征基础上的母合优势往往能够经久不衰。只要它们的核心能力没有发生根本性变化，竞争对手想要模仿以达到同样的效果就非常困难。

核心区业务标准

我们有必要将“核心区业务”与“核心业务”做一个区分。**核心业务**是指公司现有的规模较大或盈利能力较强的业务单元，它们对公司总体的经营财务状况具有举足轻重的影响，但这与它们和母公司之间是否存在母合效应并无直接关系。**只有那些有利于母公司发挥母合优势、与母公司之间存在突出母合效应的业务单元，才能称为核心区业务**。当然，二者之间是可以存在交集的。

母公司的管理者需要动态调整母合特征，使之与核心区业务的需求和机会更好地匹配，以充分发挥母合优势。**母公司对自己的核心区业务要有明确的标准，并坚定地将自己的业务组合保持在核心区**。这个标准越明确，投资纪律性越强，母公司就越能将管理重心聚焦于那些能够创造价值的业务单元上，同时远离那些易造成价值毁损的业务诱惑。

母公司可以从两个维度将所属业务单元进行深度分类。第一个维度暗含的因变量是时间，要验证**随着时间的推移，业务单元与母公司之间的母合效应是否符合向好的预期**。换句话说，母公司的核心能力随着时间的推移，赋能效果应该越来越好；同时，业务单元也能越来越娴熟地运用这种母合优势，并为母公司持续创造价值。第二个维度是针对目前现状且是反向定义的，要验证**业务单元的关键成功因素是否与母公司的核心能力存在明显的"八字不合"**。如果是这样的话，母公司对业务单元所施加的影响，结果只能是导致该业务单元的价值毁损而不是创造价值。按照这两个维度，母公司可将旗下的业务单元区分为**核心区业务、核心区边缘业务、压舱型业务、价值陷阱型业务和异质型业务**等5类，并分别施以不同的战略和管理政策（见图11－5）。

核心区业务：位于矩阵右上角，应该受到母公司的重点关注。**母公司所施加的影响绝对是正面的，母合优势的发挥也是正向的。这些业务在未来业务组合的成长过程中也应予以重点发展**。如果公司层面战略不打算对现有业务组合做出重大调整，那么母公司向核心区业务倾斜的力度可以进一步加大。母公司集中发展一种核心区业务，通过出售和拆分等方式对其他业务单元进行处置。在业务组合中，长期保留多个核心区业务会造成不利影响，甚至会产生危害；而拆分则会带来多方面的好处。母公司的管理者最初并没有意识到，那些迁就非核心区业务的做法会给公司文化带来潜在危害；现在经过拆分后，公司又焕发了热情和活力，重新形成了非常清晰的战略和合作向上的文化。

核心区边缘业务：在实践过程中，核心区业务的标准较难制订得非常清晰，在核心区业务的边缘地带，有些标准更多出于母公司的主观偏好，而不一定符合公司的实际情况，但这种类型的业务是有生存空间的。**决定这块业务的去向较为困难，所导致的结果也难以预料。**对那些不适合的业务如果保留太久，等真正意识到问题时再动手处置，就显得为时过晚。管理者所采取的恰当做法是，在过度谨慎与凭感觉行事之间找到一种平衡。

压舱型业务：这类业务事实上已不存在重大的改进机会，或者说这种机会与母公司的预期不太契合，但也不存在明显的错配之处。母公司经营这类业务可能已经数年，较有心得，也有感情；它们对母公司也有价值创造作用，但已无法契合未来的机会。大多数公司都存在这样的压舱型业务，**它们是一种稳定因素，能带来稳定的收益和现金流，很可能因感情因素而得以保留**。这种业务的发展潜力有限，如果占用了太多的公司资源，就可能对公司的发展形成掣肘，所以应尽量缩小它们对其他业务的影响。**卖出压舱型业务的最好时机恰恰就是它们业绩表现尚佳的时候，但管理者要下这种决心并不容易。**

价值陷阱型业务：这些业务很容易引致母公司铸下大错。母公司曾认为这类业务高度契合自身核心能力，具有突出的母合特征。表面上看，这种业务确实很迷人，在结构上具有明显的吸引力，与公司战略也很契合。但经过实践检验，原先的判断只停留在表面，管理者一旦深入进去，就会发现这些业务在某些重要方面与母公司显得“八字不合”，非常“犯冲”，它们最终的价值创造结果也是负向的，会损害公司的整体价值。**母公司必须回避并放弃这类业务。**

异质型业务：这类业务**无论是从当前看，还是从发展趋势看，都与母公司的核心能力和公司战略不相契合**。对于这类业务，母公司除了放弃，没有其他更好的选择。

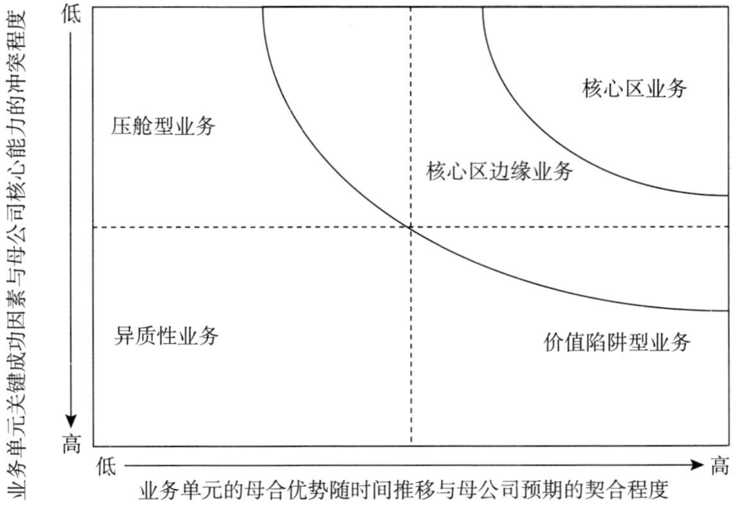

图 11 – 5　母合效应的匹配矩阵

少不得的试错和修正过程

发挥母公司的作用，促进核心能力转移和协同联结，培育母合优势，是一个渐进过程，并且要随着组织经验的积累而不断修正。母公司管理现有业务组合或许已经驾轻就熟，很有心得，但这个时候更要注意克服过度自信心理。对新业务的感觉，总是随着这些新业务单元不断暴露问题，以及新业务单元与母公司之间磕磕绊绊的磨合而慢慢培养起来的。这一过程需要时间，急不得，往往要经历一个完整的经济和金融周期，母公司的管理者才能真正看清各种深层次的问题，获得影响该业务单元的恰当感觉，并采取内行反应。

母公司的价值发现能力、核心能力转移和核心区业务标准是否有效，需要在实践中予以检验。从学习的角度讲，几乎所有母合方式的尝试都是一种有意义的探索，管理者可以从中学习到许多在未来创造价值的知识。从经验中学习新的技能，与从失败中吸取教训一样，其难度不亚于对学习重要性的认识。

渐进的多元化阶段

多元化的 4 个阶段

波特认为，公司层面战略必须遵循多元化的内在逻辑和规律，存在依次渐进的 4 个多元化阶段，这实际上也代表着多元化的 4 种不同类型，包括：**资产组合管理、企业重组、转移核心能力和共享活动**（见表 11－2）。**前两种类型的战略涉及母公司与旗下各业务单元之间的关系，母公司的角色是选择、融资和干预；后两种类型的战略则涉及母公司如何发掘并运用旗下各业务单元之间的联结关系**。这 4 种类型的多元化战略各有各的机制，管理者在深刻洞悉其中的机理后，以不同的方式进行相应的战略执行和组织管理工作，可依此提高价值创造水平。

各阶段的关键点

其一，资产组合管理。通过收购来形成多元化的业务组合和结构。管理层受到专业知识和经验的限制，一般会锁定与既有业务相近或相似的领域。被并购的业务单元享有自主权，一般也会保持原有团队。母公司必须找到那些价值被低估的公司，但**真正具有良好的结构和管理团队的业务单元，钱对他们而言并没有吸引力，他们并不需要一个多金的母公司**。多了一个不能赋能的“婆婆”，对他们而言，无异于自寻烦恼，平白无故地增加摩擦成本。

其二，企业重组。以企业重组为战略基础，新的业务单元未必与既有业务单元相关联，最重要的是它是否有发展潜力。在这种情况下，母公司会大幅调整该业务单元的经营团队及其竞争战略，或者注入母公司的新技术。**重组战略是否有成效，关键是执行过程能否顺利**。母公司需要有发现价值洼地的洞察力。在重组过程中，母公司会面临相当大的风险以及时间压力。一旦成功重组，该业务单元走上正轨后，母公司往往又很难将其纳入核心区业务范围之内。经济上获益，感情上有隔阂，对于这类业务，母公司往往会在人性与经济理性之间态度摇摆，较难做出取舍。

其三，核心能力转移。有过多元化业务管理经验的管理者，都会深刻体会到，**协同是一个难题**。首先，“协同效应”的概念并不清晰，可能会导致因果关系不清。多元化公司旗下的各业务单元之间的关联性通常是“**事后追溯的一种合理性**”，当初的管理动机可能并非如此。其次，协同效应即使能够被清晰定义，但如果没有一个很好的激励机制，解决好各方的利益分配问题，也未必能顺利落地，而是会遇到组织障碍和行为障碍。**发掘各业务单元之间的联结，从而发挥多元化公司业务结构所蕴含的关联性作用，价值链是一个切入点**。每个业务单元都是个别活动的集合体，竞争优势的形成即源于这些价值活动，而并非公司整体。如何进行核心能力转移呢？独到的知识和经验可以进行转移；当业务单元之间有类似的客户或销售渠道时，也可以进行转移。这种转移必须符合以下条件：第一，各业务单元活动相似度高，足以**共享相应的专业知识和经验**；第二，核心能力转移涉及对该业务单元的竞争优势有重要影响的活动，特别是对接受转移的一方，这代表着**构筑重大竞争优势的来源**；第三，要有**相应的人事调整安排**；第四，要**建立一个有效的激励机制**，解决好协同利益的分配问题，从内在驱动机制上激发各业务单元的积极性。

其四，共享活动。共享活动即共享各业务单元的价值链活动。这种**共享能力是公司层面战略的重要基础，因为共享可以通过降低成本和提高差异化来强化彼此的竞争优势，从而有利于提高公司整体价值**。但共享活动也可能面对强大的组织性抗拒。过早或者过于激烈地排斥共享和协同活动，可能使公司层面战略回归到原先简单而不太恰当的资产组合管理的状态。**共享主要限于影响竞争优势的关键活动，需要大规模、经常性的协调**。如果妥协难度或协调成本大到足以侵蚀业务单元的效率，共享就可能会削弱而非强化竞争优势。信息技术带来的数据库共建与共享有利于促进共享活动，管理者要看到并有效利用数字化或智能化在这方面的潜力。

表 11－2　多元化战略的 4 种类型/4 阶段比较

	资产组合管理	企业重组	核心能力转移	共享活动
战略要点	• 在搜寻与收购价值被低估的企业上有出众的洞察力，“猎手”思维明显。 • 嗜好交易。面临买家有诱惑力的报价，果断出售缺乏竞争力的业务单元；只要价格合适，也会卖出业绩表现好的业务单元。 • 重视财务回报。在资产组合的各业务单元之间，就经营类型制订宽泛的指导原则和管理约束。 • 偏好收购未上市企业，或者在发展中国家的资本市场寻找机会。 • 资本市场效率提高，企业组织也进一步变大，具备由资产组合管理向其他类型战略升级的潜力。	• 在界定重组机会时有洞察力，拥有较强的重组能力。 • 对拟获取且需转型的新业务单元，有强烈的干预意愿和相应的改造能力。 • 对资产组合中较为相似的业务单元，将其中存在困难和风险的业务单元予以重组出售，以减少整体损失。 • 当重组完成并达到预期，根据市场机会高溢价出售套现。	• 母公司拥有拟获取业务单元形成竞争优势的重要技能或核心能力。 • 在持续经营的基础上，母公司促进核心能力在各业务单元之间进行转移。 • 针对拟进入的新行业，并购桥头堡式业务单元作为前进基地，为转移核心能力奠定基础。	• 能与新业务单元共享已获得竞争优势的现有业务单元的活动。 • 分享的好处远超过其中的成本，以新创业务和收购作为进入的手段。 • 在业务单元之间的合作上，拥有克服组织性抗拒的能力。

续表

	资产组合管理	重组	核心能力转移	共享活动
组织要求	• 各业务单元自治权力较大。 • 母公司规模小、人员少、成本低。 • 主要收益来自业务单元的分红回报。	• 各业务单元自治权力较大。 • 母公司注入人才及其他资源，对所属业务单元进行战略性重新定位和系统性改造。 • 诱因主要源于被并购业务单元的整合，或现有业务单元的欠佳表现。	• 各业务单元基本属于自治性质，但彼此之间也以核心能力转移为纽带开展协同与合作。 • 母公司高级管理层注重自身的整合者角色。 • 成立跨业务单元的委员会、项目小组和其他形式的组织，作为转移和掌握核心能力的载体和机制。 • 各业务单元内在需要这种核心能力转移。 • 诱因基于母公司和现有业务单元在母合优势及母合效应上业已取得的合作成果。	• 聚焦协同与联结，鼓励各业务单元彼此共享相应活动和核心能力。 • 在业务单元、事业部（如果有）和公司层面，母公司推出积极的战略规划，并附有相应的协调机制。 • 母公司高级管理层注重自身整合者角色。 • 诱因基于母公司和现有业务组合在母合优势及母合效应上业已取得的合作成果。
主要缺陷	• 在资本市场过于精明地追逐并购对象，口碑不佳，可能引致意想不到的报复。 • 缺乏内在联结和协同，结构较为松散，整体抵御风险能力不佳。 • 忽视业务组合的互补性以及行业结构的吸引力。	• 行业判断失去准星，误将快速成长的业务或热门行业当作重组对象，从而损害了公司整体价值。 • 高级管理层过度自信，缺乏解决问题和整合资源的实际能力。 • 忽视内在的行业结构吸引力。 • 表面上强调重组，但实质上与消极的资产组合管理相并无二致。	• 误将母公司自身与新业务单元相似或契合的特征当作谋求多元化的基础。 • 缺乏核心能力的实际转移途径以及相应的激励机制。 • 忽视内在的行业结构吸引力。	• 共享来自内在需要，未必能提升竞争优势。 • 在没有母公司主动协调的情形下，共享活动仍能自然发生。 • 忽视内在的行业结构吸引力。

内在的演进路径

多元化公司可以在前述 4 种基本类型中选择适合自己的战略。管理者在选择多元化战略时，常常会受到过去经验的影响，然而这并不是“一策定江山”，而是一个随时间推移不断优化的愿景、原则和机制。管理者应选择适合长期发展的战略类型，然后务实地一步一个脚印地从起点做起。**无论战略逻辑还是企业经验都表明，从资产组合类型逐步过渡和演进到共享活动时，这种多元化战略是能够为股东创造价值的**。当然，这 4 种类型之间也并不排斥，特别是核心能力转移与共享活动之间，更有相辅相成的优势。

并购是一种很重要的能力，但往往又是很多多元化公司的“短板”。**通过并购涉足多元化领域，现有业务组合与拟获取的业务单元之间必须有关联性和互补性；成功的并购必须以成功的整合为基础**。具有优异并购能力的公司，往往在新设公司或联合投资上成功概率也比较大，它们在转移或复制核心能力、形成母合优势上具备丰富的经验和突出的能力。

两条线索的衔接

多元化战略的行动方案与母合优势的培育机制存在高度的内在联系；多元化阶段的演进，实质上也代表着多元化公司母合优势的逐步升级。**贯穿于公司层面战略的这两条线索或隐或现，二者相互影响并相互强化，在发展趋势上也高度一致**。管理者必须加深对多元化战略的理解，悟透其基本原则和内在逻辑，才能将二者很好地结合起来，从而成功地实现多元化目标。

波特强调，管理者要聚焦多元化的本质，沿袭相应的联结逻辑，需专注做好以下几点。其一，确定**既有业务单元之间的联结关系**。不仅要找出既有业务单元持续加强竞争优势的方法，同时要不断开发更多可能的多元化路径，绝不能“一招鲜吃遍天”。其二，选择能成为**公司战略基础的核心区业务**。正如前面所讨论的，这种业务既具备核心业务的要求，更具备核心区业务的潜质。**这些具有吸引力、拥有形成持续竞争优势的潜力、与其他业务单元具有重要交互关系，并能够提供代表多元化技术和活动的业务，是多元化战略的坚实基础**。公司必须借由提升管理团队、国际化战略或改进技术，以确保将核心区业务稳固地建立在核心能力的基础上。对于不属于核心区的业务，管理者则要保持耐心，加强整顿，等待有利时机转卖，以利于集中资源并灵活配置这些资源。其三，创造**水平式的组织机制**，以促进各业务单元，特别是核心区业务之间的交互关系，以形成未来相关行业多元化的基础。其四，追求需要**共享活动的多元化机会**。其五，当共享活动的机会有限或者消失时，设法通过**转移核心能力以达到多元化目标**。这个目标是建立一个由有关联而且能够相互强化的业务单元所形成的产业族群。其六，当管理失当或目前并无良好机会塑造企业内部的交互关系时，便可追求**企业重组战略**。其七，分派股息以使股东能成为资产组合经理人。发放股息要比基础不稳固的多元化战略更可靠，能让股东放心，至少它不会摧毁股东价值。

总之，由竞争战略上升为公司战略，如同一艘航船穿行在百慕大三角区一样风险重重。管理者切忌低估这种风险。**公司战略容易失败，反映出很多管理者并未思考清楚多元化战略的真正本质、内在逻辑和行动要求，而是一味跟风，盲目并购，无力整合，最终陷入无可挽回的败局**。一个能真正加强各业务单元竞争优势的公司战略，才能真正形成母合优势，也才能算得上是对袭击者最好的防御战略。

第四部分

核心能力战略

⊙导读▼

虽然波特也曾将视野移向企业内部，以价值链分析框架来解构企业内部的价值活动，并建议管理者采取与竞争对手不同的活动组合来配合行业结构，以此构筑竞争优势，但他的研究重心还是在外部环境而非企业组织本身，是一种眼光向外的研究思维。

与波特不同，核心竞争力理论主要立足于解构企业组织这一“黑箱”，有效填补了战略理论的空白环节。核心竞争力理论存在资源基础论和能力基础论这两种代表性观点。前者认为企业的竞争优势源于它所拥有的资源，后者则认为源于隐藏在资源背后的能力。所谓资源，是指企业所拥有和控制的价值要素。其中，作为可以价值量化的资源，“资产”在很多场合用来指代“资源”。所谓能力，是一种抽象化的知识或经验，它隐藏在资产的背后，体现在对资产的掌控与应用上，具有无形性、抽象化的特点。对于企业来说，资产是能力的基础，并与能力存在一定程度的交集。用一句更为直观的话来说，资产体现为某一时点的具体状态，能力则体现在资产在不同状态之间的转化过程之中。企业的竞争优势，到底是源于资产还是能力，这确实值得讨论。

美籍印裔学者哈默尔和普拉哈拉德是核心能力理论的奠基人。他们感兴趣的问题是：那些资源明显贫乏的后来者，是如何颠覆已在竞争中成功卡位的大公司的？他们发现，这些后来居上的公司在资源之外拥有更为突出的“特殊能力”，他们将之命名为“核心能力”，并由此系统性开创了核心能力理论。核心能力理论也同样聚焦于这两个问题：其一，企业持续的竞争优势是如何产生的？其二，如何创造并发展这种持续的竞争优势？核心能力理论最终得出的结论是：公司要兴旺发达、开创未来，必须有高明的核心能力发展战略，并将知识管理和培育运用核心能力视为形成可持续竞争优势的立足点。他们的这些结论绝不是纸上谈兵，而是建立在世界各国大公司发展经验的基础之上，有着坚实的数据和事实支撑。

何谓核心能力？哈默尔和普拉哈拉德认为，核心能力是指能使公司为客户带来特别利益的一类独有的技能和技术；进一步说，是指组织内部经过整合后的知识和技能。核心能力主要由4方面构成：知识与技能，管理体制，实物系统和价值观。组织中的积累性知识，特别是关于如何协调不同的生产技能和有机结合多种技术流派的知识，是企业核心能力的主要来源；因此，核心能力并不等同于公司拥有经营资源的“量”，而是来自公司的创造性工作。管理者由此认识到，公司之间的竞争显然不只是产品对产品的竞争，也不只是业务单元对业务单元的竞争，实际上还涉及更深层次的核心能力层面的竞争，这才是决定企业终局竞争的真正胜负手。

知识不同于信息，它既是企业赖以创造价值的关键资源，更代表着企业核心能力的本质。能力的知识属性决定了知识管理是企业培育并重构核心能力的关键机制和重要平台。知识管理是企业对其所拥有的知识资源进行有效整合、共享和创新，以提高组织创新能力与应变能力的系统性管理流程。如何从企业整体层面构建一个全员参与的知识管理平台，对企业培育并重构核心能力尤为关键。知识管理的层级转化，其要义在于隐性知识显性化和显性知识隐性化的双向驱动过程。知识管理的过程不仅是知识表现形式的转化，更是企业的知识系统经由量变到质变，并最终外化为企业核心能力的过程。

我们可由此对知识管理与核心能力重构的内在逻辑做一番简要梳理：第一，核心能力并非企业的单一能力，而是一个能力集合，本身也是一个子系统；第二，构建核心能力大致包括软性资产培育能力、资产代谢能力和自我更新机制等基本方面，这同时也是主动管理核心能力的一个清晰路径；第三，核心能力具有明显的知识属性，因而知识管理是企业培育核心能力的一个重要平台和机制；第四，这个涵盖知识、能力与资产的战略分析框架，可以有效帮助管理者理解通过企业内部“黑箱”形成竞争优势的内在逻辑。

第 12 章
核心能力理论

我们不能说波特完全忽视了企业组织自身。波特在竞争战略理论中也曾将研究焦点从外部行业竞争作用力分析转向企业自身，以价值链分析框架来解构企业价值活动，强调企业要采取与竞争对手不同的活动组合来配合行业结构，以此建立自身的竞争优势。不过，波特沿用的是一种“由外而内”的分析思维，对企业组织解构得不够系统和深入，以致在后续的研究者眼中，企业组织仍然呈一种“黑箱”状态。

哈默尔和普拉哈拉德的研究填补了这一空白环节。以他们为代表的一众学者提出的核心竞争力战略理论，包括资源基础论和能力基础论，开始更多地关注企业自身。前者认为竞争优势源于企业所拥有的资源；后者则认为竞争优势源于隐藏在资源背后的能力。哈默尔和普拉哈拉德认为，核心能力在战略形成中所处的层次最高，也最为持久，它们取代竞争优势而成为企业战略的中心和主题也有其内在合理性。管理者应对企业的核心能力予以主动管理。

一对印裔师徒：战略理论的学术“双璧”

C. K. 普拉哈拉德

C. K. 普拉哈拉德 1941 年出生于印度南部的一个婆罗门家庭。他的父亲是金奈首席法官，同时也是一位哲学家和文学家。普拉哈拉德在大学阶段读的是物理学和管理学，后进入哈佛商学院攻读 MBA 和博士学位。普拉哈拉德于 2010 年在美国加利福尼亚州圣迭戈市病逝，享年 68 岁。

普拉哈拉德是核心竞争力理论的奠基人之一，他的思想贡献主要集中在企业战略、经济发展和创新这 3 大领域。他始终站在创新思维与管理实践的最前沿，创见性地提出了“战略意图”“核心能力”“金字塔底层的财富”“共同创造”“甘地式创新”“企业成功定律”等一系列重要思想和理论，可以说“改变了全球所有 CEO 的思维方式，改变了人们认识世界的方式”。**如果说巴菲特发现了企业的价值，那么普拉哈拉德便创造了企业的价值**。作为全球 IT 界最有影响力的思想领袖，普拉哈拉德曾自谦地表示他的理论并不具有“颠覆性”，但这些理论确实极大地改变了人们耳熟能详的基本商业原则。

加里·哈默尔

加里·哈默尔出生于 1954 年，于 1978 年在密歇根大学主修国际商业专业，1983 年在伦敦商学院任教。1993 年，他成立了一家商业顾问咨询公司，为通用电气、时代华纳、诺基亚、雀巢、壳牌、百思买、宝洁、3M、IBM、微软等许多国际著名公司提供管理咨询和培训服务，哈默尔也由此跻身商业战略管理大师行列。目前，哈默尔依然是伦敦商学院的客座教授，同时也是世界经济论坛和战略管理协会研究员。**他致力于建立世界第一个管理实验室，以这一开创性的尝试，与众多管理学者共同探索管理学领域的“未来实践”，借此促进理论和实践的高度融合，并提高管理革新速度**。《华尔街日报》将哈默尔列为“世界最有影响力的商业思想家”，《财富》杂志称他是“世界领先的经营战略专家”。

在密歇根大学求学期间，哈默尔遇到了令他终身受益的导师普拉哈拉德，师徒二人从此开始了默契的学术合作。他们共同在《哈佛商业评论》上发表多篇论文，并数次摘得“麦肯锡奖”。1990 年，他们在《哈佛商业评论》上发表论文《公司的核心竞争力》，1994 年又合作出版了《竞争大未来》。

哈默尔的战略理论和思想主要在于企业的核心能力。如何定位企业的核心能力，是企业创造竞争优势的前提；在合理定位核心能力之后，接下来便是如何发挥这种核心能力，并在实践中充分体现为竞争优势。这需要一种宏观的战略眼光。哈默尔的战略思想富有实践指导意义。很多公司故步自封，它们的管理理念、管理方法和科学技术都已落后于时代。这些公司仍然以命令与控制为主，这无形中扼杀了创新思想。它们也在不断地追求发展与提升竞争力，并由此陷入和对手纠缠的竞争困境之中。哈默尔认为，为了公司的未来，也为了将战略意图落地，忘掉过去的成功是十分必要的。在他看来，**战略意图比战略本身的立意更为高远**。对于这些战略意图，管理者判断它是白日梦还是真实可行，依据的就是企业的核心能力。

从企业能力到核心能力理论

企业能力

在经济学史上，企业能力理论可追溯到亚当·斯密在《国富论》中提出的劳动分工理论。“**企业能力**”的概念最早出现在菲利普·萨尔尼科（Philip Selznic）在1957年所写的相关论述中。他认为，**能够使一个组织比其他组织做得更好的特殊物质，可被称为企业的能力或特殊能力**。我们可以进一步理解，**能力是指企业开发、配置和应用其资产去培育竞争优势的方法或技能**。

在20世纪五六十年代，亚当·斯密的追随者安蒂斯·潘罗斯（Edith Penrose）和理查德森（G. B. Richardson）又分别从“**企业内部知识积累**”和“**组织间协调**”这两个角度对企业能力理论进行了拓展和完善。到了80年代，迈克尔·波特则另辟蹊径，把目光投向企业外部环境，提出了行业竞争结构的五力模型，强调企业应根据对环境和自身价值活动的分析来确定自己的战略，由此形成竞争优势。

其后，亨利·明茨伯格又提出草根式战略理论。

针对波特的竞争战略理论，此后出现了一些批评意见。批评者认为，竞争战略理论仅关注了环境对战略制定的影响，而忽视了组织自身因素在战略制定中的决定性作用。美国加利福尼亚大学洛杉矶分校的教授理查德·罗曼尔特（Richard Rumelt）在针对利润的研究中发现："产业内企业的中长期利润率的分散程度要比产业间利润率的分散程度大得多。"他进而得出这样的结论：**"很明显，攫取超额利润的最重要源泉是企业内部具有的特殊性，而非产业间的相互关系。"**这与波特的结论正好相反。罗曼尔特的研究结论在很大程度上又将战略理论研究的关注点引向了企业组织自身。

资源基础论：资源就是能力？

企业的竞争优势到底是源于资源还是能力？**资源是指企业所拥有和控制的价值要素**，其外延较为宽泛，资源要素是企业能力的基础，并与能力存在着一定程度的交集。其中，**资产是可以进行价值量化的资源**，其抽象程度要低于资源，所以人们通常用"资产"这一概念来替代"资源"。"资产"概念被广泛地应用于企业的各个方面与流程之中，具体又可分为两大类：一类是可以通过市场交易获取，或者说复制成本较低的资产，即**硬性资产**，如土地、设备、金融资本，处于操作层面的一般性员工等；另一类则是无法通过市场交易获取，或者说复制成本很高的资产，即**软性资产**，具体包括**声誉资产**（如品牌、文化等）、**智力资产**（如受知识产权保护的技术、高技能员工等）和**流程资产**（如组织结构、管理流程等）。**能否通过市场交易获取以及复制成本的高低是界定硬性资产与软性资产的基本标准，这一界定标准优于传统的有形资产与无形资产的区分标准。**

对于能力和资产之间的关系，我们可以这样简单理解：**能力隐藏在资产的背后，体现在对资产的掌控与应用上，是一种抽象化的知识或经验，具有无形性、抽象化的特点；资产体现为某一时点的具体状态，能力则体现在资产在不同状态之间的转化过程之中。**

安蒂斯·潘罗斯和伯格·沃纳菲尔特（Birger Wernerfelt）是“**企业资源基础论**”的代表，他们没有在这个问题上较真，而是提出了一个较为中和的观点：**能力就是企业所拥有的资源；企业特有的资源形成了企业的特殊能力**。企业的能力来源于企业所拥有的资源，包括有形资源、无形资源和知识资源，以及对各种资源进行整合利用的方法和手段。与企业外部条件相比，企业内部的能力、资源和知识的积累，是企业获得和保持竞争优势的关键。他们还认为，**企业的资源（能力）是在很长一段时间内，通过一种不确定的、难以预测的、其他企业难以复制的，甚至在一些情况下，连企业自身都不能复制的过程积累起来的。**

品牌和企业声誉等无形资产，以及复杂的组织能力和惯例，都是战略中最有价值的资源，同时也是企业富有特色的核心能力。管理者尤其要重视关键性资源在战略中的作用。这类关键性资源往往又具有稀缺性。如果没有这种关键性资源做支撑，即便公司围绕一个有趣的创意建立起一整套系统，当这个创意出现成功的迹象时，也只能眼巴巴地看着它很快被他人模仿。**巴菲特将这类稀缺性资源称为“经济护城河”，视它为一种有效阻碍其他竞争对手的机制**。护城河越深越宽，这样的公司在巴菲特眼里就越有投资价值。

这些资源和能力要素交织在一起，构成了一个精心设计的**价值创造体系**，共同服务于公司强而有力的使命和战略。这个价值创造体系既代表着竞争对手无法模仿的核心能力，也是公司关键性资源。

能力基础论：解构“过程黑箱”

资源基础论虽然克服了外生性研究的“企业黑箱”，但又陷入了“过程黑箱”的泥沼。资源基础论提出，企业所拥有的资源决定了企业的竞争优势，并花费大量精力去论述这些资源的特征集，却**忽视了从资源向竞争优势转化的过程研究。**

哈默尔和普拉哈拉德于1990年首次提出“核心能力”概念，并系统性建立了核心能力理论（又称“核心竞争力理论”）。核心能力理论仍然聚焦于两个核心问题：**其一，企业持续的竞争优势是如何产生的？其二，如何创造并发展这种持续的竞争优势？**他们认为，企业要在竞争中保持长期主动性，就必须培育自己的核心能力。对于一个企业来说，持续竞争优势是竞争优势中最为关键的部分，它回答了理查德·罗曼尔特的问题，即在同一行业中（无论这个行业处于何种竞争结构中），为何总有一些企业能够在相对较长的时期里获得稳定的超额利益。

核心能力理论可以简要概括为以下几点：其一，企业在本质上是一个**能力体系**；其二，能够为客户创造价值的能力，即表现为企业的**竞争能力**；其三，独特竞争力为企业提供**竞争优势**；其四，核心能力就是企业**持续竞争优势**；其五，**企业战略**的制定应建立在发挥与发展核心能力的基础之上。**核心能力理论属于典型的能力基础论，它的研究重心在于从资源向竞争优势的转化过程，有效解构了资源基础论所无法解决的“过程黑箱”**。

从核心能力说起

几个概念辨析

有关哈默尔和普拉哈拉德的战略理论著作，国内在引进时存在多种不同的翻译版本，有些译为“**核心竞争力**”，有些译为“**核心能力**”，还有一些译为“**核心专长**”，而且经常在不同场合混用。

仔细揣摩这几种提法的含义，虽然较为相近，但仍存在一些细微差别。**其一，“核心竞争力”的含义更为宽泛，包括“核心能力”和“关键性资源”**。企业的竞争力表现为能够为客户创造价值的能力；核心竞争力即为企业创造持续的竞争优势。**其二，“核心能力”和“关键性资源”有一定的交集**。是“资源”？还是“能力”？抑或既是“资源”又是“能力”？这并不是一个容易辨别的问题。资源基础理论干脆把二者等同起来，认为“能力就是企业所拥有的资源；企业特有的资源则形成了企业的特殊能力”。因此，“核心竞争力”与“核心能力”在不少场合也是可以相互代指的。**其三，“核心专长”与“核心能力”大致接近**。“核心专长”似乎更偏重于“整个组织知识的总和”，有时候也会与“核心竞争力”混用。

鉴于此，我们在讨论哈默尔和普拉哈拉德的战略理论时，将“核心能力”“核心竞争力”“核心专长”大致视为同一个概念；为了不让读者感到迷惑，我们在行文中统一使用“核心能力”的提法。

核心能力的基本内涵

哈默尔和普拉哈拉德认为，对于企业来说，能力是一组技能和技术的集合体，而不是分散的单个技能或技术。这种“集合”正是核心能力的标志。**所谓核心能力，是“能使公司为客户带来特别利益的一类独有的技能和技术”；进一步说，是指组织内部经过整合后的知识和技能，尤其是关于如何协调多种生产技能和整合不同技术的知识和技能**。核心能力是对各种技术学习心得的总和，也是整个组织知识的总和。因此，核心能力不易为某一个人或某一部门所完全掌握。如果管理者有能力把整个公司的技术和生产技能整合成核心能力，使各项业务能够及时与不断变化的内外部环境相匹配，那么公司就会拥有真正的竞争优势。

核心能力包括4方面：**知识与技能、管理体制、实物系统、价值观**。由此看出，管理者要发展企业的核心能力，必须采用一种**制度化、系统化、长期化**的行为，其重点是**构建能够为公司创造竞争优势的知识体系**。**组织中的积累性知识，特别是关于如何协调不同的生产技能和有机结合多种技术流派的知识，是企业核心竞争力的主要来源**。哈默尔还认为，**管理原则和管理流程的创新能够创造持久的优势**，使竞争地位发生巨大改变和实质性提升。在过去的100年间，管理创新比其他任何类型的创新都发挥了更大的作用，使得不同的公司依靠管理创新，实现了绩效大幅度提升。

区别于企业资源基础论的观点，哈默尔和普拉哈拉德认为核心能力并不等同于公司拥有经营资源的“量”，而是来自公司的**创造性工作。核心能力不只是技术和人力资源能力，更是一种制度化的相互依存、相互联系、能够识别并提供竞争优势的企业知识体系。**

什么能力算得上“核心能力”？

要说清楚具体能力与核心能力之间的界线较为困难。较为恰当的做法是，管理者从企业的各项具体能力中概括出大约 5 ~ 15 种，将其视为核心能力。管理者对本企业各个层面的能力应该心知肚明，从**全方位能力**到**核心能力**，再到**具体技能**，大致能说出一二。如何区分“核心”能力和“非核心”能力，这就显得有些微妙。**核心能力应聚焦于那些从长远看处于核心竞争地位的能力，而不应是那些较外围、较次要的能力。**

哈默尔和普拉哈拉德认为，与宽泛的“企业能力”概念相比，要真正成为企业的“核心”能力必须通过以下 3 项检验。

第一，用户价值。核心能力必须为市场所认可，能够创造进入相关潜在市场的机会，有助于实现用户看重的价值。也就是说，**只有那些能使公司为客户提供根本性好处的技能，才称得上是核心能力**。核心能力必须对客户所看重的价值起着重要作用，而非那些皮毛性价值。从这个意义上讲，**客户是决定核心能力的最终裁判**。

第二，独特性。从竞争的角度看，核心能力还必须是独树一帜的能力，能给客户带来特别利益；也就是说，核心能力应当能够提高企业的效率，帮助企业通过降低成本或扩大差异化来增加客户利益。就像汽车界所公认的，传动系统确实是本田的核心能力，而在过去一二十年中却不是福特的核心能力。任一行业都存在一些想要进入该行业就必须具备的技术和能力，就好比“上桌赌本”，但这并不能反映出竞争对手间的差异。可见，**“必要的”能力和“核心的”能力，含义是不一样的；只有那些决定竞争对手之间差异的独特性能力，才算得上是“核心能力”**。如果某项能力已经变得普及或者极易被竞争对手所模仿，再把它确定为核心能力也就没有意义了。

第三，延展性。有的能力在某一业务部门看来可能算得上是核心能力，可以通过客户价值和独特性检验。但是，如果无法从该能力衍生出一系列新产品或新服务，那么从公司层面看，这个能力还不能算是核心能力。**在确立核心能力时，管理者必须努力从凝聚着某项能力的具体产品中跳出来，想清楚该项能力能否转而应用于新的产品领域**。

后续研究者又在这 3 条检验标准的基础上增加了另外一些判断标准，包括：应当是**异质**的；应当是**难以替代**的；必须是**竞争对手所难以模仿**的。只有这样，才能保证企业基于核心能力的竞争优势得以持续。**判断企业的一项能力是否可以列入核心能力，这 6 项特征即相应的检验标准**。

什么能力不能算"核心能力"？

我们常常会遇到把资产、基础设施、竞争优势、成功的关键因素和企业的核心能力混为一谈的情况。

首先来看**核心能力与资产、基础设施之间的关系**。从会计学的角度来看，核心能力不是"资产"，它无法列示在资产负债表上。核心能力也不像有形资产那样会逐渐"耗损"。虽然说随着时间的推移，核心能力也有可能会逐步丧失一部分价值，甚至全然失效，但总体来说，**核心能力用得越频繁、越持久，随着经验曲线和学习曲线效应的释放，倒越为精进，也显得越有价值**。这个道理就像科学家、工程师和医生一样，年龄越长，专业经验就越为宝贵，身价也就越高。

其次来看**核心能力和竞争优势、成功的关键因素之间的关系**。判定核心能力最主要的标准是它能否带来竞争优势，能否在竞争力上有独特价值。尽管核心能力是竞争优势的源泉，但并不是所有的竞争优势都称得上是核心能力；同样，每项核心能力都可能是成功的关键因素，但并不是每项成功的关键因素都可以称得上是核心能力。核心能力，顾名思义，就是一种能力或一种技巧。**一个企业可能拥有多项不是以技术和能力为基础的竞争优势。这些竞争优势对**

成功同样重要，管理起来与靠人运作的能力有着显而易见的差异。将核心能力与其他形式的竞争优势混为一谈，造成的**一个严重后果，是可能使公司看重囿于资产或基础设施的显性优势，而忽略了更为重要的能力和技巧等隐性优势，导致将构筑并维系核心能力的投资没有用在刀刃上。**

核心能力的真正意义

首先来看**核心能力对公司盈利的贡献**。公司盈利是一个总括性数字，管理者可以做这样一番结构性分析，把承继来的基础条件，包括品牌、资产、专利、机器设备等因素，与盈利所需的核心能力区分开来。**在把这部分源于承继历史遗留资产所产生的利润从总的利润数额中扣除后，管理者就可以对公司核心能力的现实盈利贡献有一个大致认识。换句话说，管理者就可以估算出公司通过核心能力得来的盈利在总的盈利中到底能占多少比重。**

英特尔是一家善于创新的公司，它设计出了一流的节能型微处理器。英特尔公司出众的盈利水平中实际潜藏着两种可观的“遗产”，一项是知识产权，另一项则是稳固的市场地位。即使拥有知识产权，也不能说高枕无忧，它也经受着各种威胁；而且到了一定时间，随着微处理器技术的转移，英特尔公司便不可能再延续这一优势。所以，英特尔若想继续前行，仍然要依托于它自身的核心能力。不少公司的市净率，也就是市场价值与账面资产之比达到了2∶1。这种正向差额的真正源泉，正是来自这些企业出众的核心能力。**这种市场估值的溢价，有相当一部分反映了投资者对公司核心能力独特性及价值创造能力的认可**。当然，资本市场和投资者对公司核心能力价值的认识，还处于一个逐步加深的过程中，还没有完全发掘并认同它的全部价值，各种非理性因素的影响非常突出。**核心能力的这种价值很大程度上跟人力资源管理和组织能力建设有很大关联，这些往往都是投资者进行估值时未曾认真考虑的。**

更为重要的是，**核心能力是公司打开未来发展之门的一把钥匙。**

对于管理者来说，**应对竞争的一个重要命题，即如何抢先构筑开启通往未来商机之门的核心能力，并将公司现有的核心能力派上新的用场**。企业如果能在某种核心能力上居于领先地位，也就意味着还有很大的发展潜力；如果管理者能发现利用自身核心能力的新方法，就能成功发挥出这种潜力。很明显，最有价值的核心能力就是那些可以打开多种产品潜在市场大门的能力。用一个金融工具来打比方，管理者在巩固核心能力领先地位上所做的投资，就如同投资了一个选择权；在核心能力上取得了领先地位，就意味着在那些依赖核心能力开发产品的市场上拥有了主动权。在某一重要的核心能力上，公司要想取得领先地位，可能要花 5 年、10 年甚至更长的时间。很少有管理者真正懂得，如何利用现有核心能力，在现有业务单元之外去开拓新的竞争空间；对于建立全新的核心能力，能够思考得透彻明白并有清晰规划的公司更是少之又少。**那些欠缺思考能力的公司，就很有可能在未来的市场竞争中被其他更有思想、更具核心能力培育意识的公司抢了先机**。

华为的理解和实践

任正非也高度认同核心能力理论。他曾说：**企业要实现盈利目标，内部必须拥有核心能力，这样才能持续地获取来自外部的收益，保持内部“功”与外部“利”的均衡**。在管理哲学和管理思想形成的背后，华为非常注重管理体系和管理机制的构建，这实际上就是在构建自身的核心能力，从而做到**“以内部规则的确定性应对外部环境的不确定性”**。

企业成功的关键，不在于拥有多少人才，而在于其运营机制。**好的运营机制就是一种核心能力**。企业的机制必须依赖内在的制度和体系支撑，包括：其一，核心价值观和企业文化，为企业发展提供生生不息的长期牵引力；其二，全体员工的激励和约束机制，为企业提供持续不断的内部动力；其三，与世界先进企业接轨的科学规范的内部管理体系。这些都属于核心能力的范畴，在本质上又可进一步归结为

“企业文化上的高绩效导向”、“商业模式上的客户化导向”和“业务运作上的流程化导向”。可以说，核心能力是华为的生存之本，它具有5大特征：其一，**学不到**，不可模仿；其二，**买不来**，不可交换；其三，**偷不走**，不可转移；其四，**拆不开**，不可分割；其五，**离不了**，不可或缺。

华为坚信，**能够形成核心能力的，唯有管理**。华为得出这个结论，其逻辑在于：其一，只有管理，才能**把企业的核心技能聚合起来**，形成整体力量和系统优势，并在激烈的市场竞争中处于优势地位，赢得竞争的胜利，促进企业发展；其二，企业只有依靠系统的管理，才能最终**摆脱对人才、技术和产品的依赖**，才能适应急剧变化的外部市场；其三，良好的管理体系能够降低企业对优秀人力资源或少数稀缺人才的要求，降低对管理者整体管理能力的要求，进而为企业的持续发展**提供稳固的基础**；其四，实践证明，那些优秀的世界领先企业可能在某项或某几项核心技能上并不出类拔萃，但在**整体管理水平**上无疑是优秀的。

基于核心能力层面的竞争

企业竞争的胜负手

管理者分析竞争战略，多是基于特定的产品或服务，来思考定位、经验曲线、进入市场的顺序、定价、成本与差异、竞争信号和进入市场障碍等具体的战略问题。但是，**公司之间的竞争实际上还涉及更深层次的内容，也即核心能力层面的竞争，这才是企业终局竞争的真正胜负手**。

核心能力的竞争显然不是产品对产品的竞争，也不是业务单元对业务单元的竞争，而是公司能力之间的真正较量。其一，**核心能力不局限于某个产品**。它对一系列产品或服务的竞争能力都存在促进作用。因此，核心能力不仅超越了任何产品或服务的竞争能力，也超越了公司内部任何业务部门的竞争能力。核心能力的生命力要比任何产品或服务要长久得多。其二，正因为核心能力可以增强一系列产品或服务的竞争能力，因此公司围绕核心能力领先地位的竞争结局，会对其自身的发展有着深远的影响，关乎公司在未来市场上的竞争地位，其影响远超某单一产品的竞争成败。其三，构筑核心能力领先地位的投资、风险和时间，通常会超过某单一业务部门的资源和权限，如果缺乏公司层面的支持，核心能力的领先地位就无法建立起来。其四，只有在构筑并维系核心能力上不断有新的建树，管理者才能为公司打开未来发展之门。核心能力是未来产品开发的源泉，是竞争能力的根柢，单个产品和服务则是依托这个根柢开出的“花”与结出的“果”。管理者不仅要维系公司现有市场的竞争地位，还要着眼于新市场而提前布局。如果管理者在构筑、维系并强化核心能力上没能真正担起责任，就相当于输掉了公司的未来。

核心能力的竞争层次

基于核心能力之间的竞争，一般分为如下几个层次（见图 12－1）。

第一个层次：开发与获取构成核心能力的技能与技术之争。这一层次的竞争目标是开发或获取构成核心能力的技能或技术，以形成一定的核心能力。有远见的管理者会致力于获得那些可形成总的核心能力的单项技能或技术。例如对于制药公司而言，紧盯那些掌握前沿技术的教授、大学院系、研究所并签订长期研发合同，就是一个有效构筑核心能力的竞争方式。管理者在这一阶段如何善用资源，主要是获取或“吸收”外来的技能或技术。很多日本公司就以善于学人之长、善于消化吸收再创新而著称。

第二个层次：整合核心能力之争。管理者的注意力通常多集中在聘用关键人才、争取独家许可、结盟合作伙伴上，这些活动多是竞争对手之间短兵相接式的博弈。相比之下，管理者对于把企业内部较为分散的技能整合成核心能力，却着力甚微，重视程度远逊于前者。核心能力是一系列技能、技术和知识的结合体，**分散在企业各个角落的**

技能并不能被称为核心能力。核心能力宛如一簇花树，又如一个生态系统，是由不同的技能和技术紧密联结在一起而形成的整体性、综合性能力。管理者忽视整合核心能力的另外一个原因是，要想将各种分散的技能和技术整合在一起形成核心能力，需要通才基础和协同能力，而专家型人才很难达到这样的要求。既能接受其他学科的原则和理念，又能克服自身知识或技能限制的人才确实较为少见。管理层苦于没有挑得起这副担子的人才，而迟迟不能将这项极为重要的工作提上日程。在这个层次的竞争上，善用资源不是借助他人的力量，而是更多立足自身，通过多方重复利用、消化吸收来发掘形成自身的核心能力。

第三/四层次：核心产品和最终产品份额之争。管理者应把竞争目标进一步聚焦到在某种核心能力领域谋取垄断地位，因而这一层次的竞争主要围绕着核心产品（在服务行业则是核心平台）而展开，继之才是最终产品的市场份额之争。**核心产品与核心平台一般是介乎核心能力与最终产品之间的一种中间产品**。许多公司会以原始设备制造商的方式向其他公司甚至竞争对手出售其核心产品，作为攫取“虚拟市场份额”的一种有效途径。要直接测算出一家公司的核心能力占有率是很困难的，但我们可以借助一个替代性指标，即介乎核心能力和最终产品之间的中间产品或服务，来观察其“核心产品”份额。越来越多的公司认识到，出售核心产品确属高明之招。近年来，IBM 改变了以往的政策，转而把零组件与模拟件等核心产品卖给其他公司，融合到标有其他公司品牌商标的产品中，无论敌友，一视同仁。依赖外来核心产品并非总是单方面的，有时候也可能是相互的、双向的。福特公司和马自达公司就长期交换产品，有核心产品，也有非核心产品。**如果核心产品的交流是双向的，合作伙伴之间形成一种默契，都了解并致力于保护其独特的核心能力，对彼此之间既竞争又合作的关系保持清醒的头脑，那么外购就不至于造成“空洞化”的问题**。

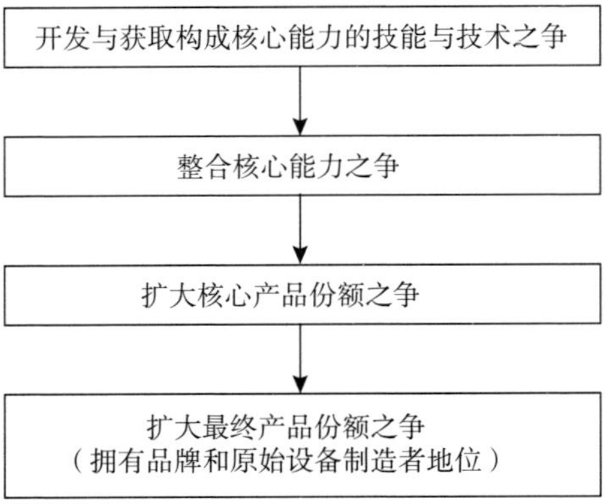

图 12－1　核心能力竞争的不同层次

核心能力需要管理

核心能力的衰退或蜕变

核心能力的领先地位并不是一成不变的，在很多情况下也会逐步弱化甚至丧失。核心能力也会受到多重因素的影响，管理者如果不注重企业核心能力的主动管理，核心能力自身也会呈现衰退甚至蜕变迹象，具体包括以下情形。

其一，后续投入不足。公司投入资源不够，可能会造成核心能力缺乏改进，以致萎缩。**其二，被零星分割。**能力部署过于部门化，可能会割裂能力本身；尤其当公司缺乏一套有效管理核心能力的机制和一位较高职级的专门管理者时，核心能力更容易散失在公司的每个角落，直至萎缩消亡。**其三，适应不了战略创新或转型。**在战略转型过程中，原有的核心能力不仅难以适应新的环境变化，无法帮助企业维持原有的竞争优势，而且会逐步演变成为制约企业战略转型的障碍。以诺基亚为例，该公司原来的产品品质与成本控制这一核心能力，在新的竞争环境中变得无所适从，反而成了制约诺基亚实施战略转型、业务调整与产品创新的包袱。这种**既往的成功逻辑难以在新的环境中**

继续有效，原有的核心能力无法支撑新战略的实施与落地，这是管理者在企业战略转型的过程中所面临的普遍难题。其四，向外溢出。随着时间的推移，某一企业过往的核心能力也会逐步溢出，演变为多数企业都能具备的基本能力。例如，质量好、产品迭代快、服务便捷，这些能力曾经是某些公司展现出众能力和优异管理水平的标志，如今在很多行业已成了普遍存在的门槛要求。**其五，盗失或丢弃。**由于缺乏防范和保护机制，核心能力很可能被同盟者甚至竞争对手顺手牵羊带走；当出售某个业务单元，或从某个管理欠佳的公司撤出时，如果缺乏相应的保护措施，核心能力也可能会被随手抛弃。**其六，环境剧变。**某一产业的结构发生实质性变化和重构，也会大大降低公司某些核心能力的价值。

一些管理误区

管理者在核心能力的主动管理上，通常存在7种错误：第一，**对外界变化不灵敏**，贻误了重要商机；第二，**横向协调机制僵化**，发现商机的人与“携带”核心能力的部门不匹配；第三，公司的业务部门日趋细分，**能力也随之被割裂和削弱**；第四，缺乏核心能力观念，导致公司越发依赖外来的核心产品而**长期受制于人**；第五，**过度关注产品和服务**，在构筑新能力上投资不足，从而失去未来；第六，**没有认识到核心能力是企业竞争之本**，面对那些挟其他行业能力而进入本行业的新竞争对手所造成的冲击，被打得措手不及；第七，对核心能力缺乏敏感，在裁减表现欠佳的部门或者出售业务时，会无意之中**放弃重要的核心能力。**

主动管理的侧重点

战略不是一种简单的叠加，而是有逻辑的结构。**核心能力在战略形成中所处的层次最高，也最为持久，因此它们也理所当然成为公司战略的中心和主题。**管理者必须客观认识到，公司现有核心能力是处于增强还是减弱的态势中，对下一步建立哪些新的核心能力也要有系统的规划和部署，还必须想清楚哪些业务单元应予以收缩但又将其中的核心能力保留下来。此外，管理者还必须对竞争对手的核心能力及其变化情况了然于胸，真正做到知彼知己。

对核心能力予以主动管理，一般包括以下环节或侧重点：其一，**辨别**现有的核心能力；其二，制订**运用**现有核心能力并**培养**未来核心能力的规划；其三，有效**培育**新的核心能力；其四，科学**部署并运用**核心能力；其五，**维持并巩固**核心能力的领先地位。

拟订现有核心能力清单

核心能力管理的一项基础性工作是先看这家公司关于核心能力的定义和标准是否明确，以及大家对此的认同程度。在此基础上，**摸清家底，系统梳理公司现有的核心能力，并拟订一份公司核心能力清单，这是实施核心能力管理的一个重要前提。**

梳理现有核心能力少不了争执。几乎所有人都希望把自己管理的活动列入“核心”范围，但良莠不分，搞无原则地迁就是没有意义的。管理者必须通过大量的工作，**将能力与包含这些能力的产品和服务彻底区分开来，同时将“核心”与“非核心”能力区分开来，这样才能把技能与技术做一些有机的汇集和整合。**

管理者在界定公司核心能力时，一个常犯的毛病便是将这项工作完全交由技术部门去负责。要知道，既然核心能力是公司的战略重心和竞争优势的源泉，管理者就应把它排在整个管理工作中一个显著的优先位置上，组建几个专门的工作组，由上而下地界定核心能力，确保这项重要工作的顺利推进。高级管理层必须全程参与辨别核心能力的过程，要把指导和协调工作落到实处。

关于核心能力的标准，存在一些认识误区：其一，将公司资产与基础设施误认为是核心能力；其二，无法摆脱传统眼光，总是从产品角度看待公司的核心能力；其三，公司对于能力清单，忘记了要以“客户看重的价值”作为检测标准。其四，最为重要的一点，在确定了核心能力清单并取得一致看法后，并不代表着万事大吉，管理者还

应进一步确定各项核心能力到底是由哪些要素构成的，还必须将这些单项能力或技能分析清楚，并建立掌握这些能力或技能的人才库。有时候，管理者需要将这些核心能力予以分解，一直分解到每位员工有何具体才能，这样才能将这些竞争优势真正做实。另外，管理者还应注重将本公司的核心能力与其他竞争对手进行比较。这些工作都需要消耗大量精力，但确有把它们做好的意义和价值。

绘制运用和培育核心能力的蓝图

在梳理现有核心能力的基础上，管理者要考虑针对公司目前和将来的目标市场，如何运用好现有核心能力，并需要往哪个方向培育将来的核心能力。**管理者可以选取“核心能力”和“目标市场”作为两个维度，设计一张基于“核心能力－产品矩阵”的蓝图，帮助公司的全体员工看清楚运用现有核心能力和培育将来核心能力的清晰计划安排**（见图12－2）。核心能力维度区分为**现有能力和有待获取的能力**；而目标市场维度也相应区分为**现有产品市场与新发现的产品市场**。4个象限则代表了4种不同的策略。

其一，内部整合。矩阵第三象限代表的是公司现有核心能力与现有产品市场的组合。管理者通过内部整合，突破部门间壁垒，将其他部门的相关核心能力与现有产品市场更好地进行匹配，以强化公司在特定产品市场中的竞争地位。这项工作可被称为“填补空白”。

其二，超前10年或淘汰。矩阵第二象限代表的是公司有待获取的能力与现有产品市场的组合。它要回答这样一个重要问题：管理者现在需要建立一个什么样的核心能力，才能确保5年甚至10年后，客户会将我们列为首选供应商？这些有待获取的能力，足以保持并扩大公司现有产品市场的份额。就像IBM公司当年转型发展技术咨询业务，因为郭士纳早已看到客户购买的不仅是计算机及软件，更需要针对实际业务需求的整合解决方案。郭士纳意识到，如果他们自己不发展这一核心能力，必然会被咨询领域的强大竞争对手进一步挤压市场空间，从而输掉公司的未来。当然，除了 10 年后领先这一积极目标，这一象限还代表着另外一种可能：目前用于满足客户需求的能力，仍存在被新的核心能力取代的可能。

其三，进入空白领域。矩阵第四象限代表的是公司现有核心能力与新的产品市场的组合。管理者不能只盯着眼前的产品市场，还要考虑存在哪些潜在的商机，以现有的核心能力为出发点，去开发那些心仪的空白领域。但要注意的是，摆脱现有市场的约束，并不意味着盲目开展多元化，现有核心能力仍然是坚实依托，这是开发新业务的重要基础和前提。**核心能力并不意味着垂直整合**。上下游通吃，吃相过于难看，会影响公司在整个产业链和生态圈中的口碑，引起不必要的抵制甚至报复，处理不妥反而会得不偿失。**公司应设法控制那些能对客户价值起最大作用的核心能力；事实上，核心能力理念不赞同垂直整合那些非核心能力的活动**。这也意味着公司不必坚持所有的产品都由自己生产。就像耐克公司，它依据自身的核心能力，牢牢控制着后勤管理、质量、设计、产品开发、运动员的信赖、销售以及广告等方面的能力。目前，一些产业出现放弃垂直整合而走向“虚拟整合”的趋势。**那些结为联盟或网络的公司，各自都有独特的几项核心能力，它们不必在本公司内部拥有这些能力，而是靠这种联盟和网络将核心能力创造独特价值的优势放大到极致**。当然，前提是它们对自身的核心能力有着牢固的掌控权，因为这是公司的生命线。还有一些公司从事的多种业务看起来毫无关联，但从背后的核心能力看，它们却是高度关联的。

其四，全新机遇。矩阵第一象限代表的是公司有待获取的核心能力与新的产品市场的组合。它们与公司现有的核心能力和产品市场地位没有直接关联，但如果这种商机对公司而言意义重大、十分诱人，管理者还是应该去努力把握这种机会。在这种情况下，比较有效的战略是量力而行地从事一些兼并或联合经营，借此了解并培育新的核心能力，打开另外一扇发展之窗。

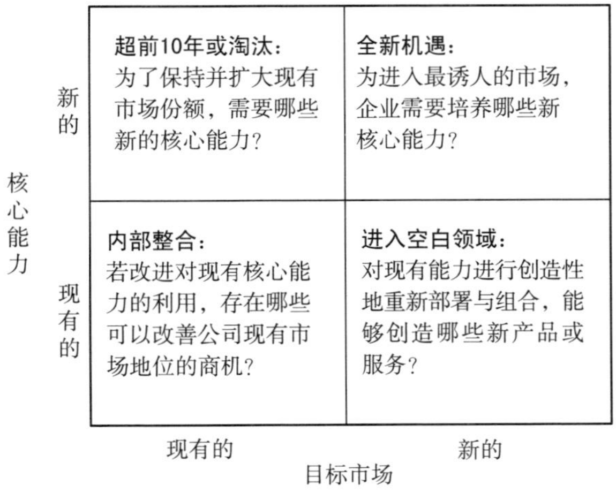

图 12 – 2 核心能力规划：能力 – 产品矩阵图

有效培育新的核心能力

一旦做好了规划，培育核心能力就像列车驶离了车站，有其既定的方向、轨道和车站，再想上车就很困难了。**核心能力更多的是靠知识的渐进积累，而不是因某项发明导致的突变式跃进，因此我们很难“压缩”核心能力的“建设工期”**。虽然现在产品周期有越变越短的趋势，但要在核心能力上取得领先地位，仍然是一个耗费工夫的活儿。**一般而言，培育一项领先的核心能力往往需要 5 年、10 年甚至更长的时间，关键在于持之以恒**。首先，公司上下对培育哪些核心能力应达成高度共识。其次，负责培育核心能力的管理团队应保持相对稳定。再次，高级管理层要自始至终地予以支持，不能朝令夕改，否则就极容易前功尽弃，造成高昂的沉没成本。

特别强调的是，培育新的核心能力需要高级管理层保持相对稳定。高级管理层的相对稳定和有序传承，与文化基因的因袭相传以及保持战略的连贯性高度相关。我们很难想象，一家管理层动荡不安、“一把手”像走马灯一样频繁更换的公司，能够培育出像样的核心能力。尤其是一些重要技能的攻关、经验的累积，如果来自高级管理层的支持态度不够明确，或者资源投入时断时续，就会给管理团队造成很大困惑，原本就需要投入大量时间、毅力和资源的学习积累过程，就会被喊停甚至放弃，而这个过程是公司培育并获取核心能力的必不可少的程序。

对于那些身怀绝技、创造并掌控企业核心能力的员工，管理者要创造一种机制，让这些优秀员工经常见面，交流有关核心能力运用及改进方面的想法和经验。这样的交流会随之产生新的创意和技术体验，加速企业核心能力的培育和优化。管理者要注重引导员工把这些看成公司的核心资源，让员工认识到要忠于公司和公司核心能力，而不是片面、狭隘地宣称为某个部门、某个业务单元或某个领导者效力。部门、业务单元在地理位置上较为相近，这也有利于核心能力的交流、整合和再创新。**管理者应避免核心能力在地理位置的安排上过于分散。**

科学部署并运用核心能力

为了充分运用核心能力，让每项核心能力在多种业务或多个新市场上发挥作用，管理者需要在公司内部重新部署这些核心能力。比如说，从一个部门或业务单元转移到另一个部门或业务单元，并以此作为母公司与业务单元之间以及各业务单元之间的有效联结，从而形成并强化竞争优势。

我们可以借用货币供应量公式来解释合理部署并运用公司核心能力的重要性。公司**核心能力可能创造的价值总量**，约等于**核心能力保有量**（一个公司拥有某种能力的人员数量，相当于一个国家所发行的货币数量）乘以**转移速度**（该公司向新的业务单元转移这些人员的难易程度和速度，也即**核心能力的部署效率**，相当于货币流通速度）。很多公司在运用核心能力上效果不佳，症结很可能就在于核心能力部署效率的差距，向新业务单元调动人员从而完成核心能力转移的意识和能力几乎为零。

新业务单元是母公司部署核心能力所要考虑的关键领域。这种部署通常会牵涉整个公司的各个部门及其他业务单元，因而被称为**“CEO 级项目”**。管理者要做到将公司各部门最优秀的人才向新业务单元倾斜。在开拓新市场上，最珍贵的资源是核心能力而不是金钱。为此，**公司要有一套合理的人才分配机制，确保最出色的人才配置到最有前途的新兴发展领域中，以充分促进核心能力的有效部署。**

维系并巩固核心能力的领先地位

管理者应该将核心能力管理职责系统性地纳入部门或业务单元负责人的日常职责之中。也可考虑**像品牌管理一样，以委员会方式建立一种跨部门管理核心能力的横向协调机制，并定期召开有关核心能力的管理总结会议。**

在公司上下树立核心能力观念，绷紧这根弦相当重要。要把这种观念“软性”地植入每位管理者和员工头脑中。可以借鉴以下做法：其一，建立一套公司全员参与机制来确定核心能力；其二，让各业务单元，特别是战略性业务单元参与制定公司战略发展框架，并具体设定培育和运用核心能力的目标；其三，明确公司发展新业务的优先顺序，以此作为配置核心能力和相应资源的主要依据；其四，明确指定核心能力的“管理者”，以及相应的工作和协调机制；其五，建立明确的核心能力和关键性资源的部署机制；其六，有意识地将公司能力以及相应的管理措施与竞争对手进行比对，找出“短板”并有相应的改进措施；其七，定期检查公司现有能力与新培育的核心能力的现状、进展及发展趋势；其八，在公司内部培养一批自觉实施核心能力并能够主动培育公司核心能力的骨干员工，促进他们的横向交流。

核心能力理论的再审视

能力比资源更珍贵

核心能力理论与其说是战略，不如说它要求的是“如何思考”。

哈默尔和普拉哈拉德开展的首次合作研究，在《哈佛商业评论》发表的题为《贵公司当真具有全球性战略吗?》的论文，便催生了影响面极广的核心能力战略理论，很好地解答了人们对迈克尔·波特的竞争战略理论所产生的一些疑惑。

企业的应变优势建立在速度优势的基础之上，速度优势则是建立在供应链与管理优势的基础之上，而供应链与管理优势又建立在质量优势之上。对于这些问题以及相应的细节，用传统的竞争战略理论就容易解释清楚。但哈默尔和普拉哈拉德感兴趣的问题是：**资源明显贫乏的竞争对手是如何成功地挑战大公司的？是什么原因使那些工业先导性质的传统大公司无法抵挡立志进取的新锐公司的挑战？**他们发现，这些企业在资源之外，各自的能力确实存在着显著差异。很明显，这些有深度且系统化、结构化的思考，不是虚玄的苦思冥想，而是建立在全球公司发展经验的基础之上，有坚实的数据和事实支撑。他们最终得出的结论是：**公司要兴旺发达、开创未来，必须有一个高明的发展战略，企业应将培育运用核心能力视为形成可持续竞争优势的立足点**。当然，现实中被视为榜样和标杆的公司，未必在每个方面都符合哈默尔和普拉哈拉德所提出的“杰出”的标准，也没有哪一家公司是完全按照核心能力理论的要求亦步亦趋，但核心能力理论所总结的规律和分析框架，总是潜在影响着这些标杆公司的思想。

核心能力理论在孕育之时，正值许多公司纷纷解散战略部门，咨询公司也将业务重点从原先的战略规划转向帮助客户改进运营效率。哈默尔和普拉哈拉德提出核心能力理论，目的是：其一，**扩大战略的概念**，更全面地概括正在出现的竞争现实。其二，企业竞争的目标已不只是搞组织转型，还必须搞产业转型；**企业竞争的实质不在于产品和市场的竞争，而是核心能力层面的竞争**。其三，渐进主义的改善已不足以适应现实的急速变化，管理者要投入更多的精力**主动管理企业的核心能力**。其四，**培育核心能力要面向未来**，着眼于行业和市场的变化趋势；凡是不能想象未来的公司便不能享有未来的果实。**哈默尔和普拉哈拉德希望，他们的理论在弥合理论与现实差距的过程中，能**

够恢复战略的一些正在渐渐消退的光环。

以未来观为先导

哈默尔和普拉哈拉德进而着迷的问题是：**为什么有些管理者比常人更有“预见能力”呢？在创立竞争优势的过程中，是什么在驱使一些公司不断培育新的核心能力，而另外大多数公司却甘于墨守成规呢？是什么在起这种推动作用呢？**原有的战略与组织理论并不能完全回答这些问题。

哈默尔和普拉哈拉德重点关注了一些不同凡响的领先公司：它们成功地克服了资源方面的不利条件，建立了全球领先优势；或者想方设法摆脱盛极而衰的命运，第二次、第三次确立了行业领先地位。他们对这些大公司的兴衰进行了系统分析，**发现驱动这些挑战者的不只是短期财务目标，它们的行为与目标存在高度的一致性，其中必有一种未来观做先导**。这些挑战者因而多次成功地培育了新的核心能力，戏剧性地改写了竞争规则，从而树立了全新的竞争优势。这些对于管理者和企业而言，有着独特的启示意义。

第 13 章 知识如何转变为核心能力

无序信息的泛滥和有效知识的短缺是一对孪生现象。知识不同于信息，它既是企业赖以创造价值的关键资源，更代表着企业核心能力的本质。知识管理为隐性知识显性化和显性知识隐性化的双向驱动构建了一个有效的平台。不同于其他经济资源的管理，知识管理需要有知识管理者、专门的组织体系和相应的工作机制。

知识管理的过程，不仅是知识表现形式的转化，更是企业的知识系统经由量变到质变，并最终外化为企业核心能力的过程。知识是核心能力的基本属性，核心能力的提升要依赖于知识的集成与更新；核心能力通过资产的有效配置反向影响企业的竞争环境。管理者要有效整合知识管理与核心能力管理，实现资源、能力和环境的动态均衡，从而维系并巩固企业的竞争优势。

知识管理：企业核心能力的本质

无序的信息不是资源

《大趋势》作者约翰·奈斯比特（John Naisbitt）曾说：**“我们淹没在信息之中，但仍处于知识的饥渴中。”“大量但无序的信息，不是资源，而是灾难。”**这确实是数字化时代中，人们渴求知识但又不知道如何有效获取知识的真实写照。

英国科学哲学家卡尔·波普尔（Karl Popper）将信息分为 3 大

类。**第一类是关于客观世界的信息**，即本体论意义上的信息，它反映事物运动的状态及其变化的方式；**第二类是有关人类主观精神世界的信息**，即主体论或认识论意义上的隐性信息，它反映人类所感受的事物运动状态及其变化方式，处于意识、思维状态；**第三类是有关客观意义上概念世界的信息**，即主体论或认识论意义上的显性信息，它反映了人类所表述的事物运动状态及其变化方式，用语言、文字、图像、影视、数据等各种载体来表示，汇成一个“信息世界”。**这3类信息都需要经过不同程度的加工才能成为知识，但第二类和第三类信息有可能直接表现为知识。**

在信息数量急剧增长的同时，信息的质量却在大幅下降，有用的信息被大量杂乱无章的垃圾信息所掩埋。这种“信息污染”大大降低了人们吸收信息的效率，增加了人们获取知识的难度。信息供过于求，造成人们需要投入更多的资源来保存这些信息，并耗费更多的精力来找寻有效的信息。**如何从海量的信息中发现信息与信息之间的关联，从而挖掘有价值的信息并转化为知识，则是新时代信息管理者的核心价值所在**。要达到这样的目标，就必须重构以知识管理为核心内容的信息管理学科体系。

知识不同于信息

世界经济合作与发展组织将知识归纳为4种类型：**事实知识**（know－what）、**原理知识**（know－why）、**技能知识**（know－how）和**人力知识**（know－who）。从人们的感知而言，更能接受的是将知识从形态上区分为显性知识和隐性知识。**显性知识**是指可以用语言清楚表达和传播，或是已被记录在一定载体上、格式化的知识，主要存在于企业文献如图书、情报、档案之中。其中，受法律保护的部分就属于**知识产权**。**隐性知识**是指不易用语言表达的、隐藏在组织层次或个人头脑中的智慧、经验和观点，有时候可能是一种感觉，其传播共享的范围和难度都较大。

知识和信息是有交集的。更严谨地说，**知识是信息的一个子集，**

但知识管理的范围要比信息管理更为广泛，二者之间并不是一种简单的功能延伸关系。在知识经济时代，知识可以被视为一种资本，尽管它未必能够被列示在企业的资产负债表上。

相应地，信息管理是知识管理的基础，知识管理是信息管理的延伸与发展，是对信息资源管理目标的更高效的实现形式。信息管理侧重于对企业信息技术和信息系统的管理，而知识管理则侧重于支持整个企业知识战略和相应的知识管理机制。信息管理主要管理显性知识，侧重点是技术；**知识管理所管理的不仅是显性知识，更重要的是对隐性知识的管理，重点是培养集体学习能力和创新、创造能力**。这是知识管理和信息管理的最大差别。

知识是价值创造的关键要素

知识经济基于知识与信息的生产、分配和使用而产生，它是在高科技与市场经济高度发展的基础上形成的一种新的经济形态与经济结构。知识经济的本质特征：**知识取代物质成为财富的直接载体，信息成为财富的主要来源，拥有知识的人才成为创造财富的关键要素**。

知识经济对于管理，尤其是知识管理的影响主要体现为以下 3 点。第一，知识经济改变了传统管理的职能。对企业的隐性知识和显性知识进行有效的管理，从而创造、培育和有效利用知识资本，为企业创造价值和利润，这些成为管理的主要职能。而知识管理不仅要关注显性知识，更要关注隐性知识，特别是那些蕴藏在组织个体的头脑中，以知识、经历、经验、技巧、诀窍和感觉等多种形式存在的隐性知识。第二，知识经济改变了传统的组织结构，减少了管理层次，去掉了部分的中间管理层，促进了组织内部的信息交流和知识共享。第三，涌现了一些知识型企业。**知识型企业的核心就是知识管理、知识创新、知识产品的生产以及对知识的营销**。

1993 年，德鲁克在《后资本主义社会》中提出了“**知识社会**”的概念。德鲁克认为：“始于 250 年前的知识内涵的变化，改变了社会和经济。正规的知识被视为关键的个人和经济资源。蕴涵丰富知识的智力资本、各种信息以及无形资产等，将比有形且有限的土地、资本和一般劳动力具有更高的生产率和创造性。”德鲁克指出，由于知识意义的根本变化，**知识已经成为生产过程中的一个关键资源，而不是一般意义上的资源。**

知识是最本质的核心能力

在企业场景中，**知识**是对有价值信息的系统整理并固化；而能力关注的是行为主体顺利完成某一项活动所必须具有的主观要件，这一主观要件本质上又是自身知识积累的结果，是**对陈述性知识（有价值的信息）进行收集、整理、分析、提炼所获得的程序性知识。能力的本质属性是知识，是具有个体特征的隐性知识**。资产中的软性资产，如智力资产、高技能员工、管理流程等本身都具有鲜明的知识属性，是知识的积累与固化。

作为企业能力集合的一个子集，**核心能力亦具有知识属性。核心能力是组织中的积累性知识，特别是如何协调不同生产技能和整合多种技术流的知识；核心能力是对能力的协调与整合，是组织知识的集合**。从知识观的角度出发，我们可以将核心能力定义为不同于其他的、能提供竞争优势的知识集；它不是单独的技术性知识，也不是单独的业务程序，而是整个知识管理系统。在全面、深入地解析了核心能力的知识本质后，我们可以这么认为，**核心能力是建立在知识（尤其是隐性知识）基础之上的企业能力系统的子集，是企业保持可持续竞争优势的特定能力集合，具有异质性和组织依附性等特点。**

企业要持续发展，必须增强企业的整体能力，提高整体素质。也就是说，企业的发展不能只靠能力出众的 CEO 或者寄希望于一两个企业领袖身上。**真正优秀的企业是一种学习型组织，它们最为突出的核心能力就是出众的知识管理能力和相应的集体学习能力**。美国麻省理工学院教授彼得·圣吉于 1990 年出版了一本经典著作《第五项修炼》，充分吸收了东西方管理文化的精髓，提出了以“5 项修炼”为基础的学习型组织理念。**所谓学习型组织，是指通过培养弥漫于整个组织的学**

习气氛，充分发挥员工的创造性思维能力，以此为基础建立起一种有机的、高度柔性的、扁平的、符合人性的、能持续发展的组织。在这些学习型组织中，各层级的管理者，甚至包括基层员工，能够发自内心地热爱知识、热爱学习，具备出色的集体学习能力和持续学习能力。这种学习能力可以保证企业具备不断改革和自我更新的能力，从而维系并不断巩固竞争优势；同时，学习更是为了实现个人目标与组织目标、工作和生活的真正融合，使人们在工作中真切地感受到生命的意义。

知识到核心能力的转化机制

依托知识管理培育核心能力

知识管理是企业对其所拥有的知识资源进行有效整合、共享和创新，以提高组织创新能力与应变能力的系统性管理流程。知识管理包括**知识收集、知识存储、知识共享、知识应用和知识创新**等核心环节和主要步骤。

知识收集事实上是企业对自身所处的内外环境信息进行识别、收集并分析的过程。一方面对外部环境进行分析与预测，另一方面则是对企业所拥有的资产进行分析与评价。**知识存储**是把已经形成共识的环境趋势判断以及已验证有效的管理制度、流程、技能进行固化，形成易于呈现的管理信息数据库，为企业构建核心能力提供基础信息。**知识共享**与**知识应用**是指知识在企业内部成员之间传递、吸收、消化和应用，其中**隐性知识显性化和显性知识隐性化的双向驱动是关键过程，企业由此逐步培育核心能力并自我升级，从而最终实现核心能力的动态化**。**知识创新**是一种知识创造活动，可能是消化吸收，可能是综合融会，也可能是从无到有。

知识系统外化为核心能力

能力是企业成员和企业整体的积累性知识，也是一个企业知识系统外化为核心能力的过程。**能力的知识属性决定了知识管理是企业培育并重构核心能力的关键机制和重要平台。**

如何从企业整体层面构建一个全员参与的知识管理平台，对企业培育并重构核心能力尤为关键。**知识管理的层级转化，其要义在于隐性知识显性化和显性知识隐性化的双向驱动过程**（见图 13－1）。企业所有知识的源头均是企业成员的个体吸收或创造。**隐性知识显性化**关注的是有效利用知识管理平台，把依附于企业成员个体的知识，经过收集、存储与共享，固化为企业整体层面的显性知识；而**显性知识隐性化**则关注的是通过知识管理平台，将企业整体层面的显性知识传导至个体层面，实现知识的共享与应用，进而内化为个体知识。企业与企业之间的知识转化过程与前述过程相类似。通过知识管理构建跨企业的知识联盟，可以实现知识的快速流动，不断丰富企业的知识资源。

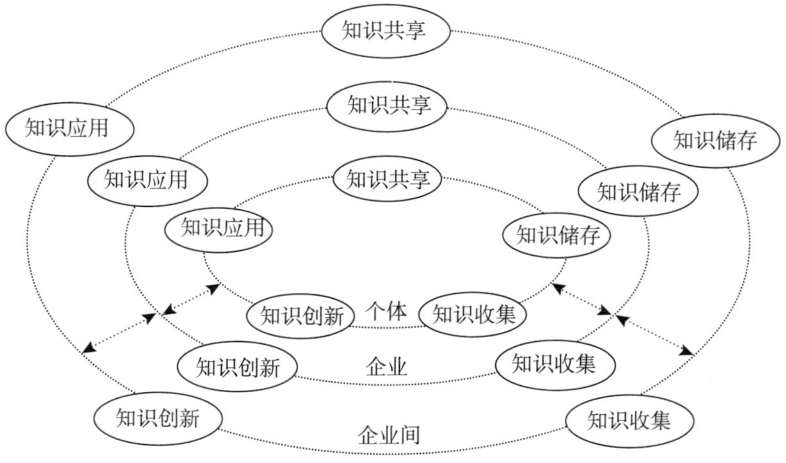

图 13－1 知识管理的双向层级转化

由此可见，**知识管理为隐性知识显性化和显性知识隐性化的双向驱动构建了一个有效的平台。整个过程不仅是知识表现形式的转化，更是企业知识系统的量变到质变，即知识创新贯穿其始终。**

知识管理与核心能力管理的有效整合

强调流程化和全员参与，知识管理为企业主动管理核心能力搭建了一个有效的平台，**核心能力的培育过程要与知识管理过程同步进行、相互交织，共同构成一个完备的系统**（见图 13－2）。

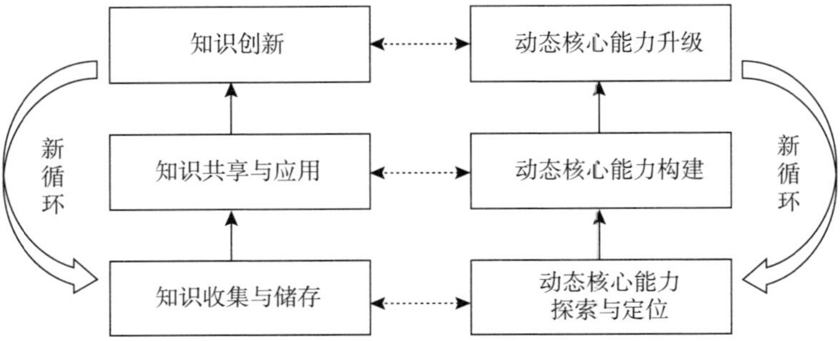

图 13－2　知识管理与核心能力培育的整合机制

管理者依托知识管理过程，逐步培育企业自身的核心能力。核心能力的初始来源是企业成员所拥有的个性化的隐性知识，通过知识收集、存储与共享，将这些隐性知识显性化并固化为企业整体层面的知识，进而转化为企业能力的构建基础。管理者必须依赖具有知识创新能力的个体成员，通过显性知识隐性化，为企业成员的知识创新构建基础，再通过下一阶段的隐性知识显性化，将新知识传导并固化到企业层面上。**高效的隐性知识显性化和显性知识隐性化的双向驱动机制是实现核心能力主动管理的关键。**

渗透性知识管理组织体系

专门的知识管理组织体系

知识管理是组织运用管理科学的基本原理，对隐性知识和显性知识进行科学管理，并使它们对提高组织以及整个社会的发展和效益发

挥最大作用和价值。知识有其突出的特殊性，知识的战略管理因此不同于其他经济资源的管理，需要有知识管理者、专门的组织体系和相应的工作机制。知识管理目前还不是一个成熟定型且取得广泛共识的概念，还处于探索和发展过程中。

一些比较新锐、时尚也确实有知识管理内在需求的企业，可能会真实地组建一套**“渗透式知识管理型企业组织结构”**（见图 13－3）。

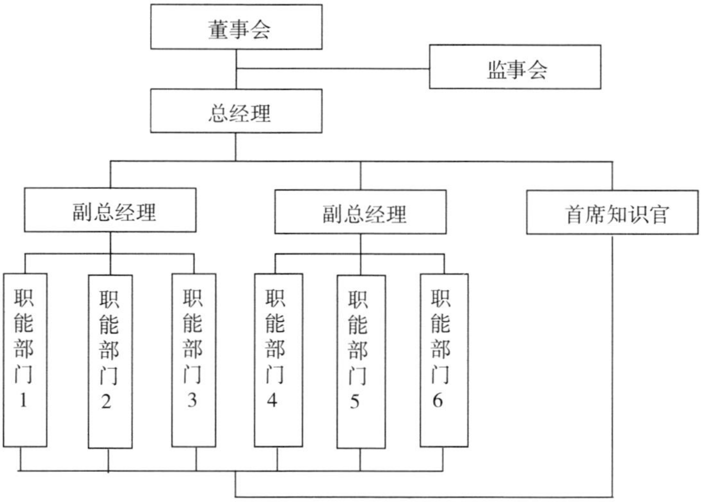

图 13－3　渗透式知识管理型企业组织结构

这个组织体系由**首席知识官**（Chief Knowledge Officer，简写为 CKO，也称为“**知识主管**”）、**部门知识经理**、**知识项目经理**和**知识工人**等不同层级的岗位组成。在知识管理的组织体系内，这些岗位之间的工作关系不像传统的层级制，他们之间是一种网络状的依存关系，不仅有垂直关系，也有横向关系和斜向关系（见图 13－4）。**这种渗透式知识管理组织体系，内嵌于企业的整体组织结构中，织就了一张知识管理的网络，担负起企业各个层级的知识管理职责。**

替代性的虚拟组织体系

坦率地讲，在企业组织结构中，建立专门负责知识管理的一整套系统和专职岗位，从知识管理的成熟度和管理的性价比来看，必要性并不是很大。一个较为现实的做法是，可以考虑**采用虚拟组织的形式，在现有的组织结构中组建一个专门的知识管理组织体系，目的是将知识管理的职责落实到各层级管理者头上。**

采取这样的方式，从管理成本上讲较为经济务实，虚拟和兼职的方式也避免了部分知识管理岗位工作量不饱和的问题，同时也能保证知识管理职责不至于悬在空中，导致没人负责这一块工作。这样一种本质上集中、形式上分散的体系和机制，如果管理运行得当，同样能起到期望的知识管理效果。

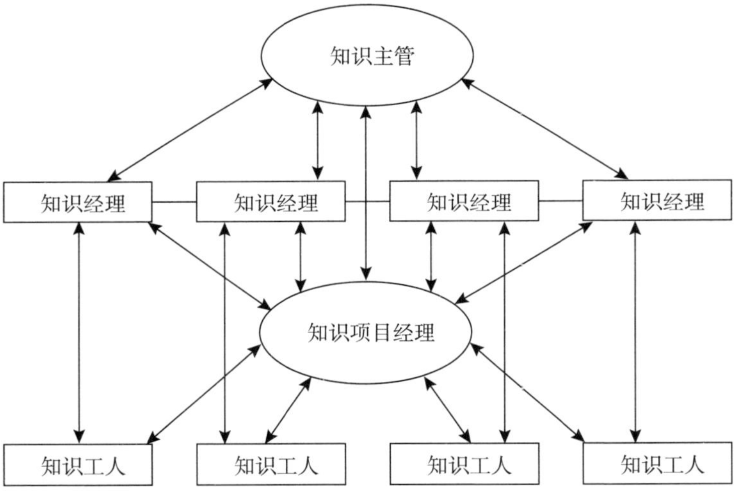

图 13 – 4　知识管理组织体系内的各种依存关系

知识管理者：角色、素养及分工

知识管理者："路由器"与"存储器"

从广义的角度看，组织中的每个人都是知识管理者，管理着自己的隐性知识和显性知识；而狭义的知识管理者，则主要是指组织中专门从事组织内外知识管理工作，以促进知识价值实现的人，是知识经济时代随着知识管理的产生而出现的一种新的社会角色。

企业内部所有人员都是知识网络的一个节点，而**知识管理者则是关键节点，他们所起的作用类似于“路由器”**：联通企业的内部知识网络和外部知识网络，选择知识传送的通道和通畅快捷的路线，尽可能地缩短知识传送的层次和路程，大大提高知识交流共享的速度和效率，减轻知识网络系统的通信负荷，节约网络系统资源，提高知识网络中交流的畅通率，从而让知识网络对整个组织发挥更大的效益。除了“路由器”功能，**知识管理者还应该承担“存储器”功能**。就像计算机的内存储器和外存储器一样，知识管理者在企业组织中也要起到知识的存储、“读取”和查询功能，为企业管理者和员工提供知识服务和支持。就像课堂里的学生一样，知识工作者将企业组织的显性知识和隐性知识进行搜集、整理和分类，形成条理化、结构化、系统化的“笔记”，企业管理者和员工根据自身需求，可以向知识管理者“访问”和“调阅”这些“笔记”，寻求必要的知识服务和支持。这一机制对提升企业的核心能力极其重要。

知识管理者要承担哪些职责？简而言之，就是知识之间的“**4 个转化**”：隐性知识向显性知识的转化，隐性知识向隐性知识的转化，显性知识向隐性知识的转化，显性知识向显性知识的转化。

职业素养要求

知识管理者的工作对象不是单纯的文件或书本，也不是简单地对知识进行分类和传递，他们的工作任务并不简单，隐性知识管理的难度和挑战性更大。他们的工作环境比信息管理者更加复杂，对他们的职业要求也更高。

知识工作者一般需要具备以下职业素质：其一，熟练运用**信息技术**和知识管理方法；其二，能够对信息和知识进行**深层挖掘**；其三，具有**开放性思维**，乐于尝试新事物、新方法，拥抱创新；其四，较好的**组织协调能力和沟通能力**；其五，相应的**团队合作能力**；其六，出色的表达能力，特别是基于整理知识的**结构化思考能**

力和文字驾驭能力。

各层级的知识管理岗位

在一个较为健全的知识管理组织体系中，一般设有首席知识官（也称为“知识主管”）、部门知识经理、知识项目经理和知识工人等不同层级的岗位。

首席知识官也叫“知识主管”，属于高级管理层成员，在组织内专门负责知识管理工作，包括整个组织的知识战略管理以及支持最高决策层有效决策。作为最高层级的知识管理者，**首席知识官的作用非常重要，他承担的角色可以概括为知识战略专家、信息技术专家、信息协调专家和决策专家**（见图 13－5）。首席知识官是组织实施知识管理战略的倡导者、指导者、协调者、监督者，指导企业知识库的建立和知识资产的管理，协调知识管理系统与其他系统的融合。

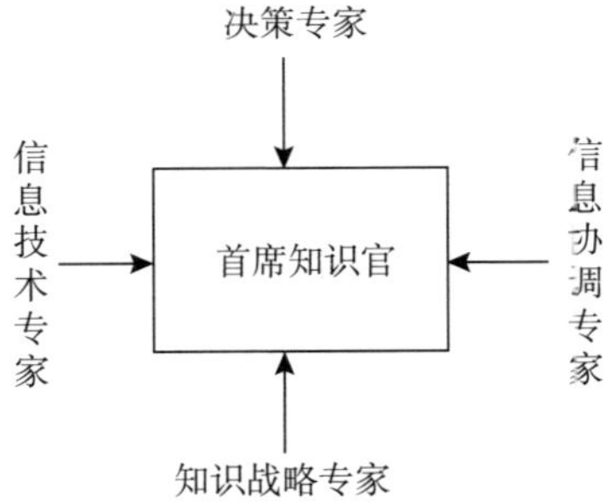

图 13－5　知识管理者角色：知识战略专家

总部在瑞典的 Skandia 公司的雷夫·埃德文森（Leif Edvinsson）可能是世界上第一个首席知识官。施乐公司也很早就设立了首席知识官，并明确其职责：了解公司的环境和公司本身，理解公司内的信息需求；建立和造就一个能够促进学习、积累知识和信息共享的环境，使每个人都认识到知识共享的好处，并为公司的知识库做贡献；监督保证知识库的质量、深度、风格，并与公司的发展一致，其中就包括信息的及时更新等；保证知识库设施的正常运行；加强知识集成，产生新的知识，促进共享。

知识经理属于部门级知识管理者，一般在各职能部门内部是副职级的管理者。他们并不直接负责职能部门的业务工作，而主要负责本部门的知识管理的具体工作，并对首席知识官报告工作。

知识项目经理在知识管理者中是一个临时的、非稳定性的角色。他们随着知识项目的启动而开始履责，项目完成时便结束任务。知识项目经理应该具有较强的综合能力，既熟悉业务流程、项目管理、客户关系管理，又熟悉知识管理、信息技术、组织文化。

“知识工人”是比尔·盖茨于1999年提出来的一个新概念。知识工人不仅是指那些坐在办公桌前的员工，而且包括公司从总部到具体岗位的各种工作人员。他们的日常职责：负责信息和知识的收集、整理、加工、存储、传递，促进知识的有效利用；负责企业知识战略的具体实施；负责将各个部门岗位的知识汇总给知识经理或知识项目经理；负责对企业员工的相关培训等具体工作。如有必要，知识工人可设成专职性质。

其他兼职的知识管理者分散在公司的各个职能部门和层级，可能是知识经理，也可能是知识工人。他们能够更好地将知识管理与本职工作融合起来，也能够更好地落实知识管理的战略和实践工作，促进知识管理战略的顺利开展。

基于知识管理的核心能力重构

为何要重构核心能力？

核心能力的管理绝不是一劳永逸的事情。此前我们讨论过影响核心能力蜕变或衰减的多种情形，这也是我们要对核心能力进行主动管理的充分理由。实际上，企业在核心能力管理上还会陷入另外一些困境，这也是管理者借由知识管理平台进行核心能力重构的背景和动机。

这些困境主要表现为以下几方面。其一，**事后聪明**。哈默尔和普拉哈拉德在总结全球众多榜样公司的经验（当然也包括失败公司的教训）的基础上，将资源明显贫乏的公司如何在竞争中脱颖而出的答案归结于核心能力。他们先描述一个成功企业的案例，然后再将成功原因归结为具备某种核心能力；或者先描述一个失败企业的案例，然后再分析失败的原因是缺乏某种核心能力。这种“事后聪明”的解释模式，对于管理者如何运用核心能力获取竞争优势可能会产生误导。

其二，**路径依赖**。企业可以凭借对手难以复制的核心能力获取竞争优势，但这种过往的成功很容易使管理者形成路径依赖。如果管理者不能自我调整与更新这些核心能力，它就会迅速外溢，转化为几乎所有企业都拥有的通用能力，而非某一企业所特有的内在能力，从而逐步丧失原有的竞争优势。

其三，**核心能力衰竭**。竞争优势是核心能力根据环境变化进行动态、有效调整的结果，管理者也必须根据环境的变化对核心能力实施主动管理；否则，一旦核心能力不再适应变化了的环境，核心能力就会脆化、衰减甚至消亡，企业也就再难以此赢得竞争优势了。哈默尔和普拉哈拉德也注意到了环境因素对企业核心能力的影响，但没有予以足够的重视。

其四，**组织僵化**。科层制的突出特征是制度化、规范化、正式化，这为组织运行提供了稳定的内部环境，一定程度上保证了组织运行的效率。但相应的悖论是，组织僵化是企业规模扩大、生存周期变长以及官僚化、官僚作风盛行的必然结果。以往核心能力所形成的竞争优势屏蔽了外部环境对企业的冲击，使企业形成路径依赖和过度自信，产生一种外部环境“超稳定”的错觉，在遇到突发事件或危机事件时极可能丧失应变能力。过于稳定的环境会给企业带来两类问题。**第一类问题是无视和规避**。组织内部的人变得迟钝、麻木，使企业感觉不到外部环境的变化；在处理问题上按部就班、因循守旧，又会使企业丧失应对不确定性的能力。**第二类问题是缺乏变革与创新**。既有利益格局固化，使得组织变革困难重重，除非出现铁腕风格的领导者自上而下地强力推进改革，或者出现危机后，迫不得已重新洗牌。**在这种状态下，企业对外部环境的变化越来越迟钝，逐步丧失了对外部环境变化的识别能力和应变能力，使组织陷入僵化状态，形成一种内在的、趋于稳定性以及无视外部环境变化的惯性。**

富有新意的 A–C–E 模型

中国人民大学刘刚教授等学者在《核心能力困境、组织僵化与动态核心能力的构建》论文中，很好地融合了古典战略理论、竞争战略理论和资源基础论的主要观点，将外部环境、内部资源（或称“资产”）和核心能力这3个影响企业竞争优势的最为关键的因素整合到一个框架内系统地进行探讨，提出一个颇有新意的“A–C–E模型”。

我们在前面分析过，资源（或称“资产”）和能力是企业培育竞争优势的两个基本来源，二者之间也有密切的联系：**能力是基于企业资产组合的能力，资产组合是基于能力的资产组合；资产和能力这两个变量相互作用，并共同受到环境变量的影响，进而需要不断地予以调整和更新**。由此看来，**企业要赢得竞争优势，事实上就是在资产、能力和环境之间寻找一个最佳平衡状态**。关于企业竞争优势的来源，以及资产、能力和环境之间的动态关系，刘刚教授等学者提出了一个综合性分析框架，将其命名为**“A–C–E 模型”**（见图13–6）。

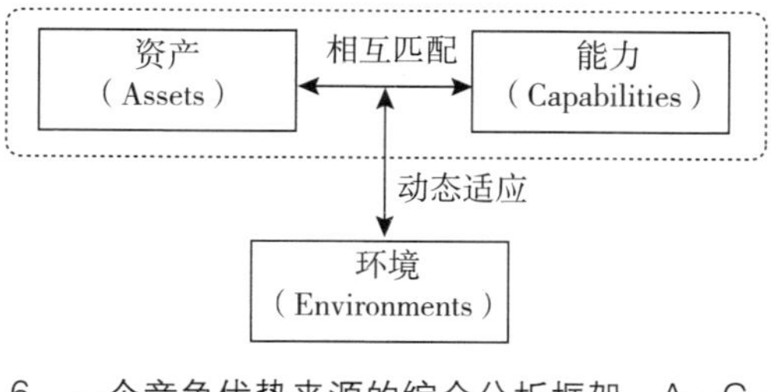

图13–6　一个竞争优势来源的综合分析框架：A–C–E 模型

理解 A–C–E 模型的要点在于：其一，**企业自身存在资产与能力两个子系统**，二者之间需要一个相互匹配的机制；其二，在企业内部存在资产与能力之间的平衡问题，而突破企业边界后则存在一个由资产和能力组成的**企业整体与其外部环境之间的平衡问题**；其三，战略管理的实质在于，以优于竞争对手的效率**实现并保持前述两种平衡状态**。

核心能力的再解构

企业的核心能力并不是单项能力，而是一个能力的集合。刘刚教授在哈默尔和普拉哈拉德定义的基础上，对核心能力的构成和动态管理进一步深入分析，认为企业的核心能力包括以下 3 方面。

其一，软性资产培育能力。软性资产包括声誉资产、受保护的智力资产以及管理类的流程资产等，是企业配置和应用硬性资产以及组织创新的结果。**软性资产培育能力是企业的一项重要能力，是企业形成个性特征和形成竞争优势的来源和基础。**

其二，资产代谢能力。企业的资产组合是一个开放的体系，必须根据外部环境的变化及时引入新资产（包括硬性资产和软性资产），并剥离那些已经无法满足环境变化要求的过时资产和低效、无效资产，不断调整并优化资产组合。**资产代谢能力是企业维系核心能力、保持竞争优势的重要基础。**

其三，自我更新机制。企业的外部环境总在不断变化，管理者必须对企业现时的资产组合与能力集合进行主动管理。**基于现有核心能力集合的自我更新机制是核心能力维持可持续竞争优势、保持组织柔性的关键，体现了核心能力的动态特征。**

引入环境变量后的新均衡

环境变化驱动管理者对企业内部的资产组合和核心能力集合不断进行调整，企业也借由高效配置所拥有的资产来影响并改善所处的竞争环境。这一作用机制包括两个方面：一是企业从外部引入新的资产，并对原有的资产进行取舍，不断优化资产组合；二是基于现有资产培育出新的软性资产。

至此，企业的资产组合由原有的时点 1 切换为现有的时点 2，从而进入一种新的状态。企业通过引入新资产和培育软性资产，打破了资产与能力之间的原有均衡状态，待资产配置和能力更新完毕后，这个“资产－能力”系统与环境变量之间的匹配过程也随即完成，三者之间又从原先的均衡状态经由短暂的失衡阶段，再恢复到另外一种新的均衡状态（见图 13－7）。

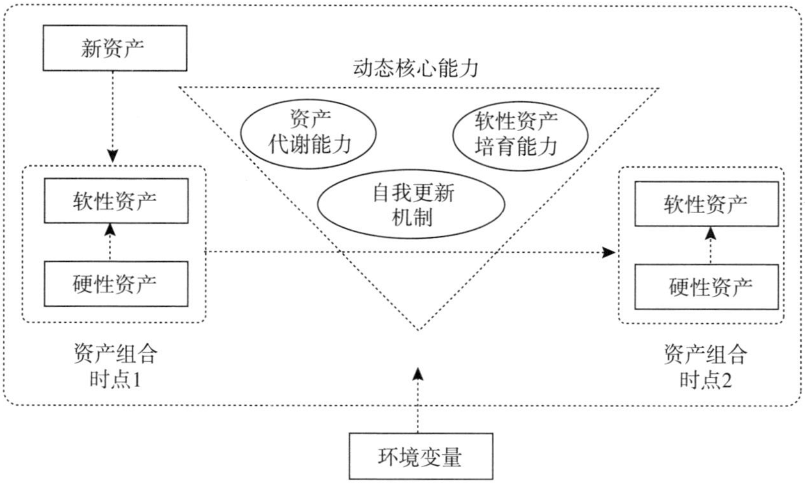

图 13－7　A－C－E 模型的作用机制：从旧的均衡到新的均衡

知识管理驱动的能力重构

在这个知识、能力与资产的战略分析框架下，知识、能力与资产的内在逻辑关系可以描述为：**知识是核心能力的基本属性，核心能力的提升依赖知识的集成与更新；核心能力通过资产的有效配置反作用于外部环境**。管理者须根据环境变化来调整企业的核心能力，通过优化资产组合反作用于环境，实现企业与环境的更有效的适配，达到构建柔性组织和维持竞争优势的目的。因此，管理者可基于知识管理的视角，从建立**多层级的知识转化系统**以及**基于知识创新的核心能力更新系统**等方面动态重构企业的核心能力（见图 13－8）。

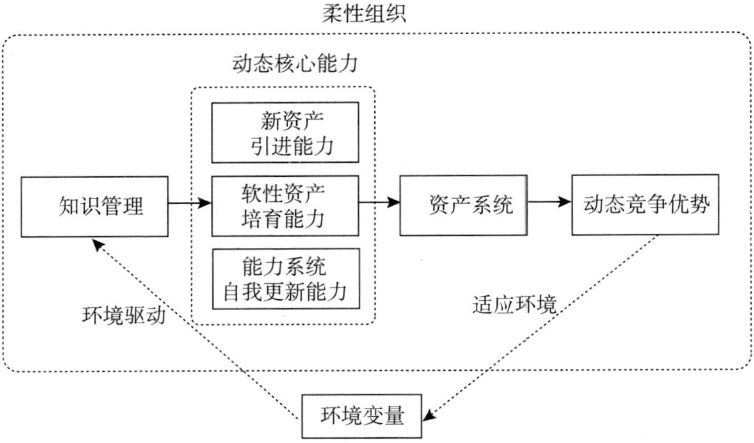

图 13 - 8　基于知识、能力与资产的战略分析框架

通过 A - C - E 模型这一综合性分析框架，我们再对知识管理与核心能力重构的内在逻辑关系做一番简要梳理：第一，核心能力并非企业的单一能力，而是一个**能力集合，本身也是一个子系统**；第二，构建核心能力大致包括软性资产培育能力、资产代谢能力和自我更新机制等基本方面，这同时也是**主动管理核心能力的一个清晰路径**；第三，核心能力具有明显的知识属性，因而**知识管理是企业培育核心能力的一个重要平台和机制**；第四，这个涵盖知识、能力与资产的战略分析框架，可以有效帮助管理者**理解通过企业内部"黑箱"形成竞争优势的内在逻辑**。

对于管理者而言，这一战略分析框架的实践启示是：其一，管理者应**定期审视企业的核心能力**，并结合所处的宏观环境与产业环境，对现有的核心能力进行理性评估；其二，企业应积极运用 A - C - E 模型，将核心能力进行合理的拆解和分析，**找到主动管理核心能力并巩固竞争优势的可行路径**；其三，要加强知识管理，**实现隐性知识显性化和显性知识隐性化的双向驱动**，通过强化知识创新，形成动态核心能力的培育机制。

第五部分

数字化与战略创新

导 读

在讨论互联网和数字化对战略创新的影响之前，本书花了一个章节的篇幅来对这一领域的关键“热词”进行了简要梳理。这也是一个必要的知识铺垫。

世界的本质就是数据。人类很早就有计量和记录的需求，这既催生了人类早期的管理活动，也是数据产生和数据化的前提。在现代商业社会中，数据的价值并不仅限于特定的用途，它可以基于同一目的而被多次使用。数据就像一个神奇的钻石矿，当它的首要价值被发掘后，后续仍能不断产生价值，这要依赖于“取之不尽，用之不竭”的数据创新。大数据是相对于小数据而言的。我们在很长时间都主要依靠抽样数据、局部数据和片面数据去探索未知领域的规律，统计学和计量经济学就是研究数据处理方法的学问。发掘大数据价值依赖于云计算。大数据和云计算实际上就是同样一件事情，前者是问题，后者则是解决问题的方法。大数据时代开启了一次重大的时代转型，影响了人类的价值体系、知识体系和生活方式。大数据对管理者的影响，不仅仅反映在战略和商业模式的创新上，也推动了管理思维的质变。管理者要培育相应的大数据理念。这一理念全然不同于传统的理念和方式，其本质在于：要全体不要抽样；要效率不要绝对精确；要相关不要因果。

基于“金融＝制度＋技术＋信息”的架构，金融已经远远突破了资金融通的传统内涵。金融技术已经将金融信息与金融制度高度融合，从而成为驱动金融发展的底层力量，这已经发展成为一个大趋势。区块链就是一种金融科技的创新底层技术。区块链是一个由不同节点共同参与的分布式数据库系统，也是一个开放式的账簿系统。区块链有力地促进了人们在数字化和大数据时代高效达成信任。市场经济中存在众多信息中介和信用中介，原因就在于信息不对称导致交易双方无法建立有效的信用机制。区块链技术为解决这一问题提供了一种全新机制。

管理者要深刻认识信息化、数字化与智能化的联系和区别。信息化是指企业以业务流程的优化和重构为基础，充分利用计算机技术、网络技术和数据库技术，控制和集成企业生产经营活动中的各种信息，便于各层级管理者了解“业务现在是什么情况”“流程进展到哪里”等动态、实时的业务信息，实现企业内外部信息的共享和有效利用，以此提高企业的经济效益和市场竞争力。数字化是将信息通过一定的方式转变为计算机能够处理的0和1的二进制码，从而把物理世界在计算机系统中仿真虚拟出来，以计算机系统反射物理世界。数字化的终极目标是充分发掘数据的价值。数字化转型即通过数字技术的深入运用，借由“业务生产数据、数据反哺业务”的过程，构建一个全感知、全连接、全场景、全智能的数字世界，进而优化并再造物理世界的业务。从本质上看，数字化转型是信息技术驱动下的一场业务、管理、组织、战略和文化的深度变革和重构。数字化是信息化的广泛深入运用，因而是信息化的高级阶段；同时，数字化既不能脱离信息化的支撑，又是推进信息化的最好方法。智能化是指为使对象具备灵敏准确的感知功能、正确的思维与判断功能、自适应的学习功能以及行之有效的执行功能而进行的工作。智能化是一个从人工到自动化再到自主化的过程。智能化代表着数据化、数字化、信息化的终极目标，也是发展的必然趋势。人工智能是实现智能化的主要途径。人工智能是一门科学，研究的是如何让机器做人类需要智能才能完成的事，它是由人类、想法、方法、机器和结果组成的。人工智能带来的影响在很多方面目前还无法预见，但最为直观的是，它很可能会模糊人们的“在线生活”和“现实生活”之间的界限。

接下来，我们围绕创新与企业家精神做一些讨论，也是为后续讨论普拉哈拉德基于互联网和数字化时代的战略创新与变革理论做进一步的铺垫。创新与企业家精神属于德鲁克的经典论断。德鲁克说，创新是企业唯一可以创造长期价值的可持续战略，是保护企业从而使企业基业长青的最好方法。企业家、企业家精神与创新既是一种状态，更是一种行动，三者是同根同源同演进的，在本质上是可以画等号的。德鲁克所讲的创新，显然更偏重于业务上的创新；每项业务创新都要基于客户个性化需求并与客户共创完成，这是一种实实在在的战略活动。我们也由此看出，普拉哈拉德关于“R＝G”与“N＝1”等战略创新思想正是从德鲁克创新理论这棵大树上生发出来的。

做完这些知识铺垫后，我们重新回到战略活动的讨论上。竞争战略理论和核心能力理论主要面向传统企业。这些大师级人物确非浪得虚名，波特在他的“竞争三部曲”中已隐约意识到了信息技术对重塑竞争格局的影响，并对此有过专门的研究和论述。普拉哈拉德不只是核心能力理论的开创者之一，也是全球 IT 界最有影响力的思想领袖。他的许多开创性理论研究要晚于波特 20 多年。在普拉哈拉德所处的年代，互联网技术的发展已日臻成熟，信息技术和数字技术不断取得新的突破，商业的本质正在发生逆转性变化。在这样的时代和技术背景下，普拉哈拉德对当时居于主流地位的战略管理理论提出了挑战。竞争战略理论认为，管理者的主要精力应该放在如何应对行业竞争上，企业竞争的主要目标是从对手那里赢取市场份额。普拉哈拉德则认为，这种观点有误导之嫌。在他看来，管理者应该把主要精力放在自身的优势和客户的需求上，而不应首先考虑对手的行为并根据对手的行为来选择自己的战略。

普拉哈拉德敏锐地洞察到竞争环境已然发生的两个深刻变化：一方面，价值要建基于每位客户独特的、个性化消费体验上，即 N＝1；另一方面，企业应从全球范围获取并整合资源，以形成一个全球化的系统，即 R＝G。这两个趋势极大地改变企业的性质及价值创造方式，几乎没有哪个行业可以置身事外。为此，企业必须进行战略变革，以重新构筑基于 N＝1 和 R＝G 环境下的核心能力。普拉哈拉德提出了一个“战略创新之屋”的战略变革方案，清晰勾勒出企业战略变革不同要素之间的联系。两个支柱代表着 N＝1 和 R＝G 的不可抗拒的趋势；而把二者联系在一起的是业务流程及其分析工具。业务流程是组织结构与技术架构的衔接环节，要深深根植于企业的组织能力和信息技术基础设施中，并且必须由目标明确的分析工具支持。企业的竞争优势将取决于自己的业务流程，由此实现消费者和资源的无缝对接。“战略创新之屋”代表了一个整合的解决方案，管理者在推进战略创新时，不能取一点而不考虑其他。

很多学者这样评价：核心能力理论立足于企业自身，解构了企业组织这个“黑箱”，这是对波特竞争战略理论的增益和颠覆。然而，普拉哈拉德的过人之处远不止于此。与波特“由外而内”的研究思维不同，普拉哈拉德的研究思维是“由内向外”。在核心能力理论的基础上，他建议管理者要基于 N＝1 和 R＝G 的竞争环境进行战略创新和变革，将市场定位对准客户个性化需求，并在全球企业范围内获取并整合资源。确实，这才是企业竞争的制胜关键。

第 14 章
数字化转型和大数据时代

竞争战略理论和核心能力理论主要面向传统企业。这些大师级人物确非浪得虚名，波特在他的“竞争三部曲”中已隐约意识到了信息技术对重塑竞争格局的影响，并对此有专门的研究和论述；哈默尔和普拉哈拉德也早已跳出了“资源基础论”的窠臼，充分意识到企业应摆脱对传统资源要素的依赖，将核心能力建基于知识管理之上。要知道，数据和信息管理正是企业知识管理中的要害和精髓。

数字技术正在重塑世界，“万物感知、万物互联、万物智能”的智能世界或许已经出现在我们面前。各种数字技术在不同场景的融合应用，将给个人、商业和社会带来超乎想象的全面变革，也将带来许多新的管理问题。数字化时代的效率不再来源于分工，而是来源于协同。跨越距离、时间和事物表象的“沉浸式”全新体验，各行各业的数字化、智能化转型，技术的不断溢出，ICT 技术①对经济增长和经济周期的推动和冲击，这些变化趋势不仅从根本上改变了企业的竞争环境，而且突破组织边界进入公司生活的具体场景，从很多方面重构了公司战略、商业模式和日常管理。

---

① ICT 是 Information，Communication，Technology 的缩写，是信息、通信和技术相融合而形成的一个新的技术领域。

数据化、数字化与信息化

IBM 数据价值体系

IBM 公司曾经提出过**“DIKW 数据价值体系”**（Data - Information - Knowledge - Wisdom，见图 14 - 1）。这个框架对于管理者理解数据、信息、知识和智慧之间的内在联系，以及企业数字化转型的基础知识和内在逻辑，具有一定的启发和帮助。

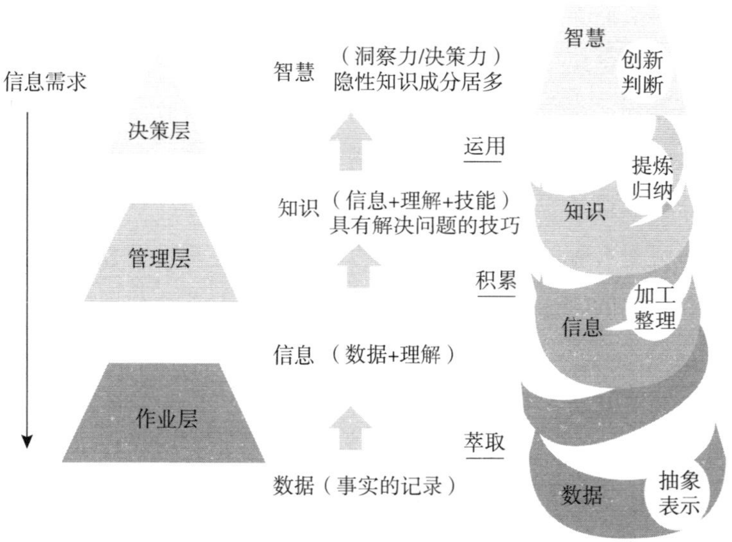

图 14 - 1　DIKW 数据价值体系

在这个 DIKW 模型里，**数据**是使用约定俗成的关键字，对客观事物的数量、属性、位置及其相互关系进行抽象表示，以适合在这个领域中用人工或自然的方式进行保存、传递和处理。在 DIKW 数据价值体系中，数据处于最底层，它是形成信息、知识和智慧的源泉。**信息**是那些具有一定含义、逻辑和时效性，经过加工处理的、对决策有价值的数据流。人类通过归纳、演绎、比较等手段，对信息进行挖掘，让其中有价值的部分沉淀下来，并与已存在的人类知识体系相结合，这部分有价值的信息就转换成了**知识**。而**智慧**则是人类基于已有的知识，针对物质世界运动过程中产生的问题，根据获得的信息进行分析、对比、演绎，从而找出解决方案的能力，运用这种能力的结果是将信息中有价值的部分挖掘出来，并使之成为知识架构的一部分。

数据化不同于数字化

Data（“数据”）这个词在拉丁文中的原意是“已知”的意思，也可以理解为“事实”。**世界的本质就是数据。事实上，在数字化时代来临的几个世纪前，人类社会就已奠定了数据化的基础**。为了得到可量化的信息，人们必须知道如何计量，还必须知道怎么记录这些计量的结果。**计量和记录一起促成了数据的诞生**，它们是数据化最早的根基；同时，计量和记录的需求，也是数据化的前提。因此，从数据的起源来看，数据化要远远早于数字化。同样，很多人会误以为大数据的发展同步于计算机的变革，但事实并非如此。现代信息系统让大数据成为可能，但是大数据发展的核心动力却源于人类早已存在的测量、记录和分析世界的内在渴望；这实际上也代表了人类社会最早期的管理活动。这些年，人们经历了信息技术的急剧变革，但可能没觉察出这**种变革的重点是在“T”（技术）上，而不是在“I”（信息）上。**

再回到企业的信息化场景，数据化更多是信息化和数字化的一项基础性工作。只有将一切业务数据化，管理者才能以数据分析为切入点，通过数据发现问题、分析问题、解决问题，改变以往靠经验驱动决策的传统管理方式，从而提高决策的科学性。**数字化转型就借此成为一个“业务生产数据、数据反哺业务”的过程，或者说是一个从“业务数据化”到“数据业务化”的过程。量化一切，是数据化的核心**。现时代的数据，往往从最不可能的地方提取出来。当文字、方位、沟通变成数据，世间万物的数据化便逐渐成为可能。互联网时代，尤其是社交网络、电子商务与移动通信，把人类社会带入了一个以 PB① 为单位的结构与非结构数据信息的新时代。一个大规模生产、

① 数据存储单位，等于 1024TB。

分享和应用数据的时代正在开启。

我们需要搞明白“业务数据化”与“数据业务化”的区别。**业务数据化**是指建设专业的信息化系统，实现企业业务管理的数据化。业务相关表单和信息流转以数字方式存储，但简单的数字化存储并没有达到数据化的阶段。信息只有通过内在的指标化（亦可称为“模型化”），达到业务数据可利用、可分析、可改进的标准，进入运营环节后，才能被称为“业务数据化”。业务数据化的好处是有助于实现更为精细的运营。在业务数据化过程中，元数据起着核心驱动的角色。**数据业务化**是指企业建立数据中台，形成数据资产积累，支持数据治理与数据服务，在此基础上结合自身的业务发展，设计数据服务应用并为企业提供数据价值，从而达到“业务生产数据、数据反哺业务”的目标。

很多企业都保有一些搁置多年的数据，这些数据的收集到现在也未曾停止过，在将来也不太可能停止，但是几乎没有被使用过，基本上处于一种休眠状态。对于管理者而言，唤醒它们，用云计算等新方法整理、发掘和管理这些数据，或许可以提取不少意外的商业价值。**大部分的信息价值来自二级用途，即它的潜在价值，而不是我们习惯性认为的基本用途**。对于大部分数据而言，尽可能多地收集、等待信息增值并让其他更适合挖掘其价值的人来分析它，这才是明智之举。处于信息流中枢并且具有强大数据收集能力的公司，通常被认为很有潜力和前途。

数字化与数字化转型

从原本意义看，**数字化**是将信息通过一定的方式转变为计算机能够处理的 0 和 1 的二进制码，从而把物理世界在计算机系统中仿真虚拟出来，以计算机系统反射物理世界。数字化并不是始于计算机变革。计算机的变革表现为计算能力的飞跃，直到后来才出现了模拟数据和数字化。20 世纪 90 年代，人们主要是对文本进行数字化。近年来，随着存储能力、处理能力和宽带质量的大幅提升，人们也能轻松地对图像、视频和音乐等内容进行数字化了。

数字化转型是通过数字技术的深入运用，构建一个全感知、全连接、全场景、全智能的数字世界，进而优化再造物理世界的业务，对传统管理模式、业务模式、商业模式进行创新和重构，实现企业的长期成功。从本质上看，数字化转型是信息技术驱动下的一场业务、管理、文化和战略的深度变革重构。技术是支点，流程则是内核。数字化的终极目标就是充分发掘数据的价值。如果管理者不去思考和发掘数据潜在的价值，那么越来越多的数据不但没有价值，反而会消耗大量的管理资源，变成企业的负担。数字化转型是一项长期艰巨的任务。企业数字化转型不可能一蹴而就，需要历经多次转型升级和持续迭代，这实际上也是一个对传统管理模式进行重塑的过程。

数字化转型的目的并不在于应用新技术，而在于提升企业的竞争优势。数字化转型包括智能化运营和数字化创新两方面。**智能化运营**是指企业利用大数据实时制定决策，持续提升客户体验，降低成本，增加效益，并不断强化当前的核心业务。而**数字化创新**则是指企业借助数字技术的力量，加速企业产品与服务的创新，探索新的市场机遇，开创新的商业模式与新的业务。数字化转型不是“有”和“无”的概念，而是“广”和“深”的问题；它不是一个结果，而是一个不断前进的过程；它不是一个简单的修修补补，而是一个比较复杂的系统工程，不仅需要技术，更需要组织能力。

数据治理是数字化转型的重要前提。如果企业没有形成统一的数据标准，未构建统一的数据体系，那么分析应用数据的难度将会大大提高，数字化转型的效果也会大打折扣，甚至难以真正落地。在进行数字化转型前，管理者需要针对核心的关键数据建立统一标准，并运用科学先进的管理工具建立起高效的数据管理体系。

信息化与数字化

相较于数据化的前置性工作性质，信息化和数字化是一个更为系统化的概念。**信息化是指企业以业务流程的优化和重构为基础，充分**

利用计算机技术、网络技术和数据库技术，控制和集成企业生产经营活动中的各种信息，便于各层级管理者了解“业务现在是什么情况”“流程进展到哪里”等一切动态业务信息，实现企业内外部信息的共享和有效利用，以此提高企业的经济效益和市场竞争力。信息化涉及管理理念的创新、管理流程的优化、管理团队的重组和管理手段的创新。企业信息化大致经历了4个阶段：2000年以前是MIS系统（OA及财务软件等）建设阶段；2000—2010年，属于ERP集中建设阶段；2011—2017年，进入IT资源整合阶段；2018年至今，出现“中台”概念和架构分层。

数字化是从收集、分析数据到预测数据、经营数据的延伸，是信息化的广泛深入运用，因而是信息化的高级阶段。数字化不能脱离信息化的支撑。数字化可以解决信息化建设中信息系统之间的“信息孤岛”问题，实现系统间数据的互联互通。在此基础上，实现对数据进行多维度分析，并对企业的运作逻辑进行数字建模，指导并服务于企业的日常运营。**数字化是推进信息化的最好方法，数字化带来了数据化。**

数智化转型

对于企业的信息化建设，也有人将数字化、在线化、智能化笼统地称为“**数智化转型**”，这也代表着企业信息化建设依次渐进的3个不同阶段。

第一阶段是“数字化”，尽可能把“能够数字化的”都数字化，达到可传输、可储存的目的。在起始阶段，企业将内部文档、图像、沟通信息予以数字化；接下来，全球网站信息实现了完全数字化；到了移动互联网时代，人们的衣食住行、支付和娱乐全面实现了数字化；到了物联网时代，会把一切物理的东西，包括机械、零件、商品等予以数字化。对于企业来说，应把办公软件、办公方式、供应链不同环节进行数字化，这样才能够实现传输和存储。

第二阶段是“在线化”，全流程线上化、可视化，通过在线运营、收集数据，从而打通整合数据。尽可能把每个工作环节进一步在线化。生产不能在线化，但可以在线可视化；物流、营销、服务、财务等价值活动一旦全部数字化之后，企业管理系统就可以转入在线管理和运营。

第三阶段是“智能化”，打通“数据孤岛”，协助决策智能化，通过 AI 技术帮助管理者决策，实现决策智能化，减少了很多靠人的经验、记忆进行的分析判断。实现数字化和在线化后，企业会积累很多数据，智能化的关键点就是把这些数据打通整合，通过人工智能等技术来实现智能决策。

从数字化时代进入大数据时代

小数据与大数据

大数据是相对于小数据而言的。在意识到数据的价值后，我们在很长时间都主要依靠**抽样数据、局部数据和片面数据**去探索未知领域的规律，统计学和计量经济学在很大程度上就是研究数据处理方法的学问。在无法获取实证数据的时候，我们只能纯粹依赖经验、理论、假设和价值观。

大数据时代使人们真切感受到信息社会的来临。进入大数据时代后，我们借助于越来越发达的数字技术，第一次有机会和条件在非常宽泛的领域，以非常深入的层次，获得和使用**全面数据、完整数据和系统数据**，深入探索现实世界的规律，获取过去不可能获取的知识，得到过去无法想象和触及的商业机会。发掘数据价值就是云计算。**大数据和云计算实际上是同一件事情，前者是问题，后者则是解决问题的方法**。通过云计算对大数据进行分析、预测，会使人们的决策更加精准，从而释放出更多的数据隐藏价值。数据，这个 21 世纪人类探索的新边疆，正在被云计算逐步开发和征服。

在数字化时代，数据支持交易的作用被掩盖，充其量只是被交易的对象；**而进入大数据时代，事情再次发生根本性变化，数据的价值从它最基本的用途转变为未来的潜在用途**。这一转变意义重大，它影响了企业评估其拥有的数据及访问者的方式，促使企业改变原先的商业模式，以及看待和使用数据的方式。

数据的价值并不仅限于特定的用途，它可以基于同一目的而被多次使用。要搞清楚在大数据时代，数据究竟有多少价值，这是非常困难的。企业应尽可能多地收集、使用数据并保存尽可能长的时间。同时也应当持开放态度，在脱敏和保证合规安全的前提下，与第三方分享数据。这样做，还必须有另外一个重要前提，那就是**要保留专利许可等“延展性”权利**。这样一来，由数据再利用而产生的任何商业价值，原始数据的拥有者都可以分得一杯羹。这样，开放和共享只会增加数据价值。**数据就像一个神奇的钻石矿，当它的首要价值被发掘后，仍然能不断产生价值，这依赖于“取之不尽，用之不竭”的数据创新**。它的真实价值就像海洋中的冰山，我们第一眼只能看到露出海平面的冰山一角，而冰山的绝大部分都隐藏在海平面之下。

大数据时代开启了一次重大的时代转型，包括管理学、经济学在内的许多学科，都会发生本质上的变化，进而影响到人类的价值体系、知识体系和生活方式。就像望远镜能让人们感受宇宙，显微镜能让人们观测微生物一样，**大数据正在改变人们的生活以及理解世界的方式，成为新发明和新服务的源泉**，而更多的改变正在悄悄萌发，尽管人们未必能意识到。大数据重塑了人们的生活、工作和思维方式，管理者也需要重新讨论决策、价值甚至命运和正义的性质。

大数据的风险及管理

数据主宰了一切，这也是最大的隐忧。人们的生活和工作时刻都暴露在“第三只眼”之下，比如淘宝监视着人们的购物习惯，百度监视着人们的网页浏览习惯，而微信似乎什么都知道，知悉并掌控着人们所有的人脉关系、联系频度以及隐私，甚至连交往过程中的每个细节都不曾遗漏。随着云计算、大数据、5G、物联网、AI 等新技术的广泛应用，商业生态越来越开放，业务上线越来越快捷，解决方案也越来越多样化，这些改变了传统的网络边界，消除了数字世界与物理世界的界限，也带来了网络安全和隐私保护方面的新挑战。**无处不在的“第三只眼”使人们几乎没有隐私，而且这种隐私性质的数据被二次利用时，可能会给人们的生活带来极大的困扰。**即使是与隐私无关的无害数据，只要被采集到足够的量，也会暴露个人身份。以往的匿名化或单纯隐藏的做法已不再适用，人们的行为倾向极容易被大数据所捕捉并暴露无遗。大数据的预测准确性越来越高，甚至能精准地预测到行为的发生。基于这种预测结果，如何防范甚至惩罚，社会、政府和企业要考虑建立新的规范，甚至专门立法。

因此，要按**责任与自由并举**的原则进行信息管理，**实现从“个人许可”到“让数据使用者承担责任”的转变**。信任或不信任的判断都应基于事实，事实必须是可验证的，而验证必须基于统一的标准。进入大数据时代，人类社会也将经历类似于地壳运动的急剧变化和调整。在改变人类基本生活与思考方式的同时，大数据也在推动人类信息管理准则的重新洗牌。只是这一次与中国历史上“四大发明”所引致的革命不一样，人们不再可能有几个世纪的时间去适应，这种变化很可能在几年之内就会迅速完成。

带来管理思维的质变

大数据对管理者的影响，不仅反映在战略和商业模式创新上，也带来了管理思维的质变。**管理者要培育真正的大数据理念**。这一理念全然不同于传统的理念和方式，其本质可以用3句话概括：其一，要全体不要抽样；其二，要效率不要绝对精确；其三，要相关不要因果。以下做一些具体解释。

第一个关键词：“更多”，即**不是随机样本，而是全体数据**。小数据时代，人们通过随机采样，在减少工作量的前提下，期望从最少的数据中获得最多的信息。进入大数据时代，数据处理技术已进化到了一个极致，一切都改变了，大数据时代的“样本”即等于“总体”，人们完全可以**按照“样本 = 总体”的全数据模式，将所有的数据纳入处理范围**。如果还搞抽样分析，就有点儿像在汽车时代还要坚持骑马一样。

第二个关键词：“复杂”，即不是精确性，而是混杂性。过于追求精确性，也是信息缺乏时代和模拟时代的产物。小数据时代主要基于结构化数据进行处理。而现实中，只有 5% 的数据是结构化数据且能适用于传统数据库。如果不接受混乱，剩下 95% 的非结构化数据都无法被利用。大数据的简单算法比小数据的复杂算法更为有效，纷繁的数据越多越好，哪怕是存在各种瑕疵和不规范。只有接受这种不准确性，适度允许不精确，我们才能打开一扇从未涉足过的认知窗户。从这个意义上讲，**混杂性不仅没有必要竭力避免，反而是大数据时代的标准途径。**

第三个关键词：“更好”，即不是因果关系，而是相关关系。知道“是什么”就够了，没必要知道“为什么”。**在大数据时代，更关注“是什么”而不是“为什么”，关联性才是预测的关键**。人们不必知道现象背后的原因，而是让数据自己“发声”。人们过去痴迷于解构事物之间的因果关系，现今可以很大程度地解脱出来，转而专注于那些相关关系的发现和运用。只要发现两个事物、两种现象之间存在显著的相关性，就有可能借此创造出可观的经济效益和社会效益。管理者或许要放弃对因果关系的兴趣，除非它用行动说话。很多情况下，“弄清楚是什么”比“找寻为什么”更加重要。

当然，需要强调的是，大数据并不是一个只推崇算法和机器的冰冷世界，**人的作用依然无法被完全替代**。大数据为我们提供的也不是最终答案，而只是一种参考答案，它们的帮助或许只是暂时的、外在的，而更好的方法和答案还得取决于人的判断和决策。

发掘大数据价值链

大数据价值链由数据、技能与思维构成。基于其中某一项开展业务，决定了大数据公司的 3 种基本类型。第一种是**基于数据本身**

的公司。这类公司拥有大量数据或者可以收集到大量数据，却不一定具备从数据中提取价值或者用数据催生新思想的技能。例如 Twitter，它拥有海量数据，但是它的海量数据都是通过两个独立的公司授权给别人使用。第二种是**基于技能的公司**。这类公司通常是咨询公司、技术供应商或者分析公司。它们掌握了专业技能，但并不一定拥有提炼数据创新性用途的能力。例如沃尔玛和 Pop - Tarts，这两家零售商就是借助大数据分析公司天睿公司的分析来获得营销创意。第三种是**基于思维的公司**。这类公司通过想法来获得价值，它们拥有如何挖掘数据新价值的独特想法。对于这类公司来说，数据和技能并不关键，创始人和员工的创新思维更重要。Jetpac 就是通过用户分享到网上的旅行照片来为人们推荐下次旅行目的地的一家公司。

如今，我们正处在大数据时代的早期，思维和技术是最有价值的，但是最终大部分的价值还必须从数据身上挖掘。微软以 1.1 亿美元的价格买下了大数据公司 Farecast，而两年后，谷歌再以 7 亿美元的价格买下了给 Farecast 提供数据的 ITA Software 公司。微软和谷歌均是行业内的领先公司，它们的眼光足以说明了大数据公司的巨大潜在价值。近年来，出现了**“数据科学家”**这一新职业，它是统计学家、软件程序员、图形设计师与作家的结合体。与通过显微镜发现事物不同，数据科学家通过探寻数据库来获得新的发现。麦肯锡就曾预测，数据科学家是当今和未来的稀缺资源。

区块链：一种大众参与的信任创设机制

分布式数据库系统

基于“金融 = 制度 + 技术 + 信息”的架构，在传统金融不断信息化、网络化、数字化的时代，金融已经远远突破了资金融通的传统内涵。金融技术将金融信息与金融制度高度融合，技术成为驱动金融发展的底层力量，这已经发展成为一个大趋势。金融科技从移动互联网、大数据、云计算等应用层面，进一步转向区块链等底层技术创新。

区块链是一个由不同节点共同参与的分布式数据库系统，是一个开放式的账簿系统。它由一串按照密码学方法产生的数据块或数据包组成，称为“区块”；对每一个区块数据信息都自动加盖时间戳，从而计算出一个数据加密数值，即“哈希值”。每一个区块都包含了一个区块的哈希值，从创始区块开始链接到当前区域，从而形成“区块链”。

分布式网络具有以下特点：其一，没有强制性的中心控制；其二，次级单位具有自治的性质；其三，次级单位彼此之间高度连接；其四，点对点之间的影响通过网络形成了非线性因果关系。从管理的角度看，这种分布式网络的特点可以概括为：**弱控制、分中心、自治机制、网络架构和耦合连接**，这是一种与工业社会截然不同的新型结构、商业模式和人际关系。

大数据时代的信任机制

区块链有力地促进了人们在数字化和大数据时代高效达成信任。市场经济中存在众多信息中介和信用中介。它们存在的理由，即在于信息不对称导致交易双方无法建立有效的信用机制。区块链技术为解决这一问题提供了一种全新机制。移动互联网、大数据、云计算是区块链技术的基础设施，算法信任是其关键机制，加密算法是其技术基础。

区块链技术的实质是在信息不对称的情况下，无须相互担保信任或第三方（即所谓的“中心”）核发信用证书，采用基于互联网大数据的加密算法创设的节点，普遍通过即为成立的节点信任机制。任何组织或个人都可以作为节点参与创设信任机制，而且创设的区块必须在全网公示，任何节点参与者都可以看得见。节点越多，要求的算力也就越强，只有超过 51% 的节点都通过了，才能确立一个新区块成立，即获得认可；同时，要想篡改或者造假，也需要掌控超过 51% 的节点，才可以修改。理论上，当区块链的节点达到足够数量时，这种大众广泛参与的**信任创设机制**，就无须“中心”授权即可形成信任、达成合约、确立交易、自动公示、共同监督，这就是区块链的真正价值所在。

区块链公司

在区块链出现以前，中心化组织一直在控制计算能力。云计算让用户和公司在第三方的数据中心里存储和处理它们的软件和数据。**区块链技术出现后，加剧了这种去中心化趋势**。任何人都可以向这个平台上传一个程序，让其自动执行，并且有密码学经济机制在背后起支撑作用，这样可以确保这个程序以当初设计的目标安全地运行。这个平台是开放的，它不处于某一个机构之内。**区块链公司**就是在区块链技术上建造并运行的公司，运行范围包括公司治理、日常运营、项目管理、软件开发与测试、雇用与外包、补偿与资助。以太坊联合创始人**约瑟夫·卢宾（Joseph Lubin）于2015年创建了一个基于以太坊的去中心化应用程序——公司共识系统（ConsenSys）。据说这是第一个真正意义上的区块链公司。**

区块链公司放弃“命令和控制”的层级化结构，转而采用全新的管理理念。这体现为：其一，**动态化的工作分配角色**，而不是传统的固定职衔；其二，**分布式的**，而不是委任的权力；其三，**透明化的规则**，而不是办公室政治；其四，快速叠加而不是大规模重构。这些管理理念可以概括为**“敏捷”、“开放”和“共识”**。如此看来，**区块链公司似乎终结了管理者角色，但管理任务依然长存。**

区块链公司的运作机制是：首先，识别出需要完成的工作，在渴望且有能力完成该任务的人群中分派工作量，并就他们的角色、责任、补偿或报酬等问题达成共识。其次，将这些权力归结为**“明确的、细节的、清晰的、自我执行的协议，可以作为我们关系中所有商业角度相关事项的黏合剂”**。再次，所有的事情都放在台面上进行，并且是足够透明的，激励机制也是明确的、可细分的。**“这让我们可以自由地沟通，拥有创新意识，并根据这些预期以适应情况的变化。”**最后，区块链同时也支持声誉系统，成员可以为每一个协作者的表现评分，这样就能实现社区中的信任联盟。**“永久存在的数字身份、人格及声誉系统会让我们更诚实，彼此之间施以更良好的行为。”**

人工智能与智能化

关于智能

“智能”的定义较为复杂。美国耶鲁大学心理学家罗伯特·斯腾伯格（Robert J. Sternberg）对“智能”这种人类意识给出了这样的定义：**智能是个人从经验中学习、理性思考、记忆重要信息以及应付日常生活需求的认知能力。**

有一个有趣的问题：**“智能是人类独有的特性吗?”**根据科学家的研究结果，**答案是否定的**。在某种程度上，许多生命形式是具有智能的。还有一个有趣的问题：**“机器能思考吗?”这个问题争议较大**。“思考”与“智能”是有区别的。思考是推理、分析、评估和形成思想和概念的工具。并不是所有能够思考的物体都有智能，智能是高效及有效的思维。有人认为，“计算机是由硅和电源组成的，因此不能思考”；也有人认为，“计算机的反应速度比人快，表现比人更优异，因此有着比人更高的智商”。真相很可能存在于这两个极端之间。

人工智能

“人工”一词的意思是“合成”，即“人造的”。因此，就像人造草坪、人造光和交通设施一样，**人工智能不是自然的，而是人造的。**

1956 年，达特茅斯研讨会首次提出了“人工智能”这一新概念，人工智能经历了 60 年的发展历程，见证了一个新世界的诞生。这个世界出现了海量的数据、事实和信息，而这些数据、事实和信息必须转换为知识。在人工智能之前，机器人的概念就已经存在了。时至今日，机器人在机器装配中已经发挥着重要作用。机器人显然能够帮助人类做一些常规性质的体力活，并且在一些更具挑战性的领域，诸如搜索、救援和远程医疗等方面，也具有帮助人类的潜力。**随着时间的推移，机器人还能显示情感、感觉和爱，以及我们通常认为是人类独有的一些行为。**

近年来，人工智能的概念、方法和系统日益融入人们的日常生活中。原先只是停留在科幻爱好者幻想层面的技术，像无人机和各种智能机器人，已经变成现实生活中稀松平常的事物了。GPS 系统、各种手机应用程序和微信等社交网络，如今也广为普及。毫无疑问，这些技术都使用了某种形式的人工智能，特别是自然语言和语音处理技术的成熟，大大改变了人与机器、人与人的交互和交流效率。**人工智能带来的影响，在很多方面目前还无法预见；但最为直观的是，虚中有实、实中有虚，它很可能会模糊人们的"在线生活"和"现实生活"之间的界限。**

作为一门科学

或许这种说法更为贴切，**"人工智能是一门科学，这门科学让机器做人类需要智能才能完成的事。"**

人工智能是由人类、想法、方法、机器和结果组成的。首先，组成人工智能的是人类。人类有想法，并把这些想法变成了方法。其次，这些想法可以由算法、启发式、程序或作为计算骨干的系统来表示。最后，我们得到了机器（程序）的产物，称之为"结果"，每个结果都可以根据其价值、有效性、效率等方面进行衡量。与数学、物理、化学和生物学这些传统学科相比，人工智能和计算机科学还相对年轻。但是，**人工智能是一门真正跨学科的学科，结合了其他领域的许多元素。**

智能化的主要途径

智能化是指为使对象具备灵敏准确的感知功能、正确的思维与判断功能、自适应的学习功能以及行之有效的执行功能而进行的工作。

智能化是一个从人工到自动化再到自主化的过程。**智能化代表着数据化、数字化、信息化的终极目标，也是发展的必然趋势。**

人工智能是实现智能化的主要途径。人工智能为探索未来生活提供了诸多可行性，到底会对公司及管理产生什么样的影响，现在还难以做出准确预判。在人工智能短暂的历史中，它的方法已经被纳入计算机科学的标准技术中，包括人工智能研究中产生的搜索技术和专家系统，并且这些技术现在都嵌入许多控制系统、金融系统和基于 Web 的应用程序中。**当前，在深度学习算法的促进下，人工智能携带着云计算、大数据、卷积神经网络，突破了自然语言语音处理、图像识别等“瓶颈”，为人类社会带来了翻天覆地的变化，也为管理者创新战略和商业模式创造了无限的可能。**

毫无疑问，大数据和人工智能未来将被广泛应用到管理中，让管理者的决策过程变得快速而精准。管理者的管理思维和管理方式也需要随着智能化进程的深入而不断升级，探索利用大量实时沉淀的数据进行智能化决策。企业建立用户数据中心，用实时数据来分析和研究用户真实需求和进行用户画像，促进企业与用户之间更为广泛、更为精准的交流，数字驱动的新型服务也将更加普遍。

第 15 章
创新与企业家精神

我们在上一章简要梳理了关于大数据、区块链、人工智能和数字化转型的一些基本常识，本章将围绕创新与企业家精神做一些讨论，其目的都是为后续讨论互联网和数字化时代的战略创新做一些铺垫。

创新与企业家精神是德鲁克做出的经典贡献。德鲁克曾说，创新是企业唯一可以创造长期价值的可持续战略，是保护企业和追求基业长青的最好方法。企业家、企业家精神与创新既是一种状态，更是一种行动，三者是同根同源同演进的，在本质上也是可以画等号的。创新既可以管理，也可以教授和学习。青年管理者要努力培养企业家精神，否则很容易蜕变成一个平庸的事务主义者甚至是官僚主义者。每家公司确实都有重塑自己命运的机会，没有哪家公司注定沦为落伍者，关键就在于管理者的创新和企业家精神。

创新是唯一的可持续战略

没有永远成功的战略

置身于一个较长周期，企业要想获得长期成功，需要面对 3 种自然法则的挑战。其一，**大数定律**。大数定律不是经验规律，而是在一些附加条件下经严格证明过的定理，代表的是一种自然规律。商业与生物学类似，大公司的发展要比小公司艰难得多。公司发展到一定规模，增长就变得相对缓慢，保持长期增长更为不易。其二，**平均法**

则。将时间周期从 1 年延长到 5 年，然后再延长到 10 年，任何一家公司都无法永远超越平均发展速度，这种可能性近乎为零。从长期看，根本不会有一直保持快速发展的公司。其三，**收益递减规律**。收益和利润回报随着时间的推移，其边际收益也会逐渐减少。就像厨师切肉一样，越是接近骨头，就越难以下刀。不管运营项目的能力如何神奇，时间越长，投入回报比总会越来越低。这些法则对于大多数公司来说就像重力一样不可克服，只有极少数的"另类"公司能够成功克服这 3 种自然法则的影响。

同样，任何战略都难以保持永远成功，而且战略寿命近年来呈现出变短的趋势。大致原因有 3 点。其一，**遭到复制**。原本新颖的战略容易被人模仿，从而变得老套随大流，企业之间竞争也因此越发同质化。其二，**遭到淘汰**。这就好像数码相机淘汰胶卷、智能手机淘汰随身听一样，原先战略被一种全新战略颠覆之后，便不再具有生命力。其三，**元气大伤**。出现强大的客户或新的竞争对手，使得原有的壁垒和障碍纷纷瓦解。对人类来说，"病来如山倒，病去如抽丝"并不罕见，绝症有时候就会突如其来，令人毫无防备；战略的衰败也像是一个人患了癌症，或许你没有意识到癌细胞已经扩散，越是拖着，一旦发现就已经变得致命，毫无挽救的余地。因此，管理者要敏锐地关注环境和企业自身，及时捕捉战略衰败的信号，绝不能盲目乐观或者麻木不仁。

不能活在过往的成功里

过去的成功容易使战略固化为教条般的信念。管理者习惯于以昨天的成功思维来指导今天的实践，就很容易掉进误判的陷阱。"昨日之宴"往往要好过"明日之餐"，这也解释了为什么长期在位者不经意间就会输给半路新人，老法师也会栽跟头，而且犯的还是低级错误。因此，那些曾经非常成功的战略，虽然带来了昔日的成功，但也可能会导致企业走向衰败。我们生活在一个看似断断续续发展却又极不连续、极不均衡的世界，确实不能刻舟求剑，越来越不能够根据过往的经验来机械地推断未来的演变趋势。

管理者总是按照过往的成功经验来管理企业。他们习惯于修补昨天，以致无法真正面对急剧变化的环境。一旦管理者开始沉迷于过去的成就，就很难回头，要想使企业系统地进行自我检视和开展创新活动，就需要经历一场更大的危机事件，来倒逼企业上下彻底反省革新。人就是这样，头脑一旦被既定概念和僵化的内部环境所束缚，就会逐渐丧失思考的能力。**企业的过往成功和按部就班的程式化运作，确实是创新和企业家精神的主要障碍**。青年管理者还处于积累经验的起始阶段，还没有经历过一个完整的经济周期或企业生命周期，可能无法深刻地理解这一点。

创新是管理者必不可少的战略活动

爱默生曾经这样写道："（我们的生活中）总是存在着两方，过去的一方和未来的一方；守成的一方和改革的一方。"此话包含着颠扑不破的真理：未来不属于拥有水晶球者，而是属于敢于向"守成者"的偏见发起挑战的创新者。**创新是保护企业，使企业基业长青的最好方法。创新是唯一可以创造长期价值的可持续战略**。德鲁克所讲的创新，我们的理解更偏重于业务创新。他要求，每一项业务创新都要基于客户个性化需求并与客户共创完成，这是一种实实在在的战略活动。

创新才能使公司持续保持对环境的适应力，适应力则代表着公司的韧性。一家适应力强的公司会重新思考战略，避免走入死亡之谷；在陷入未知的泥沼之前，它会彻底改造自己，从而能够成功地绕过那些泥沼。一家适应力强的公司，能捕获到更多新机，它总是不断重新定义自身的核心业务，打开新的发展局面。**企业能够活得长久，就是对它具有很强适应力的回报。**

更进一步，管理者只有具备创新和企业家精神，永远保持谦卑、诚实和勤于思考的良好品性，才能建立适应性强的公司。这是变革的人性基础。什么样的公司才称得上有适应力？加里·哈默尔认为，适应力强的公司首先要在**智能**、**战略**和**结构**上具有不同形式的灵活性，还需要做到**先发制人、战略多样性以及践行基于学习能力的价值观**。可见，建立一家具有极强适应力的公司，绝不是一件轻轻松松就能做到的事情。

重生的创新者

近年来，有很多老牌公司，它们通过破译创新密码，重塑自身愿景、战略、组织结构和管理体系，从而获得了重生，起到了鲜活的榜样作用。这些重生的创新者，尤以宝洁、IBM 和福特最为引人注目。这些庞然大物在运转了几十年后，无论从上到下还是从下到上，都是等级森严、效率低下，不断被原先极不起眼的后起之秀超越。最终，面对失败，它们找回了自己的信仰，评估并重塑了原先的文化、战略，确定了优先发展的顺序，调整了组织结构并强化了组织能力建设。深入研究这些“老树发新芽”的转型案例，我们就会发现它们都强调一点：**要想从一个犯错者重新变成一个榜样，需要对企业的战略、文化、组织等管理系统进行制度性的全面变革。**

乔布斯也是在对苹果公司进行战略创新和全面改造后，才迎来了苹果公司的“第二春”，造就了今天的苹果。苹果战略的独到之处有以下 6 点。其一，重新定义竞争的基础。突出设计和便捷，以打败竞争者。其二，硬件与软件的融合。优化系统功能，为消费者带来更多的便利和轻松。其三，掌握了一系列互补的技术。这些技术涉及半导体设计、高级材料、电池、电源管理、组件封装、应用程序开发以及行业设计等多个关键领域，从而掌控了自己的命运。其四，以不同凡响的体验锁住客户。其五，构建巨大的第三方开发者网络。**基于生态系统的竞争，培养出一个由充满激情的研发者组成的全球性社群，这是一个其他企业难以企及的核心能力，也是一项非常了不起的战略和组织创新**。其六，不断将公司的核心能力延展至新的市场。

企业家与创新：同根同源同演进

“企业家”概念的考证

entrepreneur（“企业家”）一词源于法语 entreprendre，意为**“中间人”**或**“中介”**。在中世纪的欧洲，企业家指的是**演员和负责大规模生产项目的人**。到了 17 世纪，企业家则是指**与政府签订固定价格合同、承担盈亏风险的人**。法国经济学家理查德·坎蒂隆（Richard Cantillon）给“企业家”下了这样一个定义：**“企业家就是在市场中充分利用未被他人认识的获利机会并成就一番事业的人。”可见，企业家所获得的是一种不确定性收益。**

此后，另一位法国经济学家、作家萨伊将“企业家”一词推广使用，并于 1800 年提出：**企业家“将资源从生产力和产出较低的领域转移到生产力和产出较高的领域”**。萨伊不仅将企业家与所有权分离开来，还将提高生产力和产出的职责赋予了企业家。英国经济学家阿尔弗雷德·马歇尔最早将企业家视为**独立的生产要素**来进行研究。他于 1890 年在《经济学原理》中这样论述了企业家的作用：“一般商品交换过程中，由于买卖双方都不能准确预测市场的供求状况，因而造成市场的不均衡性，而**企业家正是消除这种不均衡性的特殊力量。企业家是不同于一般职业阶层的特殊阶层，他们的特殊性是敢于冒险和承担风险。”**

熊彼特：企业家和创新是一种状态

美籍奥地利经济学家熊彼特对企业家的研究最有影响力。他在 1912 年出版的《经济发展理论》中指出：**企业家就是“经济发展的带头人”，也是能够“实现生产要素重新组合”的创新者。**

熊彼特将企业家视为创新的主体，其作用在于创造性地破坏市场均衡（他称之为**“创造性破坏”**）。他认为，**创新是一种“创造性破坏”**，它把一种从未有过的关于生产要素和生产条件的“新组合”引入生产体系，从而形成新的经济能力。而**“创业”**就是这种**“从无到有”**的过程，包括公司创业和初创企业。**以实现新组合为基本职能的人被称为“企业家”**。

动态失衡是健康经济的“常态”，而企业家正是这一过程的组织者。只有创造性地打破市场均衡，才会出现企业家获取超额利润的机会。熊彼特首次突出企业家的创新性，但是他认为**企业家精神是一种很不稳定的状态**。一个人由于“实现新的组合”而成为企业家，“而当他一旦建立起企业，并像其他人一样开始经营这个企业时，这一特征就马上消失”。因此，企业家精神是一种稍纵即逝的状态。按照熊彼特的定义，一个人在自己几十年的活动生涯中不可能总是企业家，除非他不断“实现新的组合”，即不断创新。简言之，**创新是判断企业家的唯一标准**。

德鲁克：企业家和创新是一种行动

在熊彼特提出相应论断的 70 年后，深受奥地利学派影响的德鲁克于 1985 年出版了《创新与企业家精神》，至今仍然是探讨企业家精神及创新原理和实践的最佳经典著作。德鲁克回到了萨伊对企业家的定义，同时又发展了熊彼特的理论。**德鲁克将“企业家精神”定义为一种行动，而非企业家的心理和个性特征**。他认为“企业家”或“企业家精神”就是：其一，大幅度提高资源的产出；其二，创造出新颖、与众不同的东西，改变了价值；其三，开创新市场和新客户群；其四，视变化为常态，他们总是在寻找变化并对变化做出反应，将变化视为机遇而加以利用。**目标明确的创新源于周密的分析、严密的系统及辛勤的工作，这可以说是创新实践的全部内容**。

在德鲁克的眼中，“企业家”或“企业家精神”的本质就是**有目的、有组织的系统创新；而创新就是改变资源的产出，就是通过改变产品或服务为客户创造价值，提升客户满意度**。无论出于何种个人动机，比如追逐金钱、权力或者猎奇，又或是追求名誉、希望博得他人的认同，成功的企业家都会试图去创造价值、做出贡献，并保持永不枯竭的创新动力。许多企业家成功以后转入“守业”，就是因为创业热情和创新能力不能持久。但如果有一个远大的目标，超越了组织和个人的需求，在个人和组织之外，即便穷尽个人一生的精力、组织全部的资源也无法真正达成时，就会获得永不枯竭的创新动力。这正如德鲁克所说的，**“企业家就是那些愿意过不舒服的日子，或者说不愿意过舒服日子的人”**。

战略是创新市场的战略。德鲁克将创新与企业家精神视为企业高层管理者管理活动的一部分。实际上，对于所有的管理者而言，创新都是硬道理；创新绝不是表面上的追求时尚，而是管理者真正的大事。德鲁克特别强调，**创新只能是实践的创新**。企业家精神基于创新又强调行动，商业本身已经进入了一个理论和实践相结合的自我探索领域。**创新和企业家精神是为了探讨人们的行动和行为。如何成功地将一项创新引入市场，是企业家战略的核心。创新需转化为行动及结果**。创新如果仅仅停留在观念、思想和制度上，没有转化为行动和结果，就没有任何价值和意义。

说到这里，我们想到有史以来，最伟大的发明天才当首推达·芬奇，这个结论少有争议。在他笔记本的每一页中，都记载着一个令人惊叹的创意——从潜水艇到直升机，再到自动炼钢炉。但是，在他生活的16世纪，受制于技术和材料，这些创意都没能转化为真正的创新。德鲁克说，**创新是否成功，不在于它是否新颖巧妙或具有科学内涵，而在于它是否能够赢得市场**。创新可以打破苏联经济学家尼古拉·康德拉季耶夫（Nikolai D. Kondratieff）提出的“经济发展过程中必定出现周期性经济危机”的论断。真正的企业家经济源于美国，是现代经济发展史上最具深远意义的事件。

普拉哈拉德：创新要基于业务流程

怎么对待创新来源？是什么激发了创新？普拉哈拉德建议人们要关注那些**不易觉察的联结环节**，也就是**在创新、商业模式和日常经营之间发挥中介作用的那些流程及其分析工具**。成功的创新，必须在观念、创意和经营环节之间建立无缝联结。业务流程是处于战略、商业模式和运营之间的联结环节，是对商业模式的明确且详细的理解，更是创新的激活器。业务流程使企业的价值观、战略、创意和商业模式变得更易操作，帮助企业逐步形成竞争优势。因此，**创新要基于业务流程，培育清晰、透明和有活力的流程能力，这是战略成功的关键因素**。为了成功地实现管理创新，管理者必须有不同的创新思维和创新行动，以便对公司进行组织动员。**新的竞争讲求的是更有效率、更具创新的竞争模式，以此形成新的战略资本，也即一种新的创新并创造价值的方法。**

普拉哈拉德强调，管理者需要经常问自己以下几个问题：其一，如何将这些浮现的战略机会与日常运营联系起来？其二，如何了解某一具体消费者的期望、技能和行为，以便为其创造更好的用户体验？其三，为了形成弹性和低成本创新，企业需要什么样的技术支持结构？其四，在人力资本管理上，企业需要有什么样的变革？其六，在无缝联结的全球性网络中，企业是否已经为跨越文化和时区的工作做好了准备？

普拉哈拉德认为，竞争优势的性质和来源如今都已发生了变化。**如同他的核心能力理论与竞争战略理论的差异一样，普拉哈拉德对创新的认识也是基于企业组织自身，偏重于核心能力和管理创新。他的视角与德鲁克的论断相比，也有明显的不同。但深入解读普拉哈拉德的思想，他强调创新要基于业务流程，以培育流程能力来促使战略成功，最终目标仍然是构筑竞争优势。这与德鲁克强调的业务创新、市场创新和实践创新又是殊途同归，并不存在实质性冲突。**

企业家＝创新

对于企业家而言，创新活动赋予资源一种新的能力，使它能创造财富；更进一步讲，创新活动本身也在创造资源。事实上，人们在发现自然界中某种物质的用途，并赋予它经济价值之前，“资源”这种东西是根本不存在的。

企业家的本质就是创新，创新的原动力源于企业家精神，创新是企业家的标志。企业家才能就是一种创新、创业与解决实际问题的能力。更进一步讲，我们可以在“企业家精神”（或“企业家”）与“创新”之间画上等号，企业家精神就是创新。创新是管理者展现企业家精神的特殊手段。企业家凭借创新，将变化看作开创另一个企业或业务的机遇。

从日常管理到企业家管理

融合两种角色

企业中是否应存在管理者和企业家这两种截然不同的角色？管理者能否成为企业家？德鲁克给出的答案是：工作确实有企业家与管理者之分。**如果你不懂管理，就不可能成为一名出色的企业家；反之，如果你只懂得管理而不具备企业家精神，就可能沦落为一个事务主义者，甚至变成一个官僚主义者。**

管理者和企业家之间的界限并非不可调和，创新和企业家精神确实是企业高层管理者的重要工作，但也是所有管理者真正的大事。因为**创新是一种实践，它是可以管理的；创新又是一门学科，它是可以教授和学习的。**因此，管理者尤其是青年管理者，必须养成一种企业家的心态，不惧怕任何变化，从一个事务主义者跃升为一名企业家，实现从日常管理到企业家管理的跨越。任何公司想要建立持久的创新能力，第一步也是最重要的一步，就是要教会员工用好奇的眼光看世界。

学会创业型思考

企业的创新管理一般偏重于创新过程及创业后的管理，而**大前研一则更看重有关创意的思考，非常强调管理者要培养创业型思考能力。**

大前研一认为，管理者要培养创新和企业家精神，就得随时随地思考，要有“做生意”的头脑和敏锐性。没有想象力就没有创新，不自我否定就产生不了新的构想，而有针对性的训练可以帮助青年管理者掌握想象力，从而奠定创新能力和企业家才能的思维基础。不管对于什么事情，都要这样思考：如果是自己的话会如何做。反复做这样的训练，管理者的思维就会变得活跃起来，变得敏锐且富有洞察力，而不是在固有组织环境内变得程式化和僵化。

思维怠惰的人也难有企业家精神，管理者需要通过打破“心理之墙”来锻炼自己。每个人身上都有“心理之墙”。为了打破它，就必须不断地向自己提出一些针对性甚至比较尖锐的问题，养成一种打破砂锅问到底的习惯。成功者的共同特点是喜欢问“为什么”；确实，新事业的萌芽很多时候也正是从那些“为什么”中诞生的。把决策进行到底是企业家精神之魂。要努力找到自己喜欢的领域，以此来挑战自己、创新思想。要用不受束缚的心构思创意，新构思也可从旧东西中破茧而出。还要学会逆向思维，换位思考。一旦通过检验，证明自己的想法是正确的，管理者还要接着思考问题的对策、解决方法，并且一定要努力将解决方法说出来。一旦说出来，就必须对自己的观点负责，这样可以促使自己不得不做进一步研究，通过不断学习以应答对方，逼迫自己激发潜能，加大自我训练。这些训练都是后续行动的重要前提和基础。

管理者在训练自身创业型思维时，大前研一还建议注重做好以下几点：经验和信息的储备体系相当重要；尽量拓展自己的学习领域；必须具备向人学习的行动力；向人学习一定要谦虚；找出值得学习的部分是一项重要素质；不要过分信任自己的能力；要有预见未来的想象力；解决问题需要科学的方法和瓶颈式思维；众多的创意要靠专心致志的态度；要保持旺盛的好奇心和执着精神；以一个支柱为中心，拓展兴趣领域；不可思维懈怠；在大型企业工作，需要明白必要时自我否定的重要性与艰巨性。

善于洞察窗外的景致

创新从何处来？或者说，我们应从哪些方面发掘创新的源泉？德鲁克强调，企业家精神与企业的规模和性质无关，也与企业的所有权无关。**要澄清将创新视为冒险的错误观点**。企业家精神与管理者的性格并无直接关联，因为创新并不是**"专注于冒险"**，而是**"专注于机遇"**。

基于这些理念，德鲁克创见性地将创新的源泉概括为**"7 大机遇"：其一，意料之外的事件，包括意外的成功和意外的失败；其二，不协调的事件，实际状况与预期状况不一致；其三，基于程序需要的创新；其四，产业和市场结构上的改变；其五，人口统计数据；其六，认知、情绪以及意义上的改变；其七，新知识，包括科学与非科学的**。其中，前 4 项来源于组织内部，后 3 项则源于外部变化。当然，这 7 个来源之间的界限是较为模糊的，彼此之间也会有重叠。**德鲁克把它们比喻为位于同一建筑物不同方向的 7 扇窗户，每一扇窗户中所展现的某些景致，也可以从邻近窗户中看到，只是角度不同而已；但是，从每一扇窗户的中心往外看，景致却又是全然不同的。**

7 个来源的排序也是有讲究的，它们是**按照可靠性和可预测性的递减程度依次排列**的。与人们的直觉正好相反，新知识，特别是新的科学知识，并不是成功创新最可靠和最可预测的来源；相反，管理者所在组织经历的变化征兆，如意外成功与意外失败，以及进行的总结性分析，反而能为下一步行动提供创新基础，而且这种创新的风险和不确定性也相当低。

在这里，我们专门对意外事件和不协调事件做一些说明。**管理者要慎重对待意外的成功，因为它会带来一种机遇**。因此，管理者须给予和这种机遇相匹配的关注度和支持，并配备最优秀、最有能力的员工做进一步的跟进和发掘，而绝不能随便抽调一些能力平庸的员工去应付了事。管理者也要同时认识到，**意外的失败自有其客观原因，可能意味着我们无法完全避免**。在管理活动中，我们经历的许多失败，大都是错误、贪婪、愚昧、盲目跟风或设计瑕疵、执行不力等因素造成的；但如果经过精心设计、悉心准备、谨慎执行之后，仍然导致了失败，那么**这种失败的背后，往往预示着根本性变化以及随之而来的机遇**。相对而言，那些外部的意外事件，多属于将既有的专业知识应用于新事物上的机会，它们只是提供了一种创新领域，企业是否跟进，则取决于自身的资源和能力。

所谓“不协调”，是指现状、事实与我们认为的“理应如此”之间，或者客观现实与个人主观想象之间存在着巨大差异。不协调的事件意味着一个**“根本的断层”**，这中间也会提供一些创新的机遇。它产生了一种不稳定性，在这种不稳定之中，管理者只要做一些针对性努力，便可产生巨大效应，促进经济和社会结构的巨大调整。但前提是对这些“根本的断层”要有深入的分析和科学的论证，而不是较轻率的主观臆测。

创新可以教授和学习

可管理亦可学习

德鲁克将创新与企业家精神视为一种可以教授与学习的原理。**创新是组织的一项基本功能，是管理者的一项重要职责，是有规律可循的实务工作。创新是可以学会的**。创新是一种组织化、系统化、理性化的工作。创新并不需要天才，但需要训练；不需要灵光乍现，但需要遵守“纪律”，也即遵守那些创新的原则和条件。**企业家精神既不是“自然的”，也不是“创造性的”，而是一种踏踏实实的日常工作**。

从这些观点来看，任何层级的管理者只要有学习欲望和学习能力，也能够成为一名企业家，并表现出企业家精神。管理者要有这种意识，**将日常管理转变为“企业家管理”，将企业家与管理者这两个角色进行融合**。青年管理者尤其要有这种自觉意识，在实践中不断培养创新和企业家精神；否则职业生涯很难走得更远，很可能止步于一个中规中矩的事务主义者。管理者必须为此有意识地奋斗，在创新和企业家精神上不懈地付出努力。

创新实践的核心原则

在绝大多数企业中，创新依然是因为无视制度而偶然发生的，而非依靠制度系统化发生。这便是问题的症结所在。德鲁克因而提出，**必须使组织成为“企业家”。在组织内部建立起一套创新管理机制，德鲁克称之为“创业型管理”。这样的创新企业即“创业型企业”或“企业家企业”**。创新、创业型策略和创业型管理，才是迈向创业型社会或企业家社会的真正根源。

创新训练的核心原则包括**几个“要做”**和**几个“不要做”**。几个“要做”：其一，有目标、有系统的创新始于对机遇的分析，而对机遇的分析则**始于对创新机遇的来源进行彻底思考**；其二，创新既是理性又是感性的，也是**一种科学、艺术与手艺的平衡**；其三，如想行之有效，创新活动就**必须简单明了、目标明确**；其四，有效的创新一般都**始于细微之处**，它们并不宏大，只是量力而行地去做某一件具体的事情而已；其五，一项成功创新的最终目标是取得市场领导地位，**在市场中占据一小块“生态利基”**，这是企业家创新的一个重要特征。几个“不要做”：不要太聪明；目标**不要过于多样化**，也不要贪大求全，一次想做太多的事情，这样往往会适得其反，最终一件事情都没有做成功；**不要尝试为未来进行创新**，要立足于现在进行创新。

对于公司而言，也存在一些创新“禁忌”。其一，不要将处于正常经营轨道上的业务部门与企业家、创新部门混同在一起，不要将创新项目放到已有的常规性管理部门之中，也不要让负责已有业务运营、开发和优化的人员再承担另外的创新任务，**要避免产生角色冲突的风险**。其二，创新努力要**基于公司现有的业务**，脱离现有业务领域的创新很少会成功。创新要**立足于自身专长**，轻易不要多元化，除非多元化可与现有业务共享核心能力，真正形成联结、协同和母合效应。其三，**通过并购中小企业来实现创新往往徒劳无功**，除非能够在相当短的时间里向被收购企业派驻胜任的管理者从而成功完成整合。

创新的日常管理机制

传授和学习企业家精神，要靠创业型管理实践来支撑，最终还得落实到企业创新、创业活动的日常管理机制上。这种日常管理机制因企业而有所不同，但一般要把握以下几个重点环节。

首先，要有相应的氛围与专门的协调机制。具体来说有 3 点。其一，整个公司**要有接受创新的氛围，人人“渴望接触新事物”**。管理层要习惯于把目光放在寻找新机遇上。创新机遇就好像是浮在海面上的冰山，人们往往只能看到海面以上的部分，而忽略了海面以下未显露的部分。其二，为激发整个管理层的企业家精神，**每半年举行一次务虚性质的创新管理会议**，讨论“我们如何发现机遇”“我们学到了什么”“我们如何取得成功”之类的问题。这种性质的会议能使参会者获得许多新观念，并点燃他们的创新激情，每次开完会后有一种“回去赶紧试一把”的冲动。其三，派一位高层管理者与各行政部门人员进行座谈，多听听他们的想法。**这种座谈会是一种非常有效的向上沟通的机制**，不宜没有聚焦地经常召开，但要有系统、有准备地坚持下去。

宜家的创新故事让人印象深刻，也广为流传。作为一家大型家具公司，宜家拥有很多连锁店。它们将未组装的家具打包售卖，客户可以直接把它们放进车里带回家组装。这为宜家公司和消费者都节省了不少成本，是一个真正的创新，甚至改变了整个家居行业。如果追根究源，这一杰出的创意是从哪儿来的？说出来或许令人惊讶。当时，宜家的一个工人买了一张宜家的桌子，需要将它放进私家车里带走，但发现桌子太大了，他只好将桌腿卸了下来，重新包装了一番，才得以塞进汽车后备厢，带回家后自己重新安装，恢复了售卖时的原状。宜家的管理者由此想到，既然自己的员工能这样解决问题，客户也一样啊。于是这个战略性的、创新的时刻便到来了。这个富有经典意义的创新源于一个工人，并不是宜家的董事长或者其他管理者。可见，

最有趣的创新常常来自基层，来自某个一线人员特殊的创造力。它并不需要拥有像爱因斯坦或者爱迪生那样卓越的智商和创造力，而只需要做出一些小小的权变。但是，我们也可以从中看出，公司的创新氛围也很重要。好的公司会鼓励员工不断涌现这样的好点子，并且这些好点子能够顺畅地传递到握有决断权的管理者那里："这是个好点子，我们就这么做吧！"而且这个管理者具有创新的敏锐性，这样好点子才能分享出来，从而改变原有的商业模式。明茨伯格在谈到这个案例时强调：**不要总把关注点放在高层；要想创新，就得多多地关注基层一线，打破那种傲慢态度和等级观念**。百度、阿里巴巴、腾讯之所以成功，也是因为它们非常接地气，它们的领导者不会高高在上，各层级的管理者也非常清楚底层发生了什么事情。创新并没有一般人想象的那么难，很多时候就是把一些东西转换另外一种思路，就可能变成一个新的东西。所以，每个人都可以创新，任何一个健康的组织都应该鼓励自己的员工大胆创新。

其次，在组织结构上要有专门的安排。企业要有相应的政策、实践以及对创新成果的衡量系统，这才能为创新和企业家精神的落地创造可能。管理者还要考虑到：创新是由人来完成的，而人总是在组织环境中开展工作的。**公司必须创建一种结构，以企业家精神为中心设计各层关系，并确保有相应的激励政策和容错机制**。特别注意的是，必须将那些创新项目与旧的、既有的业务和项目分开来组织实施。必须为新项目留有一席之地，而且最好要由高层管理者直接负责。比较务实有效的做法，是**采用项目管理的理念和原则**，在创新项目启动时，就将它作为一项独立的业务，好让它避免承担过重的包袱，有一个相对宽松的环境。此外，还必须明确负责创新的个人或小组的责任，要能够容许过程中的失败。

再次，"选对合适的人"依然重要。要使创新项目成功运作，公司在组织结构、依存关系、利益机制和容错机制上须有相应的安排。选对人是一个重要问题，选人涉及"由谁来负责创新项目"，以及"在完成项目后如何安排他们"这一系列现实问题。确实存在这样的人，他们长于做开创性工作，乐于接受创新项目的挑战。这类人以做项目经理为职业，在完成一个创新项目之后，再转战另外一个战场，承担起又一个新的创新项目。工程建设类公司的项目经理的工作性质就与此十分类似。美国有不少大企业都采取过这样的做法：**在公司内部选拔一些资深人士，委派他们去开创新业务，以此作为他们职业生涯的第二事业**。他们一般在一家公司都服务了 25 年，甚至 30 年以上，对公司的文化和组织非常熟悉。在他们到了 50 岁或 55 岁时，公司会为他们提供新的创业和创新平台，鼓励这些中年人转型为企业家，创办自己的企业，或者为公司开创新业务。很多人因此获得了“第二事业”的成功，为自己的人生开辟了一番全新的天地。

最后，科学评估创新绩效并有强挂钩的激励机制。探索建立相应的创新绩效板块，作为衡量、控制创新行为的基准，有效地嵌入公司整体绩效管理系统中。其一，在每一个创新项目中，建立起成果与预期目标进行比较的反馈系统。其二，将所有创新努力汇总，进行系统性评估。其三，根据公司的创新目标、绩效、在市场中的位置以及整体表现，来对公司的整体创新进行评估。其四，绩效评估结果必须与相应的激励政策相挂钩，而且激励的强度要明显大于日常经营性业务的激励。

第 16 章
普拉哈拉德的“战略创新之屋”

波特建议管理者要把主要精力放在如何应对行业竞争上，而普拉哈拉德则深谙互联网和数字化的影响，主张精准对接客户需求才是竞争的制胜关键。普拉哈拉德敏锐地洞察到竞争环境正在发生的两个深刻变化：一方面，价值要建基于每位客户独特的、个性化消费体验上，即 N＝1；另一方面，企业应从全球范围获取并整合资源，以形成一个全球化的系统，即 R＝G。这两个趋势极大地改变了企业的性质及价值创造方式，几乎没有哪个行业可以置身事外。

为此，企业必须进行战略变革，以重新构筑基于 N＝1 和 R＝G 环境下的核心能力。普拉哈拉德提出一个“战略创新之屋”的整合性战略变革方案：以业务流程及其分析工具，把 N＝1 和 R＝G 这两个趋势紧密联系在一起；同步推进组织能力建设（也即组织结构）和信息技术基础设施建设（也即技术架构），并以业务流程相衔接；企业的竞争优势最终将取决于突出的流程能力。

对竞争战略理论的修正

波特对信息技术的认识

早在写作“竞争三部曲”的年代，波特就已经意识到信息及信息技术对行业竞争格局和企业竞争优势的深刻影响。受制于那个年代信息和数据技术的发展水平，波特认为信息技术对于企业价值活动和行业竞争格局的影响性质属于一种**外部冲击**，并没有把它作为一个重要的**内生变量**系统性纳入战略分析框架。

波特认为，在产业结构和竞争优势上，信息技术扮演着重要角色。五力模型提供了分析产业效应的基础，而活动与价值链则是检视企业竞争优势的关键。**信息技术在竞争中所起到的作用，主要表现为信息技术改变了价值链**。信息技术应用于价值链的每个点上，可能会改变价值活动的执行方式以及活动之间联结点的本质。它同时也影响了竞争范围，重新塑造了产品满足客户需求的方式。企业的每项价值活动都存在**实体流程**和**信息流程**这两种要素，前者是执行活动的实际工作，后者则是指掌握、处理、流通这些信息所必需的步骤。每一项价值活动都会创造并使用某种信息。信息技术的进步速度已远远超过实体流程技术的发展速度。我们从中也可以看出，信息技术为何具有战略性价值，而且与其他类型技术在商业应用上有着本质的不同。

从竞争格局上看，波特认为，**信息技术改变了竞争的本质**，可能会从 3 个方面影响竞争。其一，改变产业结构，影响了产业吸引力，同时也改变了竞争规则。其二，在降低成本、提高差异化并改变竞争范围上，可以使企业以新的方式超越竞争对手，从而创造新的竞争优势。其三，信息技术可以通过这些途径孕育全新的行业和业务，包括而不限于：使一些新行业在技术上变得可行；或者创造出新产品的衍生需求从而孕育出新的行业；或者从企业内部的既有活动中，在老行业中发展出新业务。

普拉哈拉德的修正

普拉哈拉德不只是核心能力理论的开创者之一，也是全球 IT 界最有影响力的思想领袖。他所着手的许多开创性理论研究，在时间上要晚于波特 20 多年，有着明显的后发优势。在普拉哈拉德所处的时代，互联网的发展已日臻成熟，信息技术和数字技术不断取得新的突破，后续兴起的移动互联网、人工智能、大数据和区块链等多样化生态，几乎完全颠覆了企业原先的竞争环境，商业的本质正在发生逆转性变化。

在这样的时代和技术背景下，普拉哈拉德对以往居于主流地位的战略管理理论提出了挑战。波特的竞争战略理论坚持，管理者的主要精力应该放在如何应对行业竞争上，企业竞争的主要目标是从对手那里赢取市场份额。普拉哈拉德则认为这种观念有误导之嫌。在他看来，**管理者应该把主要精力放在自身的优势和客户的需求上**，而不应首先考虑对手的行为并根据对手的行为来选择自己的战略。很多学者认为核心能力理论立足于企业自身，解构了企业组织这个“黑箱”，这是对波特竞争战略理论的增益和颠覆。然而，普拉哈拉德的过人之处远不止于此。**与波特“由外而内”的研究思维不同，普拉哈拉德的研究思维是“由内向外”，在核心能力理论的基础上，建议管理者要基于 N＝1 和 R＝G 的竞争环境进行战略创新和变革，将市场定位对准客户的个性化需求，并在全球企业范围内获取并整合资源，这才是企业在竞争中的制胜关键。**

普拉哈拉德方程式：“R＝G”与“N＝1”

竞争环境的变化趋势

互联网、数字化、产业化和技术边界融合交叉在一起，开创了消费者与企业之间新的动力机制，**消费者与企业之间的关系已经发生了质的改变。原先以企业和产品为中心的价值观，正在被一种个性化体验和共创的价值观所快速替代**。我们正在进入这样的世界：**创新过程变成了生产者与消费者的共创过程；价值由某个消费者在某一时刻的个性化体验所决定。我们把这一现象称为“N＝1”**。这一现象早已延伸至远超过华为手机、京东商城和星巴克咖啡以外的范围，成为所有商业创新的第一新兴支柱。

N＝1 改变了企业与客户之间的关系，使客户真正成为企业的一

部分，促使他们以前所未有的参与度融入企业的研发、设计、定价、流通，甚至是企业的支付系统中。客户的参与也根本性地改变了企业的盈利和收费模式：从卖产品转而卖服务，从一次性预付收费转而按用量或服务周期收费，也即我们所熟知的**水电费收费模式**。服务或产品的信息属性将成为管理的第一属性，成为管理的主体和价值链的中枢。因此，**信息管理将成为资源管理的核心**。

在N＝1的情形下，企业核心业务早已潜移默化地延展出界，悄然越过了企业组织的围墙。以往的企业客户关系管理已不再适应发展要求。随着互联网技术的发展与成熟，范围经济、大规模定制经济模式脱颖而出。**企业的核心能力便由此演变为整合资源的能力**。因为没有一家企业可以完全占有资源，未来的企业必须在全球范围内配置资源。创新既在塑造消费者的预期，也在对变化中的消费者需求、行为和体验做出连续反应。要创新，就必须运用多方资源，高效地满足一方需求。时至今日，绝大多数企业已经加入了全球性的供应链，找到了专业化的低成本供应商。这样一来，资源获取日益趋于多渠道化和全球化。**在全球范围配置资源的价值链中，最高端也是最困难的，便是人力资源整合**。让散布在全世界的智力资源形成集体智能，推动共创型企业的发展繁荣，在目前以及可以想见的未来都是一个巨大的挑战。**对于这种从全球多个来源、不局限于某一家企业或其子公司来获取资源的趋势，我们称之为“R＝G”**。它是所有商业创新的第二个新兴支柱。

普拉哈拉德方程式

普拉哈拉德洞察到这些趋势，并由此提出了一个极具价值的商业思想：**其一，N＝1，价值基于每位客户独特的、个性化消费体验；其二，R＝G，所有企业都应从全球多个来源的企业那里获取并整合资源，以形成一个全球化的系统**。这意味着新的战略既要追求**微观的个性化体验**（N＝1），又要实现**宏观的全球资源网络**（R＝G）；既要讲求效率，又要兼顾灵活；既要达到透明度要求，又要维护企业隐私。N=1 和 R=G，描述了众多行业竞争环境的两个极其重要的变化趋势。它们极大地改变了企业的性质及其创造价值方式，几乎没有哪个行业可以置身事外。如果我们朝着 R=G 前进，就会发现最终面对的是 N=1；如果我们希望做到 N=1，那么就必须服从 R=G 的指向。这是一个“二合一”的定律，二者相辅相成，缺一不可。**N=1 和 R=G 代表了企业的竞争环境和价值创新空间的变化趋势，也意味着新一代企业核心能力创新转型的演进方向。**

在 N=1 和 R=G 环境下，企业与消费者之间的关系发生了 3 个方面的重要变革：**企业从销售产品变成了销售服务；企业与消费者的关系从交易型变成了服务型；B2B 和 B2C 趋于融合**。在全球性资源网络的新竞争环境下，公司面向某一时刻的某一消费者进行销售时，B2B 和 B2C 的定义就完全合二为一了。

普拉哈拉德进一步提炼出 5 点关键的变革因素，描述了管理者推进战略创新、培育新的核心能力的基本原则。其一，**价值正从产品向解决方案、再向消费者体验迁移**。在这一新的环境下，B2B 和 B2C 势将融合（N=1）。其二，没有一家企业拥有创造独特个性化体验所需的全部资源。因此，**所有企业必须通过各种途径获取人才、零部件、产品和服务**（R=G）。其三，企业现有的内部管理系统逐渐固化为创新的障碍。灵活的管理系统，尤其是**组织能力建设和信息技术基础设施建设，成为企业战略创新和转型发展的必备前提条件**。其四，系统中的**资源必须连续配置**。在 N=1 和 R=G 的环境下，连续的资源重组成为竞争的关键要素。其五，必须开发具体的模式，以促使组织能够**从数百万人中精准地识别出某一具体消费者**，而不再是漫无目的地“众里寻他千百度”。

样板：全球整合企业

源于 IBM 的“全球整合企业”（Global Integrated Company，简写为 GIE）概念及相应的实践，就是基于 N=1 和 R=G 环境下的企业组织新形态，它有 5 个特征。其一，企业不搞实体总部，只在全球范围按业务权重配置成**虚拟网络系统**。其二，企业设置各种功能中心以形成**业务中枢**，包括采购中心、研发中心、人力资源中心、交付中心、数据中心、票据中心、客服中心等。各中心也**不强调本地业务概念**，而是支持整个大区或全球业务，以充分地整合资源。其三，在服务对象上，各中心不仅支持本公司，也支持其他公司的业务需求，甚至包括竞争对手（R = G）。其四，公司的业务是**高度个性化定制**的，同时又是**大范围生产**的（N = 1）。其五，收费、定价采用**水电费收费模式**，用多少收多少，体现了充分的公平性。

战略创新的关键点

数据分析能力

每家企业都积累有大量的结构化数据和非结构化数据。管理者需要相应的能力和机制来发掘这些累积的数据，并从中提取价值。分析工具所使用的计算方法和定量方法也在不断改进，数字化的业务流程和演变中的 ICT 体系，逐渐使实时预测模型成为现实。**管理者必须注意周围环境的小细节，形成对机遇的敏锐洞察力，发现新趋势并快速做出反应**（见图 16 – 1）。

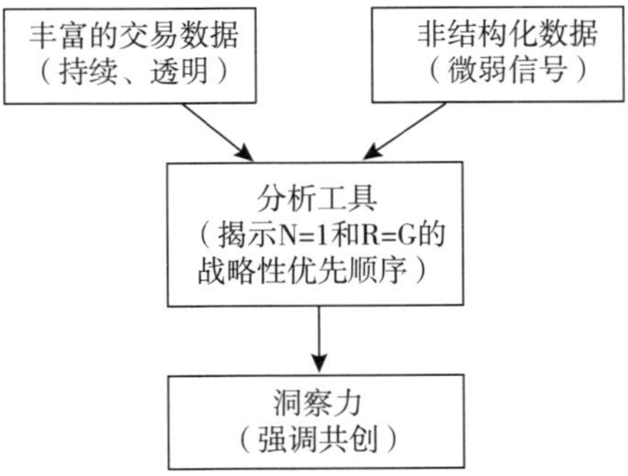

图 16 – 1　商业洞察力源于数据分析能力

管理者要对客户的行为、需求、技能（用以激活共创价值），以及庞大的供应商网络的真实能力有深刻认识，以此实现 R = G 的目标。拥有认清趋势并发现独特机会的聚焦式分析工具，是管理者必须具备的重要能力。唯其如此，才能做到将战略的清晰度与业务流程的清晰度结合起来，将颗粒度、透明度和灵活度贯穿于整个业务流程中（见图 16 – 2）。**数据分析能力是竞争前景和业务流程清晰度之间的桥梁，也是有效管理的核心能力之一**。

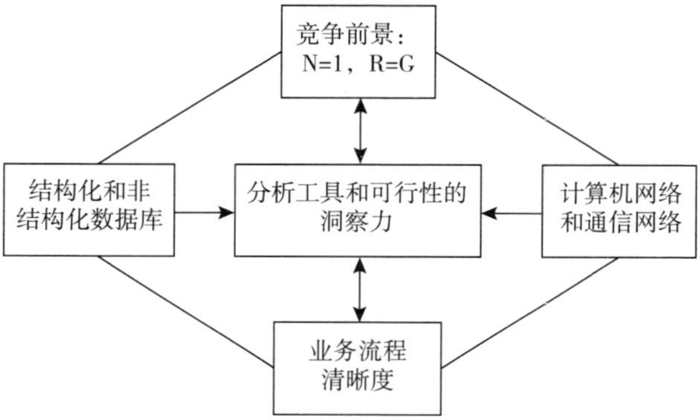

图 16 – 2　数据分析能力：提高战略和业务流程的清晰度

业务流程

随着向 N = 1 和 R = G 的竞争环境迁移，对于绝大多数企业来说，技术、劳动力和资本的优势已难以形成独特的差异化；在新的差异化竞争优势中，企业对资源、技术和人员的全面控制权已经变得不那么重要了，而实时、连续重组资源的能力，其重要性变得更为突出。作为战略和运营的联结环节，业务流程变得越来越重要。**开发灵活、透明和精细化的业务流程，促进连续性的资源重组，也即以 R = G 来为 N = 1 服务，将成为企业获得长期成功的黄金定律**。

创新和价值创造的新兴环境是知识密集型的，并且以个性化体验为导向。**在这一新兴的价值创造空间中，将战略与商业模式联结到运营活动的业务流程中就成为企业竞争优势的新来源**。业务流程促成了个体消费者（N=1）快速、实时和个性化的反应，它同时联结和协调了复杂的供应链，而供应链则将多家协作企业和消费者社区全面网罗并有效组织起来，形成创新和体验的来源（R=G）。

管理需要建立一套科学的业务流程，以使企业的价值观、战略、创意和商业模式变得更有操作的可行性，以此构筑企业的竞争优势。业务流程的这种作用，就像身体需要流动的血液来激活诸如思考、感觉、锻炼以及享受美食之类的功能一样。反过来，业务流程又强化了管理者的心智与行为模式，也就是他们的定向思维方式。**培育清晰、透明和有活力的流程能力，是战略成功的关键因素。**

普拉哈拉德将业务流程界定为创新的激活器。**业务流程是处于战略、商业模式和运营之间的联结环节，是对商业模式的明确且详细的理解**（见图16-3）。

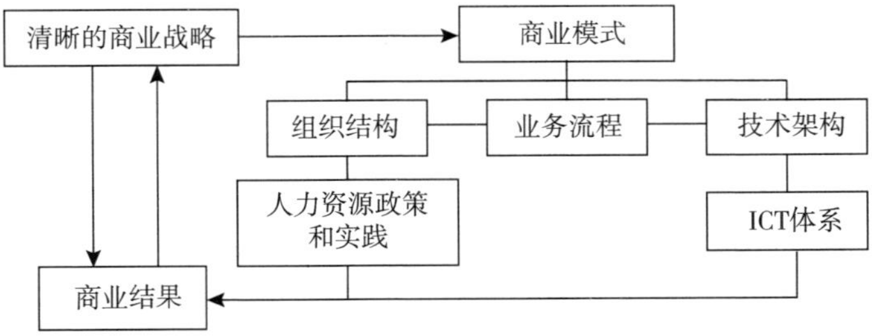

图16-3　业务流程：联结战略、业务模式与运营

我们可以从多个角度理解业务流程的真实含义：其一，一项执行一系列步骤、产生某一具体结果或一系列相关结果的活动；其二，一组相关联的、结构化的活动集合，构成一条事件链，为某一特定客户或客户群体提供产品或服务；其三，一张获取商业成果的配方，有投入、方法和产出；其四，为客户提供价值的协作性活动的集合，这一集合完整且动态协调。因此，**业务流程定义了企业内部、协作网络（R=G）和各种活动之间的逻辑关系，也定义了企业和客户（N=1）之间的关系**。业务流程要深深根植于组织结构和技术架构，反过来也会对组织结构和技术架构产生影响。

业务流程将战略与运营（也即将资产转化为价值的活动）联结起来，对创新具有关键的激活作用。**业务流程作为竞争优势的重要性，在过往很长时间没有得到管理者的应有重视**。只有少数有远见卓识的大企业，才会认识到流程能力的价值，并将它转化为独到的竞争优势，最典型的就是沃尔玛。而在绝大多数企业中，管理者在业务流程的建立、管理和变革上，虽然也花费了一定的精力，但很容易松懈，要么偏离了方向，要么半途而废，最终效果不够理想。这也**导致了企业整体的行动能力远远滞后于管理者的远见和思考能力。**

信息技术基础设施

业务流程将组织结构与技术架构紧密衔接起来。**企业要推进以创新为导向的战略变革，组织能力建设和信息技术基础设施建设是必须同步推进的两项重要工作**。我们将会在第八部分专门讨论组织能力建设问题，这里仅就信息技术基础设施做一番简要的探讨。

只有拥有合理的信息技术基础设施，企业才能够开发高效的业务流程和有针对性的分析工具。为此，企业需要建立 ICT 体系及其治理机制，从而将业务流程及分析工具同数据和应用程序联结起来。这种治理机制必须能很好地协调质量一致和低成本、变革能力和高效能力（R = G）、处理复杂性事务的能力和便于消费者使用的能力（N = 1）等矛盾。

企业必须进行最新、最科学的技术创新，即搭建一个先进的信息与通信技术平台。它将企业连接到互联网之中，联结产品、客户、供应商以及企业本身，成为创新的牢固根基。从商业规范的角度，普拉哈拉德将 ICT 体系分为 4 大类（见图 16 - 4），并贯穿于企业整个 ICT 体系的开发建设过程中。

近年来，**信息技术基础设施中台化的发展趋势较为突出**。随着数字化工业革命和知识经济的到来，管理者必须着眼于未来，在产品基础技术、智能化技术、知识型员工和信息系统上进行大规模投资。**这些信息技术基础设施和知识资产对于企业的各个业务单元或价值链来**

说，都具有非常明显的正外部效应。但是，由于这些未来才能逐步体现的外部收益，暂时还难以准确地予以核算并计价，而作为单个业务单元或者单个价值链模块，又没有足够的动力和相应的能力去投资这些基础设施，鉴于此，企业需要对整个平台上具有重要竞争力支撑作用的基础设施和知识资产进行集中投资，最终形成对企业各业务单元具有强大赋能效应的基础设施中台，以适应向 N = 1 和 R = G 竞争环境迁移的要求。做这些事情，需要管理者既要理性务实，谋定而后动，问题想透彻，把钱用在刀刃上，又要有"功成不必在我"的格局，将解决眼前的内生性需求与中长期持续升级优化的规划结合起来，以可承受的预算和可控的投资，一年做几件事情，一步一个脚印，真正将这个具有中台性质的信息化基础设施建起来、用起来，真正拥有应对 N = 1 和 R = G 竞争环境所必需的技术支撑能力。

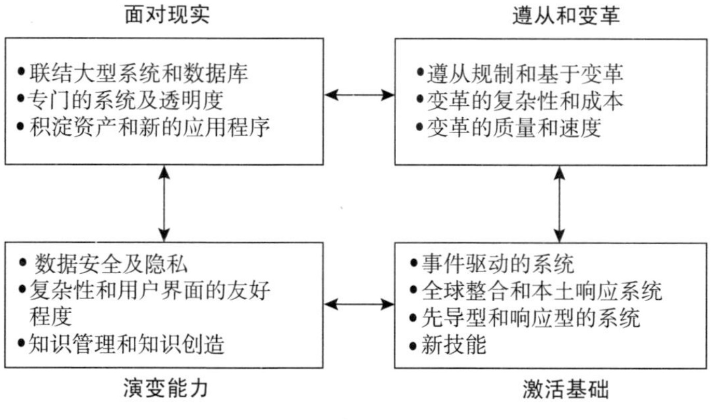

图 16 – 4　ICT 体系的商业规范分类

一般而言，建设这个中台性质的 ICT 平台，需要遵从 4 个基本要求：其一，以元件为基础的**业务流程设计**；其二，通过公司内联网和互联网取得的**普遍访问**；其三，数据和外部系统的**开放界面**；其四，分析工具的**整合能力**。表 16 – 1 进一步总结了这些具体规范，归纳了 ICT 体系的关键因素，以跟进 ICT 体系的升级和发展，从而建立起一个有效的综合性体系。作为流程基础的 ICT 体系及其分析工具，为未来导向的ICT体系建立了规范，提出了商业需求、商业-技术需求和技术需求决定的基本要求。

表16-1　新ICT体系的具体规范

N=1和R=G的要求	ICT体系的要求
面对现实 • 联结大型系统和数据库 • 专有的系统和透明度 • 积淀资产和新的应用程序	• 整合和挖掘企业内外部的大型数据库 • 以透明的方式提供跨流程的信息和数据 • 将积淀的应用程序捆绑到那些可以被整合进企业业务流程框架的流程元件之中 • 在ICT体系中使用一个共用的整合结构，它支持企业将新的业务流程和技术标准与现有的积淀系统和流程进行整合
遵从和变革 • 遵从规制和基于变革 • 变革的复杂性和成本 • 变革的质量和速度	• 动态遵从 • 在流程和数据层面对每项变革的影响进行评估和测试 • 通过一个元数据框架，追踪跨越不同业务流程的逻辑和数据之间的相互依赖性 • 准确预测每项业务流程变革所需要的工作 • 形成快速运用新业务流程应用程序的能力 • 形成从业务流程应用程序故障中预测质量水准的能力
演变能力 • 数据安全和隐私 • 复杂性和用户界面的友好程度 • 知识管理和知识创造	• 控制业务流程的透明度，并为访问控制生成审核记录 • 使用简单且易于理解的标准化界面 • 利用联结实时交易数据和业务流程信息流的中央门户，形成内容管理能力 • 形成为已知商业档案建立共用标准的能力 • 为管理者开发快速定义新模板和界面，以观察给定背景下的数据
激活基础 • 事件驱动的系统 • 全球整合和本土响应的系统 • 先导型和反应型的系统 • 新技能	• 形成在交易业务流程之上运用分析工具的能力 • 形成整合多个来源的结构化交易数据（如销售量）和非结构化数据（如广告视频）的能力 • 使全球业务流程透明化 • 形成将新技术和积淀资产快速整合到ICT体系平台上的能力 • 通过中央控制，形成追踪跨越业务单位和全球区位的业务流程变化和偏差的能力，以支持业务流程和治理 • 形成为业务经理开发易于探测新数据类型及利用小型应用程序尝试新流程变革的能力

普拉哈拉德的战略变革之路

管理者的定向思维

在一个成熟的企业里推进战略变革，其难度和复杂性要远远大于一家新企业的战略规划，后者是“一张白纸好画画”，而前者则要面对很多存量和积淀问题，时时处处会有“螺蛳壳里做道场”的局促和掣肘，消耗的能量和资源可能是“在白纸上画画”的很多倍。

一家企业在运行了一段时间后，在演变轨迹中形成了独特的历史和文化。这个过程中往往伴随大量的并购和重组，遗留下许多棘手的整合和存量问题，蕴含着不少风险因素。因此，这家企业所代表的绝不是某种单一的文化或能力，而是多元的文化和累积的能力，形成了**“价值观、核心能力和信息技术系统的融合与积淀”**。管理者无法回避类似的沉淀问题（见图 16－5）。

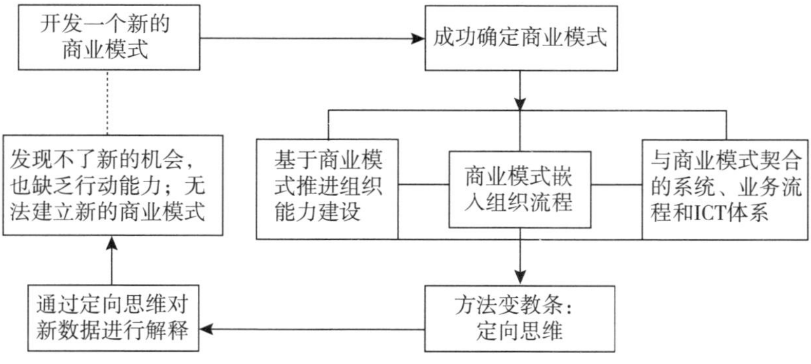

图 16－5　管理者定向思维的演变过程

无论是硬件，还是软件，无论是战略、组织、文化，还是自身的核心能力，企业的各个领域和各个方面都会随着时间的流逝而逐步沉淀一些陈旧部分，阻碍企业的创新与发展。这些陈旧部分往往导致了技术的落后、管理程序含义、官僚主义和形式主义盛行、文化理念的固化以及管理者的定向思维。**为了在 N＝1 和 R＝G 的环境下进行管理，管理者必须深入了解变革的内部障碍。这些障碍往往是由陈旧的**

信息、通信和技术系统所造成的，当然还有令人头疼、尾大不掉的冗员问题。公司只有打破内部流程和分析工具所造成的创新极限，才有可能真正推进商业模式的变革。

“战略创新之屋”

在 N =1 和 R = G 所界定的竞争环境下，企业的管理方式将发生巨变，仍活在以往的陈规中是没有出路的，管理者必须寻求面向新的竞争空间的制胜之道。**组织能力建设和信息技术基础设施建设无疑是其中最为关键的方面**。业务流程必须与管理者的技能、态度和价值观联系起来。组织结构、绩效计量、技能培训和组织价值观等组织能力建设，必须反映出新的竞争规则；而企业的技术架构——信息技术基础设施建设更是如此。**普拉哈拉德勾画了一张结构图来揭示在 N =1 和 R = G 的竞争环境下的企业战略创新的逻辑和构架，我们称它为“普拉哈拉德‘战略创新之屋’”**（见图 16 –6）。

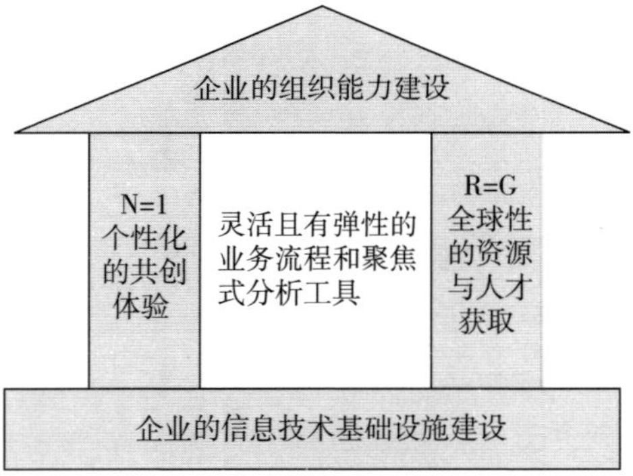

图 16 – 6　普拉哈拉德“战略创新之屋”

这个“战略创新之屋”表明了企业战略变革不同要素之间的内在联系，正是这些要素决定了企业的创新机制和文化。两个支柱代表着 N =1 和 R = G 这两个不可抗拒的发展趋势；而把二者联系在一起的是业务流程及其分析工具。如果企业的**组织能力建设**（也即**组织结构**）和**信息技术基础设施建设**（也即**技术架构**）没有融为一体的话，那么这一以创新为导向的战略变革也就不会发生。**业务流程是组**

织结构与技术架构的衔接环节，而且要深深根植于企业的组织能力和信息技术基础设施中，必须由目标明确的分析工具支持。在迈向 N = 1 和 R = G 价值创造环境的过程中，企业的竞争优势将取决于其业务流程，必须实现消费者和资源的无缝对接。企业将在客户对产品或服务的独特体验层面进行竞争。这将是一场以最低成本满足客户独特体验的竞赛。从每位客户身上激活相关独特体验，将促成企业在全球范围内快速重构资源、创意和人才。

“创新之屋”代表了一个整合的解决方案。管理者在推进战略创新时，不能取其一点而不考虑其他。如果把这场变革看作一次旅程，管理者如果没有在出发时做到深度思考和清晰理解，这个旅程最好就不要开启。开弓就没有回头箭，即便贸然上路，也注定不会有什么好的结果。**要确定清晰的出发点，就要基于企业现有的能力。**

方法论：战略的推陈出新

一个完整的战略变革过程，就是要在**“为何做”“做什么”**和**“如何做”**这 3 个基本问题上做到有机结合。管理者要有想象力，要有价值创造的激情，要能够将概念转化为详细步骤并随时进行自我更新，从而最终形成持续创造价值、不断推进创新的能力。一个关键前提是，所有这些变革措施必须在方向上保持高度一致，要避免出现步调不一致、方向上南辕北辙的问题。因此，这些工作必须始于管理者对变革性质的深刻认识，而变革性质则始于管理者对周围环境的深度思考。当然，最关键的还是付诸行动，而不是仅仅停留在思考层面。**引导企业整体向未来发展方向迈出坚实且方向一致的一步，是“如何做”的根本所在。**

如何实现向 N = 1 和 R = G 竞争环境的迁移呢？采用骤变式的战略变革肯定不是上乘之选，而且也不会取得好的效果。较为稳妥的做法是一次迈一小步，积小胜为大胜，逐步雕琢培育向 N = 1 和 R = G 竞争环境迁移的新能力并有效降低变革风险。联结 ICT 体系和组织架构的业务流程是核心所在。为了建立业务流程组合，管理者必须处理好业务团队与 ICT 体系之间、供应商动机与企业动机之间可能存在的脱节现象，使之很好地匹配并联动起来。

在这一推陈出新的战略变革过程中，普拉哈拉德为管理者提出了 12 条值得借鉴的原则。其一，所有的战略转型都应始于管理者**独特清晰的未来观**。价值创造将依赖于未来的 N = 1 和R = G。其二，管理者必须明确界定企业当前的能力，**厘清变革的出发点**。其三，管理者必须认识到，企业目前**在管理过程和管理能力上存在着差距**，并不足以把企业带到自己所向往的未来。其四，管理者必须将转型悉心分解成若干细小的里程碑事件以及可操作的关键步骤，而且要**确保所有步骤在方向和逻辑上高度一致，这样才能有助于企业增加新的能力**。其五，管理者必须认识到自己无法知悉并掌控整个变革过程的所有变化和细节，必须**在边做边学中善于发现和调整**，走了第一步，夯实之后再迈出第二步。其六，一定要有紧迫感，还要有坚持到底的毅力与韧性，**变革需要兼具速度和毅力**。其七，可以建立相应的量化或较明确的指标，以**衡量每个步骤的具体进展和实际效果**。其八，**长期专心致志，短期及时行动**，这是取得转型成功的关键所在。其九，管理者在变革中不仅要亲力亲为，还要**始终关注前进方向**，不能只顾埋头拉车，最终发现方向跑偏。其十，在大型企业，**组织能力建设尤为复杂**，而且涉及每个部门、每个人的利益，必须精细化地规划好每一个步骤，不能大而化之，过于粗放。其十一，组织能力建设必须与信息技术基础设施建设同步推进，**确保业务流程内嵌于企业的组织架构和技术架构中**。其十二，努力与结果会有时滞，要有耐心并能**正确对待过程中可能出现的失误**，并及时采取措施纠偏，这是确保长期变革取得成功的关键。

第六部分

结构、组织及依存关系

导 读

与“战略”问题高度相关的便是“组织”问题了。结构是由战略决定的，而组织又源于结构。对于管理者来说，“组织”命题涉及组织结构、组织能力以及与“人”相关的人力资源管理等一系列领域，这些都是关乎企业能力建设的核心问题，并直接影响企业战略执行和价值创造的质量和效果。

组织具有一些基本属性，把这些不同的属性组合在一起，便形成了一个符合外界环境和战略目标的连续性结构。我们知道，结构的变化往往会引起整个事物的变化，甚至会导致质的变化。就像石墨和金刚石都属于碳单质，但因为它们的结构不同，表现出来的性质有天壤差别。既然不同的结构决定不同的组织，我们也一般从结构的角度来对组织进行分类。迄今为止，最有生命力的组织结构仍然是科层制组织。就精确性、稳定性、纪律性和可靠性而言，科层制比其他任何组织结构的效果都要显著。然而，我们也要看到这种集权化结构容易滋生官僚主义、形式主义，也会造成高昂的协调成本和摩擦成本。作为科层制的最典型代表，直线职能制组织结构主要出现在简单而稳定的环境下，而且主要针对成熟型组织。直线职能制作为企业组织的主要运作系统，已经存在了100多年，并且在不断进化中。没有十全十美的组织结构，适合发展战略的就算得上是好的组织结构。

按照明茨伯格的观点，一个典型的企业组织通常包括6个基本构成部分：战略顶点、中层、运作核心、技术结构、支持人员和企业文化。从中国企业的实际情况来看，这6个组成部分大致对应于高级管理层、业务单元管理层、基层业务人员、专业支持性职能部门、后勤保障性职能部门及企业文化。组织既然建基于结构，各种内外部力场也是一种客观存在，它们维系着结构的稳定性。从企业外部看，波特的五力模型所描绘的力场，深刻地影响甚至决定着企业的战略；企业边界之外的各种力量，包括股东、政府、社区、监管部门、行业协会、特殊利益集团等关联方，也都试图对企业施加影响。从企业内部看，企业内部的各种依存关系，方向各异、力度不一，形成了交互影响的博弈力场。这也构成了管理者在企业组织中生存适应及从事各种管理活动所依赖的人际关系环境，就像空气一样不可或缺。

如前所述，人与人的关系，在企业组织场景中反映为各种依存关系，企业组织本身就是一个庞大的、相互依存的综合体。这种依存关系既包括对上依存、对下依存的纵向依存关系（也叫“垂直依存关系”），也包括横向依存关系和斜向依存关系。与此同时，企业组织的员工也呈现出显著的多样性。不同的人在目标、价值观等切要问题上总有不同看法，员工之间往往存在着很大的差异性。管理者要敏锐地看到这些特征，要明白依存性和多样性对企业内部人际关系的影响逻辑。基于尊重、佩服、需要、责任和友谊的良好关系，是管理者做好人际关系管理的重要权力资源。

在所有的依存关系中，职能部门与业务单元之间（也可以说是“行政部门与业务部门”或“前台与中后台”之间）无疑是一对天然的矛盾，需要管理者投入足够的精力予以主动管理。在如今的层级制结构中，真正手握权力的不是直接创造价值的业务单元，而是代表高层管理者的职能部门。如何科学处理职能部门与业务单元之间的依存关系，麦格雷戈提倡按照“专家—客户”的新型理念，建立并维系一种相互信任、相互支持的良性依存关系。这或许是一个较为科学的解决方案。

对于管理者而言，最直接也最为关键的便是处于权责范围之内的垂直依存关系，包括与上司的关系和与下属的关系。上司是影响管理者的履责行为、生活状态，甚至是决定管理者职业命运的“关键先生”。良性的上下级关系应该是建立在人格平等的基础上，双方既能适应彼此的风格、特点和期望，又能满足彼此的核心需求，彼此有赋能价值而且不可或缺；在工作之余，最好还有思想和精神层面的双向交流。如果说对管理者“权力”最关键的影响因素是他的上司，那么对管理者“影响力”最关键的影响因素就莫过于他的下属了。管理者自身的高绩效乃至口碑、人望，真正的根源在于他的下属。作为一个群体，下属也同样对上司具有影响力和制约作用，这些因素综合起来，就有可能使处于权力地位的管理者反而陷入“权力倒挂”的被动局面。管理者要特别关注核心下属的特定问题和需求，既关注人，也关注事，并保持二者的综合和平衡。

管理者在个人职业生涯的不同阶段，对各种依存关系要有相应的应对智慧。其一，在职业生涯初期，要注重建立必要的人脉基础。在工作过程中要积累大量的相关信息，建立广泛的合作关系，努力把握机会争取承担一些重要工作，逐步充实必要的工作履历，虚心学习各种技能并总结提升管理能力。其二，进入职业生涯中期后，便要抱有“惶者生存”的意识，尤其要谨慎用权。进入这个阶段，少数管理者在竞争中脱颖而出，拾级而上，开始在企业中身居要职。这个时候，管理者所遇到的权力难题更为隐秘，也更为磨人，所处的环境复杂，布满陷阱，各种压力容易导致“有道德的人做出不道德的决策”；同时也容易产生一种“我无所不能”的幻觉，患上过度自信的“成功综合征”。为此，管理者要保持平和、理性而谦卑的心态，尊重常识，坚守底线，谨慎做出恰当的决策，善用而绝不滥用组织赋予的权力。其三，进入职业生涯晚期后，便要考虑平稳让渡权力的问题，同时更要有开辟人生“第二事业”的自信心。对于每一名管理者而言，面对岁月不居的自然规律，退休意味着在告别公司生活之后开始另一种全新的生活。这也是开辟人生“第二事业”的良好契机，其实很值得期待。

第 17 章
企业组织的结构性解析

与“战略”问题高度相关的便是“组织”问题了。关于“组织”，无论是作为名词还是作为动词，我们首先得辨析一下在不同语境下的含义：在经济学语境中，“组织”即“任务的分派”和“报酬的分配”，其本质是资源组织方式及相应的激励机制；而我国企业所讲的“组织”，则是指按照一定的宗旨和系统建立起来一个集体，甚至专指人事或干部工作。仔细想来，二者似乎并无本质上的差异。

我们所讨论的是管理意义上的组织活动；当然，管理意义上的“组织”活动，在本质上仍然是从它的经济学含义衍生出来的。对于管理者来说，“组织”命题涉及组织结构、组织能力以及与“人”相关的人力资源管理等一系列领域，都是关乎企业组织能力建设的核心问题，直接影响到企业战略执行和价值创造的质量和效果。

企业的组织属性

人类社会的“组织”

德鲁克强调，**组织是社会的一种器官，只有为外部环境做出贡献，才算有所成就；组织是社会中的一种“人工制品”，与生物有机体完全不同。**在中国人的思维中，作为名词的“组织”，更为通俗的叫法是“单位”；在中国人的生活场景里，“单位”对于我们的重要性，可能仅次于“家庭”（家庭在某种程度上同样也可被视为一种“组织”）。我们在组织里成长，在组织里接受教育，又在组织里工作。但我们对组织的认识还是很肤浅，远不如对数学、物理、化学或生物学这类自然科学，学习了解得那么深入、系统。

新制度经济学代表人物之一弗兰克·奈特（Frank H. Knight）对组织做过颇为精深的研究。他说，**组织与劳动分工几乎是同义。在有组织的社会中，个人完成不同的任务，享受他人的成果。因此，组织的两个基本命题，即“任务的分派”和“报酬的分配”；组织就是研究这两个命题的学问，本质上是资源组织的方式及相应的激励机制**。在无组织的社会中，个人要从事所有的工作，并从自己所完成的工作中获取利益，报酬就是他所从事工作的直接的物质收益；而在有组织的现实社会中，人们一起工作，社会就一定要形成某种制度，可以让个人按照分工从事各自的工作，并由此决定他所能得到的他人劳动成果的量，以及他给予他人的、由他本人生产的劳动成果的量。

企业的组织属性

与“组织”高度相关，新制度经济学提出了“交易费用”这一重要概念。**交易费用，即经济制度的运行费用，具体表现为搜寻与信息成本、讨价还价与决策成本、监督与执行成本**。新制度经济学代表人物之一奥利弗·威廉姆森（Oliver Williamson）形象地将交易费用比喻为物理学的摩擦力，因此，我们也可以把交易费用看作一种摩擦成本。

新制度经济学的鼻祖罗纳德·哈里·科斯（Ronald H. Coase）将法学、经济学和组织理论结合在一起考虑，提出了著名的**“科斯定理”和“科斯第二定理”**。科斯定理表明:若交易费用为零，无论权利如何界定，都可通过市场交易达到资源的最佳配置；而科斯第二定理表明：在交易费用为正的情况下，不同的权利边界会带来不同效率的资源配置。这里面隐含着3个极为重要的观点。其一，企业的出现，主要源于市场运行成本的存在，**企业是对价格机制的一种替代**。在市场内部，价格体系发出资源配置的信号；而**在企业内部，企业家采用科层制，即以权力来配置资源**。其二，企业的规模，取决于企业内部的交易成本要么与另一企业组织此交易的成本相等，要么与价格机制“组织”此交易的成本相等。如果企业内部管理成本高于市场交易成本，企业就失去存在的经济学理由。其三，在许多情况下，企业间的长期合同被视为对实际运营一体化的替代。纵向一体化或长期合同能否代表更为有效的解决方案，取决于这两种可能的制度安排所产生成本的绝对关系。当资产变得更为专用化，且准租金增加，从而导致签约成本远高于纵向一体化的成本时，纵向一体化是理性选择；反之，还是应该选择长期合同的制度安排。

企业场景下的组织问题，无论是涉及任务分派或投入要素控制（其实质就是“组织”），还是涉及报酬分配或投入要素产出的处理权（其实质就是“激励”），在引入交易费用之后，就演变为以下两个层次的命题了：**第一层次，管理者要考虑的“组织”问题，涉及企业内部结构以及企业与外部，包括企业与市场、企业与政府、企业与企业之间等多重边界关系；第二层次，管理者所要考虑的“激励”问题，主要是如何建立有效的激励机制，充分激发企业的活力。这两个层次的问题结合在一起，其实质就是企业的组织能力建设问题**。这正是管理者所要重点聚焦并需要有效解决的。

组织源于结构

组织源于结构

在从较抽象的经济学意义上讨论了“组织”之后，我们再从管理学和管理生活的具体场景来看“组织”问题。组织具有一些基本属性，包括组织的组成部分、用以协调工作的机制、组织结构的基础、权力制度和外界环境。**组织源起于结构，结构有效地组合了组织**

的各种基本属性，以更好地适应战略和外部环境的需要。在德鲁克看来，组织本身不是目的，而是达成经营绩效和经济成果的手段。结构是不可或缺的工具，但错误的结构会严重伤害甚至摧毁企业的经营绩效。

结构的变化往往能引起整个事物的变化，甚至会导致质的变化。我们知道，石墨和金刚石都属于碳单质，但它们表现出来的性质却有很大差别。金刚石非常坚硬，可以用来切割玻璃；而石墨则比较柔软，经常用来做铅笔芯。它们之所以会有如此巨大的差异，正是因为它们的结构不同。虽然它们的化学式都是C，但石墨原子间构成正六边形是平面结构，呈片状；而金刚石原子间则是立体的正四面体结构。**从系统论的角度看，好的结构代表着协调、一致和适应。结构必须服从和服务于战略，要有很强的同化和适应能力**；结构要以绩效为目标，提倡明确的定义和严格的纪律，对冲突和矛盾加以有效的管理；结构要尽可能减少管理层级，以确保指挥链迅捷有效；好的结构还必须有利于培育和检验管理者和未来的高级管理层。**企业成功的原因在很大程度上并不在于它们利用了哪一种组织属性，诸如集权、分权或者其他属性；而在于它们如何利用“结构”，把各种特性相互联系起来，也即组织配置其特性能力的高低。**

为此，管理者要深入思考、体会以下3种观点背后的机理。第一个观点，**“结合起来样样有”，这远比任何一种“最佳方式”都更为重要**。从本质上讲，结构就是系统，系统中普遍存在着网络状的相互关系，这远多于变量之间的互动。第二个观点，为了保持内在特性的连续性，创造工作流程的协调性，并且适应外部环境，组织必须建立起结构。华为公司经常强调“以内部规则的确定性应对外部环境的不确定性”，正是这一观点的实践运用。**结构的本质就是“和谐一致”。有效的组织并不一定要把每一件事都干好，而是要集中全力，聚焦主题或最优先的目标来配置自己的特性，以达到自我调适的状态**。一般来说，组织的外部环境越是动荡，组织结构便越要有机化、分权化。这种有机的结构通过直接管理监督或相互调整等方式进行动态协调，保持高度的灵活性，才会有更强的适应能力。第三个观点，组织的改变并不像人们所想象的那样是连续式渐变，而是从**一种完整的结构直接跃变为另一种完整的结构**。对组织来说，保持一种较稳定的形态，一直等到与环境已明显不相适应，积累诸多矛盾后，再进行一次彻底的转换，调整为比先前更为合适的新形态。当然，对第三种观点的理解可能会存在一些分歧。这里所说的变革是针对组织的“基本类型”，在环境质变的情况下，组织从一种基本类型跃变为另一种基本类型。在实践中，根据战略和目标任务的需要，对现有组织结构进行微调或局部调整（还没达到“组织变革”的程度），这种情形也是较为常见的。

结构的本质在于协调机制

我们经常讲“管理架构”，其实更精确的说法应该是“组织结构”。如果要给组织结构下一个原则性定义，可以这样表述：**组织结构是将劳动分工成不同任务，并在各种任务中实现协调方式之总和**。管理者借助组织结构这一框架，系统地把庞大而复杂的目标或任务分解成不同部门、不同层级和不同职位能完成的任务和职责。如何分工和如何整合是其中的两大核心问题，管理者为此需要建立相应的协调机制。

协调机制是组织结构的最基本要素，是结构的黏合剂和润滑剂，因而代表着组织结构的本质。随着组织工作的日益复杂化，**较为有效的协调方式起始于最简单的机制——互相调整，再转换为直接指导，接着转换为对工作流程、道德规范的标准化，或者制定产量或技术标准，最后又回到相互调整上**。典型的协调机制包括：互相调整、直接管理、工作流程标准、产量标准、技术或知识标准、道德规范标准等。一般而言，组织的历史越悠久，存续的时间越长，它的协调机制和行为标准也就越规范化。**组织的规模越大，结构也就越复杂，它的组织单元和协调机制就更为专业化，其中的行政管理部分也就越发达**。

规模会使结构复杂化

虽然说规模不会改变企业的本质和管理原则，但是规模对结构有着重大影响。生物界的一个普遍定律是，面积与半径的平方成正比，质量则与半径的立方成正比；一个生物成长得越壮大，它所消耗的资源也就越多。**企业组织尽管属于人造性质，但同样也受支配自然生物生长定律的制约**。当组织规模日益扩大，它的结构就会变得复杂，内部事务也会变得纷繁芜杂，牵扯管理者的许多精力。

多大规模才算大企业？人们通常关注的是营业收入、资产规模或者员工人数，但实际上这个问题要归结到企业的组织结构。规模会使企业结构复杂化，这又会影响到管理结构和不同的管理机制。为此，管理者必须以不同的行为和态度来管理不同规模的企业，而规模的变化（也即企业的成长）事实上比规模本身对管理的影响更大。因此，**德鲁克的一个重要观点是，衡量企业规模唯一可靠的标准就是管理结构，尤其是高层管理结构。公司需要的管理结构有多大，公司就有多大**。大前研一也认为，企业的组织战略宜提倡“管理小型化”。虽然是大公司，但管理也要尽可能小型化，责任范围尽可能明晰化，不要丢掉企业处于风险投资阶段的管理长处，这样才能有效应对日趋复杂的外部环境。**规模上的“大型”与“中小型”，结构上的“复杂化”与“简单化”，这就又涉及管理的权衡问题了。**

组织的构成与力场

组织的基本组成

按照明茨伯格的观点，一个典型的企业组织通常包括 6 个基本构成部分：战略顶点、中层、运作核心、技术结构、支持人员和企业文化。在中国企业的语境下，可大致相当于**高级管理层、业务单元管理**

层、基层业务人员、专业支持性职能部门、后勤保障性职能部门及企业文化（见图17－1）。

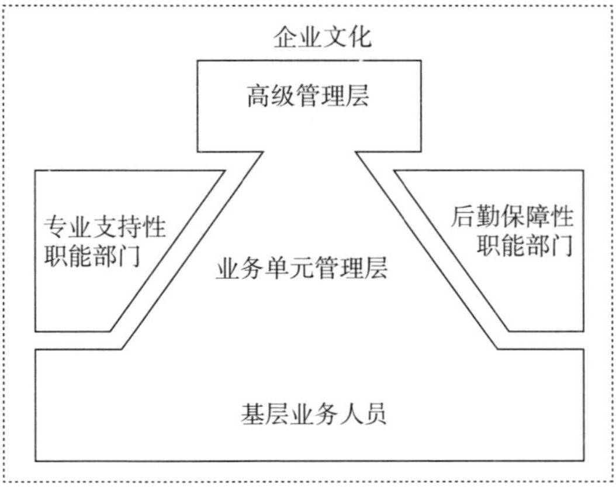

图17－1　企业组织的基本组成

图17－1中间是一个闭合构造体，由上端较小的高级管理层，与下端呈喇叭型的业务单元管理层和基层业务人员实现联结，**属于企业直接创造价值的业务系统**。这也意味着这3部分是通过单一的正式权力相联结，是一种典型的垂直依存关系；而专业支持性职能部门和后勤保障性职能部门则位列左右两侧，意味着它们**在形式上是独立于权力主线之外的，在企业价值创造活动中发挥着间接作用**。企业文化代表的一种软力量，**水银泻地般地注入结构并环绕在组织周围**。

我们可以按照以下思路，来简要理解组织的这6种分布。其一，任意组织的基层都属于操作层，组织必须有直接面对客户并完成组织基本工作的人，由他们来生产产品或提供服务，他们是**组织的运营根基**。其二，所有组织至少需要一名**全职管理者，他代表着高级管理层**，起着把方向、揽全局的作用。其三，随着组织规模的扩大，还需要更多**各种层级的管理者**，不仅管理基层业务人员，还要管理管理者，这样介于基层业务人员和高级管理层之间的中层管理者便应运而生。其四，随着组织活动的日益复杂化，需要专业分工的职能支持，于是**专业支持性职能部门和后勤保障性职能部门便变得必不可少**。前者如战略管理部门、财务管理部门、司库、人力资源管理部门等，它们独立于权力阶层之外，履行着规划或控制他人工作的管理职责；后者诸如行政后勤部门、公共关系部门、法律部门、董事会或具体办事部门等，主要提供内部服务。其五，在此之外，还有一层无形的、属于组织的意识形态范畴的组成部分，我们称之为“企业文化”，它代表着一家企业的使命、价值观和行为准则，是本企业组织区别于其他企业组织的一个关键因素。

联系此前的讨论内容，我们将波特的企业的价值链和价值系统理论与明茨伯格的组织分布模型做一个有趣的对照。波特将企业的职能部门分解为**采购、技术、人力资源**以及其他职能合并而成的**“企业基础设施”**，并将其开展的工作称为“辅助活动”；相比之下，高级管理层、业务单元管理层、基层业务人员所开展的工作，则是企业的**“基本活动”。“辅助活动”和“基本活动”一起，共同构成企业的价值链**。这两种分析框架在一定程度上有异曲同工之处。

组织的边界

无论是有形的，还是无形的，无论你是否承认，组织的边界是客观存在着的。正是因为存在于组织内外部之间，或者组织内部不同部门之间的边界，人们在价值观、工作机制、资源和信息等很多方面都会存在明显的差异甚至隔阂，会造成无法顺畅地交流和整合，有时候还会出现矛盾和冲突。**组织边界有垂直边界、水平边界和外部边界的区分**。前两者存在于企业内部，是基于管理层级和部门设置而产生的；而外部边界则是指企业与外部利益相关者之间的边界。

边界有其存在的客观必然性。组织内部边界可以有效区分不同层级和不同部门的职责、权力、专注点和专业分工；组织外部边界则确保不同组织在一个更大的“生态圈”中所扮演的不同角色之间的必要界限。

近年来流行“无边界组织”理念，但理念归理念，现实归现实。设立无边界组织，其目的就是要减少这些边界所产生的隔阂和障碍，更有效地整合人员、流程、资源和信息。虽然叫“无边界”，但并不是要拆除所有的边界，而是**要从公司战略落地和组织能力建设出发，减少不必要的边界，着重解决边界太“多”和太“厚”的问题，确保整个组织的效率和效果。**

组织的内外部力场

组织既然是建基于结构，各种内外部力场也是一种客观存在，它们在维系着结构的稳定性。从产业经济学的视角看，波特的五力模型所描述的力场深刻地影响甚至决定着企业的战略。此外，企业边界之外的各种力量，包括股东、政府、社区、监管部门、行业协会、特殊利益集团等关联方，也都试图对企业施加影响，这种外部力场也是无时不在的。**存在于外部力场的各种势力，无疑对企业的生存发展有着各种各样的影响，在管理者的视野和思维中是不能被忽略的。**

单从企业内部看，各种力量方向各异、力度不一，形成了交互影响的博弈力场（见图17－2）。**这是管理者尤其不能忽视的方面。**其一，高级管理层发挥权力与影响力进行决策，并通过直接控制或穿透管理来实施各种影响和协调活动，这种**领导拉力**难以抗拒，也是企业组织内部力场中最为正式、最为强大的一股力量。其二，业务单元管理层总有一种“自治”的内生冲动，不断寻求授权或纵向分权，强化对自身业务单元的控制力度，形成**割据拉力**。其三，基层业务人员会强调基层的实际情况及种种特殊性，试图纾解各种施加到自己身上的影响力，形成不可忽视的**专业化拉力**。其四，专业支持性职能部门强调组织全局、专业和工作流程，来争取横向分权，向组织施加**合理化拉力**。其五，后勤保障性职能部门则可以对组织施加**合作压力**，以此来参与并影响组织的价值创造活动。其六，企业文化自带**团结的内聚力**光环，它的重要性自然不需要多说。此外，小团体等政治因素也始终存在，在组织的主流组成部分不够强势，或者协调机制不够有效时，这些不健康的政治因素便会迅速弥漫并填补权力空白，形成一种**分散的外拉力**，让管理者始料不及。**内部力场的较力形成企业内部的**

各种依存关系，包括横向的、纵向的和斜向的依存关系，构成管理者在企业组织中生存适应及从事各种管理活动所依赖的人际关系环境，就像空气一样不可或缺。我们将在第19章“组织内部的依存关系”中做专门探讨。

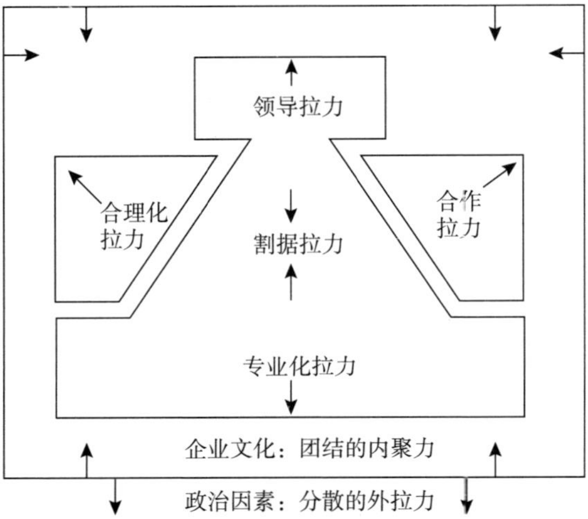

图17－2　企业组织的内部力场

第 18 章

几种典型的组织结构

我们把组织的不同属性组合在一起，形成一个符合外界环境和自身战略目标的连续性结构。合适的组织结构有利于确保战略落地，也有利于培育与战略实施相应的组织能力。组织结构既要保持相对稳定性，也要保持必要的弹性。

组织分类是一个难题。通行的做法是从结构的角度来对组织进行分类，不同的结构决定不同的组织。从我国企业的实践来看，最常见的组织类型莫过于直线职能制结构，或称作机械化组织。综合性公司和创新型企业的组织结构也较为人们所关注。近年来，现代公司组织结构出现了一些扁平化、网络化、小型化和柔性化的发展趋势，平台化组织大行其道。但这更多的代表着一种全新的战略和文化理念，处于探索和实践过程中，还不能说是一种成熟的组织形态。

适合战略的才是好结构

战略决定了结构

世界上不存在十全十美的组织结构。战略或许是一个检验标准，适合发展战略的可以说是一个好的组织结构。**管理者所能做的，就是选择与公司战略最为匹配的组织结构，有系统地培育自身的组织能力，并有效地解决所面临的核心问题，而不要指望靠组织结构解决全部问题。**

一旦选择了某种类型的组织结构，也会受到这类组织结构所固有的种种盲点和缺陷的影响。管理者只能通过员工能力建设、依存关系管理以及其他管理流程和工具，减少盲点，弥补缺陷，努力消融结构内部存在的各种不和谐以及边界、壁垒等因素所引致的问题。

我国企业结构的特殊性

我国企业的组织结构有其特殊性。较为常见的情形是：**结构和职责边界比较模糊**，一个部门该管什么、不该管什么，即便已有公开的制度文本，但实际做起来时又会比较模糊。高层管理者有时候会刻意把本属于 A 部门职责范围的事情单独拿出来，上提至某个跨部门的委员会，或者直接交给不相干的 B 部门去做。**因人设岗和因人授权的情形也很多**，信任度较高且较为能干的下属往往会得到更多的授权，高层管理者甚至会为其专设部门。很多有个性的高层管理者，他们的直接目的是要找到合适的人去为他们解决问题，为此会做出一些特别的安排，不想过多地受到现有部门设置和职责划分的束缚和掣肘。这样做显然是存在较高合规风险和道德风险的。**显性和隐性的层级比较多，职位晋升的弹性较大**。在现行的管理层级和职位设置之外，有些高层管理者会**新设一个“只可意会”的重叠岗位，以此对现有结构和依存关系形成新的钳制或有目的的调整**，这一做法对现有岗位功能的发挥存在巨大的隐性影响。不少高层管理者更习惯于越过既有管理层级直接向下管理和控制，**自上而下的穿透式管理较为普遍**。这种做法有其合理性，但是也要注意把握好度；过度滥用就会破坏既有的工作依存关系和上下级之间的信任度，从而产生较多的负面作用。

依据结构的不同，明茨伯格将人类社会的组织区分为**创业家型组织、机械化组织、多元化组织、专业化组织、创新型组织、意识形态与教会型组织、政治和政治型组织**等 7 种基本类型。由于意识形态和社会制度的不同，这种分类未必适合我国实际情况，有些类型的组织对于我们来说相当陌生。在这里，我们选择较为常见的直线职能制（亦即机械化组织）、事业部制和创新型组织结构予以简略介绍和评述。

直线职能制组织

层级制的典型代表

作为科层制组织的最典型代表，**直线职能制组织结构**（也即明茨伯格所定义的“机械化组织”，有些学者干脆称它为“机械化官僚组织”）**一般出现在简单而稳定的环境下，而且主要针对成熟型组织**。它具有以下特征：高度专业化的常规运作任务；整个组织的沟通极为正式化和程序化；适合大规模的业务单位；以功能为基础进行任务分组和部门设置；决策权相对集中于高级管理层；管理结构较为复杂，专业支持性职能部门和后勤保障性职能部门的员工与基层生产管理人员之间存在着显而易见的差别（见图 18 – 1）。

在直线职能制结构中，以业务单元管理层为代表的中层管理逐渐兴起。他们主要承担 3 项职责：一是及时处理基层员工中较常出现的混乱和无序情况；二是与专业支持性职能部门合作，把各种管理标准推行到业务单元，必要时也寻求后勤保障性职能部门的支持；三是促进组织中垂直依存关系的上下交流，让高级管理层的复杂行动计划能够层层下达，并及时向上传递、反馈基层的相关信息。

在直线职能制组织的发展过程中，我们注意到 20 世纪曾经出现过风行一时的**“职业管理”**现象。职业管理源于 20 世纪初，曾经在提高组织效率上有着积极的表现。这种职业管理基于泰勒的科学管理理论，在付诸实践时大多显得空洞、肤浅，有时候甚至缺乏道德，因而最终破坏了组织的活力和效率。这种倍受推崇的“科学管理法”坚持“系统优先于人”，逐渐消耗了人们从事精神工作的能力，不仅使得工人不再关心自身的劳动成果，而且也使得管理者逐渐丧失了人文精神，重创了企业的精神世界，同时也为自己敲响了丧钟。职业管理的不可持续，根源也正在于此。

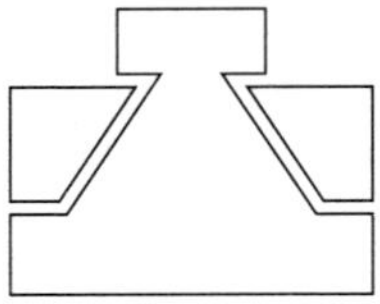

结构：
- 典型的集权式管理结构（有些学者干脆称之为“中央集权式官僚机构”）。
- 正式的程序，专业化要求，清晰的劳动分工；按功能分组，有详尽的层级结构。
- 专业支持性职能部门是关键，负责工作的标准化、流程化，与业务单元管理层有明确区分（在有些组织中，后者本身也是一个较健全的直线职能制组织）。
- 设有后勤保障性职能部门，用以应对各种不确定性。

环境：
- 适合简单而稳定的环境。
- 一般存在于较大型的成熟组织中。
- 岗位目标和任务相对明确而稳定，有合理化而非自动化的技术支持系统。
- 外部控制以明确的机构和机制实现，否则组织就易演变成为内部人控制的封闭系统。
- 常见于大规模生产、大规模服务行业里的企业组织。

战略：
- 一种较为自我的程式化战略。
- 对环境变化缺少适应性，本能地抵制战略创新和变革。
- 最终可能通过量子模式实现颠覆式变革，即以突发的战略变革终断其长期保持的稳定性。

优势：
- 高效、可靠、精确，有较稳定的连续性。

弊端：
- 各级管理者迷恋于命令与控制的管理方式，指导和赋能的意识较为淡薄。
- 基层一线业务人员缺乏创新动力。
- 业务单元管理层的割据行为需要投入大量精力予以及时协调。
- 高层管理者容易感觉良好，养成过度自信心理，对外界变化麻木不仁。

图 18 － 1　直线职能制组织的简要特征

依然有着强大的生命力

马克斯·韦伯认为，从纯粹的技术角度而言，科层制能够实现最大的效率。依据职能和职位进行科学分工和分层，采用“非人格化”的规章、制度为管理基础，以及追求经济效益是这种组织结构的主要价值导向。“等级的、强制的控制体系”“非人格化”“专家性质”是其主要特征。**从这一意义上来说，科层制是人类所知的对其自身进行必要控制的、最合理的一种结构和机制**。就精确性、稳定性、纪律性和可靠性而言，科层制比其他任何组织结构的效果都要显著。**马克斯·韦伯由此总结出经典的管理理念——控制主义。100 多年以后，它仍然是所有大规模人类组织的哲学基础。**

然而，我们也要看到这种集权化结构的明显弊端。这种臃肿的组织结构容易滋生官僚主义、形式主义，多层级的管理结构也会造成高昂的协调成本和摩擦成本。**由此带来的资源浪费和效率损耗，导致了惊人的显性和隐性成本，给企业带不来任何现金流，且制造昂贵的“管理税”**。另外一方面，大多数手握决策权力的管理者通常都远离前线，如果缺乏深入基层的风格，又不善于听取意见和建议，他们站在组织结构的高处，依据下级有选择性的汇报以及二手资料、信息所做出的决策，往往都缺乏针对性、有效性和及时性，最终大多无法落地。**由于决策链条长，反应机制慢，这种“大企业病”很可能会给组织带来致命的灾难性风险**。如果高级管理层长期处于一种稳定状态，又会造成过度自信心理，对外界的变化缺乏敏锐性。面对这种困局，管理者要深入思考：集权化是协调复杂活动的唯一方案吗？我们一定要支付这种不菲的“管理税”吗？

尽管如此，直线职能制作为企业组织的主要运作系统已经存在了 100 多年，至今仍然有着强大的生命力。我国从事传统业务的企业，无论是国有企业、民营企业还是外资企业，绝大多数仍在忠实地实践着这种组织结构模式。就像加里·哈默所说的，**如何在“高效的公司”与“人性化的公司”之间进行平衡，尽可能按照目标融合和自我管理原则来更好地改造直线职能制结构，让这棵老树发出新芽，这条实践之路很长，潜力也很巨大。**

科层制的改良

在第一次工业革命时期逐步形成的科层制组织，近年来呈现出逐步深化和进化的态势。在直线职能制组织的框架下，相继形成了**事业部制（子公司制）、矩阵制、流程再造**等多种改良式组织模式。这些改良的努力方向都是试图松动直线职能制模式下固化的结构和森严的等级观念。对于事业部制组织，我们稍后会做专门讨论，这里简要介绍矩阵制和流程制这两种改良形式。

矩阵结构又称规划目标结构，是把专业职能部门和业务部门（包括产品、服务、项目等）结合起来形成横向与纵向相结合的双线协调沟通的组织结构。矩阵结构中的个体，既与专业职能部门保持组织与业务上的联系，又要参加业务或项目小组的工作。职能部门是固定的组织，项目小组既可能是固定的业务组织，也可能是为特定任务而设立的临时性小组。**矩阵结构的意义是，在纵向职能专业化的同时实现横向业务的专业化**。它改进了直线职能制和事业部制强调垂直管理而缺乏横向沟通的缺陷，有利于企业内部业务部门之间、业务部门与职能部门之间，以及个体之间的信息交流和协同工作。通过矩阵结构的设计来赋权横向项目责任人，以此弥补传统科层制基于层级和职能的委托代理模式，从而做到在应对变化时，将一切未尽的委托代理责任委托于横向项目负责人，以便后者相时做出有效决策。

麻省理工学院教授迈克尔·哈默（Michael Hammer，与核心能力理论的开创者之一加里·哈默尔并不是同一人）提出了**“流程再造”**思想。流程再造思想事实上是数字化及变革时代的产物。虽然同样植根于科层制组织模式，但算得上是自工业革命以来，第一次针对科层制组织的根本性革新。通过流程梳理和强化，流程制进一步明确了基于层级和职能的传统委托代理责任中那些未明确的事项，通过流程固化将它们逐一落实了责任主体，进一步完善了委托代理关系。在实施流程化后，传统科层制企业虽然解决了那些未尽的委托代理责任的悬空问题，但它能够明确的责任大部分都限于事先可以预见的情况，而并未涉及那些事先无法预料的变化和不确定性。因此，**流程再造这种改良的组织模式，并未从根本上解决委托代理作为一种不完全契约的**

性质。在科层制组织的委托代理关系上，再加载一层流程约束，各层次委托代理关系的固化约束程度进一步加剧，一方面更难以适应外部环境的变化，另一方面还会产生更为严重的低能激励损耗和委托代理成本。鉴于这些原因，流程再造自然难逃最终失败的命运。

事业部制组织

适应于多元化场景

尽管对多元化的争议从来就没有平息过，但事实上绝大多数公司都程度不一地拥有多项业务，纯粹从事单一业务的公司反而比较罕见。我们把从事多样化业务的公司称为**“多元化公司”**，或者叫**“综合性公司”**。我们在第三部分第 11 章“多元化与公司层面战略”中讨论过多元化战略。**适合多元化公司的无疑是事业部制组织结构，事实上，事业部制组织就是为适应多元化战略而生的。**

与多元化的优势相对应，事业部制结构具有以下优势：一是利用业务组合原理，可以**适度分散风险**；二是根据外部环境的变化，改变业务组合，适时退出旧业务或发展新业务，**公司层面战略更有针对性**；三是通过不同业务单元的资金集中，促进资本的有效分配，并**显著降低公司整体对外负债**；四是可以给予个别业务单元更大的自主权，**培育创新机制和“新苗”业务**，也可以通过收购独立的外部公司来获得创新成果；五是可以跨行业、跨职能部门和跨业务单元进行干部轮换和多岗位锻炼，**培养复合型人才**（见图 18 -2）。

科层制结构：从 U 型到 M 型

人们尝试按企业的产出将业务活动组合起来，成立专业化的业务经营管理部门，形成**事业部制或子公司制**。事业部可以按产品、地区、客户分设，在企业宏观领导下拥有部分经营自主权，实现独立经营、独立核算，既具有利润生产和经营管理职能，又是产品责任单位或市场责任单位。**事业部制事实上构建了一种全新的 M 型结构，其重要意义在于塑造了一种分层治理体系。**企业的最高管理层可集中精力制定发展战略和经营方针，最大限度地将业务和管理权限下放到事业部，以充分发挥各自的专业性和主动性。**各事业部仍然采用传统的直线职能制结构，以保障专业分工所形成的高效率。通过将传统科层制的 U 型结构转变成 M 型结构，局部引入对事业部的高能激励，使得企业对事业部的委托代理关系进一步简化并聚焦重点，局部降低了委托代理的成本，提高了科层制组织的效率。**

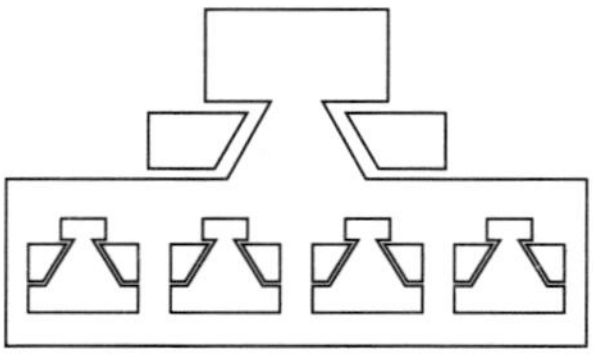

结构：
- 以市场为导向的各业务单元松散地结合在一起，共同受行政管理总部的控制。
- 各业务单元较为自主地开展业务，总部通过战略、财务、司库、人事和绩效管理系统来行使管理控制，控制力度根据管控模式而存在较大差异。
- 各业务单元内部采用直线职能制结构。

环境：
- 市场定位较为多元化，提供的产品和服务呈多样化特征；根据产业链形成的多元化促成了过渡型的多元化结构，而缺少内在关联的拼盘式的多元化结构也较为普遍存在，但相对稳定性差。
- 一般出现在规模大、很成熟的组织里，尤其是超大型企业和跨国公司。

战略：
- 总部管理公司层面战略及运作，各业务单元负责自己所在行业的竞争战略。

优势：
- 解决了直线职能制结构所难以解决的一些问题，诸如分散风险、转移资本和技能、实现关联和协同等。

弊端：
- 综合性多元化结构较为僵化，不利于激发创新；各业务单元受制于资本和总部限制，缺乏活力。
- 绩效控制系统可能会使业务单元对外部环境反应迟钝，或采取不符合总部整体利益的不负责任行为。
- 缺乏有效的信息技术基础设施支撑和利益激励机制，关联和协同往往难以落地。
- 采用公司化运作的各业务单元，迥异的治理结构和机制对总部管理产生极大的反向制衡。

图 18－2　事业部制组织的简要特征

独特生态及未来演进

也正是存在前述这些优势，**有些超大型的多元化公司自身就是一个生态系统，即便在必要时让自己与外界暂时隔离起来，也不会伤及根本**。它拥有足够的资源，也有充分的战略腹地，来应对一般企业所根本无法抵御的风险。新制度经济学代表人物之一奥利弗·威廉姆森就坚定地认为，**相比于效率低下的资本市场，多元化组织完全可以做得更好，它们拥有生存下去的充足理由。**

事业部制这种多元化结构的最大挑战，是它极容易在治理上陷入无法自拔的矛盾之中。无论是业务单元的公司化经营，还是并购或者混合所有制改革，多元化公司旗下的业务单元，其股东数量不断增加，控制权也越发分散，**以董事会为核心的业务单元治理结构和治理机制，与建基于事业部制的多元化公司的管控模式之间，内在的利益冲突进一步加剧并呈复杂化，有时候会变得不可调和，处理不当就会导致多元化公司分崩离析**。多元化公司的存在理由就是寻求控制，然而环境所诱发旗下业务单元出现的治理变化与发展路径，使得它所追求的控制目标变得越来越难以驾驭。**这种挑战和困境使得多元化结构逐步演变成为一种“徘徊在悬崖边上的结构”：再往前一步是万丈深渊——公司解体，各业务单元分裂成若干独立的市场化公司，从此老死不相往来；往后退一步，似乎可以迎来一种更为稳定的完整结构，但又回到了直线职能制组织这一起点**。悬崖边上终非久居之地，战战兢兢无法换来理性思考。从长远看，如果集团总部不能够给旗下业务单元赋能从而形成牢不可破的联结和协同，多元化结构便难以长寿，长期在“灰度”权衡中势必会迎来最终“二选一”的局面。

创新型组织

活力型和有机化

很多行业呈现大规模生产的特点，它们需要秩序，因此首选机械化或专业化组织。直线职能制的官僚结构就是大规模生产商所心仪的组织结构，它们通过标准化来实现高效率目标。创新型组织也称为“活力型组织”，它总是与“高科技”“数字化”联系在一起。**创新型组织的典型特征是“定制生产商”，它们的工作无法标准化**。创新意识强的人不喜欢僵化的结构和权力的集中。因此，**创新型组织包容性强，有机性特征突出，而且注重分权化。**

人们容易混淆**“创新型组织”**与**“创业家型组织”**的界限。二者的区别在于：创业家型组织的改革依赖于公司高层的某个中心人物；而创新型组织的改革则依赖全体员工参与组织中的创新行为。因此，二者需要的组织结构有本质的不同。

创新型组织具备适应自身环境的逻辑性和合理性（见图18－3）。其一，就像一个生物体一样，创新型组织**具有高度有机化特征**，各部分关联协调而具有不可分的统一性。直线职能制下的正规化、程式化的组织行为较为少见。其二，**以专门训练为基础**，聚焦专门领域从事创新工作。在人员和任务分派上，倡导流动性质的工作安排，把专家分配在不同的职能单位，但又同时安排在项目小组里完成工作，形成一种典型的矩阵结构。其三，在协调机制上，依靠各类团队、项目小组和综合管理者之间的相互调整来实现协调。这是项目小组内部和项目小组之间的主要协调机制，其**权力基础是专业知识，而不是职权**。这种文化和协调机制容易滋生矛盾和冲突。要知道，越是知识分子或专业人士聚集的地方，往往管理难度也越大。鉴于此，**创新型组织的管理者必须长于人际关系管理，具有劝说、磋商、平衡、求大同存小异的能力和经验，在诚意、善意和个人声望的基础上，把专家们联合起来，组成有效率的工作团队，以顺利地完成创新任务。**

一种过渡形态

一般而言，创新型组织是一种过渡形态。有些创新型组织因为创新失败而过早夭折，存续的时间很短；而另外一些创新成功了，而且连续多次获得成功，就会由此推动组织转变，促使组织转向更可预期的环境和更趋近直线职能制的稳定结构。

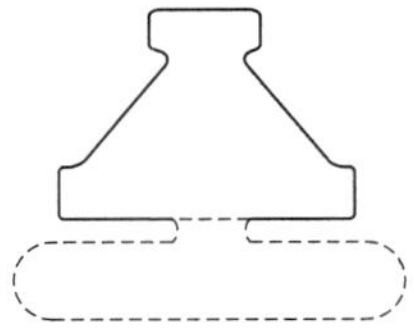

结构：
- 流动性、有机性特征突出，活力型组织，选择性地分权化。
- 由技术人员、市场人员和管理者组成跨学科团队，同时配备相应专业领域的专家，共同完成创新项目。
- 在矩阵环境下，项目组成员、项目经理、联络者和管理者通过相互调整方式实现协调，极少使用命令与控制。

环境：
- 复杂、变化且不可预见的环境，包括高科技、产品和市场的频繁变化。
- 公司一般处于成立初期，随着创立时间的延续，朝官僚化结构演变的趋势会越来越明显。
- 一般应用于新兴产业或“新苗”业务中。
- 存在两种基本类型：基于外包项目的业务型活力组织，以及基于自身项目的行政型活力组织。

战略：
- 学习型或自发式“野草战略”过程偏多。
- 大部分战略都是逐渐形成的，在大量自下而上的创意的选择及演进过程中逐步成型，并不是源于有管理的顶层设计。
- 高级管理层要有充分授权和相应的容错机制。

优势：
- 民主成分较多而官僚色彩较为淡化，是一种深受专业人士和年轻人欢迎的流行结构。
- 确实是一种利于激发创新活力的特别结构。

弊端：
- 组织的创新成果是以无效率的混乱过程换来的。
- 较易失控，也可能不恰当地演变成另一种意料不到的结构。

图 18 – 3　创新型组织的简要特征

第 19 章
组织内部的依存关系

相互依存性是企业组织的重要特征。与上司的良性关系应该建立在人格平等的基础上，双方既能适应各自的风格、特点和期望，又能满足彼此的核心需求，并相互赋能价值。管理者要高度依赖由下属组成的复杂人际关系系统，要特别关注核心下属的特定问题和需求，克服“权力倒挂”现象。处理横向和斜向依存关系，其原则是消除抵触、取得合作。前台与中后台之间本身就是一对天然的矛盾，应该沿用“专家—客户”的新型理念，建立并维系相互信任、相互支持的良性依存关系。

从个人的职业生命周期看，青年管理者每走一步或每更换一次岗位，都要更加注重处理好各种依存关系并积累相应的人脉和声望。贯穿管理者职业生涯的一条主线，便是与各种依存关系高度相关的权力基础的建立、保持与最终的让渡。管理者要自信：在职业生涯之后，还能开辟人生的“第二事业”。

源于依存关系的挑战

管理建基于相互依存性

与我们的祖先不同，人类如今对大自然的依赖越来越少，而人与人之间的相互依存程度却日益加剧。反映在公司生活中，个人可以独立掌控的自主权也越来越少，这使得我们只要面临工作职责和目标任务，就必须寻求公司内外部的机构和人员，从而获得资源和价值以及相应的帮助和合作，否则履行职责、实现目标和完成任务几乎变得不可能。**我们也由此陷入一张巨大的人际关系网之中——这是一张源于组织内不同部门、不同人群之间的相互依存性而编织成的网。**

如果我们今天仍然把管理工作看作主要由个人独立完成的任务和职责，那显然已落伍太多，与现实情况格格不入（见图 19－1）。尤其在一些大型公司，我们经常见到的现实是，从事复杂管理工作的管理者有数百人乃至上千人，更不必说散布在操作层的基层员工了。组织体系中不同层级的管理者普遍存在着**“权力倒挂”**现象，这更加剧了不同利益主体的冲突程度。因此，**无论层级高低，管理者都要处理好组织内部的各种依存关系，以及与此相关的合作与抵制行为。**

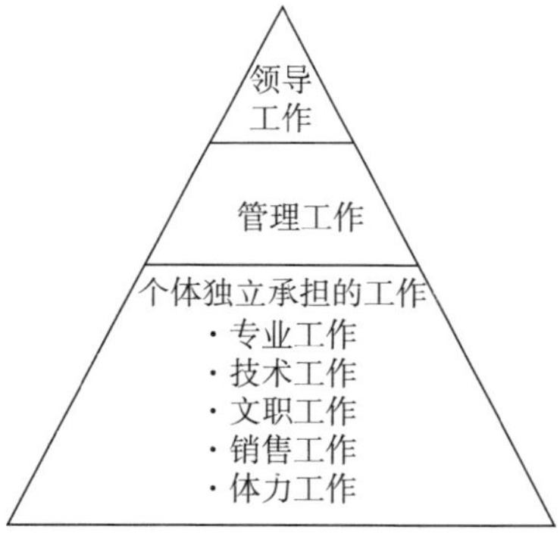

（a）原型，基于历史情况

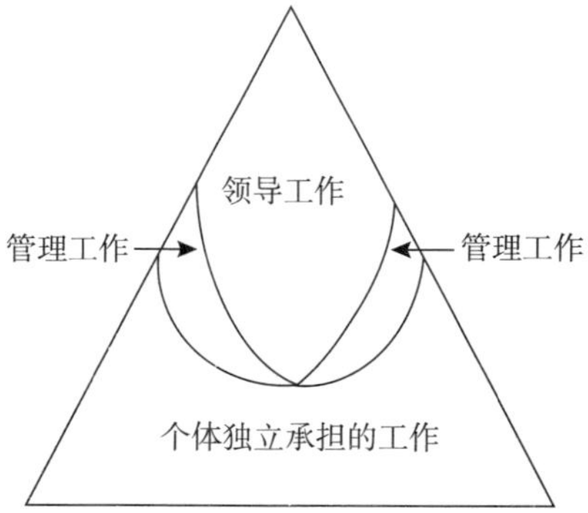

（b）现实状况

图 19－1　管理建基于依存关系之中

依存关系影响着管理有效性

结构必然产生依存关系。**所谓依存，是指任意一方都有影响对方达成目标及满足需要的能力**。作为一种现代组织，企业就是一个庞大的、相互依存的综合体，**相互依存性是其重要特征**。这种依存关系既包括对上依存和对下依存的**纵向依存关系**（也叫**“垂直依存关系”**），也包括**横向依存关系**和**斜向依存关系**。事实上，这种依存关系太普遍而且非常强大。**人们只有互助合作，才能保证工作履责**

的有效性，也才能使系统有效运行。管理者既要在各种依存关系中开展管理活动，也要动态管理好自身面对的各种依存关系。企业组织中的员工呈现出显著的多样性，不同的人对目标、价值观等切要问题有自己的不同看法，管理者也是如此，这更加剧了管理各种依存关系的难度。

管理者要敏锐地看到这些变化，要明白依存性和多样性对企业内部人际关系的影响逻辑（见图 19－2）。正因为组织结构中的高度依存关系，人们采取单边行动几乎不可能。员工处于各自的岗位，对组织内部的各项决策拥有一定的控制和影响能力。这种控制和影响能力可能源于他们正式的岗位权力、他们所控制的财务或人力资源、他们的专有知识或技能，也可能源于法规制度、有法律效力的合同或者绕不开的管理流程。对于这些决策，有些员工出于不情愿或畏惧协调复杂的人际关系，要么采取拖延策略，要么暗中阻碍，甚至采取破坏行动。此外，人们在目标、价值观、利益关系上的分歧，可能导致思考问题的角度有差异，有时候甚至出现水火不容的根本性分歧，这会使不同的人得出不同甚至完全相反的结论。**多样性越大，依存性越强，意见的分歧程度也就会越明显**。在我们的工作环境中，依存性和多样化程度越高，就越容易导致人们对某一事项或某一行动产生意见冲突，进而增加管理者解决这些冲突的难度。

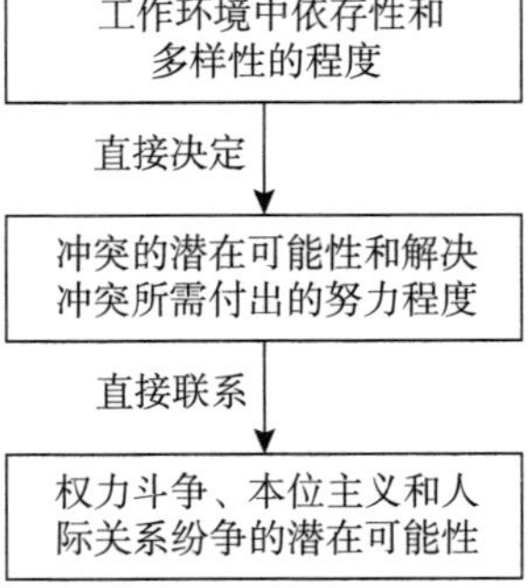

图 19－2　依存性和多样性对人际关系管理的影响

管理者的应对之策

基于各种依存关系，不同风格的管理者对于人际关系管理会持有不同的观点并采取相应的做法（见表19－1）。

表19－1　管理者关于人际关系管理的不同观点或做法

	需要修正的观点或做法	较为恰当的观点或做法
管理工作的基本性质	管理岗位是一个有权力的职位，权力意味着单向的命令与控制。	管理工作是一种依存关系。
工作重心	唯上司马首是瞻，全力为上司负责，因为上司是影响自己职业前程的“关键先生”；只关注少数人和少量关系。	不仅在于上司，更在于下属，特别是那些执行重要任务的下属及其关系。具有平衡好与上司以及与下属关系的意识和能力，关注的是很多人和大量关系。
完成工作所需的必备条件	懂得如何规划、组织、人员配备、引导、评估。	运用必要的权力以弥补工作中固有的“权力倒挂”现象。
主要管理行为	基本的管理流程：计划、组织、人员配备、领导等。	认真选择使用温和的或强硬的、直接的或间接的、实质的或象征性的、共同参与的或独断专行的等多样化且兼容的管理方法，以适应具体管理情境的需要。
其他重要管理行为	除了纵向依存关系，眼里没有其他依存关系的存在。	除了纵向依存关系，还关注且稳妥处理好横向或斜向的依存关系。

高效管理者要注重发挥影响力而非纯粹运用权力，即使要运用权力，也要采用恰当的方式。建议采取人性化的温和管理方式，更多地用信息和逻辑去指导、说服员工做事情。**正强化的效果总是比负强化好得多**。在企业组织，尤其是一些大型企业组织中，大多数员工都是受过高等教育的知识分子，属于德鲁克所讲的“知识工作者”，他们更愿意平等协商而非接受较生硬的“命令”；而且从长期来看，命令的方式会伤害员工自尊，损害上下级之间信任的根基，从而降低双方的效率。相对稳妥的做法，管理者既不能强制命令，也不能一味回避，而

是耐心说服一方，或者通过协商达成一个折中方案，让各方都能接受，或者释放善意，让渡自己的一些决断权给其中一方。管理者不要有太重的私心，要注重公平性，不能只追求短期利益和个人升迁，也不能偏袒其中某一方。

管理者要在这种依存性和差异性并存的局面中积极发挥影响力，绝不能消极无为。冲突的解决肯定会耗费大量时间和精力，也不容易立即找到解决方案，但这些事情必须及时处理。惯于采取“鸵鸟政策”，就很容易把小问题拖成大问题，错过最佳解决时机。**这些狭隘的本位主义和具有破坏性的权力斗争现象，就像癌细胞一样，管理者若不治疗和控制，而是任由其扩散，就会带来更强的依存性和更大的差异性，进一步破坏原先较为健康的文化，所有这一切反过来又会导致更复杂、更尖锐的冲突，从而使得局面变得难以控制，最终对组织肌体产生致命伤害**。相反，如果这些冲突得以有效控制，组织内部人际关系处于一种良性、健康状态，就会产生更多创新性的想法和创造性的解决方案，以及创新型的产品和服务（见图 19－3）。中国人经常讲“明者远见于未萌，智者避危于无形”，说的也是这样一番道理。

管理者要充分发挥自身的认知能力并运用恰当的人际关系技巧，准确评估员工在目标、价值观、理念等方面的差异，洞察员工之间微妙的相互依赖与冲突，并合理判断前两项对未来影响的能力。**基于尊重、佩服、需要、责任和友谊的良好关系，是管理者做好人际关系管理工作的重要权力资源**。尽管在现代社会中，人们之间的心理距离较远，彼此存有较强的戒备心，但管理者还是得与各种各样的人建立并维持良好的工作关系。这些技能、信息基础、所有的合作关系以及工作履历都是管理者岗位权力的有益补充，它们有助于管理者在高度复杂的人际关系环境中进行有效的管理和领导。总之，**当今复杂的组织内部依存关系正处于不断演进变化过程中，这就要求管理者要熟练掌握和运用影响力之道，主动管理和引导这些变化，努力使之朝正面、良性和积极的方向发展，为僵化的科层制官僚体制增添一些弹性和人**

情味儿，提升其创造力和适应能力，使整个组织内部的职场生态变得更阳光有趣、更有生机和吸引力，从而给大多数人带来舒适感和成就感。

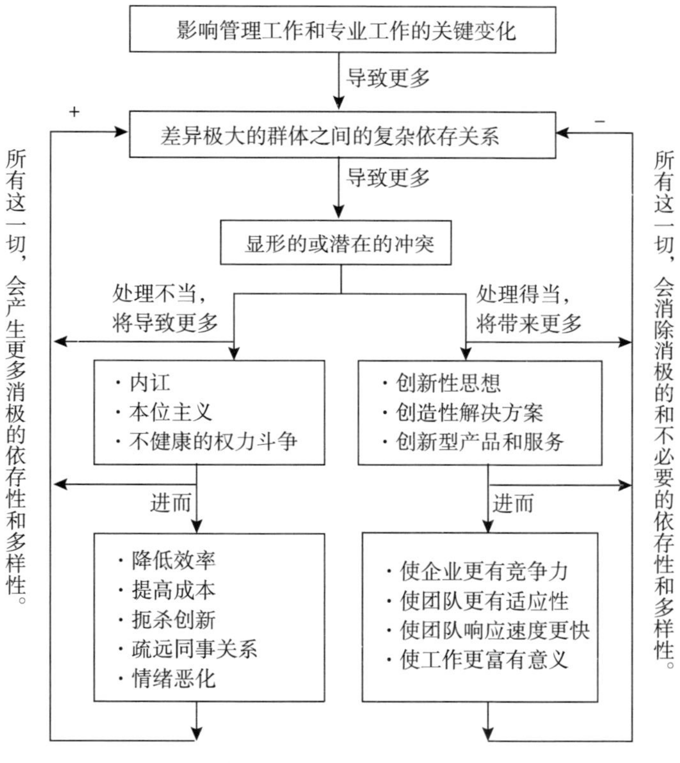

图 19 – 3　人际关系的管理逻辑

新型的部门依存关系：专家—客户

一对天然的矛盾

在企业组织的组成部分中，关于行政职能与业务职能之间的依存关系，以往少有研究。我们知道，企业的价值链是由业务部门的“基本活动”和职能部门的“辅助活动”共同构成的。所有的业务运营职能居于中央指挥链的地位，而其他行政职能则是为业务职能提供服务和支持。**在所有的依存关系中，职能部门与业务单元之间（也可以说是“行政部门与业务部门”或“中后台与前台”之间）无疑是一对天然的矛盾，需要管理者投入充分的精力处理好这对主要依存关系。**

在传统的组织理论中，二者之间的关系是以**X理论的“权威原则”**为基础构建的。这个基础性原则包括两条：一条是**组织内的每个人只能有一个上级**；另一条是**权威必须与责任相对等**。这些原则事实上很难做到。举个例子，管理者要对股东负责，必须在经济上追求成功，但却存在不少无法控制的影响因素；同样，各层级的管理者都无法控制诸多影响结果的因素，然而这些因素却明明白白地写进了考核他们绩效的平衡计分卡中。权威与职责对等的要求在现实中几乎无法实现，从逻辑上讲也绝非必要。

我们来描述一下在传统科层制组织中，有关业务单元与职能部门之间的关系处理，在奉行X理论的两个基础性原则下所产生的实际影响。**一方面，业务单元通常会将职能部门看成一种额外的“负担”，而不是获取支持和帮助的来源**。他们认为职能部门的意见大多不切实际，职能部门自身也总是陷在一堆过度标准化和官僚化的管理流程中不能自拔，很难有效率。由于职能部门代表的是总部或高级管理层，业务单元的管理者及其员工几乎难免受到来自职能部门的命令与控制；这种影响与其上级所施加的权威相比，在心理感受上并无二致，这也进一步加剧了业务单元对职能部门的排斥甚至敌视心理。“我尽量远离那些职能部门的人员，因为他们只会给我们带来麻烦。”这句话可以说是业务单元管理者和员工的普遍心声。**另一方面，职能部门也会对业务单元存在偏见**。他们认为业务部门只关心自己的“一亩三分地”，总会寻求自身的权威和独立性，总是在不断地寻求“割据”机会，他们不尊重职能部门的专业意见和工作成果，难以从根本上按照公司整体目标进行让步、调整和改变。职能部门宣称奉行参与和授权机制，所行使的管理控制也是代表高层管理者的，因此较容易获得高层管理者的认可和支持。然而事实上，职能部门善于争夺权力并推卸责任，它们之间经常各自为战，失之于横向协调，根本上难以做到从整体和全局上考虑整个企业的利益。在X理论的“统一命令”原则下，每个人都只有一个上级。这条原则使得即便在某一职能部门内部，也要非常小心，容易引起猜忌和不健康的“权力斗争”。只要指挥与控制还是主导性的理念和原则，职能部门所施加的权威和影响力都会全面浸润到组织的各种依存关系之中。只要权力仍然是目标达成的必要手段，职能部门之间、职能部门和业务单元之间的权力之争便无可避免，**由此导致整个组织大量的资源损失。只不过，这些成本和损失只是一种机会成本，不会体现在会计报表中，因而也不大会为高层管理者所觉察。**

“系铃人”与“解铃人”

解铃还须系铃人。**解决这个问题的钥匙，显然握在职能部门手中。**职能部门所应承担的主要职责，是协助高级管理层进行战略规划、管理控制、服务支持和解决问题。事实上，职能部门对于自身专业、关系、角色、职责和作用的认识，往往处于一种夸大和自我美化的状态，或许说压根儿就没有认真思考过这方面的问题。

形成鲜明对照的一种现实是，**在如今科层制结构里，真正手握权力的不是直接创造价值的业务单元，而是代表高层管理者的职能部门，他们掌握着政策制定、项目审批、资源配置、绩效认定、人事任命等诸多管理权力，以及审计、合规、风险、监察和巡视等一系列监督和奖罚权限。**对于许多复杂的问题，业务单元都需要高级管理层来协调解决；而在这一过程中，高级管理层成员又要高度依赖职能部门，**职能部门事实上承担了高级管理层“代言人”的角色。**我们也由此体会到，职能部门管理者和员工的职业素养、专业知识和培训经历，分析和解决问题的技巧和能力，必要的格局和胸怀，对于企业的长期成功来说，显得多么重要。因此，**业务单元尽管占据着指挥链的中心和基础地位，对职能部门的依存程度却在日益加强而不是减弱；**

同时，职能部门即便不再因迎合"统一命令"原则而过多运用权威，却由于其知识技能以及管理层对其控制和协调的授权，而日益成为影响甚至主导组织运作的核心。

恰当的分级分类授权可能是一种过渡性解决方案。在业务单元所积攒"口碑"和信用的前提下，职能部门在以往积累的管理数据基础上，在保持相应监督检查的同时，给予部分业务单元以相应的授权方案，该业务单元采用事后报备方式予以积极反馈。这样做的好处是可以有效减少直接控制，把决策权交给直接行动的业务单元，从而大大提高各业务单元管理层的积极性和运作效率；同时，职能部门仍会搜集相关资料，及时掌握情况，防止例外情况发生，并定期检查这种授权的有效性。我们也注意到，**在方兴未艾的平台化转型过程中，职能部门和业务单元之间的关系，逐渐演变成中台资源层和前台创业层的关系**。依托于互联网和数字化技术，这些传统的职能部门通过部分或全部、向内或向外市场化，经由一个去中介化的平台化转型过程，转而承担起**内外部资源整合、基础技术攻关和一些整合性的服务支持工作**，从原先的管理与监督、命令与控制，更多地转向前台创业体赋权赋能。

Y 理论的有益启示

Y 理论认为，人人都拥有内在的"控制机制"。自我控制的力量之大，足以使外来控制显得多余和没有必要。凡是为人父母的都明白这个道理：子女在成长过程中，父母要渐渐放手，无法也没有必要再像婴幼儿阶段那样严格控制子女的行为；在这个过程中，父母要激发子女的自我指导和自我控制能力，单纯靠家长权威，对孩子的健康成长根本无济于事。因此，父母的主要任务只是帮助子女逐步确立与社会相容的各种人生目标，提供相应的资源支持，激励子女为此付出努力，从而逐步践行这些目标承诺；当子女可以自如地运用自我控制时，父母亲便要逐渐放松各种外在的控制和约束。唯其如此，子女才能成长为身心健康的社会公民，日后能够对社会有所贡献。放在企业场景，也是同样的道理。**管理者要明白，自己面对的是受过高等教育的成年人，他们有能力运用自身智慧摆脱加在身上的外来控制，也能学会在适当情况下进行自我指导和自我控制**。管理者只有放松传统式命令与控制，相信员工具有达成目标的意愿和能力，在他们少量出错时运用恰如其分的容错机制和处罚机制，这样才能帮助他们成长，以更好地达成组织目标。当然，**管理者也要明白，采取目标融合和自我控制是需要假设前提的：员工能够自己承担自身职责，同时也拥有执行控制与命令所必需的资源。**

鉴于此，在职能部门和业务单元之间建立一种相互信任的机制，管理者需要培养以下理念。第一，要认识到传统的“统一命令”原则和“权威与职责对等”原则均不完美。这两项原则不仅与实际情况不太契合，也是造成不必要纷争和困扰的症结所在。**这些要求的X理论色彩太浓，应该朝着Y理论的方向转向，增添更多的人味儿。**第二，**职能部门的基本任务是对企业各层管理者，特别是高层管理者提供专业支持，而绝不仅仅听命于自己的上级**，只为自己的上级提供支持。第三，**职能部门的管理者和员工真正应当扮演好的角色是服务于客户的专业人士**，要真正具备相应的专业能力和经验，才能为业务单元所信服。这种专业支持，更多的是应业务部门的需求而提供，而不是强加到业务单元头上。**如果在这个过程中遇到“责任冲突”，职能部门就应当坚守“道德标准”，坚定地向企业和高级管理层负责任**。第四，管理控制的中心原则应该调整为“自我控制”。这项原则的实践意义在于，无论是职能部门还是业务单元，**只能将所收集的信息和数据用于自我控制和协调活动，而不是用于“告密”或掣肘等不健康、不阳光的公司政治目的**。一旦违反自我控制原则，职能部门将难免陷于责任冲突的困境，在“专业支持者”与“警察”的双重身份中难以找到平衡。

“专家—客户”的新型依存关系

业务单元在公司价值链中处于中心和基础地位，承担着联结客户和创造价值的责任；职能部门（包括专业支持性职能部门和后勤保障性职能部门）属于职能支持部门，代表着公司管理层履行管理、控制和服务的职责。**改善二者之间的关系，先决条件是职能部门要放弃“权威等于职责”的观念，业务单元也要放弃设法对职能部门运用权威的想法**。二者之间是相互依存的，单纯依靠权威来维护彼此关系，就像将权威作为单一手段运用于上下级之间的垂直依存关系中一样，是不恰当的。

促进职能部门与业务单元之间的衔接合作，提倡适度的内部竞争与活力，追求一种平衡而有效的管理，是管理者所要遵循的总原则。**如何科学处理职能部门与业务单元之间，或者说行政部门与业务部门、中后台与前台之间的依存关系，Y 理论的创始人麦格雷戈提倡应该按照“专家—客户”的新型理念，建立并维系一种相互信任、相互支持的良性依存关系**。在考虑双方利益的基础上，“任何典型的施加于对方的权威都将对双方行动产生影响”，这是建立新型依存关系的重要前提和共识。

“专家”与“客户”之间的依存关系，意味着谁也不能对谁行使权威，但双方可以相互影响。“客户”需要依靠“专家”的专业知识和技能，但想借助权威来获得“专家”的协助便很难达到目的；同样，“专家”也是依赖“客户”的，如果“客户”不接受或不运用“专家”的专业协助，“专家”对于组织而言也就没有多少存在的价值。

如果我们认同这种新型理念，也就能很好地理解那些原本非常费解的现象。比如，高层管理者往往跳过职能部门直接进行内部管理或对外联系，就是因为他难以采信职能部门的专业价值。再比如，一旦公司启动组织变革，一些职能部门就像“可生物降解”的废材一样，首当其冲被裁撤、被“瘦身”，或者成为“组织放血”的对象，而实践恰恰证明这就是治愈“大企业病”的一剂良药。这也从另外一个角度验证了这些职能部门对于企业组织的真实价值。

个人之间的依存关系：用心与尊重

与上司的关系：从来都不会轻松

在组织内部所有的依存关系中，**最直接也最为关键的便是处于权责范围之内的垂直依存关系，或者叫纵向依存关系，包括与上司以及与下属的依存关系**。德鲁克也说，管理者要确保工作成效，就必须发挥他人的长处，包括上司和下属的长处。这实际上也是管理者处理好纵向依存关系的一个关键方面。我们将在第 32 章“坚定的效率主义者”中继续对此做一番探讨。

组织内部上下级的关系，是拥有不同背景、承受不同压力且又处于科层制结构中的直接上下职级的管理者之间的一种相互依存关系。上下级之间在年龄、教育背景、地域文化、价值观等方面存在差异，这是一种普遍性现象。这种关系在本质上不同于家庭成员之间的关系。一些“85 后”“90 后”的青年人走上管理岗位后，独生子女的成长经历使得他们面对企业组织内部的上下级关系时，显得很不适应。在他们的潜意识里，很容易把上司和家长这两种角色混同起来。其实，**源于契约和工作关系的上下级关系，与源于血缘和生活关系的父母与子女之间的关系，完全是两码事**。

毫无疑问，上司是影响管理者履责行为、生活状态，甚至是决定管理者职业命运的“关键先生”。好的上司确实是可遇不可求，但即便这样，好的上司一般也不大可能领导你一辈子，变化与人事调整再正常不过。能按正常工作关系对待下属，不轻易逾矩，也基本不挑事、不折腾，这样的上司已属不易。格局狭小，心理阴暗，精于算计，惯于揽功推过，这样的上司也并不少见。**无论在职业生涯的哪个阶段，能始终处理好与上司的关系，对于每个人来说，从来都不会轻松，与上司的关系通常会成为一个令人焦虑和头疼的问题**。指望双方关系“自动”趋好，概率越来越小，因为双方都处于动态变化之中，你在变化，上司也在变化，而且彼此之间的关系还要受到环境和他人的影响，很多因素都难以预见，而且不可控、不可知。

管理者要处理好与上司的关系，重心不能单单落到上司身上。上司不见得都比下属聪明、成熟和理性。有些上司在组织内甚至被公认为平庸无能，或者私心重、口碑差而没有权威，或者某个上司与他的上司之间存在严重的分歧和矛盾，或者在同时有多个上司的情况下，这些上司之间存在不可调和的分歧和矛盾，以上这些因素都极大地加剧了管理者与上司相处的难度。管理者要认识到跟上司有关的这些具体情形，不能对上司抱有不切实际的期望。但反过来，**在复杂的组织中，没有上司的支持几乎是无法履行管理职责的**。管理者在与上司的相互关系上如果出现问题，很可能就会陷入以下困局：上司非但没有成为一种资源和支持，反而成为冲突和问题的根源，这就会严重削弱管理者自身的权威和领导能力，也会导致上下级双方都不能有效开展工作，从而给企业和上下级彼此都造成伤害。

在日常管理中，管理者要有效地建立并维持与上司的关系，需要注意以下几点。其一，**尽可能充分地了解你的上司**，包括他的生活经历和工作履历、人生目标和自身优劣势，他所喜欢的工作方式以及他近期面临的挑战、压力和烦恼。其二，需要进行理性的自我评价，明白**自身相对于上司的一些需求和优劣势是否存在互补性**，除了日常工作，是否具备为上司解决实质性挑战和难题的能力。其三，在此基础上，主动**建立一种有共同价值观、能满足双方关键需求、适应双方工作风格、以双向期望为特征的良性关系**。请注意，这种关系是双向互动的，而非单向的，纯粹单向的关系也难以维系持久。其四，在维持这种关系时，管理者**应注重向上司汇报思想和工作**。还要注意相应的汇报策略或技巧，一般人都不喜欢听到坏消息，“报喜得喜、报忧得忧”现象有其存在的人性基础。但即便如此，向上司汇报时也必须坦诚，特别是对于风险和问题要客观陈述；对于超出自己权限和能力范围的事项，应及时请求上司动用资源予以支持；要注重汇报自己的思想，让上司感到“诚实可靠”远比华丽的经营财务数据重要；少说或者不说阿谀奉承的恭维话，至少不能过度，否则会引起头脑清醒的上司的不适，或者被其他同事轻看，以致损害管理者自身的人品。

良性的上下级关系应该建立在双方人格平等的基础上，双方既能适应各自的风格、特点和期望，彼此之间感到相处舒服，没有心理芥蒂，又能满足双方的核心需求，彼此之间感到对方有赋能价值而且不可或缺，在工作之余双方还有思想和精神层面的双向交流。以下现象都是需要克服的：有些管理者过度依赖上司的权威和资源，在日常的管理活动中言必称上司，有意无意地打着上司的旗号，让下属心生狐假虎威式的厌恶；有些管理者因为长期在上司领导下工作，养成了明显的心理依赖，离开了上司似乎就无所适从，无法独立地判断和决策；还有些管理者把上司看成自己前进道路上的障碍，是必须搬开的“绊脚石”，几次碰壁后则只能暂且容忍，心理学家称这种反应为“反依赖行为”。存在反依赖心理的人通常是组织内的“刺儿头”甚至是“隐性炸弹”，和上司的关系也容易搞得紧张。**过分依赖和反依赖行为都会导致管理者对上司持有不切实际的认识，在处理与上司关系的问题上容易偏离正常轨道。**

因此，处理好与上司的关系，自然成为管理者工作的一个重要组成部分。管理者在到任一个新岗位之前，确实需要认真考虑以下几个问题。第一，**你和未来的上司之间存在什么差异？**这种差异是否大到不可调和？第二，**你的上司在能力和权威性方面跟他的同僚相比，是否存在明显差距？**这将会给你带来哪些问题？第三，**如果你有多个上司，那么他们对工作目标和策略的看法是否一致？**他们之间能否友好相处？搞明白这几方面问题确实不易，即便搞明白了，自身恐怕也并不握有多少选择权，也只能是在进入新角色后慢慢感悟并有针对性地调整。

与下属的关系：人望基础和高绩效保障

如果说对管理者“权力”最关键的影响因素是他的上司，那么对管理者“影响力”最关键的影响因素则是他的下属了。管理者自身的高绩效乃至口碑、人望，真正的根源无疑来自他的下属。管理者要高度依赖由下属组成的复杂人际关系系统。**管理者对核心下属的依赖程度，通常要远远高于权力范围外的那些人，也高于他的上司**。很多管理者并没有意识到这一点，或者没有看明白、想透彻。

人们通常所看到的管理者的权力，其实就是管理者对下属拥有的控制权。但人们常常忽视组织行为中也存在一种**“权力倒挂”**现象。**作为一个群体，下属也同样对上司具有影响力和制约作用**。这包括：下属所掌握的技能难以被轻而易举地替代；下属掌握着他人不知道的、重要的专有信息和知识；有些下属有着良好的人际关系和影响力，责备或撤换他们可能会招致其他下属的不满乃至抵制；有些下属的工作对于管理者而言至关重要，直接影响着管理者的绩效；有些下属的工作与其他核心员工的工作高度关联，管理者必须间接依赖这些下属。**这些因素综合起来，就有可能使得处于权力地位的管理者反而陷入“权力倒挂”的被动局面。**

从表面上看，管理者处理与下属的关系相对轻松，因为他拥有较多的控制权，可以较为强势。但实际上，我们从以上分析中也可以看到，这一依存关系的处理难度并不比处理和上司的关系以及权力范围之外其他人员的关系来得简单，只是困难的性质不同而已，主动权更多地握在管理者自己的手里。

要想做好管理工作，管理者必须对周边人事环境保持敏锐性，这一点是非常重要的。当然，只做到这一点还不够，管理者还必须根据这些信息采取相应的行动，确保使自己在“权力倒挂”的格局中不能陷入被动局面。**管理者要巩固克服“权力倒挂”的权力基础，其主要方式是建立更多的工作关系并获取充分的相关信息，要特别关注核心下属的特定问题和需求，既关注人，也关注事，并保持二者的综合和平衡**。这些方法论带有一定的功利性质。如果一名优秀的管理者在道德修养、身体力行诸方面具有令人信服的影响力，这些方法论就不值一提。

优秀管理者通常在处理这种纵向依存关系上占有主动权，能够拥有并充分运用良好的上司关系和平级关系，同时对自身工作以及角色定位也都有理性的认识。**与那些平庸的管理者相比，优秀管理者可以获得更多的资源，其中最为宝贵的便是良好的管理业绩、完整的工作履历和绝佳的口碑声誉**。“我就是我，是颜色不一样的烟火”。这种类型的管理者通常与下属的关系更为稳固，能够得到绝大多数下属发自内心的支持和拥护。有这种良性的人际关系做支撑，管理者履行管理职责也就驾轻就熟。在旁人看来，他们总能够使自己处于强有力的领导状态之中，从而在公司体系里拥有无形但极强大的影响力。

横向或斜向关系：人情像把锯

横向依存关系和斜向依存关系的共同点，都是权力范围之外的关系，属于没有正式授权的合作关系。横向关系较好理解，就是管理者与他的平级之间的关系；而斜向关系则是管理者与不分管他的上一层级的管理者或者与同级管理者的下属之间的关系。**横向关系和斜向关系往往难以察觉，因为这些关系不像垂直关系那样经常性存在，它们往往是间歇性、非经常性的，存在于专项任务或需要跨部门、跨层级协调的任务中**。在这个过程中，由于是跨部门、跨层级的员工之间的合作，容易出现一系列复杂的、难以预测的结果，管理者为此要认识到，与权力控制范围内的关系相比，横向关系或斜向关系具有更大的不稳定性和多变性。

处理这类关系的原则是消除抵触、取得合作，就像一句俗语所说的，“人情像把锯，有来有去”。管理者可以把这种权力范围之外的合作关系看成锯木头，双方要有诚意和共同目标，你推一把，我拉一把，结果就把这活儿干成了；如果也像垂直关系那样过度运用权力来进行命令和控制，你在往后拉的时候别人也在拉，你在向前推的时候别人也在推，结局很可能就是费尽力气没有结果。

总体而言，管理者要注重做好以下几点。**其一，要有预见的敏锐性**。要不断地观察和认识将来可能需要哪些方面的合作关系，对要完成的工作、工作的进度以及负责这些工作所涉及的部门和人员要有一定敏锐性，而且要在平时以一种谦逊和合作的态度维系这种良好的关系。**其二，不要低估组织内每名成员的隐形权力基础**。要正确地认识，尤其不能低估参与各方的潜在影响力，包括职级较低的管理者或员工。**在现代组织中，职位本身除了代表一个人在组织结构和层级中的位置，还体现了其他一些重要且隐形的权力基础**。这包括：对重要信息及其渠道的控制；对有形资源的掌控；个人在某些领域的非凡专长；个人品质及其在组织内部的群众基础；与组织内外的权力部门、关键人物之间的良好关系；经由非正式渠道合法地获得组织需要的稀缺资源等。在具体的管理情境中，任何一个权力基础都可能发挥重要作用，也都可能成为一个人强烈抵制合作或放弃抵制的诱因。**其三，客观分析并勉力消除抵制**。了解哪些人可能会抵制合作，以及抵制的程度及原因。抵制合作的原因归根到底还是人的多样性。员工在利益关系、能力、工作重点以及形势的认识和价值判断上会存在很大差异，由此导致冲突而不是合作。管理者要弄明白这些员工之间的差异性如何导致了内部冲突，以及哪些重要的正式或非正式因素又加剧了这些差异性。**其四，让步和妥协多半能取得好的效果**。建立与保持良好的工作关系，最常用的一种方法就是设身处地替对方着想，要有同理心，要会做必要的让步和妥协，满足对方的部分愿望和要求。当你采取这样的姿态后，对方在持续一段时间后也就慢慢开始信任你，更加重视你的观点、建议和工作要求，由抵制逐渐转向合作。**其五，强硬策略是不得已时的担当**。良好的人际关系加上有效的沟通，能够帮助管理者克服横向或斜向关系中的大部分抵制行为，但也并非在所有情况下都能如愿。在有些工作关系中，横向或斜向关系结构可能会导致一方对另一方采取强硬甚至是没有理由的顽固抵制。这个时候，**管理者如果没有更好的选择，为了完成任务，也就必须采取更强硬、更有力的反制措施**。尽管这样的做法有些冒险，因为这很可能会遭到对方到更高层级管理者那儿“告御状”，或者招致对方进一步的针对性报复，但在别无选择的时候，管理者也只能拿它当撒手锏。**不得已时候的强权，有时候也能反映出管理者的决断品质和真正的担当精神。**

职业生涯与依存关系管理

两个核心问题

面对组织中的各种依存关系，青年管理者基于自身的职业生涯需要处理好两个核心问题。**第一个问题是“工作环境与个人条件的契合”**。这个问题的困难之处在于后知后觉，通常事先没法儿获知这些信息。“只有你真的进入那种环境并且待了一段时间以后，才能真正知道那是怎么回事。但这个时候显然是为时已晚了。”个人在选择组织时，是无法对组织内部的依存关系和人际关系的复杂程度做出预判的，这种情况即便是做尽职调查也是无法解决的；一旦进入到这个组织，如果遇到环境与个人情况不相契合的问题，无论个人能力如何突出，事业发展过程都不会顺利，都极可能出现这样或那样的“幺蛾子”。这个问题我们在前面的部分已经做过详尽的讨论。**第二个问题是在个人职业生涯的不同阶段，要采取不同的策略处理这些依存关系，关系顺畅时要用心维系，趋于恶化时要尽力控制**。在职业生涯的不同阶段，管理者所面临的重点工作、问题和挑战也不尽相同，了解不同阶段的具体要求并采取相应的态度和做法，对于个人职业生涯和人生的平稳发展都极有裨益。

从个人职业的生命周期看，青年管理者首先要管理好自身与组织内复杂依存环境的关系。如果没有这方面的意识，就不能有效地应对眼前的管理工作和长远的职业发展。在职业生涯起步时，要有主动甄选组织的意识，根据背景、兴趣、性情和个人技能来选择行业、公司和起步岗位；**选择一个与自身价值观相契合并且有利于发挥自身专长的职业环境，显得尤其重要**。无论如何，如果在刚刚毕业时不具备这种选择的条件和底气，那至少在35岁之前是要完成这一选择的。一旦选定了合适的组织和工作，接下来便是发展个人事业。**每走一步或每换一次工作，都要更加注重身边的各种依存关系，并注意建立良好的人际关系。在职业生涯起步以后，贯穿管理者职业生涯的一条主线**

便是权力基础的建立、保持以及最终的平稳让渡。当然，这里所讲的“权力”主要是与“责任”相关联，是履行职责所应匹配的一些资源，并不完全属于人们理解的功利意义。

职业生涯初期：建立必要的人脉基础

青年管理者在个人职业生涯初期的第一个挑战，就是选择适合自己需求和价值观的行业、公司和具体岗位。在达成这样的初步匹配后，接下来要考虑的是，**依托组织内部现有的各种依存关系，逐步建立自己的人脉基础，为自己的职业生涯起好步、开好局。**

青年管理者无法掌握太多权力资源，通常只能依靠自身所具备的一些技能、禀赋和潜质。因此，青年管理者要在工作过程中积累大量的相关信息，建立广泛的合作关系，努力把握机会争取承担一些重要工作，逐步充实必要的工作履历，虚心学习各种技能并总结提升管理能力。**随着时间的推移，青年管理者的人际关系会不断提升，合作关系会越来越广泛，掌控的信息和资源会越来越多，工作业绩会越来越突出，所承担的职责也就越来越重要，为日后的成功奠定坚实的基础。**

在这个阶段，如果能够争取参与重要项目，或者到具有战略意义的部门或岗位任职，哪怕主动申请到一些较为艰苦的岗位上锻炼，就容易在起跑线上赢得先机。因为在这些领域工作，能够得到更多的资源支持，也更容易得到高层管理者的关注和赏识。此外，**青年管理者在职业生涯初期，如果能得到组织内有着重大影响力的“大人物”的赏识和点拨，或者能遇到几个志同道合的同事，彼此之间结成良师益友的关系，对于夯实职业基础，并走好今后的人生路来说，具有重要意义。**

现在年轻人的职业选择倾向对收入看得过重，或者过于追求那些看起来“体面”的单位或工作岗位。比如一些名牌大学的毕业生，对基金行业或者各大金融机构总部趋之若鹜，无非就是追求一个较高的收入和较体面的身份。相比之下，对于一些至关重要的因素，比如一个企业组织的文化氛围和人际关系，岗位工作能否发挥自身专长，是否具有职业发展空间等，这些年轻人反而不太看重。在一些人事环境不太单纯的单位，这些才华横溢的年轻人会变得更热衷于权术和技巧，想尽各种手段“搏上位”，逐渐沦为一名彻头彻尾的“精致的利己主义者”。这对他们的长远发展会带来实质性甚至致命性损害。因此，这种选择倾向，加上不健康的组织文化影响，很可能会让年轻人在职业发展上陷入困局。5 年、10 年后的“泯然众人矣”，与刚刚步入社会时令人称羡的自带光环相比，形成了强烈的反差。

换一个角度，**作为一名管理者，要有提携后进的情怀，竭力给那些处于职业生涯初期的年轻人一些帮助**：给他们多介绍一些公司文化和人际关系方面的经验和非机密信息；鼓励他们与人为善，为他们发展良好的人际关系创造各种条件；多给他们提供一些宝贵的历练机会和岗位；为年轻人的成长和“攒口碑”做及时的肯定和恰当的宣传；倡导建立“导师制”，鼓励上下级之间建立良师型的指导关系。**在职业生涯初期，年轻人不能只靠自己摸索前行，如果能得到几位良师益友的言传身教和悉心指点，可以少走很多弯路。**

职业生涯中期：谨慎用权

步入职业生涯中期后，那些优秀的年轻人便逐渐在竞争中脱颖而出，开始在企业中身居要职，成为组织里名副其实的 Big Man，跻身“成功人士”“人生赢家”之列。

到了公司高层，由于所处的组织塔尖位置和特殊的工作性质，能深度接触的人员范围反而变得很窄了，真正处于一种“高处不胜寒”的境地。其实，高层管理者在这个阶段所遇到的权力难题更为隐秘，也更为磨人，所处的复杂环境布满陷阱，各种压力容易导致**“有道德的人做出不道德的决策”**。另外一种情形是，攀上事业之巅，一览众山小，有些高层管理者极易产生一种“我无所不能”的幻觉，从而患上过度自信的“成功综合征”。这很可能会给他们的事业和生活制造很多麻烦。所以，**到了这个阶段，管理者必须有强烈的伦理道德**

感，保持平和、理性而谦卑的心态，克制权力欲和不恰当的“澎湃激情”，尊重常识，坚守底线，谨慎做出恰当的决策，善用而绝不滥用组织赋予的权力。

职业生涯晚期：平稳让渡权力

能力再出众、事业再辉煌的管理者，也抗拒不了岁月的自然规律。**在临近职业生涯晚期时，管理者更须保持平和心态，做到在适当的时候、以恰当的方式放弃权力并平稳让渡；这对企业组织和个人而言，都是一种幸事**。但往往有些管理者即便宣称了“退休”，事实上却“退而不休”，仍在为原先组织的人和事情忙碌不已。他们可能有这样或那样的借口：认同组织，对公司有着深厚的感情，很难做到完全退休；多年来对公司过多地投入，生活重心就是这家公司和这份工作，退休后感到无事可做；上级组织或董事会的信任和挽留，公司也处于一个需要自己的时期，确实离不开；没有合适的接班者（事实上，强势的领导者也确实不善于培养自己的接班人）。**在经历了十数年甚至数十年的呼风唤雨之后，很多高层管理者很难从容地放弃手握的权力，从而给企业造成了严重的接班问题**。如果遇人不淑，继任者不仅不去妥善处理前任的未竟工作和遗留问题，而且不断地在财务报表上“洗大澡”，不遗余力地清洗“旧臣”和翻旧账。这些“不厚道”的行为，就会给前任制造很多麻烦，即便退休了也难以过上平静生活。这种事例并不鲜见。

对于一家市场化程度较高的公司，成功交接班的前提是提前做出周密的安排。首先，**营造一种氛围和文化**，让公司各层级管理者和员工预期到交接班迟早要发生。这是自然规律，并不是让人难堪的事情。其次，要有充分的时间来挑选并培养接班人，其间也**可能会经历一系列试错过程**。现任领导者在正式退休之前的 2～5 年，就应该尝试着将继任者逐步推向前台。再次，成功的隐退也需要**对离开工作岗位后的生活进行认真规划**，不要熬到最后关头才着手准备，这样就会显得过于仓促。**退休意味着在公司之外开始另一种新的生活，或者说**

开辟人生的第二事业。最后，成功的引退还需要平稳过渡，要避免出现很突然的、意料之外的变故。超级瓦卢店公司前 CEO 杰克·克罗彻（Jack J. Crocher）在宣布提前退休时就说过这样一段话："前些年我是适合这家公司的。但是现在，我认为公司需要一个比我更擅长组织的领导人。在未来十年内，我的继任者迈克·里德（Mike Reed）将会超越我所取得的成绩。"对于一个临近退休的管理者而言，能说出这番富有情怀的感言，确实有不一般的格局和胸襟。

第七部分

战略驱动的组织变革

导读

内外部环境的变化对企业到底是福还是祸，根本上取决于企业在战略、组织和文化方面的适应能力。在不断变化的世界中，傲慢、过度自信和麻木不仁，都可能酿成不可饶恕的大罪。睿智的管理者应该自觉、自动地因时而变，必须直面未来，以战略变革来驱动组织变革，避免组织的僵化并保持创新活力。

战略需要通过组织落地，转化为有效的运营策略，形成一个支撑宗旨和战略的价值创造系统，这样才会带来期望的实践效果，也会逐渐变成公司员工的一种习惯，逐渐融入组织文化中。古驰公司的“战略车轮架构”颇有借鉴价值。同样，战略是组织赖以创造价值的独特而持续的方式，这一方式是不断变化的。但是，用来衡量战略绩效的工具却总是跟不上这种变化。想要创造更为卓越、更可持续的长期绩效，管理者就必须以整合思维和均衡理念，把那些只代表某个侧面、某些局部的战略绩效衡量工具整合起来，形成均衡的管理活动和流程。为此，平衡计分卡创始人罗伯特·卡普兰和戴维·诺顿将平衡计分卡从原先的绩效计分卡升级成了战略计分卡，从而提出了一个“战略中心型组织”的综合性框架。这一变革的本质，在于将战略作为变革和管理流程的核心，围绕战略来协同和聚焦资源。通过清晰地定义战略，把战略以统一的语言传递到整个组织及各个层面；再进一步，将战略与变革的驱动因素相关联，逐步形成一种以绩效为导向的文化；而这种文化又可以把所有人、所有业务单元与公司战略紧密地结合在一起，逐步转型为“战略中心型组织”。

战略决定组织，组织要服从战略要求。在本书第五部分，我们讨论过普拉哈拉德对数字化时代的深刻洞察，他提出企业的战略创新要基于“R=G”和“N=1”的竞争环境，将市场定位对准客户个性化需求，并在全球范围内获取并整合资源。现行金字塔式的科层制结构显然已很不适应这种战略创新。于是，平台型组织便应运而生。如果说科层制组织是一座“有围墙的花园”，强调秩序、规则、等级、边界，那么平台型组织就是一个“没有围墙的生态圈”，它是一个开放、跨界融合的生态系统，是企业自身跟外部环境进行能量交换并无限联结的交换体系。生态化就是平台化的伴生品。

我国企业的生动实践催生了大量的原创性平台理论研究，在国内外管理学领域处于前沿和领先地位。这一点与其他管理理论有很大不同。从2013年至2019年间，中欧国际工商学院战略学教授、菜鸟物流首席战略官、阿里巴巴产业互联网研究中心主任陈威如老师与其他合作者一起，陆续推出了《平台战略》《平台转型》《平台化管理》等“平台三部曲”，为我们加深对平台理论的理解以及进行相应的实践探索，起到了极有益的指引作用。

陈威如教授联合其他学者对平台战略、平台管理和平台化转型进行了深入研究，提出了一个结构化、系统化的“五化模型”：关系多样化、能力数字化、绩效颗粒化、结构柔性化和文化利他化。在这个“五化模型”中，关系、能力、绩效、结构和文化等5个因素也大致属于战略、组织和文化的范畴。因此，传统企业的平台化转型，是战略驱动的组织变革，更是企业自身战略、组织和文化的系统化创新和全面变革。

第 20 章

战略中心型组织

战略和组织的关系是“战略决定组织，组织要服从战略要求”，而不是相反。很多管理者没有深想到这一层，颠倒了二者之间的关系，往往是立足于既有的科层制组织结构，先入为主地讨论战略问题。

战略如何通过组织落地，古驰公司以一个战略车轮架构来描述支持战略实施的价值创造系统。平衡计分卡的创始人罗伯特·卡普兰和戴维·诺顿充分发掘平衡计分卡的战略管理价值，提出一个“战略中心型组织”的综合性框架。战略中心型组织将战略作为变革和管理流程的核心，围绕战略来协同和聚焦资源，并培育一种以绩效为导向的文化，从而将战略、组织和文化紧密地结合在一起。在战略中心型组织中，平衡计分卡从原先的绩效管理工具，成功跃升为组织的一个战略 Windows 系统。

组织需要服从战略

管理者的战略迷思

在思考竞争和战略的过程中，有思考能力的管理者难免会琢磨这样几个问题。**第一个问题是如何从此岸驶向彼岸。**康德把世界分成可知的和不可知的两部分。此岸是指可认识的部分，也即事物的现象；彼岸是指不可认识的部分，即超越人们的认识界限而独立存在的

"自在之物"。"自在之物"与"现象","彼岸"与"此岸"之间存在着一条原则上的界限。管理者必须在认知上逾越这道鸿沟,透过现象去探究那些"自在之物"。**第二个问题是如何抵御企业组织的衰退倾向。**环境的急剧变化会使原本充满生机的战略趋向枯萎,组织会趋于僵化并患上"大企业病",文化和价值观也逐渐陷入僵化状态,公司上下一片死气沉沉,亟待拂来一缕新风。为防止企业组织的衰退,管理者需要在战略意图和战略变革上采取更多的动作。**第三个问题是如何改变"人"疏离公司组织的风潮。**一方面,如今的员工总是充满焦虑,原先的理想和向往总被无情的现实击碎,对公司、管理层和管理者也从期待转而失望甚至绝望。另一方面,公司对员工的忠诚度也充满疑虑,认为现时代的员工尽管嘴上时时挂着"忠诚",其实经不住一点小小的诱惑,更不必说与企业同心同德、共渡危机了。

第一个问题既涉及管理哲学,也涉及管理实践,那些思考成熟的战略意图,以及从战略实践中得来的体会或领悟,如何在"此岸""彼岸"之间有效地实现转换。第二个问题涉及战略和组织的关系问题,这一对矛盾如何在急剧变化的内外部环境中实现创新和转型,从而打开新的发展空间,而不是双双丧失活力,甚至陷入衰竭境地。第三个问题则涉及人和组织的关系问题,本质上也是一个组织能力建设和企业文化培育的问题,我们会在第九部分专门讨论。

战略和组织的真正关系

我们在前文已反复讲到,没有永远成功的战略,战略需要不断创新和变革,以跟上环境的变化和时代的步伐。挑战的本质是变革,而**变革首先直面的就是战略和组织的关系问题。**简而言之,就是**"战略决定组织,组织要服从战略要求"。**很多管理者没有深想到这个层次,在实践中颠倒了二者的关系,他们习惯于从既有的科层制组织结构出发,在这个前提下来讨论战略问题。只有深刻地理解战略和组织的真正关系,管理者才能够明白战略的创新与变革对现有科层制组织的冲击。现行的这种金字塔式的结构已远不能适应用户的个性化需求，与数字化时代也显得格格不入，必须予以相应的变革和调整。

随着组织的日臻成熟，使命感的推动力也在日复一日中逐步淡化，而各种习惯的牵引力却在逐步增强。直到有一天，组织无法逃脱自身的重力场，完全沦落为战略变革的阻碍。环境的变革既可以创造美好的前景，也会带来挑战甚至灾难。**企业面临的内外部环境变化是福还是祸，根本上取决于企业在战略、组织和文化方面的适应能力。**从过往的许多案例或者管理者的自身经历来看，全盘而深刻的变革几乎都经由危机而发动，但这种变革往往收效缓慢、破坏力强，代价昂贵。因此，睿智的管理者是不会等到企业危机重重、病入膏肓时才想到改变，而应该自觉、自动地因时而变。成熟的公司不会去冒大风险，而是不断尝试小的风险。**最成功的公司总是那些能从容应对频繁变革而内部震荡最小的公司。**在不断变化的世界中，傲慢和麻木不仁都可能酿成不可饶恕的大罪。管理者必须直面未来，以战略变革来驱动组织变革，避免组织的僵化并保持活力。

古驰战略车轮：一个价值创造系统

“七巧板”框图

战略需要通过组织结构落地，转化为有效的运营策略，**形成一个支撑宗旨和战略的价值创造系统，**这样才会带来所期望的实践效果，也会逐渐变成公司员工的一种习惯，融入组织文化中。

我们可以用一个战略及价值创造体系的“七巧板”框图，来直观地表明公司的价值创造体系是如何对宗旨或使命发挥支撑作用的（见图 20－1）。**战略车轮直观地呈现了一家企业如何有机地融合战略、组织和文化，从而获得成功。**宗旨或使命位于中心，表明公司存在的意义、公司的特色或优于其他公司的地方，实质上是属于公司战略和文化范畴的表述，只不过经过了高度的提炼和浓缩。战略以强有力的宗旨或使命为基础，它要解决的问题是，告诉员工和利益关联方，公司要怎么发展，最终要取得什么样的成就。当然，管理者须明白，**宗旨或使命既是战略的起点，也是文化的渊源，但它们并不直接代表成功的战略**。战略还需要一个价值创造体系，它由一系列相辅相成的要素构成。“七巧板”拼图的外围一圈即表示了公司价值创造体系的构成内容。**这个“七巧板”式的独特结构，所包含的活动和资源必须契合于公司的战略和文化，这样才能帮助公司实现战略目标。**

图20－1　战略及价值创造体系的“七巧板”框图

古驰战略车轮

古驰历史上最为成功的CEO德索尔在他的职业生涯中，最大的闪光点就是**重构了古驰价值创造系统，很好地解决了战略和组织在急剧变化的环境下的矛盾关系。**

1995年，德索尔接手古驰时，将品牌定位成“时尚前沿，高品质，物有所值”，这就意味着“我们需要成为时尚界的领导者，生产高品质的产品，让购买我们产品的客户感到物有所值”。他的思考逻辑是：**“作为管理者，（如果想让企业的宗旨和战略落地），必须时刻关注企业的结构，引领发展潮流，做出正确的选择，让它逐渐形成核心能力，掌握核心优势。”**

正如图 20－2 显示，德索尔正是按照**“站在时尚前沿、保证高品质和物有所值”的公司宗旨，以战略创新成功重塑了公司组织的结构和体系**。对于古驰的每个活动要素，德索尔都需要考虑哪种选择有助于推动公司宗旨或使命。这是严格的单项选择，没有模糊地带。这些要素要么有助于宗旨或使命，要么就毁掉重建。正是由于“对自身身份的承诺”，德索尔敢于做出取舍，所做的每项抉择既有望获得收益，也可能导致亏损，但每项抉择都坚定地朝着古驰想要的方向发展，在保持战略方向的高度一致性上从来不会含糊。德索尔说：“如同生活中所有事物一样，战略也是由很多细微的细节构成的。我们非常积极地确定工作重点，需要坚决迅速地采取行动，而且要确保不能有任何程度的方向上的偏离。”

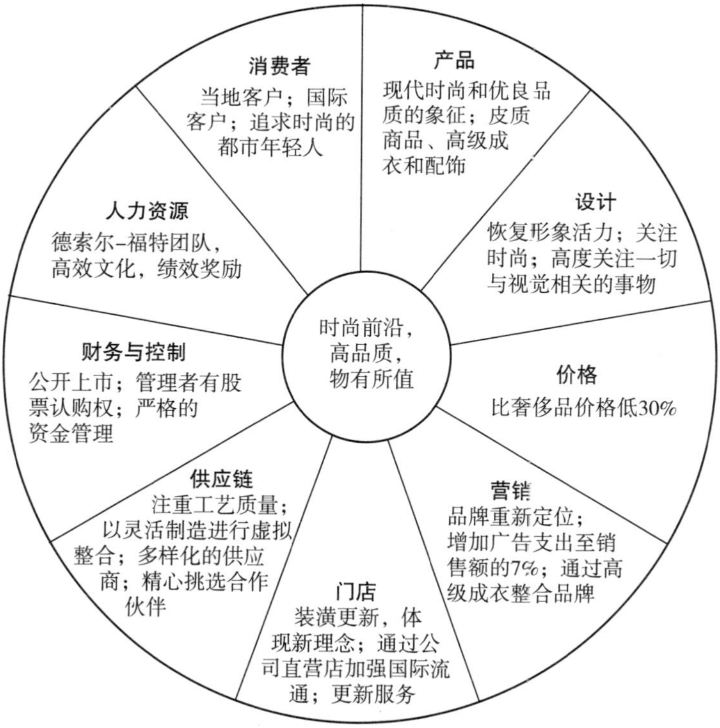

车轮的重心决定了公司宗旨或使命

图 20－2　古驰的战略：一个价值创造体系

平衡计分卡：从绩效工具到战略 Windows 系统

绩效领域的最初应用

1992 年，平衡计分卡开始进入企业管理者的视野。那个时候，平衡计分卡是用于计量绩效的，跟战略并无太多关联。罗伯特·卡普兰和戴维·诺顿提出这一方法的背景是：在当时的企业管理系统中，管理者总是过度依赖财务指标，这样会导致管理者做出错误的决策，因为**财务指标是滞后而且较为单一的**，它们只报告企业过去行为所引致的结果，却忽视了那些影响公司长远发展的定性因素，也即**没有传达出什么是驱动企业未来发展的关键因素**；而恰恰是这些因素，才是决定企业未来的关键所在，包括那些通过对客户、供应商、员工、技术和创新等进行投资从而创造新价值的关键指标。如果完全依赖财务指标，就会导致企业为了追求短期绩效而采取很多短期行为，从而牺牲了企业的长期价值创造决策，从根本上损害了企业的发展根基。

平衡计分卡保留了**财务滞后指标**，同时补充了那些促进企业未来增长的驱动指标，也就是**领先指标**，大大拓展了企业绩效的内涵。作为衡量组织绩效的一种创新框架，平衡计分卡自诞生以来一直处于持续改善的过程中。**很多公司在其管理系统中引进平衡计分卡后，从原先完全以财务为基础的绩效管理系统中跳脱出来，逐步走上了一条可持续发展的道路。**

战略绩效工具的演进

战略是组织赖以创造价值的独特而持续的方式，这一方式是不断变化的。但是，用来衡量战略绩效的工具却总也不能及时跟上这种变化。从 20 世纪早期的**杜邦分解体系**，到 90 年代的**经济附加值**（EVA）以及其他**以价值为基础的管理指标**，无一例外都是建立在滞后的财务指标基础上的。在当今以知识为基础的竞争环境中，即便是再好的财务框架，也不能反映所有的绩效动态变化。很多管理者都意识到，单靠财务指标来进行管理，局限性已越来越明显。

从20世纪八九十年代开始，很多公司转而把**质量**作为核心的战斗口号与组织目标提出来，动员公司上下致力于赢得最高的国家质量奖，诸如美国的布德里奇奖、日本的戴明奖、欧洲的品质管理基金会奖和中国的鲁班奖或白玉兰奖，并开始仿效摩托罗拉和通用电器引入六西格玛管理机制，在质量上下功夫。但同样，**单纯采用质量指标替代财务指标也是存在问题的。很多公司确实拿到了国家最高质量奖，但很快凸显了战略管理的短板，甚至陷入难以自拔的危机。**

面对这些情况，有些公司除了使用财务和质量指标，开始强调以客户为中心和以市场为导向，建立起**客户关系管理系统**；有些公司则着手培养自身的**核心能力**，或者**重组业务流程**；还有一些公司强调**战略性人力资源管理**，相信拥有良好士气和技能的员工可以创造出巨大的经济价值；还有的公司更有雄心，通过信息技术来**重构生态圈**，谋求“赢者通吃”的独特竞争优势。**这些公司的创新实践证明，它们关注的这些因素，包括财务、质量、客户、能力、流程、人才和信息系统都非常重要，并且在创造价值中发挥着重要作用，但是需要整合和均衡并恰当地排定优先顺序。**

突出的整合和均衡优势

管理者须认识到，财务、质量、客户等因素只代表了一个侧面和一个局部，**公司想要创造更为卓越、更可持续的长期绩效，必须以整合思维和均衡理念，把这些方面结合起来，形成均衡的管理活动和流程**。如果只强调其中某一方面，就会导致企业出现明显的“短板”效应，从而影响企业的整体目标。因此，管理者应该避免只关注某一个狭隘的具体方面，而应以战略为中心，建立起可以全方位关注的管理系统。

卡普兰和诺顿认识到平衡计分卡不仅具有绩效管理作用，如将它嵌入到战略落地的重要环节，也可发挥出意想不到的独特作用，几乎成为战略管理的一个“大杀器”。战略中心型组织就是沿用平衡计分卡，将战略放在管理流程的核心位置。在这样的安排下，**平衡计分卡的独特贡献在于它以一种统一、整合、均衡、有启发性的方式来描述战略**。无论是财务的还是非财务的，都应该源自组织的战略和文化。如果战略不能被很好地描述，它就很难被实施。因此，**通过战略地图和平衡计分卡来描述战略是一个重要突破**。

光有这些还不够，**管理者还要以平衡计分卡为核心框架，致力于建立一个新的绩效管理流程。这个流程使绩效取得了快速、可靠和可持续的增长，并在这种增长中逐步逼近战略目标**。这种方法建立在多年绩效管理经验的基础上，有坚实的数据支撑，同时又可根据环境的变化和客户的新需求予以个性化地持续改善。

战略计分卡：一个新的 Windows 系统

当平衡计分卡用于战略时，它的 4 个维度变成了另外一种结构性框架，帮助管理者捋清用于创造价值的战略。其一，**财务**：从股东角度来看的增长、赢利和风险战略；其二，**客户**：从客户角度来看的价值创造和差异化战略；其三，**内部流程**：用以提高客户和股东满意度的各个业务流程的战略重点；其四，**学习与成长**：用以营造支持组织变革、加强组织能力建设、推动创新和成长的战略重点。**经由这样的演进，平衡计分卡便从原先的绩效计分卡跃升成了名副其实的战略计分卡**。

通过这个战略计分卡，管理者可以衡量各业务单元是如何为现在和未来的客户创造价值的（见图 20－3）。**在继续关注财务绩效的同时，平衡计分卡还可以清晰地揭示那些确保企业取得中长期优异绩效的关键驱动因素**。这一衡量体系不仅报告过去的事情，更重要的是帮助管理者聚焦未来；管理者选定的这些指标也是向全体员工和利益关联方传达了什么是对企业未来最重要的事情。

尤为关键的是，管理者必须将平衡计分卡所代表的衡量战略的指标体系整合到公司的管理系统中去。只有这样，平衡计分卡才能真正超越原先的绩效管理系统，而一举成为公司战略管理系统的骨干框架。原先的绩效计分卡也就完成蜕变，完美地嵌入战略管理系统，成为真正的战略计分卡；**战略计分卡也由此取代了传统的预算系统，居于管理流程的核心，成为新的战略管理流程的操作系统。**

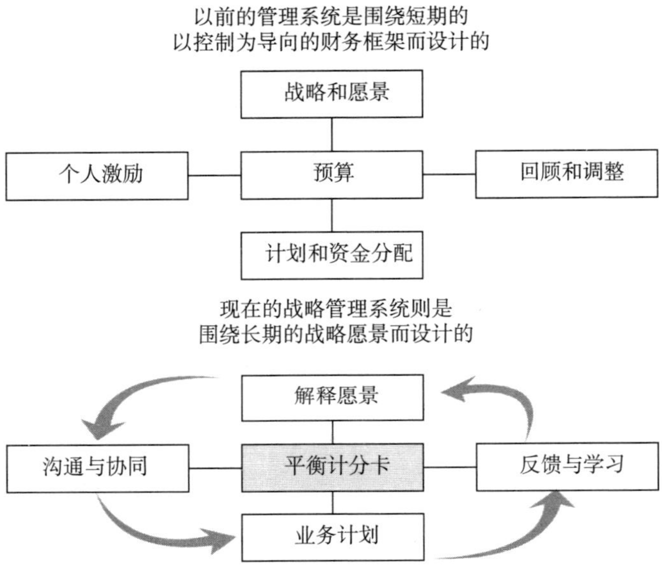

图 20 – 3　新的管理系统：从绩效计分卡到战略计分卡

战略中心型组织

聚焦战略的组织变革

随着战略计分卡这一全新的战略 Windows 系统的上线，管理者仍不断有新的运用发现。早期的实践成效表明，平衡计分卡这套操作系统在驱使整个组织聚焦战略方面具有很大潜力。**管理者为了获得这样的战略性聚焦，对企业进行了全面的变革和创新，逐步转型为“战略中心型组织”**。他们重新定义了与客户的关系，重组了基本的业务流程，传授员工新的知识和技能，并且搭建了新的技术平台；在此基础上，还推进文化变革，逐步形成一种新的文化，不再受传统的职能壁垒的制约，而是强调团队合作，以支持战略的执行。这一管理系统为推动和引导变革流程提供了有效的机制。

“战略中心型组织”的本质在于将战略作为变革和管理流程的核心，围绕战略来协同和聚焦资源。通过清晰地定义战略，把战略以统一的语言传递到整个组织及各个层面；再进一步，将战略与变革的驱动因素相关联，逐步形成一种以绩效为导向的文化；而这种文化又可以把所有人、所有业务单元与公司战略紧密地结合在一起。因此，公司借由平衡计分卡这套操作系统聚焦于战略，并把高层管理团队、业务单元、人力资源、信息技术、财务资源等与战略有效地联结并协同起来（见图20－4）。

每家企业应对挑战的方式、步骤、先后顺序各有不同，卡普兰和诺顿在观察和分析了多家企业运用平衡计分卡这套操作系统的实践经验后，提出了**向战略中心型组织转型的5项通用原则**（见图20－5）：其一，把战略转化为可操作的行动；其二，使企业围绕战略协同化；其三，让战略成为每个人的日常工作；其四，使战略成为持续的流程；其五，高层领导推动变革。

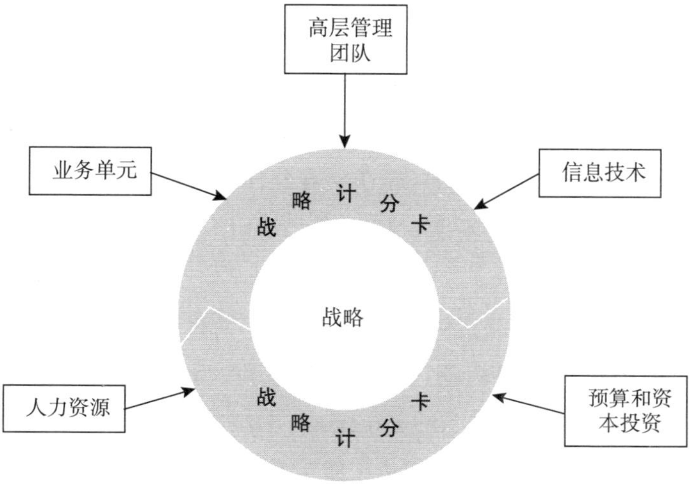

图20－4 战略中心型组织：聚焦战略的组织变革

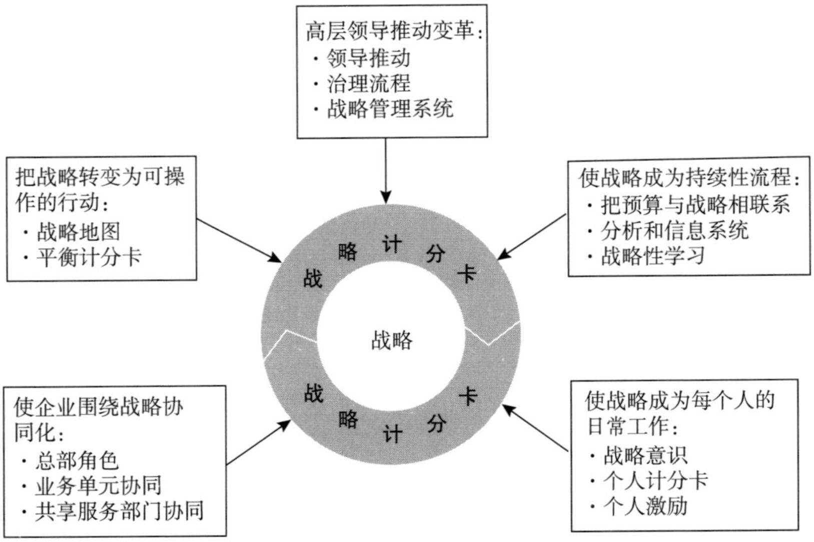

图 20－5　战略中心型组织的通用原则

把战略转化为可操作的行动

新的战略计分卡系统**成功激活了组织内部一些本已存在但被掩盖了的资源和能力**。这套计分卡好比一份“菜谱”，它让组织内已有的各种“食材”“调味品”等成分能够巧妙组合，按照新的“配方”制作一顿别有风味的特色大餐，焕发出创造价值的潜能。这份“菜谱”要符合公司战略，把公司内部的资源和能力有效地整合起来，从而为目标客户和细分市场创造独特的价值。在制作大餐的过程中，公司的每名员工都要参与，而绝不能仅仅依靠“大厨”（高层管理者）单打独斗。

战略计分卡为战略提供了一个框架，帮助管理者以统一、启发式的方式来描述和沟通战略。这个新的运用，我们称之为“战略地图”。它是一个有逻辑关系的完整结构，用来生动、立体化地描述战略。战略地图为战略计分卡提供了坚实基础，而战略计分卡则是新的“战略管理系统”的基石。将战略转化为具有逻辑结构的战略地图和战略计分卡，有利于公司各部门、业务单元和员工对战略达成统一理解和共识。

战略地图和战略计分卡弥补了工业时代的绩效系统偏重于衡量有形资产的先天不足。**战略地图所揭示的因果关系，清晰地揭示了无形资产最终转化为财务结果的内在逻辑。**无形资产很少能独立拥有价值，它们必须和战略相联系并通过战略活动，才能创造价值。战略计分卡通过量化的、非财务的指标，如时间周期、市场份额、创新、满意度和核心能力，可以清晰地描述和衡量价值创造过程，这一过程不会掺杂主观臆断，进一步提高了计量战略绩效的科学性。**战略地图和相应的战略计分卡清晰地描述了无形资产创造股东价值的过程，成为知识经济和数字时代的重要管理和战略绩效衡量系统。**

使企业围绕战略协同化

在经历了一定年限的运行和沉淀之后，科层制组织的**每个职能部门都有自己的知识、语言和文化，逐渐形成了一种无形的壁垒。**这种壁垒逐渐沦为阻碍战略实施的主要摩擦成本。

为了使企业整体绩效超过各个部门所产生绩效的总和，**每个业务单元的战略都必须相互联结和协同，**这一点非常重要。**管理者可以由此确定产生合力的各个关键节点，并确保这些关键节点之间形成相互联结。**战略中心型组织必须打破传统科层制下的部门之间、各业务单元之间以及部门与业务单元之间的壁垒。管理者可不必改变原先的组织结构，但**可以改变正式的报告结构，**根据战略主题和优先次序在企业内部各个分散的单元之间传递一致的信息。**通过这些联结和协同，各职能部门、业务单元及共享服务部门通过共同的战略主题和目标，与公司战略紧密联系起来。**管理者必须学会全面、协调地运用战略计分卡，从而确保企业的协同成效。

让战略成为每个人的日常工作

战略一旦形成，就必须准确传递至企业的每名员工，这样才能形成一致行动。卡普兰和诺顿将这一过程称为**“将战略从 10 个人（高**

级管理层）转移给 10 000 人（公司的全体员工）的运动”。

战略中心型组织需要所有的员工理解战略，并且每天的工作都必须围绕战略来进行。就好比计划经济与市场经济的效率差异一样，这项工作不能靠自上而下的指令，因为指令做不到那么详尽，而且没法有效应付变化，它必须是一个借助于战略计分卡这一操作系统的、自上而下的沟通过程，从而把新战略传递给整个组织。

让每名员工都知道战略及其执行细节，有人担心这样做会泄露秘密。美孚石油公司执行副总裁布赖恩·贝克（Brian Baker）这样解释："知道我们的战略对竞争对手来说没有什么意义，除非他们都能够执行（事实上他们并不能）。而如果我们的员工不清楚我们的战略是什么，我们就没有机会成功执行战略。我们必须把握住这个关键方面。"在将完整的战略自上而下进行全面沟通后，较低层级的部门和个人可以根据上一层级的工作重点设定他们自己的目标，这样做也有利于员工站在一个更高的角度来为公司通盘考虑。

当然，战略计分卡同样需要与薪酬激励强挂钩。卡普兰和诺顿建议，**管理者应选择基于团队而非个人的绩效奖励机制，强调团队在战略执行过程中的重要性。**薪酬的计算最多基于 25 个战略目标，这样可以有效引导员工自觉地深入研究这 25 个战略指标。目标太多不利于聚焦，更不利于排定优先顺序。如此一来，战略确实变成了每个人的工作，每名员工都能理解战略，也很明白做得好坏所带来的后果，从而有足够的动力去执行战略。

使战略成为持续的流程

一般情形下，企业的管理流程都是基于预算和运营而建立的。管理层会议也少有涉及战略的议题安排。**在战略计分卡这套操作系统下，公司需要增加一个新的流程来管理战略，从而将战术管理（有关经营计划和财务预算的定期会议）与战略管理融合成一个无缝的流程，卡普兰和诺顿称之为"双循环流程"。**这项工作对于管理者来说是一个挑战，因为这样做需要极大地改变原有的管理传统和惯性。

管理者要从更高的视角来认识制度和流程的重要性，要专心致志地在构建持久性制度和战略管理流程上下功夫；**管理者要做“时钟制造匠”，而不仅仅是做“报时人”**。

战略管理流程是一个全新的概念，因此每家企业必须专门开发一套流程来管理战略性行动方案。开发这套流程的做法不尽相同，但要聚焦于3个主题。**其一，将战略与预算流程联结起来**。当这个流程和年度预算流程结合起来后，就会出现战略性预算和运营性预算这两种预算管理机制。这种变化极有意义，通过战略计分卡机制，保证长期行动方案可以不受短期任务的干扰而始终在行动轨道上运行，战略性预算流程也保证了那些长期行动方案有充分的资金和其他资源支持，不致悬空或掉在地上，从而削弱公司的长期发展能力。**其二，建立战略回顾会议制度**。一般每个季度要召开一次这样的会议，主要讨论公司战略计分卡的执行进展及出现的偏差情况，在更宽泛的范围内多听取各层级管理者的反馈，甚至可以邀请基层员工来对战略发表意见。**其三，通过反省机制动态、持续优化战略管理流程**。随着战略计分卡付诸实施，反馈系统开始报告战略实施的进展情况，管理者就可以对原先的战略假设进行检验。这些流程促进了学习和反省，并且可以产生许多新的创意。如果有新的情况发生，组织可以随时更新战略重点和战略计分卡，而不必机械地等到下一个预算周期的到来才予以调整。**战略不是1年甚至5年才搞一次的仪式，而是一个持续深入优化的流程**。

高层领导推动变革

能否成功向战略中心型组织转型，最重要的前提是领导团队的推动和参与，**高级管理层，尤其是“一把手”的态度和行为很重要**。战略需要组织的每个组成部分和成员都转变，并且需要团队协作来协调这些改变。科层制结构下的很多协调问题，必须由更高层级的管理者予以强力推动，才会有所成效。**中高层级管理者要保持方向一致，更要保持声音一致**。

各层级的管理者要注重做好以下方面。其一，要树立正确的认识，**战略计分卡系统不是一个“指标”项目，而是一个变革项目。**开始启动时要集中精力进行动员，形成高度共识。其二，**重点要放到治理层面，**以强调流程、基于团队的方法来应对非结构化地向新战略绩效模式的转型。其三，随着时间的推移，要投入足够的精力**对新的战略管理系统进行持续改善，**形成新的文化价值观和新的组织结构，并逐步融入新的管理系统中。这一变革大约要经历2～3年的周期。

第 21 章
平台型组织与平台化转型

从“战略驱动组织变革”的视角来探讨平台型组织和平台化转型问题，或许我们能得出一些不同的感悟。我国企业的生动实践催生了大量的原创性平台理论研究，在管理学领域处于前沿和领先地位。这一点与其他管理理论有很大不同。从 2013 年至 2019 年间，中欧国际工商学院战略学教授、菜鸟物流首席战略官、阿里巴巴产业互联网研究中心主任陈威如老师与其他合作者一起，陆续推出了《平台战略》、《平台转型》和《平台化管理》等“平台三部曲”，为我们加深对平台化组织的理论理解和进行实践探索，起到了极好的引导作用。

随着数字化时代的到来，从“行业分工”到“平台共享”，企业开始挣脱传统资源要素的束缚，通过能力的“外部化”来寻求更加开放的战略。作为一种“多对多”即时互动的创新战略，平台模式在一定程度上宣告了传统竞争战略的终结，并开启了一个无边界的、创新性的战略新时代。传统企业只有通过数字化业务模式的重构实现平台化转型，对供应链和产业链进行再造以实现平台化战略，通过数字技术驱动企业管理实现平台化管理，才能打开数字化时代的创新之窗和生存之门。

传统战略的终结与企业能力的外部化

科层制组织的演进

为了讲清楚企业组织演进的脉络，我们简要回顾一下第 18 章

“几种典型的组织结构”中所讨论的组织结构类型。我们知道，直线职能型组织建基于泰勒、法约尔、韦伯的古典管理理论，是一种典型的集权式金字塔。泰勒主张实行**职能管理制**。管理者的核心职责是“科学管理”，也即把一线工人在长期实践中积累的、较为零碎的传统知识、技能和诀窍集中起来，整理成为标准化的规律、守则、公式，并进一步在操作层面进行推广。法约尔作为行政管理学派的代表人物，进一步提出**直线职能制**组织模式。这一模式以直线为基础，在各级行政主管之下设置相应的职能部门来从事专业管理，将它们作为专业参谋机构，辅助行政主管统一指挥。在直线职能制下，下级机构向上级机构汇报并受其管理。

韦伯在前人的基础上进一步将直线职能制理论发展成为**科层制理论**。他认为组织建立在对权力和法规的信念之上，并通过相应的规则来组织活动，具有魅力的个人在组织中将发挥重要作用，并据此建立起等级分明的官僚式组织。**韦伯构建的极富官僚主义色彩的科层制组织成为整个工业大生产时代的组织理论基石和广泛采用的企业组织结构，他也因此被称为“组织理论之父”**。此后，在多元化公司出现了**事业部制**组织形态。在“多对多”的商业形态下，企业以业务为核心，横向联结岗位，纵向执行权力，从而建立起**矩阵制**组织形态。迈克尔·哈默以流程再造为基础，提出了**流程制**组织形态。这几种形态实质上都是对传统直线职能制和科层制组织理论的改良性实践。

“帕金森定律”和“彼得原理”

科层制组织最为人诟病的弊端主要体现为**“帕金森定律”**和**“彼得原理”**。所谓“帕金森定律”，是指科层制组织在运行过程中，自身有着惊人的“自繁殖能力”，各个层级会追求各自的部门利益，导致**部门数量不断增加，部门员工数量也在不断膨胀**。人们的工作也不再以效率为目的，他们会**放慢自己的工作节奏，或者增加不必要的环节来消磨工作时间，“虚假忙碌”现象逐渐盛行**。1958 年，英国历史学家、政治学家西里尔·诺斯古德·帕金森（Cyril Northcote Parkinson）

在他的代表作《帕金森定律》中将这一现象命名为“帕金森定律”。

美国管理学家劳伦斯·彼得（Laurence J. Peter）在研究了多个组织中的不称职现象后，提出了“彼得原理”：在一个科层制组织中，一名员工由于在原先岗位上表现良好而得到升迁，被提升到高一层级的岗位上；如果继续表现良好，那么还会拾级而上，被提拔到更高层级的岗位上，直到被提拔到他所不能胜任的岗位为止。**按照这样的升迁逻辑，科层制组织中的每个岗位最终都将被一名不再有胜任潜力的员工所占据；占据这个组织所有岗位的，也基本上是那些还没能到达他所不能胜任岗位的员工**。这种按部就班、循规蹈矩的升迁及人力资源配置机制，造就了“武大郎开店”的不堪局面，极大阻碍了员工创新潜能的发挥，也使员工的成长和企业人力资源利用开发程度受到极大制约，企业的最终效率和效果由此可见一斑。

科层制的“能力鸿沟”

战略模糊化和业务无边界要求企业具有多样化的能力，这使得竞争战略时代和科层制下的传统企业出现了**“组织能力鸿沟”**问题。加速迭代的技术、复杂多变的需求和无处不在的竞争，使得传统企业原先所依赖的**“先瞄准、再射击”**模式，已经无法适应平台化企业的生存要求，取而代之的应是**“边射击、边瞄准”**。高频、高速试错所要求的极致动态应变，与科层制组织的多层级、专业化特征之间也出现明显的冲突，从而带来一种**“极致应变挑战”**。与数字化时代的发展趋势相比，传统的科层制组织逐渐出现了一道道无形的“能力鸿沟”，束缚了企业的创新活力，主要表现为以下几方面。

其一，过于集权化造成要事延误。在集权化管理方式下，决策权相对集中，管理者很少考虑员工的想法和意见建议。同时，决策链条长、时间长、效率低、反应速度慢。高层管理者，特别是主要领导者，他们的**办公室门前长期存在排长队的“挂号会诊”情况**，导致员工产生畏难情绪，能捂着就捂着，能拖延就拖延，不愿主动报告那些高层管理者应该马上知晓并必须及时处置的事项，这样就很容易造成要事延误。权力过于集中，管理者凭个人好恶来管理企业，过多的个人元素凌驾于管理制度体系之上，员工的积极性无从发挥，难以做到有效的管理。

其二，职能作用逐渐异化。在直线职能制结构中，职能部门按职责划分，各司其职，但也会造成各自为政的局面，彼此之间沟通不畅，缺少横向协作和配合。信息流通阻塞，部门之间存在壁垒，并暗中进行权力博弈，造成严重的组织内耗，使得沟通成本高昂，效率低下。**职能部门脱离参谋的原本角色，在权力结构中逐步坐大。**各部门习惯于“自扫门前雪”，有些部门甚至将本部门利益凌驾于公司整体利益之上。时间久了，部门之间的工作矛盾和利益冲突便升级为情绪与认知的冲突，造成“冰冻三尺”的隔阂，使得组织内部的依存关系，特别是中后台与前台、职能部门与业务单元、职能部门之间的关系趋于僵化，严重破坏了企业的文化和价值观，导致组织长期处于亚健康的运营状态中。

其三，激励存在“黑匣子”症状。公司整体目标不能有效分解为职能部门目标，职能部门目标不能有效分解为个人目标，个人目标不能与企业目标、部门目标协调一致，甚至与公司总体战略目标也变得几乎没有关联。职能部门之间缺乏相互监督和统筹，形成了“部门黑匣子”现象。**岗位目标、职能部门目标与企业战略目标之间没有直接关联，**造成“个人业绩好不等于部门业绩好，部门业绩好不等于公司业绩好”的严重问题。虽然员工工资、奖金都在增长，但企业整体绩效并无增长。这些“黑匣子”的黑洞效应越来越大，导致职能部门愈发难以形成合力。

其四，数据流断层且游离于决策机制之外。高层管理者只掌握企业的宏观趋势和发展大方向，并不能深入了解具体经营情况，仍在沿用凭感觉、拍脑袋决策的老套路。企业内部业务数据经常出现壁垒和断层，形成不了有效信息流，使得许多重要信息游离于管理者决策机制之外。**一些非常重要的非经营性信息，诸如员工流失率、员工满意度、客户满意度等，未能得到系统性量化，进入不了决策者的参考视野。**数据和信息不能得到及时有效处理，会导致高层管理者做出错误判断的概率变大。有些新创企业的“有效管理”只是流于形式，有战略但没有执行体系，有制度但没有流程能力，并没有真正建立起现代化管理体系和相应机制。

其五，持续增长难以维系。管理者过多考虑短期利益问题，对于那些影响企业长期发展的内生性增长机制、核心能力、人才和项目储备等重要问题，并没有系统化安排和持续性行动，导致企业增长不可持续。如今的通用电气公司似乎作为反例，验证了这方面的问题。通用电气公司在告别韦尔奇时代后，杰弗里·伊梅尔特（Jeffrey R. Immelt）尚能勉强维系，但最终还是没有摆脱盛极而衰的宿命。其根本原因之一，即在于管理层过于看重股东短期利益最大化，将财务表现置于员工和用户之上，只投资那些成熟领域、短期就可以做到领先的项目，过分依赖并购带来的短暂金融繁荣，而忽略了很多新生的、具有巨大发展潜力的新兴业务，在真正支撑企业实现枝繁叶茂发展的内生性增长问题上欠账太多，长期没有作为。通用电气公司沦落到今天这样的结局，或许也不令人意外。

从“行业分工”到“平台共享”

数字经济时代，数据成为驱动商业增长的新能源。数据可以为不同行业、不同企业提供标准化的接口，这**使得跨界融合的大规模协作取代行业分工成为可能**。从纵向上看，价值链的垂直分工已不再重要，不同环节的企业可以依靠经营中产生的数据协同行动；从横向上看，也不再过分强调专注于某个领域，围绕客户消费产生的需求数据形成跨界的组合式创新，更有可能赢得客户青睐。

从“行业分工”到“平台共享”，意味着颠覆了以往的企业能力构建逻辑。企业开始挣脱资源束缚，突破边界藩篱，通过能力的“外部化”来寻求更加开放的战略。在这种情况下，管理者的战略思维也要发生相应变化，要从以往的**“我有什么，所以我能做成什么”**，转变为**“我要成为什么，所以我需要整合什么”**。腾讯之所以能成为全球市值最高的公司之一，就是把自己定位于做“联结器”。

它让更多的人、更多的企业、更多的产业因为腾讯的存在而产生出更大的价值。我们想起腾讯时，便会联想到腾讯提供了一个平台，是如何连接人与人、如何连接人与商业、服务，如何连接人与智能硬件，从而创造了从前不可想象的空间和价值，这就是腾讯的成功。小米用了7年时间，在2019年跨入了世界500强，刷新了中国企业进入《财富》世界500强的最短时间纪录。此前，华为、阿里巴巴、京东和腾讯入围《财富》世界500强，分别耗时23年、18年、18年和14年。小米为什么能够在如此短的周期内取得这样惊人的效率呢？核心即在于采用了协同共生的方式，汇集了供应商、制造商、开发商/开发者、消费者，并把所有人都集合在一个它所设计的开放平台上，也集合了这些人协同创造的价值，才取得了今天这样惊人的成功。

在竞争战略时代，管理者较为关注同行和对手，关注自身是否拥有独占性资源。到了今天，我们会发现没有什么东西可以独占，也不太需要过于关注竞争对手，因为我们并不知道对手是谁，跨界模式比比皆是。过于关注员工忠诚度也变得不再有必要，因为忠诚最大的利益点已经发生了变化。平台模式是一种“多对多”即时互动的商业模式，即多种动态迭代的产品与服务对应多种不断迭代的需求。**平台模式宣告了传统竞争战略的终结，并开启了一个无边界的、创新性的战略新时代。**

平台型组织的属性也发生了根本性的调整，它可能不再是层级、控制和管控，而是平台、开放、协同与幸福。这样的组织才更有可能吸引到有创意、有成功欲望的员工，组织也因此具有成长性。鉴于此，企业从管理者到文化再到人，都要进行根本性的调整和变革。具有以下4个特征的组织最受欢迎：其一，更加重视**创新、挑战和多样化的学习方式**；其二，**没有等级和职位划分的层级结构**，也没有系统的僵化和内耗；其三，**员工觉得自己可以贡献价值**，并能及时看到最终结果；其四，**能够迅速地学会涉及范围更广泛的一系列技能**。组织也由此衍生出新的内涵，表现为以下3个方面：首先，组织和个体是**共生关系**；其次，组织一定是**外部引导**，以往通过内部交流进行决断的方式需要予以调整；最后，组织需要**打开内外边界**，从而具有相应的整合能力。

全然不同的平台理念

核心理念：升维与微粒化

平台型组织及其管理是一套全新的理论和实践框架，管理者需要培育与平台型组织、平台管理、平台化转型相适应的思维和理念。陈威如教授等学者将平台管理的核心理念精炼地概括为**升维与微粒化**，也即管理者既要登高望远看大局，又要细致深入重细节，从而做到“虚实结合”。

升维意味着管理者要突破自我认知和能力的边界，在思维与心灵上更进一层，对企业的战略、组织和文化的认识要全面升级，包括思维升维、战略升维和文化升维。在思维上，管理者要有辩证思维和整合思维，有效融合矛盾对立面，化竞争为合作，要有灰度管理理念。在战略上，管理者要看到低维空间“看不到的”和绝对隐身的战略选择，敏锐地找出一条“新的道路”或“破局点”，真正实现战略破局。在文化上，管理者要更加注重使命感和价值观，更加注重赋能、利他、共赢和成就。**战略突围是管理者在三维空间建立平台型组织，其核心是创建一个联结“点－线－面－体”的协同合作机制。**生态系统里的“点、线、面、体”协同发展，共同演化，才能实现随时随地的全局动态优化。未来的商业竞争就是生态系统之间的竞争。

相对于升维，**微粒化则是一个精准聚焦、无限缩小的过程。**借助于数字技术，平台管理实现了从宏观视角走向微观视角的转化，颗粒度越来越细，粒子与粒子之间的关系也越来越清晰。**组织的微粒化使得企业不再是一成不变的形态，而是具有液态特征的柔性组织、网络型组织。**企业内部和外部的边界变得模糊，内部和外部的人员和资源可以自由流动和组合。

思维、战略与文化的升维

世界不是线性发展的，而是跳跃式发展的。如果我们站在更高的维度，便可以俯瞰未来的数字化社会，在现有的物理世界上再叠加一个虚拟世界。**平台化管理的“升维”概念，意味着管理者站在更高的维度去看待和思考商业社会的发展趋势，不断突破自我认知和能力边界，从而实现企业文化、发展战略、经营模式、组织结构、数据智能等方面的全面升级。**

工业时代的公司都是二维的，管理者所能穷尽的战略蓝图也都局限在一个平面上；而平台型公司则具备一种生态圈视角，使得管理者有可能站在更高的维度去思考和分析企业的机会及关键成功因素，通过数据建模分析企业在不同时期，做出不同选择，最终会产生什么样的结果，以此选择一个较优的发展路径，通过网络效应实现几何倍数增长。甚至找到“虫洞”①，通过这个狭窄隧道，最终实现从一个“时空”到另一个“时空”的飞跃式发展。

其一，思维升维。管理者不仅可以看到低维空间的全局，还可以融合低维度里矛盾对立的事物或观点，化竞争为合作，化矛盾为统合，化黑白为灰度。思维升维很重要。思维的维度越高，管理者能看到的战略路径越多，看到的时间轴也就越远。管理者需要花时间把本质问题思考清楚，站在更高的维度看清方向，以一个系统化的长期规划来更根本、更有效地解决短期问题。马云经常说，“升维思考，降维解决”，以及“看十年，做一年”，道理即在于此。**思维升维的重要方面是重新审视与竞争对手的关系，要从原先的行业竞争过渡到基于供应链和生态圈的合作。**这个时候，商业信息完全透明化，管理者所看重的不再是企业自身的绝对利益，而是通过开放平台让生态系统内所有的企业、组织和个体都能生存、繁荣，竞争格局和包容空间由此变得完全不同。

---

① “虫洞”是“时空虫洞”的简称，是指宇宙中可能存在的连接两个不同时空的狭窄隧道。它是一条“捷径”，物体通过这条捷径可以在瞬间进行时空转移。“虫洞”的概念最早由奥地利物理学家路德维希·弗莱姆（Ludwig Flamm）于1916年提出，并于1935年经由爱因斯坦及纳森·罗森（Nathan Rosen）予以完善。因此，“虫洞”又被称为“爱因斯坦－罗森桥”。

其二，战略升维。战略思维的着力点是要看到低维空间“看不到的”和绝对隐身的战略选择，从而找出一条“新的道路”或“破局点”，实现战略的真正破局。传统的竞争思维停留在零和博弈的层次，但从更高维度来看，每家公司都是合作系统的一部分。在这个大的生态系统中，公司要思考自身价值，但更应思考如何与其他公司合作来创造更大的价值。如何才能做到战略升维？首先是**预测整个商业社会的发展方向**，其次是**寻找破局点**。只有做到了这些，才能整合企业内部和外部资源全力投入予以配合，形成有效的战略活动。管理者在预测趋势时，系统思考和深入思考很重要。要努力做到看问题更深入、更宽广、更高远、更宏大。在方法论上可以采用侦察兵方式，不断试错，获取经验值，以不断纠正并保持探索方向而不致偏离。对趋势有一个较准确的预测后，接下来便是寻找破局点，要找到那个牵一发而动全身的关键点。

其三，文化升维。平台型企业的理念和价值观与传统企业也是截然不同的（见图21－1）。**平台型企业完全突破了零和博弈的狭小格局，更为注重赋能、利他、共赢和成就，更为注重使命感和价值观，倡导坦诚信任、和谐共赢。**这需要管理者的精神世界进行全面的文化升维，确实需要一个转变和调适过程。

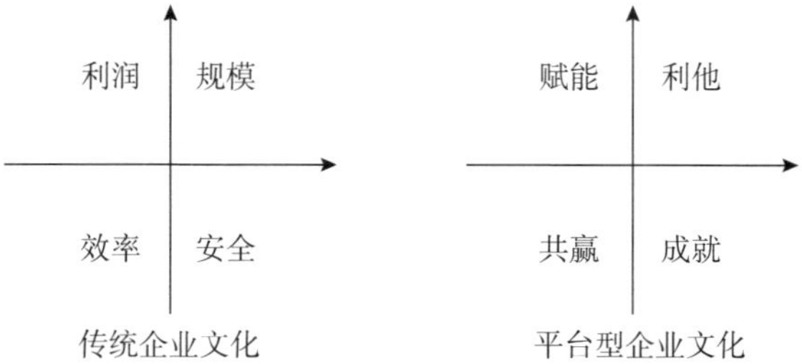

图21－1　文化升维：传统企业文化和平台型企业文化的比较

战略突围：在三维空间构建平台型组织

要想转型为平台型组织，战略突围的核心就是在三维空间建立一种联结“点－线－面－体”的协同合作机制，以有效地联结不同的个体和组织，并促使全局利益最优化。

其一，平台即一个**“面”**。它的作用是帮助“点”和“线”成功，使得平台上每个组织和个体能够实现自我价值，达成广泛联结，从而形成**强大的网络效应**。

其二，**“线”**是平台上的众多组织。“线”利用“面”的各种基础服务、能力和网络效应，**几乎不存在机会成本和沉没成本**，以一种较简单、较专注的方式实现快速发展，而不用花费巨大精力和成本重复建设，还能整合“点”带来的额外机会。

其三，**“点”**是平台上的每个个体。大多数自由创业者只要借助“面”和“线”的资源和能力，而不需要自行承担不可预估的风险，就有可能获得成功。这就是“点”的机会。只有“线”和“面”还不足以构建完整的生态，**“点”的加入才使得这个生态系统更加丰富、活跃和生机勃勃**。

其四，多个平台型企业构成**“体”**，或者经由“面”中孵化出另外的“面”，从而构成“体”。就像太阳系、银河系一样，**众多的“体”聚集交织，就构成了生态系统；而众多生态系统的聚集交织，则构成了人们眼中的商业世界**。

生态系统里的“点－线－面－体”协同发展，共同演化，才能实现随时随地的全局动态优化。**未来的商业竞争即生态系统之间的竞争**。“面”就要让“点”发挥最大的活力并不断创新，刺激新的“点”与“线”出现，使得“面”变得更宽、更广。如果现有的“面”不能提供相应的基础设施服务，更有活力的“面”就会把这些“点”和“线”吸引走，原来的“面”也就会慢慢塌缩，成为其他“面”的“线”或“点”。**企业未来的战略突围程度决定了自身在“点－线－面－体”三维空间的定位**。

微粒与重构

商业世界在不断地进行解构与重组。对于这些解构和重组过程，数字技术可以帮助管理者观察得更清楚、思考得更透彻，这就像高像素的数码摄影技术与传统的胶卷摄影技术的差别一样。**新一代数字技术将再造物理世界的镜像，整个商业社会都将经历从1到0这样的微粒化解构过程，组织也将经历微粒化重组。数字化技术帮助人类对世界的认识达到前所未有的细微精确度。**

管理者既要有大格局，又要在很小的单点上细致入微；既要能聚焦，又要能延伸，要学会在两个极端之间找到一种灰度，从而可以从容地来回切换，达到矛盾统一和有效平衡。**如果说升维是延伸抽象的过程，是从未来回望现在，是站在更高维度俯瞰全局，那么微粒化就是精准聚焦的过程，借助数字技术构建数字平台，将组织予以微粒化地分解、聚合和裂变。**数字技术将我们对物理世界的原有认识逐步解析。粒子是能以自由状态存在的最小物质组成部分。我们所生存的世界是由粒子组成的；微粒化就是无限缩小的过程，从宏观的组织聚焦到分子、原子，再到能量。

随着物理学理论的发展，管理也逐步从宏观视角走向微观视角，颗粒度也越来越细，粒子与粒子之间的关系也越来越清晰。陈威如教授对此做出这样的概括：**平台化管理就是运用物理学粒子的概念将商业社会各个元素进行微粒化而提出的一套综合管理思想，以其统合平台型企业的关系、能力、结构、绩效和文化，进行再解构的理论化创新。**组织的微粒化，使得企业不再是一成不变的形态，而是具有液态特征的柔性组织、网络型组织，企业内部和外部的边界变得模糊，内部和外部的人员可以“自由流动、自由组合”。

为了适应外部不确定性的环境，紧跟变化莫测的商业趋势，**平台型企业的管理实质就是随时随地解构与重构**，也即将臃肿的大组织微粒化分解成单个个体（原子），形成一个个灵活多变的小前端（这是分子分解的过程），就像章鱼的触角一样，在市场前沿探知市场脉络走向；个体（原子）再重新聚合成小团队或小组织（这是原子聚合的过程），像蚂蚁族群一样聚合在一起，按照严格的分工完成共同的目标，而这些小团队或小组织（分子）又可以聚集成平台型组织。

平台模式与平台型组织

平台模式及其简要逻辑

平台是供用户（如买方和卖方）交换商品、服务和信息的场所。我们也可以这么理解，**企业组织本身就可以算作一个平台。**它为利益关联方提供资源与必要的系统，设定规则，引导各关联方的投入与承诺。但这显然不能等同于我们这里所讨论的平台型组织。

作为一种新兴的商业形态，平台型组织以中间人和资源提供者角色，引导创业单元与市场直接对接，而不是以层级和路障来阻断对接；平台型组织的成功源于双边成功联结后所产生的持续性创新优势。与我们通常理解的“平台”最大的不同之处在于，由于**“跨群网络外部性”**（显而易见，这是一种正外部性），或者说**“双边效应”**这样的生存法则，平台型组织可以在短时间内实现指数级的增长，而传统意义上的企业组织，它们所遵循的逻辑仍然是**工业大生产时代的规模经济与范围经济**（见图 21－2）。

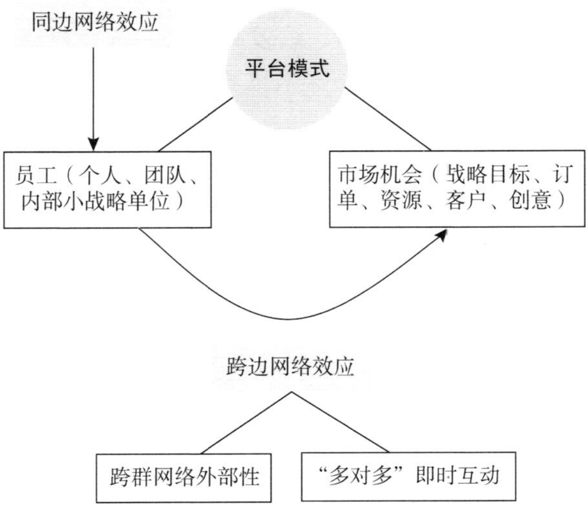

图 21－2　平台模式的简要逻辑

简而言之，**跨群网络外部性就是平台一侧的用户增加，会导致另一侧的用户也相应增加**。以淘宝为例，在平台上注册和购买商品的消费者越多，就会在供给侧吸引越多的商家入驻；而商家数量的增多会使商品供给更加丰富，反过来又会吸引更多的消费者。当然，这种外部性对于指数级增长的触发，需要用户量达到一定的基数。**平台是“数字经济”时代的独特产物，在规模经济和范围经济的叠加效应下，它具有正向的跨群网络外部性，从而能够实现指数级增长。**

作为一种**“多对多”即时互动**的商业模式，平台模式还具有以下基本特征。其一，**数字化**：以数字技术为基础，不受物理意义上的时空限制。其二，**外部性**：用户之间存在正向的跨群网络外部性，也即双边效应。其三，**即时交互性**：用户在平台上直接即时交互，平台提供交互界面而非交互中介。其四，**指数级**：由于平台的数字化、外部性和交互性特征，平台能够实现指数级增长。

至此，我们可以给**“平台模式”**下一个基本定义：**作为数字经济的产物，为用户交换商品、服务、信息等提供直接交互的界面，具有正向的跨群网络外部性，因而能够实现指数级增长的新商业模式。**

平台型组织：一个包容性自组织系统

在对意大利 Olivetti 公司进行案例研究的基础上，希伯拉（Ciborra）早在 1996 年正式提出“平台组织”的概念。希伯拉将其定义为**“一种能在新兴商业机遇和挑战中建立灵活的资源、管理和结构组合的组织形态”**。

随着数字技术的发展，平台模式已不只是市场交易的一种媒介，而日益成为很多领先企业所采用的组织结构。在“多对多”即时互动的新商业时代，联结组织活动的源头是客户不断变化的需求，一种更为扁平、更加开放的平台组织形态应运而生。平台型组织联结两个以上的资源方或需求方，创造出彼此在各自独立时所无法创造的价值（见图 21－3）。比如，百度联结搜索者与信息，淘宝联结买家与卖家，微信联结人与人。

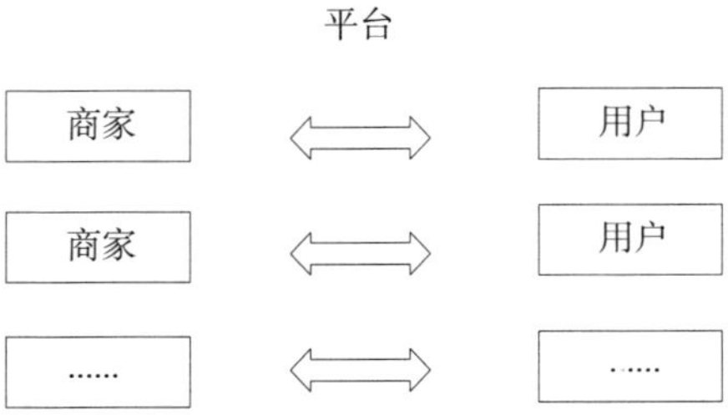

图 21－3　平台型组织示意性简图

平台型组织由平台模式衍生而来。**平台型组织是企业为了应对高度复杂的市场需求、不稳定的竞争环境以及知识型员工日益增长的自主管理需要，充分利用高度透明的数字化治理技术，将大公司专业资源集聚的规模优势和小公司敏捷应变的灵活优势进行集成的开放型组织模式。**

客户需求的变革、数字技术的升级和知识型员工的自我管理需求是推动平台型组织形成的 3 种基本力量。其一，**客户需求**呈现高度专业化、细分化和动态化特征。其二，无缝的信息技术链接和大数据集成形成的透明化治理是平台型组织形成的**前提技术条件**。企业行为的大数据化、即时互联和各种智能化分析技术，使得企业不再依赖科层制“人盯人”管控模式，也不需要与外部产业链交易对象进行静态博弈议价。其三，知识经济时代全面到来，逐步形成以**知识员工**为主的员工结构，也使得传统的以命令和控制为主的科层制组织模式面临重重挑战，企业必须激发员工的内在动力，充分赋权员工去创新创业，才能满足员工内在的成就感。

平台型组织遵循以下基本原则。其一，**开放**。只有更多的员工或外部资源参与，平台才能发挥出更大的价值。其二，**平等**。管理者不是指挥者，而是资源提供者与支持者；规则的制订必须由参与的员工共同决定，这样员工才能产生自愿性承诺；通过参与者之间的约束力而非上下级的权威压制来使员工发挥最大作用，以契约力量来激发员工内在动力。其三，**协作**。信息系统与资源交流体系的建立极为重要，信息的透明共享与基于共同规则的资源流动同样不可或缺。其四，共享。建立全员认可的激励机制，实时回馈，共创共享。只有满足这些原则，平台型组织才能让员工产生“我参与，我创造”的感受，从而充分激发并吸引全员参与。

与传统科层制组织的区别

传统科层制企业组织是一座**“有围墙的花园”**，强调秩序、规则、等级、边界；而平台型组织是一个**“没有围墙的生态圈”**。作为一个开放、跨界融合的生态圈，就必须是一个内外联结的能量交互系统。平台型组织就是这样一个企业自身跟外部之间进行能量交换、联结的交换体系，它所带来的是整个生态圈的生机。**生态化就是平台化的伴生品。**

作为一种基于数字化的新型生产关系，**平台型组织具有扁平化、专业化、智能化和敏捷化、开放化等一系列特征，**明显不同于传统科层制企业组织（见表21－2）。

表21－2　平台型组织与传统科层制组织的简要对比

	传统科层制组织	平台型组织
思维导向	内部资源与能力导向	外部客户导向
结构特征	垂直科层制、结构稳定	扁平化、柔性化
管控模式	规范的行为管控	相对宽松的使命引导
责权利分配	集权、权威分配利益	赋权赋能、共享利益
开放程度	封闭性、本位主义	高度开放
员工与组织的关系	雇佣关系	合作关系
企业文化特征	忠诚、保守	开放、创新

前中后台基本架构

平台型组织的核心优势在于平台型组织的共赢生态圈本质。如何才能像平台型组织一样联结员工与市场机会（包括客户、资源等），使他们的工作变得更有满足感，同时也让公司保持不间断、可持续的创新活力和价值创造能力呢？为此，管理者需要进一步厘清并解决好以下问题。其一，**平台定位**。与公司生存最相关的创新需求与使命是什么？其二，**网络增值性**。如何激发所有员工的创新动能并联结公司的创新需求，使他们产生相互促进的正向循环？其三，**平台机制**。如何与员工共同制订一个权利与责任的分配规则，以维持其积极有序的创新活动？其四，**资源能力池**。组织在扮演平台角色时，应如何促使传统职能部门转型，并向前台创业单元提供哪些资源与系统以充分发挥网络效应？

作为一种包容性自组织系统，平台型组织大致由**“小前端＋大平台＋智慧型总部”**构成，并逐渐形成以**平台治理层、中台资源层和前台创业层**为基本结构的组织模式。

其一，平台治理层。平台治理层即“智慧型总部”，位于组织后端。作为平台型组织的治理中枢，它的主要作用体现在以下 4 方面。**一是明确平台存在的使命和目的。二是建立平台的治理和运行规则。**平台治理层要建立并不断改善平台治理规则，使得平台的运作既能激发一线创业体的活力，又能保持作为一家企业应有的方向感以及必要的核心能力。传统科层制企业注重以中心权威为核心，来确立资源分配逻辑和治理理念；而平台型组织需要基于产业特性和不同的企业发展阶段，以一线创业体为龙头，以市场化逻辑为指导原则，来建立平台内部的资源配置逻辑和治理框架。**三是充当平台守护人**。平台治理层对资源和能力进行取舍与动态更新，不断对创业项目进行审视和盘点，使得企业的资源和能力聚焦于客户核心问题，让企业价值不断增值。**四是向前端赋能的能量中心**。平台治理层沿着“前端←中端←末端”依次赋能的方向，策动组织后端为其紧邻的前端提供赋能和服务支持，以最终指向用户和市场。

其二，中台资源层。中台体系由传统科层制的职能部门演变而成，位于小微公司之后，处于组织中台。企业要依托互联网，将传统职能部门通过部分或全部、向内或向外市场化，实现去中介化的平台化转型过程；同时，还要建立相应的指向小微公司的平台服务系统。

它们的责任在于根据平台的使命和目标，不断扩大和提升企业的资源能力池，将其进行标准化和模块化改造，以备前台随时调用。传统企业的职能部门主要承担管理和监督职责；平台型组织的中台资源层则更多地向前台创业体赋权赋能，这个中台体系主要承担内外部资源整合、基础技术攻关和一些整合性的服务支持工作。

其三，前台创业层。前台创业体集群也即“小前端”，由众多的创业单元或小微公司构成，它们位于组织最前端，与用户和市场直接对接，是平台型组织应对市场竞争和满足客户需求的核心。在平台治理层的战略引导下，充分调用中台的资源和能力模块，通过高度扁平化的**多职能混合工作小组**的模式，这些前台创业体一经充分授权赋能，能够显现出很强的专业竞争力和高度的市场敏锐性。

科斯理论的全新诠释

平台型组织无疑是科斯理论和新制度经济学在互联网和数据时代的又一次全新应用。它的经济学机理充分体现在“内部交易市场化”和“市场交易内部化”这两个方面。

其一，内部交易市场化。平台型组织大幅度削减管理层级，并积极探索企业内部的高能激励模式，比如将业务拆分，使每个业务的代理人具有部分的剩余索取权，并积极将核心代理人群体转化成股东，成为产权共有者。**借助于信息技术发展所带来的低成本市场交易机制，平台型组织将产权理念引入企业内部，一方面可以压缩管理层级，大幅降低管理成本，另一方面通过产权激励，可以从根本上充分激发员工的内在创新精神。**

其二，市场交易内部化。科斯认为，在交易成本为零的情形下，无论权利如何界定，都可通过市场交易达到资源的最佳配置，零交易成本即等同于完全市场经济。在交易成本为正的情形下，不同的权利边界会带来不同效率的资源配置，市场化与科层制的边界确定会对经济制度运行的效率产生实质性影响。这也是科斯定理和新制度经济学的核心观点。**近乎零的极低交易成本已经将交易变得几乎等同于完全**

市场经济，为扩大企业的权利边界创造了无限可能。企业也由此不断寻求最优治理成本，越来越聚焦于自身具有突出竞争力的业务领域。信息技术支撑使得一些大型企业作为先行者，开始探索一种深度战略联盟的治理模式，按照新制度经济学的交易成本理论，逐步将市场交易内部化，不断将企业边界拓展到一个原先根本无法想象的地步。

新的核心能力

传统的商业逻辑更注重资产，尤其是有形资产，诸如对供应链的拥有与控制；而**平台战略则更注重影响力与调度能力**。一个企业或个体拥有的资源绝不可能与整个社会所拥有的资源相比，因此，调动资源的能力比拥有资源更为重要，**社会化的柔性供应链资源才是平台化企业的真正优势，真正构成了平台型组织的核心能力**。具体来说，平台型组织核心能力的体现或者说竞争优势的来源大致在以下几个方面。

其一，低廉的交易成本。数字化技术的管理创新大幅降低了交易成本，相应的平台治理实现了内部代理成本和外部交易成本的大幅压降，平台型组织因而可以在市场化和企业组织之间实现传统企业所难以企及的最优均衡。

其二，突出的规模、范围优势以及学习曲线效应。平台型组织将组件标准化与边界开放化有机结合起来，建设了强大的中台资源池，规模经济、范围经济和学习曲线等经济学效应也由此得以充分释放。平台型组织一方面通过专业组件化延续了传统直线职能制企业的专业化、规模化的基础竞争力，另一方面又通过组件的智能化和敏捷化以及组织边界的开放化，形成了各种因需而变的满足客户需求的新能力，体现了强大的范围经济优势，因此融合了集成的专业化规模优势和敏捷化的柔性优势。此外，不断迭代更新的数字技术，使得知识资产得以持续沉淀并透明分享，企业的学习能力和学习曲线效应也日益突出，这是一种无与伦比的核心能力。

其三，强大的网络效应。前台创业层的各种创业业务单元可以灵活自主地组合各种资源，以形成充分满足客户定制化需求的解决方案，将普拉哈拉德的“R = G”“N = 1”的战略创新思想贯彻得淋漓尽致。中台资源池的资源越丰富多样化，应对“R = G”和“N = 1”的核心能力就越强，平台型组织对新的外部资源拥有者就越具有吸引力，各方的资源协作也就能产生更为强大的规模优势和网络协作优势。网络效应使平台对外部资源拥有者或创业者形成强大的吸附力；而且，平台发展时间越长，就越成熟，这个生态圈就越多样化和越有活力，对外部相关资源和项目的吸引力就越强。

其四，几无机会成本和沉没成本。平台型组织具有高度专业化和柔性敏捷特征，对于每个创业业务单元而言，机会成本和沉没成本非常低廉，对创业决策的影响几乎可以忽略。这对于众多草根创业者来说，创业的门槛大大降低；即便创业失败，所造成的损失也比较小。这种优势对于大众创业、增加就业和繁荣经济具有重大意义。

最初的平台实践：全员创新的新探索

一种全员创新的新机制

最初，平台模式和平台型组织更多地被看作激发全员创新的一种新机制而有选择性地付诸实践的。面对数字时代信息透明与权力重组的特征，企业需要改变传统的精英式创新模式，不懈探索那些既符合时代发展趋势又贴近人类生活渴望的创新活动。**应用平台思维，探索一种激励全员参与、全员创新的平台模式和平台型组织，培育具有活力和可持续的组织创新力与竞争力，便成为一些领先企业和实干家的合理选项。**

数字时代的组织必须顺势而变，培养充分的弹性与应变能力。在企业竞争与商业活动中，信息愈发透明，权力也在悄然重组，天平正在发生倾斜，决定权逐渐转移到消费者手中。**在这种情势下，企业想要实时、有效地回应日益多样化的用户需求，就必须具备在全球范围整合资源的能力。**这也是普拉哈拉德洞察到这些变化趋势，并提出综合性战略变革方案的理由。**平台模式和平台型组织能让优秀及认同创新的员工留在企业中，并吸引更多具有同样理念的员工加入，从而产生网络效应；优秀员工会带来更多创新机会，更多的创新机会又会反过来吸引更多的优秀员工加入，企业的创新活动由此进入滚雪球式的良性循环。**为了塑造组织的全员创新能力，管理者必须改变并逐渐放弃传统科层制组织的命令与控制方式，**将组织转型为具有活力的自主单元，建立信息透明、机会平等及自主决定的平台模式。**

我们可以按照市场化程度和市场化方向这两个维度，将平台区分为**部分功能向外市场化、部分功能向内市场化、全面功能向内市场化，以及完全向外市场化的人人平台组织**等 4 种模式（见图 21－4）。

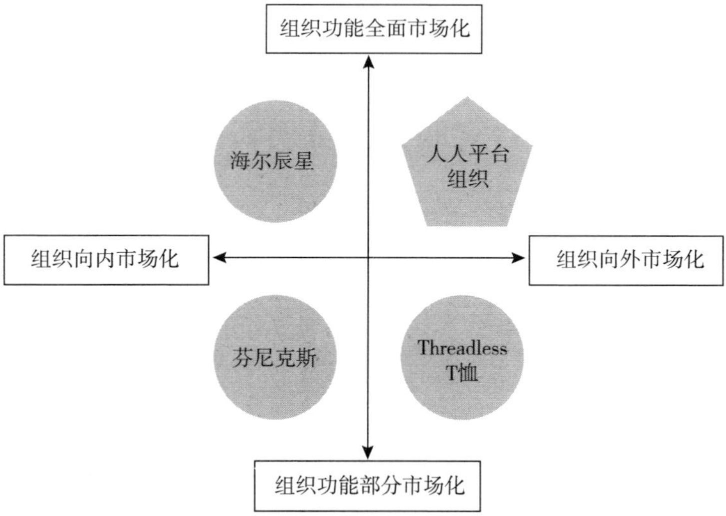

图 21－4　平台型组织的 4 种模式

部分功能向外市场化

在对原有组织结构不进行重构的前提下，管理者可以选择一些具备独立生存能力、适合向外开放的内部管理功能，进行外部市场平台化（见图 21－5）。这种形式的平台型组织，是**将部分组织功能向外市场化，将它们转化成外部市场的一部分，让市场直接参与创新。**

在传统的科层制组织下，诸如研发、设计及销售、信息科技等功能单位，将它们**转化成平台型组织的最简单方法，就是向客户开放，使员工与客户联结起来**。比如说，将自主设计转为向市场开放，征集最新的创意与新技术，这样就可以做到以组织为平台，联结生产单位与市场创意，而不再需要内置设计人员，从而降低研发的资源需求并保持创意活力。美国的 Threadless T 恤公司即为其代表。我国不少商业银行旗下的金融科技公司，原先只是服务于内部的信息化和数字化转型，后来逐渐转向外部市场，也可归入这类平台模式。

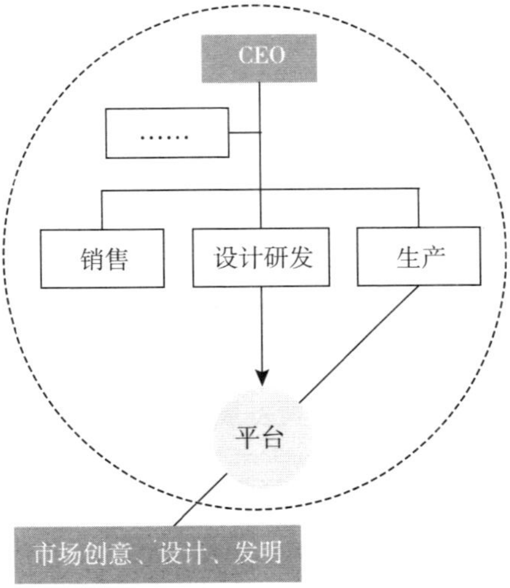

图 21 – 5　部分功能向外市场化的平台模式

部分功能向内市场化

同样，我们也可以打破公司内部职能边界，将原本只属于某一部门或某一群体的权限或目标向企业内部所有员工开放，**以组织为平台，联结内部员工与这些开放的权限或目标，从而实现组织的部分功能向内市场化**（见图 21 –6）。像内部创业这样的原本属于高级管理层拥有的战略决策权，如果向组织全体成员开放，让组织成为新事业的孵化平台，联结有创业抱负和奋斗精神的员工团队与市场机会，遴选有意愿也有能力的团队去开发新事业，也可以达到全员共同创造和激发创新的效果。

一般而言，优秀人才的成长往往快于公司的成长，当人才的发展受到限制或者有些新想法无法施展时，公司如不给予合适的创业机会，这些员工很可能会选择离职。这也是科层制组织中源于“彼得原理”所难以彻底解决的一个主要弊端。因此，**内部创业被认为是公司留住人才与创意的有效手段。**

内部创业也存在一些棘手问题和障碍。如果解决得不好，内部创业也多是热热闹闹开场，之后就销声匿迹了，成功概率很低。这里面的主要问题有：一是创业需要大量资金和资源支持，传统企业很难有这个机制，内部很难平衡，难以找到说服众人的理由；二是创业的内容较易受到公司管理层意志的制约，不易实现与创业者的专长的有效契合；三是很难建立起创业成功的利益分享机制，更不用说建立配套的创业失败的容错机制了。因此，**这种创业平台模式必须建立一个好的机制，一个真正能诱发、保护“老树发新芽”的合适机制，用这个机制将员工、新创公司及原公司的利益紧密结合在一起，从而平衡好员工发展、新创公司股权与公司发展之间的关系。**

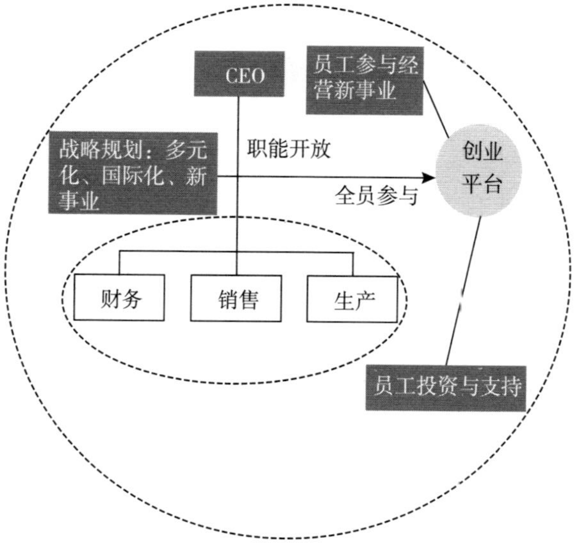

图21－6　部分功能向内市场化的平台模式

全面功能向内市场化

这种模式**将组织内部完全市场化，让员工成为自己的老板，以组织为平台，联结其他员工，同时也将员工与外部市场相联结，为客户创造价值**（见图21－7）。在横轴上，此种形式属于面向内部市场化；在纵轴上，则将企业组织的各项功能，包含战略、财务、司库、人力资源、生产、研发、质量等功能全面市场化。

在这种模式下，原先的雇佣关系将彻底转变成为市场化的契约关系，将科层制组织转化成相互联结的创业单元或小事业单位，从而打破部门间的壁垒，通过充分的协同和合作，达成实时的创新效果。**这种模式需要彻底的组织变革，搭建联结每个独立单元的平台系统。**组织本身彻底转型为一个平台，所有创业单元和员工通过市场化契约，较彻底地按照市场化原则运行。

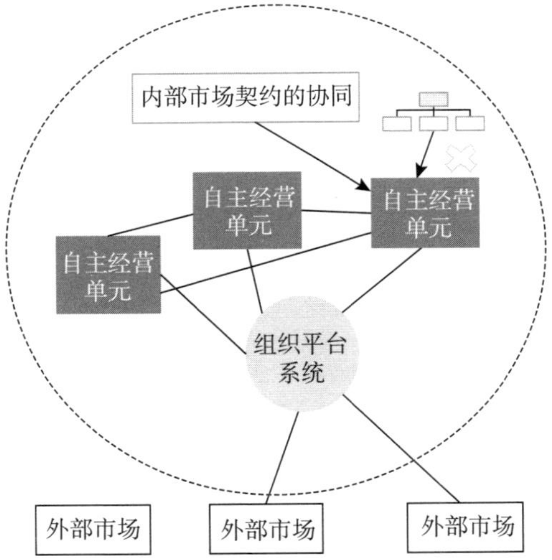

图21－7　全面功能向内市场化的平台模式

人人平台组织

人人平台组织是一种更为极端的模式，**把组织的内部功能完全面向外部市场化**。这是一种互联网和数字技术催生的全新组织模式。在这种组织形态中，凡是个人或几个人组成的创业单元能够实现的功能，都可以成为一个平台，借由联结不同的功能来完成组织的生产运作（见图21－8）。**在人人平台组织中，人们可以受雇于自己，建立个人平台，也可以归属于某个协调性平台，让工作在平台上合作完成**。在一个信息充分流通的联结系统中，人们借由信息交换获知彼此功能上的互补需要，以契约合作的形式完成计划和共同目标。**人人平台组织的形成要件是健全的联结系统、有效的市场化契约与规则，以及高效透明的信息流通。**

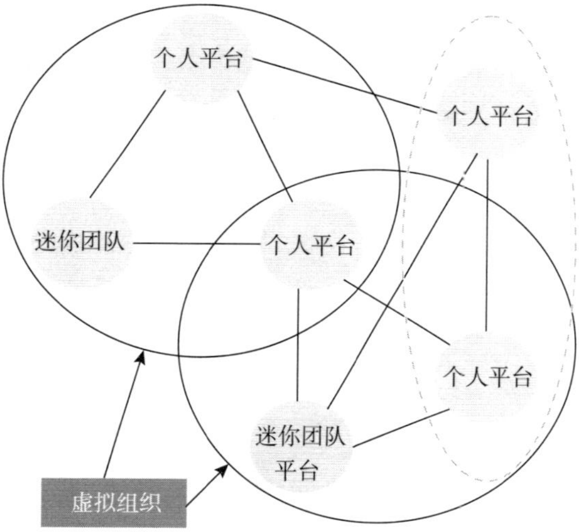

图21－8　人人平台组织

系统化、结构化的平台管理

平台管理的"五化"模型

基于全员创新动机，平台模式和平台型组织积累了诸多有益的探索经验。与此前讨论的平台理念相适应，陈威如教授等学者对平台管理进行了深入研究，提出了一个结构化、系统化的五化模型。**顺应数字变革，企业组织和管理者需要一种心理世界升维（认知）与物理**

世界微粒化（手段）双向并存的新型管理理念和实践，其宗旨是实现关系多样化、能力数字化、绩效颗粒化、结构柔性化和文化利他化（见图21－9）。

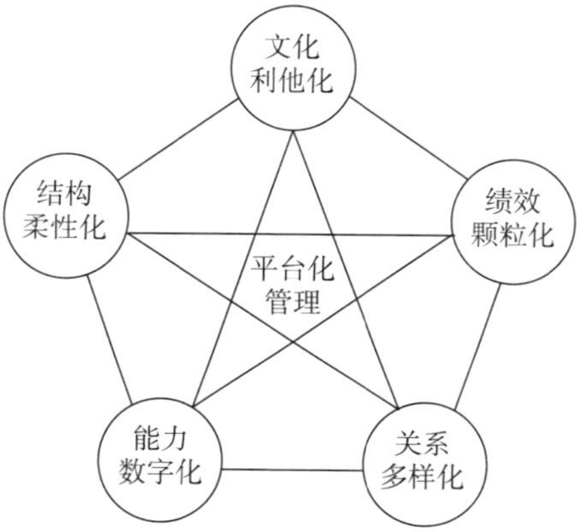

图21－9　平台管理的五化模型

五化模型不仅为管理者提供了一套全新的思考框架和理论体系，更为传统企业实现平台化转型和升级提供了明确方向和清晰路径。关系、能力、绩效、结构和文化等5个因素大致属于战略、组织和文化的范畴，**传统企业的平台化转型是战略驱动的组织变革，更是企业自身战略、组织和文化的系统化创新和全面变革。**其中，企业的绩效和能力是骨架，关系和文化是血肉，数字技术是神经，这5个要素彼此衔接、环环相扣，形成一个完整闭环，为组织变革和转型升级奠定了坚实基础，引领企业稳步迈向数字化和智能化时代。**传统企业实现平台化转型的关键在于能力、关系、结构、绩效与文化5项管理要素的变革，其实质是基于数字技术进行流程重构，基于个体自我驱动开展组织变革，以及基于相互成就的心态集体升级。**

关系多样化

平台化企业所有的关系都以“信任存量”为基础，这也是平台竞争优势的重要标志。进入数字化时代后，传统的雇佣关系以及组织内部的各种依存关系依然存在，但本质已经发生变化。这也是平台型企业区别于传统企业的重要方面。随着数字技术在人才市场的全面应用，经由平台赋能的个体能以较低成本甚至零成本创业，自由职业者的门槛越来越低。员工与平台型组织的关系由原先的企业雇用员工，变成了员工使用企业或组织的公共服务和基础设施来实现创业理想。这样，**雇佣关系糅合进了平等与合作，各种依存关系，特别是纵向的上下级关系也一改传统科层制下的“命令与控制”，大大增加了“赋能和成就”的成分；**管理者的职责也从传统意义上的管理、监督和控制逐渐调整为**给个体提供创新、创业的环境和工具，赋能他们获得创造力，并成就他们的人生目标和梦想。**员工和用户的定义模糊化了，**用户即员工，员工即用户，但本质上还是相互联结的合作关系。**生产者与消费者之间的边界消失了。数据为生产赋能，更为消费赋能。对于企业来说，**让用户成为最好的产品经理和不支薪的推销员，远远优于传统意义上的广告等营销方式。**企业与企业之间、行业与行业之间的边界呈现模糊态势，这也是数字时代的新命题。传统企业要想在数字时代不被颠覆和跨界“打劫”，需要具备在整个产业链条中合纵连横，以形成生态合作伙伴的意愿和能力。**从“流量思维”到“产销者思维”再到“超级用户思维”**，其本质是从原先立足于市场补贴型的**外部新用户**获取，向内而生，转向对**已有用户关系的深度经营**，并将运营指标的重点从原先的**拉新率和留存率**转向**人均用户价值创造**。这是用户思维的深化，也是社交货币的进化、社群思维的迭代，更是一种新维度模型和估值体系。总之，平台型企业的关系多样化特征也是高度践行了 Y 理论，**各利益关联方之间是协作的、共情的，而不是博弈的、零和的，从根本上回归了人性的本原需求，那就是对支持和信任的尊重。**

能力数字化

平台型企业的核心能力体现在强大的数字化业务运营管理系统上。即便是拥有较高信息化水平或者数字化转型较为成功的传统企业，在这一点上也是无法与平台型企业比拟的。在这个系统上，平台型企业沉淀运营数据并实时分析资产绩效，搭建应用程序接口，建立服务和产品集市，进行应用与应用之间的联结、平台与平台之间的嵌套，从而对组织自身进行微粒化分解。平台型企业充分利用数字技术，以低成本为用户提供快捷服务，并高效率地创造价值，持续不断降低交易成本和摩擦成本，以低成本试错，从而不断实现新陈代谢和自我优化。由此可以看出，**平台型企业的核心能力经由数字化锻造，并在高度数字化中不断迭代升级，成为构筑自身竞争优势的强大推手。**

绩效颗粒化

平台型企业的绩效管理是以数字技术为核心，对组织中的各个元素，也即整体组织、分子和原子进行全方位的颗粒化解析和评价。工作维度和评价主体的颗粒度无限细分到每分每秒，精确度和通透度都得到极大提高。对绩效变量进行结构性分析，考核指标与绩效表现之间的相关关系也变得非常清晰。至为关键的是，这种绩效系统能够实时反馈考核结果，向被考核者有针对性地提出优化建议，以便赶上可能落后的进度或改进原本存在差距的效率，将改善个人和组织的绩效做到了极致。**绩效考核的颗粒化与绩效反馈的实时化，不仅全面提升了绩效管理的科学性，同时也富有重大的经济学意义。**在传统经济学体系里，合同不完备性所带来的困扰总是客观存在且难以彻底解决的。人们难以预料未来的不确定事项，在一个考核周期开始时，无法做到客观准确地划分经济主体的责任、风险和收益；周期越长，合同的不完备性便体现得越明显。在平台型企业中，绩效的颗粒化和实时反馈几乎可以彻底解决新制度经济学提出的长期困扰经济主体的合同不完备性问题，使得内部交易市场化和市场交易内部化可以任意切换，企业的边界也可以随需要延展或者收窄。

结构柔性化

平台型企业的组织结构加快向扁平化、网络化、开放的无边界的平台生态系统转变。信息在不同部门、不同层级之间顺畅地传递和共享，形成实时、完整的信息流，不再像科层制结构那样，自上而下逐层下达或者自下而上逐级汇报，组织内部原先的各种依存关系以及组织与外部的联系机制，呈现出敏捷、灵活、快速和高效的突出优点。企业组织随着扁平化而趋于网络化，也更具有协作性。管理者和员工在网络化组织中借助于数字智能化系统，双方均能掌握全面信息，**管理日趋透明化，增强了员工的公平感，也促进了公司的民主化管理。任何一家小公司都可以通过互联网数字平台，以较小的成本建立起全球性的销售系统。**企业还可以将非核心和非战略性资产外包出去。人员和组织规模趋于缩小，变得更为精练高效，组织形态也随之趋于小型化和灵活化。更为突出的一个变化，组织的内部边界和外部边界不再清晰，富有柔性和灵活性，便于资源、信息的双向传递和扩散，使得各项工作得以顺利推进并落地。效率的显著提高，使得组织作为一个整体的功能远远超过各个组成部分的功能之和。当然，组织的整体性割裂以快速应变外部环境，这也会带来不少管理挑战。管理者需要改变原先的定势思维，通过升维来构建平台生态的领导力，对团队及其成员进行全方位指导，实现公司、团队和成员个体间的协同发展。

文化利他化

平台型企业的文化之魂即利他性，赋予创业个体以强烈的使命感。升维的理念和行为准则可以使个体产生强烈的使命感和持久的驱动力；利他的企业文化就是自我激励的原动力。同时，企业共同的价值观、信念及行为准则又是一种强大的凝合剂和精神支柱，既能凝聚平台型组织，也能使各创业个体对平台型组织产生认同感和安全感，起到相互激励的作用。

传统企业的平台化转型

转型的动机

传统企业的平台化转型由内因和外因两方面因素共同驱动。从内在动因来看：管理者不断加深对外部环境、战略转型以及平台型组织的优势的认识和理解，认为这是**一种势在必行的战略驱动的组织变革**。从外在动因来看，主要有3点。其一，**技术变迁**。结构权变理论认为，“组织的结构或最佳组织方式取决于所处的（技术）环境的性质”。传统的组织模式与高速发展的数字技术越来越格格不入。其二，**市场环境**。市场环境影响着组织变迁，平台型组织是市场开放趋势的必然产物。无论是“R = G”还是“N = 1”，竞争环境的深刻变化要求企业组织结构的创新变革必须同步跟进。其三，**制度环境**。企业既需要适应制度环境，也要能够通过战略决策对其制度环境产生影响。平台型组织是企业应对外部制度环境的一种机制。

传统企业的平台化转型

数字技术带动产业全面平台化重构，传统企业也需要往平台化方向转型。互联网平台是通过能力数字化扩展及业务数字化相结合的组织形式，通过建设数字网络平台，以更低的成本、更快捷的速度和更便利的方式匹配多种产品或服务的供应商和用户，营造供需双方的互动氛围，建立相应的信任机制并最终促成交易。

产业平台化也将以此为基础，逐渐形成一个战略驱动的组织变革趋势。产业平台化基于全产业链数字化，提供“端对端”的优质用户体验和差异化服务，保持运营的高效率和灵活性，同时降低供需双方的交易成本和摩擦成本。**数字技术不仅转化为更高的平台价值和更低的交易成本，还从根本上改变了商业模式，以及企业组织与价值的创造和分配机制。这些新型的商业模式将更加依赖数据分析和智能设备，开放而流动的数字化平台将联结并融入企业组织，成为整个生态系统的重要组成部分。**

数字革命对传统行业和传统企业的商业模式持续进行价值重构和价值创新。平台型组织不再依靠信息屏蔽和行业准入壁垒来获取超额利润，而是站在更高的思维层面上去赋能个人、组织和外部合作伙伴，通过创业、创新来创造更大的社会价值。保持基业长青的秘诀，是要像健康细胞那样不断地进行新陈代谢。只有迅速地自我更新，才能保持自身的旺盛生命力。**面对数字化浪潮和已然来临的大数据时代，传统企业需要建立数字化能力并积极向平台化方向转型。**以平台化战略驱动组织变革，利用现有客户群、基础设施或技术进行相应的流程优化、再造和整合，建立新的业务模式并有效管理数字资产。

平台化转型需要建立平台化管理模式，从商业模式、组织结构、组织关系、企业文化、绩效管理等方面对传统企业进行系统化改造。这一转型过程可以简略概括为**“一个基石”**、**“两个前提”**和**“三个组织提升”**。

“一个基石”便是强化数字基因。以构建智能化大数据技术为基础，企业要建立一个联结内外部平台的全产业链信息系统。平台型组织以数字技术为基础，来有效管理这些透明化、及时化、集成化的大数据，企业的风险和机遇都与此高度相关。在企业内部，员工与管理者甚至CEO之间几乎已不再受到信息不对称的困扰，管理者也必须放弃传统科层制中的命令控制手段，转而赋能员工、业务单元和外部合作伙伴，以充分激发他们的创业活力。同时，这些员工、业务单元和外部合作伙伴得以从企业全面化、透明化、数据化的动态信息、知识和经验中汲取能量和资源，从而实现更快地学习和成长。

“两个前提”指的是战略基点和管理风格方面的变革。其一，重构战略基点：放弃传统的静态战略计划，构建基于客户需求的开放化、可调整的动态战略。其二，转变管理风格：转变追求完美的业务型管理风格，更多地以使命来感召员工，真正激发他们的内在动能。

“三个组织提升”主要涉及组织逻辑、治理结构与机制、组织能力的重构和培育。其一，重构组织逻辑。逐渐弱化并最终放弃传统科层制的金字塔组织，构建开放互联的智慧型平台架构，这是重构组织结构的一个主要逻辑。有意识地拆除“围墙”，拓展传统企业封闭僵化的组织边界。更多地致力于洞察未来，聚焦核心能力，渐进式地完善平台治理规则。**传统的职能部门将实现彻底转型，以组件标准化与**

组件开放化原则，转而成为整合资源和能力、建立资源能力池并有效赋能于前台创业体的中台系统。此外，平台型组织还必须具备智慧逻辑。**其二，再造治理结构与机制**。要逐步改变逐层代理、严格管控和低能激励的传统模式，构建共创共享的开放型治理和高能激励模式。平台型组织的本质优势是内部交易市场化、市场交易内部化，必须在如何实现员工的共创共享、内外部伙伴的开放共赢上下功夫，真正做实这种新型的治理机制。**其三，重塑组织能力**。打破传统的静态化人才培养体系，强调学习能力和学习曲线效应，不断完善开放化、动态化的人才生态网络。

转型的关键点

平台主导方要承担让整个生态系统良性运营与循环的主要责任。对于众多的企业而言，应立足于做精、做专、做小、做好，在一个健康可持续的生态系统中获得一席之地，并非每家企业都要争着去做平台主导方。

平台化成功转型的关键因素有以下几点。其一，要能**占据产业制高点**，形成优势与核心能力，这样才能够联结和整合生态资源。其二，要有**优质资源的配置和赋能能力**，这样才能吸引创业者参与这个生态圈，并借助于平台实现能力放大，获取更多优势资源。其三，**联结能力**，也就是数据驱动经营的能力，这是平台化企业最为基础性的要素。没有相应的联结能力，数据不能上移，经营决策不能实现数据驱动，平台化生态就是一盘散沙，形成不了生态价值。其四，要有相应的**平台管理和服务能力**，能真正为生态系统提供有效的资源配置并赋能。其五，要构建一套有效的客户化、市场化的**平台运行机制与模式**。平台内部怎么进行核算？平台和生态之间怎么进行交易？为此，必须建立相应的规则和运行模式，明晰责权利体系。其六，要有**共享共创机制与开放协同文化**。平台型组织核心一般采用合伙制。如果做不到自我驱动，缺乏相应的利益共享机制，形成不了开放协同的文化，平台化转型目标就难以实现。

平台化转型的实践

平台化转型就是要构建一个**“小微经营、大平台、富生态”**的系统。在这个系统中，一端联结消费者，另一端联结产业资源，用平台化运作去满足消费者多样化、个性化的需求，快速响应消费者的需求变化及整体价值诉求。**“平台化管理＋生态化经营”**这种模式已成为学术界和企业界的一种共识。

当今许多知名的国外大公司，诸如苹果、谷歌、脸书、亚马逊等，市值超过数万亿美元，全球用户达到数十亿，它们所采用的组织模式无一例外都是“平台化管理＋生态化经营”。苹果所构建的软件世界的平台和生态体系，使其不仅能够快速响应市场需求，而且能够整合创新和产品设计资源。从这个角度来讲，**“平台化管理＋生态化经营”已经成为新经济组织模式的发展方向**。

华为、阿里巴巴、小米、京东等领先企业也基本实现了“平台化管理＋生态化经营”的组织转型。阿里巴巴自创业时便是一家联结买家与卖家的平台，通过多年持续不懈的努力，已构建起金融生态、产业生态、线上线下的生态和电子商务的生态系统，通过买家跟卖家的联结，经由淘宝平台以及正处于构建状态的产业资源、金融资源、软件资源、媒体资源等，运用大数据、云计算等数据技术，不断发挥成长、联结和聚合的功能，逐步形成一个完整的产业生态系统。华为近几年也在从产品型向“平台化管理＋生态化经营”方向布局，致力于构建技术平台、资源平台和服务平台，服务于产业、社区和各种研发者。小米所构建的生态体系也是服务于消费者、基于消费者需求的庞大生态系统，构建以手机为核心的整体产业价值链。近年来，小米生态系统功能也渐入佳境，为小米持续增长提供了强有力的生态支撑。京东的平台化转型也很有特色，提出向**客户导向的网络型组织、价值契约的钻石型组织和竹林生态的生态型组织**转型：为客户和员工搭建平台，开放用户和任务市场；以纯粹、透明、坚韧、持久为核心价值观的钻石型共享文化把人才凝聚在一起；组织模式要比拟竹林生态，各参与方在平台赋能的前提下，要像雨后春笋般发展起来。

总之，实现平台化转型，需要高级管理层和各层级管理者形成共识，还**需要有足够的战略耐心与战略定力**。海尔的平台化战略实施迄今已有14年了，小米的平台化布局也已经有六七年时间了。只有经过多年的沉淀、磨砺和执着，成效才会逐步显露。**对于中小型传统企业而言，选择什么样的组织结构，一定要从自身实际出发，一味追求时尚是要付出代价的。**当企业员工数量达到一定规模，就要有横向分类、纵向分层，就要有职位标准以及清晰的责权利规范。科层制组织依然有其合理性和生命力。一味强调去边界、去层级、角色化，也可能会导致组织运行紊乱。如果管理者、员工素质达不到“平台化管理+生态化经营”的要求，不顾这些实际情况强行推进平台化转型，公司的管理情况可能会变得更糟糕。管理活动需要理性，需要尊重常识，这条定律几乎从未改变过。

第八部分

“人”的工作与组织能力建设

导 读

我们在本书第六部分和第七部分中先从整体视角讨论了企业的结构、组织与依存关系，并以战略中心型组织和平台型组织为重点，深入探讨了战略驱动下的组织变革。这一部分，我们将重点聚焦于组织内部“人”的因素和“人”的工作，探讨如何系统化改进人力资源管理并推进企业的组织能力建设。

企业的组织能力是基于所处的环境和既定的战略，建立并持续改善自身资源组织方式以及相应激励机制的能力。组织能力是企业战略执行体系的重要组成部分。组织能力最终要归结到“人”的工作，要把企业的“人”组织起来，整合其意志、提升其能力、开发其潜力、提高其效率，以实现组织的战略目标。组织能力建设是一项耗时费力的系统性工程，恰恰也是制约很多中国企业持续成长和长期成功的关键内在因素。人们很容易混淆人力资源（Human Resource，简写为 HR）的行政职能与真实职能。HR 的行政职能包括考核、任命、薪酬、奖金、保险金等工作，事关各级管理者和员工的切身利益；而 HR 的真实职能和价值，也就是 HR 在一个组织中所要真正做好的事情，即体系化的人力资源管理和系统化的组织能力建设，反而没有得到充分重视。“重建”HR 的口碑，真正开发 HR 的潜在价值，是推动组织能力建设的一个崭新的突破口。

价值创造、价值评价和价值分配构成了现代人力资源管理的主体体系。管理者应围绕这 3 方面构建企业组织能力建设的“价值链”，并将其贯彻到人力资源管理的全过程和全体系中。全力创造价值、科学评价价值、合理分配价值以及三者之间的闭合循环，是企业组织能力建设的核心与重点；价值创造体系、价值评价体系和价值分配体系的有机结合及良性循环，是现代人力资源管理体系的重要特征，也奠定了现代企业组织能力建设的基本框架。

管理者要招到合适的人，组建可心的团队，确实是一件不容易的事情。唯有长处才能产生成果。管理者的用人决策，不在于如何克服人的短处，而在于如何发挥人的长处；管理者的任务不是硬性改变人，而是巧妙运用个人的才干，如果总是盯着别人的弱点，就只能给自己造成令人头痛的问题。作为企业人力资源的骨干队伍，干部对企业的组织能力建设直至长远发展，都发挥着巨大的整体约束和示范拉动作用。“人才者，求之者愈出，置之则愈匮。”干部管理不是简单的人力资源管理，而是一种治理层面的组织能力建设，企业需要围绕干部管理建立相应的结构化体系。

管理者要搞明白绩效的真实含义。“绩”是业绩，是员工的工作结果；“效”是效率，是员工的工作过程。也就是说，绩效 = 结果 + 过程（为取得优异绩效所采取的行为与相应的素质） = 做了什么（实际结果） + 能做什么（预期结果）。因而，绩效导向并不意味着只关注结果，还应该关注取得这些结果的过程，即员工为取得优异绩效所采取的行为以及所应具备的相应素质。绩效管理系统的核心在于关键绩效指标体系（Key Performance Indicator，简写为 KPI）。在现实情形中，如何将战略目标转化为 KPI 体系，我国一些国有企事业单位有一套较为成熟的做法。这套机制沿着战略管理链条进行逐层递进分解，将总括性的战略目标逐步分解为具体的、符合要求的年度 KPI 体系。

与绩效管理系统直接衔接的便是薪酬激励系统。这些年，社会舆论对贫富悬殊和分配不公的批评愈发尖锐，很多公司，尤其是我国一些国有企事业单位，在很大程度上淡化了薪酬激励系统的市场化导向，系统化降薪和缩小薪酬分配差距成为一种新的趋势。一般而言，管理者在薪酬激励问题上要统筹考虑 3 个基本原则。其一，内部公平性。员工只有觉得这个机制很公平，才能从内心生发对公司的感恩之心和创造热情。其二，外部公平性。与外部人才市场相比较，公司提供的薪酬水平要保持充分的竞争力，才能吸引到优秀人才，否则人才流失不可避免。高层管理者要舍得在员工身上花钱，只要这个钱花得其所。其三，员工公平性。严格遵循公司的价值评价体系，对同样性质员工的价值创造与贡献要进行客观评价，让每个员工都得到应有的重视与尊重。好的薪酬激励，就是要做到“激励恰当的人和事”，同时“用恰当的事或物来激励恰当的人”。

除了与薪酬激励系统强挂钩，比选育用留机制更有震慑力的，便是建立并坚定推行日常化的淘汰机制。这也是企业保持员工队伍活力必不可少的代谢机制。对于我国一些国有企事业单位而言，推行淘汰机制显然是一个艰难的挑战，会面临一系列阻力和压力。但管理者须明白，即便再强调社会责任，但企业的市场化竞争和高绩效导向的本质属性并未改变，出现冗员现象就意味着企业活力的丧失。适度的淘汰机制仍是一个必然选项，关键是要尽可能做到规则公平，管理者不能有私心。

第 22 章
组织能力的华为真味

组织能力是企业战略执行体系的重要组成部分。我们在第六部分和第七部分中先从整体视角讨论了企业的结构、组织与依存关系，并以战略中心型组织和平台型组织为重点，深入探讨了战略驱动下的组织变革。在这一部分，我们重点聚焦于组织内部“人”的因素和“人”的工作，探讨如何系统化改进人力资源管理并推进企业组织能力建设。

管理者须明白，组织能力建设是一项耗时费力的系统性工程，恰恰也是制约很多中国企业进一步成长和长期成功的关键内在因素。缺乏强健的组织能力支撑，企业就会缺乏活力和元气，最终逃脱不了“烟花企业”的宿命。管理者如能年复一年、日复一日地改善和提升组织能力，不仅能有助于企业赢得今天的竞争，更能把握一个可期的未来。

立足组织能力的本原

从 HR 的口碑说起

相信不少人都有这种感受，很多公司的 HR 部门口碑都比较差，令人满意的情况确实鲜见。传统企业，特别是一些国有企事业单位的人事部门过于强势，不断在无形中扩展职责边界，与其他职能部门之间和所属业务单元之间，时时有“越界”行为发生，管了太多不该管的事情，而真正该管起来、该做扎实的事情，反而做得勉为其难。有些 HR 人员的理念、个性和作风与公司整体的文化氛围和长期的发展战略不相契合，他们做事比较随意，标准模糊，又极不透明，很容易招致一些非议和批评。这些情况给公司人力资源管理和组织能力建设造成了很多障碍，埋下了不少隐患。

另外，**大多数公司的高层管理者和人力资源部门会把 HR 的行政职能与真正职能混为一谈**。HR 的行政职能包括考核、任命、薪酬、奖金、保险金等工作，事关各级管理者和员工的切身利益，这也使得 HR 部门在大多数企业组织内部算得上是真正的“权力显赫”部门。这些细节性权力过分集中地攒在手上，事实上也是一把“双刃剑”，HR 部门根本就没有能力和精力，在任何时候、在所有事情上都能把握好一个度，招致抱怨和批评也实属正常。**而真正的 HR 职能，也即体系化的人力资源管理和系统化的组织能力建设工作，反而遭到无视，企业的各级管理者和员工很少会从这个视角来考量 HR 部门的真正价值和贡献**。HR 部门在公平性上的欠缺，在公司管理者和员工中造成的负面看法和消极情绪，以及选错一个关键岗位的管理者给公司带来的严重后果，几乎没有一个相应的考核和问责机制，永远是一笔糊涂账。**“重建”HR 部门的口碑，推动企业组织能力建设可能是一个崭新的突破口**。HR 的真正职能不仅仅是履行好日常行政职责，更要聚焦于企业组织能力建设，以先进且适合企业实际的人本理念，建立健全一套发现、培训、激励和留住优秀人才的机制，促进企业战略的落地实施。

组织能力的本原

在企业场景下，人们对组织能力的理解一般很模糊。想要更精确一点，我们还需要回到第 17 章中提到的新制度经济学代表人物之一奈特对“组织”的经济学定义。他认为，组织即“任务的分派”和“报酬的分配”，其本质即资源的组织方式及其相应的激励机制。有了这个基础，我们就能更好地理解“组织能力”的含义了。我们可以这样认为：**企业的组织能力是基于所处的环境和确定的战略，建立并持续改善其自身资源组织方式及相应激励机制的能力**。当然，这仍然算不上是一个精确的定义，但聚焦的问题已经很清楚了，那就是资源组织和激励机制，归结点就落到“人”的工作上来了。

“人”的工作是企业管理的核心，更是企业组织能力建设的核心，本质上是对人性的管理，其前提是对人性本质的深刻洞察和科学运用。不同于对客观世界的认识，人类在其发展史上对自身人性的把握却鲜有突破性进展，仍停留在善与恶、理性与感性、心理和行为等假设层面。对人力资源的不同假设，必定会导致不同的管理哲学、管理体系和管理实践。华为公司想得较为透彻：**企业组织能力建设也代表着内部管理的核心内容，这便是把企业的“人”组织起来，整合其意志，提升其能力，开发其潜力，提高其效率，以实现组织的战略目标**。关注人均效率、制度体系建设、员工队伍建设、内部机制与活力、企业文化的修正、组织与人的利益关系，以此来明晰企业内部的竞争规则，并充分保持人的活力，应对急剧变化的外部环境，是企业近年来加强人力资源管理和组织能力建设的大趋势。

青腾大学教务长、曾担任中欧国际工商学院组织行为学教授的杨国安先生是研究企业组织能力的专家。他提出，企业成败有两大关键：正确的战略以及合适的组织能力，他进而归纳出一个企业持续成功的简单方程式：**成功＝战略×组织能力**，并强调这两个因素是相乘关系而不是相加关系。**组织能力指的不是个人能力，而是企业整个团队所发挥出的整体战斗力，是企业竞争力的DNA，或者说是处于企业底层的核心能力**，因而具备一些类似于核心能力的特点：其一，独特性，它深植于企业内部，不依赖于个人，而且可传承、可持续。其二，它是超越竞争对手的，具备比较优势；其三，对客户存在价值基差，从而可以为企业带来超额价值。

至于如何衡量企业的组织能力，杨国安教授列出了一张示意性清单（见表22－1）。

表 22 - 1　企业组织能力的关键衡量指标

常用组织能力	释　义
• 灵活弹性	具有弹性和高度灵活性，能够迅捷地适应新的竞争环境。
• 创业能力	具备创业精神，能不断开辟新的市场或创建新的“蓝海”业务。
• 创新精神	具备创新精神，能成功开发新产品、服务、流程或经营模式。
• 反应速度	能比对手更迅捷地完成任务（如开发新产品，交付货物或服务等）。
• 平衡性	有较好的平衡感，在处理各种关系上能把握好分寸。
• 全球运营管理	在企业文化、整体运营和领导力上具备全球视野和相应的能力。
• 客户导向	以满足客户需求为组织和运营管理的核心目标。
• 技术领先	持续研发，是本行业的技术领先者。
• 低成本	生产成本系统性低于竞争对手且有明显的安全边际。
• 渠道拓展	能有效地开拓并管理好合适的经销渠道。
• 服务	服务比竞争对手更优质、更迅捷。
• 质量	品质高于消费者定制需求。
• 学习能力	整体学习能力突出，且一直处于持续学习状态。
• 生产力	持续改善生产力。
• 联盟	外部界面友善，基于价值观和战略利益建立稳定的联盟。
• 并购	熟谙资本之道，具有独特并购和整合能力。
• 外包	具有合作和共享意识，按照比较优势原则将非核心业务外包。

理解这些指标，有助于我们更准确地理解企业组织能力建设，管理者可以根据企业战略做出取舍，专注于其中 2～3 项关键指标，作为推进企业组织能力建设的突破口和切入点。

组织能力的“杨三角模型”

杨三角模型

企业如何系统化地建设自身组织能力，杨国安教授提出了一个以他自己命名的**杨三角模型**（见图 22 - 1）。他认为，管理者应该由外而内地思考问题。在已有成形战略的基础上，公司要做出取舍，盯住2~3项直接关乎战略成败、衡量组织能力的关键指标，按照杨三角模型来精心建设自身的组织能力。

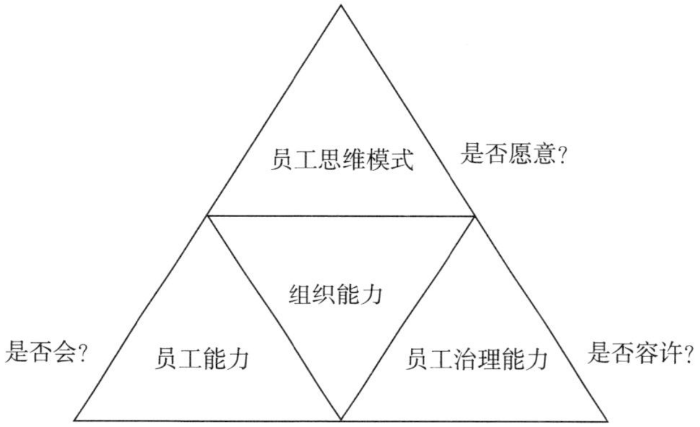

图22－1　组织能力的杨三角模型

其一，员工能力。支撑组织能力的第一个支柱是员工能力，也即公司全体员工必须具备与战略实施相匹配、符合组织能力建设的知识、技能和素质。它表现为企业的全体员工会不会、能不能做出与组织能力相匹配的决策和行为。如何培养员工能力？管理者需要解决好以下几个问题：公司需要什么样的人才，这些人才应具备什么样的能力和素质？公司目前是否拥有这样的人才储备，主要的差距在哪儿？如何选、育、用、留合适的人才，同时淘汰那些不合适的员工？

其二，员工思维模式。员工“会不会做”并不等于员工“愿不愿意做”。第二个支柱是员工的思维模式问题，也即管理者要关注员工每天在工作中所关心、追求和重视的事情，他们的价值判断标准和行为模式是否与公司所需的组织能力相匹配。管理者为此需要解决好以下几个问题：员工需要具备什么样的价值观和思维模式？如何建立并落实这些价值观和思维模式？

其三，员工治理方式。公司还必须建立有效的人力资源管理制度和机制，充分激发员工施展所长，自觉执行公司战略并为公司创造价值。管理者为此需要解决好以下几个问题：应该设计一个什么样的组织结构，这个结构是否留有一定的弹性和改善余地？如何管理好组织内部的各种依存关系，如何平衡好集权与分权的关系，以使组织的每个组成部分都能发挥积极性？关键业务流程是否明确，是否有信息技术基础支撑？人力资源管理信息化系统和相应的沟通交流机制是否畅通有效？

杨国安教授特别强调，**杨三角模型的 3 个支柱缺一不可，而且要符合“匹配”和“平衡”原则。“匹配”是基于战略和环境而言，而“平衡”则讲的是 3 个支柱彼此之间的关系。**

3 个支柱的实质

杨三角模型基于系统思维，对事关企业组织能力建设的主要方面和关键因素予以整合，形成了一个有一定价值的分析和工作框架。员工能力建设涉及员工的选、用、育、留的全过程，此外还有干部管理问题。华为的管理体系主要就包括**职位描述体系和任职资格评价体系**这两大体系的建设，以及干部管理方法论这一重要领域。员工思维模式的说法有些抽象，事实上也就是价值观和企业文化的落地问题，如何将它们落实到员工的行动之中。这是一个听起来虚玄但又确实无比重要的核心问题，我们会在第九部分做专门讨论。这一块内容已经超出了传统 HR 的管理职责范围。员工治理方式的提法有高度，也很新颖，这一块内容与前两个支柱所涉及的领域有一定程度的交叉，但重心和立意又明显不同，是**从治理体系和治理能力的角度来讨论组织结构与依存关系、绩效管理系统这些重点工作**，也处于我们所讨论的范畴之内，只不过散布在本章节前后而没有做专门归纳。

总之，组织能力建设是一个长期过程，需要付出多年的努力，更需要企业自上而下的推动和协调。**CEO、各层级的管理者以及 HR 部门是推进组织能力建设的重要主体，他们承担的角色各不相同但又相互补充，只有彼此之间共同承诺和积极投入，才能高效而成功地建立并提升企业的组织能力。**

组织能力的价值链管理

揣摩华为真味

华为公司对人力资源管理和组织能力建设的认知程度和实践水平，确实超出了很多企业一大截。**华为对组织能力建设的表述极为平易，所采取的做法看起来也都是常识，但却有着不一样的真味，透出不一样的境界；尤为难能可贵的是，他们的实践效果也很令人信服。**

华为不是随大溜地强调“以人为本”，而是**与众不同地提出“以事为本”。华为把“以人为本”作为结果，很多企业是把“以人为本”作为前提。**而且，这些企业也只是把“以人为本”当作标语贴在墙上，并未有落地的体系和行动，这就更显得本末倒置了。企业强调以人为本，其前提应是人的整体素质达到了较高水平。所谓“以人为本”，就是员工必须有信仰，并一贯忠实于自己的信仰；员工必须有信用；员工之间必须相互信任。**企业有前途、工作有效率、个人有成就，其核心就是工作有效率。**

华为对外不讳言，他们有一个好的**“分赃机制”**。华为的人力资源管理所遵循的原则，就是广为人知的3句话。第一句话是，**价值创造是将人的头脑中的价值提炼出来，以客户为中心，全力为客户服务。**第二句话是，**价值评价的原则就是按劳分配（很多企业是按资本、职务、学历、资历、关系进行分配）。**第三句话是，**价值分配就是多劳多得，不让“雷锋”吃亏，也就是以奋斗者为本。**

组织能力建设价值链

不同于其他资源，“人”是企业价值创造过程中最有活力的资源，在所有的企业活动中居于主体地位。在长期发展过程中，华为对人力资源管理保持了持续的关注，形成了人力资源管理的基本哲学，构建了具有华为特色且与国际接轨的人力资源管理体系。管理者在推进组织能力建设时，可以借鉴华为的框架体系及其原则做法。在实践中基于具体情境，结合自身实际创造性地持续改善，可逐步形成符合自身实际的组织能力建设价值链。

价值创造、价值评价和价值分配构成了现代人力资源管理的主体体系。管理者应围绕这3方面构建企业组织能力建设“价值链”，并将其贯彻到人力资源管理的全过程和全体系中。也就是说，**全力创造价值、科学评价价值、合理分配价值**及其闭合循环，是企业组织能力建设的核心与重点。**价值创造体系、价值评价体系和价值分配体系**的有机结合及其良性循环，是现代人力资源管理体系的重要特征，也奠定了现代企业组织能力建设的基本框架。

价值创造体系

价值创造体系需要解决两个层面的问题。第一个层面，企业有什么样的价值创造理念？也即**企业为什么创造价值**？这是企业的使命，属于企业文化层面的问题。第二个层面，**企业价值是由谁创造的**，各自的贡献又如何量化？也即确定个人在企业价值创造过程中的重要度与价值贡献度。为此，**企业必须建立职位描述体系和任职资格评价体系，以制度化方式确定不同职位的职责和价值贡献度，这是公司人力资源管理的基石性工作**。

价值评价体系

价值评价体系也需要解决两个层面的问题。第一个层面，在价值创造过程中，**如何形成一个好的绩效管理机制**，以充分发挥员工的主观能动性和创造性，挖掘员工的潜力，持续地提高工作效率，为企业创造更多的价值。**这涉及绩效管理问题**，主要是绩效计划的制订与分解。其二，**价值创造成果的评价问题**，即对每名员工创造的价值做出科学的评价。**这涉及绩效考核问题**。通过绩效考核，对员工的绩效做出科学公正的评价，这既是对员工贡献的认可，为本考核周期的价值分配提供客观依据，也让员工知晓目前的“短板”，并为改进下一周期的绩效明确方向。

价值分配体系

价值分配体系也需要解决两方面问题。

其一，为价值创造提供补偿和回报的问题，即确定**企业的薪酬战略和相应的薪酬政策**。价值分配首先是对员工所付出人力成本和相应费用的补偿，其次是对他们价值创造成果的回报，也就是对价值创造要素的激励。**管理者对企业价值创造驱动要素以及企业长期成功关键因素的认识和理解，直接决定着企业采用什么样的薪酬政策**。在这个环节，管理者必须深刻理解“为什么发工资”的问题，也即企业应该对什么样的成果和行为进行补偿、激励和回报。**薪酬政策实际上也是一种价值选择，企业的价值分配依据是“人”还是“事”，只有强调按“事”分配才能更有针对性地引导员工强化自身的高绩效，有助于整个组织培育高绩效文化**。

其二，以什么样的方式和什么样的水平来补偿、回报和激励员工，也即**薪酬模式的选择问题**。企业需要确定薪酬等级、薪酬结构、薪酬水平、薪酬升降方式等基本政策，还要考虑是否采用延期支付、员工持股、期权以及其他中长期激励机制。虽然这些都属于操作层面的技术问题，但它们却**真实反映了管理者所持有的人力资源管理哲学和理念**。

第23章
员工能力建设

“人”是公司成功的基础，所有的挑战最终都指向“人”这个共同要素。企业即“人”，管理即借力。资产增值、价值创造只能靠人，所有的管理优化也都要靠开放的系统“借来”一流的人力资源，而绝非自我封闭、孤芳自赏。

睿智的管理者懂得如何营造充满正能量的软环境，通过支持、尊重和信任，帮助员工实现成长。员工能力建设是企业组织能力建设的重要支柱。管理者可考虑从以下基本问题入手，有系统地推进员工能力建设：公司应该树立什么样的人才培养哲学，看重员工哪些方面的能力素质，是自建培训机构还是寻求外部合作，是否建立了包括轮岗、接任计划、职业生涯规划等在内的在职培养体系，是否建立了能力素质评价体系和任职资格管理体系等。华为公司关于能力素质模型和任职资格管理体系的理论和实践，有不少可资借鉴的宝贵经验和有益启示。

管理者看重的员工能力

加里·哈默的“员工能力金字塔”

加里·哈默认为，在管理者的视角里，企业员工的工作能力可区分为服从、勤奋、专业知识、主动性、创造力和激情这6个层次。他据此提出了**“员工能力金字塔”模型**（见图23－1）。

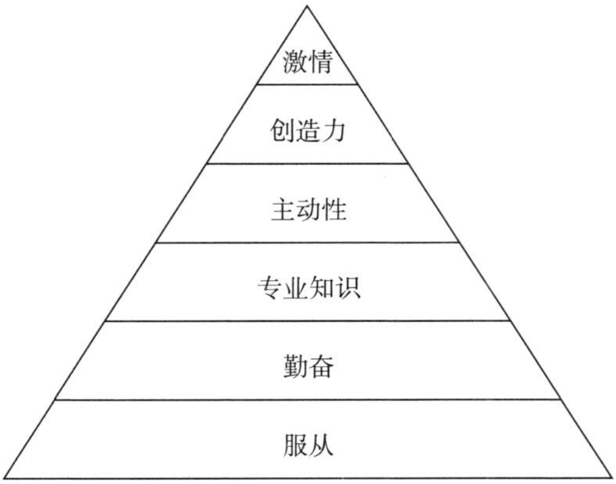

图 23－1　员工能力金字塔模型

在这个能力金字塔中，处于最底层的是**“服从”**，也即员工每天都要准时上班，遵守制度、流程和纪律。服从当然必不可少，也代表着一种门槛要求。往上一层是**“勤奋”**，员工工作努力，做事投入，任劳任怨，当日事当日毕，不图回报地为企业付出，遇到挑战性任务时也勇于承担责任。再往上是**“专业知识”**，员工受过良好教育和系统培训，拥有娴熟的技能、系统的专业知识和严谨的职业素养，岗位工作上手很快，交办的事情能够举一反三；具有较强的学习能力和明显的经验曲线效应，展现出良好的培养潜力和发展后劲。每个企业都想多招募一些拥有高超技能、训练有素且乐于学习新知识的员工。比如，很多公司倾向于招募名校毕业生，或者曾在知名大公司工作过的员工。继续往能力金字塔上层移动，在“专业知识”之上便是**“主动性”**。有主动性的员工在遇到问题或机遇时，会立即采取行动，而不是被动地等、靠、要，让别人来告诉他应该如何做；遇到重要机遇时，他们也能主动请战。拥有这种能力的员工不会被工作职责约束，而是具有本能的主动性。在主动性之上是**“创造力”**。有创造力的员工渴望接受新的挑战，善于创新，而且能取得明显成效，契合企业价值创造需要。而处于最顶端的就是**“激情”**。有激情的员工有一种极强的使命感，把自身工作当作一种召唤，他们总是在积极改变现状，将职业和事业融为一体，并将之作为给这个世界带来积极改变的一个途径。对于他们来说，职业与事业很难区分，他们是发自内心地喜欢工作和公司。如果说其他员工处于工作状态时是“人”在岗位，那么富有“激情”的员工则是“心”系工作。

加里·哈默特别强调，**主动性、创造力和激情这3种能力尤为重要，是个人职业生涯竞争力的决定性因素，也是企业竞争力的根本性源泉**。事实上，这3种能力与处于金字塔较基础的3种能力之间，存在着一道“鸿沟”（图23-2）。

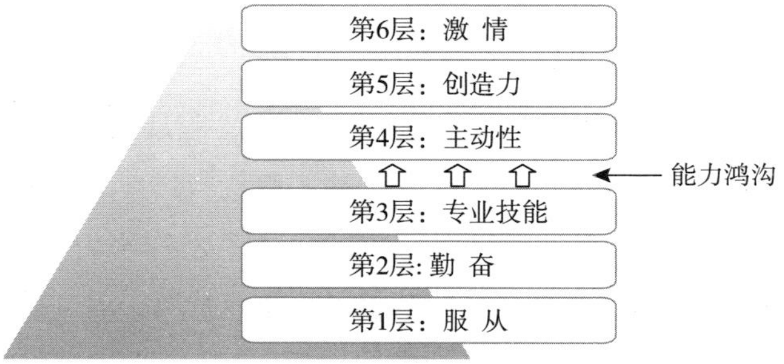

图23-2　员工能力层次之间的“鸿沟”

逾越这道“鸿沟”并不容易。**“鸿沟”此岸代表的是称职的员工，彼岸代表的则是优秀甚至卓越的员工，具备成为企业核心人才的潜质**。加里·哈默认为，创新和变革的意愿都是激情的产物。在数字化时代和创意经济中，平庸所能产生的回报越来越少，激情尤为重要。在科层制结构下，普罗大众的日常工作大多显得枯燥无趣。烦琐的规则，毫无新意的目标，金字塔式的层级结构，无形中榨干了员工的激情。管理者出于风险考量，总习惯于浇灭而不是激发员工的热情，这是最大的管理问题。管理者务必克服自身关于员工激情的无知、无视和无能症状。

很多管理者没有搞明白员工敬业度与企业财富之间的必然联系。韬睿咨询公司（Towers Perrin）做过一份关于2007—2008年全球员工敬业度的调查报告，其结果显示：**在被调查员工中，只有21%真正敬业，他们会为公司付出“额外的努力”；38%的员工几乎或者完全**

不敬业；其余的介于中间类型，“虚假忙碌”现象较为普遍，这实际是一个巨大的效率和资源浪费。影响员工敬业度的因素主要有3个：其一，员工需要学习机会和提升空间，这些需求无从满足；其二，企业使命和社会声誉让员工产生挫败感；其三，企业管理者的价值观和品德操行让员工失去追随目标并且信心受挫。管理者要深刻认识到这些软因素的作用。**信任不仅仅关乎诚实，还关乎和睦和友善；欺骗和失职会逐渐破坏关系，也会慢慢侵蚀亲和力、内部和谐和组织文化。**这些都是不争的事实。

事实上，企业成功依赖于管理者激发所有员工积极性、想象力和热情的能力。如今，恰恰是位于能力金字塔最顶端的激情为企业创造了最大的价值，**主动性、创造力和激情是企业竞争力的最终源泉**。悖论在于，更高层次的能力属于人的先天禀赋，这种类型的员工往往又有着较鲜明的个性，他们未必听从管理者的指挥，所以不太容易获得管理者的认同和青睐。通常而言，管理者认为自己的主要任务就是保证员工围绕企业目标工作，即服从、勤勉和敬业；**而想要把企业建设成员工愿意投入特殊天赋的组织，管理者最重要的任务就是要创造一个能激发员工激情、想象力和主动付出的环境和机制。**

韦尔奇的“员工能力三角形”

通用电气公司前传奇CEO杰克·韦尔奇的管理风格向来简洁，他将企业最需要的员工能力概括为**专业能力、流程能力和践行价值观的能力**（见图23-3）。

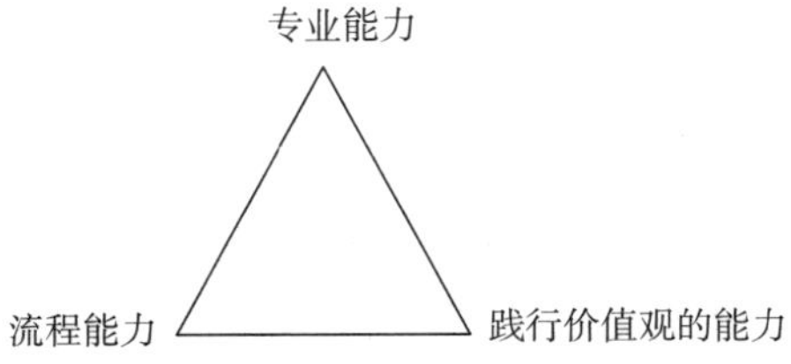

图23-3　韦尔奇：员工能力三角形

这种提法易于理解和接受。**专业能力**是指员工履责和从事具体工作所需要的知识及技能，它直接影响着员工能否胜任岗位要求并完成目标任务。**流程能力**类似于加里·哈默讲的“服从”能力，主要是指员工的纪律性、合规性和遵章守纪的能力；如果要求再高一点，还涉及员工主动为公司改进和完善流程的能力。**践行价值观的能力**则是指员工基于战略和文化，在日常工作中将组织价值观落实到行动中的意识和能力。通常情况下，管理者对员工的专业能力和流程能力较为看重，而容易忽视对员工践行价值观的能力的考察。其实，后者才是企业组织能力建设更为倚重的因素。**真正优秀的员工既遵章守纪，也能把岗位工作做好，还同样相容于公司文化，成为公司价值观的忠实践行者，从而能够为公司创造长期价值做出贡献**。

韦尔奇卸任后曾于2004年来到中国，跟中国的企业家做过一番交流。在这个场合，他系统地阐述了他的人才观，概括起来有以下几条：其一，对高级人才只要认为值得，**多付出一些薪水也绝不吝啬**，相对于他可能为公司创造的价值，这点薪水真的不值一提；其二，**把优秀的人才放在公司的主战场和第一线**，让他们感受到自己在创造价值；其三，管理者在职业生涯中要**养成发现人才并形成人才储备的习惯**，要很清楚自己所中意的人选散布在组织的哪些地方，又处于什么样的一个成熟水平，这样在需要时随时有人可用；其四，**剔除那些没有激情的人**；其五，**将员工的学习能力与晋升直接挂钩**；其六，**将自己的文化包括自信灌输给公司的每个人**；其七，**将最巨大的支持和最宝贵的资源授予最优秀的人才**；其八，旧组织建立在命令和控制之上，**新组织必须添加自由的成分**；其九，在你成为领导者之前，成功意味着自己成长；而在你**成为领导者之后，成功意味着帮助他人实现成长**；其十，**让员工发现和看见自己工作的意义**。这些言简意赅的表达，让我们看到了一个生动的人；如果把这些理念、原则与他的故事、成就联系在一起，更能让我们体会到这些说法背后的道理。

当然，韦尔奇也有常人的一面。也是在这个场合，有记者跟他提到，吉姆·麦克纳尼（Jim McNerney）当年没有被他选中为接班人，因而离开通用电气公司投奔3M公司。他在3M公司担任CEO期间，所取得的业绩比通用电气公司的伊梅尔特表现要好。韦尔奇听了不但没做解释，反而显得有些不快。他仍坚持说选伊梅尔特接班绝对没有错。事实上，韦尔奇亲手挑选的这位继任者，也确实运气不佳。伊梅尔特接任后，不得不应对一个互联网泡沫破裂、“9·11”事件和2008年金融危机等事件接踵而至的巨变时代。在此期间，通用电气公司发展得并不顺利，以致伊梅尔特不得不出售NBC环球和曾经大到不能倒的通用金融以寻求自救。伊梅尔特最终于2017年辞职。通用电气公司此后又任命了两名首席执行官，约翰·弗兰纳里（John Flannery）和小劳伦斯·卡尔普（Lawrence Culp）。弗兰纳里任职仅一年多，在他任职期间，通用电气公司在被纳入道琼斯工业平均指数110年后竟然遭到被除名的厄运。如今的通用电气公司，老态龙钟、日薄西山的颓势已十分明显，确实令人惋惜。《纽约时报》为此评论：“**追随一个传奇总是很难的。**”

员工能力建设的一般性方法论

杨三角模型的建议

关于企业如何系统化建设并强化与组织能力相匹配的员工能力？杨国安教授认为管理者应该着眼于3个层面来分步推进（见图23－4）。

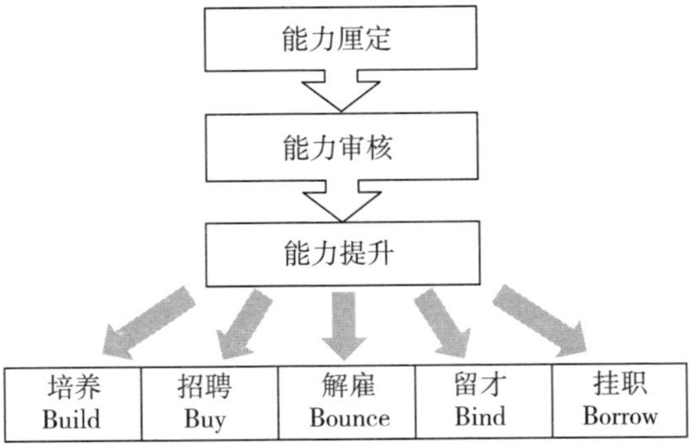

图23－4　员工能力建设模型

其一，能力厘定。根据公司未来 3 年的战略制订一份人才规划。公司需要什么样的人才，需要多少，又有哪些具体的能力素质要求？**其二，能力审核**。对公司人才现状进行全面排查，摸透家底。公司目前拥有多少这样的人才，具备什么样的能力，能够解决哪些现实问题？与战略和组织能力建设的要求相比，这些人才在数量和质量上还存在哪些差距？**其三，能力提升**。明确方向并了解差距后，要有具体的解决方案跟进。针对目前人才队伍的能力水平和与未来要求的差距，一般**可采取内部培养、社会招聘、解雇淘汰、机制留人、挂职借调等方式来提升员工能力**。

以员工能力为核心的组织模型

韦尔奇较为看重岗位评估与工作设计（见图 23－5），认为这是员工能力建设的一个重要基础。**那个年代的岗位评估与工作设计，大略相当于现代企业所推行的能力素质模型和任职资格评价体系的雏形**。

韦尔奇时代的通用电气公司已经认识到**专业化、工作轮换和工作丰富化对培养员工能力的重要性**。在此基础上，通用电气公司当时在发展员工能力的实践中，所沿用的是**"以员工能力为核心的组织模型"**（见图 23－6）。在今天看来，这个模型仍然具有借鉴价值。

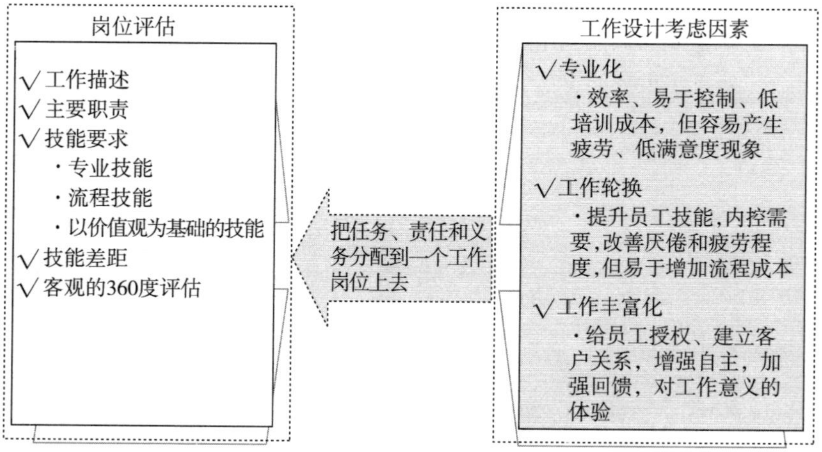

图 23－5　岗位评估与工作设计

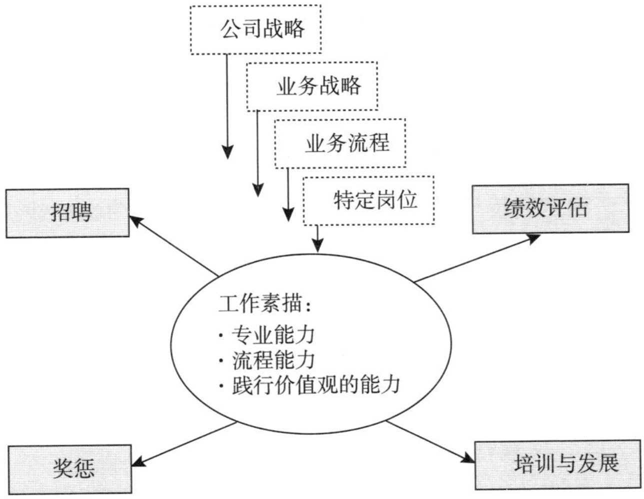

图 23－6　以员工能力为核心的组织模型

与这个模型相适应的原则性要求可以概括为：其一，所有的员工能力建设工作要**基于绩效和技能评估**，必须有很强的针对性；其二，先解决**员工短期能力培训**，同时着眼于**员工长期能力发展**，并把二者有机地结合起来；其三，在时间和费用上要**舍得投入**，各层级管理者不能以各种借口对抗公司的既有培训安排；其四，**注重能力发展跟踪**，开展能力建设和培训效果的评估；其五，尽可能**为员工明确符合自身的职业目标及可能的职业发展路径**；其六，必须多条线、多维度地轮岗。

华为的任职资格管理体系

价值评价的华为逻辑

华为的人力资源价值评价体系包括：**以企业使命和目标为导向形成的绩效管理体系；以职位、流程及组织结构为基础的岗位评价体系；以任职资格、能力素质模型为核心的员工能力评价体系**。这 3 个体系各有侧重点：第一个体系**面向绩效**，第二个体系**面向职位**，第三个体系**面向人和能力。绩效是“事”，职位是“岗”，能力素质是“人”**。这 3 个评价体系分工明确，形成了一个相互联结、层次清晰的价值评价体系。

将这 3 个体系联结成一个有效整体的内在逻辑是：首先，对职位进行评价，**确定职位价值**；其次，对每个职位进行明确描述，在**职位描述**里明确该职位所需要的任职资格、能力素质和基本经验等条件；最后，对人进行评价，把职位要求与人的能力素质相结合，进行**“人岗匹配”**。这几个环节完成后，人已配置到了相应岗位上，我们再看事，评价人的态度、绩效等，这就属于绩效管理的范畴了，我们会在第 25 章“绩效管理与薪酬激励”中做专门讨论。

在华为整体的组织能力建设体系和人力资源管理“铁三角”体系中，与员工能力建设密切相关的能力素质模型和任职资格评估体系，就是在价值评价体系中构建的，处于价值评价体系这一角，是保证公司用人理念落地的重要途径。**华为的管理风格是在“铁三角”框架下，先精心绘制好蓝图，然后再用蓝图去指导实践。**

能力素质模型

能力素质模型又称能力模型、素质模型、资质模型或者胜任力模型，是关于员工胜任工作、实现企业战略目标所需要的知识、技能和素质的系统性描述框架。能力素质模型帮助公司系统地进行战略转型、协调人力资源管理的重点，并对个人需要进行针对性引导。它不是一成不变的，它的建构**需要与企业战略和组织能力高度契合**，因而也需要动态调整。

华为能力素质模型包括**通用素质模型和基于职位簇的素质模型**两类。通用素质模型包括成就意识、演绎推理、归纳思维、信息搜集、关系建立、团队精神等 18 项素质。基于职位簇的素质模型包括领导者、管理者、研发簇、营销簇、专业簇、操作簇等素质模型。**这里的“簇”，意指较为近似的岗位序列，属于岗位同类项性质。**各类能力素质模型有其规定的构成要件，包括素质词典、素质定义、分级标准、标准描述、反映各项素质的关键事件以及评价结果的运用等，是一个有层次、有逻辑的体系，针对实践的应用性特征尤其突出。

能力素质模型既有评价标准，又有评价结果以及评价结果的运用。它的**运用领域包括职位描述、招聘选拔、任职资格管理、后备干部管理、报酬、培训等，因而是任职资格管理体系的基础性组成部分**。

任职资格管理体系与实践

搭载了能力素质模型的任职资格管理体系，是企业组织能力建设和人力资源管理的重要支撑性制度体系。**任职资格是指从事某一岗位的任职者所必须具备的知识、经验、技能、素质和行为的总和**。它是对从事特定领域工作的员工能力素质的一种证明。任职资格除包括能力素质模型的基本要素，还包括知识、经验、技能、行为等因素，外延更为宽泛。

任职资格管理是企业根据战略目标，对员工能力和行为进行的系统管理，是企业人力资源管理和组织能力建设的重要一环，为员工招聘录用、薪酬管理、绩效管理、员工职业生涯设计以及员工培训提供基础性支持依据。与能力素质模型相比，任职资格管理体系不仅具有能力素质模型的功能和特点，而且涵盖了除价值观外的人力资源管理的关键绩效要素，因而具有针对性、具体性和动态性等特点。

华为的任职资格管理实践包括以下几个关键环节：其一，**划分任职资格等级体系**；其二，**构建职业发展通道**；其三，**建立任职资格标准**；其四，**开展任职资格认证**；其五，**充分运用任职资格结果**。

值得一提的是，在员工职业发展通道问题的考虑上，华为采取的是**管理和专业/技术两条职业发展通道的“双轨制”模式**（见图23－7）。

这种“双轨制”模式较好地兼顾了选择专业技术线的那部分员工的发展空间。公司以此来**引导员工基于自身专长去选择适合自己的职业发展路径**。适合做管理的可以走管理线路径。那些有很强专业或技术背景的员工，在积累一定工作经验后转而从事管理岗位，反而更有优势。长于专业或技术，又对管理工作缺乏兴趣或感觉的员工，可以专心走专业或技术路径。这样，不同类型的人才均能各施所长、各得其所，公司在核心能力上也能形成长期聚焦和持续积累的氛围和组织行为导向。职业发展通道的“双轨制”机制，在中国市场化程度较高的金融机构也普遍采用。

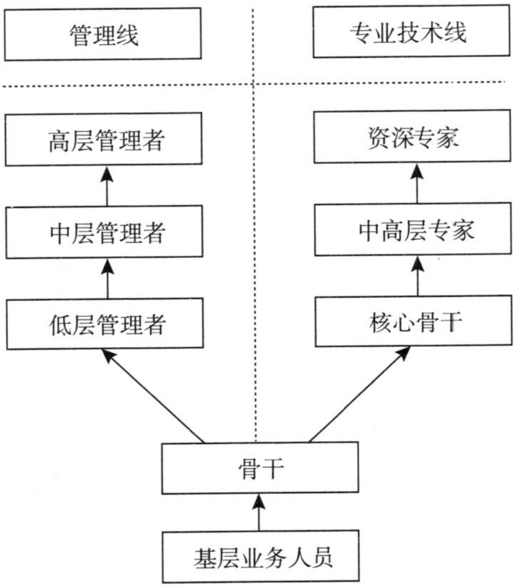

图 23－7　基于任职资格的职业发展通道

用人所长与差异化淘汰

用人总是个难题

这些年，企业家只要有机会碰头，讨论的管理话题，很大程度上都是涉及一些用人的困惑。大致有：其一，公司开辟了新业务，却面临“蜀中无大将”的尴尬局面，即便是矬子里面拔将军，也**几乎找不出可用之人**；其二，人工成本居高不下，而**人均效能和员工士气却持续走低**；其三，和公司一起创业的元老激情渐退，不同程度地**出现离心离德迹象**，难以找到一个好的激励办法；其四，外部的优秀人才引不进来，即便费尽力气空降了一两位，又**出现水土不服症状**，效果不佳；其五，一旦进入业务成熟期后，组织结构趋于稳定，内部晋升通道固化，晋升流程烦琐且耗时较长，看中的人没法儿提拔上来，**用不起来的冗员又没法儿淘汰出去**；其六，企业家很难找到合适的接班人，**接班成为老大难问题**；其七，公司规模大了，团队凝聚力却减弱了，事业部总经理业务能力很强但管理能力偏弱，而且**极容易发生"集体叛逃"现象**。

随着数字科技的发展，企业对高端优秀人才的依赖性越来越强。随着智能化程度的提高，一方面，操作层面的很多岗位逐渐被机器所取代，另一方面，企业对高端优秀人才的依赖程度又在加剧。**科技越重要，管理越重要，人才的价值便显得越突出**。当企业发展到上亿元营收规模之后，就更为依赖整体组织能力，而不再是创业者或"一把手"单打独斗的个体能力。"人"的问题如果得不到有效解决，就容易导致企业在面临发展机遇或挑战时，陷入难以突破的"瓶颈"状态。

我们也要看到，很多企业缺人才、缺团队固然是事实，但这跟企业管理者的用人理念和实际行动也有很大关系。认识到企业存在严重的人才问题，管理者就必须动手解决：**每年校招一些应届毕业生，从社会上适当引进一些外部人才，逐步调整内部的人员结构。对于关键管理人才、业务骨干和技术专家，还是要自己培养**。不能像中超俱乐部那样，不在青训上下功夫，花天价引进外援，球队的短期成绩可能会有所改观，但整体水平和本土球员的能力却并没有因此而提升，外援一离队，球队水平就"一夜回到解放前"。**古人讲，"人才者，求之者愈出，置之则愈匮"**，这句话是很有道理的。对于一个企业来说，越是推崇人才，越能系统化培养、锻炼和起用人才，人才就会越用越多，反之，人才就会越来越匮乏。立足于内部干部员工队伍，优先把内部的人才选出来、用起来，不只是能促进企业业务和管理的发展，对激发员工士气、传承文化基因也有着显而易见的正向作用。

古书《人物志》的启示

三国时期魏国人刘劭写过一本叫《人物志》的奇书，专门探讨如何进行人才的辨析、举荐和品评问题。刘邵以人体的筋、骨、血、气、肌与金、木、水、火、土等“五行”相对应，**将人才分别定义为弘毅、文理、贞固、勇敢、通微等不同的特质。此“五质”又分别象征着儒家文化所提倡的仁、义、礼、智、信这“五常”或言“五德”**。换一种说法，刘邵认为，个人自然的血气生命，具体展现为精神、形貌、声色、才具和德行；**内在的材质与外在的征象相联系，则呈现神、精、筋、骨、气、色、仪、容、言等“九征”，约略相当于现代社会所讲的“气质”**。

依照不同的才性，刘劭**将人物分为“兼德”“兼才”“偏才”这3类**；透过德、法、术等3个层面，依其不同的偏向，又进一步将人分为清节家、法家、术家、国体、器能、臧否、伎俩、智意、文章、儒学、口辩、雄杰等“12才”。依其才能不同，适合担任的官职也不同。**刘劭提出要将才、德并列标举，作为拔选人才的标准**。魏文帝曹丕以《人物志》为理论依据，推行九品中正制，并在实践中不断总结，使这一制度得以发展和完善，成为在科举制度出现以前，历朝历代最重要的官方选拔人才制度。

几则选人的有趣话题

现代社会的人才考察环节仍然存在举荐、辨析和品评的元素，但关注点、具体做法和相应的程序已完全不同。管理者要招到合适的人，组建可心的团队，也确实是一件极不容易的事情。**一个有代表性的说法是，如果外部招聘的正确率超过60%，内部提拔的正确率超过80%，就是相当高的成功概率了**。

有“全球私募之王”美誉的黑石集团就非常看重员工面试环节的表现。黑石联合创始人苏世民曾说，面试是他最喜欢的管理工作之一。**不断面试他人，试图摸清他们的想法，考察他们的内驱力、才**

干、智慧、灵活性，以此判断这些拟招募的人是否具备来公司成就一番事业的潜力。人在年轻的时候比较难以评判，因为还没有完全定型。苏世民对面试工作描述得比较生动。他说："当一个求职者走进来的时候，你很难预判会发生什么情况。有些年轻人在描述自己的背景情况时，会在简历中写进一些有趣的事实。针对这种情况，我就会专门就这些信息进行一些提问和顺势引导。如果对方没有什么针对性反应，通常就不属于黑石想招募的那种思想活跃、聪颖、灵活应变或有求知欲的人。"**黑石比较倾向招录那些在压力下也不慌乱的员工。**在没有压力时，做到镇定自若并不难；但在压力情况下，每个人的反应就会存在较大差异了。黑石需要考察的问题通常包括：这些面试对象是否喜欢有压力？压力能否激发他们的活力？被问了这些问题后，如果他们下意识地往后坐，或者目光试图避开面试官，这种肢体语言透露出来的信息通常会被认为是抗压能力不佳。能进入苏世民面试范围的求职者，通常已经是"过五关斩六将"，不会存在能否胜任工作的问题；在这个环节，**苏世民需要评判的是，这些候选者具备多大的发展潜力**。遇到极其出类拔萃的员工，用苏世民的话来说，就是那种"让人觉得非常期待与他共事"的员工，面试时间通常会远超计划。当然，这种情况并不经常发生，在苏世民眼里能打 10 分的人才，可谓是凤毛麟角。

很多领先公司在招人时还十分关注能力以外的因素。谷歌公司在面试时，面试官一般会注重这个问题：**自己是否愿意跟面前的这名应聘者一起去旅行？**如果答案是否定的，那这个人就不会被录用，因为跟你"味道"不对，不是一路人。**谷歌只需要有"谷歌味道"的人。**据说，**阿里巴巴在招聘环节也同样有一个"闻味官"**，由 3 年以上的优秀员工参与跨部门面试。这种"闻味儿"的面试，不会考察专业或技能，主要是关心应聘者有没有"阿里味道"。这种做法有些标新立异，听起来有些匪夷所思，但仔细想想又有其道理。

管理者很可能会有这样的体验：**有些人在面试环节让人眼前一亮，真的到了工作岗位后，实际表现却不是那么回事。**还有一些存在一定性格缺陷的人，在面试环节很难被识别；一旦加入了团队，这些人自带的破坏团结的潜在个性就会暴露无遗，对现有团队的士气和文化产生负面影响。**要重点关注过度自信、过度情绪化和过度不合群的人，这些人的负能量往往无法通过简单的团队融合就能消除**。因此，员工的智商和受教育程度固然重要，但家庭背景、成长经历和本人的性格也着实重要。除了能力素质模型和任职资格评价体系的考察要素，**安排两个月或以上期限的实习，或间歇性地安排多轮次“面对面”的深度交流，有针对性地考察潜在人选的性格、心理等软因素，是减少招人风险、提高招人成功率的重要手段**。

虚心认识新生代

管理是对人性的认识、理解和运用。管理者要做到尊重人性和用人所长，真的不容易。**如何与“90 后”和“00 后”新生代相处，日益成为管理者的一个挑战**。德鲁克在很多场合都讲到这个观点：管理者的用人决策，不在于如何克服人的短处，而在于发挥人的长处；管理者的任务不是硬性改变人，而是巧妙运用个人的才干。唯有长处才能产生成果，管理者如果总是盯着别人的弱点，只能给自己造成令人头痛的问题。道理就是这样简单，但真的想明白也不容易。**一个人能做什么，是管理者器重他的原因；而他不能做什么，则仅仅代表着对他的适度限制而已**。

在数字化时代，人类将越来越多地从事那些需要更多社交技能和创造力的工作，尤其是在不确定性下做出决策并迸发创新思维的工作。人们更多地为了实现理想而工作，为了满足人生的意义与成就感而工作，为了修炼更好的自己而工作。因此，**在数字化时代，再多的战略也无法替代有价值的人才，以人为本的“人文主义”将会真正盛行**。企业文化也应该做相应的升级，从而适应日益明显的“人才主义”。人才将在企业战略中真正起到主导作用，管理者需要从根本上重新思考自身的人才战略。

与“70 后”和“80 后”相比，“90 后”和“00 后”拥有更为丰富的教育资源，也面临更多样化的选择，更注重个人发展需求，更在乎内心感受，更加渴望在适合的组织里实现自我价值，**他们在组织内需要感受到合适的“自由度”**。这些更看重发展空间的新生代，尽管个体经验不够丰富，但却渴望承担更大的责任，具有强烈的使命感。他们会觉得，在传统科层制下，这些日复一日的枯燥工作限制了他们追求生活意义与目标的能力，因而更渴望有目标地参与。他们看重的不仅是工作与生活的平衡，更重要的是工作与生活的有机融合。**越来越多的新生代追求成为“斜杠青年”，不再满足“专一职业”的生活方式，渴望实现“一人多角”，用一生的时间努力活出不止于一生的精彩**。新生代的价值观、思维方式和行为方式已经发生了颠覆性变化。在他们眼里，自我价值高于一切，一般也不会有大公司情结。在这种情境下，**管理者需要尊重他们，多了解并理解他们，更巧妙地运用情商中和数据和制度的理性，让组织更有人性化**。

硬性的淘汰机制

推行任职资格评价体系和绩效管理系统，最终都有一个结果的运用问题。华为比较盛行这句话：**企业大事，唯赏与罚。罚当其劳，有能者自进；罚其责，无能者减退**。对于没有完成绩效承诺的情形，华为的规定很具体：其一，主管降职或免职；其二，副职不能晋升为正职；其三，一个部门的所有员工不能加薪；第四，从本部门调出的员工一律降职使用，没有其他选择。所以，在华为，“海盗”是评出来和考出来的，而不是选拔出来、培养出来的。

韦尔奇当年也提出了一个“人才评定九宫格”（见图23－8），将通用电气公司的员工分为三六九等，并区别化实施激励政策。

除了与薪酬激励系统强挂钩，还有比选、育、用、留机制更有震慑力的，便是**建立并坚定推行日常化的淘汰机制。这是企业保持员工队伍活力和新陈代谢必不可少的一种机制**。韦尔奇创造性地提出了著名的“活力曲线”。他认为，在一个组织中，必有20%的人是最好的，属于A类员工；70%的人处于中间状态，属于B类员工；最后那10%

的人是最差的，属于 C 类员工。这是一个动态的曲线，各类员工所包含的具体人数也是不断变化的。在这个理念下，通用电气公司的考核结果按照 20∶70∶10 的比例呈钟形分布，并强制性确定评价比例。韦尔奇要求，一个称职的管理者，必须随时掌握那 20% 和 10% 的人的姓名和职位，以便做出准确的奖惩措施。对于最好的，应该立即予以激励或升迁，对于最差的，必须马上走人。韦尔奇曾在多种场合强调，**失去最优秀的前 20% 的人才是管理者的失败，而留住最差的那 10% 的人也是管理者的过错**。对企业而言，它确实是一条“活力曲线”；但对于那后 10% 的 C 类员工而言，这绝对是一条“死亡曲线”。**韦尔奇解释，10% 的淘汰比例不是拍脑袋定出来的，而是来自战场上伤亡率的经验数据**。世界级大公司大多有硬性裁人比例，比如说太阳公司是 10%，IBM 是 5% ~15%，惠普是 5%。这种裁人机制并不是在企业遭遇内外部危机时才采用的，而是贯穿于企业人力资源管理体系之中的一种经常性淘汰机制。

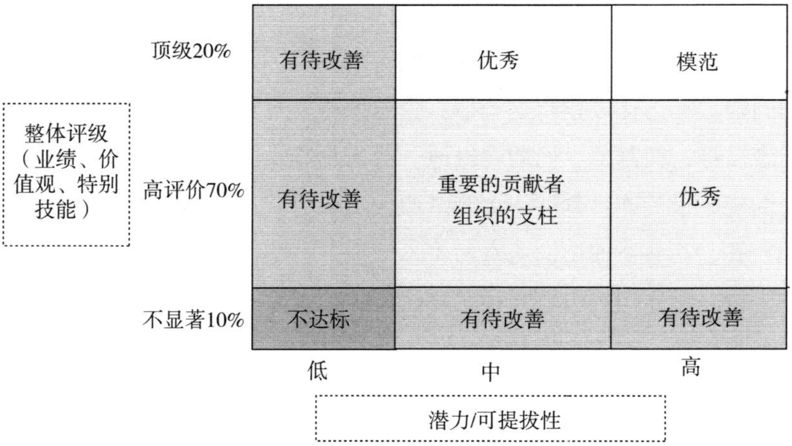

图 23 – 8　韦尔奇的人才评定九宫格

差异化考评

通用电气公司根据业绩将员工划分为最好的 20%、中间的 70% 及最差的 10% 这 3 个等级。最拔尖的 20% 应该得到大量的褒奖，包括奖金、表扬、评优、培训机会以及其他各种各样的物质及精神激励。对中间70%的人适用的管理方法，更多的是培训教育、积极的反馈和赋予适当的挑战性任务；对于其中具有发展潜力的员工，可采用轮岗等多岗位锻炼方式，以增进他们的经验和知识，培养其领导和管理才能。对于考评最差的10%，他们不得不离开。韦尔奇坚称："**在我们的经验中，差异化考核制度堪称是最好的**。很多公司管理水平很糟糕，以致员工根本不知道上司如何看待自己的表现。"**考核方式透明清晰，对业绩不佳的员工是一种解脱，也能让优秀的员工更加激励振奋，为优秀员工提供了一个微笑和坚持的理由，从而为每名员工都创造了改善现状的机会。**

差异化考核制度会让企业更有活力。需要指出的是，**差异化考评的关键点在于"程序公正"**（见图23－9），这样才能确保公平，减少非议和抨击。

强制淘汰机制虽然重要，但对于我国一些国有企事业单位的管理者而言，却是一个艰难的挑战，会面临内外部有形无形的一系列阻力，贸然引进这个差别化制度，很可能会引起轩然大波，处理得不好的话很容易被问责。这不仅需要管理者具有改革的担当精神，善于平衡的智慧，更需要有相应的文化氛围和支持性的配套制度体系。我们要知道，即便再强调企业的社会责任，但**企业的市场化和高绩效导向的本质属性并未改变，关键的原则是要规则公平、程序透明，而且管理者绝不能存有私心**。如果规则清晰和程序公正，对事不对人，而且坚持年年做，大家或许也能坦然接受。当然，企业在做法上应该更温和、更包容一些，更多地给予低绩效员工一些改进的机会，比如针对性培训，或调整岗位。如果低绩效员工在经历了这些程序后仍未有实质性改观，达不到公司最低的绩效要求，管理者也只能下定决心，顶住压力淘汰他们。如果管理者在这个时候仍然犹豫不决，任由这种员工留在岗位上，现行的公司制度便沦为笑柄，就真的成了"稻草人"；更为严重的后果是，这样会摧毁公司原有的积极进取和高绩效导向的企业文化。

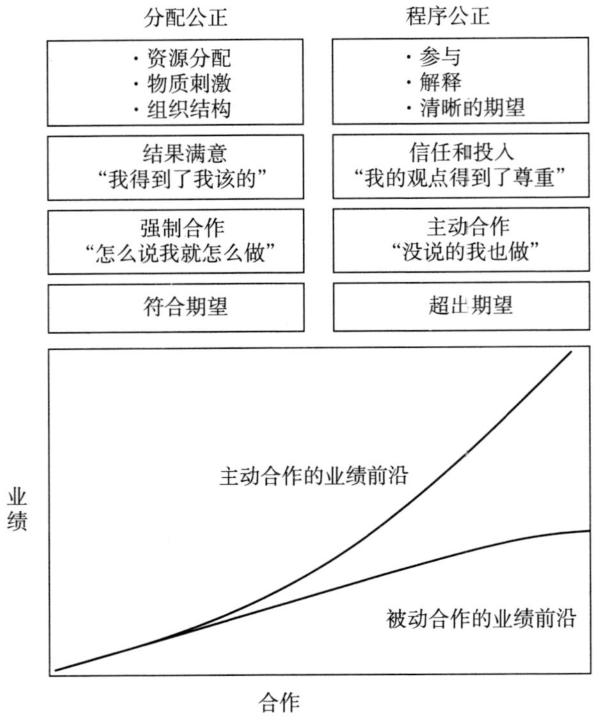

图 23－9　差异化考评与“程序公正”

第 24 章
华为特色的干部管理体系

“干部”一词来自日文汉字，其意思是“在一个组织中担任管理和领导职能的人”。现今仍通行于中国、日本、韩国、朝鲜和越南等亚洲国家。在我们的讨论范畴中，与德鲁克的论断相对应，“干部”大致等同于“管理者”；“干部管理”也即“管理管理者”，属于管理的第 3 项主要职能。

然而，干部管理与一般意义上的人力资源管理相比，又存在着一定差异。作为企业人力资源的骨干队伍，干部对企业的组织能力建设直至长远发展都发挥着巨大的整体约束和示范拉动作用。因此，任正非始终将干部管理视为华为战略发展的核心工作来抓，在引进消化世界级 HR 管理体系的基础上，充分吸收我国国有企事业单位干部管理的经验和精华，同时又有别于国有企事业单位的通常做法，开创出一套极具华为特色的干部管理体系。

干部管理的深层意义

为何要突出干部管理

当华为发展到 1 000 多人、十几亿元营收规模的时候，任正非意识到，企业的发展已进入了一个“瓶颈期”，管理面临着从老板权威转向制度化、理性化管理体系的挑战。一方面，华为要在**引进世界级管理体系**的基础上，消化吸收再创新，努力发展出一套适合自身实际、支撑长远发展的科学管理体系；另一方面，**现有的干部队伍也必须升维赋能**，确实能够承担起责任，既要继承创业时期的治理文化，又能顺应现代化管理体系的各方面要求，带领全体员工继续艰苦奋斗。

事实上，任正非非常清楚那个阶段华为的干部队伍状况。他在一次内部讲话中曾直言不讳地指出："市场部有人反映，外面客户的工作都好做，最难做的是公司内部的工作。""一些干部整天唱高调，只做原则性管理，不会集体干活，更不用说艰苦奋斗了；还有一些干部，年纪轻轻就提前进入半退休状态。"他深刻认识到，**如果将不称职的干部继续留在重要岗位，公司的改革就很可能归于失败；干部队伍的整改必须真正触及灵魂。**

很多企业在爬坡上坎或转型发展过程中，曾试图绕过干部管理这个切要问题去谈组织能力建设和发展战略落地，但走着走着就发现走不下去了，慢慢地就"人心散了，队伍不好带"，最终的结局是企业的全盘失败。**管理者必须意识到，干部管理不是简单的人力资源管理，而是一种治理层面的组织能力建设，企业必须围绕干部管理建立一体化体系，既依托于人力资源管理体系，又要远高于人力资源管理要求，真正把干部队伍建设好。**要想做到这一点，单纯依靠人力资源部门，显然是撑不起这个重任的，高级管理层，特别是"一把手"，在干部管理中义不容辞地承担着首要责任。

干部管理要体系化

任正非在华为成立20周年时这样总结："华为20多年来成功的秘诀，就是管好干部分好钱。通过坚持一套正确的干部选拔、使用、管理与培训机制，使华为的力量生生不息。"由此可见，**干部管理体系在华为整体管理体系中居于根本性位置。**

干部管理的难处在于，"干部群体"本身就是企业各层级的管理者，从治理和经营管理的各个层面掌控着企业的话语权。**干部管理对于管理者来说，就是体系化的自我管理，需要一种刀刃向内的自我革**

命精神。这些年，华为以《华为公司基本法》、“华为双报”和“经营管理团队”（Executive Management Team，简写为EMT）文件为载体，注重以核心价值观塑造干部队伍；既提倡“狼性”文化和有欲则刚，也注重品性、道德和合规底线；强调干部的战略眼光和全局意识，内心时刻要有危机感，惶者才能生存；要有旺盛的求知欲和主动学习能力，善于通过案例将实践上升到理论；要懂得授权给一线，让听得见炮声的人做决策；要注重规范行权，在制度化管理中树立理性权威；**干部要在宽度历练中实现成长，通过“之”字形路径逐步成长**；要注重干部梯队建设；要动真格地开展批评与自我批评，经常掸去思想上的灰尘；对腐败的干部必须坚决清除，等等。华为借此在持续的实践探索中发展出了一套有效的干部管理方法体系。

华为干部管理体系的核心点

基于价值观来培养干部

干部从哪儿来？又要怎么培养？华为给出的答案是：**以核心价值观来选拔，用核心价值观来培养**。如果干部不契合华为的核心价值观，不能够与华为文化相容，不能与华为发展方向保持高度一致，那么他即便具有再突出的才干和能力，也无法充分发挥出来，甚至还可能变成企业发展的阻力。以核心价值观塑造干部队伍，说起来轻松，但真正做出实效来又不是那么容易。华为的特色做法包括以下3点。

其一，用好《华为公司基本法》。任正非的眼光总是超人一等。他很早就看出：“**我们要逐步摆脱对技术的依赖，对人才的依赖，对资金的依赖，使企业从必然王国走向自由王国，建立起比较合理的管理机制。摆脱3个依赖，走向自由王国的关键是管理**。我们起草这个《基本法》，就是要构建起一个平台和一个框架，使技术、人才和资金发挥最大作用。”华为邀请了中国人民大学的专家团队，前后花费了3年时间，起草了一部《华为公司基本法》。《华为公司基本法》

明确规定：**以客户为中心，以奋斗者为本，长期坚持艰苦奋斗，坚持自我批评，是所有华为人必须遵从的价值理念。**以《华为公司基本法》为基础的价值观体系和企业文化，为华为的人才培养、干部管理以及企业的持续成长带来了活力，指明了方向。在一次春节假期前夕，任正非曾经给员工提出过这样的要求："我号召每名员工带一份《华为公司基本法》回去过春节。在等待年夜饭的时候，认真读一读，一字一句去理解。我想半个月的学习，会使你终身受益。"

其二，学习公司出版物和 EMT 文件，领会公司高层的精神、智慧和要求。除了《华为公司基本法》，华为还有《华为人报》和《管理优化报》两份报纸，合称**"华为双报"**。对于干部员工而言，"华为双报"将华为公司的管理细节和文化精神展现得淋漓尽致，是一座富含学习价值的金矿。学习别人经由实践得出的知识与经验，尽管是一种间接学习，但由于自身就处于华为这样的工作场景，这种间接学习就是对干部和员工自身实践的有益补充，收获自然大不相同。对于有些干部不学习公司文件的现象，任正非很是较真，对此提出严厉批评："他都不读我们的报纸，凭什么当我们的干部。""他们是凭着自己的经验去干活。"**"华为的各级管理干部读'华为双报'的情况，要纳入考核。"**这些要求与一些国有企事业单位的做法很类似，只不过后者学习的多是领导们了无新意的套路式讲话，较少学习业务和管理案例。此外，华为还有大量的 EMT 文件。与"华为双报"相比，**EMT 文件更能代表高层集体智慧的精华，是对大多数人成功实践经验的系统总结，也是对诸多失败事件的深刻反思，是非常宝贵的学习材料。**华为要求各级干部通过这种学习，争取做到知行结合、举一反三，既要看得见树木，也要看得见森林，要将简单的执行扩展立足于管理体系的改进和建设。

其三，干部负有传承价值观和推广精神方法论的责任。干部是企业文化传承的中转站，是企业价值观的布道者。管理者必须意识到，以怎样的价值观来约束和塑造干部队伍，基层员工就会被怎样的价值观所感召，这也是一个"种瓜得瓜，种豆得豆"的规律。**华为始终**

坚持案例式教学，通过故事化、表格化的案例，教会各级干部精神方法论。向普通员工推广精神方法论也是各级管理者的责任。

尊重人性与恪守品德底线

华为公司鲜明地强调，管理就要有欲而刚。任正非曾直言：“管理就是管人性、管欲望，无欲则刚这一说法是违背人性的，真正的无欲者很难做到所谓刚强、有力量。**欲望其实是中性的，在很大程度上，欲望是企业、组织、社会进步的一种动力**。欲望的激发和控制，构成了一部华为的发展史，构成了人类任何组织的管理史。**一家企业管理的成败与好坏，背后所展示的逻辑都是人性的逻辑、欲望的逻辑。**”任正非的风格也确实践行了稻盛和夫的主张：管理者需要有勇气。

华为特别强调“长期坚持艰苦奋斗”的品德与作风，而且要体现在日常工作和生活的细节中。诸如：是否愿意去艰苦地区工作，能不能吃苦耐劳，是不是敢于承担责任，能不能不计较或少计较个人得失，会不会平衡公司、部门和个人之间的利益关系，有没有发牢骚、议论待遇，等等。现实中，**企业要真正看清干部的品德与作风，是需要时间和关键事件检验的，而且得看细节，而不能只看表面上的表态**。就像任正非说的：“真正看清政治品德是很难的，但先看这个人是否喜欢说小话，是否喜欢搬弄是非，是不是在背后随意议论他人，这些细节是容易看清楚的。这种人是小人，小人的政治品德一定不好。”这段话饱含烟火气，实实在在，确实是这样的道理。干部要想达到华为的标准，缺乏吃苦耐劳和持之以恒的精神显然是不行的。华为在激发干部狼性方面的一个重要做法，就是**从大节上选拔有奋斗精神的后备干部**，让这部分人担当重任，并带动整个组织的“狼性”。

华为选拔任用干部，**一直坚持“任人唯贤”和“任人唯‘亲’”相结合**，既重视干部的能力素质，但也不片面强调任人唯贤，而忽略了对品德和文化认同度的要求。之所以给华为“任人唯‘亲’”的“亲”加了引号，是因为他们的“亲”更多侧重于企业文化的相容和传承，而不是搞亲属或裙带关系。华为比较推崇实干型干部。任正非希望，**华为的每个人都要有“务实”精神**。他说，工作就相当于在给一条铁轨上的一段枕木钉道钉，要有务实精神，自己才能得到成长，公司也才能够发展起来。学会对干扰的排除和对诱惑的抗拒是十分必要的，华为的干部要养成一种始终专注于当前工作的良好品质和习惯。做事要专注，公司以事为本。**要把管人和管事在一定程度上分开，做事先于做人；不能在真空中做人，而是要透过做事来观察人的品性。**

内化于心的危机感

华为倾向于选用有大局观和战略眼光的干部来主导变革。任正非讲过很多次，要想变革成功，就不能搞过激改革，只能一点点地改良，讲求的是积小胜为大胜的真功夫。在 2008 年华为干部会议上，他这样说：“我更反对没有全局观的干部主导变革。”干部在主导变革的时候不能仅仅考虑快和新，更要保持整体的稳定。**也正是这种“领先半步创新”“只改良、不革命”的稳扎稳打的发展理念，引领华为不断成长、稳定前进，最终成为行业的领头羊**。联想集团创始人柳传志与任正非的观点高度一致。柳传志也多次说：“决不做改革牺牲品，企业家不要有过激行为。”企业的发展离不开变革，企业的变革离不开管理者的主导；而主导变革的管理者，必须有大局观作为支撑。

坚守“三感”的提法也颇为新颖，并有层次地内嵌于华为各层级干部的精神层面。**所谓坚守“三感”，就是高层要有使命感，中层要有危机感，基层要有饥饿感**。任正非这样解释：“干部要有使命感，有使命感就会积极创造组织的造血功能。为了实现一个目标，想尽办法去做，就是在为组织造血。只有不断造出血来，企业才有旺盛的生命力。要适当地营造这种‘使命感、危机感、饥饿感’。**危机意识是最好的棉衣**。”任正非曾经写过一篇题为《华为的冬天》的文章，就是一份震撼企业界的危机感言，惊醒了沉浸在成功喜悦中的华为人。他这样写道：“十年来，我天天思考的都是失败，对成功视而不见，也没有什么荣誉感、自豪感，而是危机感。也许是这样才存活了十年。我们大家要一起来想，怎样才能活下去，也许才能存活得久一些。失败这一天是一定会到来，大家要准备迎接，这是我从不动摇的看法，这是历史规律。”在干部管理上，任正非一直坚持，当团队建立起来之后，要让每个干部都形成“强烈的责任感和危机意识”。**要内化这种危机感。**任正非还这样说：“什么时候的狼是最可怕的？饿狼。当它身处生存危机的压迫之下，就能够迸发出无尽的潜力。”“一个企业在创业时能够保持艰苦奋斗的精神，但在取得成绩以后，如果不能长期保持一种使命感与危机意识，必然会因为怠惰而走向衰亡。”

主动学习能力

一个企业只有永远保持求知若渴的学习状态，不断吸收先进的管理思想，才能使组织永葆活力。只有学习型组织，才能够在不断发展的商业环境中迅速获得技术和信息，从而在激烈的市场竞争中保持优势。根据否定之否定规律，随着事物的不断发展，以及周围环境的变化，优势不会永远是优势，它也会消退甚至变成劣势。因此，**华为要敢于消灭自身优势，多向竞争对手学习。**任正非最欣赏的企业之一就是 IBM。

华为始终高度重视干部培训，不断把实践经验上升到理论，充实并完善干部的知识结构和体系；将源于公司高层的智慧结果及时向下传递，扩大基层干部的视野；同时，通过教会干部精神方法论，打破干部的思维“瓶颈”。华为有一套健全的干部培训体系，注重把实践上升到理论。华为高层非常明白干部持续学习的重要性，他们总是在为干部队伍、骨干员工及后备干部成员创造充分的进修和培训机会。为了弥补理论上的薄弱环节，华为不断选派骨干进修，并将实践经验转化为理论知识，不断强化企业核心骨干力量的理论素养。在《要从必然走向自由》这篇文章中，任正非这样论述案例总结的重要性：**“我们要善于总结，每次总结，就是你的综合知识结了一次晶。**就像渔网一样，每次总结都是在渔网上织成了一个结，一丝一丝的知识，就由此一个一个地结成了网。谁织的结多，谁的网就大；谁的网大，谁抓的‘鱼’就多。不光要总结成功，失败也要总结。”**把经验提炼成知识，是干部必备的一种能力，也是培养干部理论素养和理论能力的重要途径。**为了将训战阶段走出来的干部进一步培养成为战略领袖和思想领袖，中高级干部首先要在“术”的层面不断提炼，实现突破，再逐步悟“道”，并以此为其他干部员工起到领路作用。

德鲁克主张：“真正持久的优势就是怎样去学习，就是怎样使自己的企业能够学习得比别人更快。”有一个“知识折旧定律”的说法，一个人如果一年不学习，他所拥有的全部知识就会折旧掉 80%。因此，**干部必须养成主动学习的习惯。**通过更有针对性的主动学习，不断提升学习的深度和效率，这样就能获得更好的学习效果。**接受培训很重要，但自我培训更重要。**高效学习者在学习上善于主动作为，从来都不是被动的接受灌输者。培训要更多靠自我培训，灌输性培训并非长久之计，效果也较为有限。任正非表示：“我们提倡自觉地学习，特别是在实践中学习。如果能自觉地归纳和总结，就会更快地提升自己。”**如此这般地坚持自我优化和提升，就能使自己成为公司的智力资本。**

让听得见炮声的人做决策

权力在组织结构中的科学分配与有效制衡，是科学管理和高绩效运营的基础。只有把责任和权力具体落实到每名团队成员身上，团队的执行效率才能得到充分提高。华为有一句非常有名的话：**授权给一线，让听得见炮声的人做决策。**

很多管理者都有集权欲望。有权力的人通常还会想得到更多的权力，也善于制造这样做的理由。集权制度和层级制度不仅妨碍了高层决策，也使得客户的需求无法及时得到响应和满足。华为也曾面临过集权与分权问题的困扰。按照任正非的描述，华为有一个阶段的情况是，前方的“作战部队”只有不到 1/3 的时间是在找目标、找机会以及将机会转化为结果，而更大量的时间则消耗在与后方频繁地进行沟通协调上。

任正非要求，身为企业领导者，就应该充分授权，能够善于授权，并且勇于授权，这样才能带得出精、准、狠的一线队伍，为企业培养出堪当大任的人才，也才能够激励一线干部“多打粮食”。**公司的“价值区”处在客户与员工的交界处**。如果员工能为客户创造独一无二的价值，公司就会蓬勃发展，否则就会灭亡。最重要的决定应该交由一线员工做出，道理即在于此。任正非要求“要让听得见炮声的人做决策，同时要求华为务必激发一线活力，为其他部门的工作提供最即时的信息。”把指挥权交给一线，意味着权力下放。在2013年华为干部会议上，任正非提出了“少将连长”的概念：给连长配少将衔，提高基层主管、骨干的职级和待遇水平，以此引导优秀人才往一线集聚，并将权力下放给一线，按照项目的价值与难度，以及已产生的价值与贡献，合理地配置管理团队及专家团队。**“少将连长”是一套很有趣的机制，完全打破了企业的惯性思维和通常做法，起到了独特的实践效果**。针对下放的权力，**华为还有一套严格的监管体系**，并严格地贯彻3个原则：第一，授权不等于彻底放权；第二，对权力要加以制衡；第三，**要针对权力展开全方位监督**。

制度的理性权威

干部要关注制度建设，并学会在制度规范下主动履职。彼得·圣吉这样说：“没有制度，你面对的只能是一盘散沙。你的一切行为也只能是随心所欲，反复无常。而这又会让你的部下无所适从。”**如果没有一套完善的制度对管理工作进行规范、约束和统筹，管理便会呈现出没有秩序、缺乏标准以及分散凌乱的状态，其有效性和正确性也就会大打折扣，企业就会失去绩效导向**。制度建设需要因地制宜。除了学习他人的长处，还要保留自己的优点，做到融会贯通。任正非认为，制度是源远流长、影响深远的，他说：“我们20年来有自己成功的东西，我们要善于总结出来，我们为什么成功，以后怎么持续成功。再将这些管理哲学的理念，用西方的方法规范。”

要通过干部撑住制度，以此树立理性权威。制度究竟是用来管理谁的？这看起来不是问题，其实就是个问题。很多企业的制度之所以会成为一纸空文，就是因为存在着这样的问题：制度只是被用来管理下属和普通员工的，对管理干部自身来说就是“稻草人”，起不到约束作用。干部本身是团队榜样，应该具有相应的公信力和权威性，并以此受到广大员工的认同和效仿。因此，干部必须在遵守制度和规矩方面与员工一视同仁，这样才能发挥榜样和示范作用。即便无意触犯了制度和规矩，干部也要坦然接受处罚。如果干部违反了制度和规矩，不给予相应的处罚，就会让制度和规矩的威信力遭到严重质疑，接着便会越来越多地发生挑战制度和规矩的行为，使制度化管理形同虚设，完全流于形式。这对企业的制度化管理来说，就是极大的冲击。

“之”字形晋升历练

干部需要在宽度上不断提升自己。任正非始终认为，事业的宽度决定着事业的高度。这也是“横有多长竖有多高”的简单道理。用他的话来说，**公司需要的干部是“对市场有深刻体验、宽文化背景的人”**。一般来说，拥有宽文化背景的干部，不仅能够带领团队取得较好的成绩，同时也能对公司发展和企业文化起到至关重要的作用。复杂的知识结构与宽文化背景是成为一名出色管理者的基础，企业在选拔高级管理者时不应当只关注他在目前岗位工作上所取得的业绩，还得看重他基于知识结构与宽文化背景的发展潜力。

坚持轮岗制和轮值 CEO 制度，促进干部在内部循环流动。片联组织通过需求触发来引导干部流动，轮岗制度则是华为系统化推进干部流动的基本方式。**无论是以片联组织还是以轮岗制来推动干部的内部循环流动，最终目的都是培养一支有实战经验和能力的战略预备队伍。**对于外界所关注的华为接班人问题，任正非给出的答复，也是希望通过轮值 CEO 制度，从华为内部培养最合适的接班人。对于轮值 CEO 模式的实质，任正非这样解释：“华为的交接班，是要建立一个文化、制度、流程的交接班。通过轮岗，轮值 CEO 轮流支撑公司发展，而不是要交接给某一个人。**不管谁来干，都不会改变公司的核心价值观。**”每个轮值 CEO 在职期间，都会牵引公司前进，即使有人出现偏差，也会被下一轮的轮值 CEO 纠正过来，不会使问题积累过重而难以解决。

做好华为干部的转身管理。“转身”的概念出自管理咨询大师拉姆·查兰（Ram Charan）的《领导梯队》一书。他在书中这样写道：“一个人在职业生涯的发展中，从最初的独立贡献者，到成为整个组织的最高层、首席执行官，这个过程中间会经历 7 次转身。”拉姆·查兰所说的“转身”，实质上就是角色转变。**每经历一次角色转变，干部在自我认知、能力和时间分配上，都需要进行相应的调整，这样才能适应新岗位的要求。**华为对干部的“转身管理”，内嵌在公司任职资格体系之中，成为一种制度化的安排。

通过能上能下的职业通道，逐步完善干部的“之”字形成长路线。通常情况下，在一个部门或一条岗位线上直线成长起来的干部，只会对所在业务线的情况比较了解，而对于横向业务则所知不多或者了解得不够深入。**干部只在本部门体系内进行提拔或降职，就会形成所谓的“烟囱部门”，也可能会形成“小团体”和不健康的组织文化，不利于企业的长期发展。**因此，想要打破部门墙，建立网状的组织结构，确保管理者对业务有全局性了解，促进企业内部的协同发展，就需要采取“之”字形的干部成长路线。想要培养起一批高级干部人才，就要完善“之”字形成长路线，不断提升人才的宽度，为以后成为“将军”或“元帅”做好充分准备和积淀。

干部群也要有末位淘汰机制。华为对于长期“不打粮食”的干部，会坚决予以撤换，以儆效尤；而且这种末位淘汰制度同样也是日常化的，由此形成良性的代谢机制，来保持干部队伍的生机与活力。这一做法与韦尔奇时代的通用电气公司如出一辙。

体系化的干部梯队

华为强调，发现和培养人才是干部的重要责任。华为注重体系化地建设后备干部队伍，通过关键岗位储备干部人才，逐步完善后备干部持续涌现的机制。任正非主张管理首要的是抓“瓶颈”、破“瓶颈”。他认为华为的一个主要“瓶颈”便是后备干部问题。华为的后备干部机制与干部选拔一样，也是三权分立的，培养的主体责任分别落到华为大学、业务部门以及公司人力资源部所属的任职资格管理部这3个部门头上。

给机会，给平台，建设鲜活团队，让年轻人冲在前面。这些年轻干部正是华为所需要的、充满干劲的“小狼”。**对于具备领袖型潜质的人才，华为主张要抓紧时间提拔，而且要将提拔机会倾向于有成功实践结果的干部。**在创业期，华为为了建立起一支敢打敢拼的精锐部队，使用了很多年轻干部。这些干部迅速成长为全球通信领域颇具权威的管理领袖和技术专家，为华为打开了一片又一片新天地。一颗树种想要长成参天大树，就不能将它栽种在花盆里，或者放在温室里，而必须将它植于户外，让它经历风雨。任正非深谙这一道理。他要求华为一旦发现优秀的种子，就应当给予其广阔的成长空间，这样才能收获更多的青年才俊和有潜质的领袖人才。任正非还提出，华为在干部提拔方面可以采取一些“不公平”的做法，**“对于优秀干部就要敢于破格提拔”。**对领袖型人才的破格提拔，既有益于公司的长远发展，同时也是对员工负责，“不要把别人的青春给耽误了”。

要给干部成长以适度包容，尽量不要求全责备。宽容别人，其实就是宽容我们自己。多一点对别人的宽容，大家的生活其实就多了一点空间。任正非说过，“不要试图做一个完人，做完人是很痛苦的。要充分发挥自己的优点，使自己充满信心地去做一个有益于社会的人”。尤其对年轻干部，更要看到他们的优点，而不要老盯着他们的缺点。**要允许犯错，但更要进步。**一个干部可以犯错，但如果因此并没有收获到什么，也没有因此而有所进步，那就不应该放在包容的范围里了。华为强调对成长包容，但并**不包括在道德品质上的缺陷**，也**不包括对华为公司核心价值观的不认同和挑战**，原则性错误是绝对不能犯的。**对于原则性错误的零容忍，也体现在华为干部选拔体系的各个方面。**

自省与他律机制

任正非将国有企事业单位的领导班子民主生活会机制引入华为，而且要求辣味儿十足地开展“真批评”，而不是虚假走过场。这一做法已坚持了20多年。任正非指出：“面子是无能者维护自己的盾牌。”为了更好地检讨问题，华为内部提倡开展攻势凌厉的“批斗文化”。“批斗文化”的提法有点触目惊心，但实际上这代表着华为的一种自我净化机制，华为要的是动真格、触及灵魂的批评与自我批评。在这个过程中，**各级管理干部要勇敢地拿起“鸡毛掸子”，不仅主动拂去自身思想的灰尘，还要对准同事甚至是领导，替他们拂去思想灰尘。**

以耻感教育唤醒羞耻心。要敢于将问题充分暴露出来，不要遮遮掩掩，不要文过饰非。任正非希望**通过耻感文化，唤起华为人的羞耻心，并以此激励自己在工作中认真负责，杜绝内部腐败。**任正非要求不能做“好好先生”，也绝不要埋地雷。在他看来，只有勇于自我批判，敢于向自己开炮，大家彼此之间才能做到真诚相待，从而真心诚意地解决现实问题，公司才有希望保持在业界的领先地位。**想让干部和员工产生羞耻感，就要把问题赤裸裸地公布出来，并予以否定，干部尤其不能例外。**干部还必须筑牢防腐意识。腐败就是毒药，华为向来出重拳严打内部腐败，并为此建立了严格的监管体系，坚决清除腐败的干部。

第 25 章

绩效管理与薪酬激励

绩效管理系统的核心在于关键绩效指标体系。从战略到发展规划，再到年度目标和经营计划以及与此相关的公司工作报告、年度重点工作任务分解方案，直至最终析出年度 KPI 体系，其间经历了一个严谨而完整的管理链条。

与绩效管理系统直接衔接的便是薪酬激励系统。在目前的大环境下，过多强调市场化导向的薪酬激励，确实不合时宜。因此涉及这部分的内容，我们仅做一般原则性讨论。

真正的“绩”与“效”

“绩”与“效”的原味

管理者首先要搞明白绩效的含义是什么，这并不是一个过于简单的问题。只有在领会“绩”与“效”原味的基础上，管理者才能把握绩效管理的本原。**“绩”是业绩，员工的工作结果；“效”是效率，员工的工作过程。也就是说，绩效 = 结果 + 过程（为取得优异绩效所采取的行为与相应的素质）= 做了什么（实际结果）+ 能做什么（预期结果）。**

因而，管理者要明白，**绩效导向并不意味着只关注结果，还应该关注取得这些结果的过程，即员工为取得优异绩效所采取的行为以及应具备的相应素质。**绩效管理的范围包括过去的业绩与这些行为、素质的总和。

高绩效员工为企业做出的贡献，是支撑企业生存与发展的核心要素。传统人事管理着眼于**“工作中的人”**，其价值判断理念在于**“人是成本”**；而现代人力资源管理的着眼点则是**“人的工作”**，其价值判断理念在于**“人是资源，是生产要素”**。因此，**绩效考核必须聚焦于资源和要素，这才是真正意义上的绩效。**

立足于促进优胜劣汰

管事凭效率，管人凭考核，这是绩效管理的基本导向。机制很重要，活力很重要，但活下去更重要。**绩效机制是改变员工行为的力量，管理者要寻求建立并维持一种好的绩效机制，让奉献者不吃亏。**奉献者只有感觉到不吃亏，才愿意继续奉献，并更加努力地奉献；对其他人来说，这是一种无声胜有声的引导，会起到潜移默化的正向作用。在高绩效文化下，惯于偷懒的人只有两个选择：或者把自己变成奉献者，或者离开公司。这不是公平，而是正义。很多领先公司都强调，一定要裁掉偷懒的人，否则难以形成一个好的机制。

KPI 体系从何而来

关键考核指标

对所有的绩效要素做出全面的评价，既无可能，也无必要。有些已经放在任职资格评价体系的指标，也不必再重复纳入绩效管理系统。绩效考核指标必须有所取舍，要慎重地选择将哪些 KPI 纳入绩效管理系统。总的适用原则是：**缺什么，考核什么；想得到什么，就考核什么；考核什么，就能得到什么。**KPI 必须反映这些原则和理念。

KPI 是对组织运作过程中关键成功要素的提炼和高度归纳。它具有以下特征：其一，将员工的工作与公司愿景、战略、组织结构中的部门相联结，层层分解、层层支持，使每名员工的个人绩效和部门绩效都与公司的整体目标直接挂钩；其二，保证员工的绩效与内外部客户的价值相联结，共同为实现客户的价值服务；其三，员工绩效考核指标的设计是基于公司的发展战略与流程，并非岗位的功能。

因此，与一般性绩效考核指标相比，KPI 把个人和部门的目标与公司整体的成败紧密联系起来，更具有长远的战略意义，对于员工具有清晰明确的牵引和导向作用。在第 20 章“战略中心型组织”中，我们也讨论过卡普兰和诺顿有关战略计分卡的框架性论述。他们提出，**将平衡计分卡所代表的衡量战略的指标体系整合到公司的绩效管理系统中去**，使平衡计分卡真正超越原先的绩效管理系统而成为公司战略管理系统的骨干框架；同时，原先的绩效计分卡也由此实现蜕变，有机地嵌入战略管理系统，成为真正的战略计分卡，实现战略管理与绩效管理的有效衔接。这些理念和原则对于指导管理者 KPI 决策非常重要。

以 KPI 来集中测量员工的行为，简单明了，少而精，可控制性和可管理性都比较强。有人进而将这些特征概括为**“明智原则”**（SMART）：S 代表**“具体的”**（specific），指标含义要清晰，以保证其明确的牵引性；M 代表**“可衡量的”**（measurable），指标要可衡量；A 代表**“可达到的”**（attainable），指标要与员工能力相适应，是经过努力可以完成的，有些指标定得太高，以致员工尽了十二分的努力也无法完成，则容易造成员工的挫败感；R 代表**“相关的”**（relevant），指标必须与公司战略、总体目标、部门任务及岗位职责相联系，并在方向上保持高度一致；T 代表**“以时间为基础的”**（time – based），指标必须有明确的考核周期及相应的时间节点要求。

“鱼骨头”分析法

管理者可采用“鱼骨头”分析法来进行考核指标的逐层分解，“组织”和“流程”因素是贯穿分解全过程的两根主线（见图 25 – 1）。主要步骤：其一，确定个人或部门的业务重点，注意区分部门目标之间、个人目标之间容易交叉重复的部分，如果有交叉，也要尽可能量化各自的比例；其二，确定每个职位的业务标准，定义成功的关键因素，即实现业务重点目标所需要的经营管理活动；其三，确定 KPI，并明确每项绩效指标是否达成，以及达成程度的具体量化标准；其四，将 KPI 逐层、逐个进行分解与落实。

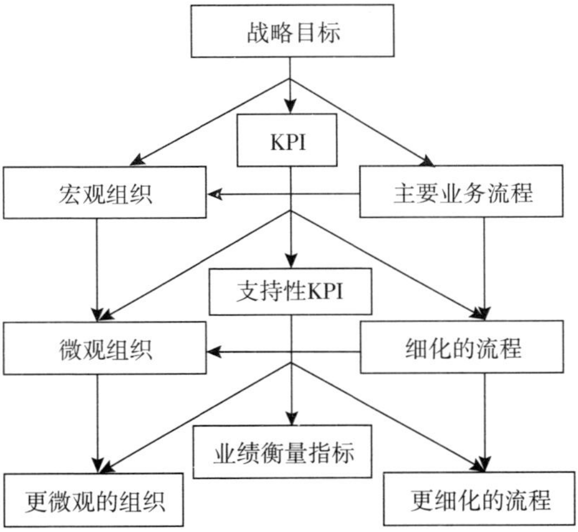

图 25 – 1　KPI 分解流程图

战略管理链条析出法

“鱼骨头”分析法重视组织和流程，显得较为理论化。在现实情形中，如何将战略目标转化为 KPI，我国一些国有企事业单位有一套较为成熟的做法。**沿着战略管理链条进行逐层递进分解，将总括性的战略目标逐步分解为具体的、符合要求的年度 KPI 体系。**

首先是**战略和发展规划。**一般而言，企业战略面向的是未来 3 ~ 5 年这样一个发展周期。一些国有企事业单位需要跟上国家发展的节奏，编制自身的 5 年发展规划，诸如“十三五”（2016—2020 年）发展规划，或者 2020 年要着手编制的“十四五”（2021—2025 年）发展规划。这个发展规划的基本撰写逻辑：上一个 5 年周期的简要发展成果以及得失成败的总结回顾；针对企业所处形势和自身能力做出的

SWOT 分析（当然，也可能是基于产业竞争、核心能力、平台战略等其他战略分析框架）；在此基础上，提出企业愿景、核心价值观和战略目标等企业文化层面的内容，这是发展规划的核心部分；最后的部分也很重要，以定量方式提出下一个 5 年周期的经营目标和主要财务数据，以定性方式对下一个 5 年要做的重点工作任务进行总括性、原则性表述。

这个战略和发展规划要逐年分解成企业的**年度目标和工作计划**，这也是一个滚动编制和及时更新的过程，以使原先的战略和发展规划随着实施时间的推进逐步逼近企业的发展实际。如何将这个 5 年发展规划转化为年度目标和工作计划呢？其间包括一系列层层递进、环环相扣的复杂分解环节。下一年度的**经营计划和全面预算**一般在上年度的第 4 季度就需要完成。这份着眼于本年度预计完成情况和下年度计划实现目标的文件，既与上年度的经营计划和全面预算相印证，更要与 5 年发展规划所确定的中长期目标相衔接。管理较为完善的公司会在每年年初的工作会议上，拿出一份措辞比较讲究、内容也很完整的**工作报告**。这份文件可以视作公司董事长或总经理代表高级管理层就公司全面工作向全体干部职工提交的一份述职性文件。这份文件对本年度的工作成果和不足进行全面总结和评述，分析各层面的形势以展示管理层的决策逻辑并凝聚信心，更重要的是要提出下一年度的主要经营财务目标以及重点工作任务。公司的综合部门此后会依据工作报告，将这些重点工作任务按照高级管理层工作分工方案以及组织结构所明确的部门职责，在高级管理层成员及各职能部门、业务单元之间进行分解，明确牵头领导、主要负责部门和负有协助责任的部门，形成一份更为具体、更为明确的**年度重点工作任务分解方案**。到这个时候，绩效管理部门就会在年度经营计划和全面预算、年度重点工作任务分解方案的基础上，以定量和定性相结合的方式，最终确定**年度 KPI 体系**，并以订立**绩效合同**的方式予以最终确认。图 25－2 列示了绩效管理部门从目标和任务中析出 KPI 所考虑的一些因素。

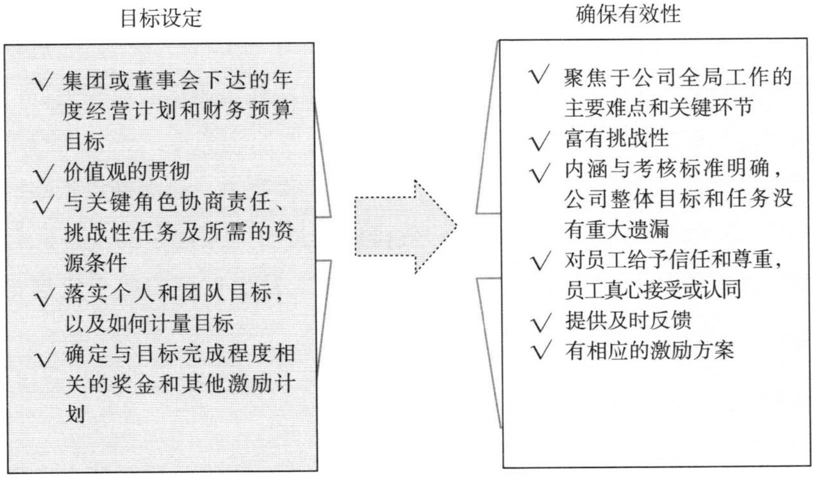

图 25－2　从目标与任务中析出 KPI

由此可见，**确定年度 KPI 体系是一项极费时、极严谨、也极严肃的重要管理工作，经历了一个完整的战略管理链和相应的日常管理链**。年度 KPI 对企业战略目标的支撑作用也正是通过这个机制来实现的，贯穿于其间的环节和链条缺一不可，都要承担相应的绩效责任而不致悬空。

当然，管理者须明白，目标设定带有很多主观因素，科学性和合理程度也只能是相对而言的。目标设定通常受 3 方面因素影响：**公司战略的要求、对未来的判断以及管理者的主观意愿**。因此，如何设定目标并不是关键，关键是确定目标之后的行动，也就是寻找资源的行动要合理，实现目标的过程要体现出相应的努力程度。良性的管理一定是在设定目标的同时，会给予相应的资源支持，并配合一个好的机制来充分激发组织成员的活力和积极性。

中后台部门 KPI 的特殊做法

中后台部门员工的 KPI 难以量化，他们的岗位职责和日常性工作难以区分清楚。这也是一个困扰管理者的共性难题。解决这类 KPI 难题的原则思路有：其一，从职位职责中析出关键责任，将关键责任确定为KPI；其二，通过对公司目标或部门目标自上而下地进行分解，确定该岗位对其上级绩效目标的贡献，以此作为KPI；其三，通过横向流程分析，确定该岗位对相关流程存在哪些输出，从而对相关部门绩效目标产生贡献，以此作为KPI。依据这些原则和方法论，大致可以确定该员工在考核周期内的工作任务或工作要求，从而确定相应的KPI。至于如何度量这类KPI，一般可以通过时间来确定其进度和效率。**从本质上讲，可以被时间界定的任务或目标也可归属于定量指标，**从而解决了这类KPI的可操作性。

绩效管理支持体系

KPI是需要相应的支持体系的。其一，**要有高绩效导向的企业文化**，管理者要重视高绩效导向的企业文化建设，道理即在于此。其二，**各级管理者都要承担起相应的绩效管理任务**。换句话说，日常绩效管理职责并不只是HR部门或专门负责绩效管理部门的事情，而是需要所有管理者共同承担的重要职责。其三，不要等到年度结束时才集中搞运动式的绩效考核，**要维系日常性绩效反馈和沟通机制**，靠平时积累的数据来支撑年终考核的最终结果，这样才更能令人信服。数字化技术的发展，可以极大地提升绩效考核与反馈的颗粒度。其四，**考核结果须多层次、多环节地运用**，要有与绩效考核相挂钩的激励与约束机制，有奖励也有惩罚，有物质激励也有精神激励，有正向激励也有负向激励。

宋志平的感慨和华为的实诚

绩效管理体系主要运用于薪酬激励体系、员工任职资格评价体系和干部管理体系；薪酬激励则处于绩效管理的后置环节。**薪酬体系应该与哪些因素挂钩，又该如何挂钩？这实际上反映了企业的管理哲学和理念，是一个机制问题。**

什么叫机制？机制就是企业的效益与管理者、技术骨干和员工利益之间的正相关关系。也就是说，企业的效益好了，就应该给做事的人更多的利益。宋志平先生在临退休前，写过一篇万字长文《机制革命——推开国企改革的最后一扇门》，文章的核心就直指国有企业的机制问题。他认为，**机制是国有企业最核心也是最终的一项革命。对一个企业而言，如果有机制，就不需要神仙；如果没有机制，神仙也做不好企业**。在宋志平看来，马云、马化腾、任正非都是非常优秀的企业家，但都不是神仙。他们的企业之所以能取得巨大成功，除了他们自身具有的卓尔不群的企业家才能，这些企业无一例外地都选择或创造了良好的内部机制，这也是一个极其关键的成功因素。他举了两个例子。第一个例子是华为。华为每年获取的利润，有 3 份是给经营团队、技术骨干和员工的，只有 1 份是留给所有者的。很多人说华为的崛起是因为5G，但任正非的胸怀格局以及华为所选择的“财散人聚”的机制更为了不起。第二个例子是万华。人们戴的树脂眼镜片，世界上只有 3 家企业能制造，万华就是其中之一。这主要归功于它有很好的创新机制，具体体现为以下两点：第一点是员工持股20%，国有资本持股20.6%，员工持股几乎和国有资本持股相当；第二点是有技术分红权，技术人员如果创造了好技术，就能提成15%，而且这一提就是 5 年。因此，从这些企业的成功经验中，我们要意识到：**经营企业遇到困难时，首先要反思的就应该是内部机制**。

在激励机制上，华为自有一套简单、清晰而有效的逻辑：**职位价值与基本工资挂钩；任职资格、工作态度以及能力素质和晋升挂钩；绩效和奖金挂钩。这就形成了价值评价和价值分配的有机结合。一个人在既定岗位上有长期优异的表现，形成了累积绩效，企业也就应该认账，以员工持股和期权等方式予以回报**。这就体现了华为所坚守的理念：**绝不让“雷锋”吃亏**。很多企业注重员工能力素质，将它作为一个重要的付酬元素。在实践中，**能力素质、职位、绩效、价值观以及人才市场竞争力等因素，已成为世界上管理先进公司的薪酬模式的重要构成要素**。相比之下，原先比较看重的工龄、学历和年龄等因素，其影响权重反而变少了。这也代表着一种管理理念和趋势。

任正非强调**“力出一孔，利出一孔”**的原则。**“力”就是组织能力，或称组织能量；利就是内部的各种利益要素。**企业大事，唯赏与罚。**赏罚是利益调整，赏罚能产生能量，它是机制的本质，也是管理的本质。**任正非总是鼓励一线干部要“多打粮食”，主张绩效应该与薪酬强挂钩。他说：“一年之计在于春，希望你们在春天播的是好种子，发的是好芽，秋天才能给我们收获。若是你们在秋天收不到粮食，我们一定是要饿死的。涨工资的钱来自哪里呢?”**在激励问题上，华为是公认的实诚和大方。**华为提出**“三高”政策：高效率、高压力、高工资。**这 3 者之间的相互关系是：高工资带来高效率，但随之而来的还有压力；在压力的作用下，效率才能得到保障，而高效率带来的则是高绩效和高回报。任正非坚信“三高”政策的长期效果，尤其是高工资政策，他认为，**“高工资是第一推动力，重赏之下才有勇夫”**。这也是麦肯锡公司高度推崇的观点。

薪酬激励的一般性原则

一般而言，管理者在薪酬激励问题上，要统筹考虑 3 个基本原则。其一，**内部公平性**。明确不同职位对公司发展的价值大小，以绩效评估结果为依据，对员工价值创造予以补偿和回报。员工只有觉得这个机制很公平，才能从内心生发出对企业的感恩之心和创造热情。其二，**外部公平性**。即与外部人才市场相比较，公司提供的薪酬水平要保持竞争力。具有强烈上进心的企业尤为看重这一原则。实际上，不同行业的薪酬机制有天壤之别，反映在人才市场上也是存在种种显性、隐性的分割和壁垒。面临这种情形，很多经济学解释也苍白无力，真正的深层次原因不得而知。其三，**员工公平性**。也就是严格遵循公司的价值评价体系，对同样或相近岗位性质员工的价值创造与贡献进行客观评价，让每个员工都得到应有的重视与尊重。这实际上涉及 Y 理论和马斯洛需求层次论的理念和原则在公司生活中的运用。此外，很多企业实行的是秘薪制。**即使在秘薪制下，管理者也需要保**

持薪酬战略和政策的公开透明，公司政策向哪里倾斜，想激励什么，给什么回报，应该给员工讲清楚。好的薪酬激励，就是要做到**"激励恰当的人和事"**，同时**"用恰当的事或物来激励恰当的人"**，这样才能起到激励的目的。

除了短期激励，有人文情怀和长远眼光的公司还会非常重视其他激励方式，特别是长期激励计划。诸如良好的工作氛围、学习与发展机会、让员工满意的食堂以及其他福利计划。长期激励机制包括股权、股票期权和员工持股计划等方式。

第九部分

在结构中注入文化

导读

在中国人的语境中，“文化”总是带有正向甚至溢美意义的。在现实生活中，我们对“企业文化”的感受，与它的真实本质是存在很大差异的。企业文化究竟是什么？在企业场景下，文化与战略、组织、人是一种什么样的关系？文化包含了哪些要素，对它的管理又应遵循什么样的逻辑？文化如何才能真正融入企业的管理体系之中？对此，管理者需要厘清关于文化的认识和再认识。

从20世纪80年代开始，日本企业逐渐展现出惊人的竞争力，这种情况极大地震撼了美国的企业界和管理界。一众美国学者来到日本开展研修，他们得出了这样的结论：日本企业取得惊人成功的关键因素，在于它们拥有“企业文化”这一“特殊的元素”；文化既是企业竞争力的来源，也是企业能力的核心构成要素。此后，美国企业便开始奋起直追，提出要聚焦“变革与创新”的特质，建设属于美国的企业文化。1993年以后，美国企业又重获企业竞争力的世界第一。很显然，这与美国企业成功培育出持续变革和创新的浓郁氛围以及充满活力的强企业文化是密不可分的。

企业文化理论的奠基人埃德加·沙因将企业文化的本质归结为组织的“基本的隐性假设”，这是我们理解企业文化本质的钥匙所在。沙因认为，“真正的文化”隐含在组织成员的潜意识之中，组织文化决定了组织价值观以及在此价值观之下的组织行为。文化是一种基于经验的抽象概念。在企业组织中，文化是日积月累的一种结果。如果人们对组织的认同感强烈并且发自内心，丰富的传统和独特的历史结合在一起，就会形成一种强有力的企业文化，从而使组织成员拥有共同的价值观和信念。在这种结构下，文化首先会影响员工的行为，员工会自觉地做与价值观严格一致的事情，同时会自觉抵制有违价值观的现象和行为；价值观又进一步影响员工的灵魂，深深扎根于员工的内心；员工一旦理解了公司的哲学和价值观，就会根据可能出现的情况自行确定合适的目标，其核心要素是忠诚感和意识形态。这种哲学、价值观、传统、历史，以及状态、氛围，无疑都可以归于企业文化的范畴。

企业文化就好比一块绚丽的织锦。在这块文化织锦上，以下元素是必不可少的：其一，企业环境是塑造企业文化的最重要因素；其二，价值观是构成企业文化的核心；其三，英雄人物把组织的价值观"人格化"，并提供了广大员工效仿的榜样和实际典型；其四，礼仪和庆典是企业有系统、有计划的日常例行工作所构成的动态文化，它能使企业文化的价值观得以健全和发展；其五，文化网络是企业基本的但非正式的沟通方式，它能有效地传递企业的价值观和英雄意识。这些要素之间存在着较谨严的内在逻辑关系：企业的历史和实践促进了价值观的形成；价值观界定了员工行为的价值标准并重塑着员工的行为习惯；英雄人物是价值观的具体化身；礼仪与庆典增强了价值观的仪式感，并唤醒了员工的归属感和团队精神；通过故事的传播和英雄事迹的传颂，进一步强化了价值观，并继续提供正向激励的文化素材；除了公司的正式运营网络，文化还多半在一张隐形的"非正式网络"上运行。

搞清楚文化织锦的组成要素和内在逻辑固然重要，但更为关键的，还是要让文化在企业的管理和运行体系中逐步生根化育。简单化、表面化、庸俗化都是文化落地的最大敌人。价值观和行为习惯无疑是文化落地的两个关键领域。只有员工的思维模式和行为习惯与公司的核心价值观高度契合，才足可以说明文化的生根和化育取得了实实在在的成效。

价值观本身就是最长远的战略。它不仅让员工觉得大家属于"同一家公司"，而且可以帮助员工明白应当怎样采取行动和进行合作。价值观意味着理念和原则，这些理念和原则在商业抉择、内部控制和指导外部伙伴关系上都具有战略价值。与价值观管理相比，价值观领导代表着一种更高的境界。那些深孚众望的领导者，其个人价值观与公司文化相融合，能够高效地凝聚人心和激励士气。管理者以自身的人生经历为起点，在持续的个人价值观修炼中，不断发展自身领导力，逐步跃升至“用心管理”的新境界，从而获得“上下同欲者胜、同舟共济者赢”的绝佳效果，促进组织不断逼近长期成功目标。

第 26 章
关于文化的再认识

在中国人的语境中，“文化”总是带有正向甚至溢美意义的。称道一个人“有文化”，这很好理解。如果称道一家企业“有文化”，那又该当如何理解？在现实生活中，我们对“企业文化”的感受，其实与它的真实本质是存在相当大差异的。

伟大的企业确实存在，但为社会公众所关注和津津乐道的，未必是它们的产品，而是这些企业的领袖和独特的文化。企业文化究竟是什么？在企业场景下，文化与战略、组织、人是一种什么样的关系？文化包含了哪些要素，对它的管理应该遵循什么样的逻辑？文化又如何才能真正融入企业的管理体系之中？埃德加·沙因教授所开创的“沙因文化模型”及其理论，能助益管理者厘清关于文化的认识和再认识。

源于日美企业的竞争力比较

日本企业的“特殊元素”

人们发现**“企业文化”**这一**“特殊的元素”**，源于第二次世界大战后日本经济和日本企业的迅猛崛起。在那个年代，索尼、本田、丰田等日本品牌不仅在美国家喻户晓，更是美国民众的消费首选。从20世纪80年代中期开始，日本企业显现出惊人的竞争力，在多个领域连续打败欧美企业，成为事实上的世界第一。这种情况极大地震撼了美国的企业界和管理界，促使他们开始研究日本企业为什么能取得这样惊人的成功。于是，一众知名学者来到日本开展研修，包括彼得·德鲁克、迈克尔·波特这样的日后在世界范围内产生深远影响的大师级人物。**他们反复比对美日两国大企业的管理差异，并分别将其命名为A型文化和J型文化**（见表26－1）。

表26－1　美日两国大型企业的管理理念比较

A型（美国公司）	J型（日本公司）
短期雇用	终身雇用
个人决策	共识决策
个人责任	集体责任
快速评估，快速晋升	缓慢评估，缓慢晋升
明确的正式控制	模糊的非正式控制
专业化的职业道路	非专业化的职业道路
个别利益	整体利益

他们的研修成果反映在《日本为什么成功》《Z理论》以及更早期的《菊与刀》等一系列此后广为流传的经典书籍中，最终得出的结论很有意义，也很令人意外。他们认为，**日本企业取得惊人成功的关键因素在于它们拥有一种“特殊的元素”，这是美国企业所不具备的。这一“特殊的元素”被美国学者定义为“企业文化”。**

在解密了日本企业的成功基因后，美国便开始了全面的企业再造，提出要建设属于美国的企业文化，逐步形成了基于美国本土环境、契合新教伦理与资本主义精神的全新企业文化。《第五项修炼》《巨变时代的管理》《管理的革命》等经典管理学著作对此进行了系统总结。**美国企业文化的特质就是变革与创新。1993年以后，美国企业又重获企业竞争力的世界第一地位。很显然，这与美国企业富有持续变革和创新的浓郁氛围以及充满活力的强企业文化是密不可分的。**

文化与企业竞争力

我们由此明白，企业文化的概念诞生于20世纪80年代中期，是从总结日本企业的成功实践经验中得出的。企业文化是基于竞争力派生出来的。**如果没有日本企业强大的竞争力，人们就不会注意到这一“特殊的元素”，也就不会出现“企业文化”这个概念。**

因此，**企业文化既是企业竞争力的来源，也是企业竞争力的核心构成要素。**当企业全体成员都拥护企业的核心价值观，并能够体现在共同行动中时，企业就会具有核心竞争力，从而获得强有力的发展。

组织文化的定义与本质

埃德加·沙因及其学问

埃德加·沙因是公认的研究企业文化的权威，他也因此被誉为**“企业文化理论之父”**。沙因1947年毕业于芝加哥大学教育系，1949年在斯坦福大学取得社会心理学硕士学位，1952年在哈佛大学取得博士学位。此后一直在美国麻省理工学院斯隆管理学院任教。

沙因是企业文化和组织心理学领域的开创者与奠基人，他的主要著作有《组织文化与领导力》《沙因组织心理学》等。管理界公认的“企业文化”一词，是由沙因“发明”的。沙因率先提出了企业文化本质的概念，并对文化的构成因素进行了分析。他深入研究了企业文化的发展、功能和变化，以及构建企业文化的基本理论，所提出的企业文化的概念、理论及一系列独创性见解，被人们广为接受。在组织发展领域中，沙因针对组织所面临的变革这一课题，开发出了一整套组织咨询的概念和方法，形成了“沙因文化模型”理论。

文化的本质

在企业场景下，文化似乎是存在于商业的理性和技术外表之下的一股虚幻的力量。人们对企业文化的看法一直存在很大分歧：有人极端地认为文化是臆造和虚无缥缈的，是管理学和人类学这两个领域的“垃圾”；而更多的人则看到文化真正触及企业经营的实质，管理者必须予以重视并要学会主动管理。

确实，**文化是一种基于经验的抽象概念。**在企业组织中，文化是日积月累的一种结果。在公司生活中，**文化可能是理解团队之间、人与人之间冲突的一个关键因素。**在社会生活中或组织内部，一旦发生争论与协商情形时，人们常常无法理解对方怎么会有如此荒谬的立场，总是觉得不可理喻。作为管理者，在试图改变下属的行为时，也常常会遇到无形或有形的抵制；而且，这种抵制甚至会超出理性的程度。另外，企业内部各部门之间更热衷于彼此争斗而非好好工作。理论上，这些现象都不应该发生在稳而有序的组织以及有着良好修养的知识工作者身上。这也只能从文化和价值观的差异上找原因。

在明茨伯格看来，组织是一套运作系统，它能够诱发成员通过分工协作发挥出比单干更大的生产力——更努力，更富于创造力，更有产出效能。**群体要建立一种“状态”、一种“氛围”，以便产生某种“化学反应”，以致“融合在一起”。这可能就是我们称之为“文化”的东西。**如果人们对组织的认同感强烈而且发自内心，丰富的传统和独特的历史结合在一起，就会形成一种强有力的企业文化，从而使组织成员拥有共同的价值观和信念。在这种结构下，无论形式上命令与控制的程度是强还是弱，**文化首先会影响到员工的行为，**员工会自觉地做与价值观严格一致的事情，同时会自觉抵制有违价值观的现象和行为。**价值观进一步影响到员工的灵魂，深深扎根于员工的内心。**员工一旦理解了公司的哲学和价值观，就会根据可能出现的情况自行确定合适的目标，其核心要素是忠诚感和意识形态。这种哲学、价值观、传统、历史以及状态、氛围，无疑都可以归于企业文化的范畴。

给企业文化下一个极简略的定义可能很困难，埃德加·沙因给出的定义是：**“文化是一个特定组织在处理外部适应和内部融合问题中**

所学习到的，由组织自身发明、创造并且发展起来的一些基本隐性假设，这些基本隐性假设能够发挥很好的作用，并且是有效的，也由此被新的组织成员所认同。”沙因的定义确实抽象，**将企业文化的本质归结为组织的“基本的隐性假设”，这是我们理解企业文化本质的钥匙所在。**也就是说，沙因认为**“真正的文化”是隐含在组织成员的潜意识之中的。**

我们对此进行归纳：**企业文化是一种超个性的群体意识，是企业各种物质表现、制度体系、精神支柱的长期“沉淀”，是企业长期以来物质文化建设和道德文明建设互动的结果，是企业凝聚力的综合体现。**

表面层、应然层和突然层

文化的层次结构

沙因认为，**组织文化决定了组织价值观以及在此价值观之下的组织行为，而且深刻地隐含在组织的深层。**他据此将组织文化由外而内“剥洋葱式”地划分为3个层次：**人工制品、信仰与价值、基本隐性假设**（见图26－1）。

其一，位于表面层的人工制品。这是指组织的明显品质、物理特征或外显的文化产品，如建筑、文件、标识等显而易见的外部特征，能够看得见、听得到、摸得着，但不易被理解。华为公司目前使用的司徽是一朵八瓣的红菊花，这跟任正非崇尚“薇甘菊精神”有很大关系。他在多个场合这样讲：“我们做产品，就需要具备薇甘菊这样的能力，要在末端接入层成为霸主。要成为行业的薇甘菊，就必须具备实力，没有实力是做不了霸主的。”薇甘菊是一种菊科多年生草本植物，原产于南美洲和中美洲，现已广泛传播到亚洲的热带地区，成为当今世界热带、亚热带地区危害最严重、但生命力又最旺盛的杂草之一。薇甘菊大约1919年在香港出现，1984年在深圳被发现，2008

年以来已广泛分布在珠三角地区。它的生长特点是生长周期短，速度快，生命力旺盛，侵略性强悍，是一种“一分钟就能长满一英里的杂草”。华为公司自喻为一棵薇甘菊，在华为的战略、组织、文化与业务运作中，处处凸显的就是薇甘菊精神。薇甘菊是华为精神与基因特质的象征。**薇甘菊在华为的企业文化中，就是处于表面层的、外显的文化符号。**

其二，位于应然层的信仰与价值。位于表层的人工制品下面，便是组织的“信仰与价值”，属于价值观或核心理念，它们代表着组织的战略、目标和哲学。任正非在《由必然王国到自由王国》中这样写道：“一个企业长治久安的关键，是它的核心价值观被接班人确认，接班人又具有自我批判的能力。《华为基本法》已阐明了我们的核心价值观，我们的数千员工现已认同它，并努力实践它，在实践中把自己造就成各级干部的接班人。”“开放”“妥协”“灰度”“自我批判”，以及“以客户为中心”“以奋斗者为本”“长期坚持艰苦奋斗”，是任正非的管理哲学，也是华为公司的成长逻辑，更是华为公司干部员工的信仰和价值观，在华为公司的企业文化中起着非常重要的作用。

其三，位于突然层的基本隐性假设。位于最内核的部分，是组织用以对付环境的实际方式，这也是**沙因所定义的企业文化的本质。组织文化的核心或精华是早已在人们头脑中生根的不被意识到的假设、价值、信仰、规范等因素**，由于它们大部分出于一种无意识的层次，所以很难被观察到。然而，正是由于它们的存在，我们才得以理解每个具体组织行为或事件为何会以一种特定的形式而不是其他形式发生。**这些基本隐性假设存在于人们的自然属性、人际关系与活动、现实与事实之中。**无论如何，管理者思考的土壤及这些基本隐性假设的根源在于对商业本质的把握。这也是“在商言商”所蕴含的道理。简而言之，就是回归常识，回归真理，回归商业理性，回归商业的本质。脱离了这些基本面，企业文化就会失去坚实的根基，偏于虚玄，变得不切实际。

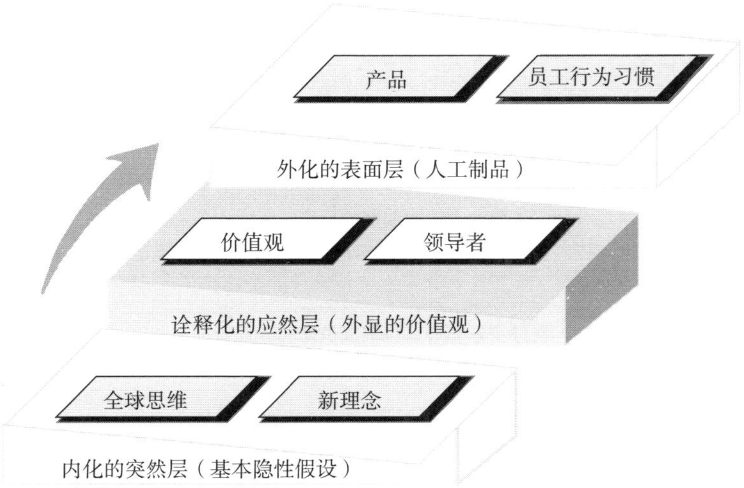

图 26－1　企业文化的层次结构

基本隐性假设

沙因极为重视组织的基本隐性假设，认为**企业文化突然层代表着基本隐性假设，是企业文化的核心、本质和精华**。与应然层“外显的价值观”相对应，基本隐性假设简略地相当于**“隐形的价值观”**。

在解决外部适应和内部整合的过程中，基于团队习得的共享的基本隐性假设，如果在实践中被证明效果良好，它就应该作为对相关问题的正确认识、思维和情感方式授予组织的新员工或后来者。为了更好地理解“基本隐性假设”，沙因系统梳理并简要归纳了团队共享的基本隐性假设的组成内容及具体表现（见表 26－2）。

表 26－2　突然层的基本隐性假设及具体描述

在公司活动中，人们之间的互动交往可以透出一些行为规则：使用的语言、遵守的习俗和传统，以及有趣的各种礼仪。
隐含的团队规范：一个稳定的工作团队往往形成了隐含的标准和价值观。例如在霍桑实验中所发现的接线工作室的工人们，多年来会遵从“公平薪酬、公平工作”的特殊规范。

续表

信守的价值观： 对外宣称的、要努力实现的一系列公开声明的原则和价值观，诸如“产品质量”或“价格领导”等。
管理哲学： 在面对股东、员工、客户和其他利益关联方时所采用的政策和意识形态原则，比如华为公司的“灰度管理”，惠普公司的“惠普之道”等。
潜在规则： 一些隐含的、未曾写入成文制度的规则，事实上却一直运行在组织中。新员工要融入团队氛围并为团队接受，需要知道一些“必要的内情”和“这地方的做事方式”。
氛围： 在一个团体中，通过物理布局，组织成员之间，以及成员与客户和其他局外人之间互动的方式，所表达并传递给人的一种感觉，只可意会不可言传。
隐形技能或窍门： 团队成员在长期合作中所积累的经验、技能和诀窍，通过相互习得表现为这个团队成员的特殊能力，无须形诸文字便可代代相传。
思维习惯、心智模型和语言范式： 一种团队成员之间共享的认知框架和行为方式，表现为团队成员默契遵循的知觉、思维和语言，还可以自觉“驯化”那些有待融入团队的新成员。
共享意义： 团队成员在长期彼此互动中自然形成的理解和惺惺相惜之情。
“吉祥物”或“原始的隐喻”： 团队用于自我描绘、自我认知的卡通形象或吉祥物，似是一种“原始的隐喻”，并已深深地嵌入办公室物理环境、邮件、微信图像或人工饰物中。这个层面的文化反映的是团队成员们的情绪感染以及所认同的审美情趣。
礼仪和庆典： 团队庆祝关键事件的重要方式，反映了团队成员在形成共同价值观上进入了重要“阶段”，比如庆祝某成员的晋升、某个重要项目实现里程碑式进展、某个重要目标达成，或者某个成员的生日等。

文化的特征

企业文化具有以下显而易见的特征。其一，**结构稳定性**。文化不仅是共享，还有稳定的意思，这是一种基于某个组织或某个团体结构以及时限上的稳定。其二，**纵深度**。文化浸入一个组织中最深层的内核和组织成员的潜意识层面，通常不易被觉察。**根植得越深的东西，其稳定性往往也越高**。其三，**宽广度**。文化涵盖了组织的全部组成部分和所有功能，具有弥漫性和浸润性，影响面宽而且广。其四，**整合和提炼**。管理者需要将属于文化范畴的各元素予以整合和提炼，由自发到自觉、由被动到主动、由零碎到系统，形成由不同层次、不同要素组合而成的各种范式，将礼仪、气氛、价值观和行为整合成为一个系统和整体。

在新员工的入职教育和培训中，企业应安排一个密集的企业文化教育和见习期。**新员工在这段时间习得的信念和价值观，将作为内心的基本隐性假设稳定而持久地存在，并影响他们今后的日常工作行为和价值判断标准。**

在结构中注入文化

凝聚员工人心

沙因认为，文化是一种稳定剂，一种保守势力，一种使事物有意义、可预测的方式。文化对人的行为有着一种内在的驱动机制，**既决定着管理者的行为方式，更深刻地塑造并影响着员工的行为习惯和行为模式。**

文化是一个动态概念，它无时无刻环绕在我们周边，同时还是一套指导和约束行为的结构、惯例、规则和规范。文化在约束、稳定并凝聚员工的行为和人心方面有一种春风化雨般的潜在作用。从内心深处讲，人们总是希望能从自己的工作经历和公司历史中，寻求更多有关自己的镜头，感悟更深层次的生活意义，这些都需要在文化活动中才能实现。文化的凝聚力无可替代。

促进同化与协同

将文化注入结构，组织就会发生明显的同化和协同协应。明茨伯格认为，组织的意识形态，组织的价值和信仰体系，逐渐为组织成员所认可，并区别于其他组织。其关键特点在于它的团结力量，把个人和组织紧紧地绑在一起，**激发出一种“集体精神”和一种“使命感”，产生一系列的“化学反应”，并由此产生同化和协同效应，减少分裂效应和不健康的公司政治现象。**

带来经营差异

陈春花教授在一份研究报告中提出，美国、日本和欧洲国家的企业在经营理念和模式上有着显而易见的差异。欧洲企业一直以品牌和精品作为专长，贡献了很多奢侈品，**走的是精品模式**；美国企业把技术带来的创新转化为产品，它们的成功是把奢侈商品借助于技术得以批量生产，**走的是精品大众化的路子**；而日本企业则借助于更快的技术转化能力以及独特的成本与品质文化，使得产品能够更加大量生产并且价格低廉，**走的是物美价廉的路子**。之所以会有这样经营上的差异，原因在于欧、美、日企业文化上的不同，这确实是一个为常人所不易觉察的深层次原因。

驱动持续经营

没有真正的组织文化，企业就缺乏持续发展的内在驱动力量和支撑力量。任何一个企业都要平衡持续变化和稳健发展二者之间的关系。这就需要发挥组织文化的作用，因为**组织文化回答的就是企业持续成长的问题**。管理者需要找到一种办法，在维持竞争力和满足员工“希望归属于一个有意义组织”的心理需求之间找到一种平衡，为此必须放弃那些为追求短期利益而采取的损害企业文化和价值观的欠考虑行动。相反，在文化受到损害的前提下，企业的发展也很难做到可持续。1982年以后，出现了一种推崇股东价值至上的商业伦理，对企业文化极具破坏力，很多大公司丢掉了商业经营的灵魂。公司在裁员和出售业务的同时，也一并将组织的很多核心部分丢了出去；合同外包虽然有助于公司专注于核心能力和主要竞争优势，但内部的文化凝聚力也随之而散；热热闹闹的并购之后，把彼此陌生的不同群体、不同文化拼凑在一起，整合、融合和协调便成了棘手的问题，很不容易解决。

替代最长远的战略

哈佛商学院教授罗莎贝斯·莫斯·坎特说过这样一句话：**价值观**

就是最长远的战略。在讨论企业文化的渊源时，我们也已看出，**企业文化既是企业竞争力的重要来源，也是企业能力的核心构成要素**。企业的持续竞争力不仅取决于企业外部因素，在本质上更取决于企业内部的组织和文化。从核心能力的定义来看，**企业文化也完全符合“难于模仿且可持续”的认定标准**。这反映在以下3个方面。其一，文化与特定历史阶段或特定的发展经历有关，**历史是不会重复的**，文化的形成路径也不可能简单地重走第二遍。其二，**文化具有综合性**，它是一种体现了综合效能的竞争力。其三，**文化一旦注入结构，便长期根植于特定的组织结构中**，二者紧密相连而不可能单独存在。因此，一个与战略相适应的文化，可以应对环境变化，可以保障系统的执行力，同时也可以推进战略各个业务元素的协同性，从而获得战略实现的组织保障；同样，调整战略也必须同步推进企业文化的调整和变革。吉姆·柯林斯在《基业长青》中提出：强文化的公司通常以极大优势胜出那些缺乏文化气质的普通公司。**一些属于“事后聪明”的证据也表明，强文化公司与优异绩效存在很高的关联性，企业文化能够对公司的长期经营业绩产生显著影响**。这些结论建立在坚实的学术研究的基础之上，很难被轻易推翻。

培育长寿基因

企业文化是孕育企业生命的根基。任正非曾说：“世界上一切资源都可能枯竭，只有一种资源可以生生不息，那就是文化。”**文化和精神代表了企业的真正存在**。约翰·科特和詹姆斯·赫斯肯特（James L. Heskett）的研究表明：文化对企业的长期经营业绩存在重要的正向影响；更进一步，**文化在企业下一个10年的发展周期内很可能成为决定企业兴衰的关键因素**。衡量成功最有力的指标便是公司生存的时间。如果一家公司已经存续了很长时间，那说明这家公司已然经历了很多次高潮和低谷，学会了如何让自己变得更加坚强，懂得了如何关注客户，如何开源节流，如何渡过一次又一次生存难关。这种企业通常都在岁月的长河中培育了强大的企业文化和内在精神。**一**

个组织能够长久生存下来，最重要的原因并非在于结构形式或管理技能，而是我们称之为信念的那种精神力量，以及这种信念对于组织的全体成员所具有的感召力。如果换一个角度来看，对企业长期经营业绩存在负面作用的企业文化也不罕见，这种企业文化一旦存在，就极难改变，会逐步侵蚀企业的发展根基，耗尽企业的活力和元气而最终使企业趋于衰亡。**成功之后衰败，创新之后怠惰**，这一怪圈长久地存在于各行业的企业之中，其症结很大程度上也在于这样的企业缺乏一种内在精神，在文化上缺乏建树。

第 27 章

一幅绚丽的文化织锦

企业文化好比一块绚丽的织锦。这块文化织锦上面有企业环境、价值观、英雄人物、礼仪和庆典、文化网络等基本要素。这些要素之间的关系并不是杂乱无章的，而是有其鲜明的内在逻辑。

企业文化多半在组织内部一张隐形的“非正式网络”上运行。在这个非正式网络中，存在着“班主任”“布道者”“新闻发言人”“小道消息发布者”“谍报人员”“告密者”“非正式团体”等多种角色。管理者要积极引导让他们发挥正向作用，避免掺杂过多的公司政治因素而变味，确保企业文化在健康的轨道上运行。

文化是一块织锦

文化织锦

1981 年，美国哈佛大学教授特伦斯·迪尔（Terrence E. Deal）和麦肯锡咨询公司顾问艾伦·肯尼迪（Allan Kennedy）合作出版《企业文化》一书。在他们敏锐的洞察力和雄健的笔力下，**抽象的企业文化被喻为一块绚丽的“文化织锦”**。

文化表达了一种特别的生活方式。在一个凝聚力很强的公司中，生机盎然的企业文化能够为一个深刻而持久的共同目标做出贡献。这种文化的活力，很大程度上从人们长期以来通过共同合作和互相学习中而得来。

构成要素

在文化这块织锦上，以下元素是必不可少的：其一，**企业环境**，是塑造企业文化的最重要因素；其二，**价值观**，是构成企业文化的核心；其三，**英雄人物**，把组织的价值观“人格化”，并提供了广大员工效法的榜样和实际典型；其四，**礼仪和庆典**，是企业有系统、有计划的日常例行事务所构成的动态文化，能使企业文化的价值观得以健全和发展；其五，**文化网络**，是企业内部基本的但非正式的沟通方式，能有效地传递企业的价值观和英雄意识。

要素的组合逻辑

在阐明了企业文化的5个构成要素后，迪尔和肯尼迪还分析了将这些要素组合在一起的内在逻辑：**企业历史及实践促进了价值观的形成；价值观界定了员工行为的价值标准并重塑着员工的行为习惯；英雄人物是价值观的具体化身；礼仪与庆典增强了价值观的仪式感，并唤醒了员工的归属感和团队精神；通过传播故事和传颂英雄事迹，进一步强化了价值观，并继续提供正向激励的文化素材；除了公司的正式运营网络，文化还多半在一张隐形的“非正式网络”上运行。**

历史：公司植根的动力

如今，很多企业似乎更沉迷于自己的经营业绩，而忽视了关于自己是“从哪里来”的记忆和思考。**强文化公司会投入相当多的资源和精力来整理自己的历史，保证所有的员工了解公司的发展渊源和历史根基。**其实，公司的历史饱含着事件、人物、经验、教训和精神，好比一种象征性的黏合剂，能够激发员工的自豪感和归属感，让大家自觉地拧成一股绳，共同为公司的理想和目标而努力。

悉心整理公司过往的经历和人文传统，并用文字和图片转述出来，形成结构化的材料、画册和书籍，由此奠定公司文化的根基。很多企业没有整理自身历史的意识。随着一茬又一茬的管理层更替，公司过往的经历也就随同那些人、那些事、那些传统和精神，一道湮没在时代的烟云之中。这种做法无异于自己抛弃了自己，割断了传承，失去了传统根基。

价值观：文化的基石

在文化的层级结构中，**价值观和信念在文化的层级结构中处于应然层，是由基本隐性假设外显而衍生出来的，在界定员工行为标准和重塑员工行为习惯中起着一种基石性作用**。企业拥有正确的价值观，就相当于拥有了一个道德指南针，或者说拥有了一套北斗导航定位卫星系统，同时价值观本身就是一块人才吸铁石和一种激励机制。

与价值观相关或相近的名词还有宗旨、使命、理念等。简单来说，**价值观**是指“对经济、政治、道德、金钱等所持有的总的看法”，而**宗旨**是指“主要的目的和意图”，**使命**是指“重大的责任”，**理念**则有“信念”或“思想观念”的意思。在企业文化的管理实践中，这些名词大抵可归于管理哲学的范畴，而且可以替换使用。**在价值观和理念问题上，公司要尽可能避免言行上的不一致**，特别是在面临短期利益诱惑时，或者在面对股东回报的压力时，绝不能把原先让员工称道的价值承诺轻易丢在一边，变成追逐短期利益的牺牲品。

如何认识价值观和信念对企业盈利能力和长远发展的驱动作用呢？这就涉及价值观的细化、考核以及转化为员工的思维模式和行为习惯等一系列文化管理的问题了。没有这样的一系列努力，这些内容也就只停留于挂在嘴上、贴在墙上，而不会真正深入员工的心里，实际成效就会非常有限。

礼仪和庆典：文化在行动

我们注意到，人类学家在研究原始文明时，由于没有文字，他们关注的是不断重复的活动（也即礼仪），来寻找这个群体里是否存在有关价值信念的线索，同时也通过研究庆典场合，来甄别在这个群体里哪些东西是被珍视并认为值得庆贺的。反观现实场景，工作仪式也具有类似的重要作用。**人们在日常工作中养成的仪式感有着更加深层的象征意义，实际上是在不断强化那些无形的、难以用语言表达的价值信念。**在仪式中，行动起到了说话的作用，它帮助我们感受到意识层面以下的东西，让我们体会工作和生活的意义，并将工作和生活联系在一起。

仪式是日常生活中的常规内容；而庆典则定期为公司员工提供机会，来庆祝公司所经历的标点式、里程碑式事件，对这些事件的意义进行重新强调，共同标记那些已然流逝的黄金时刻。此外，定期举行表彰典礼来嘉奖褒扬优秀团队和明星员工，或者不定期地创造机会让员工欢聚一堂，诸如野餐会、年会、假日或家庭日活动，都富有不同的象征意义，为员工提供有别于办公室环境的沟通机会，可以有效地促进员工之间的了解和尊重，给员工们留下深刻而美好的记忆，使员工感受到在日常工作中所不曾感受到的乐趣。

故事：文化的口述史

企业故事的一个本质特征就是它承载着企业的文化价值观。收集故事和讲故事是人们的天性。公司故事在很多时候都集中于文化英雄、先进人物或者明星员工身上，这些主角包括各层级的管理者，当然更少不了在平凡岗位上的默默奉献者。故事捕捉到的是这些主角在关键事件或特殊时刻的非凡表现，也可能是几十年如一日的坚持。故事情节要聚焦于“工作到底是为了什么”“我们给公司带来了什么，公司又赋予了我们什么”等主题。故事在创造文化的焦点、方向和凝聚力上，往往有着神奇的魅力。要注意，**故事应立足于细节和真切，不能为说故事而编故事。脱离了普通人的价值标准和真情实感的故事，就会显得空乏而且虚伪，只会引起人们的排斥或反感，不会真正引起共鸣。**

特殊人物的表现容易受到关注。故事把管理者和普通员工提升为公司的英雄人物，能起到一种特殊的象征作用。这些角色的言辞和长期行为体现了公司的文化价值观，把他们作为榜样或者鲜活的公司标识，会令企业文化更富有感染力。同样，这些英雄人物不应只是聚焦于最顶层，而应更多地分布在公司的各个层级和各个角落。

文化网络：文化运作的载体

文化的真实运作跟企业运营有着很大不同。**除了依托于正式的企业运营系统，文化的运作在很大程度上还依赖一个“非正式网络”。**它是隐形的，但又是客观存在的。公司各层级管理者和员工大多会有自己的渠道，以各种方式接入公司内部的这种“非正式网络的运行系统”。在强文化氛围下，网络中的这些成员会强化公司的基本信仰，传播英雄人物的事迹来提高英雄人物的象征价值，形成一种变革的新氛围，为管理者提供一种有力的影响机制。**企业的内在运作在一定程度上是通过文化网络来完成的。**

在这个非正式网络的运行中，充斥着组织内部的各色人等，在企业文化的运作上承担着不同的网络角色。其一，组织最高层级的管理者是一个**“班主任”**。作为这个组织的负责人，他得安排出足够的时间来了解员工们的思想动态，并倾听他们的具体诉求，为员工们的困难和困惑提供解决方案，是价值观的主要守护者和实施奖罚行为的主要决策者，永远有着操不完的心。其二，各级管理者似乎是企业文化的**“布道者”**，他们往往在组织中拥有较长久的工作经历，是公司历史的活百科，乐于为员工们讲述公司历史中的人物、事件或趣闻，也会加入自己的理解和解释，不断为公司文化注入一些鲜活元素。其三，总有一些处于网络结点或信息中心的员工，他们往往充当着**“新闻发言人”**角色，能敏锐捕捉到常人接触不到或易于疏忽的蛛丝马迹，发布公司里近期发生的一些事情，并揭秘背后隐藏的真相。其四，有一些处于信息外围的**“小道消息发布者”**，他们关注的是看似鸡毛蒜皮但极容易引起人们好奇心的小事；人们往往依赖于他们的小道消息来了解公司的最新动态和那些不为人所知的“内幕”。其五，有极少数的**“谍报人员”**或**“告密者”**。他们能接触到公司很有权力的人物，将各种信息以最快速度传递到最高管理层的耳朵中，他们因而能够在没有正式权限的情况下影响公司决策。事实上，对于不同层级的管理者而言，这种人员往往都是有价值的信息来源。这些人可能处于关键岗位，但也可能是一个不起眼的角色，能搜集到高层管理者所需要的一些信息。其六，**“非正式团体”**。霍桑实验已经证明非正式团体是一个有悠久历史的组织文化现象。一些组织成员基于共同目标而私下联合起来，或是为了提高自身在组织中的地位，或是为支持某一种共同利益，他们彼此之间非常强调信任和忠诚。**当这些“非正式团体”的利益与公司利益交织在一起的时候，就会形成一种管理杠杆**，用得好会有积极作用；用得不好就会适得其反，成为组织的“毒瘤”或“癌细胞”。总之，管理者要高度重视这些非正式网络，积极引导他们发挥正向作用，避免掺杂过多的公司政治因素而变了味，从而产生毒性，使公司文化脱离健康轨道而趋于衰败。

第 28 章
文化的生根、化育及变革

搞清楚文化织锦的组成要素和内在逻辑固然重要，但更为关键的，还是要让文化在企业的运行体系中逐步生根化育。简单化、表面化、庸俗化都是文化落地的最大敌人。价值观和行为习惯无疑是文化落地的两个关键领域。只有员工的思维模式和行为习惯与公司的核心价值观高度契合，才足可以说明文化的生根和化育取得了实实在在的成效。

文化也有生命期。在组织初创时期，文化源于使命感，通过传统和故事得以发展，并通过新加入成员的认同感而得以强化。进入成熟期后，文化也面临着分化和衰退问题。在不同的阶段，管理者或是创建文化，或是管理文化，有时候需要对文化进行变革。

价值观与行为标准

价值观的导航效应

价值观不仅让员工觉得属于“同一家公司”，而且也可以帮助他们明白应当怎样采取行动和进行合作。**价值观意味着理念和原则，这些理念和原则在商业抉择、内部控制和指导外部伙伴关系上都具有战略价值。**管理者必须将价值观放在优先位置上，常常援引价值观，并将它放进管理层时常讨论的议程中。Infosys 公司创始人纳拉亚纳·穆尔蒂（Narayana Murthy）曾说：“我们所遵循的价值标准，为我们自身创造了一个理想的工作环境。每个人都对未来充满了期待，都有着高度的自尊，对未来充满信心，并且个个都充满热情，愿意接受那些比较困难的挑战性任务。管理者必须做到‘言行一致’，表明自己会坚守公司和个人的价值观。我们公司的价值观和我们过去20年所取得的成功有着直接的联系。”

把企业当作一个系统来看，价值观之于公司的战略和日常运营活动，就好像是一个北斗导航系统，起着定位和向导作用。价值观明晰了方向和标准，让员工内化于心并运用到实践中去。这不仅意味着公司的行为达到了一个较高的道德水准，而且还溢出了公司的边界，通过价值链影响到客户、供应商、分销商、业务伙伴和其他利益关联方。管理是日常性的，回报是周期性的，而价值观作为人们联系在一起的纽带却可以长存。**企业的责任是系统性地做正确的事情；换言之，就是以正确的方式做正确的事情；把周期放得更长一点，价值观就是最长远的战略。**

加里·哈默强调，管理要着眼于公司的价值观。在过去几十年里，什么样的行为得到了奖赏和加强？这种文化是否真的得到员工的认可，是否能够有效激励员工，是否促进了团队精神？很多公司都犯下这样的错误，一方面宣扬那些不着边际或者人云亦云的价值理念，另一方面却不重视或者没有能力将它们付诸实践。这样会造成很严重的后果。如果员工们经常看到，管理者的言行不符合这些价值观，他们会有一种被欺骗的感觉，从而产生挫折感和愤懑情绪，继而便会采取消极抵制行为，甚至直接挑战公司的管理制度。

化价值观为行为标准

管理者最值得花精力做的，是对公司核心价值观的内涵及衡量标准逐一予以明确，以此作为员工的行为标准。如果价值观的内涵含糊，提法重复，重点不突出，标准不清晰，员工落实起来就很困难，将价值观转化为员工行动就会沦为空话。企业的核心价值观关乎企业长期成败，应有实质性内容，提法也不宜过多，一般提炼归纳成3～7条足矣。管理者要对员工讲清楚为什么确立这样的核心价值观，每条价值观的具体含义是什么，它们代表什么又不代表什么，以防员工按照自己的主观偏好有选择地解释并理解，以致出现千差万异甚至相互矛盾的行为习惯。

阿里巴巴非常注重价值观管理，**价值观考核在员工考核中占比达到50%**（注意：这里的“员工考核”包括而不限于“绩效考核”）。经过充分讨论和高度概括，阿里巴巴提出6条核心价值观，称为**“六脉神剑”**；每一条又继续细化为6条，共36项定义，表述得通俗而且明确（见表28-1）。对于这36项定义，阿里巴巴公司又进而划分出1~5档的行为标准，每个档次的分值都对应于具体行为，公司也提供了符合标准或违反标准的相应案例，把原本抽象的价值观变成了操作性非常强的考核工具。员工依照执行，逐渐养成与公司核心价值观高度契合的行为习惯。**阿里巴巴正是采用这种强而有力的制度化体系和相应的考核机制，成功地将“六脉神剑”核心价值观转化为员工的行为习惯，成为驱动公司发展的关键竞争力。**

表28-1 从“六脉神剑”到员工行为标准

核心价值观	员工行为标准
客户第一	1. 客户是衣食父母。 2. 尊重他人，随时随地维护阿里巴巴形象。 3. 微笑面对投诉和受到的委屈，积极主动地在工作中为客户解决问题。 4. 与客户交流过程中，即使不是自己的责任，也不推诿。 5. 站在客户的立场思考问题，在坚持原则的基础上，最终做到客户和公司都满意。 6. 具有超前意识，防患于未然。
团队合作	1. 共享共担，平凡人做平凡事。 2. 积极融入团队，乐于接受同事的帮助，配合团队完成工作。 3. 决策前积极发表建设性意见，充分参与团队讨论；决策后，无论个人是否有异议，必须从言行上完全予以支持。 4. 积极主动分享业务知识和经验；主动给予同事必要的帮助；善于利用团队的力量解决问题和困难。 5. 善于和不同类型的同事合作，不将个人喜好带入工作，充分体现“对事不对人”的原则。 6. 有主人翁意识，积极正面地影响团队，改善团队士气和氛围。

续表

核心价值观	员工行为标准
拥抱变化	1. 迎接变化，勇于创新。 2. 适应公司的日常变化，不抱怨。 3. 面对变化，理性对待，充分沟通，诚意配合。 4. 对变化产生的困难和挫折，能自我调整，正面影响并带动同事。 5. 在工作中有前瞻意识，建立新方法、新思路。 6. 创造变化，并带来绩效的突破性提高。
诚信	1. 诚实正直，言出必践。 2. 诚实正直，言行一致，不受利益和压力的影响。 3. 通过正确的渠道和流程，准确表达自己的观点；表达批评意见的同时，也能提出相应建议，“直言有讳”。 4. 不传播未经证实的消息，不在背后不负责任地议论他人，并能正面引导。 5. 勇于承认错误，敢于承担责任；客观反映问题，对损害公司利益的不诚信行为严厉制止。
激情	1. 乐观向上，永不言弃。 2. 喜欢自己的工作，认同阿里巴巴的企业文化。 3. 热爱阿里巴巴，顾全大局，不计较个人得失。 4. 以积极乐观的心态面对日常工作，不断自我激励，努力提升业绩。 5. 碰到困难和挫折时永不放弃，不断寻求突破，并获得成功。 6. 不断设定更高的目标，今天的最好表现是明天的最低要求。
敬业	1. 专业执着，精益求精。 2. 上班时间只做与工作相关的事情；没有因工作失职而造成的重复错误。 3. 今天的事不能推到明天，遵循必要的工作流程。 4. 持续学习，自我完善，做事情充分体现以结果为导向。 5. 能根据轻重缓急来正确安排工作优先级别，做正确的事。 6. 遵循但不拘泥于工作流程，化繁为简，用较小的投入获得较大的工作成果。

睡莲模型：制度与行为习惯

行为事关竞争力

人们的价值观、行为选择以及价值判断标准影响着每个决策。员工那些习以为常的行为习惯，正是企业文化最终的表现形式；而对于企业来说，真正有意义的竞争优势也在于员工的行为模式。从这个意义上讲，企业并非是财务资源的积累、规模的扩大，而是企业文化和精神的存在，是具有自觉行为习惯的员工队伍。**企业文化更多的是为了行动；如果价值观不能转化为员工行为习惯，企业文化便不能被称为企业文化，充其量只能是乏味的“口号”或标语。**管理者围绕企业文化的一切努力和最终追求，应立足于员工行为习惯的形成、共同的行动模式以及清晰的价值行为选择。

任正非也曾说：“你的内心世界多么高尚，你个人修炼的境界如何超脱，别人是无法看见的，当然更是无法衡量和考核的。我们唯一能够看见的，是你在外部环境中所表现出来的态度和行为，它们是否有利于公司建立一个合理的运行秩序与规律，是否有利于去除一切不能使先进文化推进的障碍，是否有利于公司整体核心竞争力的发展。”

睡莲模型

哲学家埃德蒙·伯克（Edmund Burke）曾说过：**“与制度相结合的自由，才是真正的自由，自由不仅要同制度和道德并存，而且还须臾缺不了它们。”**我们须从这个角度来理解文化、制度和人之间的关系。价值观管理并不意味着企业要彻底统一员工的思想，事实上这既无必要，也不可能做到。价值观代表着在价值领域的最大公约数，在这个基准上达成高度一致。**将价值观融入制度化体系和制度执行机制，是统一员工行为习惯的重要且必需的基本手段。**

我们可以借用“睡莲模型”来形象地说明价值观通过制度对员工行为的内在驱动机制（见图28－1）。对于睡莲这样有生命的植物而言，它的**“根”**与**“枝和梗”**乃至**“花和叶”**的关系是什么，这是很容易理解的。放到企业场景，**“花和叶”代表员工日常表现和行为习惯；“枝和梗”代表制度化体系及考核机制，也即员工必须遵守的游戏规则，如组织结构和各种规章制度、管理流程、系统等，当然必须包括绩效管理；“根”则代表价值观以及视为当然的、下意识的基本隐性假设。**

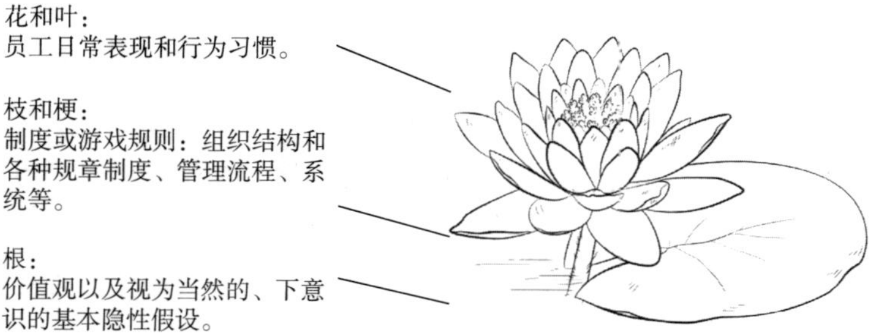

图 28 － 1　员工行为习惯的睡莲模型

华为所采取的办法是，**围绕核心价值观，形成明确的组织原则和制度规范体系，通过制度化来统一员工的行为习惯，从而将核心价值观行为化**。通过这些手段和机制，核心价值观体系在华为落实得非常彻底，核心价值观对全体华为人的行为具有强大的牵引和规范作用。

管理者必须立足于核心价值观，制定出规范化、合理化的管理制度，继而以制度为基准，加大管理力度。只有将核心价值观进一步具体化，将制度和原则予以明确化，以法治取代随意性较大的人治，才能够确保价值观落地，并全面促进管理的进步。当然，从管理闭环的角度看，通过制度化管理来确保员工行为习惯的养成，与绩效管理体系的衔接必不可少。正如阿里巴巴为了将“六脉神剑”核心价值观落地，不仅将其分解为 36 个清晰的定义和标准，而且直接与员工考核强挂钩，价值观考核的占比高达 50%。只有借助这种机制，才能有力地促进价值观与员工思维模式、行为习惯的充分对接。

文化的生命期及变革

初期：源于使命感

企业草创时，一群人怀着一种使命感，围绕企业领导者高度团结，创立一家充满活力的组织，就此播下了文化的种子。在这一时期，文化和领导者几乎是同一枚硬币的两面。领导者开创了这个组织，同时也创造了这个组织的文化。这是一个很直观、很普遍的现象。**在组织的形成阶段，文化是推动组织成长的重要力量，因此它们需要经过提炼、发展并清晰地表达出来。**

新组织的创始人多是一些富有性格张力和人格魅力的人，能够为追随者注入活力，并把他们紧密团结在一起。创始成员分享一套强有力的基本信仰，彼此有一种强烈期望，有一种在一起打拼的美好感觉。他们会用一些简洁直白的话来描述公司的宗旨或使命，回答诸如**“我们为什么存在?”“我们能给世界带来什么样的独特价值?”“我们有什么与众不同的地方?”“我们为什么重要，对谁重要?”**之类的重要问题。其他问题即便再紧急，也比不上描述企业宗旨所需要回答的这几个问题重要。**如果这些使命、信念与竞争环境保持一致，并催生了重要的差异化竞争优势，就会对企业构成一股强大的驱动力；**相反，如果与竞争环境存在冲突，就容易使企业定位在一个不复存在、难以捉摸的臆想环境之中，从而跌进自己创造的陷阱和深渊里，那样就成了一种负资产。

发展期：组织变成有机体

随着时间的推移，传统确立了起来，文化也随之发展。这一时期的文化，大致有 3 个来源：**其一，组织创建者的信念、价值观和基本隐性假设；其二，团体成员随着组织的发展而得来的经验和体验；其三，新成员和新的管理者所带来的新信念、新价值观和新假设。**

开创者以及后来的管理者总会有意无意促进文化的创建与兴盛。在一家成熟的公司里，人们能够自觉遵循开创者和早期管理者的基本隐性假设和价值观，那是一种精神的传承，甚至会有一种仪式感。组织的行为强化了价值观，而价值观也注入了组织的行动。渐渐地，组织确立了自身独特的历史感，包括先例、习惯、传统和历史，构成了文化的共同基础。组织成员认可并珍惜这样的传统，从而巩固了企业文化。新的成员加入进来，认可了这一价值体系，文化也就得以巩固和传承。**组织逐渐从完成外在目标的“消耗性手段”，变成一个具有生命力的“机构”或系统，它“获得了独特的自我认同”**。通过选择或激发的方式，个人一旦加入组织，其行动便不可避免地会受到组织文化的影响，自然而然地产生了认同感。吉姆·柯林斯在《基业长青》中这样写道：就像所有伟大的国家、教堂、学校和任何经得起时间考验的其他机构一样，有远见的公司都有一个由一系列基本概念组成的核心理念，就像在地上插上桩子一样，说明“我们是谁，这是我们坚信的，这是我们在这里的原因”。

通过管理者的人格魅力进行传播，可以有效地同化并感染组织的新成员，加速他们“入模子”的进度和效果。**主要管理者的人格魅力是一种可以吸引下属专注，并能以一种生动而清晰的方式来传达公司的基本隐性假设和价值观的神秘能力。作为一种根植机制，管理者的人格魅力总是与他们个人的道德和能力水准高度关联**，这个要求实在太高，符合这样标准的管理者也已越来越稀少。而且，这种人格魅力也会随着危机或丑闻而发生逆转，他们所施加的影响到底会产生正向还是负向的效果，并不好预测。

管理者在日常管理活动中，会有意无意地借助于各种根植机制来传播文化；公司员工也是借助于这些根植机制，在思维模式和日常行动上强化这些基本隐性假设或价值观。沙因对文化的这些根植机制进行了深入研究（见表28-2）。

表28-2　基本隐性假设和价值观的根植机制

主要的根植机制	次要的成型和强化机制
• 管理者定期注意、评估和控制什么？	• 组织设计和结构；
• 管理者对关键事件和组织危机如何应对？	• 组织制度和程序；
• 管理者如何分配资源？	• 组织仪式和典礼；
• 如何进行角色示范、教授和指导？	• 物理空间、外观和建筑物的设计；
• 管理者如何分配奖励和职位？	• 重要事件和重要人物的故事；
• 管理者如何招聘、选拔、晋升和解雇员工？	• 组织哲学、信条和章程的正式声明。

成熟及衰退期：亚文化与文化变革

文化有其稳定性，但基于环境的变化也需要做出变革和发展。面对外部环境的变化和经济周期的起伏，保持一种富有凝聚力的文化并不容易。在一种环境中能够适用的文化，放在其他环境中可能变得不适用。**如果环境的变化使得那些基本隐性假设变得不再适应，管理者就必须对文化进行变革**（见表28－3）。

表28－3　企业不同生命周期的文化变革机制

组织阶段	变革机制
创立和成长早期	• 在发展中逐步完善成熟 • 善于洞察变化 • 选拔契合文化的管理者
中年期	• 从选定的亚文化中晋升管理者 • 予以正面引导 • 从外部引进人员来改造文化
衰退期	• 丑闻与神话的破灭 • 转型发展 • 并购 • 复兴与解散

随着组织逐渐发展成熟，公司创始人和早期的管理者也会逐步退出舞台，被内部新晋升或者外部空降的管理者所替代。外来空降的管理者或者CEO有可能会不遵循组织既有的价值观，甚至毁坏组织文化的根基。

此外，**在组织成长过程中，也会滋生、分化出各种非正式团体，从而发展出各自的亚文化**。这些亚文化可能基于职能分解或职业分化，基于区域分权或国际化经营，基于产品、市场、技术的分化，基于部门分设或并购活动等因素。这就**需要管理者找到协调、联合或整合不同亚文化的机制和方法，在共同目标、共同语言和共同程序的演进下，来包容并适当融合这些不同的亚文化**。这不仅需要管理者对文化保持谦恭的态度，还需要将不同的亚文化纳入人们的对话和交流中，以相互尊重，并创建协调行为，不断巩固共识和共同行动的基础。面对不同的亚文化，管理者需要解决一个更困难的问题，那就是决定哪些文化元素需要变革，哪些是可以保留下来的。

在组织成熟和衰退阶段，部分文化常常会失去作用。因此，**只有通过更为剧烈甚至震荡的过程才能使文化得到改变**。丑闻或者转型可能就是文化变革的催化剂。

第 29 章
价值观领导：上下同欲者胜

有些极为进取的管理者在科层制组织的环境里拾级而上，逐步成长为公司的主要领导者，甚至“掌门人”。在这个过程中，这些管理者的个人价值观会潜移默化地注入组织，融入并改造这家公司的文化基因。就像韦尔奇之于通用电气公司，任正非之于华为，他们基于价值观的领导，为青年管理者树立了一个绝好榜样。

价值观管理的逻辑在于：公司的价值观是否清晰，是否已经传播到位，是否得到大家的认同，是否体现在制度和行为上。相比之下，价值观领导代表着一种更高的管理境界。管理者以自身的人生经历为起点，在持续的个人价值观修炼中，不断发展自身领导力，逐步跃升至“用心管理”的新境界，这就演绎出一条价值观领导的清晰脉络：通过日常管理活动将个人价值观与组织价值观有机融合，管理者逐步实现从“我”到“我们”的转型，在明确目标和授人以渔的授权过程中，不断磨炼自身的领导风格并提升权力运用水平，从而获得“上下同欲者胜、同舟共济者赢”的价值观领导效果，促进组织不断逼近长期成功的目标。

人人心中有“真北”

找准“真北”

“真北”是一个地理术语。假设地球的中心有一条地轴贯通，地轴北端为北极，**从地球表面任意一点通到北极的直线，都指示着一条正确的方向**。因此，所有的经线都是真北线。

哈佛商学院教授比尔·乔治（Bill George）和斯坦福大学研究生领导力项目创始人彼得·西蒙斯（Peter Sims）借用“真北”这一地理术语来暗喻管理者的个人价值观修炼。**真北代表着内心最深处的自己，是个人的定位点**。“你的管理目的是什么？”“你的人生目标是什么？”“你的言行忠于你自己的内心吗？”管理者要经常反躬自问这类问题，以此来定位自己的真北。**每个人的真北源于那些对自己最重要的东西——价值观、热情和动力，它们是个人生命中所有幸福感与满足感的源泉**。真北跟个人的成长经历，包括原生家庭、教育经历和生活经历有很大关系。真北就是每个人内心深处的一个指针。

遵从“真北”的引导

管理者要在日常管理活动中**遵从自己的“真北”和价值观，只有深度发掘内心的真我，并且从这一点出发，去任何地方才不会迷失方向**。只要能找准自己的真北，我们就能以真北为指引，在这个变化多端且充满诱惑的世界里把握好自己，小心穿越那些泥沼而不致迷失方向，时刻把握住自己真正珍视的东西，一步步走好自己的职业生涯乃至人生路。

每个人都很容易被各种压力和诱惑拖离原有的生活轨道。只有确立明确的道德界限，在面对诱惑和压力时顽强地经受住各种考验，才能确保自己不脱离原有的轨道；即便有所偏离，也能及时修正方向。**当我们始终按照价值观行事，就会发现自身的生活经历与管理行为、生活行为保持了高度一致。真诚能让管理者变得更加高效，也更加成功**。亨茨曼集团创始人乔恩·亨茨曼（Jon M. Huntsman）这样说：“每个人必须秉持诚实、善良、正直的人格。当你陷入困境时，这些品质会挽救你脱离困境。”诺华制药前 CEO 丹尼尔·魏思乐（Daniel Vasella）也这样说：“作为 CEO，我有能力影响更多人的生活，但我必须遵从自己的道德指针，去做那些我认为确实正确的事情。因为我坚信，对于任何一个人来说，真正重要的，就是我们到底为别人做了什么，成就了哪些人的人生。”

相反，人一旦失去真北，就容易迷失真我，陷入泥沼而难以自拔。哈佛大学肯尼迪政府学院公共领导力中心前主任戴维·格根（David Gergen）曾经历过“水门事件”。他后来在谈到“水门事件”时这样说：“‘水门事件’对我是一个警示。一直以来，我都认为手中的权力和荣耀能够打败任何挑战，但事实并非如此……当你陷入困境，所有的辩解都显得苍白的时候，你就会意识到什么东西和哪些人才是真正重要的。这时你就需要重新回到自己的根源，回到自己最基本的价值观上。”

发展自身的领导力

领导力指针模型

在个人价值观修炼的基础上，管理者还要逐步发展并提升自身的领导力。乔治和西蒙斯提出了一个“领导力的指针模型”（见图29-1），包括5个主要方面：居于指针中央的是**自我意识**；4个指针针尖所对应的则分别是**价值观和原则、动力、支持团队、生活**。

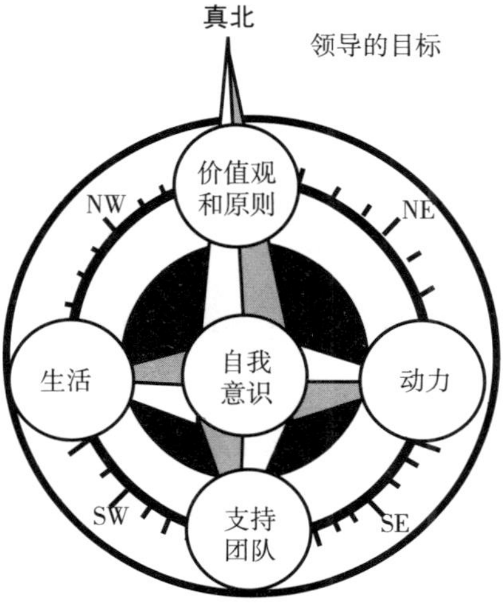

图29-1　领导力的指针模型

其一，**自我意识**。我的过往是怎样一种人生经历，它对我产生了什么样的影响？我的优势是什么，在哪些方面还需要补强？其二，**价值观**。我所认同的是什么样的价值观？我在管理活动中总是恪守哪些原则？其三，**动力**。激励我前进的动力是什么？如何平衡外部动力和内部动力之间的关系？其四，**支持团队**。在奋力前行的过程中，哪些人是我的坚强后盾，我可以随时向他们寻求帮助和支持？其五，**生活**。我想要一种什么样的生活？怎样才能平衡工作和生活的关系？如何才能将生活的各个方面整合在一起，形成我所想要的完美生活？

个人原则和道德界限

个人价值观在管理活动中往往体现为管理者的管理原则和道德界限（见表 29 –1）。价值观源于管理者的个人信念。管理原则是转化为具体行动的价值观。确定管理原则以后，管理者需要为自己画出一条清晰的道德底线，也即底线标准。道德上的完善不仅可以帮助一个人成为优秀的管理者，同时这本身也是一种有效的领导方式。

表 29 – 1　个人价值观与管理原则、道德界限

价值观	在你生命中比较重要的那些事情是什么?
管理原则	从个人的价值观衍生而来，从事管理活动时所遵从的标准。管理原则是转化为具体行动的价值观。
道德界限	根据管理原则，在日常管理活动中为自己定下的底线标准。

事业兴奋点：源于动力与能力的交汇区

管理者的工作动力有外在动力与内在动力之分。正如表 29 –2 所示，外在动力与内在动力存在着显而易见的区别。

大多数管理者都是为了获得外在的成功而努力工作，**而内在动力来自个人对生命意义的感受，源于个人的内心深处。**不少管理者在职业生涯早期就积累了一定物质财富，过上了衣食无忧的生活。当挣钱的需求不再那么迫切以后，管理者就需要以很大勇气去找寻自己的内

部动力。做自己喜欢的事情通常更容易取得成功，因此有些人在职业生涯刚开始时，便懂得选择自己喜欢的工作而拒绝一些高薪机会；当然，前提是他要具有做这种选择的能力和条件。管理者需要平衡好内外部动力的关系。真正危险的是，有些人陷入了外界诱惑而无法自拔，在偏离真北的泥沼里越陷越深。

表29－2　外在动力和内在动力

外在动力	内在动力
获取金钱	个人成长
拥有权力	完成工作后的满足感
拥有头衔	帮助他人实现成长
得到公众认可	找到工作和生活的意义
获取社会地位	忠于自己的信念
战胜别人	改变世界

对于青年管理者来说，在年轻时如能较好把握内在和外在的动力源并与自己的长项相结合，更容易找到“事业兴奋点”，增加事业和人生成功的概率。年轻人要从内外部动力和自己能力交汇的区域来找寻适合自己的“事业兴奋点”（见图29－2）。首先得明白自己最擅长什么，然后再找出喜欢的事情。最大限度地发挥自己的优势，对于成就个人的职业生涯和人生来说非常重要。有时候，要迫使自己走出舒适区，不断接受新的挑战，砥砺前行，在这个过程中可能会发现自己以前没能认识到的潜能。

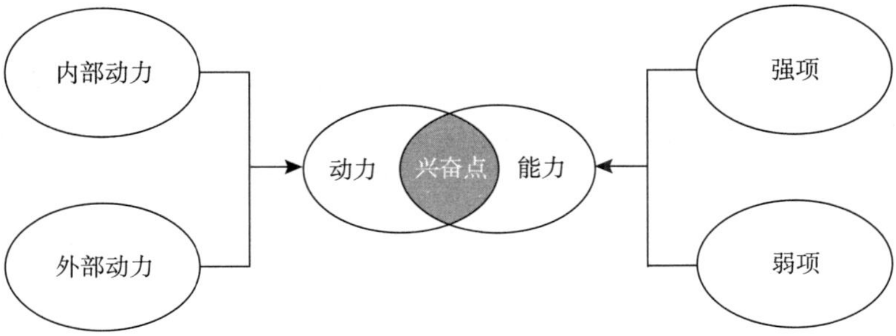

图29－2　“事业兴奋点”在动力与能力的交汇处

用心管理：价值观领导的实践历练

“用心”而不是“用心计”

心与心总是相通的，而心计与心计则是相克的。彼此用心，就是在心与心之间铺路搭桥；彼此用心计，就是在心与心之间挖陷阱。用心，不怕被对方识破，而用心计，不仅害怕被对方识破，而且一旦被对方识破，今后就是再真心待人，人家也会有很强的戒备心，也会认为你是在对他使用心计。

有经验的管理者会有这样的体会，在管理中做到以下几点总是很困难：其一，上下同欲，三军用命；其二，让员工真切体会到做某件事情的过程中有价值贡献；其三，个人目标与组织目标的真正融合。想要克服这 3 点困难，就需要有一个好的管理者和有效的价值观领导。要想达到价值观领导的水准，管理者就必须在“用心管理”的长期实践历练之中，来发展自身领导力。**用心管理，即真诚管理，是学习价值观领导的一种实践历练。**苏世民也这样说：不管多优秀，没有一个管理者能够通晓百般技能。管理者无法控制每个人做事，唯一能做的就是传授给他们良好的价值观。让员工保留价值观的内核，同时给予他们做事的自主性。黑石的价值观表现为各种必须坚持的原则。黑石如果要招人，就必须招募那些非常聪明而且诚实正直的人，这样才能带来高水平的合作。

用心管理的实践框架

图 29－3 显示了用心管理的 5 个关键点。**其一，始终有清晰的目标，包括短期目标和中长期目标。**在工作和生活中，要始终目标明确，短期有一天、一周、一月的工作计划，中长期有职业发展、学历提升、职业资格考试、人文科技学习、健身锻炼等各种目标。更为关键的是，管理者要有顽强毅力和自控力，积微成著，一步步逼近乃至全面实现这些目标，不断完成自我超越，并以此为员工做

出绝好的榜样。**其二，有清晰的价值观并着眼于细节，恪守自己的价值观**。价值观反映了管理者的个人信念和为人处世原则，这是管理者在多年的学习、实践、反思以及成长经历、工作经历和生活阅历中所形成的。如果管理者总是口是心非、言行不一，不忠诚于自己所承诺的价值观，员工很快就会对他失去信心。**其三，用心做人做事**。真诚对待处于组织内部各种依存关系的同事，待人真诚是一种可贵品质。做事也要同样用心、专注，不三心二意。**其四，维系良好的人际关系**。要灵魂有趣、为人豁达，与同事之间建立并维系一种坦诚、信任而持久的个人关系，感到彼此在一起共事很舒适，有安全感，有工作热情和创新激情。**其五，保持高度自律**。具有良好的职业素养和生活习惯。以身作则，遵守公司的制度和流程；工作作风严谨细致，一丝不苟，也有勇气承认错误，并且绝不会第二次犯同样的错误；严格遵守作息时间表，保持健身习惯，生活高度自律。

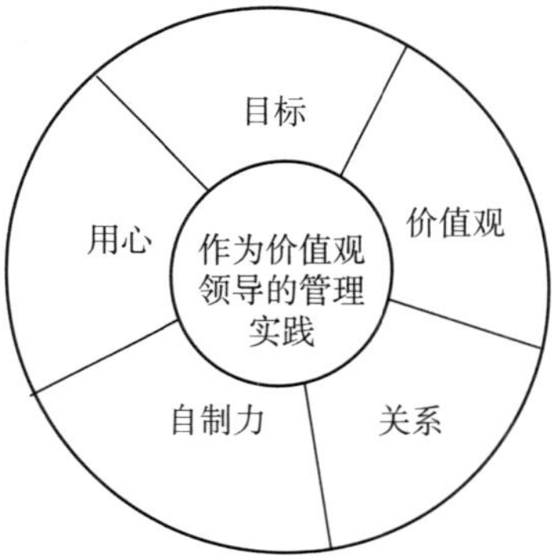

图29－3　用心管理：关键点与实践框架

一个整合模型

从个人修炼到价值观领导

在真北模型下，我们以管理者的人生经历为起点，将其个人价值观修炼、发展自身领导力和“用心管理”整合到一个框架下（见图29－4），就可以清晰地梳理出一条脉络：**个人价值观通过管理活动与组织价值观实现有机融合，管理者逐步实现从“我”到“我们”的转型，在明确目标和授人以渔的授权过程中，不断磨炼自身的领导风格并提升权力运用水平，从而获得“上下同欲者胜、同舟共济者赢”的价值观领导效果，最终达到组织长期成功的目标。**

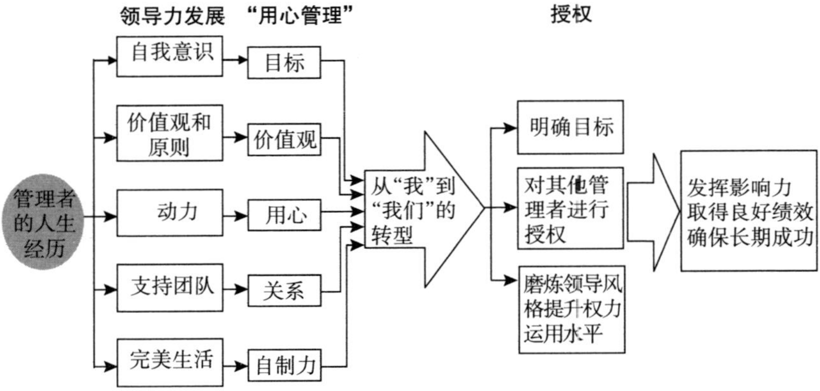

图29－4　一个整合模型：从个人价值观修炼到价值观领导

其中，个人价值观与组织价值观的有机融合过程大致包括依次渐进4个基本环节（见图29－5）：**第1环节，个人价值观修炼；第2环节，价值观外化至行为和人际互动；第3环节，将价值观进一步外化至组织层面；第4环节，将价值观注入组织DNA，影响组织内外部人员。**

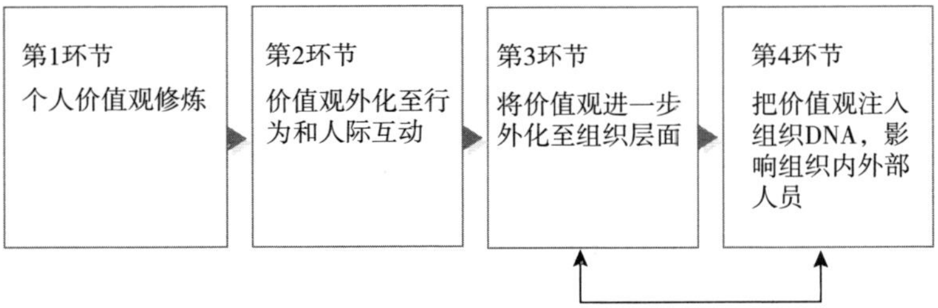

图29－5　价值观的融合环节

转型：从“我”到“我们”

实现个人价值观与组织价值观有机融合的一个重要标志，便是管理者实现从“我”到“我们”的成功转型，这表现在以下几个方面。

其一，从目标管理转向价值观领导，尝试运用Y理论去激发员工激情。管理者要懂得这个道理：商业的终极目的并不完全是纯粹财务意义上的股东回报，而是要建立一个能为所有成员提供价值的生态体系。迈克尔·波特说，**“股东价值并不等同于公司的经济价值”。**Infosys创始人纳拉亚纳·穆尔蒂也曾说：“商业的真正目的并不只是简单地实现股东价值最大化。除非能够为客户创建持久的价值，同时确保对所有利益相关者，包括社区、社会保持公正，否则公司不能实现长期的股东价值。”雅芳前CEO钟彬娴也这样说过，“如果人们没有感觉到我对这家公司充满了感情，那我就很难成为一位长久的管理者”。工作对管理者而言是一种压力，而当管理者真正把工作放在心上的时候，工作就会融入生活，而不再是一份简单的工作。管理者要尝试做到：愿意分享自己的人生经历，对员工充满热情；尊重别人，理解和尊重工作中人性的一面；相互尊重，懂得学习并运用他人的长处，这本身就是授权的一个重要基础；平等待人，做一名优秀的聆听者；要真诚，激情是无法做假的，如果内心缺乏激情，表面上根本伪装不出来。

其二，要敢于实践透明。透明意味着坦诚和信任，它可以神奇地把员工的参与意愿和创新能力提升一两个档次。透明意味着信息、观点的自由流动。信息本身并不代表透明，真实的信息才可以说是透明的。技术手段会助力透明，但是技术手段本身并不直接代表着透明。对于管理者来说，透明就是赋能，就是赋权，也就是服务。敢于实践透明，源于管理者的管理意识和管理理念的转化。既然要选择相信透明，管理者自己先要变得透明纯粹一些，尽可能避免世故。透明要求员工具有讨论和对话的能力，尊重、包容他人观点的意识；也意味着管理者愿意分享责任和权力。**有透明的组织，才会有真实的个人，包**

括真实的领导。

其三，学会充分授权，这样人们更愿意与你共事。要用心领导，最大的挑战莫过于要善于激励身边的人，培养他们，并帮助他们改变自己。手握权力的人通常还会想得到更多的权力，所以管理者一定要克服自己“控制一切”的欲望，正如华为主张“让听得见炮声的人来呼唤炮火”一样，管理者要学会充分授权。授权意味着权力的下放，但管理者也会得到回报：人们会更愿意与你共事，共同完成任务的效率也会大幅度提高。

其四，在实践中不断磨砺自身领导风格，注重发挥影响力而非单纯依靠权力运用。一旦遇到压力，人们就极容易显露出自己最真实的一面，尤其会表露出较为负面的情绪。虽然说领导风格有多种多样，不能简单地区分好坏优劣，但管理者需要根据不同的情境，不断修正、调适自身的领导风格，多发挥一些无形的影响力，少动用一些刚性的权力，来提升管理和领导效果。

第十部分

学问与修养

导 读

在本书最后一部分，我们再次回归管理者自身，谈一谈管理者的学问和修养问题，也兼谈一些我们想要的生活。

心智模式具有极强的渗透性，深刻影响着人们的思想和行为。心智不成熟的人，很难成为一名优秀的管理者。青年管理者要善于从干中学，通过反思实现学习闭环和自我超越，圆融并有智慧地处理各项管理挑战和任务，从而不断磨砺自己的心智世界。商业和金融社会的高度发达，导致功利主义侵蚀了很多管理者的价值观。越是在这种情势下，管理者就越是要断然放弃那些充满危险的观念和欲望，重拾并坚信过往那些朴素的价值观。

要想在不断变化的环境中从容驾驭一家日趋复杂的企业组织，管理者的知识结构、理论功底、哲学素养以及思维能力，特别是整合思维和系统思考能力，都显得日益重要。其一，知识结构的深度和系统性，直接影响着一个人的理论素养和理论思维能力。绝大多数人都停留在实用知识的学习上，这样得来的知识多半是零散而没有间架的，这是一种有着巨大缺陷的知识结构，从根本上制约了一个人的理论素养和理论思维能力。一个很合理的知识结构，精深和广博均需兼而有之。我们不仅需要深入掌握某一领域的知识，还需要掌握多学科、多专业的知识。其二，理论思维能力事关个人认识事物的深度和系统性、决策行为的科学性、工作的效率和成败。管理者如果缺乏理论思维，就容易陷入线性思维和事务主义者的惯性，工作浮于表面，对现实问题缺乏深度思考，无法把管理中的现实问题、具体矛盾上升到理论高度，难以精准地抓住主要矛盾来有效地解决问题。其三，哲学是人类的智慧之学，既是人生观、世界观和价值观的统一，也是世界观和方法论的统一。哲学素质是管理者必备的一种极为重要的能力素质。学习哲学是一种最好的知识训练和思维训练。管理者必须具有接受哲学滋养的自觉，不断提升自身的哲学素养，努力改进自身的思维方法和工作方法，使自己的头脑逐步变成充满智慧的头脑，从而提升管理的有效性，使之有质的飞跃。其四，与传统思维相比较，整合思维强调远离简单化和“专业化”，而传统思维则强调为提高效率而简单化。整合思维大量采用权衡与折中，但这并不等于“将就”。为了做出最佳选择，就必须勇于接受复杂性，复杂性即整合思维的起点。合理地运用整合思维，可以帮助管理者跳出非此即彼的固有思维定式和选择怪圈，打开一扇新窗户，发现一些意想不到的解决问题的新途径、新方案。系统思考注重以整体的观点观察周围的事物，认为这是处理真实世界中复杂问题的最佳方式，从而避免了“竖井”式思维和组织“近视”的危害。在彼得·圣吉看来，系统思考是最为基础性的一项修炼，是系统解决问题、制定正确决策的科学方法，也是提升组织能力、推动组织成长的根本途径。其五，在一个边界松弛且充满干扰因素的世界中，管理者越来越难以保证自身的效率。为此，就需要排除各种干扰因素，坚持做“对”的工作，决然放弃那些浪费时间和资源的“无用功”。一个人的才能，只有通过有条理、有系统的工作，才有可能产生效益和成果。为此，德鲁克提出了善用时间、专注贡献、扬人所长、要事优先和有效决策这5条原则，在管理学界被誉为德鲁克的“五条金律”。在开启职业生涯时，青年管理者就应学着运用这“五条金律”，立志成为一名坚定的效率主义者。

人类学问逐天进步不止，学不可以已，对于青年管理者而言尤其如此。在开启职业生涯时，大多数管理者已经完成了系统的高等教育。然而，对于漫长的职业生涯而言，学校教育只能算是一个起点。办事才能的训练，人情世务的练达，是一种学问；德行的修养，内心的开悟，更是一辈子的学问。学习本身就是管理者需要掌握的一项重要素质和能力，保持良好的学习状态和出众的学习能力，是管理者应对挑战的一种战略性素质。

青年人踏入职场后，生活的画卷徐徐展开。这个时候，我们要明白自己究竟想要一种什么样的生活。过一世生活好比作一篇文章，上佳的生活都有上品文章所应有的美点，都是个人人格的表现。我们要意识到，纵使自己再有抱负和志向，首先也只是一个世俗的人，一个有烟火气的人。人间烟火味，最抚凡人心。我们要努力做一个灵魂有趣的人，而不是一个索然寡味的人。人生真正的目的在于乐天知命以享受朴素的生活，尤其是家庭生活与和谐的社会关系。尤为重要的是，当外部世界陷入混乱时，我们要忠于自己的内心，明白自己真正想要什么，哪些东西是可以放弃的。适度的取舍和整合，会使我们的生活更加平衡、更加美好。只有这样，管理者才能够从容面对人生中的各种变故和挑战，避免在人生的高光时刻过于膨胀，而在人生的低谷时期过于沉郁，不至于迷失自己。

第 30 章
成熟的心智世界

古人云："知人者智，自知者明。"要培育成熟的心智，起点即在于自我认知。就像剥洋葱一样，每个人展示给外部世界的一面只是一种表象，而隐藏其下的个人价值观、奋斗动力、自己的盲区和脆弱之处，以及最为内核的个人信念，才是真正需要了解的。只有对自我、对人性保持理性认识，重拾并坚信那些朴素的价值观，我们的心智世界才能保持一种调适状态而不致失衡。

心智不成熟的人，很难成为一名优秀的管理者。在明茨伯格看来，管理者的心智世界就好比一幅挂毯，由反思、分析、练达、合作和变革这 5 种模式编织而成。青年管理者要善于从干中学，通过反思实现学习闭环和自我超越，圆融并有智慧地处理各项管理挑战和任务，从而不断磨砺自己的心智世界。不同的心智模式，既充满了管理者的个人能量，也要与社会和外部环境相融合，管理者要努力达到一种合成的积极效果。

自知者明

剥洋葱模型

真正认识自己，做到"自知者明"，这是管理者心智修炼的重要前提。哈佛商学院教授比尔·乔治等人为此提出一个形象直观的**剥洋葱模型**（见图 30－1）。

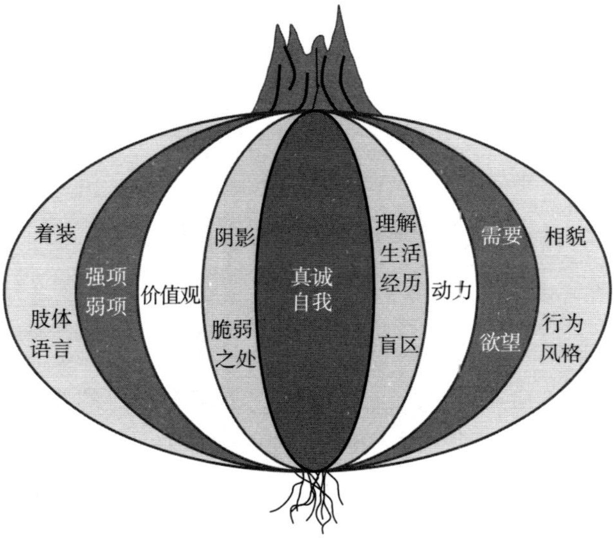

图 30 – 1 认识自我：剥洋葱模型

其一，洋葱的表皮就是**每个人向外部世界所展示的自己**：外貌、肢体语言、着装以及行为风格。在日晒风吹雨淋之下，外部表皮几乎都是皱褶、粗糙不堪的；洋葱如此，人恐怕也是这样，即便精心保养呵护，也难抵岁月和风雨的侵蚀。其二，再往里剥一层就会触及**个人价值观**，以及个人经历是如何与价值观发生冲突的。其三，继续往里剥，就会发现**促使自己奋斗的动力**究竟是什么。剥开这些表皮后，就会慢慢理解自己的人生经历，以及它们是如何影响自己生活的。其四，在进入包围内核的最深一层后，你能看到**自己的盲区和脆弱之处**，无论自己是否愿意承认。其五，处于最内核的部位，你会体会到**个人的信念以及在这个世界上的定位**。在这个自外向内探索自己的过程中，每剥掉一层表皮，每个人都能发现有一个更深、更隐秘、更柔软、更脆弱的内层，这些内层由于常年隐藏在表皮之下，没有受到攻击或污染。

重拾朴素的价值观

管子曾经说过，“仓廪实而知礼节，衣食足而知荣辱”。但市场经济的发展一定会带来道德水准的普遍提升吗？观察了这么多年的现实情形，我们只能给出这样的答案：“或许不会。”市场经济的前提是鼓励企业和个人追逐自身利益的最大化；但是，如果缺乏道德约束，就难以预防各种欺诈和舞弊行为。**过于复杂和花哨的治理结构反倒转移了股东注意力，也削弱了对他们的制约；畸形的行业分配差异和不恰当的激励机制，也会带来负向的刺激作用。**对某些行业或某些公司高管的平庸表现，还几无根据地给予匪夷所思的奖励；即便这些高管的失责给公司和股东造成了灾难性后果，他们所付出的代价也不过尔尔。这种现象更是招致如潮般的舆论批评，并加剧了社会民意的撕裂。一些大型企业也沦为丧失社会责任感、唯利是图的组织。企业信用下降，上市公司造假和“暴雷”事件频发，又反过来导致了社会、政府对企业更为严厉的监管。

公司管理者是否做到了忠诚、宽容、谨慎、负责、公正呢？答案可能依然是“或许没有”。**功利主义侵蚀了很多管理者的价值观。**在各种危机事件中，一些公司的管理层集体表现出灾难性的道德沦丧。市场经济这只“看不见的手”确实会有一些不完美的地方，这些盲区或瑕疵将一些人不负责任的利己主义发挥到了极致。**同情心和同理心趋于枯萎，有情怀的管理者变得越来越稀少。**这些人如果是在追求成功的过程中失去同情心，他们就会把利益关联方，特别是把下属员工当作自己攀升的垫脚石甚至牺牲品；如果是在获得成功后失去同情心，他们一旦手握权力，便不再像以前那样表现得谨慎，而是表现出更为贪婪的名利欲，造成的后果也更有破坏力。

正如中国的传统文化一样，**人类的道德也是一代又一代积累并传承下来的。**如果我们想让子孙所生活的世界仍然扬善抑恶，仍然推崇公平和正义，我们这一代人就必须努力弘扬从祖先那里承继下来的宝贵精神遗产。亚当·斯密在《道德情操论》里说的一段话，或许能够触动我们的内心：“不管一个人有多自私，显然他内心中都有一些原则，这些原则让他去关心他人的命运，并从他人的快乐中得到快乐。尽管除了快乐，他得不到任何其他回报。”

放弃充满危险的观念和欲望，重拾过往那些朴素的价值观，对于现时代的管理者，尤其是青年管理者来说，显得多么重要。我们都渴求更加美好、不同于以往的东西。因此，我们更要懂得珍惜和感恩，坚守谨慎、节俭、自律和牺牲这些美德；相信“天道酬勤”和“一分耕耘一分收获”的道理；相信正能量，相信生活中还是存在很多美好的事情；相信人生总体公平，社会总体公正。唯其如此，我们才能性情真实不虚伪，才能内心平静不愤懑，才能敬守初心并忠于内心，才能高度自律并坚守底线，才能始终积极向上并敢于创新和担当，才能甘愿向家人、公司和社会做出无私奉献。

管理者的心智世界

5 种心智模式

稻盛和夫说过：“一个企业若想扩展经营，那么先决条件是，管理者必须提高自身的心性，提升自己的人格。能够做到这一点，企业业绩就会提高。”当世界变得更为复杂、更为相互依赖的时候，系统化思考、分析来自不同领域的影响因素并理解它们彼此之间的因果关系，以及**用成熟的心智模式取代简单线性的因果逻辑**，通过学习获得并提升这些方面的能力，对管理者来说尤为重要。从学习的过程来看，其关键在于获取反馈，并花时间反思、分析、同化反馈所蕴含的意义。这需要投入相当充分的时间、精力和资源。

心智模式具有极强的渗透性，作为一种观念贯穿于人们的各种实践活动之中，无时无刻影响着人们的思想和行为，而且这种影响具有相对的稳定性。心智能力确实关键，因为管理者要经常面对混乱的事实、经验、欲望、争吵和目标，他必须从中捋出统领全局的主线和解决问题的脉络，必须紧紧抓住整体和长远目标，而不能为管理世界中的千变万化所迷惑，这样才能将团队的经验组织起来并进行整合，形成有效的核心能力。

高效管理者如何改善心智模式？明茨伯格提出了一个综合性框架（见图30－2）。在他看来，**管理者的心智世界就好比一幅挂毯，由反思、分析、练达、合作和变革这5种模式编织而成**。这5种模式是按照从个人到社会、从概念到具体这样的逻辑予以区分的。不同的心智模式，既充满了管理者的个人能量，也要与社会和外部环境相融合。管理者要努力达到一种合成的积极效果，引导各种力量和因素持续向组织目标靠拢。

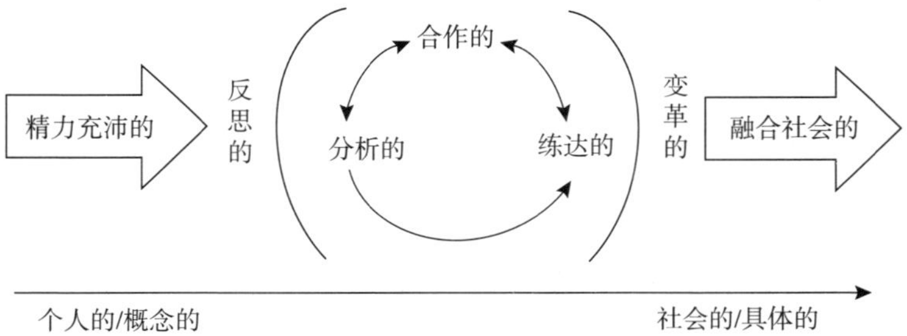

图30－2　管理者的心智模式

反思：学习与自我超越

高效管理者往往重视反思和反馈，他们知道如何从自己的经验中学习。对于在管理实践中累积的经验，他们注重反思、记录、归纳和整理，形成一个学习闭环与自我超越框架（见图30－3）。**反思本身就是一种重要的学习方法。**

高效管理者总在**试图探索同一个问题的不同解决方法**。当一种方法效果欠佳时，他们会懂得变通，退而求其次，尝试另外一种方法。**善于反思还暗含着谦逊的可贵品质**，管理者无论是知道，还是自以为知道，抑或真的不知道，都应态度谦逊，绝不能不懂装懂，放不下身段向别人虚心请教。高效管理者明白如何从管理工作中培养反思能力。他们一边工作，一边学习，通过这种持续不间断、渐进式的方式，深入思考管理中的切要问题。如此坚持下去，时间久了，自然会悟出人性和管理中不少规律性真知。

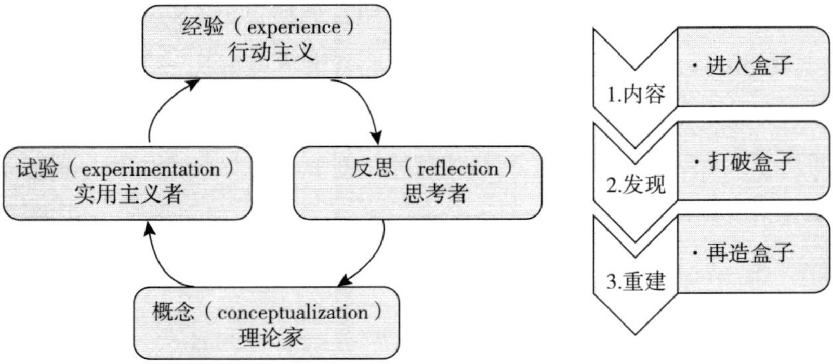

图 30 - 3　反思模式：一个学习闭环

分析：透过现象看本质

在日常管理活动中，管理者要根据人本情境，有时候通过正式和明确的渠道去了解情况，另外一些时候也会通过非正式方式去获取信息。这代表了两种基本的认知方式：**"正式和明示的知识"**，以及**"非正式和隐性的知识"**。可测的混沌、可控的无序，是真实的管理常态。在这种情况下，高效管理者要有透过现象看本质的高超本领，善于运用不同的分析工具，通过深入分析来厘清其中的逻辑并努力达成符合实际的结果。

练达：富有同理心

中国传统文化中有"世事洞明皆学问，人情练达即文章"的说法。**练达并不是说一味迎合、取悦某一个人，它实际上涉及对自身世界观和他人世界观的尊重。**管理者需要练达，要善于认识、理解和运用人性，在管理活动中善于换位思考，富有同理心。在全球化并购或合作中，管理者跨越自身企业的边界，深度接触其他国家或企业组织的文化，很重要的一点便是理解并尊重所在国以及他人的思想和思维方式，这是重要的合作前提和基础，也是练达的另外一种表现形式。

合作：更多的支持和参与

当管理者能帮助员工发自内心地喜欢这家企业和岗位工作时，管理的效果就特别显著。员工的积极参与，源于他们的内心而不是外界压力，管理活动就真正达到了“响鼓不用重槌敲”的境界。管理者要更多体现出情怀和“仁心”，要由内而外地对员工流露出温暖、关怀之情，从一些细微之处关心和体谅员工。除了虚心倾听，**管理者在言行中还要有一种尊重感、信任感、关怀感和启发感，这样的合作效果自然就会进入一个圆融的境界。**管理理论从 X 理论转向 Y 理论，管理工作从命令与控制转向支持和参与，这实际上也体现了人类社会和企业组织的进步。管理者要学会帮助员工把深藏的积极潜能充分激发出来，有效调动、运用个人的自然心性来促进团队协作。从这个角度来讲，有效的管理便体现为互相参与、互相联络和互相支持。

变革：避免成为焦点

创新是管理者的日常职责，创新即意味着战略、组织和文化等方面的变革。成熟的管理者在细致观察、深入思考的基础上，明白企业哪些方面需要变革，也知道如何平稳地推进这些变革。痴迷于个人权威和存在过度控制欲的管理者，在变革上企图以大刀阔斧、暴风骤雨式的方式蛮干，通常是以失败或不了了之而收场。这种方式可能有不错的表面效果，但真实情况很糟糕，既无法让人心服口服，更容易引起员工和各层级管理者的反感乃至抵制。**成熟的管理者应是“变革的动力”，而不是把自己摆在风口浪尖，成为“变革的目标”；**他们会引导变革的潮流和方向，春风化雨般地促使员工主动参与并推动这些变革，在不经意间慢慢地积小胜为大胜，最终实现变革目标，起到一个不错的效果。

第 31 章

知识结构、哲学素养与思维模式

知识结构是知识在人们头脑中的结构化。知识结构直接影响着人们的理论思维和理论素养。哲学是人类的智慧之学，既是人生观、世界观和价值观的统一，也是世界观和方法论的统一。管理者在管理实践中要懂得运用哲学思维和多种哲学方法。思维模式则是属于认识领域的一个范畴，是指人们在观念、知识和方法的基础上形成的思维形式、思维方法和思维程序。

管理者的思维模式重要么？这个问题应该争议不大。那些成功的管理者，除了有雷厉风行的行动力，大多也拥有过人的思考能力。管理者的哲学素养和理论思维重要么？这个问题不好回答。很多顶尖的管理者未必接受过系统的理论教育。他们或许富有高超的表达能力，但能够将自身的实践上升到管理思想和管理哲学层面的，寥寥无几。

较完整的知识结构

知识需要结构化

人们重视实用知识或专业知识，但较少想到深层次的知识结构。很多人的知识体系其实是支离破碎的，说起来时头头是道，但也多是停留在浮光掠影、浅尝辄止的层次。**知识结构是知识在人们头脑中的结构化，涉及一个人对自己所习得的知识能否做到融会贯通，并有效**

应用于实践中。

世界在本质上是一个整体。我们从认知世界中所获得的知识，也理应是一个完整的统一体和一个谨严的体系。然而，知识在高速发展，人的精力却越发有限，无法掌握那么多的知识，于是便划分了众多的学科。此后，**知识越分越细，越钻越深，人们渐渐忘记了整体和结构体系的概念，也忽视了不同学科之间的内在联系。**如果没有一个清晰和相对完整的知识结构，那么虽然人们的知识看起来在不断地丰富和发展，人们对世界的了解也在不断地深入，但实际上，**人们在认知能力上却越来越纠缠于细枝末节，失去了方向感，也失去了整体性。**

曾担任百度集团总裁的陆奇说过，对于一名在计算机科学与技术领域拥有较扎实的知识基础的资深工程师来说，要想把属于本专业领域的“深度学习”概念搞清楚，也“必须把物理学重学一遍，把生物学看一遍，再把进化论看一遍”。如果他的工作是在企业，他必须学习其他行业和领域的知识，首先是经济学和管理学知识，同时还要掌握产品知识，培养产品思维；如果他要成为一名出色的管理者，只是懂产品还不行，还必须读懂并深刻理解整个商业生态，并不断认识、理解和运用人性，包括正向的和负向的东西。陆奇所讲的就是知识的结构化、体系化问题。

在这种情况下，如何有效地学习知识，并运用知识去解决在真实世界中所遇到的问题，便真的成为一个“大问题”了。**解决这个问题的关键，还是在于要真正了解知识的内在结构，从而把自己头脑中的知识结构化。**生活和工作中的许多现实问题，通常都是综合性的。解决综合性问题自然需要运用多种知识；只有掌握了知识的结构及其内在联系，人们才能够综合地应用不同的知识。

如何完善知识结构？

第一，了解相对完整的知识结构。知识在同一层面之间会有横向联系，但更重要的还是**纵向上的知识层次结构**。这个纵向结构是由**哲学、信仰、文化，以及系统科学和实用知识**这 3 个层次组成的。其一，在一个完整知识体系中，居于基础地位的是**哲学、信仰、文化**。它们决定了上层知识的特征及其发展方向。哲学、信仰、文化是知识体系的基石，看似与现实问题的关联度不高，甚至显得无用和多余，但实际上**对人们的底层思维有着根本性的影响**。不同的文化和哲学导致了不同的知识体系，比如中国文化和欧美文化下的知识体系就有着显而易见的区别。**作为“知识之王”的哲学，尤其应该得到重视**。哲学是以小博大，它未必关注细节，所有的细节在哲学层面都熔炼成了背景，哲学因此是最好的知识训练和思维训练学科。其二，建立在哲学、信仰、文化之上的则是**系统科学**。科学指的是人们对物质世界运动规律的描述；至于这个运动规律符合哪一种哲学和文化，并不影响其科学的属性。科学较之哲学要低一层，原因在于**科学是求答案，而哲学则是提出问题。科学的贡献在于终结了一个个问题，而哲学的伟大则是不断地提出终极性问题**。其三，绝大多数人都停留在了对实用知识的学习上，忽略了下方基石和中间层的学习，这种知识结构是零散而没有间架的，遇到问题时极易陷入“知其然而不知其所以然”的泥沼。这是一种有着巨大缺陷的知识结构，从根本上制约了一个人的理论素养和理论思维能力。

第二，运用多种结构逻辑，梳理知识点予以结构化。有 4 种常见的梳理逻辑：一是**树状结构**，也即层级结构，体现为事物的层级和包含关系，比如书的目录；二是**关联结构**，体现事物相互关系，比如 3 个元素两两相关（交集）、SWOT 分析模型、数理学科的一些公式等；三是**序列关系**，体现为先后或因果关系，最常见的就是工作流程图和说明书的步骤指南；四是**数据结构**，体现为数量差异关系，比如柱状图、饼状图等，展现时间或空间上的差异性。当你的知识点串联整合成为有系统的知识结构后，无论是记忆、理解还是运用，你都能高效地驾驭它们。

第三，从深度和广度上持续完善知识结构。一个合理的知识结构，精深和广博均需兼而有之。在智能手机不离手的时代，获取知识似乎是容易的，其实并不是。**信息的梳理和凝聚是有着巨大成本的，**

更何况你根本不知道自己想要哪些，不想要哪些。《大趋势》作者约翰·奈斯比特曾说过："我们淹没在信息之中，但仍处于知识的饥渴中。""大量但无序的信息，不是资源，而是灾难。"信息供过于求，要求人们投入更多的资源来保存信息。**在信息数量急剧增长的同时，信息的质量却大幅下降，有用的信息总是被大量杂乱无章的垃圾信息所淹埋。**这种"信息污染"大大降低了人们吸收信息的效率，增加了人们获取知识的难度。人们不仅需要深入掌握某些领域的知识，还需要掌握多学科、多专业的知识，但个人的时间和精力有限。如何平衡这两者的关系呢？一个简单的原则便是借鉴正态分布原理（见图31－1）。在这个钟形分布的尖峰顶点，所对应的就是个人的**主攻知识领域**，你必须对这个领域的了解做到足够的精深；对于与主攻知识领域关联度较高的**相邻知识领域**，你需要做到相对深入的了解，但深入的程度可以逊于前面的主攻专业；对于与主攻知识领域关系**较为疏远的知识领域**，则只需做到一般性了解即可。

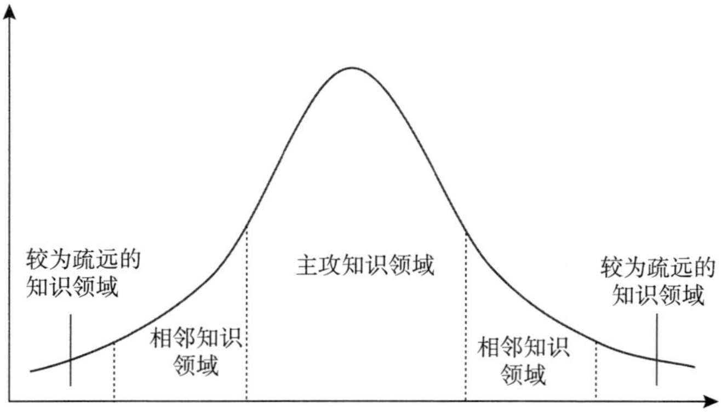

图31－1　个人知识结构的正态分布

第四，从人文经典中获取人类智慧的认知框架。在人类历史上，绝大多数的知识在被创造后又会被淹没、淘汰或遗忘，而经受住时光检验、大浪淘沙保留下来的，往往是那些看起来没什么用处的无用之书，尤其是哲学等人文类著作偏多。**这些哲学家或思想家之所以能在人类历史上熠熠生辉，未必在于他们的博学，而多是在于他们以其智**

慧为人类创造了认知世界的框架。每个人的经验和知识都是很有限的，而世界如此复杂，当我们认知世界的时候，就必须运用这些框架去概括和归纳。我们读书学习，最重要的并不是获取知识点或者那些有趣味的小故事，而是要学习人类历史上这些最有智慧的人观察分析世界的框架。**当我们明白了这些人类智慧的框架后，将自己的思考叠加在这些框架上，也会慢慢形成适合自己的思维框架。**此外，我们都清楚常识的重要性，管理者必须尊重常识。**只有懂得的常识越多，我们看世界才会更有逻辑，更清晰。**如何获取这些常识呢？我们仍然得从那些经典名著里去找寻。网络上的信息虽多，但要分辨和选择，需要经验和智慧，这就超出了大多数人的认知范畴。**从经典出版物中学习框架并获得常识，其实比上网冲浪快捷和容易得多。**经典作品大都经过了古人和今人的一再整理，相比古人，我们早已占了太多的便宜了。不但中国传统如此，西方现代的人文研究也是如此。芝加哥大学曾设有“伟大的典籍”课程，就是要求学生精熟掌握若干经典。

南非诺贝尔奖获得者约翰·马克斯韦尔·库切（John Maxwell Coetzee）认为，**“那些历经最糟糕的野蛮攻击而得以劫后余生的作品就是经典”。**经典有以下几个特点：其一，对人的处境有真切的关心，也就是能关注人类整体性的精神出路问题。其二，对人的命运有深刻的体察。其三，对人的内心经验有感同身受的体谅与同情。人文是什么？**人文就是处理人的日常世界和价值世界关系的学问。**好的人文社科类著作因为关心人的处境，理解人的命运，对人的内心世界有感同身受的体谅与同情，都应该进入我们的阅读范围。**那些经典作品是整个人类文明的“压舱石”。“压舱石”使得这艘船不会随风飘荡，并在某种意义上决定了我们经受风浪的程度。**

第五，必要时忘掉所学。学习能力不会随着年龄增长而消失。**之所以不容易忘掉所学，以至于无法快速学习新事物，主要因素是经验而非年龄。**要克服这个问题，就要学习如何忘掉所学，因此必须通过知识的获得来学习，而不是只靠经验来学习。必须有系统的制定学习计划，重视培养深层次、系统性的思考和理解能力。

因此，**从更新、提升和完善知识结构入手，管理者的学习才更有针对性，也更有利于管理者把知识真正转化为能力，并把知识和能力有机地结合起来**。当然，毫无疑问，学习是个艰苦的过程，尤其是学习那些硬核知识（不是浏览信息、观赏电影或是其他的轻阅读），人世间没有轻轻松松就能学到的真本领。在学习和完善自身知识结构的过程中，听取相关领域专家的意见很重要。读什么书，读谁的书，与哪些人交流，行家的点拨和建议会让你收到事半功倍之效。这些内容我们会在第33章“学不可以已”中做专门讨论。

良好的理论素养和理论思维能力

理论素养和理论思维

知识结构的系统性和深度，直接影响一个人的理论素养和理论思维能力。理论思维是相对于感性思维、经验思维而言的。**所谓理论思维，也称理性思维，是指人类在知识和经验事实的基础上形成的认识事物本质、规律和普遍联系的一种思维方式**。理论思维的特点在于抽象性。个人的理论思维能力的具体表现和思维成果构成个人的**理论素质，也称理论素养、理论修养**。理论思维能力通常与个人的理论素养成正比。恩格斯曾说过：“一个民族要想站在科学的最高峰，就要一刻也不能没有理论思维。”

个人在学习过程中，必须运用理论思维对事物加以抽象和概括、分析和综合，从而实现从感性认识到理性认识的飞跃。**这种感受理论的敏锐性和思辨性、把握理论的洞察力和评判力、领会理论的独创性和实践性的能力，就是理论思维能力**。理论思维不是先天就有的，而是在特定环境下长期训练的结果。**学习是理论思维的起点，反思是理论思维培养的途径，研究是理论思维创新的落脚点**。

理论思维能力事关个人认识事物的深度和系统性、决策行为的科学性、工作的效率和成败。**个人的工作能力大小，体现为工作结果；**

而个人的长期工作成果，则很大程度上取决于他的理论素养和理论思维能力。同样，管理者需要具有一定的理论素养和理论思维能力。要想在竞争中取胜，管理者需要有更高人一筹的哲学头脑和理论思维。管理者缺乏理论思维，就容易陷入线性思维的惯性，容易就事论事，对现实问题缺乏深度思考，无法把管理中的现实问题、具体矛盾上升到理论高度，做不到从理论层面深入、系统地进行思考，无法提出从根本上解决问题的有效方案。

芒格：多元思维模型

知名的投资思想家查理·芒格曾经这样说，人们所关注的是他和沃伦·巴菲特在伯克希尔·哈撒韦公司所创造的投资神话，而很少关注隐藏在这对黄金搭档脑子里的投资逻辑和理论思维能力。芒格在其经典著作《穷查理宝典》中，用**“多元思维模型”**来概括这个影响他生活、学习和决策的一整套理论思维方法。这个模型的核心要义，就是**不断学习众多学科的知识，逐步建立有哲学、科学和常识支撑的、较为完善的知识体系，从而形成一个多元思维模型的复式框架。**

芒格建议人们，一定要坚持跨学科学习，无须理会各学科约定俗成的、哪怕是法定的界线。我们所认知的世界，本来就是众多学科的综合体，我们需要什么，就应去学什么。对于历史学、心理学、生理学、数学、工程学、生物学、物理学、化学、统计学、经济学等基础性学科，我们要学习这些学科的基础理论和经典模型。但只做到这一点还远远不够，我们还需要将散布在各门学科中的孤立知识放在一个更宏观的视角下，去努力发现学科之间的交叉和联结，多联想、多融合，弄清各种知识、理论和模型之间的内在联系以及它们的实践价值。**芒格所强调的“跨学科学习重要学科”，并以此形成多元思维模型，从本质上讲，也就是强调一个人要不断完善他的知识结构，这是形成多元思维模型的决定性因素。在理论思维的训练中，管理者既要把握知识的整体性，又要注重知识的特殊性，将已经掌握的既有知识**

与新吸收的知识进行有效融合，以形成活的知识链。这个过程既是理论素养的培养过程，也是理论思维的提升过程。

莫兰：复杂性思维训练法

与芒格的“多元思维模型”相类似，法国社会学家埃德加·莫兰（Edgar Morin）提出的**“复杂性思维训练法”**也有异曲同工之妙。对于每个成年人来说，改变思维方式几乎都是一项很困难的挑战。莫兰认为，**改变思维方法的重要环节就是训练有机地组织各门学科的理论思维能力，不仅要把相互分离的自然学科和人文学科结合起来，而且要把各门学科的知识联系成一个整体。**

整合各专业、各学科的知识，形成一个相对完整的知识结构，既是理论思维能力的一个重要体现，也是管理者所面临的一项巨大挑战。理论思维要得以提升，就要走复杂性思维训练之路，扩大知识视野，进行跨学科、跨专业的知识融合，特别是重视对自然学科和人文学科方法上的借鉴。为此，管理者需要掌握**将知识进行“联系”和“分离”**的相应技巧和方法。联系即通过联结、包含和隐含的程序，克服以往各种知识在总体和局部之间摇摆不定的分散性和零碎性。分离即通过对立、选择和排斥的程序，摆脱一般化的自满情绪，从特殊性、个别性和具体性的角度对知识进行深入探究。“联系”和“分离”的核心要义，在于**重视各个学科之间的联结和串联。**

“爱智慧”的哲学素养

哲学是智慧之学

哲学是人生观。如果说宗教是关于人的“死的观念”，是讲人生如何痛苦，死后如何升入天堂；那么，哲学就是关于人的“生的智慧”，是教人如何生活，如何生活得有价值和有意义。人生的根本矛盾就是“向死而生”，人的生命总是有限的，可人又总是力图超越这种生命的有限性，由此便产生了**“如何活得有价值和有意义”**这个重大命题。从这个角度看，**哲学是“已经觉醒的人关于自身的价值和意义的自我意识与自我感觉”。哲学是人生观，是人类的智慧之学。**

哲学又是世界观。人生活在社会之中，必然会有一个“人与社会”的关系问题；人也生活在自然之中，又必然存在一个“人与自然”的关系问题。因此，**人生观问题本质上又是世界观问题，而不仅仅是社会伦理问题。人生观不可能脱离世界观，二者密切相关，高度统一。**无论是探索天、地、人的“人与自然”的关系，还是反思你、我、他的“人与社会”的关系，哲学都蕴含着对人的“生存方式”和“发展境遇”的深度关切，最终归结为对“人生在世”的理性解析。鉴于此，每个时代的哲学都表现出世界观和人生观的高度统一，体现着那个时代的人生智慧。

哲学还是价值观。哲学问题不同于科学问题。人为什么有生有死，这是科学问题；人如何对待生与死，这便是哲学问题了。数学中有正数与负数，物理学中有作用与反作用，化学中有化合与分解，生物学中有遗传与变异，这些都是科学常识。在此基础上，引出“一分为二”或者“合二为一”，引出对立统一规律并把这条规律转化为矛盾分析法，这便升华为哲学智慧了。哲学智慧不同于科学智慧。科学是以理论思维的形式描述和解释思维的对象，即存在的运动规律；而哲学则是以理论思维的形式反思思维与存在的关系问题，探讨思维能否反映存在、思维如何反映存在及其规律。因此，**哲学对对象的认识并不止于对其规律的认识，而是更进一步，认识对象的意义和价值**；不仅要知道对象是什么，而且要搞明白对象对人的生存和发展具有哪些意义与价值。因此，我们可以这样认为：科学追求的是真理，而哲学追求的既是真理，又是某种价值，因而是真理观与价值观的高度统一；科学是知识体系，而哲学既是知识体系，又是意识形态，因而是知识体系与意识形态的高度统一。从这个角度看，**我们不仅要**

“为学”，即学习专业知识；还要“为道”，即学习和运用哲学。哲学也由此实现了人生观、世界观和价值观的统一。

管理者的哲学素养

在前面的讨论中，我们已经明白哲学在管理者的知识结构、知识体系以及理论素养、理论思维中的重要性。世界观是关于人与世界总体关系的理论，而方法论则运用这样的理论观点去认识世界、评价世界并改造世界。方法论犹如一个能聚光到燃点的特殊透镜，它把客观规律转化到人的头脑中，然后人们运用这个规律去认识事物、评价事物并研究事物。**管理者分析问题、解决问题都离不开方法论；但方法论又不可能单独存在，有什么样的世界观就会有什么样的方法论。**哲学涉及世界观问题，又涉及方法论问题，哲学素质是管理者的一种极为重要的能力素质。

我们要建立自己的思维体系，就必须会运用概念，就必须有科学的思维方法；落实到工作实践中，就是要逐步养成良好的工作方法。**哲学对于管理活动的作用，可以形象地用“望远镜”和“显微镜”来打比方。**望远镜能使我们看得更远，显微镜能使我们看得更细，这些都是一名优秀管理者所应具备的能力素质。管理者在管理实践中要懂得运用哲学思维和多种哲学方法，在多变和纷繁复杂的事务中抓住问题的本质，迅速找到解决问题的合适途径。因此，**管理者须具有接受哲学滋养的自觉，不断提升自身的哲学素养，努力改进和提升自身的思维方法和工作方法，使自己的头脑逐步变成充满智慧的头脑，既能登高望远，也能见微知著，提升管理的有效性，使之有质的飞跃。**

学习运用马克思主义哲学

在中国教育背景下学习成长起来的管理者，自幼接受的哲学教育便是马克思主义哲学。要想掌握马克思主义哲学智慧，我们就必须认真学习辩证唯物主义和历史唯物主义基本原理，着重培养理论判断力、辨别力、思考力以及解决实际问题的能力，真正将马克思主义哲学化为自身的看家本领，把学习运用马克思主义哲学作为一项毕生修炼的技能。

马克思主义哲学包括辩证唯物主义和历史唯物主义，是马克思主义立场、观点、方法的集中体现，是马克思主义学说的思想基础。**辩证唯物主义认为，世界本质上是物质的，物质按照本身固有的对立统一规律运动、发展；存在决定意识，意识反作用于存在。**历史唯物主义认为，社会历史发展具有自身固有的客观规律，社会存在决定社会意识，社会意识又反作用于社会存在；生产力与生产关系之间的矛盾，经济基础与上层建筑之间的矛盾是推动社会发展的基本矛盾。简单地说，**辩证唯物主义研究的是作为整体的世界自身（包括自然和历史）的内在联系、运动和发展变化的一般规律；历史唯物主义则揭示人类世界中人的社会历史活动及社会关系的矛盾运动和发展的具体规律。**

辩证唯物主义既是世界观，又是方法论。**我们学习辩证唯物主义，就是要善于把这一科学的世界观转化为科学的方法论，转化为我们正确认识世界、改造世界的根本的思想方法和工作方法。**这里所讲的辩证唯物主义，是包括唯物主义历史观在内的辩证唯物主义。管理者学习和运用马克思主义哲学，可以着重在以下方面下功夫，包括一切从实际出发，提高辩证思维能力，运用矛盾分析法，坚持问题导向，“在学中干”与“在干中学”，真正尊重员工等，真正以哲学素养和哲学思维来实质性改进管理活动，全面提高自身和组织的管理绩效。

一切从实际出发

世界物质统一性原理是辩证唯物主义最基本、最核心的观点，是马克思主义哲学的基石。物质统一性原理具有 3 层含义：一是自然界具有客观实在性及其对人类社会的先在性；二是“物质生活的生产方式”是社会得以存在和发展的基础，“物质生活的生产方式”以及在这种活动中形成的“社会的物”和“物质的社会关系”，同样具有客观实在性；三是“观念的东西不外是移入人的头脑并在人的头脑中改造过的物质的东西”，这个“物质的东西”实际上就是社会存在。

遵循这一观点，最重要的就是坚持实事求是，坚持一切从实际出发。从本质上看，**这个“实际”就是社会存在；一切从实际出发，就是要从现实的社会存在出发，从企业的外部环境和内部实际出发，而不是从管理者的主观愿望出发。**管理者在具体管理活动中，要努力做到“5个区分”：一是**区分现象与本质**，要把握事物的本质，本质才是事物存在的根据；二是**区分形式与内容**，要把握事物的内容，内容才是事物存在的基础；三是**区分局部与全局**，要把握事物的全局，全局从总体上决定着局部；四是**区分偶然与必然**，要把握事物的必然，必然才能决定事物发展的趋势；五是**区分可能与现实**，现实的可能性才预示着事物发展的前景。

做企业，春耕夏耘、秋收冬藏，就得一切从实际出发，量力而行、顺势而为，不求最大、但求最实，一步一个脚印，夯实了眼前一步再迈出下一步，来不得半点虚功。有些管理者热衷于做表面文章，可能也会过上几天风光日子，但最终还是因为不遵循企业管理规律而栽了大跟头，企业一蹶不振，甚至销声匿迹。导致管理失败的根本症结，就在于这些管理者信奉“能人”、“强人”或“诸侯王”效应，在从事管理活动时，更多的是从主观愿望出发，过度依赖个人能力，过度相信好运气，缺乏对市场、规则、常识的敬畏之心，长期把“一切从实际出发”抛到了脑后，最终自然不可避免地滑入失败的深渊。

辩证思维

辩证思维作为一种思想方法非常重要。**管理者一方面要加强调查研究，准确把握客观实际，真正掌握规律；另一方面要坚持发展地而不是静止地、全面地而不是片面地、系统地而不是零散地、普遍联系地而不是单一孤立地观察事物，并妥善处理好各种重大关系。**管理者要学习掌握唯物辩证法的根本方法，不断增强辩证思维能力，提高驾驭复杂局面、处理复杂问题的本领。**学习和运用辩证思维，特别要反对形而上学的思想方法**。形而上学者最省力，躲进小楼成一统，考虑问题总是一厢情愿，不费力气去做调查研究，不深入地分析客观情况，也不愿接受客观实际的检查。任何主观主义、形式主义、机械主义、教条主义、经验主义的观点，都毫不例外属于形而上学的思想方法，在实际工作中也不可能得到好的结果。

管理一家公司，就好比管理一支足球队。俱乐部总经理和球队主教练在日常管理中也需要有辩证思维。前锋、中场、后卫和守门员，这些不同的角色既要各司其职，也得协调配合、相互补位，这样才能做到攻守平衡，否则很难成为一支优秀球队。在企业组织结构中，业务部门和中后台部门永远是一种相互依存的矛盾关系，二者能协调发展、良性促进，就是一种成熟的管理；相反，如果二者总是相互掣肘，时常闹得鸡飞狗跳，那就是不协调，就是管理失衡。**在企业组织结构中存在着错综复杂的纵向、横向和斜向的依存关系。大家都得换位思考，要有同理心，注重这些关系的协调发展，否则就极容易出现失位、错位或越位问题，造成工作衔接失误或工作效率低下，从而埋下各种风险隐患。**

管理者在具体的工作环境中要培养一种敏锐性，这实际上是对质量互变规律的认识运用。有的管理者很敏锐，能随时捕捉到外部市场或内部人际关系的细微变化，也懂得主动促进那些有益的量的积累，主动抑制那些不利因素的进一步恶化，及时化解矛盾，把握好处理各种矛盾关系的度，始终让公司在正确的轨道上运行。而有的管理者则比较盲目或者木讷。他们在矛盾积累到爆发的临界点之前，就像一只把脑袋埋在沙子里的鸵鸟，无视这些量的变化，等到局面恶化到不可收拾的时候，一切都已经晚了。**事物总是在不断变化的，在量变阶段往往不易觉察。量变尽管是“狡诈”的、平静的、迷惑人的，但总有迹象可寻，这就得看管理者的责任心、敏锐性和成熟度了**。优秀的管理者总能见微知著、防微杜渐，他们善于总结经验教训，善于举一反三，因而总是可以做到前瞻性预判和应对。这个过程其实也就是把质量互变规律的哲学原理化为了实际的管理智慧。

矛盾分析法与问题导向

坚持和运用辩证唯物主义世界观和方法论，还要把握好矛盾分析法。矛盾是事物联系的实质内容和事物发展的根本动力。矛盾是普遍存在的。**人的认识活动和实践活动，从根本上说，就是不断认识矛盾、不断解决矛盾的过程。不同的矛盾只有运用不同的方法才能有效解决。**有的矛盾可采取一方“克服”另一方的方法来解决，有的矛盾可通过“融合”对立面的方法来解决，有的矛盾可通过双方“同归于尽”的方法来解决，还有的矛盾则需要创造某种新的形式，使矛盾能在其中良性运行加以解决。我们经常讲的“和谐”，其实也是矛盾在一定条件下较为协调的存在状态，是一种特殊情形下的矛盾解决方法。

运用矛盾分析方法研究问题和解决问题，关键要“具体问题具体分析”。**管理者要把握矛盾的共性和个性这一矛盾问题的“精髓”，一切以时间、地点、条件为转移。**世界上没有两片绝对一样的树叶，不存在完全相同、绝对不变的事物。随着时间、地点、条件的变化，矛盾总会呈现出新的特点。看似相同的矛盾，出现在不同的条件下，解决的方法也不相同；看似有效的方法，置于不同的环境中，不一定能发挥同等的效用；**看似已经解决了的矛盾，在变换过的时空中，也有可能死灰复燃，“复活”再现**，但这种“复活”往往是形式上的重复，在内容上则是新的，是不同于以往的。因此，解决矛盾的方法也往往是不可重复的。这对管理者的经验和能力提出了相当高的要求。欧阳修在《卖油翁》中所讲的“我亦无他，惟手熟尔”，这种本领即明茨伯格所讲的“手艺”。它建立在对矛盾的深刻理解以及极为丰富的实践感知的基础之上，已经有了一颗纯熟的、游刃有余的“匠心”，确实代表了一种很高的管理境界。

问题是事物矛盾的表现形式。**强调问题意识、坚持问题导向，就**

是承认矛盾的普遍性、客观性，就是要善于把认识和化解矛盾作为打开工作局面的突破口。坚持问题导向，就是要直面矛盾，并运用矛盾相辅相成的特性，在解决矛盾的过程中推动事物发展。管理者如果对矛盾熟视无睹，回避、掩饰矛盾，或者在矛盾面前畏缩不前，甚至绕着走，等矛盾积累到一定程度时就会发生质的变化，最后很可能造成无法弥补的后果，跌入万劫不复的深渊。**管理者必须熟练运用矛盾分析法，树立强烈的问题导向和问题意识，及时解决公司发展过程中所遇到的种种现实问题。**如果对眼前的矛盾坐视不管，各种问题堆积交织在一起，一旦爆发出来便是癌症晚期，根本难以救治。优秀的管理者必须有担当和斗争精神，敢于去碰触并解决这些矛盾，不能累积问题，不给“从量变到质变”留下空间。

“在学中干”与“在干中学”

实践观点是马克思主义哲学的核心观点。**坚持和运用辩证唯物主义世界观和方法论，就要把握实践第一的观点。**实践决定认识，是认识的源泉和动力，也是认识的目的和归宿；认识对实践具有反作用，正确的认识推动正确的实践，错误的认识导致错误的实践。

管理者不能在教室里创造，领导者就更不能了。**管理只能从实践中学，在各种经历和挑战中获得五味杂陈的体验，并最终对这些实践进行升华。**孔子说过，“学而不思则罔，思而不学则殆”。借助培训与发展课程，管理者可以单独思考经验，也可与同事一起讨论这些经验，目的是要搞明白这些经验的意义，举一反三，将这些学习收获带回工作场所，努力应用于实践中并形成一些新的心得。明茨伯格所说的“管理不能教授给任何人，也不能由任何人教授”，**“管理者得靠自己的努力来学习”**，也是这个道理。

思考很沉重，过多的思考可能会让管理者精疲力竭；实干较为轻松，但过多的实干又难免失之于蛮干。管理者必须将思考和行动有效地结合起来。太多的反思，踌躇再三，犹豫不决，可能什么都做不了；而太多的贸然行动则可能又过于行事草率。**管理者为了采取行动**

而思考，但是为了思考也要有相应的行动，这样才能保证管理工作的有效性。学习运用实践论，就是要始终做到理论与实践相统一，不断推进实践基础上的各种理论创新。再好的战略蓝图，如果只停留在纸面上，也就是一纸空文、镜花水月，无济于事。因此，**管理者既要把已经掌握的规律性认识运用到实践中，又要在实践中增长解决问题的新本领，以知促行、以行促知、知行合一，在学中干、在干中学，努力提升实践创新的意识和能力。**

真正尊重员工

与历史唯心主义英雄史观相对立，历史唯物主义群众史观提出人民是历史的创造者。人民性是马克思主义最鲜明的品格，要求始终把人民立场作为根本立场，坚持全心全意为人民服务的根本宗旨，贯彻群众路线，尊重人民主体地位和首创精神，始终保持与人民群众的密切联系。

做好“人”的工作，对于管理者来说，需要有一颗“仁心”，也即爱人之心，需要有一种情怀、胸襟和担当精神。管理者要深刻体会充分发挥员工在创新和企业改革发展中主体作用的重要性，真正践行群众史观和麦格雷戈 Y 理论的原则和精神，按照参与式管理以及“管理要严、关心要真、帮助要实”的具体要求，在岗位履职、薪酬待遇、工作软环境、职业生涯发展等方面，为员工尽心尽力多做一些实事。

建设性的整合思维

以创新方式融合对立观点

无论是芒格的多元思维模型，还是莫兰的复杂性思维训练法，都在一定程度上体现了整合思维的影子。作为一种创新性思想，整合思维是由加拿大多伦多大学罗特曼管理学院的罗杰·马丁（Roger Martin）教授最早提出来的。

整合思维是指面对相互冲突甚至对立的模式时，不是简单地进行选择，而要进行建设性的思考，创造性地解决它们之间的冲突，形成一个既包含已有模式的某些成分但又优于已有模式的新模式。合理地运用整合思维的思辨能力，可以帮助管理者跳出非此即彼的固有思维定式和选择怪圈，发现一些意想不到的解决问题的新途径、新方案。

整合思维以建设性的方式处理彼此对立的观点，不以牺牲一方作为选择另一方的代价，而是**以创新形式消除两种观点之间的对抗之处，在综合各方优势的过程中取得新的突破**，最终形成的新观点同时包含着对立观点的积极因素，且明显优于两种原先对立的观点。**其核心是以积极的态度（立场）寻求更好的解决问题的方案。对于管理者而言，在面对两种情形时，不是简单地做“二选一”，而是创造出一种更好的答案。**

马丁教授基于 17 年商业咨询经验以及在哈佛商学院的学习经验，进一步提出了整合思维概念及应用框架。他从自己的经历和对成功企业家的观察中，发现了整合思维对商业决策的重要性。他认为，**管理者制胜的关键在于整合思维，即头脑中同时处理两种相互对立的观点，并从中得出汇集两方优势的解决方案。**马丁教授发现，能够容纳两种对立想法、通过权衡设法找到优于两者新思路的能力，其实是与生俱来的。但这种思辨能力也可以通过后天训练来获得并强化，**管理者可以有意识地去培养、训练自己探索创造性解决方案的能力，养成一种积极的思维习惯。**任何人都可以通过学习掌握这种方法，最终强化自己整合思维的能力。

与传统思维的比较

人们的思维和决策过程，可大致分为 4 个部分：**表征、因果关系、架构和决策。**人们首先要考虑影响决策的重要因素，然后建立这些因素之间的因果关系模型，再将这些因果关系组合为架构，从而得出具体结果，最后提出解决问题的方法并制定相应的决策。

沿用这 4 个步骤，**传统思维模式可以用“难得糊涂”来概括，**

其突出特征是启发式，努力把复杂问题简单化。就像我们在接下来的系统思考部分所讨论的那样，传统思维考虑的多是一种线性关系。线性关系是反映事件之间较为简单的变量间关系，易于寻找和处理。在现实生活中，人们总倾向于寻求简单的线性关系，容易忽略变量间可能存在的复杂关系。这种环型思维的缺失，使人们误解了这些重要因素之间的关系，甚至颠倒了因果关系的方向。

与传统思维的决策流程类似，整合思维也采用了相似的4个步骤。但是，二者在每个步骤中的做法则大相径庭。与传统思维不同，整合思维更善于容纳复杂性，注重遵循4项原则（见图31－2）。首先，整合思维善于**扩大表征因素的选择范围**，并且不担心表征因素的增加引致问题更加复杂化。比如在产品改进中，公司不仅要关注客户主动提出的需求，还要寻找他们没有说出来、但内心很希望被满足的需求。整合思维不会在纷繁复杂中迷失方向，而是坚信复杂性里面蕴含着更多解决问题的良方。其次，整合思维一般不优先考虑简单的线性关系，而是按照环型思维**积极探求多方面的、间接的因果关系。**单一的因果关系较容易追溯，但无法提供具有深度与广度的分析路径和备选方案，因而算不上是最佳解决方案。再次，整合思维不是将问题拆分为若干独立的个体来逐一解决，而是**在保持问题整体性的基础上着手处理各个部分。**最后，整合思维一般不倾向于各种现成方案的拼凑，而是投入更多心力，反复比较论证，**融合各种可能方案的优点来形成一个最佳解决方案。**如此迭代，不断找出更多的创新性解决方案，每个构想与流程都会比前一个更为有效、更为精确。

爱因斯坦曾说：**"一切都应尽量简单，但不是为了简单而简单。"传统思维强调为提高效率而简单化，而整合思维则强调远离简单化和"专业化"。**整合思维最重要的一点就是绝不退而求其次，而是努力寻求最佳方案。整合思维需要大量采用权衡与折中，但这不等于"将就"。为了做出最佳选择，必须勇于接受复杂性；可以这么说，**复杂性是整合思维的起点。**

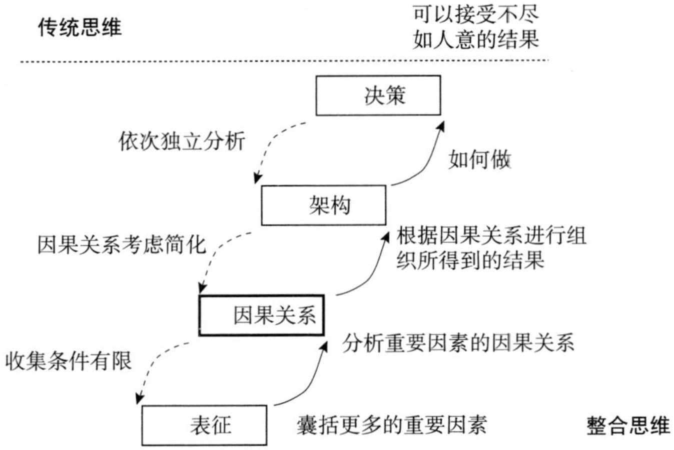

图 31 – 2　传统思维与整合思维：决策过程的比较

与中庸之道的比较

中庸之道代表着中国传统文化和精神，几千年来深刻地影响着中国人的精神世界。**“中”是中庸思想的核心。**北宋大儒程颐这样说：“不偏之谓中。”儒学集大成者、南宋大儒朱熹对“中”的解释兼具内在的心性和外在的行为，也就是说，**内心要做到“不偏不倚”，而外在行动要“无过不及”。**以认识主体而言，内心的主观世界应该避免极端和偏颇；从主体的方法论而言，行为应该适度合宜，合乎客观规律和准则。**“庸”**有两层含义。第一层含义是作为**常理或定理**，“庸”就是不变。“中和”是应该时时处处遵循的行为法则。基于这种解释，“中庸”被赋予了“普遍和永恒的合法性”特征。第二层含义是作为**“运用和实施”**，也就是“庸”和“用”是互通的。庸，用也，是关于“中道”的具体运用。综合起来，**“中庸”就是“用中”，即对于“中道”的具体实践和方法的运用。**所谓“执其两端，用其中于民”，简化为“执两用中”，概括出了中庸之道的基本内涵。**“两端”是指矛盾的不同对立面；“执其两端”是要同时考察和顾及矛盾的不同对立面，体现了辩证的矛盾观。因此，中庸的基本思想就是矛盾的对立统一，把表面上看来是对立的、不可调和的东西，统一在**

一起。

中庸之道被视为孔子以“仁”为标志的人本哲学思想的方法论和必然产物。中庸之道的哲学理念被延伸为具体的为人处世原则和方法。它的基本原则有以下几点。**其一，博学原则。**博学是实现中庸之道的认识论基础。人要尽可能扩大自身的认知范围，提高认知能力，广泛地认识周围事物之理。**其二，“执中”原则。**“执其两端，用其中于民”，这句话被精辟地概括为“执两用中”。郑玄解释：“两端，过与不及也”。“过”则是超过了度，“不及”则是没有达到合适的度。过犹不及，“过”和“不及”都是偏离中道而走向极端的失中现象。**其三，中和原则。**《礼记·中庸》云：“喜怒哀乐之未发谓之中，发而皆中节谓之和。”“中”是中庸的核心，“中”的贯彻和实施是体现在行为的“中节”上。**中庸思想又强调“和而不同”，即在达到和谐关系的过程中并不追求完全的同一性，而是依然保留矛盾对立面的差异性，保留不同事物本身的相对独立性。**“中和”原则同时体现了非对抗性，以及对差异的包容性。**其四，权变原则。**在具体实践中运用中道时，还需要根据实际情况而有所变通。这种应变的灵活性就叫作“权”。执“中”辅以行“权”，才构成了完整的中庸之道。孔子所认为的理想境界，既要事事依道而行，又不能囿于常规，做到随时通权达变。“道”是“权”的根本，“权”是“道”的妙用，权和道是统一的。

比较起来，**整合思维的精髓在于创新，而中庸之道则更多体现了调和。**当面临一些彼此冲突甚至对立的方案时，整合思维并不限于从现有方案中选择，而是注重从更深层次的因素来考量，探索变量之间的非线性关系，把需要解决的问题作为一个整体，消除不同观点之间的对立，力求找到更佳解决方案。不满足于既有方案，在既有方案的基础上进行反思、质疑，表现出整合思维的**批判精神**；而更佳解决方案的形成过程，则折射出整合思维的**创新精神**。可以这么说，整合思维是一种在建设性批判中实现创新的新型思维模式。中庸之道虽然同样不满足于现有方案，但最终实现“执中”目标，往往通过在“过”

与“不及”之间找一个平衡点来实现。“和为贵”是中庸的一个重要原则，“大事化小，小事化了”成为人们的行为规范，实际上表明了中庸思想在解决矛盾冲突时的**温和与妥协态度**。妥协折中被视为待人接物的稳妥状态。相对而言，中庸之道长于协调，注重在协调中实现平衡，是一种调和思维，并不强调斗争精神。

突出的系统思考能力

系统思考与“第5项修炼”

彼得·圣吉的《第五项修炼》是学习型组织理论的奠基之作。他将管理者的5项修炼命名如下。其一，**自我超越**。用创造的观点来面对自己的生活与生命，从而实现个人心灵深处的渴望。其二，**改善心智模式**。心智模式是指人们在工作中所表现出来的特有的思维方式、价值观念和行为习惯的总和。改善心智模式也就是用一种新的眼光去看世界。其三，**建立共同愿景**。所谓共同愿景，是指建立在组织员工共同价值观基础之上的对组织发展的共同愿望。建立共同愿景的过程，实际上也就是在建设一个生命共同体。其四，**团队学习**。这是一个合作性的激发群体智慧的学习过程，它要求组织成员之间不是整齐划一，而是整体的有效配合。其五，**系统思考**。以系统的观念去研究处理事物，视其为一个系统，不仅要看到其中的组成部分（元素或子系统），还要看到这些部分之间的相互作用（关联），并从总体上把系统中的人、物、能量、信息加以处理和协调，是一种“见树又见林”的工作艺术。

其中，**系统思考是管理者5项修炼的核心和归宿**。在彼得·圣吉看来，系统思考是最为基础性的一项修炼，它整合其他4项修炼为一体。如果没有系统思考，人们就无法看清自己生命中隐现的结构，从而会遭遇“自我超越”的困局——越是靠近自己的目标，便越是有一种无法实现的“无力感”，情绪性张力就会越强。只有在系统思考的指引下，才能实现自我超越，才能使团队学习得以持续，才能有效改进心智模式，也才能真正找到建立共同愿景的现实杠杆。因此，**系统思考“是整合其他各项修炼成一体的理论和实务”**。

结构化思考的价值

我们生活在一个充满系统的世界里，我们的思考、行动与系统须臾不可分割。**系统思考注重以整体的观点观察周围的事物，认为这是处理真实世界中复杂问题的最佳方式**。系统思考能够帮助管理者理解并解决现实世界中的复杂问题，从而**避免“竖井”式思维和组织“近视”的危害**。“竖井”式思维的弊端在于，对一个问题的补救只是简单地将问题从“这里”转移到了“那里”，问题并没有得到根治。而组织“近视”的危害在于，对“现在”一个问题的补救会导致“未来”需要补救一个更大的问题；补上现在的一个小坑，就会给将来挖下一个更大的坑。对于复杂问题，我们往往无法在一次思考中完成，相反，我们需要在思考中不断地接纳各种输入，包括自己的阅历、学习以及与他人的交流，然后再思考，再接纳输入，直到最后洞察本质。**系统思考是一种非常稀缺的能力，需要经过长期的自我训练才能逐步养成，但一旦养成习惯，就不会觉得辛苦，反能成为乐趣，带来成就感**。

对于管理者来说，系统思考的真正价值在于：其一，**系统解决问题**，制定正确决策的科学方法；其二，**提升组织能力**，推动组织成长的根本途径；其三，**激发集体智慧**，实现团队学习的有效工具；其四，**加速组织学习**，创建学习型组织的核心技能。

虽然有的系统很简单，有的系统很复杂，但它们背后的结构却只有两种基本的构造模块：**增强回路与调节回路**。前者推动成长或加速衰败，后者达成目标或制造障碍。与此相对应，管理活动也限于两类主要工作：**“踩下油门”（成长引擎）和“松开刹车”（消除障碍）**。美国著名行为科学家克里斯·阿吉里斯曾经做过一个有趣的实验。他发现，即便团队成员每个人的智商都在120以上，但团队整体所表现出来的智商却只有62！之所以出现这种奇怪的现象，问题的症结在于这个团队的管理者缺乏系统思考能力，团队内部没有能够把系统思考作为团队集体对话的交流工具和"共同语言"。

思维方式的4重转变

系统思考涉及深层次思维方式的转换，它不只是一种分析问题、解决问题和制定决策的方法，也是一种深入认识客观世界、应对复杂性挑战的能力。要培养系统思考能力，管理者必须在思维方式上实现4重转变（见图31－3）。

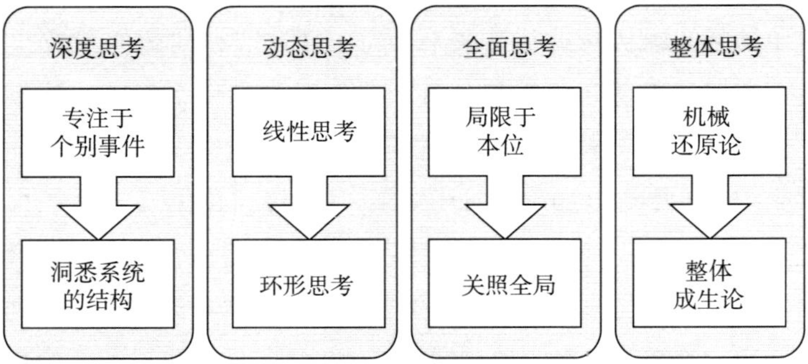

图31－3　系统思考：思维方式的4重转变

第一重转变：深度思考，也即从"专注于个别事件"到"洞悉系统的结构"。管理者要深入思考，不只是关注一个个孤立的事件，而是要看到事件之间的内部联系、作用机理与发展趋势；更进一步，还要看清影响、推动这种模式与趋势发生的潜在**"结构"**。这种潜在"结构"不是指逻辑结构或组织成员之间的汇报关系，而是指系统中的关键影响要素（或称为**"变量"**）及其之间的相互联系方式（或称为**"联结"**）。结构影响行为，正是构成系统主要变量之间的相互作用和影响，驱动着系统的不断演变，从而生成不同的行为模式，并表现为一个个看起来似乎没有关联的事件。

《直击本质》的作者艾菲对深度思考的研究颇为独到、透彻。她认为，**深度思考就是不断逼近问题本质的思考。**很多时候，我们都无法做到在第一次对某一个问题进行思考时就能触及它的本质，但可以在一次次的自我追问与深度思考后，越来越逼近它的本质，并将它言简意赅地表达出来。比如，如果有人问："自由"是什么？我们想要清晰地说出它的本质，绝不可能靠一次思考就能做到。

长于深度思考的人，往往在以下方面表现出超出常人的能力。**其一，精准地用词和打比方**。只有在洞察事物的本质后，才会联系到大家所熟知的事物，从而打出精妙的比方。**其二，对各种概念及概念间的关系有着清晰的理解和定义**。深度思考的人常会痴迷于一些重要概念的定义。要讲明白这个问题，这里不妨多举几个例子。比如："什么是爱？"艾里希·弗洛姆（Erich Fromm）在他所著的《爱的艺术》中这样给"爱"下定义："真正的爱是要唤起对方的生命力，要丰富别人。"像这样对概念的清晰理解与表述，必须是在经过很多次"深度思考"之后才能得出的。而人本主义心理学家卡尔·罗杰斯（Carl Rogers）对爱的定义则是："爱是深深的理解和接纳。"再比如，"什么是幸福？"哲学家伊壁鸠鲁说："幸福就是身体的无痛苦和灵魂的无纷扰。""积极心理学之父"马丁·塞利格曼（Martin Seligman）对"幸福"这个概念也进行了多年的求索和深度思考。在他的幸福1.0版本中，他认为"幸福就是生活满意度"，这个定义包含有3个不同的元素：积极情绪、投入和意义。10年之后，他又提出了幸福2.0版本，将幸福定义为"生命的丰盈和蓬勃"，这个定义包含了5个元素：积极情绪、投入、意义、人际关系和成就。因此，我们可以看出，**深度思考往往不是一次性思考，更多时候它是持续的思考状态。在这样持续的思考中，不断逼近问题的本质**。然而，如果一个人没有足够的阅历，没有读过足够多的经典，只凭"深度思考"，恐怕也是无法深刻理解概念及概念之间的关系，更不用说对它们下一个准确且谨严的定义了。**阅历、阅读和与人交流，就像是不同类型的催化剂，可以不断催化"深度思考"这个过程**，帮助它一次次发酵，最终逼近并揭示问题的本质。**其三，知其然且知其所以然**。刘未鹏在他的《暗时间》一书中这样写道：看一个问题的解法，必然要看其解法所诞生的过程，背后是否隐藏着更具一般性的解决问题的思路和原则；否则这个解法就只是一个问题的解法，记住了也无法推广。如果我们能“知其然且知其所以然”，就能提炼出更具一般性和适用性的解决思路与原则，这些思路和原则可以被迁移出去，用于解决其他领域的问题。**其四，比一般人有着更多、更深刻的自我觉知。**常常深度思考的人，不论对概念还是对问题，都会有持续地思考。这种习惯也会迁移到对自己的探究之中，从而拥有更加深刻的自我觉知，较常人更能做到“自知者明”。随着思考的深入，人们最终会有属于自己的答案。这样的过程就是一种自我觉知。**其五，比一般人更能发现规律、趋势，以及掩盖在趋势之下的不变的东西。**看到一件事只想到一件事，看到一个问题只想到一个问题，而不是发现背后隐藏的规律，这样的人显然缺乏深度思考的能力。在发现规律、趋势以及趋势背后的东西上，深度思考的人往往更具有敏锐性。

第二重转变：动态思考，也即从“线性思考”到“环型思考”（见图 31－4）。在传统思维模式中，人们总习惯于假设因与果之间是一种线性作用关系，也即“因”产生“果”；但在系统思考中，因与果之间并不是一种绝对的线性关系，而有可能是环型互动关系，即“因”产生“果”，此“果”又成为他“果”之“因”，甚至成为此“因”之“因”。**在管理实践中，人们借助“鱼骨图”“脑图”等方法，分析其原因，就是环型思考模式的实践运用。**如果只停留在把问题分解和聚类的层面上，而没有审视“因”与“果”之间较为复杂的相互关联，就难以做到系统思考。

事物内在的因果关系比较容易发现，但在我们的管理生活中，还大量存在复杂与混乱、无序的情境。**这些变量之间并不是显而易见的因果关系，而可能是呈现出动态、多变、不确定性、不可预测性等多种复杂系统特性的相关关系。**事实上，在大数据时代，管理者更应该关注“是什么”而不是“为什么”。如果说管理者过去痴迷于对事物之间因果关系的追求，是受制于当时的数据处理技术，那么在进入大数据时代，情况就不同了。管理者如今可以借助大数据技术，转而专注那些相关关系的发现和运用。对于管理者来说，在很多情况下，“弄清楚”比找寻“为什么”更加重要。

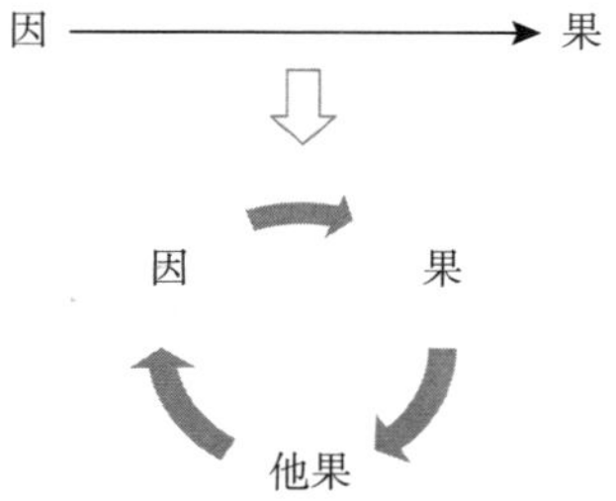

图 31 – 4　动态思考：从线性思考到环形思考

第三重转变：全面思考，也即从“局限于本位”到“关照全局”，见树又见林。全面思考尤其重要。不少管理者局限于从本身所处的位置及视角来考虑问题，往往缺少全局意识和全局视角，较少做到从公司全局来思考问题。组织是一个环环相扣的复杂系统，如果局限于局部，就会犯盲人摸象式的错误，也容易造成本位主义的冲突。本位主义实质上就是这种带有明显局限性的思考和行动，结果造成组织中充满了指责、冲突，使组织越发平庸。

第四重转变：整体思考，也即从“机械还原论”到“整体生成论”。管理者需要将系统作为一个整体来对待。就系统本身的特性而言，整体大于部分之和，将系统各部分割裂开来进行思考和行动，很可能就会破坏系统本身。**系统本身存在“涌现”（emergence）特性，也即系统整体具备它的任一组成部分所不具备的特性**。然而，在现实的管理生活中，管理者常常将事物分割开来进行分析、研究，沿用“还原论”思维方法，这种现象在企业组织中根深蒂固，俯拾皆是。各个部分各自为战，其结果是往往形成不了一个有机联系的整体，从而削弱了组织的整体能力。彼得·圣吉在《第五项修炼》中就非常强调，只有跳出“还原论”范式，“以新眼睛看世界”，体会到“不可分割的整体”的重要性，才能化解管理者面临的重重困境。

第 32 章 坚定的效率主义者

一个人的才能，只有通过有条理、有系统的工作，才有可能产生效益和成果。管理者的智力、想象力和知识都是重要资源，但是，这些资源并不直接等同于价值，只有通过管理者卓有成效的工作，才能将它们转化为促进价值创造的真实成果。

在一个边界松弛且充满干扰的世界中，管理者越来越难以保证自身的效率。青年管理者要成为一名坚定的效率主义者，就需要排除各种干扰因素，坚持做“对”的工作，而不做那些浪费时间的无用功，坚定践行德鲁克“5 条金律”，在善用时间、专注贡献、扬人所长、要事优先、有效决策上不断磨砺，养成良好习惯和职业素养，使自己的工作始终处于有条不紊和高效率的状态，长期累积下来，便是一种突出的成就。因此，有效性是一种后天的习惯，是一种实践的综合。行事高效，人人可学。

管理者的有效性与效率羁绊

管理需要高效

人与组织之间是相互需要的，这种局面至今也并未改变。对组织而言，需要个人为其做出贡献；对个人而言，需要组织这个平台实现人生目标。**只有管理者的有效性，才能使这两种需要相辅相成。**同样一件事，你做得比别人快、比别人早，就会赢得主动权；不同的事情，你布局得比别人早，也就会获得先机。特别在面对危机时，大家面临的情况是一样的，谁的效率高，谁的行动快，谁的协同能力强，谁就能在危机中率先突围。所以，以效率取胜，对于企业和管理者来说，同样重要。**管理者要学会行事高效，做一个坚定的效率主义者。**

德鲁克认为，管理者要想提高绩效和成就，使自身工作达到令人满意的程度，**唯一可行的办法就是提高有效性**。所谓有效性，就是使自身的能力和知识资源能够产生更多、更好的成果。一言以蔽之，管理者的有效性在于**"选择正确的事情去做，并把事情做正确"**。管理者应该从过去按部就班的工作和流程中摆脱出来，快速做出正确的决策和行动，把资源和精力投入到正确的事情上来，而不是做那些无用功，这样才能获得更多的成果。

"囚鸟"困境

现实中，管理者总是生存在这样或那样的组织之中。这些组织及其结构仿佛像一个"囚笼"，管理者要面对许多影响自身效率和成效的难题和羁绊，从而容易陷入"囚鸟"困境。**这些问题是由组织内在的因素造成的，但又与管理者的日常工作密不可分，而且大多不能为管理者所控制**。管理者如果处理得不好，就会变成组织的"囚徒"，被这些因素牵着鼻子走，处处被动，从而丧失了应有的高效性。一般而言，对于管理者来说，企业组织的"囚笼"特征体现在4个方面。

其一，管理者在公司中不属于自己。管理者的时间往往只属于别人，而不属于自己。想象一下，当管理者每天走进办公室，总有很多人找过来，包括上司、同级、下属，以及已预约或不请自来的外部访客。终于能够安静下来，开始着手处理一些计划内的事务时，半天的时间已经过去了。下午的会议计划时间是2：30～4：30，总有一些参会者时间意识不强，加上有些议题一时难以决断，大家发表意见难以很好地聚焦，于是这个会议便很容易开成"马拉松会议"；夸张的情况下，延续到晚间也难以结束。公司内部的行政流程和日常事务，加上各种会议和差旅安排，消耗了管理者过多的时间和精力。

其二，忙碌中潜藏的低效。在公司生活中，管理者会面临很多突发情况和其他烦琐事务，被这些事情推着向前走。在这种情形下，管理者看似游刃有余，交叉处理诸多事务，但这恰恰是一种陷入低效境地的症状。他们看起来工作很忙碌，人也非常辛苦，但最终也不知道忙了些什么，难以看出成效，特别是对于组织整体绩效而言，没有突出贡献。管理者被迫忙于这种“日常运作”，除非他们痛下决心，采取有效行动来改变这一切。

其三，价值产出与专业工作之间的关系。管理者身处组织的“结构”之中，自然就会**受到这种“结构”的牵引和限制**，就像人类生活在地球上无法克服重力的影响一样。管理者离不开组织内部的各种依存关系。只有在管理者有效利用他人的工作成果，并且他人也能有效利用管理者的工作成果时，管理者的工作才能产出最终成果。在科层制组织中，不同的部门、不同的职位都有自己的工作重心，专业背景、思维模式和聚焦方向也都不同。管理者要把大家组织起来协同开展工作，最终为客户创造价值，这始终是一个挑战。

其四，缺乏对外部环境变化的觉察。外部因素对管理者工作成效的影响，真正重要的并不是趋势，而是趋势的变化。趋势的改变才是决定组织、管理者及其努力的成败关键。一个管理者如果只把眼光和精力放在手头工作和分内事上，对于外部趋势的变化浑然不觉，这种状况会导致整个组织的产出非常有限，而且容易使组织丧失应对变化的有利契机。

高效知识工作者的特殊要求

坚持只做“对”的事情

对于体力劳动者，所谓效率，是指“把事情做对”的能力，而未必是“做对的事情”的能力；但对于知识工作者来说，要求就完全不同了。泰勒的科学管理已经发展出一套较为完善的针对体力劳动者工作绩效的衡量方法和制度，但管理者属于知识工作者，科学管理那一套方法并不适用。

知识工作者是一项特殊的“生产要素”。通过这项要素，当今一些高度发达的国家和经济体才得以获得并维持突出的竞争力。知识工作者的工作动力，取决于他是否具有有效性，以及他在工作中能否有所成就。管理者普遍才智较高，想象力丰富，并具有很高的知识水准。但是一个人的有效性，与他的智力、想象力或知识水准，几乎没有直接的关联。**一个人的才能，只有通过有条理、有系统的工作，才有可能产生效益**。智力、想象力和知识都是重要资源，但这种资源本身有其局限性，只有通过管理者卓有成效的工作，才能将这些资源转化为成果。同样，对于企业来说，企业的资产和资源只有通过管理者卓有成效的运营，才能创造价值。

管理者属于知识工作者。组织无法对知识工作者进行严密、细致的督导，只能协助他们。知识工作者必须自己管理自己，自觉地完成任务，自觉地做出贡献，不断追求工作效益。想要高效工作并始终保持这种高效状态，自然很困难。对于知识工作者来说，**要坚持只做“对”的事情，不要在一些“无用功”上耗费太多时间和精力。唯有从事“对”的工作，才能使工作有成效。**

分析与直觉相结合

人的左右脑发展并不均衡。一些人，诸如律师、会计师或规划师，左脑思维能力比较发达；而另外一些人，诸如艺术家、运动员和政治家，右脑直觉能力相对突出。直觉其实一直隐藏在人类大脑的右半球。**管理者在管理活动中，很大程度上要依赖与右脑相关的能力。因此，看似含糊、综合、神秘和相对无序的工作方法，反而能造就更高的管理效率**。这是很多人都没有意识到的。

尽管在实际管理生活中，各种报表和数据堆积成山，但管理者很少真正启用那些复杂的分析模型；**即便是分析，也是有意无意地与直**

觉共存，甚至需要在直觉的指引下进行分析。对于很多重要的决策，管理者更多地也是依靠那些非正式流程，一种含糊的、交互式的，以及对各种不同因素予以综合的流程。这些情形看起来与整合思维和系统思考的要求有些矛盾，但在管理者的心智模式中，对复杂问题的高效决策，还是离不开整合思维和系统思考，只不过表面上更多地运用了直觉。所以，**管理效率从根本上取决于分析和直觉的结合。**那些优秀的管理者往往善于把左右脑的有效运作结合起来，也就是把表达、逻辑和分析能力与预感、直觉和整合能力结合起来，从而形成一种突出的整体能力，而不是过度偏颇于哪一个方面。

德鲁克的“5 条效率金律”

疏浚你的效率源泉

没有人生来就行事高效，更没有“天生的”高效管理者。高效管理者有一个共同特点，那就是**他们从实践历练中得来的一些良好习惯和职业素养，使得他们的工作显得有条不紊，效率极高，长期累积下来，就是一种突出的成就。**管理者正是通过这种不断的实践，最终将高效行事变成一种习惯。因此，**有效性是一种后天的习惯，是一种实践的综合。既然是一种习惯，便是可以学会的。**对于青年管理者来说，必须摆脱很多人身上存在的长期碌碌无为的低效状态，学会高效行事，养成良好的职业素养和生活习惯。

对于普通人而言，最艰巨的挑战莫过于自我管理，青年管理者尤其如此。**虽然说高效行事人人可学，但也只有自己去学、去悟、去实践，这是无法靠他人传授和教导的。**毕竟，有效性不是一门课程，它的实质是一种自我管理、自我修炼。青年管理者的自我提高，源于平日的自我训练，必须放弃那些不良的工作习惯，增长知识，提升工作技能，逐渐养成良好的职业素养。**今天的企业组织，已然告别了神话和精英时代，需要由平凡人来做出不平凡的事业。**这也正是高效管理

者的自勉目标。青年管理者的自我提高，是个人的真正发展，也是组织发展的关键所在。

管理者如何才能做到行事高效？德鲁克提出了**善用时间、专注贡献、扬人所长、要事优先和有效决策**这 5 条原则，在管理学界被称为**德鲁克的“5 条金律”**。德鲁克的“5 条金律”看似老生常谈，但要深刻理解并长期坚持，对于所有人来说，确实是一场自我修炼和蝶变。包括英特尔前 CEO 安迪·格鲁夫、通用电气公司前传奇 CEO 杰克·韦尔奇这些响当当的大人物，都声称从德鲁克的“5 条金律”中受到极大启示。

善用时间

在所有的经济要素中，时间是最为特殊的一项资源。**唯独时间，是我们租不到、借不到也买不到的，也不能以其他手段获得**。时间的供给没有丝毫弹性。不管时间的需求有多大，供给也不可能增加。时间的供需也不存在价格这一调节因素，我们也无法绘制出它的边际效用曲线。而且，时间稍纵即逝，根本无法贮存。昨天的时间过去了，就再也回不来了。所以，时间永远是短缺的，而且完全没有替代品。但**做任何事情，都少不了时间，时间是必须具备的一个条件，是必须投入的一项资源**。任何工作都是在时间中进行的，都需要耗用时间。但是对这项最特殊的、无可替代和最不可或缺的资源，绝大多数人却认为可以取之不禁、用之不竭，都在不经意地挥霍它。青年管理者尤其要牢固树立这一观点：**时间是一项限制因素，在管理者“工作成就”的投入产出表中，时间永远是最稀缺的“瓶颈”资源**。

管理者在组织中的地位越高，组织对他的时间要求就会越紧。组织规模越大，管理者可实际掌握的时间也就越少。但很多管理者却不善于管理自己的时间，他们的时间有很大一部分是被浪费掉的。表面上看起来，每件事情都非办不可，其实很多事情回过头来看，都形同鸡肋，对管理者和企业的总体绩效来说，甚至毫无意义。管理者所控制的时间非常有限，因此必须善用这些有限的时间。时间是安排出来的，而不是人们通常所说的是可以“挤”出来的。管理者也只有安排并控制好自己的时间，才能够为自己争取一部分自由时间。在这个前提下，才能赢得**“把职责变成优势，把自己希望做的事情变成职责”**的主动权。

很多管理者总是先入为主地以为自己是时间分配的高手，但**一旦查看相关记录后，就会发现实际的时间分配跟自己的认知大不一样。**丰田公司曾经对其最核心的工程师群体的时间分配做了一些深度分析，发现这些工程师的大量时间被填写各种表格和行政性事务占据了，真正用在发挥他们专长上的比例反而不高。丰田公司于是**特意给这些工程师配备了行政事务助理，以确保这些核心的知识工作者从原先的事务性工作中抽出身来**，将腾出的宝贵时间用在对公司最为重要的工作上。哈佛商学院也曾经研究过那些顶级公司高级管理者的工作时间，结果发现：其一，这些高级管理者实际花在客户身上的时间只有3%，**很多人的时间是被内部事务、手头工作和自己乐此不疲的专业性工作占据了**，以致没有足够的时间来关注客户；其二，有些CEO级别的高层管理者，由于种种原因，把本可以分派给下属做的事情留给自己做，他们对自己的精力和能力存在高估倾向，**这些人需要腾出手来做那些真正重要且符合自己职责和身份的事情**；其三，这些高级管理者无一例外地**在人事决策上投入了相当多的时间**，大约花了20%～30%的时间用于跟公司核心人才进行“面对面”地深度交流，他们坚信这些时间投入是一种人力资本投资行为，对稳定公司核心团队和公司长远发展极其重要。

对于维系人际关系、做人事决策和推进创新变革这几类极其重要的工作，管理者无论事务多么繁忙，也都应投入相当充分的时间，是丝毫省不得的。阿里巴巴每个季度会安排高级管理者集中两三天共同做一次务虚性质的战略思考。如此昂贵的时间投入，足以体现一个领先公司对管理者战略性思考的重视。人事决策更是一项极其耗费时间的管理活动。企业的人数越多，人事决策也就越多。决定人事问题过于仓促，就容易铸成错误，特别是一些重要岗位人选的物色，尤其需要谨慎，必须经过很长一段时间的反复比对思考。德鲁克说得很幽默："上帝创造人时并没有想到他们将来要管理企业，所以很难找到完全合乎本企业要求的十全十美的人选，而人又不是可以随意'修整'或'更改'的。挑选的最终结果也不过是'大致符合要求'的那些人而已。"在业界享有盛誉的通用汽车前 CEO 艾尔弗雷德·斯隆，正是在他的治下，通用成功超越福特而成为行业翘楚。**根据斯隆的说法，他取得成功非常重要的一个因素，就是非常慎重地做人事决策。**他曾经这样说："每一次遇到岗位出现空缺，在我的脑海里面，浮现的人选通常都不是最佳的，所以我会停下来做慎重地思考，然后反复地甄选推敲，甚至会把原先那些不很成熟的想法搁置很长时间，等待有没有值得重视的变化因素，然后再捡起来重新思考。这样慎重地经过几个轮回，做出来的人事决策通常都是比较恰当的，最终把他们用起来也取得了比较满意的效果。"

行事高效的管理者大多有良好的时间管理习惯，他们深谙"磨刀不误砍柴工"的道理，并不一开始就急着工作，而往往从时间安排上着手。**要搞清楚自己的时间用在什么地方，这是起点；此后才是管理自己的时间，减少非生产性工作时间的占用；接下来，再将"可自由运用的时间"由零星而集中成大块连续性的时段。**简而言之，就是**"记录时间，管理时间，统一安排时间"**。这是管理者确保行事高效的坚实基础。具体说来有 3 步。

第一步，诊断自己的时间，确保有效性。记录时间耗用的实际情况。这需要"当时"就立即加以记录，而不能在事后补记。接下来，要做有系统的时间管理。首先，找出哪些事情根本不必去做，做了也纯属浪费时间，无助于最终的成果。要坚决把这类事情从自己的日程表里删除。其次，找出哪些事情可以由别人代劳而又不影响效果，然后授权合适的人去办理，事后再及时了解结果，这就足够了。再次，**管理者可以控制并且可以消除的，就是别去浪费下属的时间。**人总有一种倾向，高估自己在组织中的重要性，热衷于做一些过度管理的事情。这类管理者较为主观感性，做事情随意性大，动一动嘴，给下属开出的任务清单层出不穷，害得下属加班加点，叫苦不迭。其实，他们布置的很多工作都没有多少管理价值，最终多是不了了之，但下属的时间和组织的资源就这么被折腾掉了，这是一种极大的浪费。

第二步，消除浪费时间的活动，尤其要严控会议。找出由于缺乏制度或预见而导致时间浪费的因素。**人员过多，机构重叠，人浮于事，就是造成时间浪费的一个主要原因。**设置了大量可有可无的机构，这些人员就要想方设法地发文件、折腾事情，给组织增加了很多重复、累赘、无效的管理活动。另外一个原因就是**组织不健全，一个突出表现就是不必要的会议太多。**还有一个原因在于信息功能不健全，或者是信息表达方式不当，在调查真相上花费了太多时间。**很多管理者体会到的切肤之痛就是无休无止的“文山会海”，他们的时间和精力，被各种会议消耗得太多。会议本质上是组织缺陷的一种补救机制。**开会时就不能工作，工作时就不能开会。之所以要开会，是因为每个人有自己的工作，需要彼此合作才能完成某一特定任务；或者因为某一情况所需的知识和经验，不能全装在一个人的脑子里，需要大家集思广益。很多企业偏好开会，习惯于靠会议传达会议、以文件传达文件，形式主义和官僚主义屡禁不止，总有其顽固的生存土壤。上级发下来文件，其中有不少都是分头传阅就可以达到效果的，但很多企业组织却偏要召开一个较高层级的会议专门传达，然后每次较高层级的会议又会衍生出更多较低层级的会议，各层级的管理者不得不参加，甚至是重复参加，这种情形过多地挤占了管理者的宝贵时间。**会议应该是不得已的例外，不能视为常规。**一个人人都随时开会的组织，必定是一个谁都不能静心做事的组织，实际效果和管理质量可以想见。

第三步，统一安排可以自由支配的时间。管理者要把可自由支配的碎片时间集中起来，变成整段时间。有些高层管理人员，选择每周居家办公一天，这样可以避免办公室的干扰因素。还有人将会议、审核、问题分析等例行工作安排在一周的某一两天集中处理，将其他工作日的整个下午空出来，用于处理真正重要而复杂的工作。当然，**集**

中的方式倒在其次，关键是如何使用这些整段时间。管理者一定要放下那些次要的事情，不能让那些所谓新的问题、新的麻烦或新的紧急情况把这些来之不易的整段时间冲得七零八落，最后造成重要的工作没有落地。管理者要想行事高效，就必须排除各种干扰，善于将时间做整块地运用。特别是面临那些艰难的、复杂的、有较大挑战性的工作，以及那些重要文件和材料的起草和修改工作，更需要管理者在心情平静、外界无纷扰的状态下，连续投入整块时间，确保工作的连续性和系统性，才能顺利、高效地完成。

专注贡献

管理者应将眼光聚焦于贡献上来，意识到并非为工作而工作，而是为成果而工作。管理者能着眼于贡献，那么他所重视的，就应当不仅仅是“方法”，而是“目标”和“结果”。**专注贡献比善用时间更深入了一层，意味着管理者对自己提出了更高要求，真正承担起自己的责任。**重视贡献，才能使管理者看到整体绩效，将视线从“内部事务、内部工作和内部关系”转移到“外部世界”，更加重视企业的外部世界。**只有外部世界才是真正产生成果的地方。**有一些管理者的工作在企业内部看起来很光鲜，但与对企业整体和长远的贡献相比，实在微不足道。**对贡献的承诺，就是对有效性的承诺；没有这项承诺，管理者就等于没有尽到责任。**

管理者需要交出的答卷是：**我能够为组织做出什么贡献，而组织需要我做出什么贡献？**管理者的“贡献”，主要体现在3个方面。**其一，直接成果。**直接成果最重要。组织的生存需要直接成果，犹如人需要食物一样。**其二，践行、丰富并传承价值观。**一个组织还必须有价值观，这就像人体除了食物，还少不了维生素和矿物质。一个组织必须有自己的主张和想法，否则行之不远。**其三，培养与开发人才。**组织着眼于未来发展，必须培养未来接班人，人力资源必须时时更新，而且必须确保一代代提高水准。**下一代的人应能以这一代辛苦经营的成果为起点，站在前辈的肩头接续开创，并再为他们的下一代准**

备更高的基准线；如此生生不息，企业才前程可期，基业长青才不致落空。

扬人所长

在企业组织中，**有效性意味着“机会的开发，问题的消失”**，尤其是对人，这一点特别重要。高效管理者把每个人都视为可以开发的机会，包括他本人在内。他知道唯有长处才能产生成果，总盯着弱点只能造成令人头痛的问题。**管理者的任务不是改变他人，而是运用他人的才干和长处**。睿智的管理者要能够**扬人之长、敬人之长、用人之长**。为此，要善于利用长处，包括自身的长处、上司的长处、同事的长处和下属的长处；用好上司、同事和下属的长处，可以给管理者带来真正的机会。德鲁克说过这样一段意味深长的话：**管理者自己是没有绩效的，管理者的绩效取决于他的上司和下属；当他们都有绩效的时候，管理者自然就会有绩效。**

首先，运用自己的长处。只有知己所长，才能知己所属。对管理者来说，要充分发挥自己的长处，就同时要明白自身的局限性；要了解自己能做的事情，就同时要明白自己不能做的事情。要顺应自己的特点，不必过于勉强自己。要注重自己的绩效、自己的成果，以此发展出适合自己的工作方式和风格来。发挥自己的长处，对提升个人能力和改进自身的工作习惯也有同样重要的意义。**运用自己的长处，一个前提是要清楚自身的局限性**。在这个前提下，再思考自己的长项以及潜力，从而决定在这个组织中自己能做的和该做的事情。德鲁克在去世之前，给《哈佛商业评论》写的最后一篇文章就是自我管理。他提醒管理者要不断地分析自己，认清和发挥自己的长处。德鲁克提出了一个较有针对性的建议：要想发现自己的长处，一个有效的方法是**回馈分析法**。每当做出重要决定或采取重要行动时，可以事先记录下自己对结果的预期。9 ~ 12 个月后，再将实际结果与当初的预期做比较。采用这种方法，我们可以发现自己正在做（或没有做）的哪些事情会让自身的长处无从发挥出来，也可以清楚自己哪些方面的能力还需要加强。如果我们坚持以这个简单的方法训练自己，就能在较短的时间内（一般为 2 ~3 年）真正发现自己的长处。要让自身的长处得到充分发挥，我们还应该努力学习新技能、汲取新知识。**回馈分析法还能够发现自身的不良习惯**。所谓不良习惯，是指那些会影响工作成效和工作表现的事情。这样的习惯能很快地在回馈中反映出来。在得到这些反馈后，我们就应该尽量别把精力浪费在那些不能胜任的领域上。**宁可“从一流到卓越”，也不要“从无能到平庸”，因为后者反而要比前者需要我们有更多、更艰辛的付出**。

其次，运用上司的长处。如何与上司相处，这永远是一门大学问。我们在第 19 章“组织内部的依存关系”中花了较长篇幅讨论如何处理与上司的依存关系。德鲁克认为，**“管理”上司只有一个秘诀，那就是要认识到上司也是普通人，上司也需要人帮助他发挥自身的长处**。要明白上司做到这个位置上，已经养成了一整套他所习惯的工作方式。因此，管理者特别需要搞清楚上司是属于“阅读型”还是“倾听型”的领导，然后再调整自身的沟通方式。要学着运用上司的长处，特别是**说服上司运用他的资源或影响力来助力自己攻克一些艰难的任务**，巧妙地将自己的努力和上司的支持结合在一起，这是管理者取得高绩效的关键所在。与上司相处，也不能唯命是从，而应该从正确的事情着手，并能以上司可以接受的方式向其提出建议。**在很多场合，“如何提建议”比“提什么建议”更重要**。要考虑的不只是轻重是非，更重要的是表达的先后顺序。与**上司相处，还要注重在人格上保持平等，沟通和交流也多是双向的，不能有攀附动机、依附心理和奴才心态**。那是一种不健康的文化，也容易为组织里其他人所看轻。

再次，发挥下属的长处。管理者要认识到，自己所带的是一个有机的团队，应当致力于把团队成员的长处发挥出来，让那些本来不能胜任岗位的人变得能够胜任，这恰恰就是管理最大的魅力。除了持续开发并提升下属，更为重要的是，一开始就要把他们安排在可以发挥他们长处且确定不会影响工作的地方。高效管理者择人、任事和升迁，都要以一个人能做什么为基础。**管理者的用人决策不在于如何克服人的短**

处，而在于发挥人的长处。这个人能做什么，是组织器重他的原因；而他不能做什么，则是对他的限制而已。管理者如果能充分发挥人的长处，就能使个人目标与组织需要相融合，个人能力与组织成果相融合，个人成就与组织机会相融合，这可以说是对麦格雷戈Y理论的有力践行。

管理者往往以为他们的首要任务不在于因人设事，而在于因事用人，这样做的效果并不太好。通常的做法是，先有职位，再物色人选，最终的结果总是勉强凑合，充其量也就是找到了一位“最不至于出差错”的人选，或者说也就是“仅合乎最低要求”的人选。**要避免这种情况，就要改为“因人设事”**。管理者要适当容忍各色人等的脾气和个性。能容忍这些差异，内部关系才能保持以任务为重心，而非以人为重心。凡事不可一概而论。高效管理者须遵循4条用人原则。其一，不能将职位要求设计成只有上帝才能胜任的高标准。职位必须由人来担任，设计出一个“常人”不可能胜任的职位，这样做并没有实际意义。恰当的做法是，**将职位要求设计得合情合理**，“让平凡的人都能做出不平凡的事”。其二，职位要求**要有兼容性和较宽泛的涵盖面**。合理的职位，是对具有才干的人的挑战；涵盖面宽有利于人们将与任务有关的优势转化为实实在在的成果。职位设计不可过于具体。其三，**要有“因人设事”的思维**。先考虑某个人能做些什么，而不是先考虑职位要求是什么。将某个人安排在某个职位之前，应先认真考虑这个人的自身条件，而不应过于强调这个职位的特定要求，否则会存在“削足适履”的问题。其四，**在用人所长的同时，也能容人所短**。专注人之所短，愚不可及，也有亏职守，待人过于严苛收获不了期望的效果。

要事优先

与“善用时间”相呼应，“要事优先”也是高效管理者时间管理的另一个关键方面。**要事优先，即管理者应按照工作的轻重缓急来设定优先次序，把重要的事情放在前面**。最重要的事情要立即动手做，必须坚守优先次序，而且一次只做好一件事情，不要犯小猫钓鱼、猴子掰玉米式的错误。这样有利于管理者集中精力于少数重要领域，从而尽快在工作成果上取得突破。

安排先后次序时，心里得有个“谱”。要事优先，首当其冲就是要确定哪些事情属于“要事”。哪些事情需要优先处理，哪些事情可以缓缓再办，管理者心里要始终有一个“谱”。如果仅仅靠压力来决定优先次序，必然会使许多不太紧急但又非常重要的事情得不到处理，时间久了，很多真正重要的事情被搁置在一边没有做好，就可能会给企业造成极其严重的问题。**在现实情形中，管理者不能集中精力处理重要事务，主要困难在于他们受到太多因素的干扰，特别是在责任边界不清晰的情况下，更无法确定哪些事情可以暂时不办。**在很多情境下，所谓“暂行缓办”，实际上也就是“永远不办”。搁置也就等于取消，在现行的问责体制下，管理者都不敢轻易延缓任何工作，哪怕是那些程序或形式上的工作。

这个“谱”，一般体现为以下几条原则：**一是重将来而不是重过去；二是重视机会而不是只看到困难；三是化机会为成果，肯定会比解决旧问题更有积极意义**，解决旧问题，总不过是恢复昨天的平衡而已；**四是目标要高，要有新意**，不能只停留在“糊窗户纸”“补漏洞”的层面上，不能只求方便而敷衍；**五是坚持自己想清楚的方向而不盲从。**要事优先，高效管理者要有足够的勇气，敢于决定真正该做和真正先做的事情。只有这样，管理者才能成为时间和任务的“主宰者”，而不会为它们所“奴役”和束缚。

要专注，不要贪多求全，一次最好只干一件事情。那些没有被写进日程表里的事情，并不是要求管理者在有闲暇时再慢慢完成，而是应该尽全力回避，因为在它们那儿投入时间无异于一种浪费。对于紧急事务，德鲁克告诫管理者要善于抵御紧急事务的压力，从而能够**把时间放在那些重要但不紧急的事情上面。**这是考验一名管理者，特别是高层管理者心智是否成熟的重要试金石。管理学上有个“压强原则”，即要求“把所有资源投入到一个点上尽快实现突破”。管理者面对的事务过于繁杂，更需要特别专心。**一次只做好一件工作，恰恰**

就是加快工作进度、确保工作成效的最佳办法。按照我们认定的优先顺序，集中时间、努力和资源，心无旁骛地专注和聚焦，一件事情接着一件事情做，我们就会发现，最终所完成的工作量反而更为可观，成效也更为显著。

集中而不是分散精力。我们要做的事情太多，而时间总是有限的。管理者越是想做出重大的贡献，就越是需要更多的“整块时间”；管理者越是想把繁忙无序转化为突出的成就，就越是需要持续的努力和较长的连续性时间。同样地，管理者越想发挥长处，就越是应该在重大的机会上集中一切可用的长处，而不是在其他地方分散精力。这是获得成果的最简捷有效的办法。退一步说，大多数人即使在同一时间内专心致志只做一件事情，也不见得真的能做好；如果再去做其他更多的事情，就更不容易聚焦，效果也不会好。尽管人是一种“多功能工具”，具备多任务管理的潜能，但**要想高效利用自身才能，最好的办法还是在一段时期内集中所有的个人才干和时间资源，去完成一件极其重要的任务。**

面向未来而不纠结于过去。管理会计有一个“沉没成本”的概念，管理者也要善于摆脱已经不再有价值的过去，更多专注于未来的机会。举一个简单的例子，假如你有 300 万元，买了一只股票，在过去几个交易日里连续阴跌，损失了 50 万元，这个时候你可以有 3 种选择：一是全抛掉；二是通过各种途径融资，力图抄底，补仓，拉低一下成本；三是即便筹集不到补仓的资金，也不想立即抛售，而是等回升到自己的心理价位时再采取动作。相比第一个方案，后两个方案的思维方式显然是着眼于过去的事情，即 50 万元损失左右了人们的决策。股票投资的一般性规律告诉我们，过度纠结于过去而不面向未来的决策，不会带来人们想要的期望收益。**睿智的管理者须认识到聚焦未来而集中精力和资源的重要性。**既然昨天的决策和行动可能会形成今天的困难、危机和包袱，那么管理者更应该把今天的资源积极地投入到创造未来的决策之中。有时候，管理者须问自己这样的问题：“这件事情现在还有继续下去的价值吗?”如果明摆着没什么价值，那就应该立即收手，将时间、精力和资源投入到其他更值得做、也可以做得更好的任务上。当然，面向未来而不纠结于过去，对于一些国有企事业单位而言是个巨大挑战。一些国有企事业单位每经历一个经济周期，就容易遗留很多存量问题。对于前任和以前管理层决策所造成的不良资产和风险，接任的管理者都得扛起“新官也得理旧账”的责任，稳妥处置这些存量问题。这些工作自然会极大地分散他们思考和布局新一轮发展的精力；而且，处理存量问题所耗费的能量和资源，往往数倍于发展增量所做出的投入。

有效决策

决策是管理者特有的任务，决策会影响公司的长期发展。**有效决策是一套系统化的程序，有明确的要素和一定的步骤。有效的决策，其重心在于合理的行动。**德鲁克提供了一些明确的标准，起着指导性作用，具体表现为以下几个方面。其一，要确实**了解问题的性质**。如果问题属于经常性的，那就只能通过一项建立规则的决策予以解决。其二，要确实找出解决问题时必须满足的界限，也即**问题的“边界条件”**。其三，仔细思考**解决问题的正确方案**是什么，以及这些方案必须满足哪些条件，然后再考虑必要的妥协和让步事项，以期该决策能够被接受。其四，决策方案要同时**兼顾执行措施**，要让决策变成可以实施的行动。其五，在执行过程中要**重视反馈**，以印证决策的正确性和有效性。

高效管理者也不需要做太多决策，绝不能事无巨细地包揽企业的各层级的决策事项。**他们所做的，应该限于那些重大决策；他们重视的，是区分什么问题是例行性的，什么是策略性的，而不应津津乐道于“解决具体问题”**。高效管理者知道什么时候依据什么原则做决策，什么时候应依据实际情况需要做决策。要想做出有效的决策，管理者不应忙着去收集事实，而是要能够提高对自我的觉察，要看到自己内心深处隐藏的一些想法和假设。

管理者必须在综合不同讨论意见的基础上做决策，但决策也绝不

可能是“一致意见”的产物。如果没有不同意见，就不应做决策。优秀的管理者不仅要包容不同意见，而且要努力做到从内心真正拥抱这些不同意见，要把这些不同的意见视作激发自己想象力的重要素材。即使对那些最糟心的反对意见，也要能想到，这能让正面意见变得更加光明、更加有力。**在不同观点的交锋中，能够让管理者更清晰、更深入、更系统地完善所提出的方案。优秀管理者的格局正是体现于此。**

决策一般也不太可能在对的方案和错的方案中做选择。既然已经分得清“对”与“错”，也就不存在决策的问题了。大多数情形下，是在各有利弊的方案中做选择。方案没有绝对的好坏之分，很多备选方案也都是既有优点，又有缺点，这种情况才能真正考验管理者的决断能力。少数时候，很多方案看起来都是完美的，要在这些“完美”方案中再做出恰当的选择，也会非常困难。我们前面讨论的“整合思维”，在这种情况下就能起到关键作用。事实上，**真正重要的决策，其制定过程在很多时候都非常艰难。只有到最后，最有分量的“一把手”站出来，由他来力排众议并一槌定音。**

关于有效决策，黑石联合创始人苏世民曾说过：决策必须建立在深入分析的基础之上。黑石的任何决策过程都须列出所有的风险因子，再召集6~8个非常聪明的人组成一个决策团队，让他们以开放的方式分析这些信息。总体而言，集体决策会胜过个人决策。**黑石的文化是不要有旁观者。如果你在场，你就必须发言，而且必须说出你自己的想法，而不是复述别人的意见。**既然是参加会议，就是来做贡献而绝不应是滥竽充数，坐在那里看别人发挥才智。黑石的每次决策会议都会有非常激烈的辩论，这实际上也是黑石文化的一部分。在大多数机构中，如果你提出与另一个人不同的意见，就容易被认为是攻击某一个人，这样就会导致糟糕的结果和不健康的文化。到后来，大家都不愿讲真话了，这样对于企业而言就是一种巨大的损失。**黑石营造的环境是必须讲真话，讲出每个人的真实想法，但这种辩论和争执从不针对个人。**这样做的好处就是可以集思广益，很好地保证管理决策的有效性。

第 33 章 学不可以已

管理者要时刻保持对外部世界和自己内心的新知觉与洞察力，这就需要有足够的动机去克服学习与改变过程中所遇到的困难和挑战。学习本身就是管理者需要掌握的一项重要素质和能力；保持良好的学习状态和出众的学习能力，就是应对这些挑战的一个重要动因。

人类学问逐天进步不止，管理者不努力跟着跑，便会落伍退后。学不可以已，对于青年管理者而言尤其如此。在开启职业生涯时，大多数管理者已经完成了系统的高等教育。然而，对于漫长的职业生涯而言，学校教育只是一个起点，后天的学问功夫最不可忽视。办事才能的训练，人情世务的练达，是一种学问；德行的修养，内心的开悟，更是一辈子的学问。

读书当求其意义

读书的意义

大多数管理者不太重视学问。其实，对于知识工作者来说，学问是人生的一桩大事。当然，管理者首先要明白，学问不尽然源于读书，也不止于读书。人们常说，“世事洞明皆学问”。办事才能的训练，人情世务的练达，这些人情世故和日用起居之间的学问，显然不能全靠读书得来。所以有人诘问：“尧舜之前，更读何书?”亦有人感叹：“尽信书，不如无书。”

最近三四十年来，受市场经济冲击，社会风气大变。“一夜暴富”的新贵新富阶层大量涌现，跋扈的“官二代”“富二代”的张扬作为，更是不断冲击着大众的神经。在权势、金钱面前，读书似乎变得一文不值，实在让人有些气馁。但无论如何，管理者都不能为这些现象所迷惑。

关于读书，管理者确实需要做一番理性的思考，去真正审视读书的意义。读书的意义大致归结为**改变命运、经世致用、领略生活和变化气质**这几个方面。

改变命运

读书的世俗意义，在于改变命运。中国封建社会的制度设计，比较突出的一点，一是“士、农、工、商”社会分层的结构，二是隋文帝开创的科举取士。这种选拔制度为读书人开辟和维系了一条至关重要的晋升通道，并在世俗层面上制造了诸多“朝为放牛郎，暮登天子堂”的故事，让处于社会底层的老百姓激动并心向往之。寒贫人士亦可以“学而优则仕”，由此进入国家机器和上层建筑，并逐步形成了皇权与以士大夫为代表的国家精英阶层共治的权力结构，这无疑是推动中国长期站在世界文明之巅的重要制度安排。**1977 年，在邓小平同志的主持下，我国恢复了高考制度，再次为草根阶层提供了“读书改变命运”的契机和机制，极大地激发了社会活力。**毋庸置疑，这也是推动中国改革开放并取得今天这番惊人成就的一项重要的制度改革。

经世致用

读书的实践意义，在于经世致用。书籍虽是后于人类文化而有，却是整个人类文明的镜子。特别是阅读经典著作，可以帮助我们了解世界。经典提供的经验和智慧框架，让我们可以找到世界的原始图景。

学问总是一个循序渐进的积累过程。**人脑中已有的知识是接受**

新知识的基础，也是产生新才智的源头。没有旧知识作底，好比石板上没有土壤，任何种子都不可能在此生根发芽。知是行之始，行是知之成。知行合一应是读书所追求的功夫和境界。这般积累的有用之学，贯穿到人生中，便形成了人生智慧。由此练就的驾繁驭乱的实际能力，可以从根本上帮助管理者建立事功、丰富生活和充实人生。

领略生活

读书的美学意义，在于领略生活。明代洪应明所著《菜根谭》中有一句很有气魄的话："惟大英雄能本色，是真名士自风流"。朱光潜认为，我们应该追求艺术的生活，其实就是本色的生活。世间有两种人的生活最不艺术，一种是俗人，一种是伪君子。如果一个人始终笃信娶妻是为了生子，养儿是为了防老，行善是为了福报，读书是为了升官发财，那么这个人的行事总是在随世俗图近利，一切都会显得浅薄，沦落为彻头彻尾的"俗人"。"俗人"在根本上就缺乏本色。而"伪君子"则更可怕，不仅竭力掩盖本色，于"俗人"之上又加了"沐猴而冠"的伎俩。这两种人的生活显得功利、冷酷，也极薄情寡义。礼至而情不至，孝的意义本已丧失。**读书融入生活，便是享受，是领略，是培养生机。一个人如能长期注重在勤苦中保持心灵的春意，那么不论外界多么艰苦和严峻，他都能活出生活的意义来**。孔子所谓"知命"，孟子所谓"尽性"，庄子所谓"齐物"，宋儒所谓"廓然大公，物来顺应"，其道理大抵如此。**人生须有情韵趣味，养得生机盎然，精气神才可以历久不衰**。领略生活较之于改变命运、经世致用，又升华了一个境界。在现实生活中，后者偏重于营生性质的专业或技术，属于职业层面的内容；而前者则渐已进入一个更高层面，对生活的美学意义已有所悟，悟出了人生的春意。

变化气质

读书的人生意义，最终还是在于变化气质。《吕氏春秋》曰：

“君子所以学者，为能变化气质而已”。**人之气质，由于天生，本难改变，唯读书则可变化气质。**读书积淀的学问运行在我们的精神空间之中，本身就是一个“存高远、去凝滞，忍屈伸、去细碎”的过程。**经历了这番过程，我们自会去机巧而求笃实，渐渐地养成宽舒广博之气度、温厚和平之性情、飘逸洒脱之胸襟、含蓄淡远之意境。**学至气质变，方是有功；习到自然缓时，便是气质变也。治怒、治惧，都是变化气质的实际功夫。克己可以治怒，明理可以治惧，都须依赖读书。“胸藏文墨虚若谷，腹有诗书气自华”，说的大抵也是这些道理。如此这般，管理者便有了宽广的胸襟和深沉的眼光，便有了不怒不惧、宽裕温和的气质，对于提升管理水平和境界极有裨益。这也是知识工作者所应长期追求的境界。

读书得讲求方法

立足知识结构

在一个知识越来越复杂、书籍出版越来越繁杂的时代，管理者属于自己的时间极其有限，必须关心应当读什么书。读了一本没什么价值的书，等于耗费了高昂的时间成本，这就是一种极大的浪费。

我们在前文讨论过知识结构和知识体系的问题，人类文化不是杂乱无章的，而是有脉络、有结构、有系统的。因此，选书有许多讲究和诀窍。适合青年管理者阅读的书籍，大致有3大类：其一是**适用于日用起居的科普类书籍**；其二是**适用于职业、事业的经管类书籍**；其三是**适用于修身养性的人文类书籍**。科普类书籍包括日常娱乐、居室庭园、医疗保健、饮食出行、花草摄影等涉及生活知识、技巧、情趣和艺术之类的书。

管理者的事业场景是商业和公司。暂不说公司的具体产品或服务以及所处的行业，就商业和公司生活的一般规律而言，了解经济学和管理学等领域的专门知识，对于青年管理者而言着实重要。经管领域的书籍又可简略归为5个子领域：一是**宏观经济分析与战略决策**；二是**市场营销与客户管理**；三是**会计控制与公司金融**；四是**运营管理**；五是**组织行为与人力资源管理**。有抱负的管理者要有一种自觉意识，按照这样的脉络，逐步积累丰富而又条理分明的知识储备并建构自身的知识结构。

至于人文类书籍，涵盖了文学、历史和哲学，这是变化气质的关键所在。传统的划分有中国、印度和西方这3大体系之说。这是一片博大精深的学术丛林，我们在这里主要说说中国传统文化。中国的传统，当然离不开儒家和道家。林语堂说，道家的浪漫思想，诗意，崇拜天然，际乱世之秋，宽解了不少中国人的性灵，救济了中国文学之陷于歌颂圣德。他还进而归纳，一切优美的中国文学，稍有可读价值的，能愉悦人类心灵的，都深染着道家精神。道家哲学是一种俏皮圆滑的冷淡，是一种深奥而腐败的怀疑主义。当顺利发皇的时候，中国人人都是孔子主义者；失败的时候，人人都是道家主义者。孔子主义者在我们之间努力建设而勤劳，道家主义者则袖手旁观而微笑。职是之故，**当文人在位则讲究德行，行的是儒家的一套准则；闲居则遣情吟咏，写出来的却多为道家思想的诗赋。**

儒家的经典还是在于四书。读四书，要讲究顺序，依次是《大学》、《论语》、《孟子》和《中庸》。北京大学杨立华教授有这样一番论断：**读《大学》，先要立一规模；读《论语》，乃立根；读《孟子》，是发越，激扬正气；读《中庸》，则是品其微妙，这是孔门传授的心法**。继孔、孟之后，朱熹无疑是儒学之集大成者。朱夫子撰述的《四书章句集注》，无疑奠定了四书在中国传统文化中的正统作用。管理者囿于时间、精力和专业限制，只能萃取精华，有兴趣者可以静心阅读朱夫子撰述的《四书章句集注》。这本书不算艰深，潜下心来还是可以读得进去，用心读完即可以探得无数骊珠。中国传统文化所讲的做人做事的道理，这本书讲得比较透彻明白。

我们在前述对比过中庸之道与整合思维。**中国的人文主义，确实可以最终归结为“中庸之道”**。中庸之义，在于“诚与庸”，在于

"中立而不倚"，在于"虚无中自立的意志"。诚，即真实无妄、始终如一，即为中庸。不偏，即"不倚"；持中而立，中立而不倚。这个不倚，更是心灵上的不倚，是一种"无倚、傍中、自立的意志"。**儒家所有的精神，都可以归结为"自立"二字。**唯有如此，人生才有支点，才能在虚无中自立，才能过得笃实光辉。中国有一种流行的谦约箴，曰："钱财不可用罄，福分不可享尽。"**独断过甚或利用个人地位过甚，俗称为"锋芒太露"，这常常被视为粗鄙行为，是颠覆之预兆。**这是一条屡试不爽的定律，青年管理者尤其应引以为戒。

博学而守约

读书的选择，博学守约是至要原则。关注某一领域，首先要求博，求宽度；其次方可求专，求深度。这也**是一个从博杂见精纯，再从艰深得平易的过程。**

精读的书给我们建立了做学问的基础；有了这个底子，我们才能通过博览扩展自己的知识体系。但博览也需要有重点，并不是漫无目的地走马观花，必须配合着自身专业去逐步扩大知识的范围。博览之书虽不必"三复"，但也要择其精者做有系统地阅读，至少要一字不遗地细读一遍。对这些领域的专门知识较为熟悉之后，才能够"快读""跳读"。**朱子曾说过：读书先要花十分气力才能毕一书，第二本书只用花七八分功夫便可完成了，以后越来越省力，也越来越快。这是从"十目一行"到"一目十行"的过程，无论专精和博览都无例外。**"好学深思，心知其意"，这是每个真正读书人所必须力求达到的最高阶段。**读书的第一要旨是尽量求得客观的认识，不是为了炫耀自己的"创造力"，能"发前人所未发"。**

到这一层，我们就需要训练自身的判断和鉴别能力：哪些学科和自己的专业相关？在相关各科之中，我们又如何建立一个循序发展的计划？各相关学科之中又有哪些书属于"必读之书"？对于这些问题，我们可以请教师友，也可以从现代人的著作中找到线索。**附在高**

质量论著后的参考文献就非常有价值。这是现代大学及学术制度给我们的特殊便利。拿会计职业来举例子。会计本是管理学的一个枝梢性质的学科，应用性较强。想要在这个领域达到精深的水平，往往也是由初级到中级再到高级。在初级阶段，着眼于财务会计、管理会计、财务与金融、税法及其他经济法等领域，适当拓宽专业知识的广度，搞清楚其中的钩稽关系和细节，都是必要的。只有基础扎牢了，才有可能往更高层面上提升。到了大型企业财务总监这样的高级管理者的层次，他必然是一个在战略、运营管理、人力资源等邻近领域都有所研习，并在会计与控制、财务与金融等专业领域有精深造诣的高级综合性人才。**会计职业的成长路径，也明显是一个博学守约、循序渐进的过程。**

著作者的人格

读书的选择，重要的是对著者的选择。知人是读书的重要一步。不知人，无以知言也。我们读书，务必要选择这个领域的大师、大家的代表作品来读。譬如经济学界的凯恩斯、熊彼特、科斯、威廉姆斯、哈耶克，管理学界的麦格雷戈、德鲁克、波特、明茨伯格等。师其一人，读其一书，终身用之，有不能尽。杨绛先生说，读书就像串门，你不需要预约，就可以敲开任何一个大师的门，这真是天下最好的事情。**大师的作品往往渗透透着大师的人生哲学和人格魅力，读其书，想见其为人，那种体验是完全不一样的。**

举一个不甚恰当的例子。有人对胡适和鲁迅这一对著名“冤家”做过一番比对：一个平易，一个深刻；一个是烛光，一个是闪电；一个是“不可救药的乐观主义者”，一个毕生“绝望”；一个钟情“法制的自由”，一个张目“无治的自由”；一个主张“容忍比自由更重要”，一个宣布死后“一个也不宽恕”。二人在思想上一度合辙，但“五四”之后渐行渐远。读二人的著作，想象两人迥异的人格和人生际遇，着实对我们走好人生路深有启迪。

适宜的读书方法

中国传统的读书法，讲得最亲切有味的无过于朱熹了。朱子不但现身说法，而且总结了荀子以来的读书经验。余英时曾经比较过朱子读书法和今天西方所谓“诠释学”的异同，发现有很多相通之处。**读书之法，古今圣贤和大家的观点几乎是相同的。**朱子曾言，为学譬如熬肉，须先用猛火煮，然后用慢火温。先在短期内集中精力阅读，掌握所读书的概貌；然后再对其中的章节乃至字句作慢慢细细的咀嚼，读熟读透，以求探到书中的精义奥妙。钱穆说，读书必自首迄尾，通体读之。不抽读，不翻阅。朱光潜说，凡值得读的书至少须读两遍，第一遍须快读，着眼于全篇的大旨与特色；第二遍须慢读，须以批评的态度衡量书的内容。

对于读书的过程，曾文正公强调宜虚心涵泳、切己体察。涵者，如春雨之润花，过小则难透，过大则离披，适中则涵濡而滋液。泳者，如鱼之游水，此鱼水之快也。善读书者，则视书如水。涵泳二字，庶可得之于意言之表。切己体察，就是联系自身去体会书中的话。**用现代的话说，就是用心去读，进得去亦出得来，绝不能读死书、死读书。**

读书宜做札记。读书必须动笔，不仅要勾画、标注出自己感兴趣的内容，而且最好写出自己的心得。钱穆谓之“遇惬意处，加以笔录”。读过一本书，须笔记纲要、精彩之处及自己的意见，把“思想火花”即时存档。人到中年后，记性大不如青少年时代，即便随笔点过一遍，也未必能留下深刻印象。**如此一一圈点摘录，不仅有助于看得明白，也逼得自己仔细，刺激自己思考，有利于自己求个明白。**书读完后做一些札记，把标注过的精彩内容摘录下来，集中系统整理，做成文件分门别类地归档，日后查找、应用起来甚为方便。

至于读书的环境，是不宜躺在床上读书的。床上读书，只能是浅阅读，权作消遣、休闲而已。**读书最好要有专门的书房，而且要收拾得干净，极有条理，绝不能杂乱无章。**在这样的环境下，于书桌前正襟危坐，关掉电脑，放下手机，收了心思，沉潜进去，效率、效果自然大不一样。

难在守常有恒

读书是一件乏味甚至艰苦的事情。只有捅破这个乏味、艰苦的表层，进入到它的内里，才能感觉到有一个无穷的世界在等着我们。这个时候，才会渐渐地喜欢上读书。曾文正公有言，**人之读书，第一要有志，第二要有识，第三要有恒。**有志则断不甘为下流；有识则知学问无尽，不敢以一得自足；有恒则断无不成之事。此三者缺一不可，概括起来说，就是要“守常”。守常是第一美德。“常”对于人来说，最平实，但也最为不易。

很多管理者都借口工作忙而不读书。其实，古今中外，**大多数人的学问都是在忙中做成的；而且，所成就的大学问大事业，也多是从笨、苦、持久中得来。**譬如曾文正公、胡适之、钱穆、吴敬琏，都是这方面的例子。他们都是有恒守常的杰出代表，也一定是时间管理的超级专家。

我们此前花了一个章节的篇幅讨论管理者的时间管理和工作效率问题，讲到管理者如何应用宝贵的整段时间。现代人的生活节奏快，难得有整段时间用于读书学习。**善于利用碎片时间，化零为整地读书学习，这也是一种难得的功夫。**对于管理者而言，有两类时间是一定要用上的：一是在平常的上班时间，要避免应酬，晚饭后可以挤出两个小时；二是双休日和节假日的整段时间。如无公差，双休日即闭门读书的黄金时间。休息得比较充分，目力大增，读书也极能深入精进。两天时间可以完成300～500页的读书任务。管理者如果能把这两类时间利用上，一年完成50本书的阅读量，断无问题；数年坚持下来，学问之增益，气质之变化，自是可以想见。

读书确实需要定力。**读不进书，多半是因为心地太忙**，不空所以不灵。所以管理者当求能虚此心，心虚始能静。忙里偶然偷闲，闹中偶然觅静，于身于心，都大有裨益。悠然遐想，人的心中便蓦然似有一道灵光闪烁，无穷妙语便源源而来。这就是忙中静趣。北宋理学家程颢说，“涵养须用敬，进学则在致知”，大致也是教导我们读书学习、修身养性之类的事情，不必远求、近取诸身，当栽培深厚，涵泳于其间，然后可以自得。**读书是生活的一部分，既是一种别致的生活方式，也是一种有恒守常、考验意志的人生实践。**

求得活的学问

学问要表达出来

求得的学问要能言，要善于讲出来，成为一名善讲者。纵己所知，经过自身的理解和思考，结合自己的实践，深入浅出，讲一切他所已知者。这也是一个“学”“问”“思”“辩”“行”的完整思维程序。《中庸》强调，“博学之，审问之，慎思之，明辨之，笃行之”，放到这个语境中，也就很好理解了。**管理者尤其要善讲，一定要将学问运用于日常工作之间，把握住要害和实质，把对事务的思考、识见和要求明白地讲出来，这样下属才能够真正明白你的意思，便可以有的放矢地去执行。**令人遗憾的是，听善讲者言，在一些企业内已越发成为一种奢望了。我们参加会议，或者阅读文件，体会尤深。所听到的、所看到的，多是人云亦云、虚浮空洞、千篇一律的说辞，空话套话之中，几乎领略不到一丝新意。听会的人进入会场，看文件的人拿到文件，大多提不起精神，甚至恹恹欲睡。

能言的另外一种方式，是**要把这番学问写出来，做出一篇绝好的文章。**现在的文章写作，甚至包括博士学位论文，大多不是一段一段写出来的，而是靠检索完成。因为有百度、谷歌或知网的存在，检索确实很容易。**这种书籍或文章里机器的味道很重，检索的痕迹太明显。**不经历写作这个阶段，我们的知识、议论和学问只停留在体会见解的阶段，处于碎片化形态，只能算是一种未完成的学问。**一篇好文章的写作，代表的是有条理、有系统、真正成熟的知识创造，是**

一种真学问。同时，写文章也是学以致用的一个重要途径。朱光潜曾说，文学是一种以言达意的美术。胸中实无一策，下笔就难有千言。很多人不缺学问，缺的是才情。文章一定是至性深情的流露，存于中，然后形于外，不容有丝毫假借。有情趣的生命流露于语言文字，即成好文章；流露于言行风采，即美满的生命史。文章须立意脱俗，思路宏开，文字简当。绝好的文章，必于气势、识度、情韵、趣味诸方面有一长。势来自气，度来自识，韵来自情，味来自趣。文章之美在于其弹性，拉得长亦能缩得短，言有尽而意无穷。在修养道德和建立事功的同时，仍能做出一篇绝好的文章，是谓“立言”，这也就是儒家所孜孜追求的“三不朽”境界了。

提这样的要求，对于普通的管理者来说，标准确乎是高了一些。但是**一个公司的年度报告、管理者的讲话稿和年度述职报告、重大项目的可行性研究报告，诸如此类的文件和材料，就应比照着前面所讲的文章要求来写，一定要用心，在质量上拿得出手，这样至少不会被下属轻看**。现在的很多大学生甚至是研究生，包括一些名校毕业生，中文写作水平实在不敢恭维。让其作一篇逻辑严谨、层次清楚、语言简洁、没有错别字的材料，似乎都变成了一项不可能完成的任务。一篇材料交上来，修改起来都无从下手，着实让人痛苦。

要的是活学问

中国著名思想家、哲学家唐君毅曾说，一般而言，从读书中求得学问，需要经历以下几个阶段：其一，相信他人的话；其二，疑；其三，开悟；其四，由一点一滴的心得，连系成线、成蛛网、成面、成立体；其五，知言。**这是一个综合融会的过程，一方面向深处求、向高处看、向远处推，另一方面又往而知返，有豁然贯通之感，绝不把学问做死**。如此反复，把读书得来的思想综合融化为自己的思想，而不复见有书，因而不觉是我在读书，而似是书读我。至此，也可称得上是学问老到成熟而炉火纯青，乃至智慧大开。**读书在于求得活的学**

问，而活的学问在于坐能言、起能行、以致用。

将活的学问运用于管理实践，是一种很别致、很有味的知行合一。在这种综合融会、学以致用的过程中，无论对于个人，还是对于团队和公司，**最为宝贵的还是在于培养一种集体学习、持续学习的能力，这才是个人和企业的真正的核心能力。**

第 34 章

领略生活之美

对于青年管理者来说，生活的画卷刚刚展开，必须思考明白自己想要什么样的生活。过一世生活好比作一篇文章，上佳的生活都有上品文章所应有的美点，都是个人人格的表现，而未必在于优渥的物质资源。

适度的取舍和整合会使生活保持平衡。无论职场和外部环境如何变化，如果我们都能够忠于自己的内心，表现出很强的一致性，那就绝不容易迷失了自己。随着生活阅历和职业经历的积淀，年轻人在成长过程中也需要做必要的返回，去探寻人生的意义。人生只是一个向往。有了向往，就会有鲜明的目标、坚卓的意志和淡远的情怀，人生也便因此变得葱茏而充实。

要一种什么样的生活

当有的世俗生活

朱光潜在《给青年的十二封信》中这样说：**做学问，做事业，在人生中都只能算是第二桩事。人生的第一桩事是生活。**这里所讲的“生活”，是“享受”，是“领略”，是“培养生机”。假若为学问和事业而忘却生活，那种学问和事业在人生中便会失去真正的意义与价值。因此，我们不应该把自己看作社会的机械。一味迎合社会需要而不顾自己兴趣的人，就没有明白这个简单的道理。朱光潜在《谈美》中还写道：**过一世生活好比作一篇文章，完美的生活都有上品文章所**

应有的美点。凡是完美的生活都是人格的表现。文章忌俗滥，生活也忌俗滥，人格更是忌俗滥。

青年管理者要意识到，纵使再有抱负和志向，自己首先也是一个世俗的人。做一个灵魂有趣的人，而不是一个索然寡味的人。**人生真正的目的，中国人用一种单纯而鲜明的态度决定了，它在于乐天知命以享受朴素的生活，尤其是家庭生活与和谐的社会关系。**

完整生活：平衡与整合

工作与生活的平衡，终究是自始至终贯穿于职业生涯的一个挑战。对于青年管理者来说，生活的画卷刚刚展开，**要想拥有完美生活，就必须学会将个人生活和职业生活的各个要素有机地整合在一起**，包括家庭、社区环境、朋友、体育锻炼、信仰等。只有这样，管理者才能够从容面对人生中的各种变故和挑战，避免在人生的高光时刻过于膨胀，而在人生的低谷时期过于沉郁。

关于这个话题，Vitesse 公司创始人菲利普·麦克雷（Philip McCrea）提出了一个“水桶理论”（见图 34－1）。

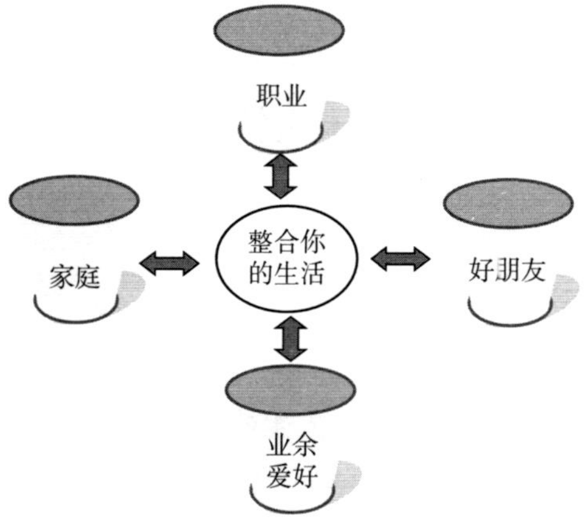

图 34－1　水桶理论：整合你的生活

麦克雷说，“我用 4 个水桶代表生命中最重要的那些领域。第一个是**职业**，第二个是**家庭**，第三个是**好朋友**，第四个是**业余爱好**。年轻时，我在全身心地奋力填满前面两个水桶，但渐渐发现，第三和第四个水桶却在悄然离我远去；等人到中年，我发现需要做调整，希望能有更多的时间和精力重新回过头来，填满第三和第四个水桶，重新聚起多年的好朋友，做一些自己喜欢做的事情。**从长远看，我不希望纯粹为了追求职业上的成功而在其他领域留下太多的空白和遗憾，那算不上是一种完美的人生。**”

Belkin公司前CEO马克·雷诺索（Mark Reynoso）也说过类似的话，“如果有100个球正向我砸来，而我只能抓住其中两个，我就不会为无法抓住其他98个球而感到遗憾。但我会告诉自己，**‘当你能抓到两个球的时候，就一定要确保抓到的是你生命中最重要的两个球。’**”现代的中国人需要一个什么样的世俗生活呢？我们可以列出这样一组关键词：**有情有义，有责任感，有烟火气，处于调适状态的天伦与人伦关系；自律，富有规律地作息；远行、品茗、音乐与摄影；瑜伽、禅道、料理、适度的运动健身；不沾染不良嗜好……**

适度的取舍和整合会使你的生活保持平衡。**当外部世界陷入混乱时，你也要忠于自己的内心，明白自己真正想要什么，哪些东西是可以放弃的。**成熟的管理者心智沉稳，能表现出很强的一致性，这正如中国传统文化所强调的“真实无妄，始终如一”。这种整合和平衡，需要有高度的自律性和自制力。管理者所处的职位越高，影响命运走向的风险就越大，不确定性就越多。**在这种树欲静而风不止的状态下，既然无法控制外部的风险和不确定性，就只能转向内心和日常生活。**能否化解各种压力，保持一种自适、自在的心境，取决于自己的平衡能力。生活越是完整，越是平静，就越是能够忠于内心，从而能够排除外来的干扰，管理工作也就会越高效。

完整的生活，意味着管理者要学会整合生活的方方面面。把生活想象成一栋房子，卧室代表你的个人生活，书房代表你的职业生活，起居室代表你的家庭生活，客厅代表你的社交生活。当你走进不同的房间时，你会感觉自己始终是同一个人吗？**无论身处哪一个“房间”，管理者如果都能保持一种真实、自适的状态，那么就说明已经**

做到了保持生活的完整了。在公司场景下，无论面临什么样波谲云诡的变局，你都是一名沉稳的、内心波澜不惊、始终能够从容应对的成熟管理者。

最重要的人和朋友圈

人是社会的人，从事与人打交道工作的管理者尤其如此。对于管理者而言，基于天伦和人伦关系，最为重要的人至少包括3类。

其一，**家人，精神支柱。**家庭和睦以及家人的重要性不用多说了。无论是儒家文化，还是新教伦理，都非常重视家庭和家人因素，不只是自己的小家庭，也包括生你育你的原生家庭。

其二，**导师，良师益友。**导师源于校园，也源于职场。最好的指导是双方相互学习，形成近似的价值观，彼此相处感觉舒服，愿意在一起合作共事。真正能让一段关系保持长久的，是双向沟通，而不是单向的说教或倾诉。当然，要想遇到好的导师，就得有主动性，学会在人群中识别他们，并要培育、维系和珍惜这种良师益友关系。

其三，**好朋友，红杉树的友谊。**求学阶段结识的同窗，能成为终身挚友的概率较高。在所有的同事中，能交上几个志同道合、患难与共的朋友，更是人生幸事。这是一种长期关系，并不因为同学、同事关系的结束而结束。DaVita公司CEO肯特·希里（Kent Thiry）把“红杉树”比作一种亲密友谊的标志，“红杉树是森林里最高、最强壮、最长寿的树。怎样才能种一棵又高又壮又长寿的红杉树呢？这需要时间的考验和彼此真诚的浇灌”。因共同爱好或生活中某一个机缘，结识几位与工作毫无关系，但灵魂有趣、心灵相契的好朋友，也是人生中惬意之事。朋友之间定期小聚能使友谊更为牢固、更加持久。**不同类型的朋友，能陪你走过不同的人生阶段，帮你应对一些生活和职业中的意外，度过一些艰难时刻和低潮时期，这种友情是不可替代的。**

管理者的朋友圈可能还有这样一些特殊性：**在自己的行业或者组织内，拥有一个同行网络或“私人董事会”性质的朋友圈，包括非**

常信任的私人和职业顾问、尊敬的同行。我们可以从这个群体及时获得有见地、有智慧的建议，遇到棘手问题时可以咨询，就自己的弱点和盲区也可以适时得到反馈和提醒，这对提高管理工作的有效性、避免各种决策和职业风险、保持职业生涯的稳定性非常重要。

中国人的生活智慧

诸子之学与人生智慧

中国人的哲学智慧，根柢在于诸子之学；中国人的生活美学，也绕不开魏晋风度。围绕这个话题做一番简要的阐发，对于青年管理者更好地开启职业生涯和人生历程，相信会有正向的潜在影响。

春秋战国时代是一个礼崩乐坏的时代。**职业的“士”是当时的才智之士，对于情势各有看法，“持之有故，言之成理”，形成了诸子之学，也开创了一个思想解放、学术发达的稀有时代，启蒙了中国的哲学。**朱自清在《经典常谈》中写道：孔子博学多能。原本是宋国贵族，流落到了鲁国，后来做了一个“儒士”，以教书和襄礼为职业。**孔子讲学的目的在于养成“人”，养成为国家服务的人；在教授各种功课之外，更注重人格的修养。**他说为人要有真性情，要有同情心，能够推己及人。他的政治学说，即“正名主义”，认为“君君、臣臣、父父、子子”才是救时之道；只有正定了名分，社会的秩序、封建的阶级才能恢复。孔子之后的儒家大师是孟子和荀子。**孟子说，人性是善良的，都有恻隐心、羞恶心、辞让心、是非心，这便是仁义礼智的善端，只要能够加以扩充，便能成为善人。**荀子则主张人性是恶的，性是生之本原，天然就有争夺放纵等恶端，善只是人为的。孟子主张圣王的道德，承继了儒家的正宗；荀子却注重圣王的威权，最终培育出了韩非子、李斯这样的法家。老子是楚国的隐士；庄子虽然是宋国人，却更接近楚人的思想。**老子认为宇宙间事物的变化，皆遵循一定的公律，叫作“常”；要顺应这些规律，叫“知常曰明”。**处世接物，最好先从反面入手，是所谓“将欲夺之，必固与之”，以及“大直若屈，大巧若拙，大辩若讷”。治天下不如排除一切制度，顺应自然，无为而为，不治而治。**自然就是“道”；“德”即“得”，是道的具体体现。**庄子比老子更进一步，主张绝对的自由，绝对的平等。他认为无所谓物我，无所谓是非，甚至连死和生都是自然的变化，都是可喜的。老庄两派，汉代总称为道家。

诸子学对中国人精神世界的影响，林语堂在《中国人的智慧》中总结得极为精到。他说：**当顺利发皇的时候，中国人人都是孔子主义者；失败的时候，人人都是道家主义者。**孔子主义者在我们之间努力建设而勤劳，道家主义者则袖手旁观而微笑。

魏晋风度与生活美学

汉末魏晋六朝是中国政治史上最混乱、社会上最苦痛的时代，却又是精神史上极自由、极解放的一个时代。宗白华在《美学散步》中写道：这时代以前，如汉代，在艺术上过于质朴，在思想上定于一尊，统治于儒教；这时代以后，如唐代，在艺术上过于成熟，在思想上又入于儒、佛、道三教的支配。只有这几百年是精神上的大解放，人格上、思想上的大自由。晋人在生活上、人格上的自然主义和个性主义，摆脱了汉代儒教统治下的礼法束缚。**晋人向外发现了自然，向内发现了自己的深情；**他们欣赏山水，由实入虚，即实即虚，超入玄境；山水虚灵化了，也情致化了。晋人艺术境界造诣的高超，不仅是基于他们的意趣超越，深入玄境，尊重个性，生机活泼，**更主要的还是他们的“一往情深”；晋人之美，美在神韵。**文艺复兴的艺术所表现的美是浓郁的、华贵的、壮硕的，**晋人则倾向简约玄澹，超然绝俗的哲学的美。**《世说新语》以简劲的笔墨画出了这个时代的精神面貌，色彩和空气，以及这个时代的人物性格。管理者虽然是以商业为营生，但对这种生活美学的领略，也是极有必要的。

中国人的生活和人生态度，深受诸子之学与魏晋美学的浸染，我们可以从以下格言和古诗词中窥见端倪。孔子《论语》云：**“饭疏**

食，饮水，曲肱而枕之，乐亦在其中矣。不义而富且贵，于我如浮云。”孟子《孟子·离娄章句下》曰：**“大人者不失其赤子之心。”**北宋大儒程颢《春日偶成》诗云：**“天淡风轻近午天，傍花随柳过前川；时人不识余心乐，将谓偷闲学少年。”**明代洪应明《菜根谭》推崇：**“惟大英雄能本色，是真名士自风流。”**再提到苏东坡，他一生屡次陷入命运的泥潭，跌宕起伏，四海飘零，很难称得上人生如意。但即便这样，生活也是被他过得有模有样，有滋有味。**儒家的进取，道家的洒脱，释家的圆融，都被东坡先生运用得淋漓尽致，恰到好处。**

当代散文家**汪曾祺先生的文字总是充满了“生之喜悦”**。他在《四时佳兴》里写过这样一段话：“我用两手捂着耳朵，又放开，听雨声：呜—哇；呜—哇。下大雨，我常这样听雨玩。雨打得荷花缸里的荷叶东倒西歪；麻雀躲在屋檐下，歪着小脑袋；（乌龟）昂起脑袋看雨，慢慢地爬到天井的水里。”自媒体达人老树，其本名刘树勇，是中央财经大学文化与传媒学院教授、艺术系主任。他所著的《老树画画》表达了一个现时代生活于大学校园的知识分子对生活的所见所想、体悟感慨。他喜欢在每幅画中写下一首颇有古意、又显俏皮的打油诗，不仅是对画作本身的补充，更是对自我境况的解读，也代表了中国现代知识分子的一种生活意趣。**人要懂得领略生活，从生活中寻出种种情趣来，人的精神方能养得生机盎然，人生也才会历久不衰。**

人要忠于自己的根。在现代都市中成长起来的人，即便靠着籍贯和祖谱按图索骥，也很难寻到故乡的感觉。儿时的乡村成长经历，现时代反倒成了真正有故乡的人。**即便告别乡村生活多年，但这些形而下的经历，也能化为形而上的心灵意义。**春日有风自南，禾豆畅茂，是一派浓郁的农桑气息。村后山坡间，有老松数百株。夏秋季节，风起时，穿松针而过，引发松风阵阵。冬日积雪凝寒，野外一片萧瑟。低垂的云，雪压的松竹茶蔬，栖在寒枝上的鸦，游在冰下的鱼，仍有不尽的生机。万物静得皆自观，四时佳兴与人同。这些记忆片段，都极富有传统的中国乡村的山水画意义。**有了情趣，便有了一颗童心，能够忙里偷闲、闹中觅静，别开一番天地，细细品味那种恬淡冲融的真乐趣。**

人生只是一个向往

青年只是一个相对的人生阶段，这个阶段止于年龄而不会止于积极的心态。有知识和思想的人，在有了早期的职业积淀以后，到了中年，便不由得要返回去探寻人生的意义。执着于用世，追求建立不凡事功，练成“三不朽”境界，是中国传统知识分子的终极向往。三国时代周公瑾之风流，也莫过于“丈夫处世兮立功名，立功名兮慰平生”。曾文正公说得更为平实，天下事，贪利而成者居半，激逼而成者居半。富贵功名，皆由命定，半由人力半由天事。天事在于天缘凑泊，人力在于勉强迁就。天缘凑泊即因缘际会，各种天时、地利、人和的因素，不经意间就会合齐了；勉强迁就则是人力，主观上付出很大的努力，趋利避害，尽力将各种因素捏合在一起。由此观之，**欲成大事者，规模远大与综理密微要兼而有之。如此眼光深沉，事上磨炼，知行合一，则必有所成。**规模远大，指的是大抱负、大规划、大目标，其根柢又不出乎胸襟浩大。胸襟即器局、度量、识见，是人的内心对外部世界的吐纳。综理密微即克勤小物，要笃实勤奋，做好每一件小事。凡做一事，无论大小难易，皆应有始有终，有恒有常。

功业成败不全由人，但德行心性却只能听由自身修炼。朱熹所作诗句“半亩方塘一鉴开，天光云影共徘徊；问渠哪得清如许，为有源头活水来。”暗喻了人要心灵清澈透明，就得多读书，不断为心头注入源源活水。**常人之心，如斑垢驳蚀之镜，须痛作刮磨去其驳蚀，拂其纤尘方见心中明镜。这是一个敛藏闭蓄、反归自心的修炼过程。**一切不在外界，却在自己一心。我等须敬守此心，不可急迫。栽培深厚，涵泳于其间，然后方能自得一个新的境界。昔日，阳明先生游南镇，一友指岩中花树问曰：“天下无心外之物。如此花树，在深山中自开自落，于我心亦何相关?”先生曰：“你未看此花时，此花与汝心同归于寂；你来看此花时，则此花颜色一时明白起来，便知此花不在你的心外。”看便是一事，只因有此一看，便见此心和岩中花树同时分明；若无此一看，则此花与心同归于寂。**我等常人，多沉溺于名利场中，容易胸中有物而莫能省脱。在你我心中，能否寻得到那棵生机盎然的岩中花树？**

人生像多棱镜，自有多方面，繁复而诡秘，实难一语道尽。最要紧的，还是要在立德、立功、立言这些根本上下功夫，勿随了世俗，贪急功而图近利。**人生要往外拓展，也要向内寻求。向外的人生，是事功，是一种做加法的涂饰人生；向内的人生，是道德文章，是一种做减法的简化人生。**向外的人生，要追逐、要建设；向内的人生，则要放弃、要拆卸。超脱了外面的，才能向内寻求那个宁静自若的境界，由高亢渐渐回归平实。中国传统知识分子的人生，不偏向外，也不偏向内。不偏向心，也不偏向物。他也不屹然中立，他也有向往，但他只依着一条中间路线前进，他的前进也将无限。**人生只是一个向往，有了向往，就会有鲜明的目标、坚卓的意志和淡远的情怀，人生也便因此变得葱茏而充实。**

致谢

在本书的最后部分，我也不能免俗，择要列出一份致谢名单，并附理由二三条。

著名管理学家、南京大学人文社会学科荣誉资深教授周三多老师，中信出版集团董事长王斌先生，我的大学恩师吴宪和老师，他们三位拨冗为本书作序。周三多老先生与我素昧平生，在耄耋之年还用心阅读书稿，并提笔作序，给予我极诚恳的鼓励。老先生以一慈祥煦育之心护念后生，这份恩情弥足珍贵。王斌先生是一位具有企业家精神和浓厚文人气息的优秀管理者，他治下的中信出版集团 20 余年如一日，平淡淡、静悄悄，从小到大、由弱渐强，执著于提升中国管理者的文化、思想和修为，开创出一番全新的气象和格局，做出了真正功德无量的事业。吴宪和老师与我相知相契 30 余年，他有人间的真气，深深了解我的底色，也赞许我的处世为人，并真心关注我人生经历中的每一小步，无论进退。我感慨如今的大学校园，难得还有这样有情怀的老师。

我也由此想到了我的另一位大学恩师——江西财经大学原党委书记漆权老师。他出自北京大学，有储才养望的大格局，是一名极优秀的教育家。他总在教导我们戒傲戒惰，除却功利心，静心做人、做事和做学问，这深远地影响了我们的人生路径。闻道今知重，当时未觉恩；秋风又摇落，墓草有陈根。虽然漆老师已离世 10 多年，但在我们心中一直音容犹在。我清晰地铭记着他的教诲，时时鞭策自己，并以此影响我身边的人。我还欠漆老师一篇真切的追思文章，我想会有合适的时机。

我的博士生导师、清华大学五道口金融学院常务副院长廖理教授，我的EMBA导师、中欧国际工商学院战略学教授陈威如老师，香港创业创新研究院院长、《第四次管理革命》作者曹仰锋博士，华为前人力资源副总裁、《华为团队工作法》作者吴建国先生，我的大学同学、北京国政华实教育咨询中心主任曾玉柏先生，他们应邀为本书撰写了推荐语。在书稿写作过程中，有关战略理论及若干重要概念的厘清，我曾多次请教陈威如老师，得到了陈老师的悉心指点；书稿的战略部分，也多次引用转述陈老师“平台三部曲”的精彩内容。

中信出版集团许志老师以及她的墨菲团队成员，为本书的编辑出版付出了很多心血，做出了重要贡献。小许老师是个有趣的“80后”，对出版事业无限热爱。我的同事卜嘉锋、常化朋、周婧、何沐霖等几位“80后”“90后”，他们利用业余时间，自告奋勇地承担了文献检索、素材整理、图表绘制与文稿校核的部分工作。他们是中信的“后浪”，如嫩芽初发，如春风拂柳，昭示着中信的生机和未来。

我的挚友、复旦大学出版社副总经理王联合教授应邀题写了书名，为本书增色颇多。我的初中师兄、民生加银基金总经理李操纲博士也极热心，不仅牵线周三多老先生为本书作序，还圈点了书稿的多数章节。我和联合先生、操纲先生都有着超过30年的交游经历，彼此间的读书趣味和生活态度大抵是接近的，属于“阅世渐深者其质也真”的那一类。老家桐城，是我们共同的精神家园。对于辞章、考据、义理的价值，对于同群之思、山林之想，我们颇多会心之处。

我的同事、中信城市开发公司董事长聂学群先生几乎同步跟进我的写作进度，通读了全部书稿，并以工科生的表达方式大加谬赞。只不过，聂先生对这本书的书名“青年管理者”颇有微词，觉得就其高度和深度而言，这本书对于现实中的青年人来说，读起来确实有些力不从心。我非执拗之人，但也不能全盘接受他的说法，便在封面和前言部分增加了专门解释，来回应聂先生的担心以及读者可能的疑惑。

这本书写作于疫情期间。作为寓居京城的“单身汉”，最大的烦恼便是果腹问题。那期间餐馆大多关闭，从仅剩的几家小馆打包回来的饭菜，搁在冰箱里，有饥饿感时便拿出一份放进微波炉转热，一次连着吃个四五天，脸色也差不多成残茶色了。凡有朋友微信问候，我的回复也多半是那个二货猫表情包，“有吃的吗，请问?”就好像小时候学过的一篇寓言，开篇即：“一只乌鸦口渴了，到处找水喝……”这也着实代表了那个阶段不堪的生活状态。重庆老同事为此真是操碎了心。于是，辣子油、榨菜、各式泡菜、自制的小卤菜，便隔三岔五地从山城快递过来。这极大地改善了我的生活，倘有富余还可以做点顺水人情，匀出些许来接济另外的北京同事。中信交易了高速公路业务后，原先在几家公司谋生的重庆老同事，也成建制地从中信体制移交了出去，很多人的职业和生活也因此受到很大冲击。刚直而重义，真的是重庆人的内在人格。他们宁可委曲累己，也不愿在我面前抱怨；事实上，他们的牺牲以及遭遇的种种憋屈，也不时传到我这里，尽管我也无能为力。木末芙蓉花，山中发红萼；涧户寂无人，纷纷开且落。人生有诸多苦辛，那些最单纯、最平凡、最朴实的朋友，以及彼此在患难岁月所累积的人情体验，我们究竟有多少深彻的了解，又有多少真诚的感恩呢？每每深想到这一层，心头真是百感交集。

我的家人，尤其是我的父亲和妻儿，他们以不同的方式关心着这部书稿的进展。我的妻子向来不关注我的学术，但这一回居然也跟读了不少章节。年轻时我不曾意识到，有时候甚至还很不屑，但到了这把年纪，便愈发觉得这种亲情的珍贵。“倘有慈母，或是幸福”，鲁迅先生真是道出了人世间的真情和辛酸味儿。作为“回报”，在交付书稿后，我便腾出精力，从数万张老照片中选出了可心的十来张，冲印出来装了镜框，放在办公室和卧室的桌柜上，我抬眼就能看到。岁月悠悠，走成了圆圆的脚步。先前的“小张”已成功晋级为“老张”，而那个蹒跚学步的“小小张”一晃也已是大三学生，顺理成章地接盘了那个“小张”。“后起的生命，总比以前的更有意义，更近完全，因此也更有价值，更可宝贵。”鲁迅先生这么说，我们更是无怨无悔地在这么做。风车在四季轮回的歌里它天天地流转，光阴的故事仍然激励着我们天天向上。

参考文献

[1] 阿德勒．人生所有的意义都在关系之中．（2020－01－19）［2020－04－09］．https：//mp. weixin. qq. com/s/s2eNnLmgK8Kef9_TXLIs8w.

[2] 埃德加·沙因．组织文化与领导力．中国人民大学出版社，马红宇，王斌，等译，2011。

[3] 艾菲．让你与众不同的不是努力，而是深度思考力．（2018－03－01）［2020－04－09］．https：//mp. weixin. qq. com/s/wB8wozXkspM3rPNyofKYpg.

[4] 奥利弗·E·威廉姆森，西德尼·G·温特．企业的性质：起源、演变和发展．商务印书馆，2007。

[5] 包政．华为的真相．中外管理，2015（11）：66－68。

[6] 包政．让组织更有道．企业观察家，2016（03）：82－85。

[7] 包政．管理的本质．IT 经理世界，2018（10）：54－57。

[8] 包政．未来管理的 5 项挑战．（2020－02－25）［2020－03－15］．https：//mp. weixin. qq. com/s/rZ8_bmV2CfHL8o11NrxzWA.

[9] 鲍勇剑．明茨伯格访谈录：未来医疗健康的多元社区模式．（2020－03－19）［2020－04－09］．https：//mp. weixin. qq. com/s/9cbtkS_l1UXJn3k－8EpK9g.

[10] 比尔·乔治，彼得·西蒙斯．真北．广东省出版集团，广东经济出版社，刘祥亚译，2008。

[11] 彼得·德鲁克．卓有成效的管理者．机械工业出版社，许是祥译，那国毅审定，2005。

[12] 彼得·德鲁克．管理的实践．机械工业出版社，齐若兰译，那国毅审定，2006。

[13] 彼得·德鲁克．21 世纪的管理挑战．机械工业出版社，朱雁斌译，2006。

[14] 彼得·德鲁克．创新与企业家精神．机械工业出版社，蔡文燕译，2011。

[15] 彼得·德鲁克．如何判断管理者是否合格．（2016－04－20）［2020－03－22］．https：//mp. weixin. qq. com/s/zYvt2oruJ_zEwBOBt5A1zA.

[16] 彼得·德鲁克．什么样的人不能担任管理者？．（2019－11－12）［2020－04－09］．https：//mp. weixin. qq. com/s/RGyESwrepe9Ha－5vowAHpQ.

[17] 彼得·德鲁克．激发我一生的七段经历．（2019－11－16）［2020－04－09］．https：//mp. weixin. qq. com/s/bpbq－6SSqduv1XMK6wX3eA.

[18] 彼得·德鲁克．每个人都应成为自己的“首席执行官”．（2019－12－21）［2020－04－09］．https：//mp. weixin. qq. com/s/rQ2bNqx－fCzOtIhvo－SRiA.

[19] 彼得·圣吉，奥托·夏莫，约瑟夫·贾沃斯基，贝蒂芬·弗劳尔斯．第五项修炼．

中信出版社，张成林译，2010。
[20] 笔记侠．让老板头疼的 90 后，管不得？．（2020－01－11）[2020－04－09]. https：//mp. weixin. qq. com/s/－ukzmVVyxRF9PEpnNAM7Eg.
[21] 查尔斯·C·曼兹．耶酥的领导智慧．上海三联书店，余彬译，2009。
[22] 陈白，邹卫国．《经济观察报》专访彭剑锋：不平凡的中国管理“实践之路”．（2019－02－19）[2020－03－14]. https：//mp. weixin. qq. com/s/ZlErkynZJc-FOO0Is7uCe2g.
[23] 陈春花．从理念到行为习惯：企业文化管理．机械工业出版社，2011。
[24] 陈春花．公司该如何《激活个体》呢？．（2016－05－25）[2020－03－22]. https：//mp. weixin. qq. com/s/U4QhFtr_RWRLWn2taReeuw.
[25] 陈春花．共享时代的到来需要管理新范式．管理学报，2016，13（02）：157－164。
[26] 陈春花，马胜辉．中国本土管理研究路径探索——基于实践理论的视角．管理世界，2017（11）：158－169。
[27] 陈春花．领先企业都懂得这一点．（2019－09－21）[2020－03－22]. https：//mp. weixin. qq. com/s/oYDyWH9RMGltxYc3djNSjg.
[28] 陈春花．回归管理本质的 5 个追问．（2020－01－18）[2020－03－22]. https：//mp. weixin. qq. com/s/zs3HplJpZ7CNi0n48a9KKw.
[29] 陈春花．我花 30 年研究中国领先企业，总结出应对危机的 4 个关键．（2020－03－26）[2020－04－09]. https：//mp. weixin. qq. com/s/3iu6WudyNsB3HUBySLs2Qg.
[30] 陈劲，尹西明．范式跃迁视角下第四代管理学的兴起、特征与使命．管理学报，2019，16（01）：1－8。
[31] 陈平原．读书是一件好玩的事．（2013－05－03）[2020－03－28]. https：//mp. weixin. qq. com/s/o－jkM_bkcBXirQ1HKptAGA.
[32] 陈威如，余卓轩．平台战略．中信出版社，2013。
[33] 陈威如，徐玮伶．平台组织：迎接全员创新的时代．清华管理评论，2014（Z2）：46－54。
[34] 陈威如，王诗一．平台转型．中信出版集团，余卓轩统筹，2016。
[35] 陈有勇．互联网时代的企业组织转型研究．中共中央党校博士学位论文，2016。
[36] 创业邦．用心，不要用心计（风云深度）．（2016－02－01）[2020－04－09]. https：//mp. weixin. qq. com/s/D2oH6D2QGVLxyxzKC0Vl6Q.
[37] 大前研一，等．思考型管理．中信出版社，裴立杰译，2006。
[38] 大前研一，等．新企业战略．中信出版社，卿学民译，2006。
[39] 大前研一．创新者思考．机械工业出版社，王伟，郑玉贵译，2007。
[40] 大卫·B. 尤费，迈克尔·A. 库苏马罗．战略思维．中信出版集团，王海若译，2018。
[41] 大卫·布鲁克斯．你应为简历而活，还是为悼词而活？．（2020－01－30）[2020－04－09]. https：//mp. weixin. qq. com/s/WArPWFRr1a2Lg8Rc49i6Tg.
[42] 戴维·尤里奇，史蒂夫·克尔，罗恩·阿什克纳斯．通用电气模式．机械工业出版社，戴至中译，2011。
[43] 丹尼斯·舍伍德．系统思考．机械工业出版社，邱昭良，刘昕译，2008。

[44] 道格拉斯·麦格雷戈. 企业的人性面. 中国人民大学出版社，乔·卡彻·格尔圣菲尔德注释，韩卉译，2008。

[45] 稻盛和夫. 坚守底线. 中信出版社，曹岫云译，2011。

[46] 稻盛和夫. 如何拥有一个充实的人生！.（2016-04-01）[2020-03-22]. https：//mp.weixin.qq.com/s/OF2BkksLQEqS4Y0ZyY74eA.

[47] 房晟陶. 战“疫”之后的组织转型，关键在“透明”.（2020-03-05）[2020-04-09]. https：//mp.weixin.qq.com/s/aehOnxQUYxp4gXkLJKC0yQ.

[48] 弗兰克·H·奈特. 风险、不确定性与利润. 商务印书馆，2010。

[49] 葛兆光. 究竟什么才是“中国的”文化.（2020-03-25）[2020-04-09]. https：//mp.weixin.qq.com/s/UcA9c9TNP66pddurW8oQcA.

[50] 顾嘉. 体制内创业，是种什么体验.（2016-02-18）[2020-04-09]. https：//mp.weixin.qq.com/s/1hClw-_5nhsn6PvSQ12rsQ.

[51] 海蒂·格兰特·霍尔沃森. 高效达成目标：就这9招，让成功率提高3倍. 机械工业出版社，彭珊怡，黄子威译，2016。

[52] 韩福明. 企业文化核心概念及其概念间关系辨析. 商业时代，2007（07）：104-106。

[53] 韩践，等. 为什么下沉期管理到位的企业，恢复期的优势会扩大？.（2020-04-03）[2020-04-09]. https：//mp.weixin.qq.com/s/6SKPQ8ENX32_AQa7Fb9dCw.

[54] 韩晶，朱兆一. 华为组织结构运行机制对国企的借鉴. 人民论坛，2019（34）：28-29。

[55] 何翘楚. 包容性治理：平台模式下传统企业的转型路径. 生产力研究，2017（08）：12-16。

[56] 亨利·明茨伯格. 卓有成效的组织. 中国人民大学出版社，魏青江译，2007。

[57] 亨利·明茨伯格. 管理工作的本质. 中国人民大学出版社，方海萍等译，2007。

[58] 亨利·明茨伯格. 明茨伯格论管理. 机械工业出版社，闾佳译，2010。

[59] 亨利·明茨伯格. 明茨伯格管理进行时. 机械工业出版社，何峻，吴进操译，傅川审校，2010。

[60] 亨利·明茨伯格. 管理至简. 机械工业出版社，冯云霞，范锐译，2014。

[61] 亨利·明茨伯格. 组织不需要英雄，只需要有雅量的领导.（2020-03-24）[2020-03-28]. https：//mp.weixin.qq.com/s/IPJu7yzyvi_NFc0H0i_puA.

[62] 亨利·明茨伯格. 这个世界存在完美的管理者吗.（2020-04-18）[2020-04-20]. https：//mp.weixin.qq.com/s/DEoyWG-o4ReQvcY9jOKqDg.

[63] 胡国栋，王琪. 平台型企业：互联网思维与组织流程再造. 河北大学学报（哲学社会科学版），2017，42（02）：110-117。

[64] 华章管理. 德鲁克：做好自我管理再谈公司管理.（2020-03-12）[2020-04-09]. https：//mp.weixin.qq.com/s/yTSxfGCiKzXdill6oEvDKA.

[65] 华章书院. 人力资源之父戴维·尤里奇，30年研究了点什么.（2019-10-26）[2020-03-22]. https：//mp.weixin.qq.com/s/fLw7I9IU7FhZ54TGshsVLw.

[66] 华章书院. 企业的数字能力如何，看这几个维度您就知道！.（2019-12-15）[2020-03-22]. https：//mp.weixin.qq.com/s/2H1VF-qcDCdFyRk1lakuIw.

［67］华章书院．对话亨利·明茨伯格：管理，不是一种职业，是实践．（2020－04－11）［2020－04－20］. https：//mp. weixin. qq. com/s/MmRJQyPJC_ EY3EPErzsrXQ.
［68］黄卫伟．西方管理理论解释不了中国机会主义浪潮．（2019－01－09）［2020－03－14］. https：//mp. weixin. qq. com/s/231_ e2CIll0y－OwClhSK2w.
［69］黄旭．抓沟通就是抓执行，开好会就是拿结果．（2020－01－05）［2020－04－09］. https：//mp. weixin. qq. com/s/y7bgpIkw4CJHXPnQ3XwK5g.
［70］黄治国．2020 年，CEO 们的五项关键任务．（2020－01－13）［2020－04－09］. https：//mp. weixin. qq. com/s/D22ehsYXlpRCtszPA1xYHQ.
［71］惠宁，周宇，等．影响世界的 25 位管理大师．中央编译出版社，2018。
［72］吉姆·柯林斯．从优秀到卓越．中信出版社，俞利军译，2002。
［73］杰弗里·A·克拉姆斯．赢之道：杰克·韦尔奇的 4E 领导艺术．中信出版社，王荣，荚素青译，2005。
［74］杰克·韦尔奇，苏茜·韦尔奇．赢．中信出版社，余江，玉书译，2005。
［75］凯利·普度．西点的 10 堂领导课．中信出版社，路大永译，2007。
［76］井润田，赵宇楠，滕颖．平台组织、机制设计与小微创业过程——基于海尔集团组织平台化转型的案例研究．管理学季刊，2016，1（04）：38－71＋136。
［77］加里·哈默，比尔·布林．管理大未来．中信出版社，陈劲译，2008。
［78］加里·哈默．终极竞争：占领赢得未来的制高点．中国电力出版社，钱峰译，2013。
［79］加里·哈梅尔，C. K. 普拉哈拉德．竞争大未来．昆仑出版社，王振西主译，1998。
［80］康至军．危机之下，拒绝成为忙而无效的管理者．（2020－02－15）［2020－03－22］. https：//mp. weixin. qq. com/s/YK－Vospw4GGBzZQONAkmsg.
［81］拉里·博西迪，拉姆·查兰，查尔斯·伯克．执行：如何完成任务的学问．机械工业出版社，刘祥亚，等译，徐中审校，2016。
［82］拉姆·查兰．把变化看成困难还是机会，将决定你的命运．（2019－12－26）［2020－04－09］. https：//mp. weixin. qq. com/s/YQqEfsRn9E_ IMnjg_ hZKuA.
［83］李宝元，董青，仇勇．中国管理学研究：大历史跨越中的逻辑困局——相关文献的一个整合性评论．管理世界，2017，7：157－169。
［84］李静瑕．谁是银行业金融科技之王．（2020－04－01）［2020－04－09］. https：//mp. weixin. qq. com/s/izbgWGa9Bno2HBI28KEelA.
［85］李开复．朴素的管理哲学．（2020－03－28）［2020－04－09］. https：//mp. weixin. qq. com/s/WnzVmSkh0－kMods8LMJAPw.
［86］李琪．转轨时期的中国企业管理思想演变研究．复旦大学博士学位论文，2007。
［87］李荣平．大型集团管控型企业信息化评价体系研究．科研信息化技术与应用，2017，8（02）：83－88。
［88］李顺军．企业艰难时期，“基本功”更显珍贵：管理层别装逼了，深入一线吧！．（2020－02－10）［2020－04－09］. https：//mp. weixin. qq. com/s/xQCB0cRo7jBF3－OK68HOLw.
［89］李正中，韩智勇．企业核心竞争力：理论的起源及内涵．经济理论与经济管理，2001，7：54－56。

[90] 李泽厚．美的历程．生活．读书．新知三联书店，2009。

[91] 李泽厚．哲学纲要．北京大学出版社，2011。

[92] 李祖滨，刘玖锋．找对首席人才官．机械工业出版社，2019。

[93] 林帝浣．有用的人，都在读无用的书．(2020-04-23)[2020-04-30]. https://mp.weixin.qq.com/s/ayIzCy25sU1hYZk5uEeiQw.

[94] 林语堂．人生不过如此．陕西师范大学出版社，2007。

[95] 林语堂．孔子的智慧．陕西师范大学出版社，2008。

[96] 林语堂．吾国与吾民．凤凰出版传媒集团，2010。

[97] 林语堂．苏东坡传．凤凰出版集团，2010。

[98] 林语堂．生活的艺术．凤凰出版传媒集团，江苏文艺出版社，2010。

[99] 淋雨大大．黑石创始人苏世民的新书写了什么？．(2020-04-24)[2020-04-30]. https://mp.weixin.qq.com/s/vcTn4OZ6Z1J4cTS95YmH9g.

[100] 刘刚，李佳，刘静．核心能力困境、组织僵化与动态核心能力的构建——基于知识管理的视角．北京交通大学学报（社会科学版），2016，15(02)：43-51。

[101] 刘家雍．战略思考的六个根本问题．(2019-10-31)[2020-04-09]. https://mp.weixin.qq.com/s/V6tpZON9u1eIM7yVhgT1Vw.

[102] 刘绍荣，夏宁敏，唐欢，尹玉蓉．平台型组织．中信出版集团，2019。

[103] 刘绍荣．传统企业如何实现平台化变革．(2020-03-30)[2020-04-09]. https://mp.weixin.qq.com/s/gWk9kxfAtBvWtMX7VpET0w.

[104] 刘心雨，刘丽娜．企业从传统模式向平台型组织转型的研究述评．环渤海经济瞭望，2017(08)：138-139。

[105] 刘兆峰．管理哲学：理论和实践的呼唤．山西财经大学学报，2003(03)：42-46。

[106] 罗伯特·卡普兰，大卫·诺顿．平衡记分卡：化战略为行动．广东省出版集团，广东经济出版社，刘俊勇，孙薇译，王化成译校，2004。

[107] 罗伯特·卡普兰，大卫·诺顿．战略地图：化无形资产为有形成果．广东省出版集团，广东经济出版社，刘俊勇，孙薇译，王化成译校，2005。

[108] 罗伯特·卡普兰，大卫·诺顿．战略中心型组织：平衡记分卡的致胜方略．中国人民大学出版社，上海博意门咨询有限公司译，2008。

[109] 罗海元，方振邦．管理思想百年脉络．政府管理评论，2017，0：122-148。

[110] 罗杰·马丁．整合思维．商务印书馆，胡雍丰，仇明璇译，2010。

[111] 罗杰·马丁．超越对立的“整合思维”．中外管理，2019(01)：129-130。

[112] 罗纳德·哈里·科斯．企业、市场与法律．格致出版社，上海三联书店，上海人民出版社，2009。

[113] 罗莎贝斯·莫斯·坎特．公司的王道：商业精神的未来读本．北京联合出版传媒集团，万卷出版公司，杨洋译，2011。

[114] 洛塔尔·赛韦特．把时间留给最重要的事．中信出版社，2008。

[115] 马翔．大型国有企业信息化建设与系统规划实践探索．中国信息化，2019(07)：55-58。

[116] 马克斯·韦伯．新教伦理与资本主义精神．社会科学文献出版社，斯蒂芬·卡尔伯格英译，苏国勋，覃方明，赵立玮，秦明瑞中译，2010。

[117] 迈克尔·波特．竞争优势．华夏出版社，陈小悦译，1997。
[118] 迈克尔·波特．竞争论．中信出版社，高登第，李明轩译，2003。
[119] 迈克尔·波特．竞争战略．华夏出版社，陈小悦译，2005。
[120] 迈克尔·波特．国家竞争优势．中信出版社，李明轩，邱如美译，2007。
[121] 迈克尔·波特．竞争优势．中信出版社，陈丽芳译，2014。
[122] 迈克尔·古尔德，安德鲁·坎贝尔，马库斯·亚历山大．公司层面战略：多业务公司的管理与价值创造．人民邮电出版社，黄一义，谭晓青，冀书鹏，颜晓东译，2004。
[123] 麦特·里德雷．美德的起源——人类本能与协作的进化．中央编译出版社，刘珩译，2004。
[124] 南京嘉益仕信息技术有限公司．一文说透信息化、数字化、数据化及数据化运营的区别．(2018-01-12) [2020-03-15]. https://www.sohu.com/a/216213307_100000689.
[125] 庞跃辉．论整合．浙江社会科学，2006 (05)：127-131。
[126] 彭剑锋．谈平台化+生态化组织．中外企业文化，2017 (12)：35-40。
[127] C·K·普拉哈拉德，M·S·克里施南．普拉哈拉德企业成功定律．中国人民大学出版社，林丹明，徐宗玲译，2009。
[128] 钱穆．八十忆双亲师友杂忆．生活．读书．新知三联书店，1998。
[129] 钱穆．朱子学提纲．生活．读书．新知三联书店，2002。
[130] 钱穆．中国文学论丛．生活．读书．新知三联书店，2002。
[131] 钱穆．人生十论．生活读书新知三联书店，2009。
[132] 钱穆．中国思想史六讲中国学术思想十八讲．九州出版社，2010。
[133] 钱穆．四书释义．九州出版社，2010。
[134] 钱穆．阳明学述要．九州出版社，2010。
[135] 钱穆．中国文化精神．九州出版社，2012。
[136] 钱穆．中华文化十二讲．九州出版社，2012。
[137] 钱穆．中国文学史．天地出版社，叶龙记录整理，2015。
[138] 覃忠，王玮，王祎，陆小华，孙浩军．整合思维理论及其教育意义．汕头大学学报（人文社会科学版)，2010，26 (06)：81-86+93。
[139] 覃忠，王祎．整合思维与中庸之道的比较．Intelligent Information Technology Application Association. Lecture Notes in Management Science 2011 International Conference on Physical Education and Society Management (ICPESM2011 2011 V2). Intelligent Information Technology Application Association：智能信息技术应用学会，2011：6。
[140] 邱志方．培养和提高理论思维能力．吉林日报，2019-03-16 (006)。
[141] 任正非．华为公司2003年经营及预算目标完成情况．2004-03-22。
[142] 阮平南，张勇．管理理论与模式的根基——管理哲学．北京工业大学学报（社会科学版)，2005 (03)：41-44。
[143] 睿正人才管理．企业的问题就是人的问题，“理才”离不开人才评鉴．(2019-11-20) [2020-03-22]. https://mp.weixin.qq.com/s/cQvAAEUFhnWNtI7QUoqEkA.
[144]（三国）刘邵．人物志．中华书局，梁满仓译注，2009。

[145] 施炜. 2020，给实体经济企业家的十条建议.（2019－12－31）[2020－04－09]. https：//mp. weixin. qq. com/s/luRU4－nuZAeESCkhOPwftg.

[146] 史蒂芬·卢奇，丹尼·科佩克. 人工智能（第2版）. 中国工信出版集团，人民邮电出版社，林赐译，2018。

[147] 史蒂芬·柯维，罗杰·梅里尔，丽贝卡·梅里尔. 要事第一. 中国青年出版社，刘宗亚，王丙飞，陈允明译，2010。

[148]（宋）朱熹. 四书集注. 凤凰出版社，2005。

[149] 宋志平. 2020，企业要做正确的事.（2020－01－11）[2020－03－22]. https：//mp. weixin. qq. com/s/Ixf－MllQntTMmKp4iAsEYw.

[150] 苏世民. 我的经验与教训. 中信出版集团，赵灿译，2020。

[151] 苏永钦. M－ICT 2.0 战略——探索数字化转型之道. 中兴通讯技术，2017，23（01）：53－57。

[152] 苏勇，段雅婧. 当西方遇见东方：东方管理理论研究综述. 外国经济与管理，2019，41（12）：3－18。

[153] 苏勇，于保平. 东方管理研究：理论回顾与发展方向. 管理学报，2009，6（12）：1578－1587。

[154] 孙剑嵩. 杰克·韦尔奇去世：一代商业传奇让 GE 市值增加 30 倍.（2020－03－03）[2020－03－22]. http：//finance. sina. com. cn/chanjing/gsnews/2020－03－03/doc－iimxxstf5912726. shtml? cref = cj.

[155] 孙剑嵩. 杰克·韦尔奇卸任演讲.（2020－03－03）[2020－03－22]. http：//finance. sina. com. cn/chanjing/gsnews/2020－03－03/doc－iimxxstf5999119. shtml.

[156] 孙科柳，易生俊，孙智. 华为干部管理方法论. 中国人民大学出版社，2016。

[157] 孙晴悦. 情绪稳定是一种巨大巨大的能力.（2016－05－01）[2020－03－22]. https：//mp. weixin. qq. com/s/aqXvakmvjVezfu4GyThWRw.

[158] 孙振耀. 企业数字化不是选择问题而是生存问题.（2019－10－16）[2020－04－09]. https：//mp. weixin. qq. com/s/－Ss5dRdxY9xfIXyFtCvY4w.

[159] 孙志成，杜恒峰. "世界第一 CEO"杰克·韦尔奇去世，张瑞敏、柳传志都是他的粉丝.（2020－03－02）[2020－03－22]. https：//mp. weixin. qq. com/s/LjQ7ZshM74Ft7KGOs_l3PA.

[160] 谭长春. "向华为学管理"系列（一）学华为，企业需要管理哲学. 企业管理，2019（10）：38－40。

[161] 唐浩明. 唐浩明评点曾国藩家书（上、下册）. 岳麓书社，2002。

[162] 唐浩明. 唐浩明评点曾国藩奏折. 岳麓书社，2004。

[163] 唐君毅. 青年与学问. 广西师范大学出版社，2005。

[164] 唐塔普斯科特，亚力克斯·塔普斯科特. 区块链革命. 中信出版集团，凯尔，孙铭译，2016。

[165] 特伦斯·E·迪尔，艾伦·A·肯尼迪. 新企业文化：重获工作场所的活力. 中国人民大学出版社，孙健敏，黄小勇，李原译，2009

[166] 投资界. 刚刚，红杉沈南鹏与黑石苏世民罕见对话.（2020－04－23）[2020－04－30]. https：//mp. weixin. qq. com/s/ok6xfnksGibZ711PHq0vXw.

[167] 汪曾祺．四时佳兴．天津出版传媒集团，百花文艺出版社，2017。
[168] 汪涌豪．我为什么不读爆红的大众书．（2020－04－18）［2020－04－20］. https：//mp. weixin. qq. com/s/cCo1pgjG－mZNPbQQEXqqMw.
[169] 汪照辉，王作敬．构建企业服务中台．（2019－04－09）［2020－03－13］. https：//www. talkwithtrend. com/Article/243961.
[170] 汪志鹏．理论思维形式程序．（2019－08－12）［2020－02－24］. https：//www. jianshu. com/p/0873746b878a.
[171] 王彩梅．中国古代文学与知识分子人格修养——中国古代文学与21世纪文化建设的一点思考．河北大学学报（哲学社会科学版），2001，3：35－36。
[172] 王国维．人间词话．上海三联书店，周锡山编校、注评，2013。
[173] 王建斌．管理的终结及后层级制．重庆大学学报（社会科学版），2012，18（02）：152－157。
[174] 王建斌．层级制的创新困境及变革之路．兰州学刊，2013（05）。
[175] 王小丁，林宇璐．论加强研究生理论思维培养．西南交通大学学报（社会科学版），2009，10，6：30－33。
[176] 王晓红．整合思维有多重要．方圆，2018（11）：60－61。
[177] 王知津，李琼．知识管理者的角色定位．图书馆学研究，2008，3：2－8。
[178] 王竹青，孙丽华．大数据背景下企业集团数字化转型的建设与实践．商业会计，2020（03）：104－106。
[179] 维克托·迈尔－舍恩伯格，肯尼思·库克耶．大数据时代．浙江人民出版社，盛杨燕，周涛译，2013。
[180] 吴春波．华为没有秘密：华为如何敬畏和坚守常识．中信出版集团，2016。
[181] 吴金瓯．从“天人合一”到“系统思考”——论学习型组织理论与中国传统思维方式．云梦学刊，2006，1：75－77。
[182] 武连峰．数字化转型六步走，打造企业另一条生命线．（2019－12－18）［2020－04－09］. https：//mp. weixin. qq. com/s/6UOBZuybw7gapnLE8xsoig.
[183] 厦九九．知识结构是你看不见的竞争力．（2019－07－01）［2020－02－24］. https：//www. jianshu. com/p/0873746b878a.
[184] 肖知兴．常识与管理．机械工业出版社，2010。
[185] 肖知兴．老板桌后那个人——《有毒的管理者》推荐序．（2019－10－20）［2020－04－09］. https：//mp. weixin. qq. com/s/PrCelHckKk7jVNrfddj7Yg.
[186] 肖知兴．管理没有什么创新，职业化的管理才是好管理．（2020－01－02）［2020－04－09］. https：//mp. weixin. qq. com/s/t38zUP－hmkSO6Bm8OC4_sQ.
[187] 肖知兴．看起来像民兵的自组织，为什么能打败正规军的科层制．（2020－03－01）［2020－03－14］. https：//mp. weixin. qq. com/s/－tk9rNlMxQkggBV9HQ4Gyg.
[188] 小艾尔弗雷德·斯隆．我在通用汽车的岁月．华夏出版社，刘昕译，2005。
[189] 小德，宁高宁，等．“全球第一CEO”杰克·韦尔奇，留给世界的管理学遗产．（2020－03－04）［2020－03－22］. https：//mp. weixin. qq. com/s/q40VT6UMALXTL98CCXH8BA.
[190] 小鹊．首届德鲁克中国管理奖正式揭晓！．（2019－11－17）［2020－04－09］. ht-

tps：//mp. weixin. qq. com/s/NQw4Fm6BO3d9c7h09 – 6PKw.
[191] 谢锦生．京东数科：抗击疫情成金融数字化转型催化剂．（2020 – 03 – 25）[2020 – 03 – 28]. https：//mp. weixin. qq. com/s/il2hUhNdcDAQ677fqzgjGw.
[192] 谢永珍，董斐然，王贺宁．中国文化下的管理理论与实践创新——第 9 届“中国·实践·管理”论坛综述．管理学报，2019，16（04）：500 – 505。
[193] 辛西娅·蒙哥马利．重新定义战略：哈佛商学院核心战略课．中信出版集团，蒋宗强，王立鹏译，2016。
[194] 忻榕，陈威如，侯正宇．平台化管理．机械工业出版社，2020。
[195] 徐建国．危难下的企业家精神．（2020 – 02 – 14）[2020 – 04 – 09]. https：//mp. weixin. qq. com/s/K9OyFqaJpiTvh – WFBIxtlg.
[196] 徐强．企业“直线职能制”评析．经济经纬，2004（01）：79 – 80 + 85。
[197] 徐淑英，吕力．中国本土管理研究的理论与实践问题：对徐淑英的访谈．管理学报，2015，12（03）：313 – 321。
[198] 徐直军．华为 2019 年年报发布完整版，美国封锁和疫情双重叠加，华为 2020 年怎么活下去？．（2020 – 04 – 01）[2020 – 04 – 09]. https：//mp. weixin. qq. com/s/XOGKJBjyG3taTGkPiZuFkQ.
[199] 杨杜．企业文化“三问”．企业管理，2019（12）：1。
[200] 杨国安．数智化程度放大企业差距，组织革新决定转型成败．（2020 – 04 – 19）[2020 – 04 – 29]. https：//mp. weixin. qq. com/s/3 – YliLODHSrnbIuudAtmBQ.
[201] 杨国安．组织能力的“杨三角”：企业持续成功的秘诀．机械工业出版社，2010。
[202] 杨青．数据化、信息化、数字化和智能化之间联系和区别解析．（2019 – 12 – 19）[2020 – 03 – 15]. https：//mp. weixin. qq. com/s/T63UHiAnUlxLbh4mRHEdtw.
[203] 杨仔全．论信息技术对企业管理的影响．中国市场，2020（08）：109 – 110。
[204] 佚名．改变企业的 ICT 战略．通信企业管理，2008（10）：9。
[205] 幽兰．张瑞敏：传统管理理论已不可行．中关村，2016（11）：92 – 94。
[206] 余英时．青年人要怎样读中国书．（2020 – 04 – 16）[2020 – 04 – 20]. https：//mp. weixin. qq. com/s/Lbr – 3_7HVkD3oEkJwFebiQ.
[207] 约翰·P·科特．权力与影响力．机械工业出版社，李亚，王璐，赵伟译，2008。
[208] 约翰·P·科特．总经理．机械工业出版社，耿帅译，2008。
[209] 约瑟夫·兰佩尔，亨利·明茨伯格，等．战略过程：概念、情境与案例．耿帅，黎根红，等译，2017。
[210] 岳玲．直线职能制组织结构的失效机制探讨．商业时代，2010（08）：77 – 78。
[211] 詹姆斯·C·柯林斯，杰里·J·波勒斯．基业长青．中信出版社，真如译，2002。
[212] 张斌．角色变迁：从信息管理者到知识管理者．档案学通讯，2011，2：32 – 35。
[213] 张国镛，陈一容．论江泽民理论思维思想与加强干部理论思维能力培养．重庆三峡学院学报，2007，5：37 – 40 + 58。
[214] 张杰，聂秀英．融合中的 ICT 基础设施．信息通信技术，2019，13（02）：38 – 41 + 57。
[215] 张利华．华为研发．机械工业出版社，2009。
[216] 张宁．通用电气前董事长兼 CEO 杰克·韦尔奇去世享年 84 岁．（2020 – 03 – 02）

[2020－03－22]. https://finance.sina.com.cn/stock/usstock/c/2020－03－02/doc－iimxxstf5876550.shtml? code＝011QaCJF09Ly1f2nTZMF0ogOJF0QaCJI&state＝&cref＝cj.

[217] 张晓玲，王文平，陈森发. 关于企业知识结构体系的构成、演化与组织学习的研究. 大连理工大学学报（社会科学版），2006，4：23－28。

[218] 张云亭. BOT＋EPC：组织逻辑与行动框架. 中信出版社，2013。

[219] 张云亭. 顶级财务总监：财务治理、价值管理和战略控制. 中信出版社，2003。

[220] 赵林. 基督教与文化. 商务印书馆，2013。

[221] 郑永年. 中国为什么鲜有真正的企业家?.（2019－12－29）[2020－04－09]. https://mp.weixin.qq.com/s/Qq9uW7iYymHm73oIkG7DoA.

[222] 中国信息通信研究院. 中国大数据与实体经济融合发展白皮书（2019 年）. 中国信息通信研究院，2019。

[223] 周超. 企业组织结构的演变及其影响因素. 企业改革与管理，2011（08）：7－10。

[224] 周三多，陈传明，刘子馨、贾良定. 管理学：原理与方法（第七版）. 复旦大学出版社，2018。

[225] 周雪光. 电视剧《切尔诺贝利 chernobyl》观后感.（2019－08－06）[2020－04－09]. https://www.weibo.com/ttarticle/p/show? id＝2309404402131405766660&mod＝zwenzhang.

[226] 朱刚. 苏轼十讲. 上海三联书店，2019。

[227] 朱光潜. 给青年的十二封信. 安徽出版集团，安徽教育出版社，2006。

[228] 朱光潜. 温和的修养. 华东师范大学出版社，2008。

[229] 朱光潜. 谈美. 东方出版中心，2012。

[230] 朱岩. 数字化转型的关键问题分析.（2020－03－25）[2020－03－28]. https://mp.weixin.qq.com/s/jLSPOjb4BrC8RDVRW5fB8Q.

[231] 朱自清. 朱自清讲国学. 吉林人民出版社，2008。

[232] 朱自清. 经典常谈. 中华书局，2014。

[233] 宗白华. 美学散步. 上海人民出版社，1981。

[234] 宗白华. 美学与意境. 凤凰出版传媒集团，江苏文艺出版社，2008。